The
State Atlas *of*
Political and
Cultural Diversity

STATE DATA ATLAS

The State Atlas of Political and Cultural Diversity

William Lilley III
Laurence J. DeFranco
William M. Diefenderfer III

CQ CONGRESSIONAL QUARTERLY INC.
Washington, D.C.

A Note from the Publisher

The State Atlas of Political and Cultural Diversity is a unique reference. It provides the first detailed data on a subject of great importance—the relationship of race, ethnicity, and ancestry to politics in the American states.

The atlas could not have been done without modern computer software that made it possible to juxtapose massive amounts of racial, ethnic, ancestral, and socio-economic data with an equally massive database of 6,744 state legislative districts. Nor could this atlas have been done without the existence of *The Almanac of State Legislatures,* published in 1994, which created a methodological platform of digitized district boundaries and their socio-economic complexion. Also, the precursor volume pioneered the adaptation of four-color processing techniques that are so important in making this volume's many maps so clear and so rich in data.

With a growing interest in state and local politics, both books represent a rich lode of information for scholars, legislators, the media, and others. The authors and Congressional Quarterly have prepared a computer disk that contains for each of the 6,744 state legislative districts the precise percentage of population of each of the fifteen racial, ethnic, and ancestral groups under study in the printed volume—no matter how small the population percentage. The disk also contains average household income, percentage with college education, and percentage receiving social security in each of the districts. This disk is available from Congressional Quarterly Books.

Copyright ©1997 Congressional Quarterly Inc.
1414 22nd Street, N.W., Washington, D.C. 20037

All rights reserved. No part of this publication may be reproduced or transmitted in any form or by any means, electronic or mechanical, including photocopy, recording, or in any information storage and retrieval system, without permission in writing from the publisher.

Library of Congress Cataloging-in-Publication Data

Lilley, William.
   The state atlas of political and cultural diversity / by William
Lilley III, Laurence J. DeFranco, and William M. Diefenderfer III.
     p. cm.
    ISBN 1-56802-177-1 (alk. paper)
    1. United States--Census, 21st, 1990--Maps. 2. United States-
-Population--Maps. I. DeFranco, Laurence J. II. Diefenderfer,
William Martin, 1945- . III. Title.
  G1201 .E25 L5 1996 <G&M>
  304.6'0973022--DC21

96-47766
CIP
MAPS

CONTENTS

INTRODUCTION vii

ABOUT THE AUTHORS xiii

PART I: National Population Distribution and State Legislative Districts 1

TOP STATE HOUSE DISTRICTS

   African-American 5
   American Indian,
      Eskimo, or Aleut 5
   Asian or Pacific
     Islander 6
   Chinese 6
   Japanese 7
   Korean 7
   Hispanic 8
   Mexican 8
   Puerto Rican 9
   Cuban 9
   German 10
   Irish 10
   Italian 11
   Polish 11

TOP STATE SENATE DISTRICTS

   African-American 12
   American Indian,
      Eskimo, or Aleut 12
   Asian or Pacific
     Islander 13
   Chinese 13
   Japanese 14
   Korean 14
   Hispanic 15
   Mexican 15
   Puerto Rican 16
   Cuban 16
   German 17
   Irish 17
   Italian 18
   Polish 18

PART II: Socio-Economics and Political Dispersion in State Legislative Districts 19

   African-American
     HOUSE DISTRICT MAPS 25
     HOUSE DISTRICT TABLE 40
     SENATE DISTRICT MAPS 60
     SENATE DISTRICT TABLE 69
   American Indian,
   Eskimo, or Aleut
     HOUSE DISTRICT MAPS 80
     HOUSE DISTRICT TABLE 83
     SENATE DISTRICT MAPS 85
     SENATE DISTRICT TABLE 87
   Asian or Pacific Islander
     HOUSE DISTRICT MAPS 89
     HOUSE DISTRICT TABLE 95

SENATE DISTRICT MAPS	99
SENATE DISTRICT TABLE	103

Chinese
HOUSE DISTRICT MAPS	105
HOUSE DISTRICT TABLE	107
SENATE DISTRICT MAPS	108
SENATE DISTRICT TABLE	110

Japanese
HOUSE DISTRICT MAPS	111
HOUSE DISTRICT TABLE	113
SENATE DISTRICT MAPS	114
SENATE DISTRICT TABLE	116

Korean
HOUSE DISTRICT MAPS	117
HOUSE DISTRICT TABLE	118
SENATE DISTRICT MAP	119
SENATE DISTRICT TABLE	120

Hispanic
HOUSE DISTRICT MAPS	121
HOUSE DISTRICT TABLE	129
SENATE DISTRICT MAPS	142
SENATE DISTRICT TABLE	145

Mexican
HOUSE DISTRICT MAPS	151
HOUSE DISTRICT TABLE	154
SENATE DISTRICT MAPS	160
SENATE DISTRICT TABLE	162

Puerto Rican
HOUSE DISTRICT MAPS	165
HOUSE DISTRICT TABLE	168
SENATE DISTRICT MAPS	170
SENATE DISTRICT TABLE	172

Cuban
HOUSE DISTRICT MAPS	173
HOUSE DISTRICT TABLE	175
SENATE DISTRICT MAPS	176
SENATE DISTRICT TABLE	177

German
HOUSE DISTRICT MAPS	178
HOUSE DISTRICT TABLE	182
SENATE DISTRICT MAPS	202
SENATE DISTRICT TABLE	205

Irish
HOUSE DISTRICT MAPS	225
HOUSE DISTRICT TABLE	227
SENATE DISTRICT MAPS	247
SENATE DISTRICT TABLE	249

Italian
HOUSE DISTRICT MAPS	265
HOUSE DISTRICT TABLE	268
SENATE DISTRICT MAPS	279
SENATE DISTRICT TABLE	281

Polish
HOUSE DISTRICT MAPS	286
HOUSE DISTRICT TABLE	288
SENATE DISTRICT MAPS	292
SENATE DISTRICT TABLE	293

Arab
HOUSE DISTRICT MAPS	295
HOUSE DISTRICT TABLE	296
SENATE DISTRICT MAP	297
SENATE DISTRICT TABLE	298

INTRODUCTION

The State Atlas of Political and Cultural Diversity is a unique analysis of U.S. Census data, using sophisticated computer technology, to show precisely how fifteen of the nation's largest and most important racial, ethnic, and ancestral groups, as designated by the U.S. government, are distributed among 6,744 state legislative districts.

Taking the African-American population as an example, the atlas provides precise, comprehensive maps showing the state house districts and the state senate districts with 50 percent or more African-American population, with between 25 percent and 50 percent African-American population, and with between 10 percent and 25 percent African-American population. Accompanying the maps are tables showing the average household income of those districts, the percentage with college education, and the percentage receiving social security.

This one-volume road map performs the same sociopolitical function for all fifteen groups. They are:

- African-American
- American Indian, Eskimo, or Aleut
- Asian or Pacific Islander (and the three most important Asian sub-groups)
  Chinese
  Japanese
  Korean
- Hispanic (and the three most important Hispanic sub-groups)
  Mexican
  Puerto Rican
  Cuban

- German
- Irish
- Italian
- Polish
- Arab

We had two reasons for creating this atlas. First, it reflects our belief that race and ancestry have become increasingly important in explaining American politics. That might not be what a majority of Americans want to believe, but the authors think it is true nevertheless. Second, we believe that political power is moving away from the federal government back to the states.

As to the importance of race and ancestry, we echo here for the nation what V. O. Key, Jr., said of the states in his seminal book, *Southern Politics* (New York: Knopf, 1949): "The question of race overshadows all other factors conditioning the politics of the South." We believe today, almost fifty years after the publication of Key's book, that race, ethnicity, and ancestry affect American politics more than ever. Major reasons for this are the massive northern migrations of southern blacks and the large influxes via immigration of Asians and Hispanics–Mexicans, Puerto Ricans, Cubans, and others.

These old and new *non-white* population groups are competing for economic and political turf with the older and more established *white* ancestral groups—the Germans, the Italians, the Irish, and the Poles—but the terms of the competition are not even. Defining the unevenness is the fact that the older, European-based white groups—which initially tended to cluster geographically—are now dispersed and assimilated more or less evenly throughout the population, while the newer, non-white groups tend to live in certain areas and not assimilate.

We are well aware that this dispersal-clustering phenomenon can be attributed to "time in the country" for the non-white groups just as it was for the white groups. Nevertheless, we set ourselves the analytical task of calibrating the degree and location of clustering for each of the groups. The resulting maps and tables present a picture of each group's potential political power in state legislatures. Accordingly, we converted the degree of group clustering into a quantifiable "Geo-Political Concentration Index" and we have correlated group wealth and group education levels with group propensities either to concentrate or to disperse within the nation's state legislative districts. (See Part II, p. 23.)

The atlas shows with great precision which state political districts have either dominant or very significant population clusters of non-white groups. It shows that the older, European-based white groups are the predominant racial-ancestral groups in most state political districts, but because those white groups have assimilated more or less evenly throughout the population their potential political power is diffused over many districts while the non-white political power is more concentrated and potentially more effective. The atlas calibrates that degree of diffusion for several of the major European white groups.

Returning to the second reason for creating the atlas, the political trend in the United States is away from the strengthening of federal government institutions and toward the strengthening of state government institutions. State governments will be performing many tasks that the federal government once handled and will be dealing with problems that involve race and ethnicity.

The book shows in multicolor maps which state legislative districts—based on percentage of population—may need to be particularly responsive to African-American concerns, Puerto Rican concerns, Mexican concerns, or German concerns. The socio-economic tables accompanying the maps suggest how that district's levels of income, education, and dependency might shape those concerns.

Part I consists of twenty-eight maps that show for fourteen of the fifteen sizable racial and ancestral groups the state house and senate districts in which those groups constitute 50 percent or more of the population, 25 percent or more of the population, and 10 percent or more of the population. The maps are shown two-to-a-page, with the state house maps followed by the state senate maps.

The section captures in a fourteen-page snapshot how the potential political power of these groups is distributed across the state legislative districts. It begins with an essay discussing the national and regional significance of these political-power distribution maps. The essay, inevitably, concentrates on how and where the non-white groups have concentrated and how and where the white groups have diffused.

Part II has fifteen sections, one for each racial, ethnic, and ancestral group, and includes more detailed, close-up maps of state house and senate districts where the group has 50 percent or more of the population, 25 percent or more of the population, or 10 percent or more of the population. Accompanying these national and regional close-up maps are tables that rank for the group the state house and senate districts from the greatest to the fewest in population percentage. African-American, Asian, Hispanic, and American-Indian population percentages use 1994 data; all other categories and subcategories use 1990 data. These tables also include precise data on average household income per district, average percentage of population with a college education per district (percentage of population aged twenty-five and older with at least a two-year college associates degree), and average percentage of population receiving social security per district (percentage of households receiving social security income). Data for these three measurements are from 1990. These data and the maps enable the reader to see at a glance the essential socio-economic makeup of any legislative district with a large population block of one or more racial or ancestral groups.

For the groups with many state legislative districts in which their populations are statistically significant—by our definition only the African-Americans, the Germans, and the Irish—the tables list only the top 1,000 house and 1,000 senate districts. For the African-Americans, the cut-off point is 15.7 percent of the population in house districts; for the Germans, the cut-off point is 29.0 percent of the population in house districts and 16.8 percent of the population in the senate; for the Irish, the cut-off point is 12.5 percent in the house districts. For all the other racial and ancestral groups, the tables go down to 10.0 percent of the population of the house or the senate district.

In an effort to produce the most comprehensive study to date of race and ancestry in American state politics, we have prepared a computer disk that contains for each of the 6,744 state legislative districts the precise percentage of population of each of the fifteen racial and ancestral groups under study in the printed volume—no matter how small the population percentage. The disk also contains average household income, percentage with college education, and percentage receiving social security in each of the districts.

Methodology

Perhaps the most critical methodological issues were the *choice* and *definition* of the fifteen major racial and ancestral groups. As many experts in this contentious field know, the assignment and calibration of racial, ethnic, and ancestral characteristics becomes more difficult as the country becomes more interracial, more interethnic, and more interancestral. Acknowledging that fact leaves aside questions concerning what precisely is "race," what precisely is "ethnicity," what precisely is "ancestry," and how should one measure these groupings. We have not attempted in this volume to shed further light on these serious long-standing intellectual controversies. Instead, we have accepted the definitions of the U.S. Government as reflected in the 1990 Census. For those who wish to know how the Census Bureau reached these assignment points and how the Census measured for them, we recommend *U.S. Census of Population and Housing, 1990, Technical Documentation Summary, Tape File 3* (May 1992), pages B-1 to E-15. These chapters show how the Census assigned ancestry, for example, "Irish"; ethnicity, for example, "Hispanic"; and race, for example, "African-American," "American Indian," or "Asian."

The Census questions that interested us dealt with ancestry, race, and ethnic origin. When respondents answered the ancestry question, they could list one or more groups, such as German and Irish, or English and Irish, or Scotch and Irish, as representing their ancestry. We classified respondents according to the *first* ancestry listed. When respondents answered the race question, they could choose one category from 1) white; 2) black; 3) American Indian, 4) Eskimo, 5) Aleut; or 6) Asian or Pacific Islander, with Asian including Chinese, Filipino, Hawaiian, Korean, Vietnamese, Japanese, Asian Indian, Samoan, Guamanian, or other Asian categories.

When respondents answered the question on Spanish/Hispanic origin, they were asked to classify themselves as Mexican, Puerto Rican, Cuban, or other.

We excluded several of the largest ancestral groups cited by respondents—English-Americans, Scottish, Scotch-Irish, and American—because the population numbers were so large *and* so diffuse. In other words, when we looked at maps of English-American distribution, we saw that English-Americans were assimilated to such a degree as to be the very opposite of a cohesive political group. We excluded ancestral groups such as the Swiss, the Austrian, the Welsh, and the French because we concluded that they also lacked sufficient political cohesion as an actual or potential American political force. We made the opposite judgment call, informed largely by our sense of American political history, to include the German, Irish, Polish, and Italian ancestral groups. We recognize that these are our judgments and that others might disagree with them.

In *The Almanac of State Legislatures* (1994), the basic building block was the digitization of the nation's 6,744 state legislative district boundaries. Before publication of the almanac, no single volume contained *all* the precise geographical boundaries of *each and every* state senate and house districts in the United States.

We recreated the district boundaries using data provided by state government agencies and state universities in all fifty states. The data came in various formats: some states have geographical information system divisions, which keep boundaries in various types of computer digital formats. Other states have lists of geographic areas, such as census blocks, matched to political districts and stored on paper or computer disk. Still others use written descriptions of the boundaries: turn left at Main Street and proceed south to the railroad tracks. There were truly fifty different methods used to represent the districts. For a few states, only a simple computer file conversion was performed, but for others boundaries were drawn street-by-street on the computer screen.

One of the difficulties encountered was the large number of inconsistencies and missing boundaries discovered when maps, written descriptions, lists of blocks, and the actual redistricting law were compared. An official map might show a district's boundary going in one direction, but the written description put it somewhere else. Most of the time, state officials were unable to resolve these problems, and calls had to be made to cities and towns to get correct information. Sometimes a trip to a local courthouse was the only way to determine the true boundary.

Data from the 1990 U.S. Census were used to create the tables. Digitized census block groups boundaries—containing between 250 and 500 households—were overlaid with the political boundaries, and the data within those block groups were aggregated into the political districts. In a few cases where a political boundary split a block group, a percentage of the group's data was allocated to each district on the basis of the group's land area. Therefore, in some districts the number displayed on the table is not an exact count but a close estimate. The tables give a good sense of the demographic makeup of each district and allow comparisons to other districts in the state or region.

Political Representation

We attempted to link group population concentration with actual political representation, but were not surprised that our efforts yielded fragmentary results. Turnover is rapid among the 7,424 state legislators; not only are there frequent elections, but also elected state legislators rarely make a long-term career of these positions. Moreover, no organization—government or private—is responsible for recording the race, ethnicity, and/or ancestry of the current crop of state legislative office holders.

We have left the researching of this important information to the many scholars around the country who are interested in these related topics. We believe that the atlas establishes a solid base for future investigation, and we offer what information we were able to glean from the offices of the National Conference of State Legislators (NCSL). For African-Americans, the NCSL, along with the Joint Center for Political and Economic Studies, reported in February 1995 that there were 557 African-American state legislative office holders, or 7.5 percent of all 7,424 seats. For American Indians, the NCSL reported in 1994 that there were 44 self-designated American Indian elected representatives, or 0.6 percent of all 7,424 seats. For Asians and Pacific Islanders, the NCSL reported in 1994 that there were 53 self-designated Asian Americans serving as elected state legislators (or 0.7 percent of all seats) and that 47 of the 53 were serving in the Hawaiian state legislature. For Hispanics, the NCSL reported in 1994 that there were 155 self-designated Hispanic state legislators, or 2.1 percent of all 7,424 seats. We thank the people at NCSL for sharing these data with us and appreciate what they were able to capture from this very large, very opaque, and very rapidly moving target.

Finally, this atlas represents a methodological testimony to the power of modern computer software technology. Only computer software could have made it possible to juxtapose so much racial, ethnic, ancestral, and socio-economic data with the geopolitical envelopes of the 6,744 state legislative districts in the United States.

Of the many people who have helped us develop our geo-political mapping capability and our ability to analyze large data bases, eleven individuals have been especially generous over long periods of time. We take this opportunity to thank Derek L. Crawford, John R. Dunham, Alfredo Filippone, David I. Greenberg, David G. Laufer, Michael H. Moskow, John Roberts, Joshua J. Slavitt, Matthew J. Stover, Ronald F. Stowe, and William A. Testa. Also, we once again had the good fortune to work with Congressional Quarterly's top publishing team—Patrick Bernuth, the general manager of CQ Books, and Nancy A. Lammers, its director of editorial design and production. As in our first book on state legislative districts, the heavy lifting in the critical computer mapping areas was done by Thomas L.C. Vail, Jr., and Peter W. Fleury. As before, Diane I. Ching, vice chairman and co-founder of InContext Inc., was responsible for much of the book's conception and design.

William Lilley III, Laurence J. DeFranco, William M. Diefenderfer III

ABOUT THE AUTHORS

This almanac was prepared by **InContext**® Inc., an international information company based at 1615 L Street, Suite 650, Washington, D.C. 20036 (phone 202/659-1023, fax 202/659-1109). InContext specializes in analyses that juxtapose economic data (such as numbers of jobs in specific types of local businesses or price changes of local goods and services or socio-economic/demographic data) with local geographic areas defined by a political jurisdiction (such as a state assembly district or city council district) or an economic service jurisdiction (such as a cable television franchise area, a telephone company service area, a daily newspaper service area, a local gas utility service area, a television market area, or a Yellow Pages market area) or a particular local/regional economic service area (such as the market area served by a regional bank or the market area impacted by a major entertainment/sports event.).

InContext's analyses are distinguished by extensive and creative uses of digital computer software for multicolor mapping and charting. InContext's politico-economic analyses rely on the age-old adage that a picture is worth a thousand words.

William Lilley III, chairman and co-founder of **InContext**®, Inc., is an economic historian with experience in the private and public sectors. Lilley was a senior corporate official of CBS Inc. in New York. Previously, he served as director of the U.S. Council on Wage and Price Stability and as staff director of the Budget Committee for the U.S. House of Representatives. He received his Ph.D. from Yale University, taught at Yale, and has written widely on economic policy and the communications media.

Laurence J. DeFranco, president and co-founder of **InContext**®, Inc., has been providing information to public and private sector leaders for more than fifteen years. DeFranco has co-authored many studies on the effects of economic policy on businesses. He has provided expert testimony and counseled industry leaders on telecommunications, and advertising and marketing issues. He is also president of Program Flow, Inc., a research and consulting firm in McLean, Virginia. Previously, he worked for CBS Inc.

William M. Diefenderfer III, executive vice president and co-founder of **InContext**®, Inc., is a lawyer, strategist, and scholar with broad experience in the private and public sectors. Diefenderfer is a senior partner in the Washington law firm of Wunder, Diefenderfer, Cannon & Thelen. Previously, he served as deputy director of the Office of Management and Budget, as chief of staff of the U.S. Senate Committee on Finance, and as chief counsel of the U.S. Senate Committee on Commerce, Science, and Transportation.

Lilley, DeFranco, and Diefenderfer are the authors of *The Almanac of State Legislatures* (Congressional Quarterly Books: Washington, D.C., 1994).

PART I NATIONAL POPULATION DISTRIBUTION AND STATE LEGISLATIVE DISTRICTS

The principal national findings of the 1990 Census regarding race and ethnicity in the United States are as follows: a little more than three-quarters (75.6 percent) of all Americans classify themselves as non-Hispanic white, 12.1 percent classify themselves as black (we use African-American in the atlas), 9.9 percent classify themselves as Hispanics (which according to the Census, encompasses all races—52 percent of Hispanics classify themselves as white), 3.4 percent classify themselves as Asian or Pacific Islander, and 0.8 percent as Native American. The Census also found that 18.4 percent classify their ancestry as German, 9.2 percent as Irish (almost the same percentage as Hispanics), and 4.5 percent as Italian.

Those numbers tell us little about potential political power at the state legislative level, but tables I-1 and I-2, drawn from the maps and tables in the atlas, tell us a good deal about potential political power at the state level. Table I-1, for example, tells us that African-Americans have not dispersed in large numbers all over the country. In other words, African-Americans have not participated fully in the suburbanizing and metropolitanizing of the nation's population; they have not spread out like the white population. Table I-1 and the more detailed tables in the atlas show—and surprisingly—that by not dispersing, African-Americans have gained a potential state legislative political power base greater than their percentage of the total population would indicate. To illustrate this point, contrast the German-American population-political power numbers with those of the African-Americans. The German-Americans have a 50 percent greater share of the total population, *but African-Americans have a majority in 100 percent more or twice as many state house districts.*

The Hispanics show many of the same non-dispersal characteristics as the African-Americans. And, like the African-Americans, Hispanics have participated less than other groups in the suburbanizing-dispersing of the population. For example, Table I-2 contrasts the Irish-American population-political power numbers with those of the Hispanics. Both groups constitute the same percentage of the total population—about 9 percent. But there are no house or senate districts in which the Irish-Americans constitute a majority of the population; the Hispanics do so in many. Just as important, the Irish-American have almost no house or senate districts in which they constitute 25 percent of the population; the Hispanics have many.

Table I-3 shows the difference in population-political power between the African-Americans and the Hispanics. The African-Americans have 20 percent more popula-

Table I-1 Population-Political Power: African-American vs. German-American

Race, Ethnicity, Ancestry	% Overall Population	# Senate Districts w/ 50% + Pop.	# House Districts w/ 50% + Pop.	# Senate Districts w/ 25% + Pop.	# House Districts w/ 25% + Pop.	# Senate Districts w/ 10% + Pop.	# House Districts w/ 10% + Pop.
African-American	12.1%	126	362	131	296	276	673
German-American	18.4%	79	157	524	1,144	814	1,938

Table I-2 Population-Political Power: Hispanics vs. Irish-American

Race, Ethnicity, Ancestry	% Overall Population	# Senate Districts w/ 50% + Pop.	# House Districts w/ 50% + Pop.	# Senate Districts w/ 25% + Pop.	# House Districts w/ 25% + Pop.	# Senate Districts w/ 10% + Pop.	# House Districts w/ 10% + Pop.
Hispanic	9.9%	42	108	64	128	180	383
Irish-American	9.2%	0	0	9	37	779	2,201

Table I-3 Population-Political Power: African-American vs. Hispanic

Race, Ethnicity, Ancestry	% Overall Population	# Senate Districts w/ 50% + Pop.	# House Districts w/ 50% + Pop.	# Senate Districts w/ 25% + Pop.	# House Districts w/ 25% + Pop.	# Senate Districts w/ 10% + Pop.	# House Districts w/ 10% + Pop.
African-American	12.1%	126	362	131	296	276	673
Hispanic	9.9%	42	108	64	128	180	383

Table I-4 Population-Political Power: Irish-American vs. Italian-American

Race, Ethnicity, Ancestry	% Overall Population	# Senate Districts w/ 50% + Pop.	# House Districts w/ 50% + Pop.	# Senate Districts w/ 25% + Pop.	# House Districts w/ 25% + Pop.	# Senate Districts w/ 10% + Pop.	# House Districts w/ 10% + Pop.
Irish-American	9.2%	0	0	9	37	779	2,201
Italian-American	4.5%	1	3	21	62	179	463

tion than the Hispanics, but constitute a majority in three times as many house and senate districts. The maps and tables in the rest of the atlas show that the Cuban and South American cohorts of the broader Hispanic cohorts have dispersed more broadly throughout the population.

Table I-4 shows the contrast in population-political power between two longtime ethnic rivals of American politics—the Irish-Americans and the Italian-Americans. The Irish-Americans have twice the population, and both groups are widely dispersed throughout the population and state legislative districts. Therefore, neither group has many senate or house districts with either 50 percent or 25 percent of total population. In other words, neither group is statistically dominant in any but a handful of districts. But the Italians, who typically arrived later than the Irish, hold a significant number of house and senate seats in the states where they initially settled and where they constitute more than 25 percent of the population—New York, Rhode Island, Connecticut, Massachusetts, Pennsylvania, and New Jersey. In other words, both the Irish and the Italians are dispersed, the Irish only more so.

The maps and the tables—all at the national level—show another important and perhaps surprising reality of the relationship between population growth and political power. The media frequently report that the African-American and Hispanic populations are growing faster in the United States than the European-based white population groups. The implicit assumption is that these groups' political power will keep pace with their larger numbers. We find that this is not necessarily true. Potential political power will increase *only if the population group stays geographically clustered.* Once the population group—in this case, African-Americans and Hispanics—begins to disperse into the suburbs where most of the rest of the population resides, the potential power base will begin to dilute—just as it did with the Irish and the Italians.

Look again at Table I-2 which measures the potential political power of the faster-growing Hispanics with the potential political power of the slower-growing Irish. Both groups now have slightly more than 9 percent of the population. But the putative Hispanic power is enormous vis-à-vis Irish political power *only* where the Hispanics have not dispersed—and that is in those districts where Hispanics have more than 50 percent and 25 percent of the population.

AFRICAN-AMERICAN
Top State House Districts

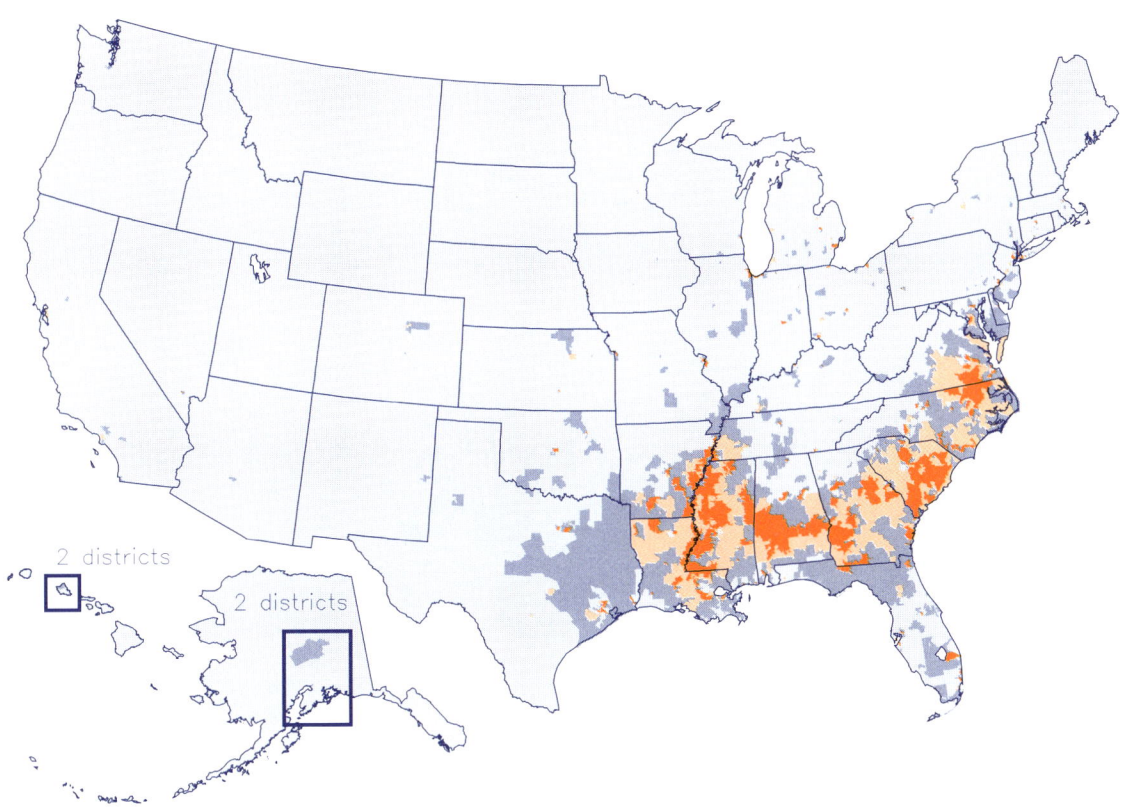

AMERICAN INDIAN, ESKIMO, or ALEUT
Top State House Districts

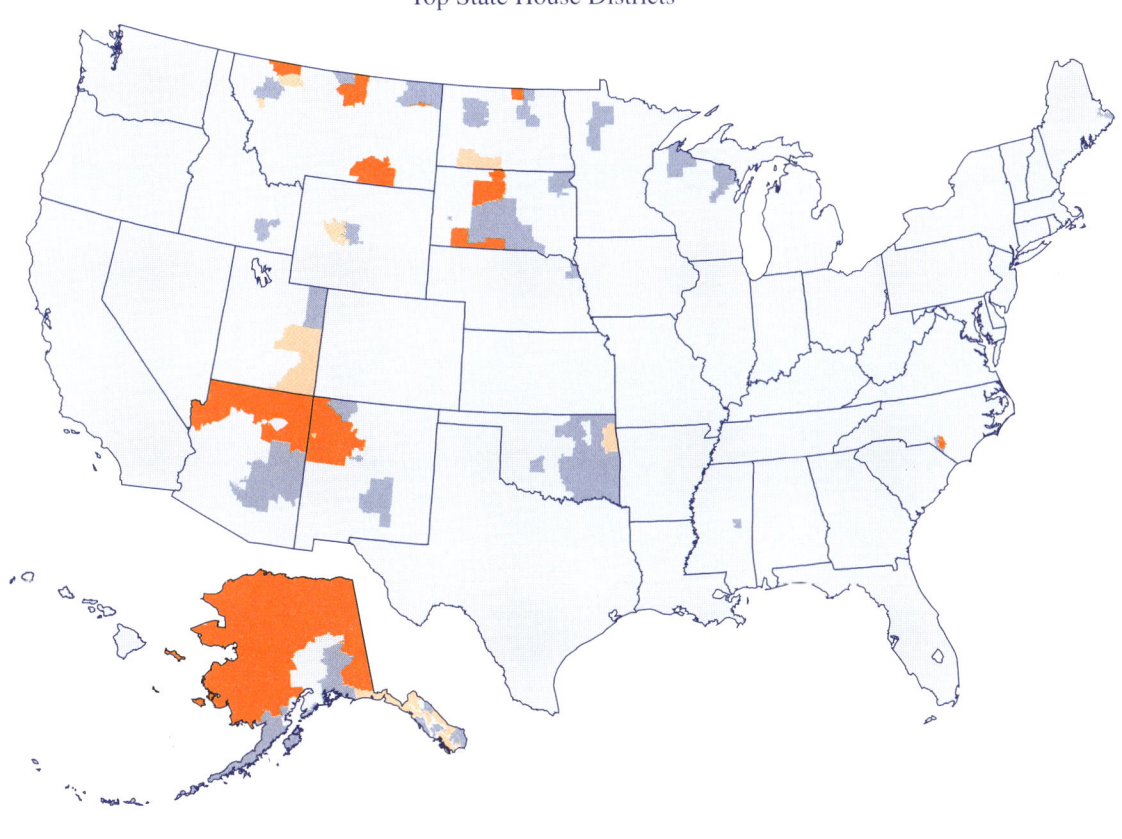

Population Ranges: 50.0% to 99.9% | 25.0% to 49.9% | 10.0% to 24.9% | 0.0% to 9.9%

ASIAN or PACIFIC ISLANDER
Top State House Districts

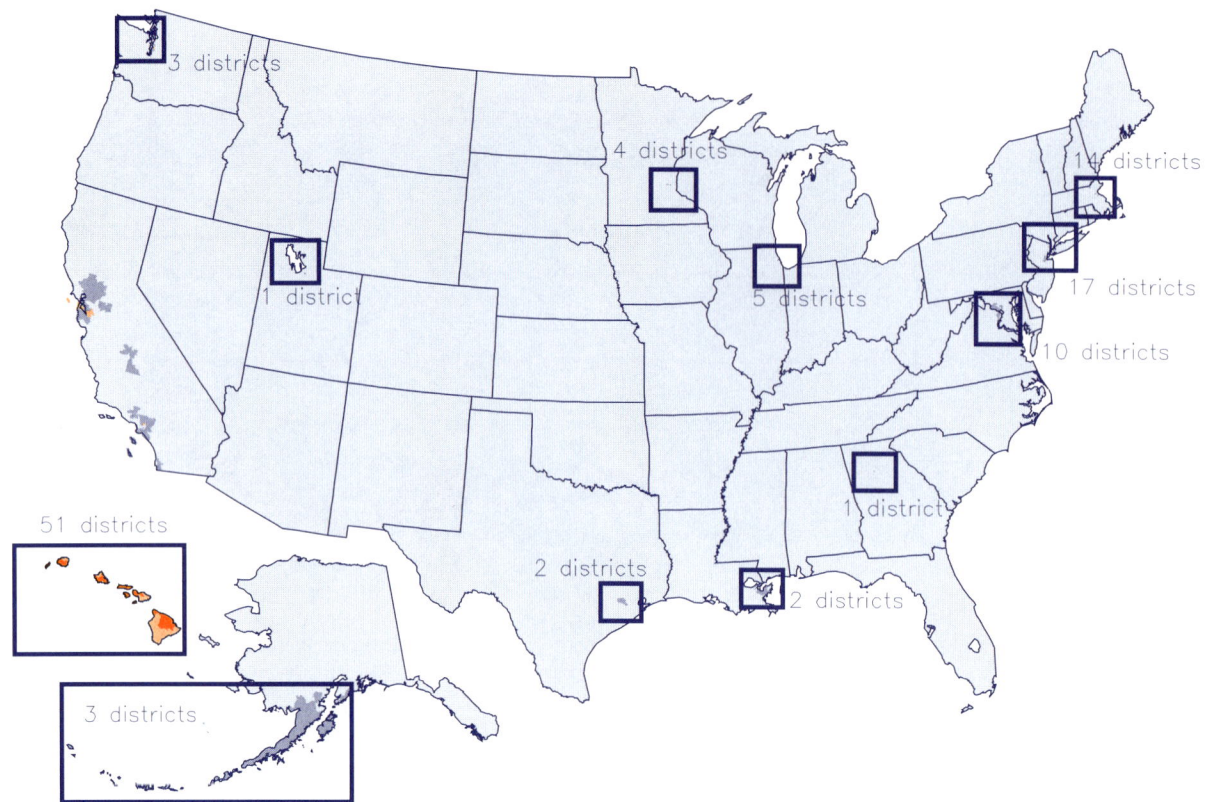

CHINESE
Top State House Districts

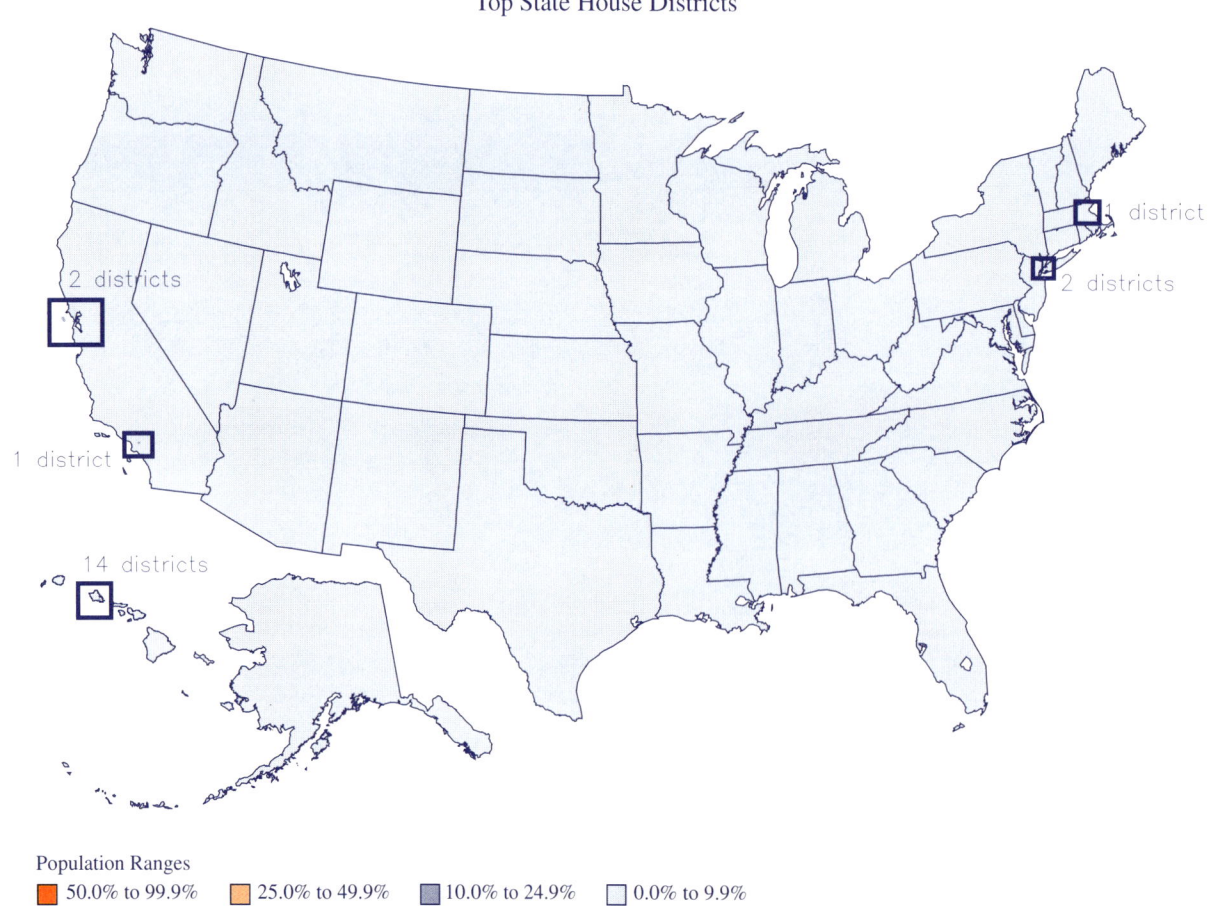

Population Ranges
■ 50.0% to 99.9%   ■ 25.0% to 49.9%   ■ 10.0% to 24.9%   □ 0.0% to 9.9%

JAPANESE
Top State House Districts

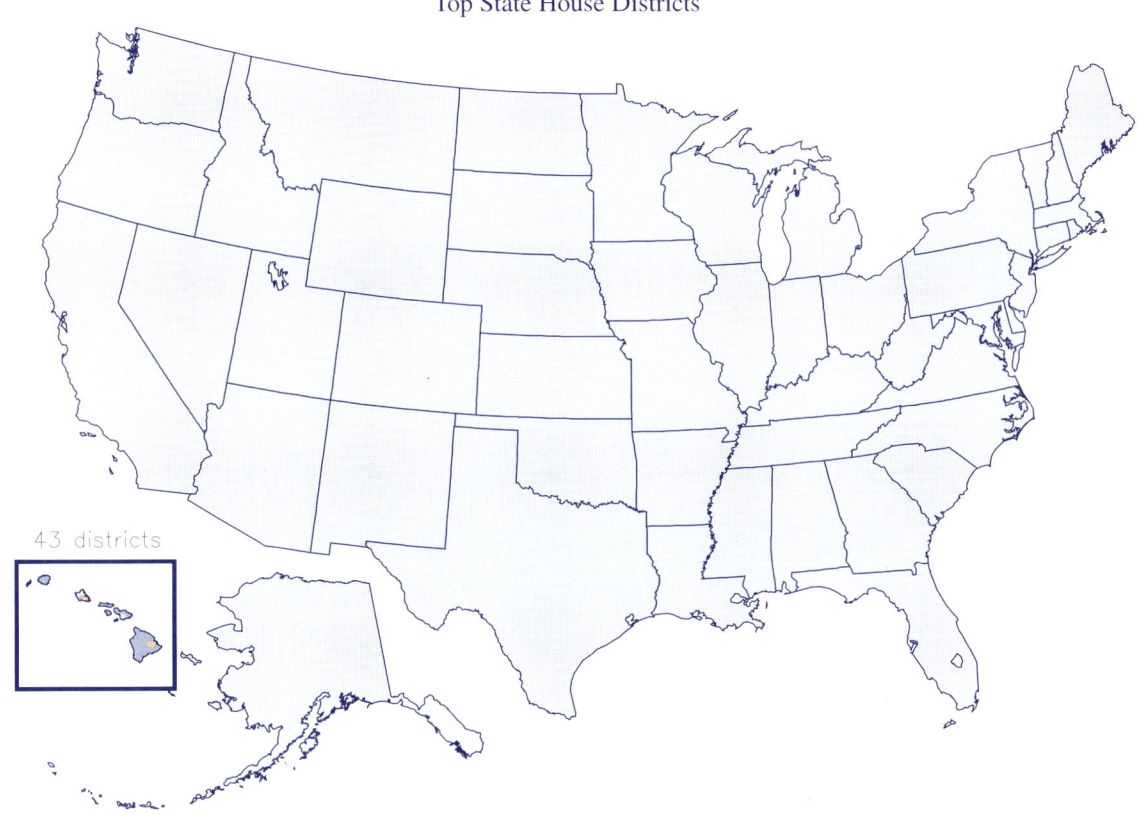

43 districts

KOREAN
Top State House Districts

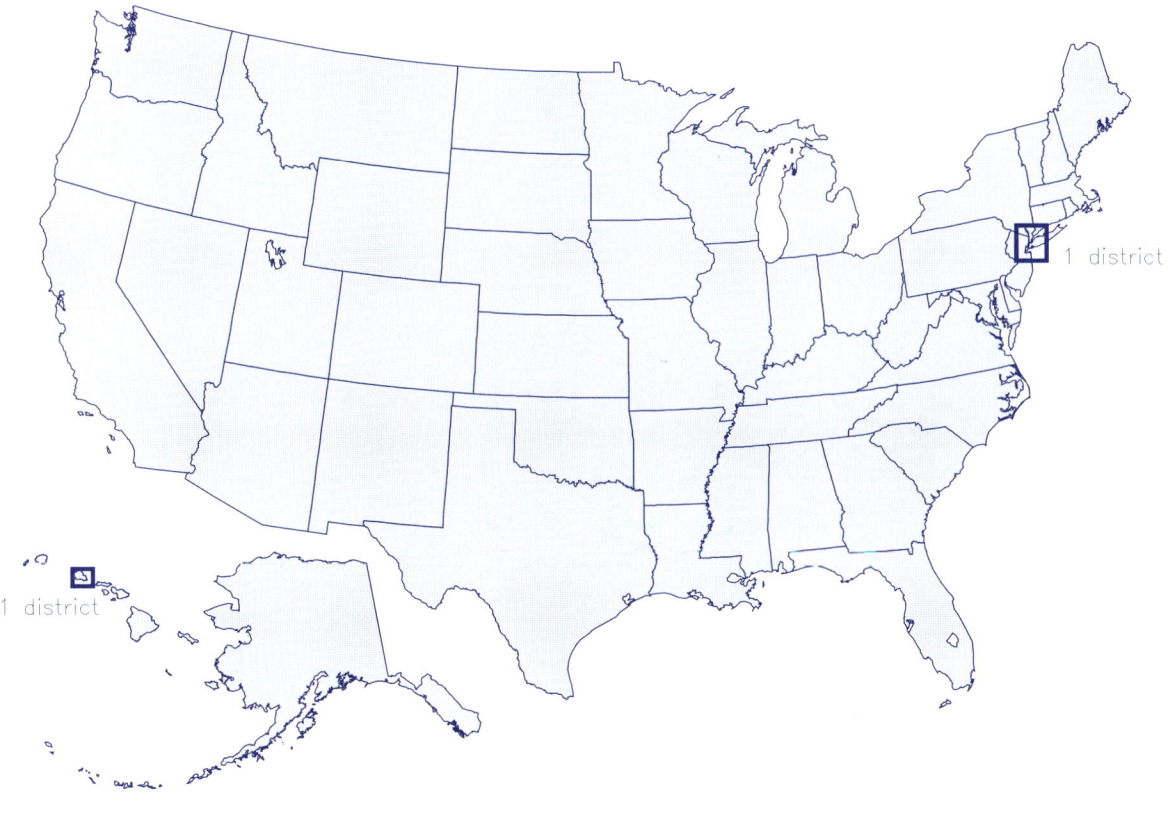

1 district

1 district

Population Ranges
- 50.0% to 99.9%
- 25.0% to 49.9%
- 10.0% to 24.9%
- 0.0% to 9.9%

HISPANIC
Top State House Districts

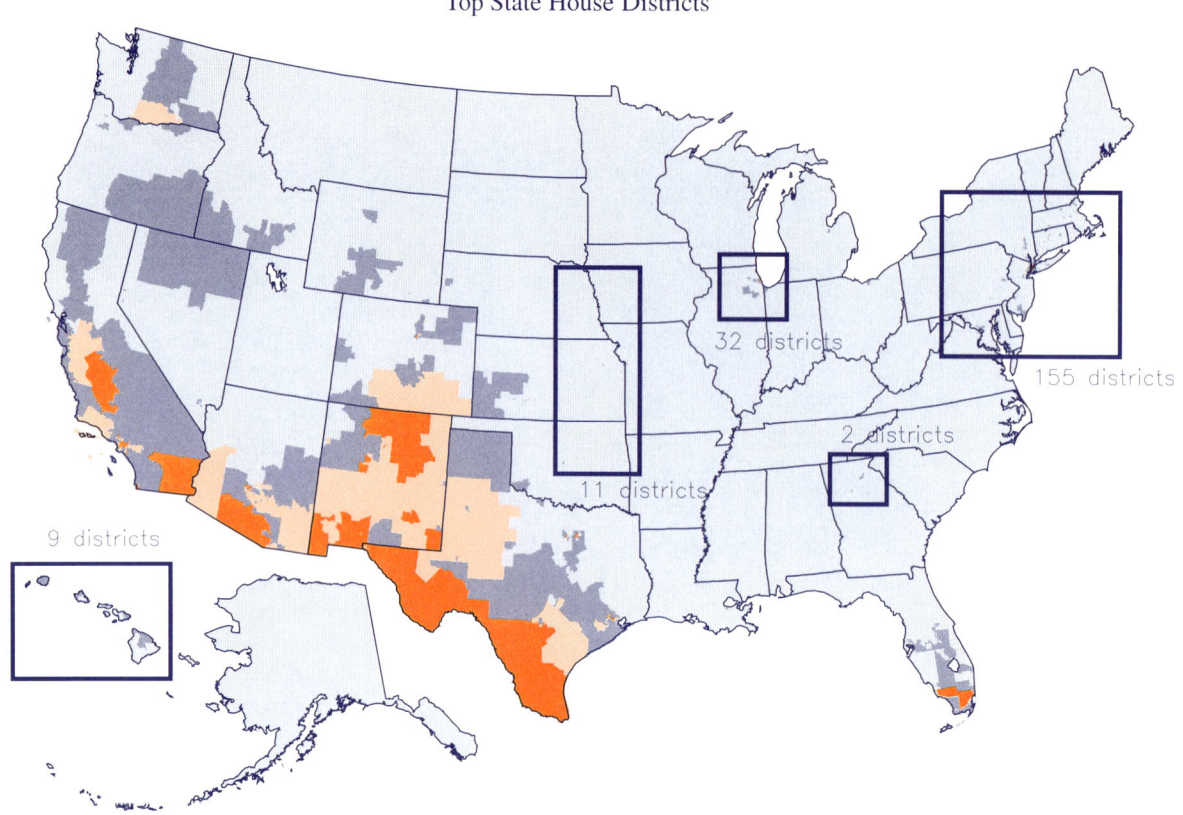

MEXICAN
Top State House Districts

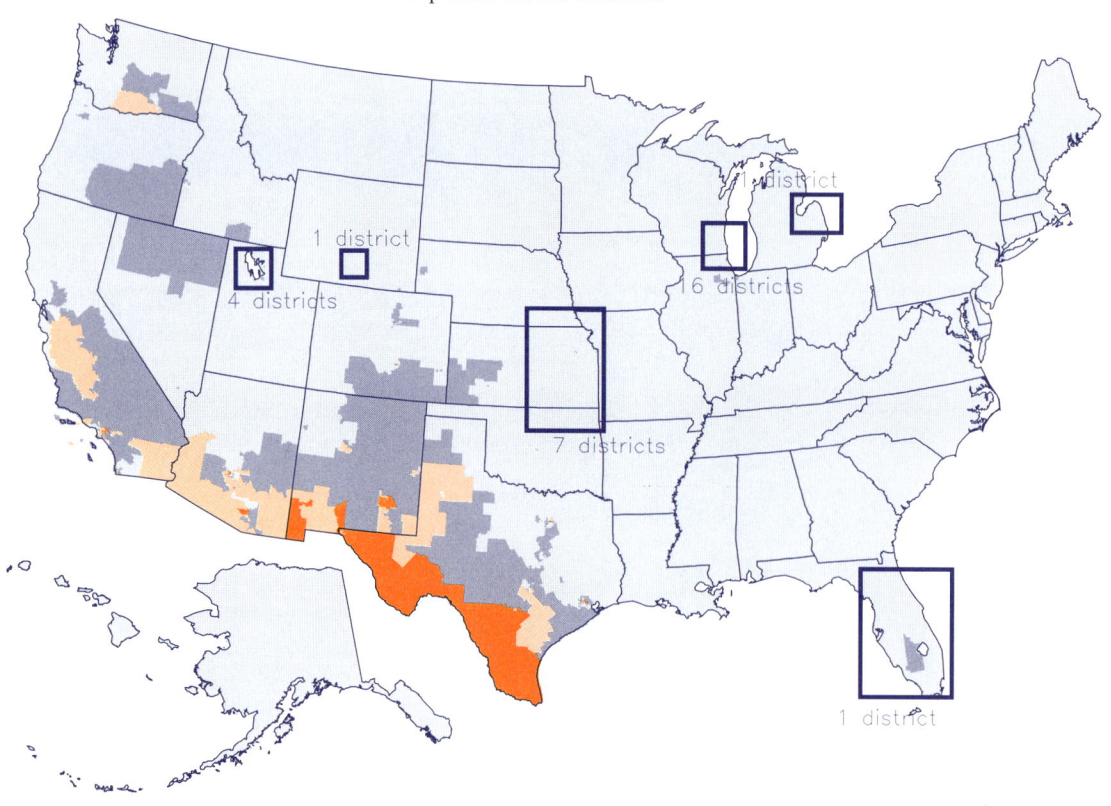

Population Ranges

- 50.0% to 99.9%
- 25.0% to 49.9%
- 10.0% to 24.9%
- 0.0% to 9.9%

PUERTO RICAN
Top State House Districts

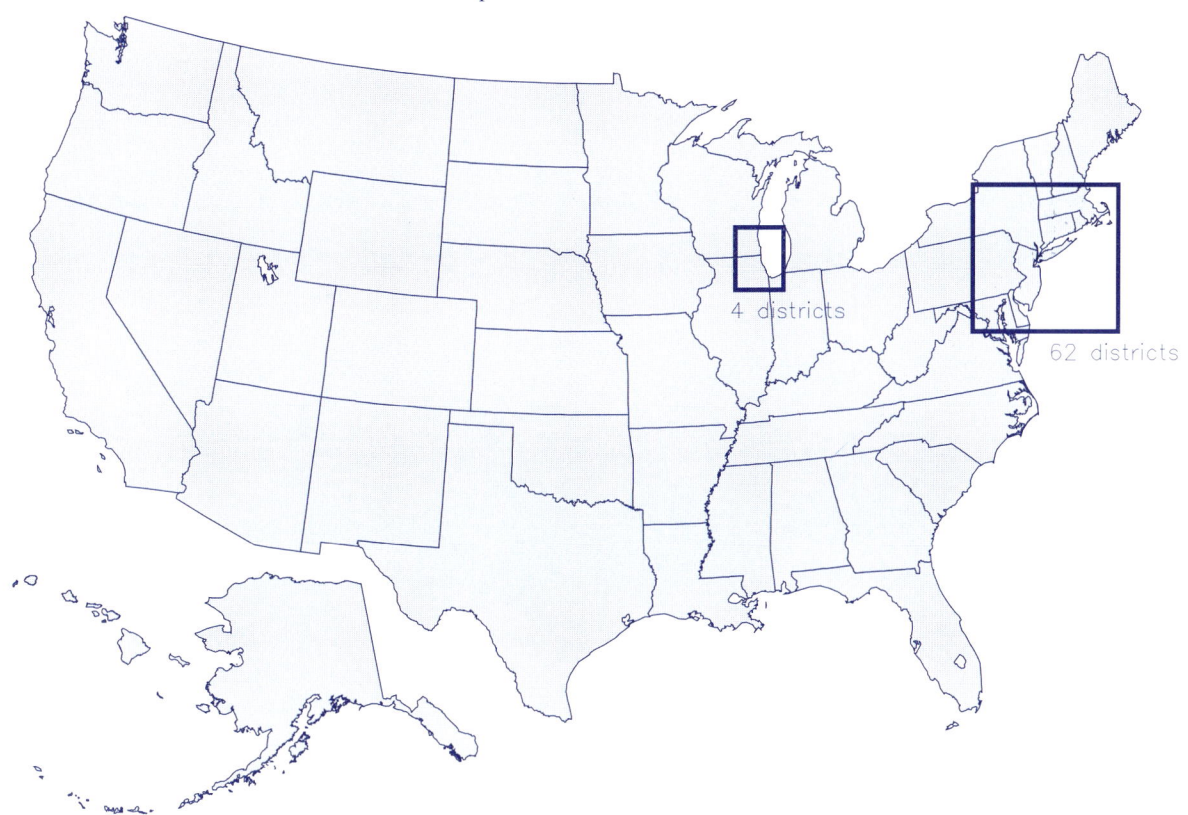

CUBAN
Top State House Districts

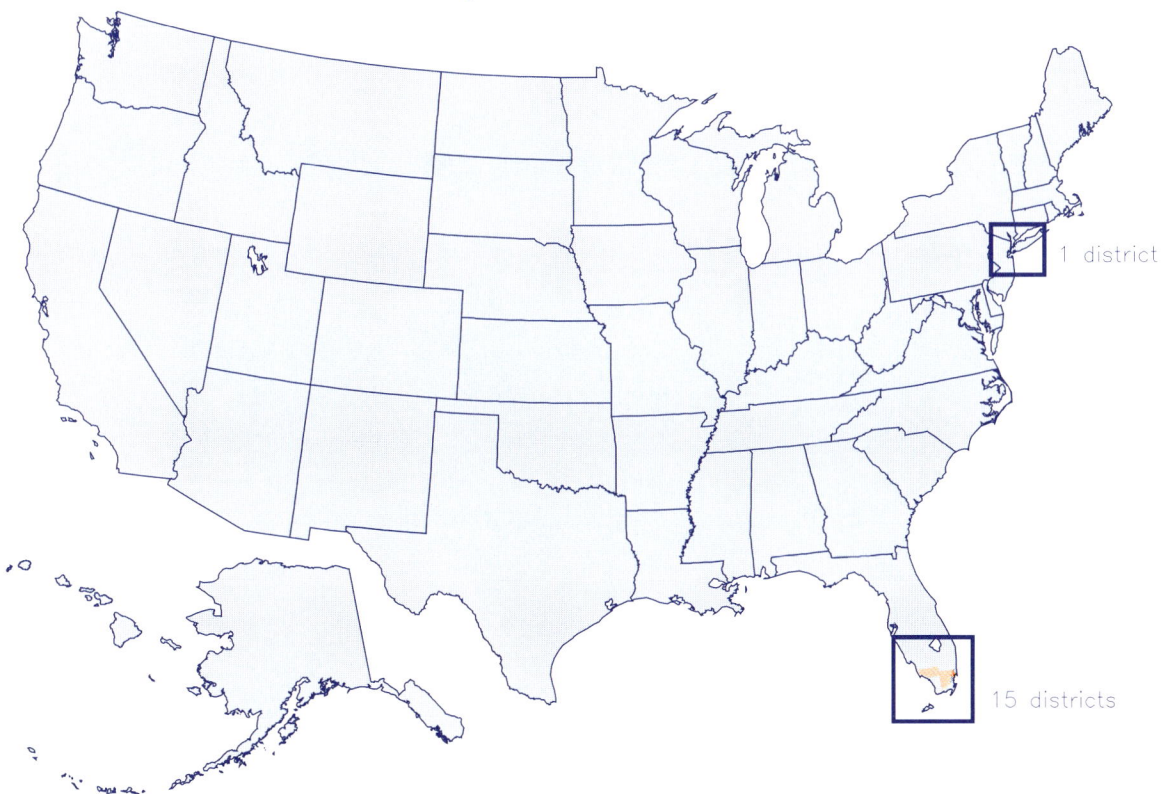

Population Ranges
- 50.0% to 99.9%
- 25.0% to 49.9%
- 10.0% to 24.9%
- 0.0% to 9.9%

GERMAN
Top State House Districts

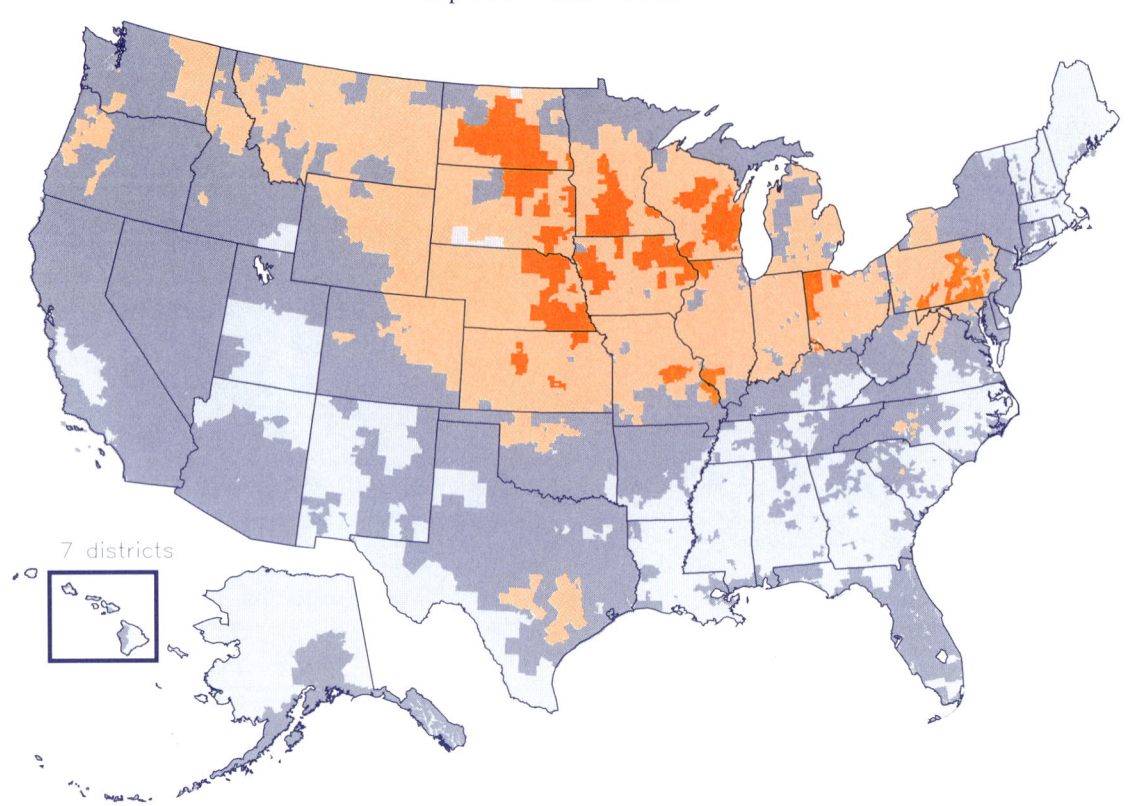

7 districts

IRISH
Top State House Districts

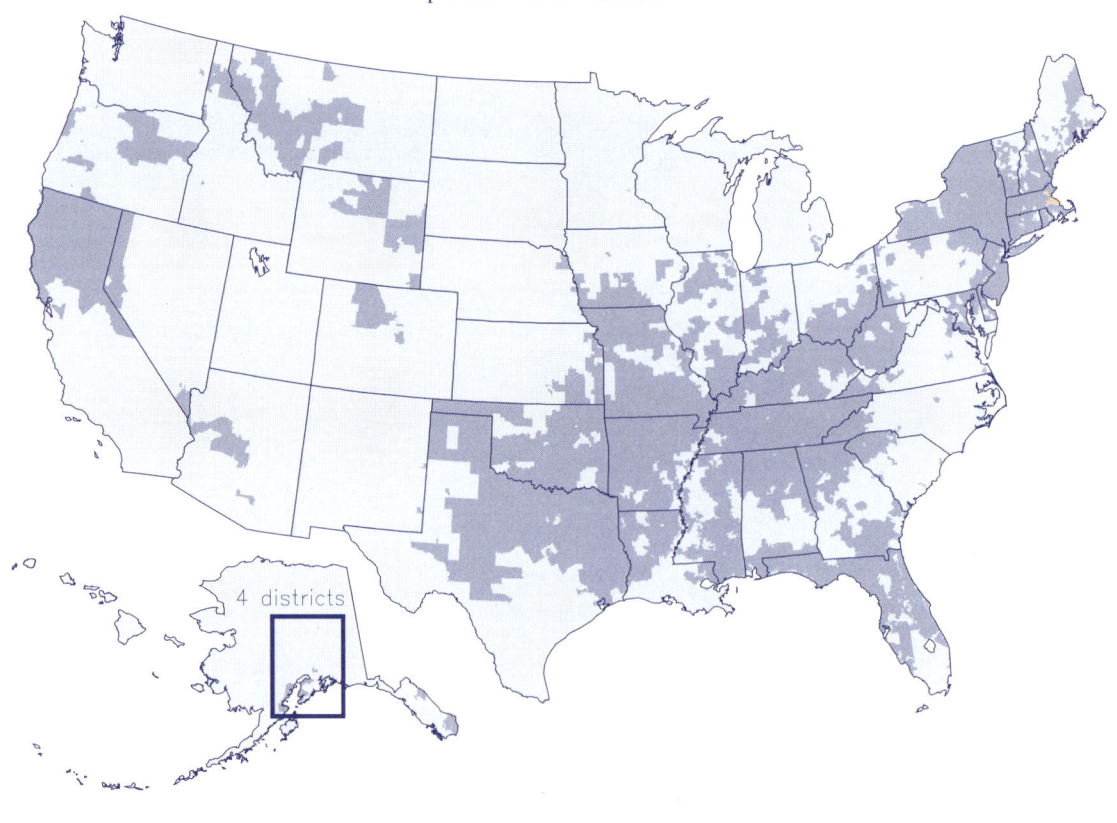

4 districts

Population Ranges
- ■ 50.0% to 99.9%
- ■ 25.0% to 49.9%
- ■ 10.0% to 24.9%
- □ 0.0% to 9.9%

ITALIAN
Top State House Districts

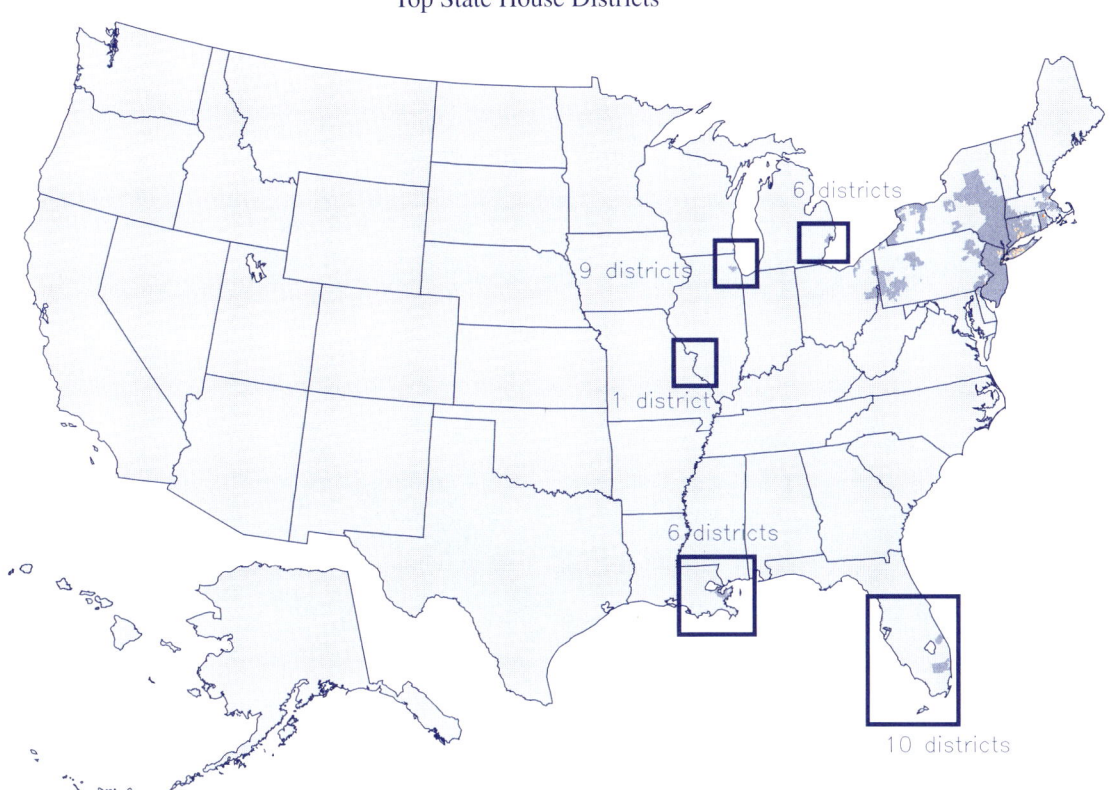

POLISH
Top State House Districts

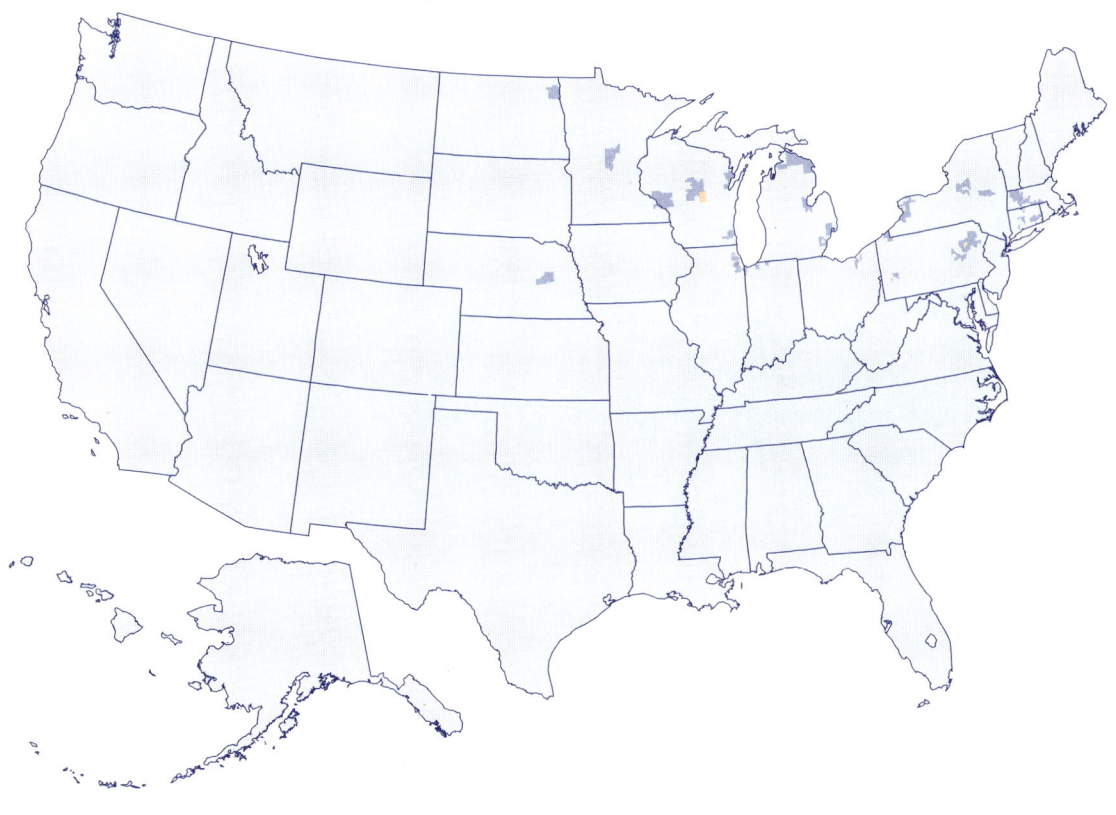

Population Ranges
■ 50.0% to 99.9%   ■ 25.0% to 49.9%   ■ 10.0% to 24.9%   □ 0.0% to 9.9%

National Population Distribution

AFRICAN-AMERICAN
Top State Senate Districts

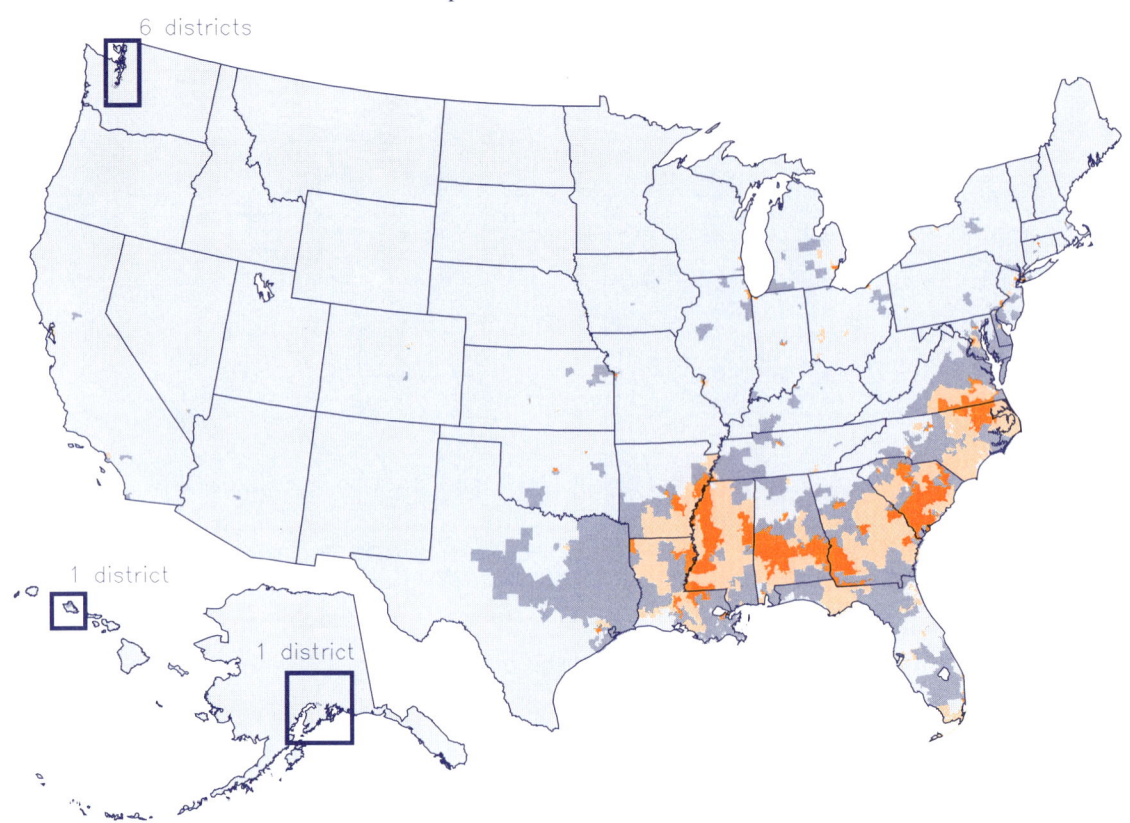

AMERICAN INDIAN, ESKIMO, or ALEUT
Top State Senate Districts

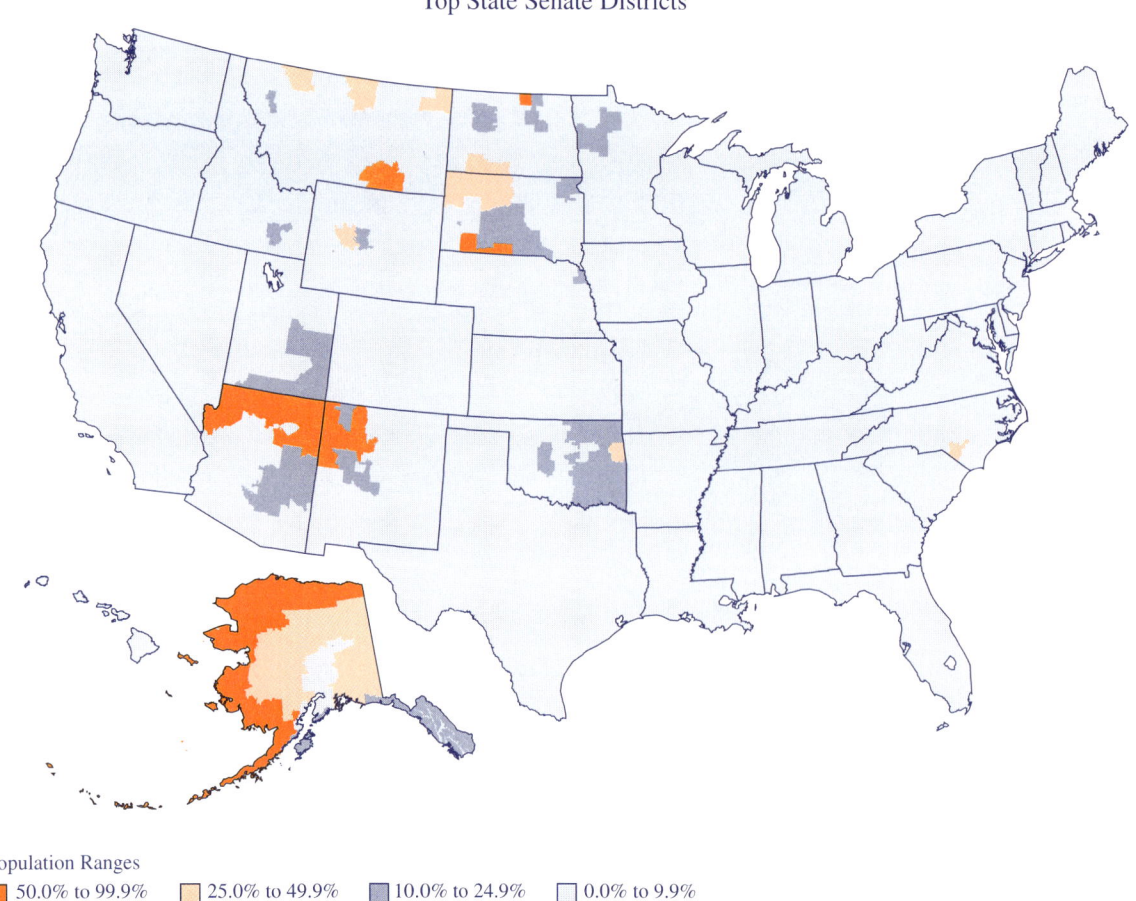

Population Ranges
- ■ 50.0% to 99.9%
- ■ 25.0% to 49.9%
- ■ 10.0% to 24.9%
- □ 0.0% to 9.9%

ASIAN or PACIFIC ISLANDER
Top State Senate Districts

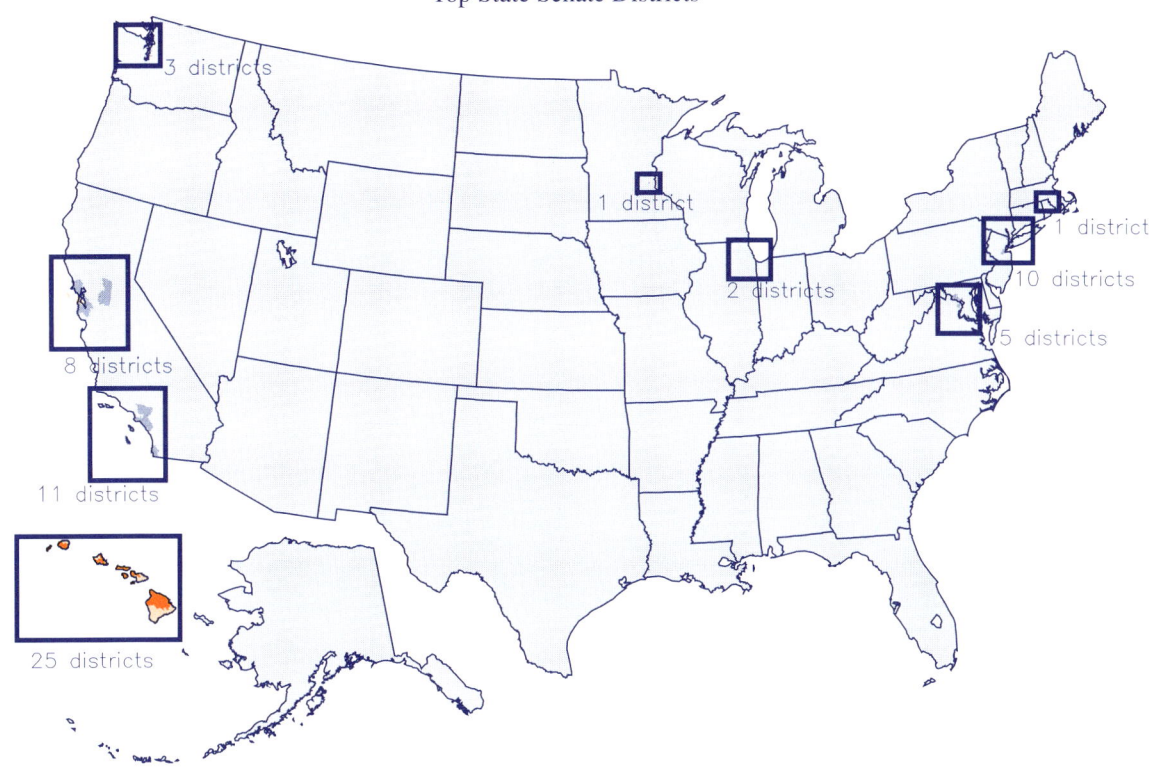

CHINESE
Top State Senate Districts

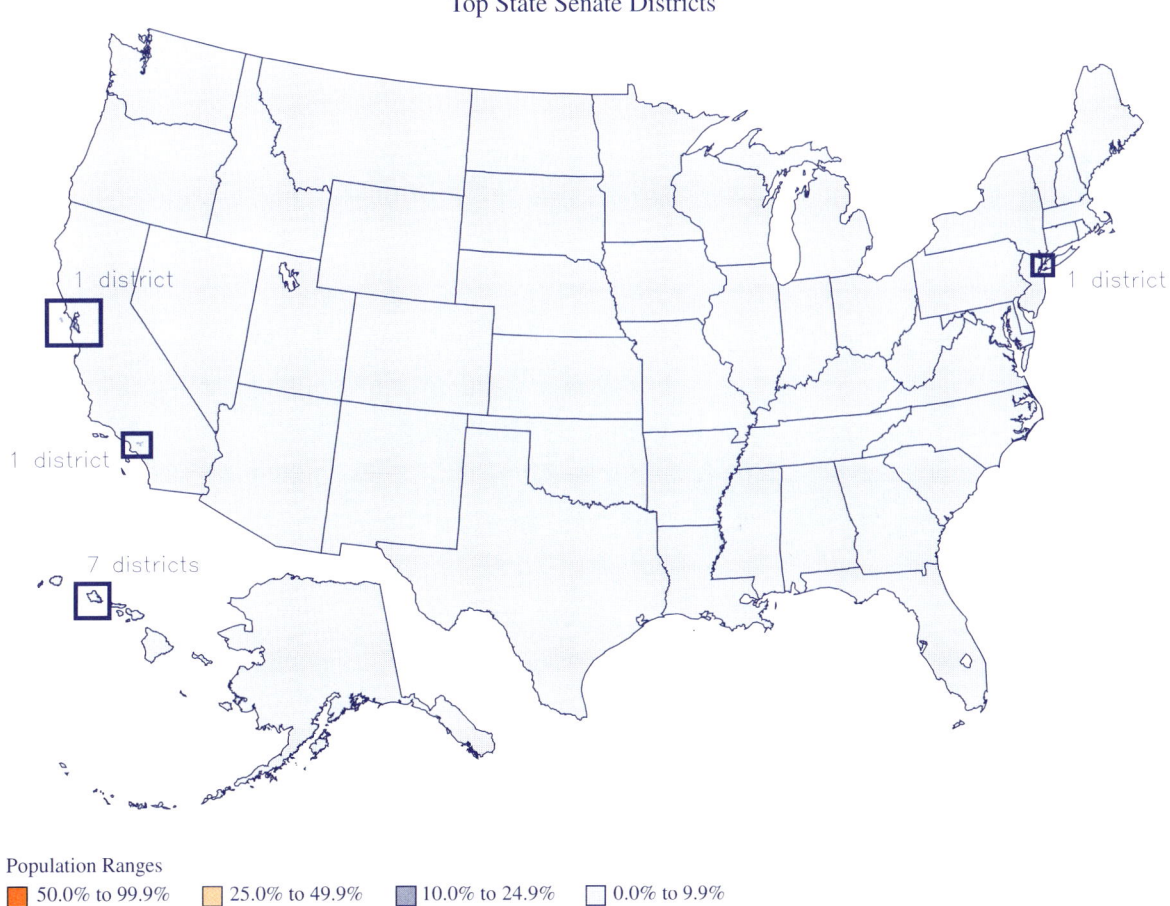

Population Ranges
- 50.0% to 99.9%
- 25.0% to 49.9%
- 10.0% to 24.9%
- 0.0% to 9.9%

JAPANESE
Top State Senate Districts

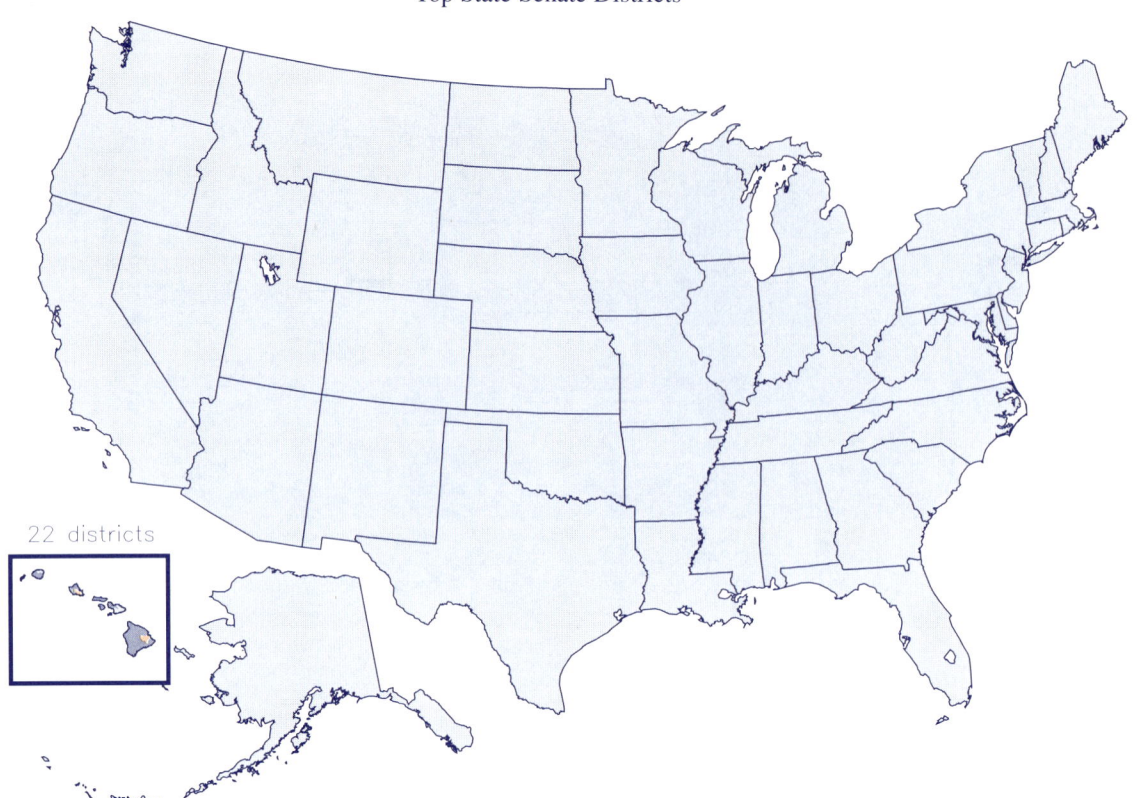

22 districts

KOREAN
Top State Senate Districts

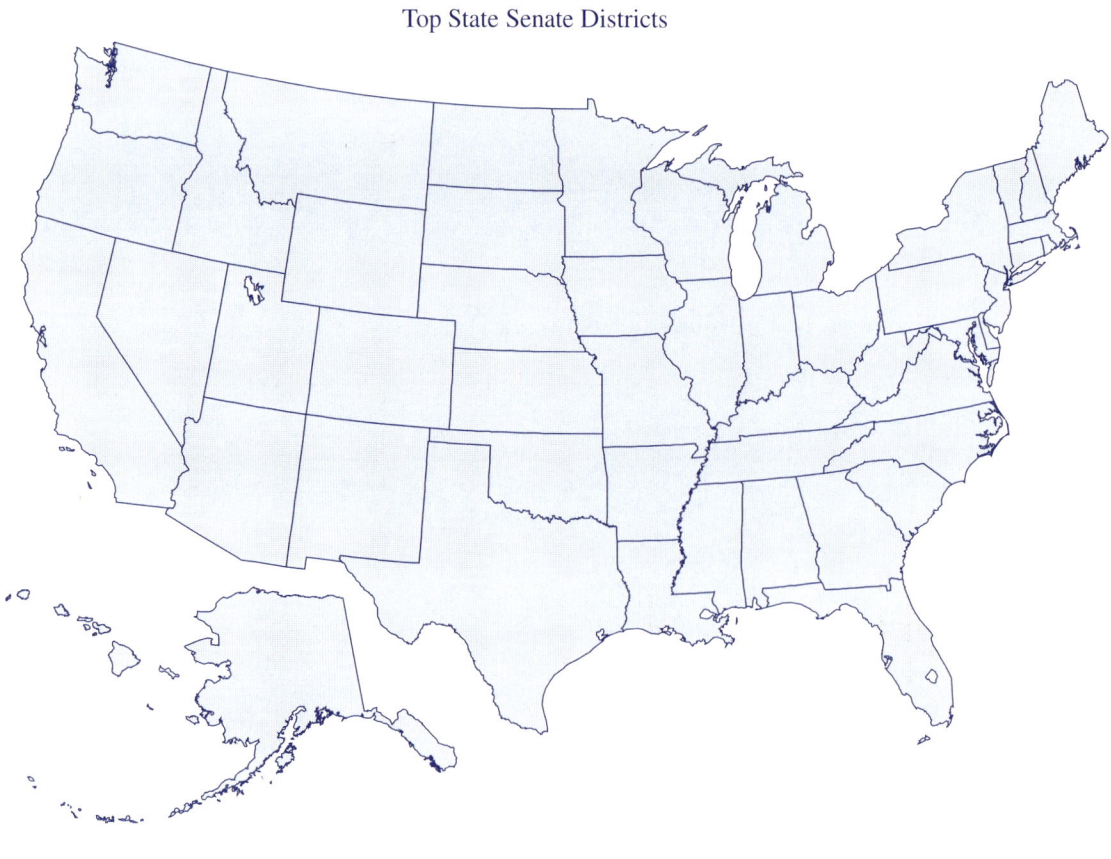

Population Ranges
- 50.0% to 99.9%
- 25.0% to 49.9%
- 10.0% to 24.9%
- 0.0% to 9.9%

HISPANIC
Top State Senate Districts

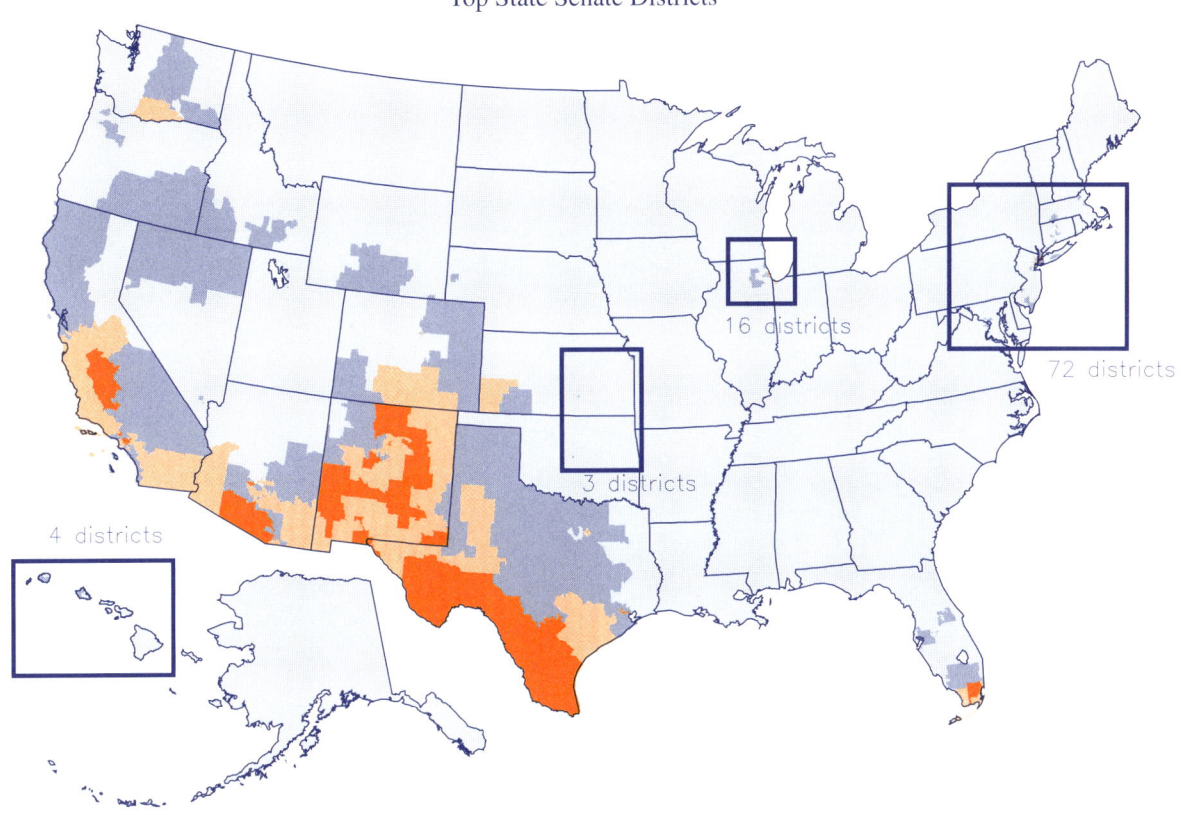

MEXICAN
Top State Senate Districts

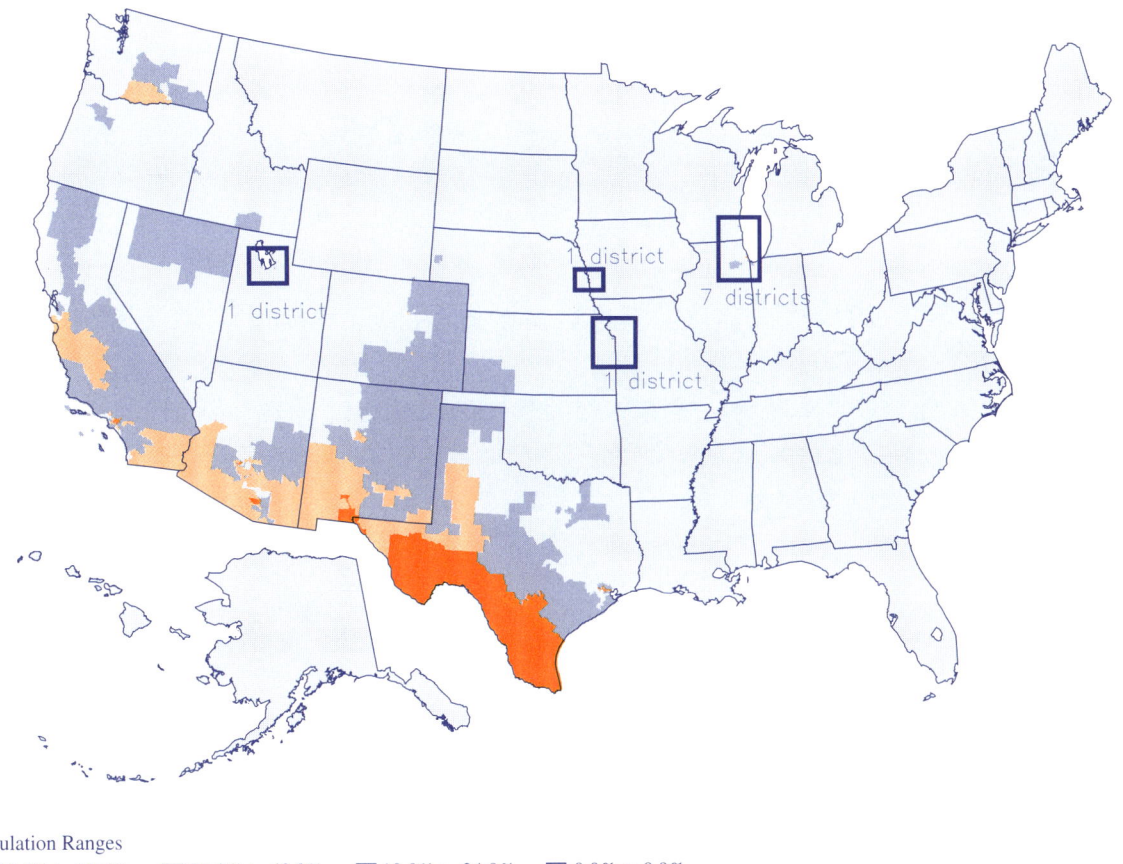

Population Ranges
- 50.0% to 99.9%
- 25.0% to 49.9%
- 10.0% to 24.9%
- 0.0% to 9.9%

PUERTO RICAN
Top State Senate Districts

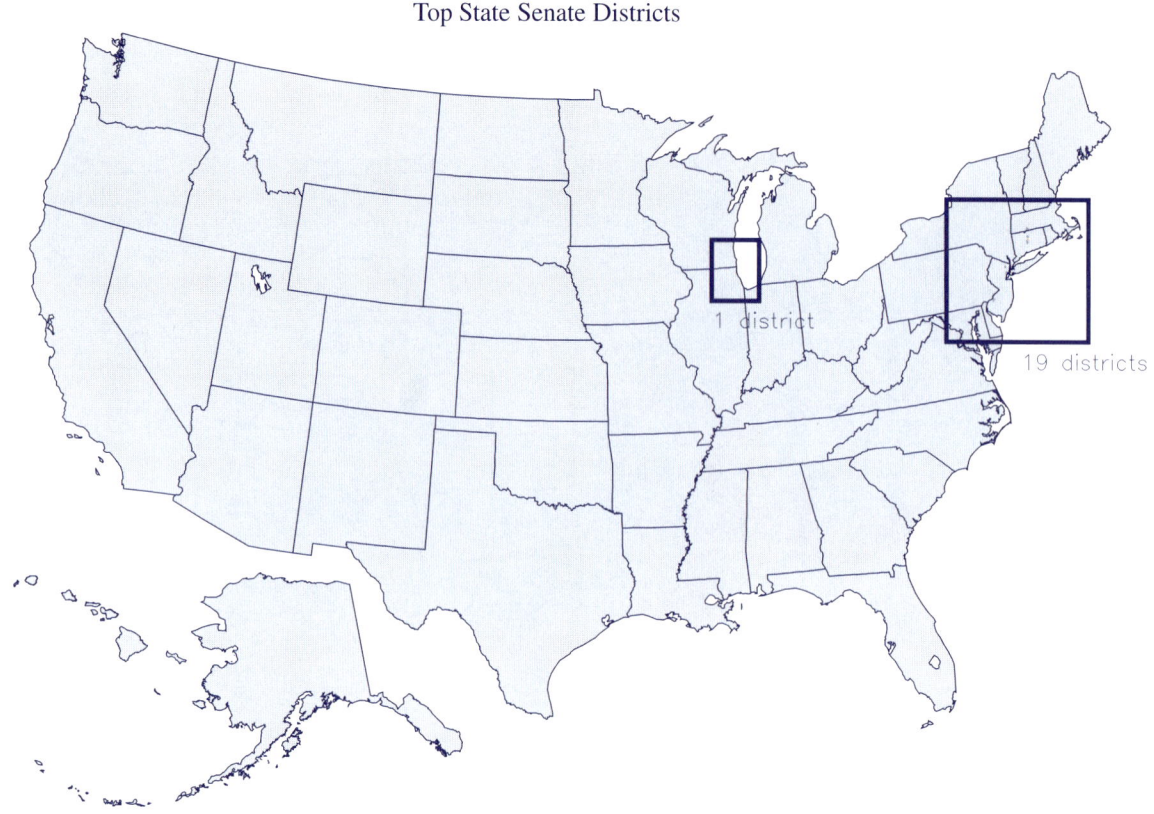

CUBAN
Top State Senate Districts

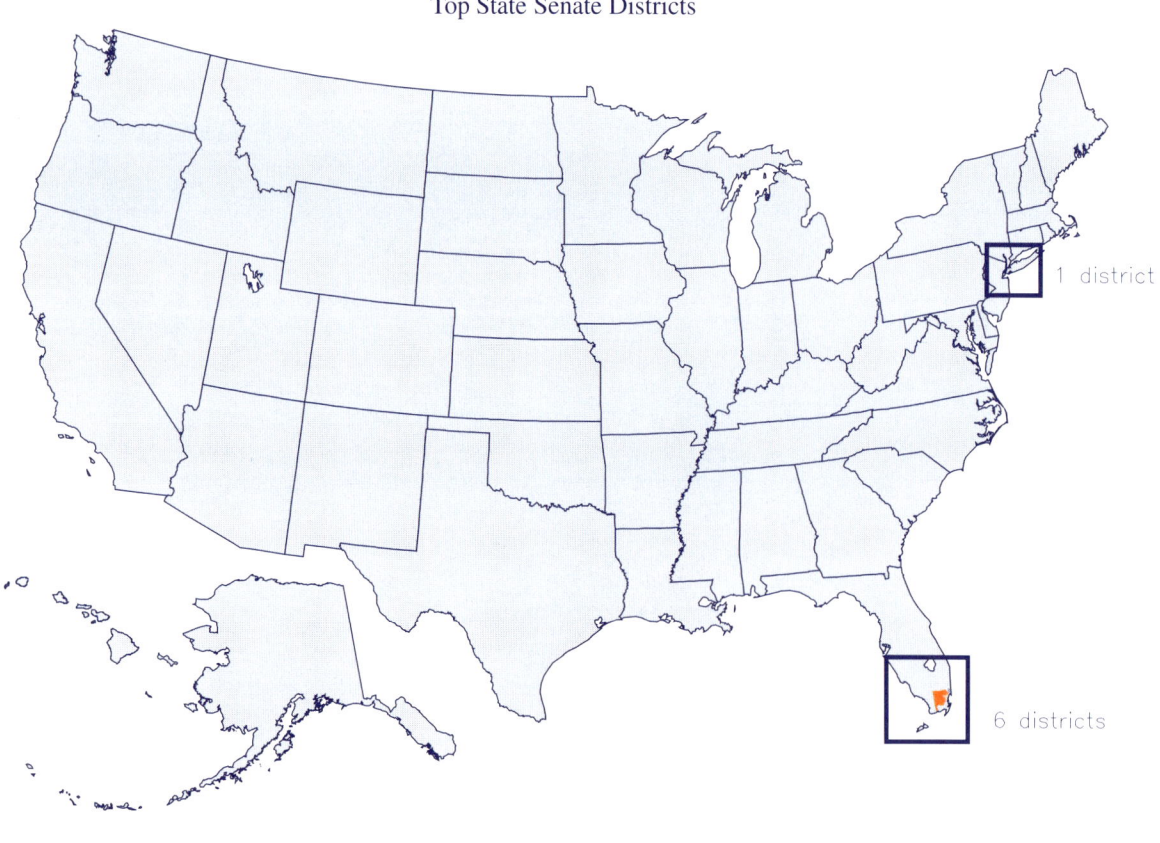

Population Ranges
- 50.0% to 99.9%
- 25.0% to 49.9%
- 10.0% to 24.9%
- 0.0% to 9.9%

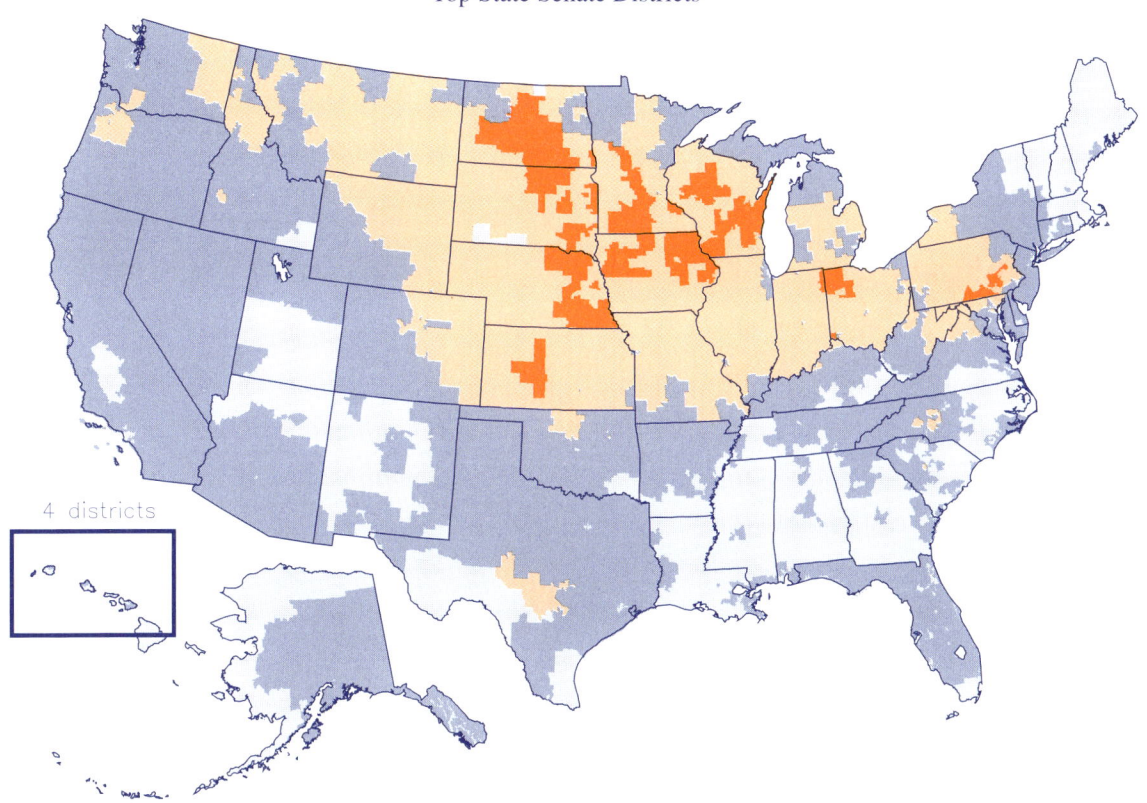

GERMAN
Top State Senate Districts

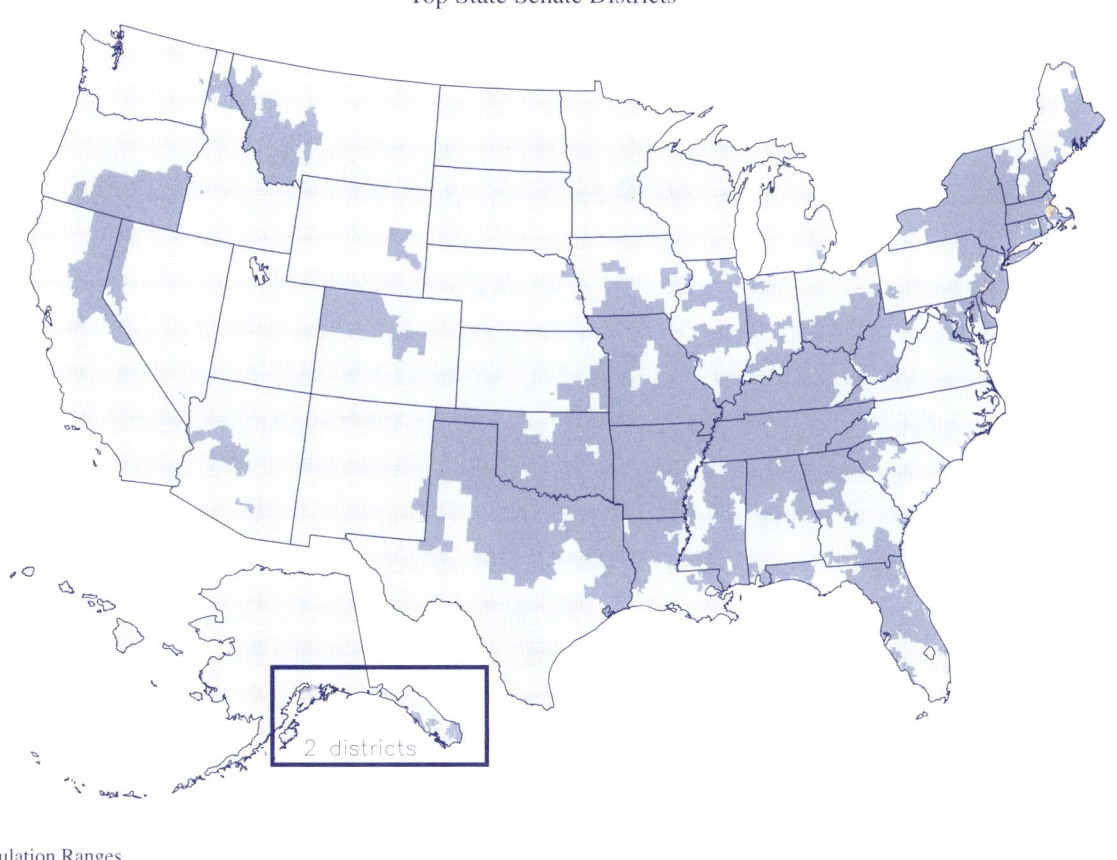

IRISH
Top State Senate Districts

Population Ranges

- ■ 50.0% to 99.9%
- ■ 25.0% to 49.9%
- ■ 10.0% to 24.9%
- □ 0.0% to 9.9%

ITALIAN
Top State Senate Districts

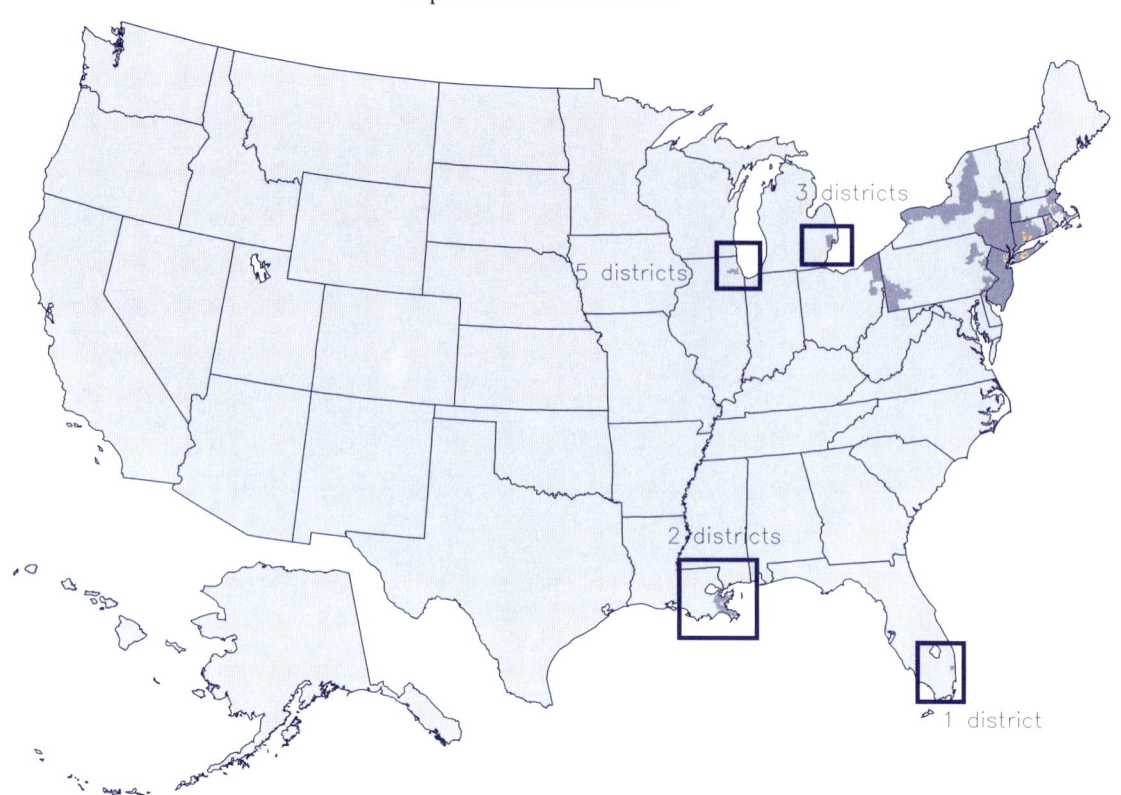

POLISH
Top State Senate Districts

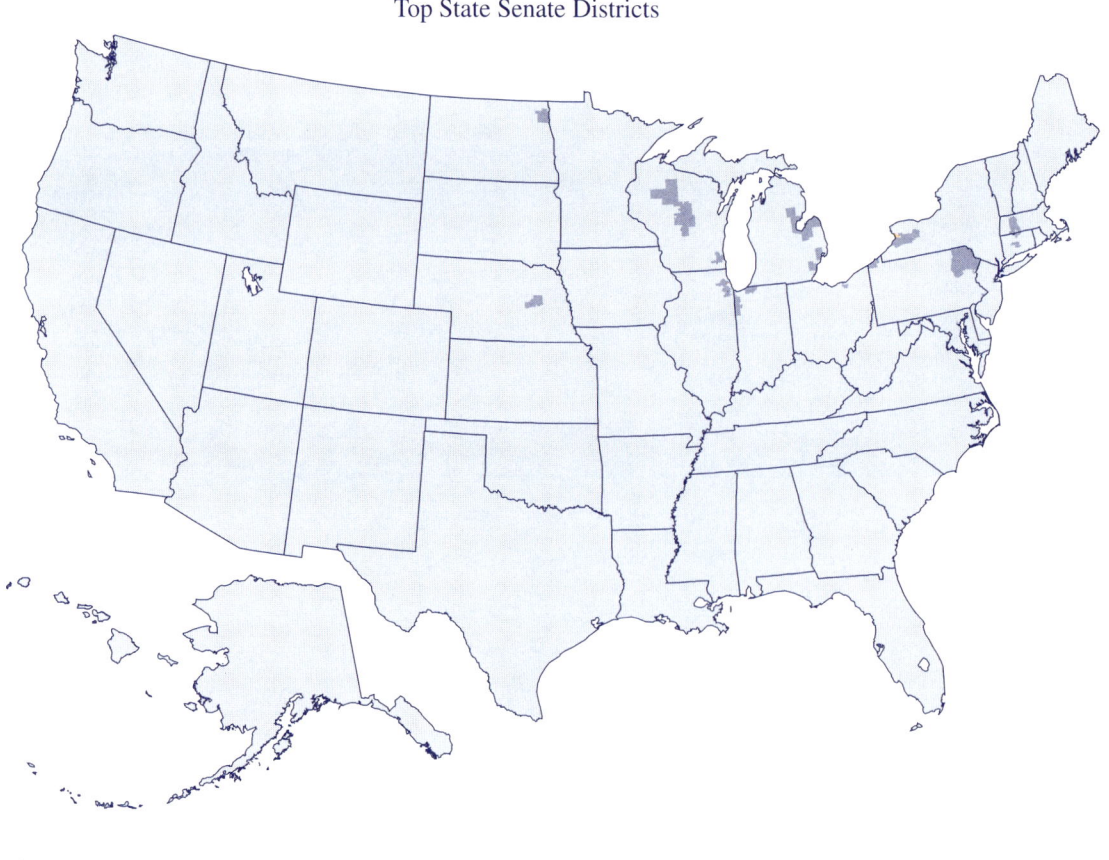

Population Ranges
- 50.0% to 99.9%
- 25.0% to 49.9%
- 10.0% to 24.9%
- 0.0% to 9.9%

PART II SOCIO-ECONOMICS AND POLITICAL DISPERSION IN STATE LEGISLATIVE DISTRICTS

As we said in the introduction, the primary value of the atlas is to show how fifteen of the nation's major racial, ethnic, and ancestral groups are distributed across state legislative districts. We believe that these measurements can provide some indication of putative political power for each of the fifteen groups at the state level.

We also stated that one of the concepts underpinning the atlas was the accelerating shift in government responsibilities away from the federal government toward the states, especially in policy areas that deal with the problems of low income, poor education, and government dependence. We believe these problems also involve race and ethnicity. The atlas therefore has an important secondary value: it enables the reader to link income, education, and government dependence *both* to race, ethnicity, and ancestry *and* to state legislative districts. The reader can track for a particular group in a particular state body by finding where that group fits in national and state rankings, by individual legislative district, for household income, percentage with college education, and percentage on social security.

Table II-1 telescopes the 6,744 geo-political and socio-economic linkages into a "Top 10" analysis. Put simply, we identified the ten house and the ten senate districts with the greatest concentrations of each of the fifteen groups, averaged their household income, and ranked them according to this average. The table lists the following for the house districts for each of the fifteen groups: average household income, average percentage with a college education, and average percent on social security for the house districts. For the senate districts, the table lists the average household income.

The "Top 10" list and the related Japanese-American table (p. 113) shows that the house districts with the greatest concentrations of Japanese-Americans have the highest average household income ($54,881), and the house districts with the greatest concentrations of Chinese-Americans have the second highest average household incomes ($53,991). The house districts with the greatest concentrations of African-Americans have the fourth-lowest average household incomes ($25,536), and the house districts with the greatest concentrations of Puerto-Rican-Americans have the lowest average household incomes ($23,625). We think that some of the information in the tables may challenge readers' preconceived notions about the different groups and their income levels.

We ran the same group rankings for the "Top 15" and the "Top 20." The linkages between group and income remained roughly the same for the Top 15 and the Top 20

Table II-1 Groups Ranked by Household Income

GROUP (TOP TEN HOUSE DISTRICTS)	HOUSE				SENATE	
	RANK	AVG HH INCOME	COLL EDUC	SS	RANK	AVG HH INCOME
Japanese	1	$54,881	35.8%	31.2%	1	$53,807
Chinese	2	$53,991	38.4%	30.1%	2	$51,522
Irish	3	$47,679	34.4%	28.7%	3	$48,657
Arab	4	$45,027	33.1%	30.5%	5	$47,885
Asian	5	$44,650	25.1%	32.5%	4	$48,428
Korean	6	$41,873	32.6%	22.9%	6	$46,015
Italian	7	$39,092	21.1%	32.6%	7	$39,802
Cuban	8	$38,680	27.6%	23.3%	8	$38,401
MEDIAN HH INCOME		**$38,456**				
Polish	9	$33,633	19.1%	34.9%	9	$36,708
German	10	$30,427	19.6%	31.9%	10	$29,378
American Indian	11	$25,864	15.8%	20.3%	15	$26,336
African-American	12	$25,536	14.2%	30.4%	14	$26,730
Hispanic	13	$25,503	14.1%	23.1%	13	$27,869
Mexican	14	$24,374	14.7%	24.7%	11	$28,766
Puerto Rican	15	$23,625	11.3%	20.8%	12	$27,941

as for the Top 10. Any movement by any individual group was on the margins and was no greater than the insignificant differences which the Top 10 table shows for state house versus state senate. The same eight groups above the median income in the Top 10 stayed there for the Top 15 and the Top 20, just as the same seven groups below the median income in the Top 10 stayed there for the Top 15 and the Top 20. The same correlation between group income and group education levels also remained constant in the Top 10, Top 15, and Top 20. We stopped running group income linkages at the Top 20 level because below that point some group population numbers as a percentage of total population were too small to make meaningful socio-economic observations about the specific group.

We think the most important general phenomena to note in juxtaposing these "Top Ten" linkages of group and income with the numerous dispersion maps and tables that follow are that the poorer the group, the greater its geo-political concentration; and the wealthier the group, the greater its geo-political dispersal. For a graphic summary of this correlation spanning all fifteen groups, see the *InContext Geo-Political Concentration Index* on page 23. These correlations also held for the Top 15 and the Top 20.

One of the values of this atlas is that it provides, at the state legislative level, the

Table II-2 InContext Geo-Political Concentration Index®

	CUBANS	GERMANS	KOREANS
POPULATION	1,051,897 or 0.4 percent of total U.S. population	46 million or 18.3 percent of total U.S. population	800,000 or 0.3 percent of total U.S. population.
IF PERFECTLY DISPERSED	Cuban-Americans would make up 0.4 percent of every legislative district	German-Americans would make up 18.3 percent of every legislative district	Korean-Americans would make up 0.3 percent of every legislative district
IF PERFECTLY CONCENTRATED	All 1,051,897 Cuban-Americans would live in legislative districts with 100 percent Cuban-American population	All 46 million German-Americans would live in legislative districts with 100 percent German-American population	All 800,000 Korean-Americans would live in legislative districts with 100 percent Korean-American population
NUMBER OF DISTRICTS NEEDED FOR PERFECT CONCENTRATION	It takes the first ten districts from the *Top Cuban House Districts* table on page 175 for total population to reach 1,051,897.	It takes the first 1,050 districts from the *Top German House Districts* table on page 182 for total population to reach 46 million.	It takes the first nine districts from the *Top Korean House Districts* table on page 118 for total population to reach 800,000.
ACTUAL NUMBER OF GROUP MEMBERS IN THESE DISTRICTS	The top ten Cuban-American districts account for only 462,835 of the 1,051,897 Cubans, or 44 percent of all Cubans.	The top 1,050 German-American districts account for only 17.9 million of the 46 million Germans or 39 percent of all Germans.	The top nine Korean-American districts account for only 64,000 of the 800,000 Koreans or 8 percent of all Koreans.
INCONTEXT® CONCENTRATION INDEX	InContext Concentration Index® equals 44 because 44 percent of all Cuban-Americans reside in those legislative districts in which all Cuban-Americans would have to live in order to be perfectly concentrated.	InContext Concentration Index® equals 39 because 39 percent of current German-Americans reside in those legislative districts in which all Germans would have to live in order to be perfectly concentrated.	InContext Concentration Index® equals 8 because 8 percent of current Korean-Americans reside in those legislative districts in which all Koreans would have to live in order to be perfectly concentrated.

statistical framework linking income levels for each of the fifteen groups to the point on a continuum measuring propensity to concentrate versus propensity to disperse. The atlas attempts to answer for the 6,744 state legislative districts two interwoven questions: Are poorer groups typically more concentrated and if so by how much? Are richer groups typically more dispersed and if so by how much? The answer to the first part of both questions is an almost unqualified yes.

Only two groups deviate from the pattern linking wealth with the propensity to disperse. One was something of a surprise to us, the other was not. The surprise group is the Poles. The Poles rank relatively low on the household income scale, ninth of fifteen, and below the group median income level ($37,370 versus $41,873), but the Poles rank very high on the dispersion scale, fourth of fifteen. We acknowledge that the Poles' income ranking is a close call statistically, as their household income averages are in most cases only marginally below the U.S. average. In one measurement, the Top 10 state senate rankings, the Poles' average household income is above the U.S. household average; in all other cases for the Top 10, the Top 15 and the Top 20, the Poles' average household income is slightly below the U.S. average. We are aware that the Poles' relatively low-in-income ranking could be due to their late arrival in the United States compared to other European-based immigrant groups, but that explanation is undercut by the Poles' higher propensity to disperse, a characteristic which is so typically linked with relatively high group income levels.

The group that was not a surprise is the Cubans. The Cubans have a group income level slightly higher than the median income level, ranking eighth of fifteen, but the Cubans rank low on the dispersion scale, twelfth of fifteen. There is no historical surprise here. The Cubans are well-known in American social history for their group ability to prosper; it is also well-known that Cubans are geographically concentrated in southern Florida.

The *InContext Geo-Political Concentration Index* shows the linkage of group wealth and group propensity to concentrate according to the geo-political matrix of state house legislative districts. We found that the group-to-income-to-concentration correlations remained almost unchanged for the Top 20 state house districts versus the Top 20 state senate districts, just as they did for the Top 10 house versus senate rankings. In addition, the status of the seven group winners, the six group losers, and the same two anomalous groups stayed the same whether ranked by house or senate, or by Top 10, Top 15, or Top 20. Measurements of group-to-income-to-concentration correlations based on other population matrices—such as counties, cities, standard metropolitan statistical areas (SMSAs), or states—might yield different results.

Table II-2 shows the methodological building blocks from which the Concentration Index was constructed. Specifically, the table shows the methodological steps for assigning an Index ranking number to the Cuban-Americans, the German-Americans, and the Korean-Americans—one anomaly, one low-income/high concentrator and one high-income/low concentrator.

SOCIO-ECONOMICS AND POLITICAL DISPERSION IN STATE LEGISLATIVE DISTRICTS

AFRICAN-AMERICAN
Top State House Districts

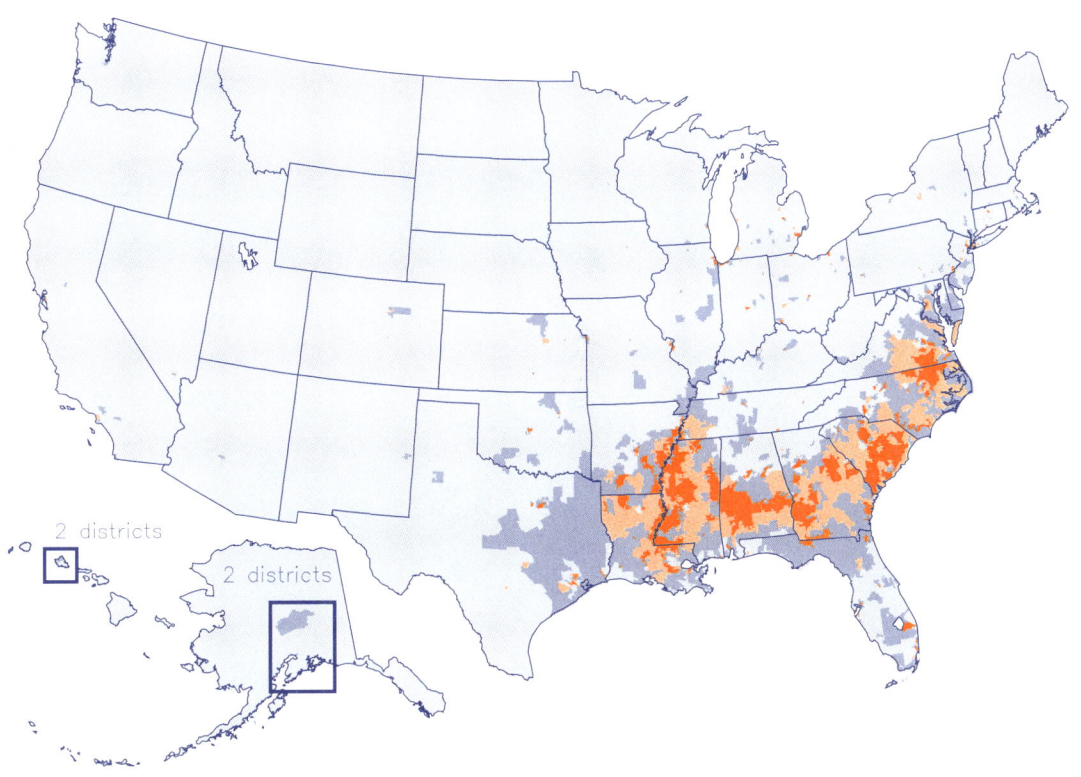

JACKSON

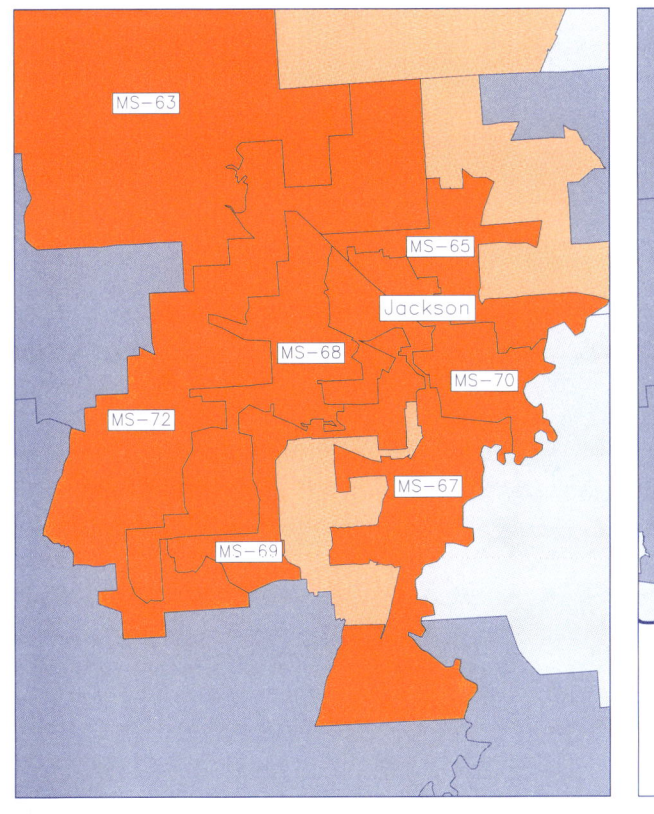

MOBILE

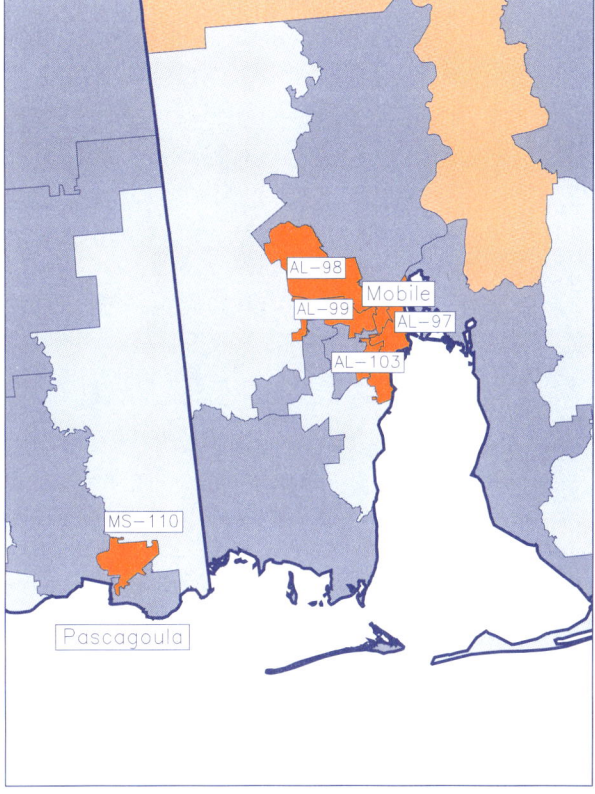

Population Ranges

- 50.0% to 99.9%
- 25.0% to 49.9%
- 10.0% to 24.9%
- 0.0% to 9.9%

AFRICAN-AMERICAN Top State House Districts

MEMPHIS - JACKSON - NEW ORLEANS

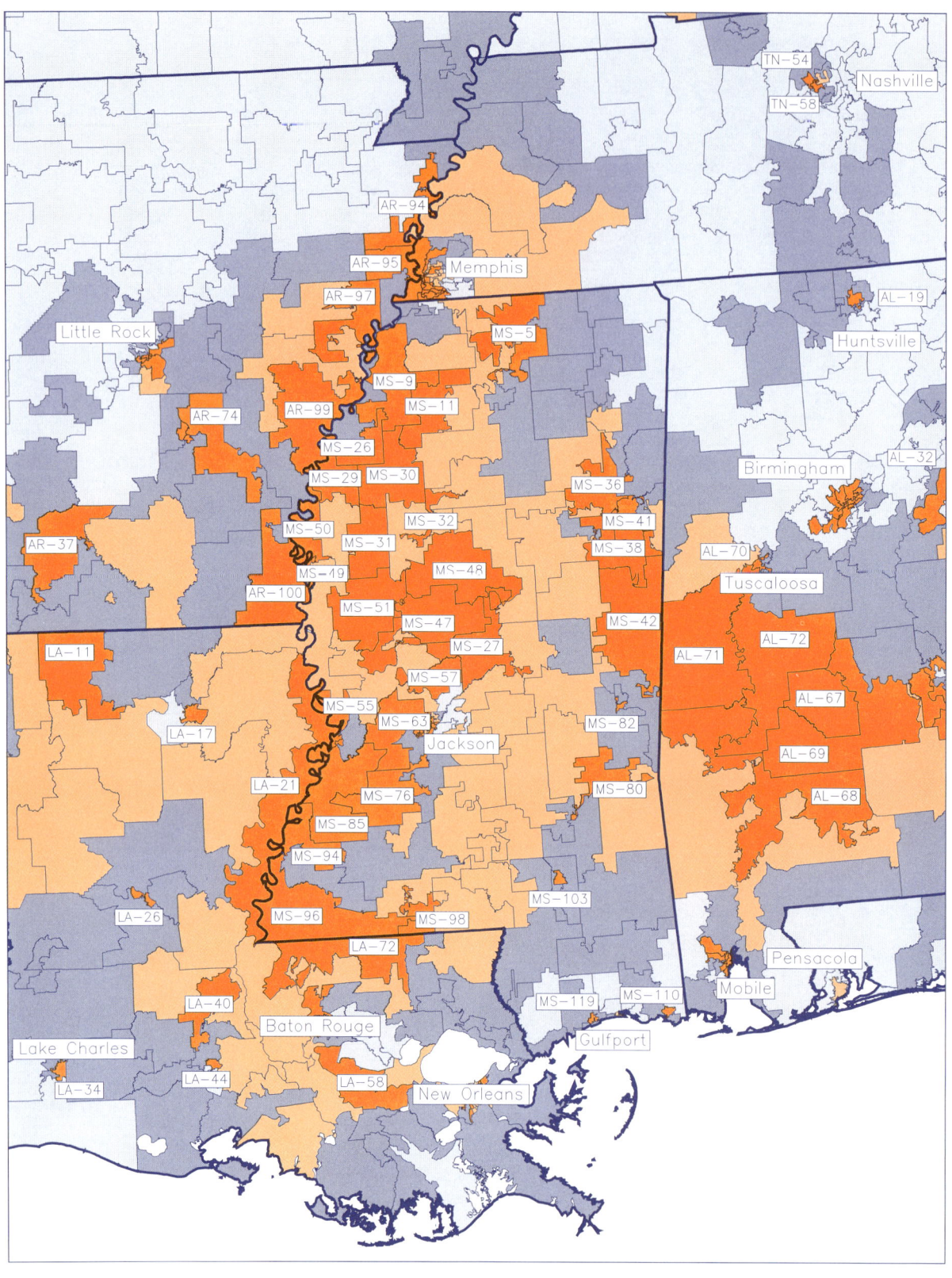

Population Ranges
- 50.0% to 99.9%
- 25.0% to 49.9%
- 10.0% to 24.9%
- 0.0% to 9.9%

AFRICAN-AMERICAN Top State House Districts

CHARLOTTE - MONTGOMERY - SAVANNAH - ORLANDO

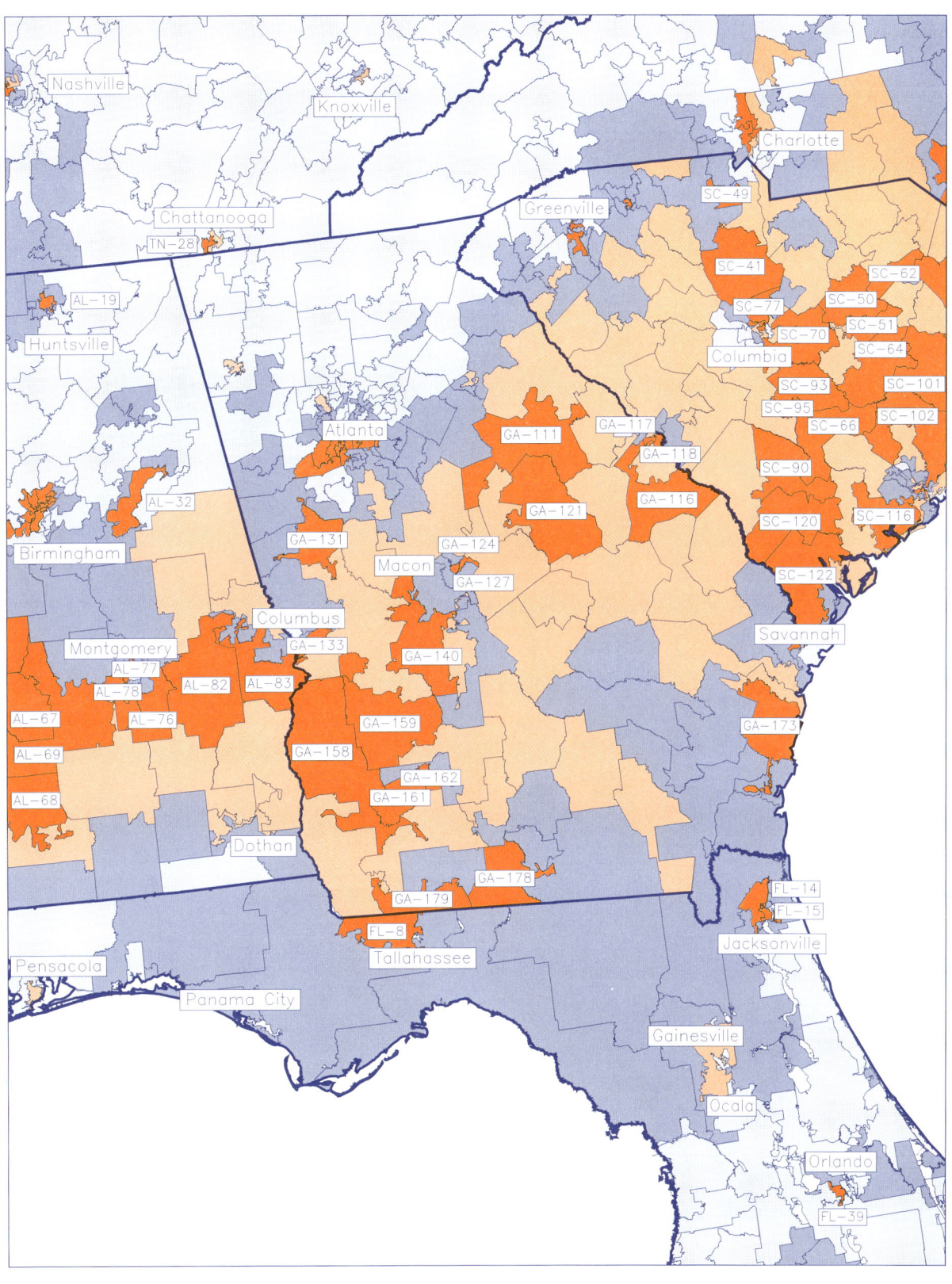

Population Ranges
- 50.0% to 99.9%
- 25.0% to 49.9%
- 10.0% to 24.9%
- 0.0% to 9.9%

AFRICAN-AMERICAN Top State House Districts

CHARLESTON

COLUMBIA

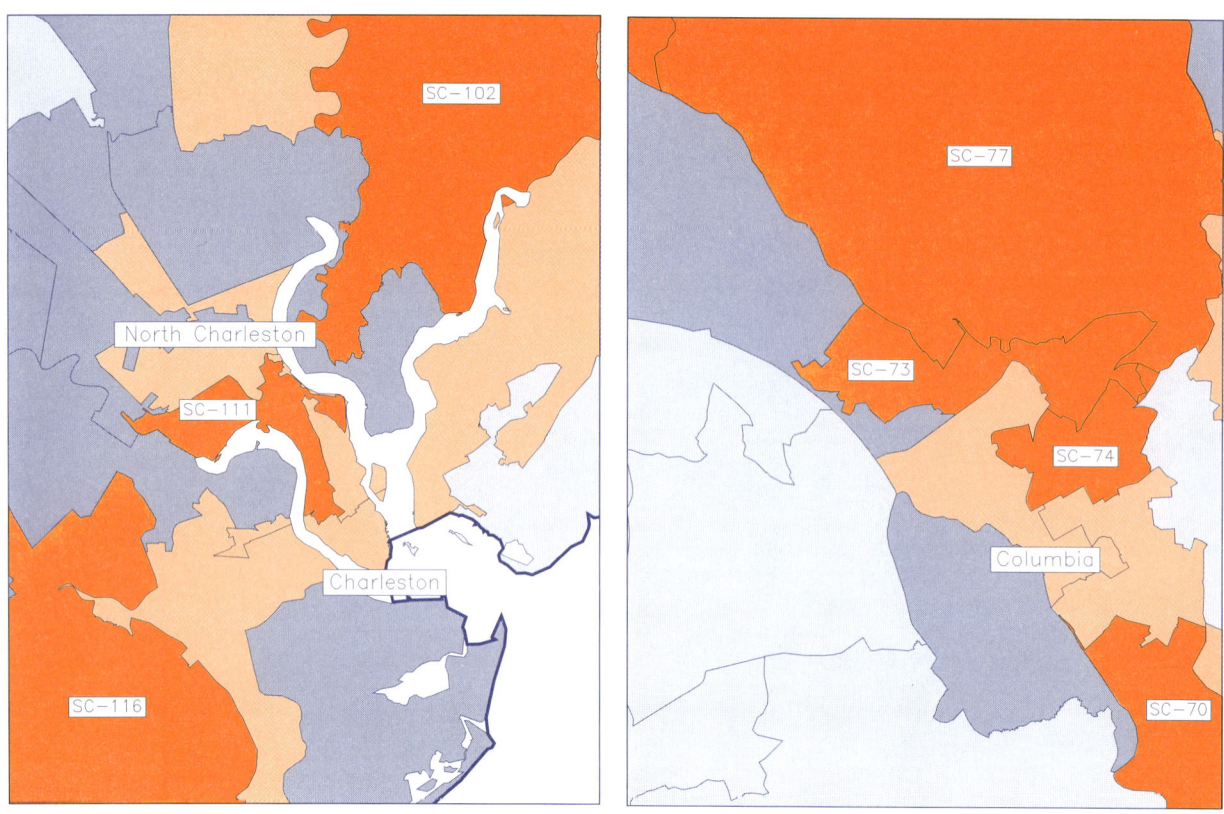

WINSTON-SALEM - GREENVILLE - COLUMBIA

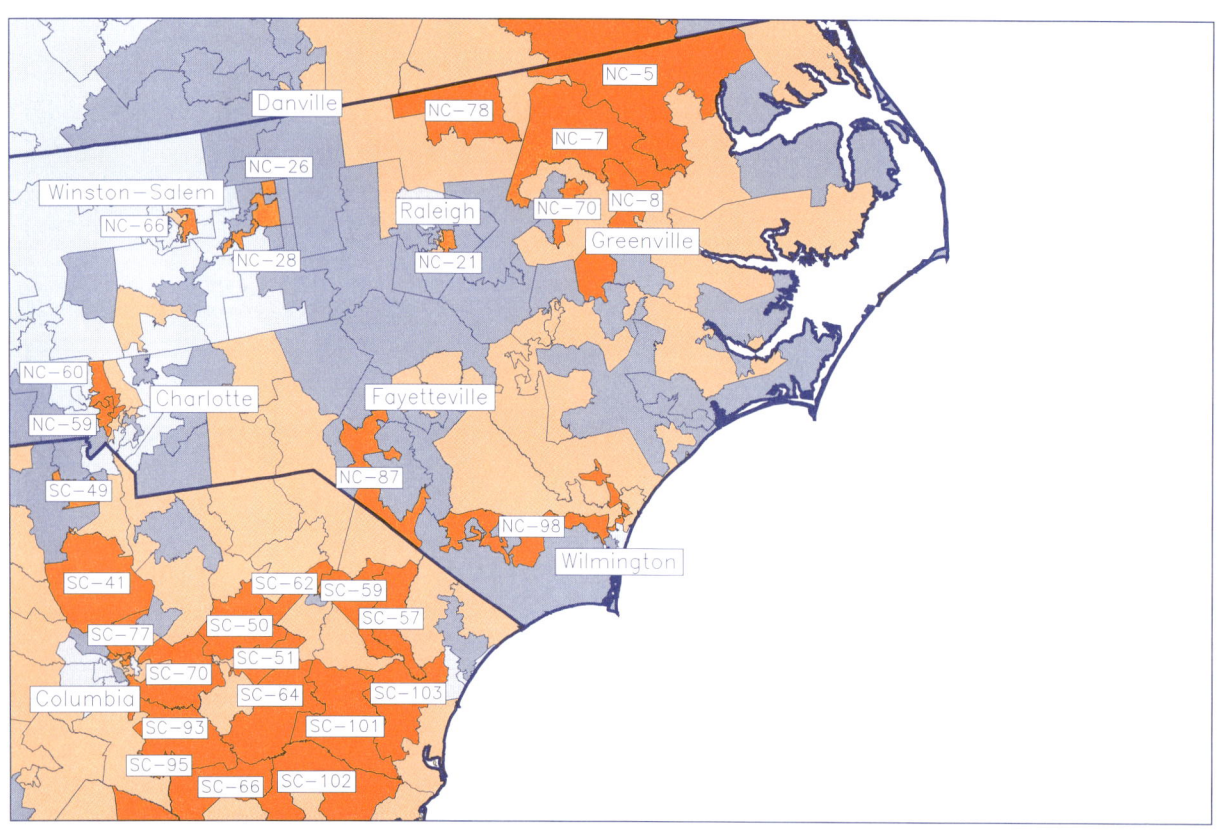

Population Ranges
- 50.0% to 99.9%
- 25.0% to 49.9%
- 10.0% to 24.9%
- 0.0% to 9.9%

AFRICAN-AMERICAN Top State House Districts

KANSAS CITY

ST. LOUIS

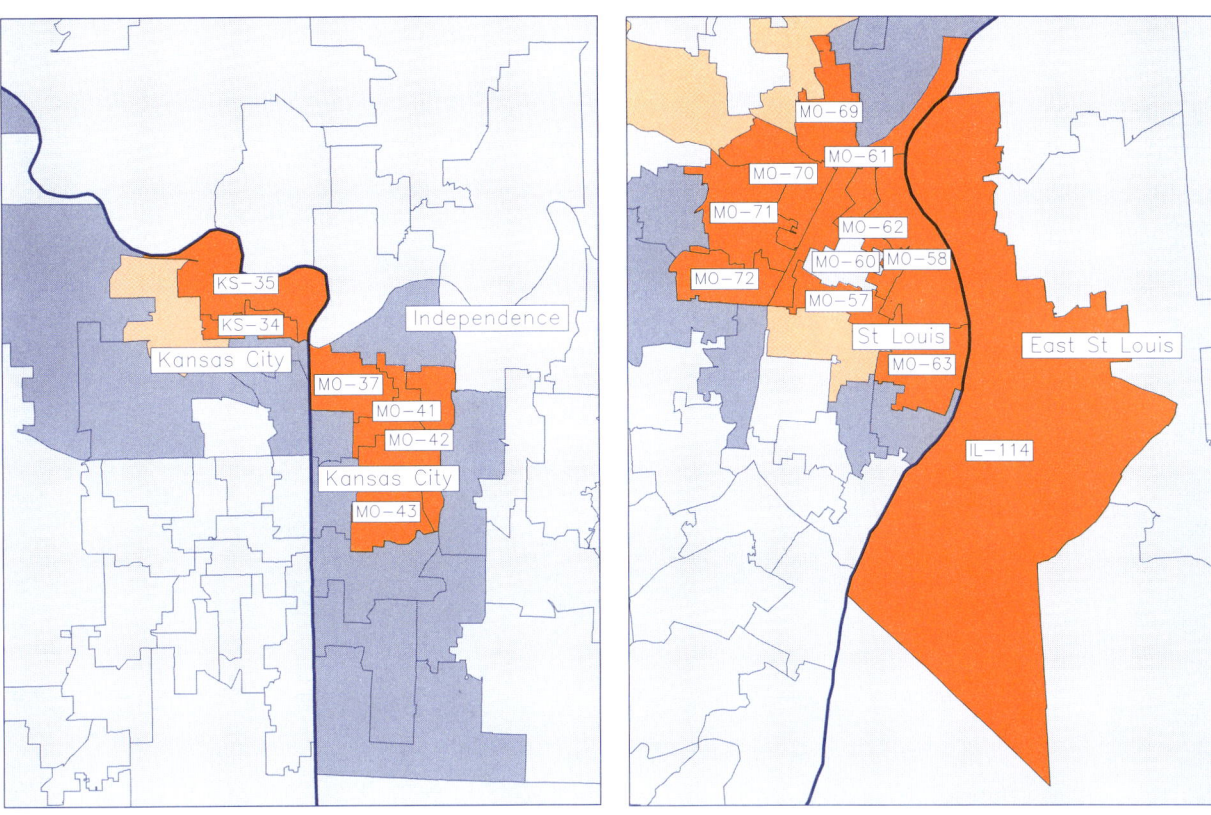

WICHITA

DETROIT

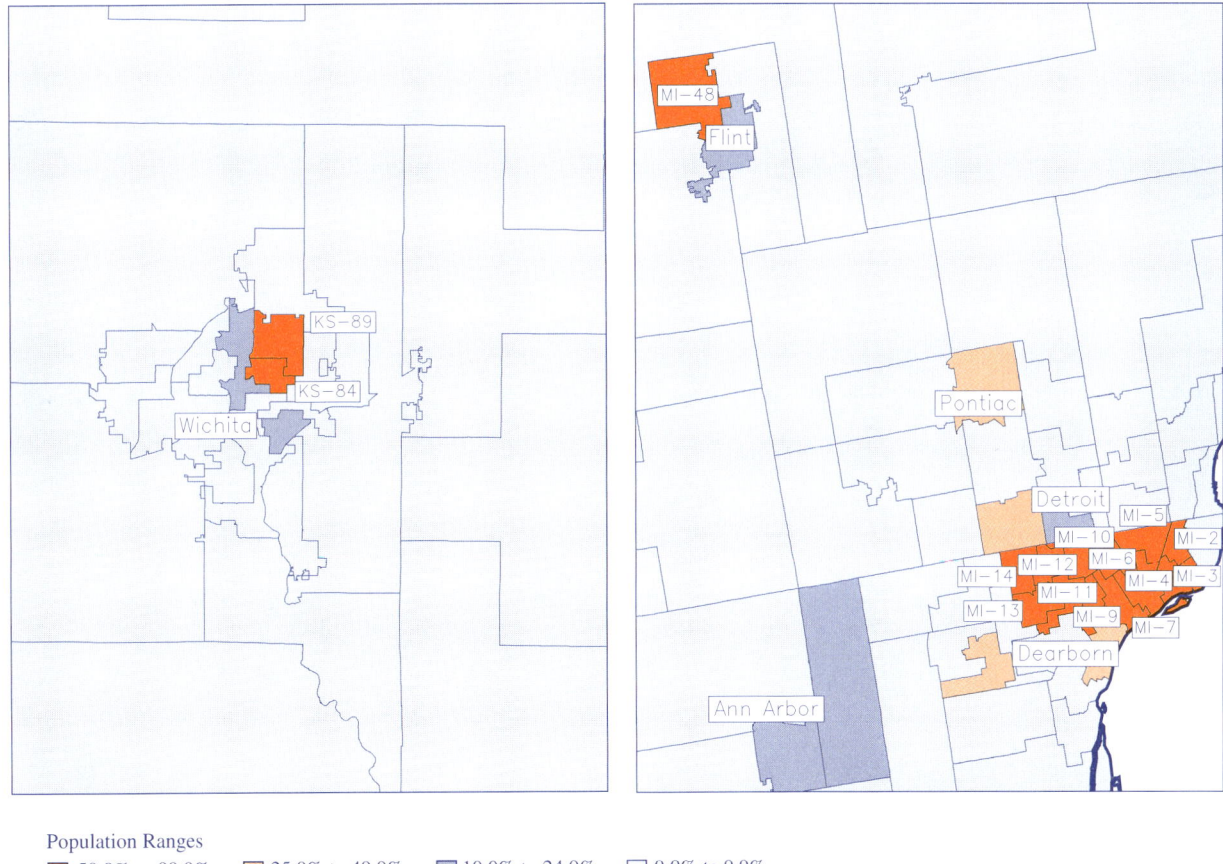

Population Ranges
- 50.0% to 99.9%
- 25.0% to 49.9%
- 10.0% to 24.9%
- 0.0% to 9.9%

AFRICAN-AMERICAN Top State House Districts

DALLAS - FORT WORTH

HOUSTON

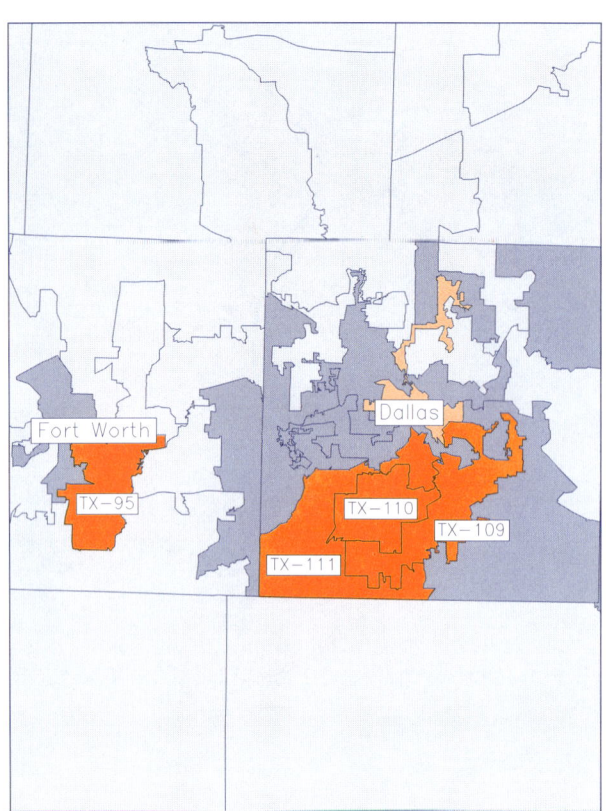
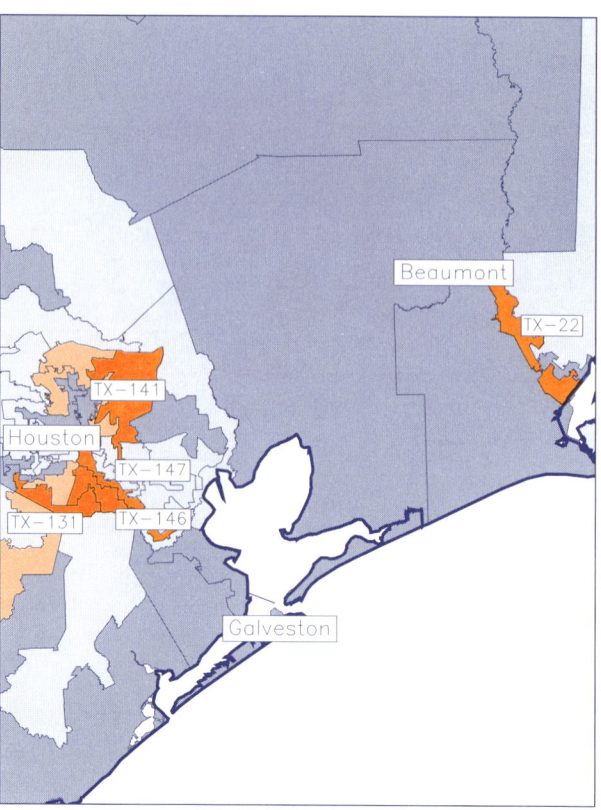

OKLAHOMA CITY - TULSA

LAS VEGAS

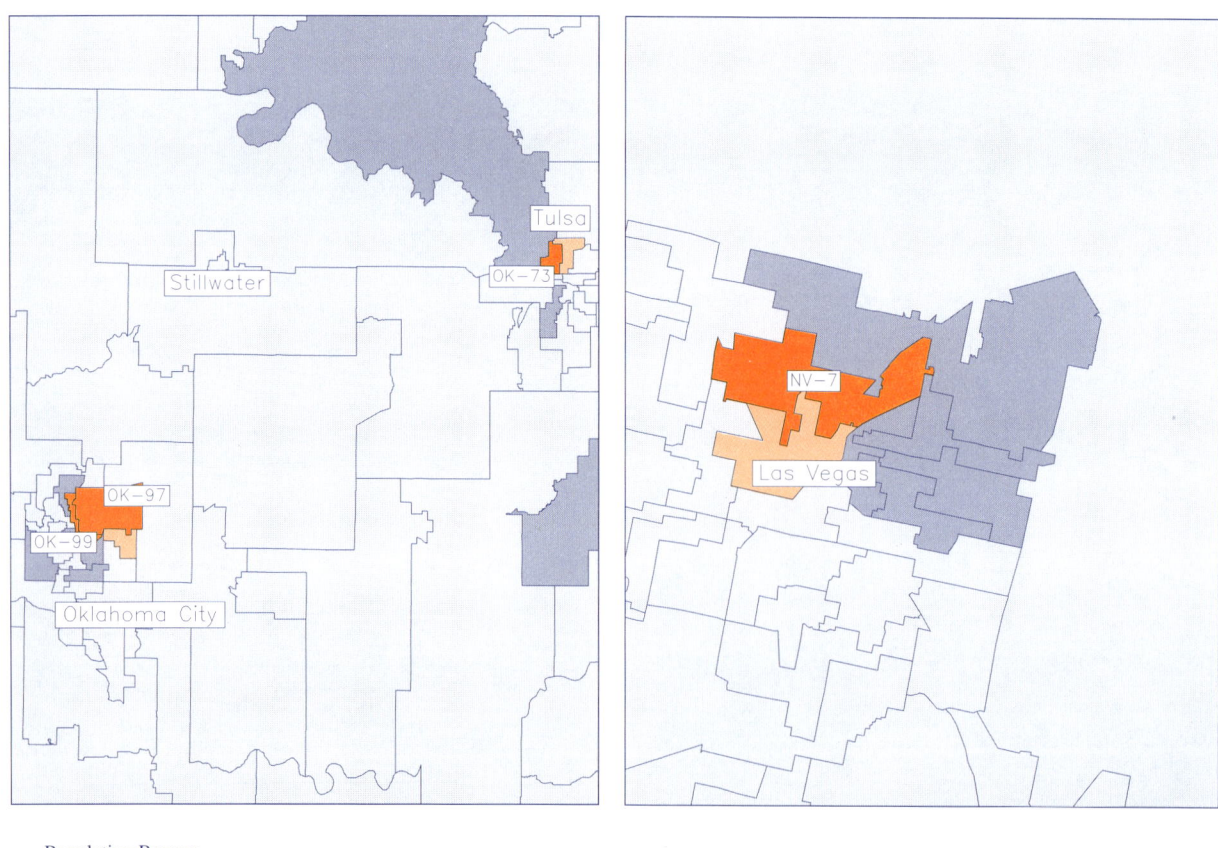

Population Ranges
- 50.0% to 99.9%
- 25.0% to 49.9%
- 10.0% to 24.9%
- 0.0% to 9.9%

AFRICAN-AMERICAN Top State House Districts

NORFOLK - NEWPORT NEWS

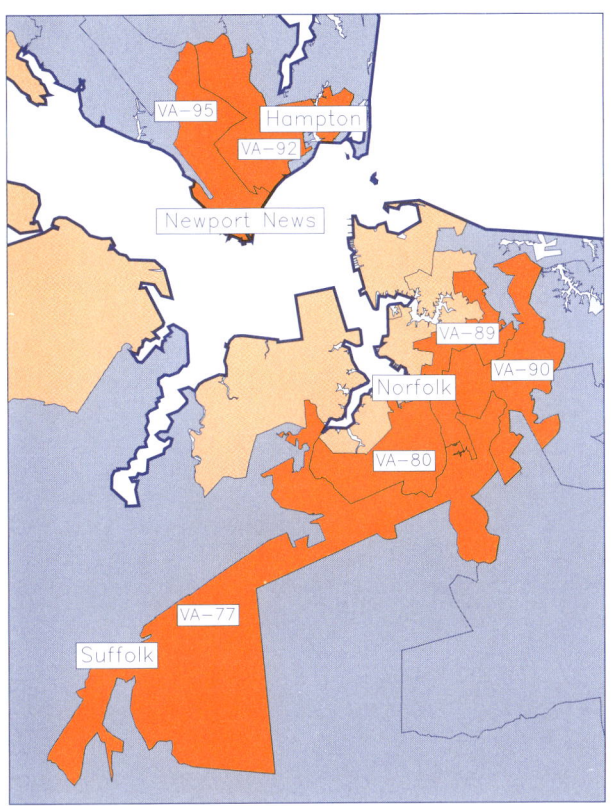

RICHMOND

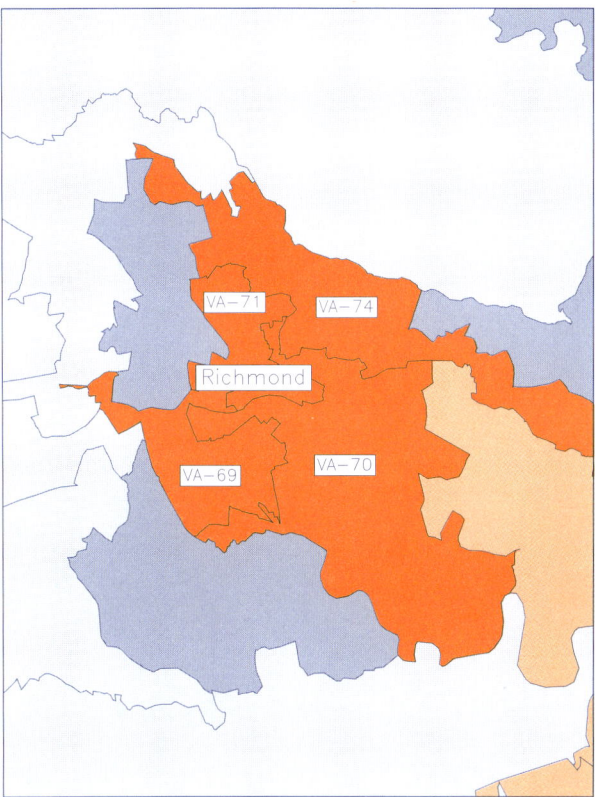

RICHMOND - PETERSBURG - NORFOLK

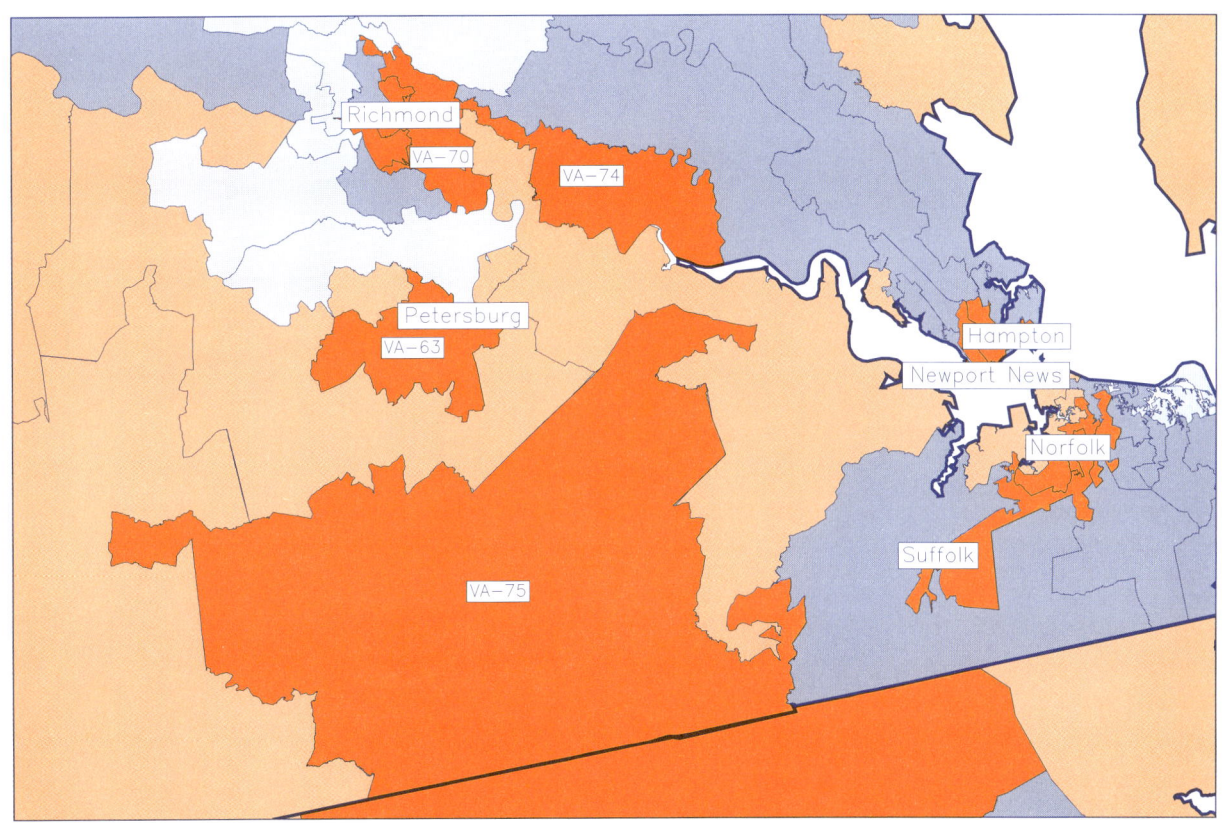

Population Ranges
- 50.0% to 99.9%
- 25.0% to 49.9%
- 10.0% to 24.9%
- 0.0% to 9.9%

AFRICAN-AMERICAN Top State House Districts

COLUMBUS - TOLEDO - DAYTON

CLEVELAND

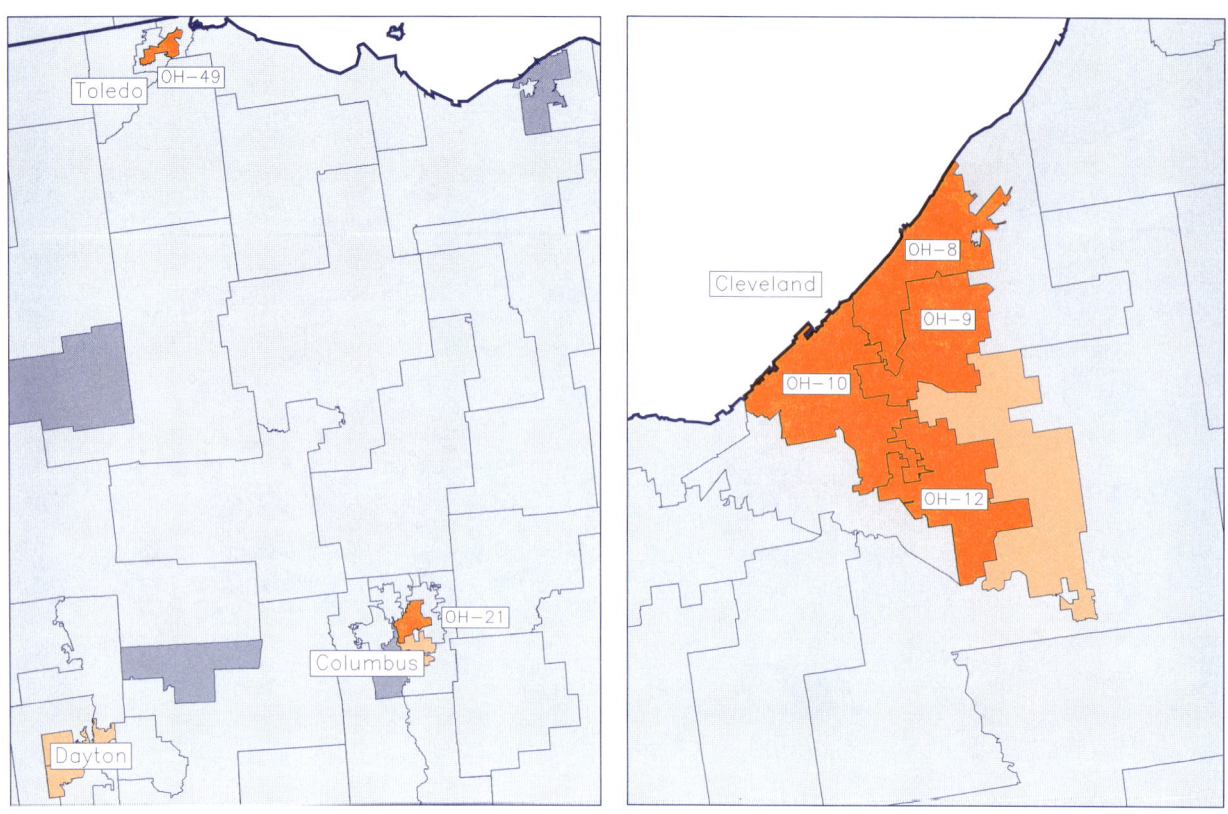

PITTSBURGH

PHILADELPHIA

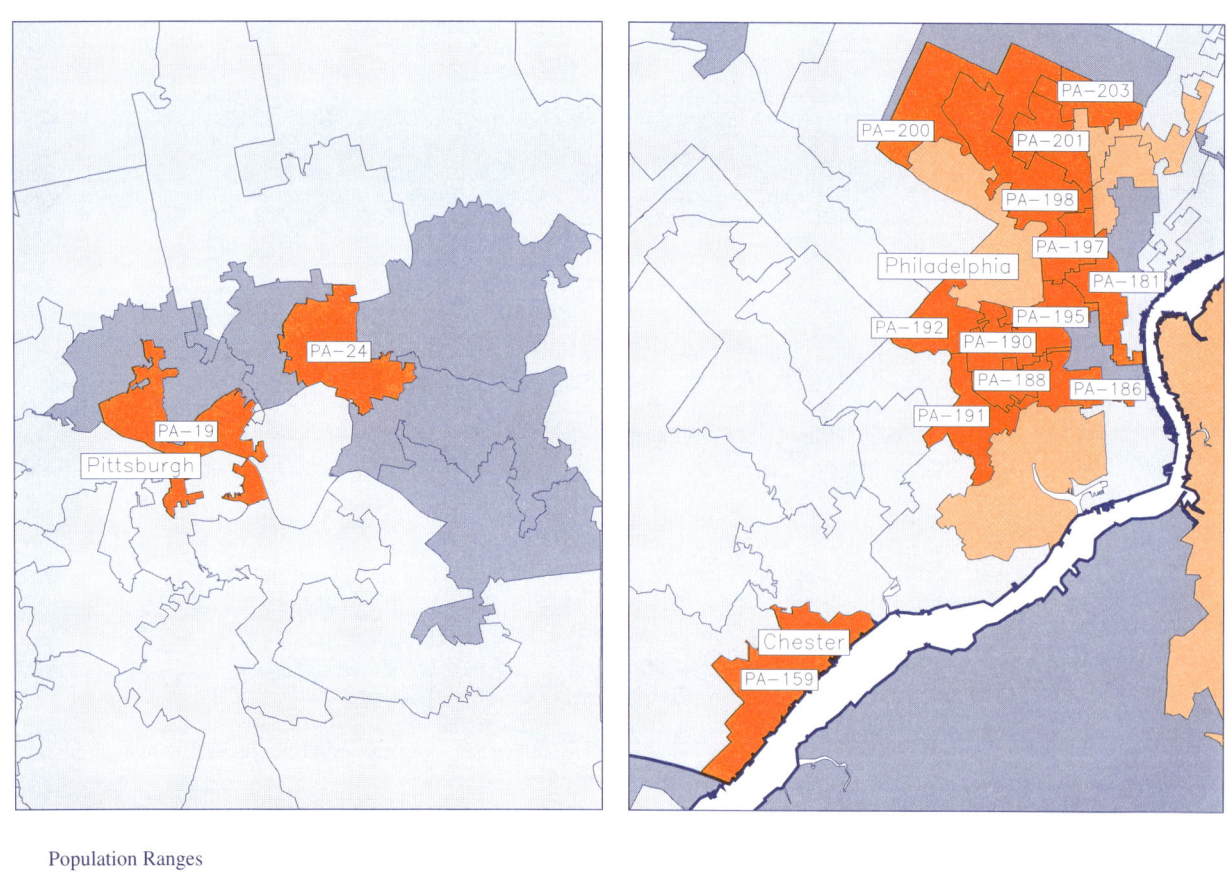

Population Ranges
- 50.0% to 99.9%
- 25.0% to 49.9%
- 10.0% to 24.9%
- 0.0% to 9.9%

AFRICAN-AMERICAN Top State House Districts

SHREVEPORT

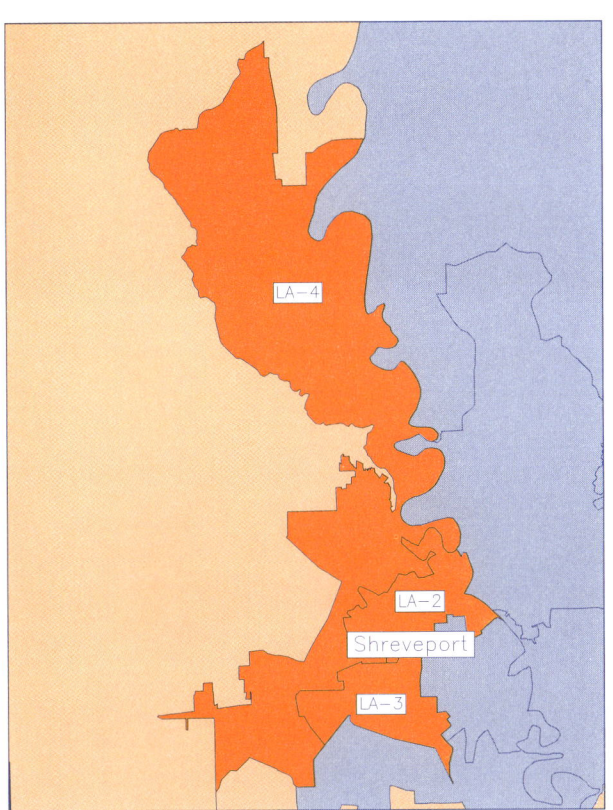

LOUISVILLE - CINCINNATI

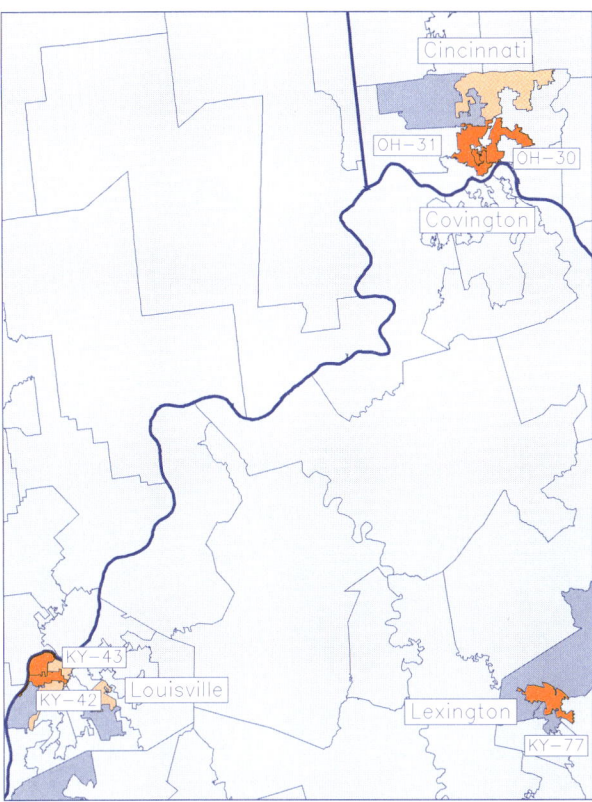

BIRMINGHAM

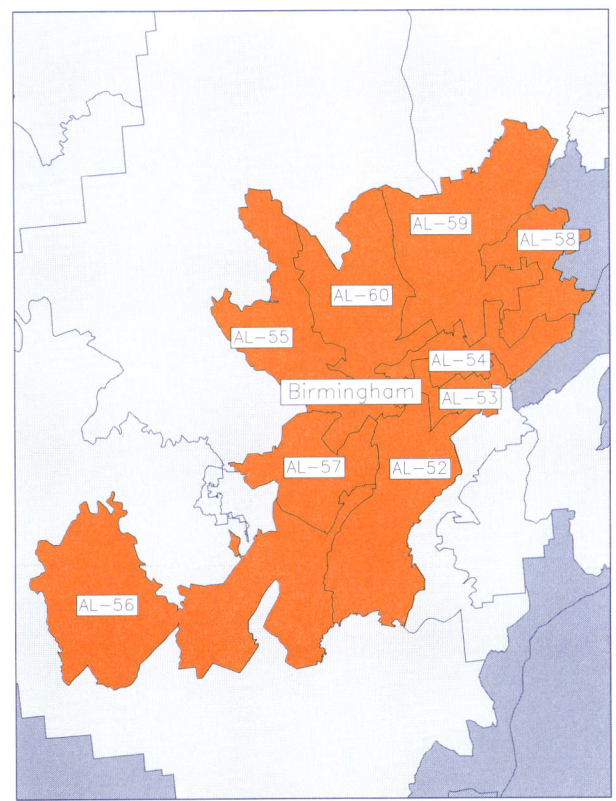

PINE BLUFF

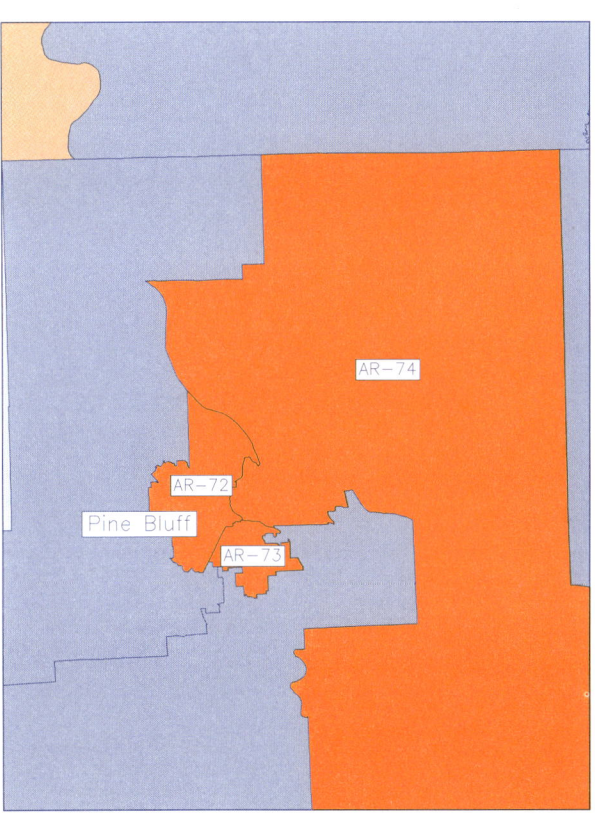

Population Ranges
- 50.0% to 99.9%
- 25.0% to 49.9%
- 10.0% to 24.9%
- 0.0% to 9.9%

34 AFRICAN-AMERICAN Top State House Districts

GREENVILLE

BATON ROUGE

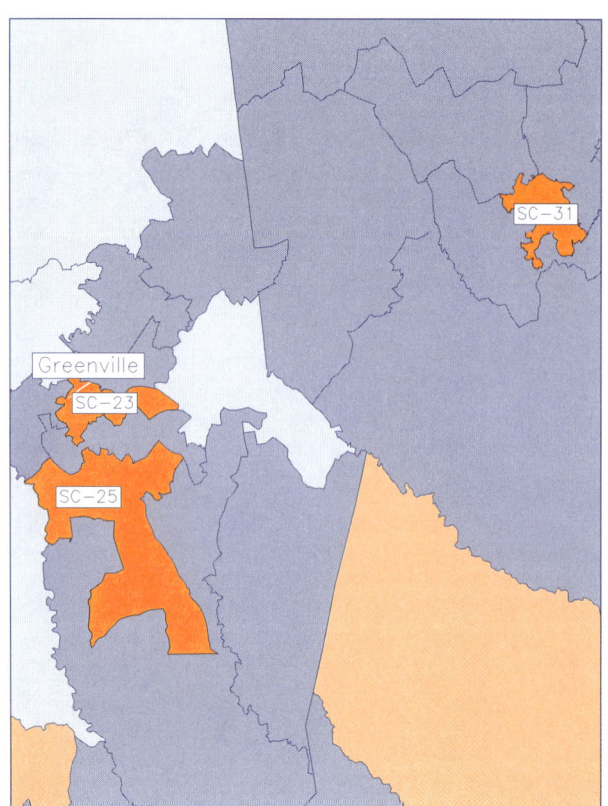
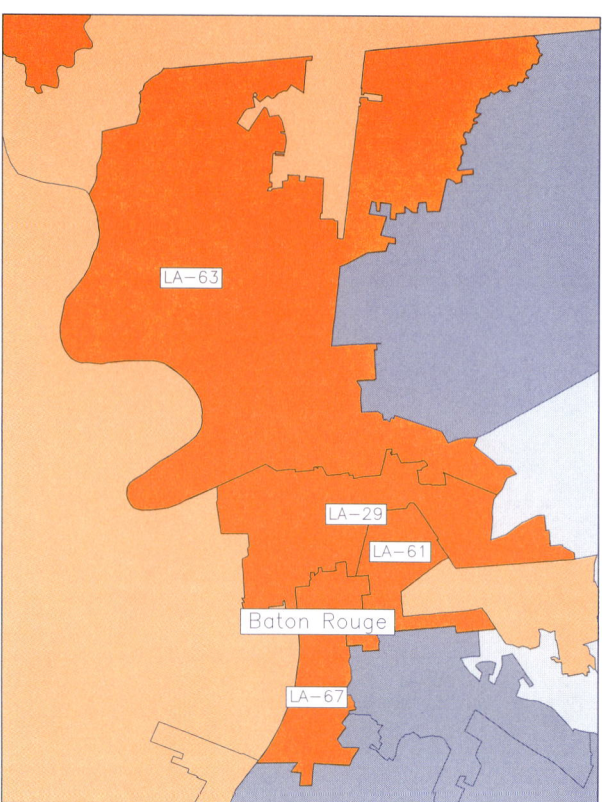

OMAHA

NEW ORLEANS

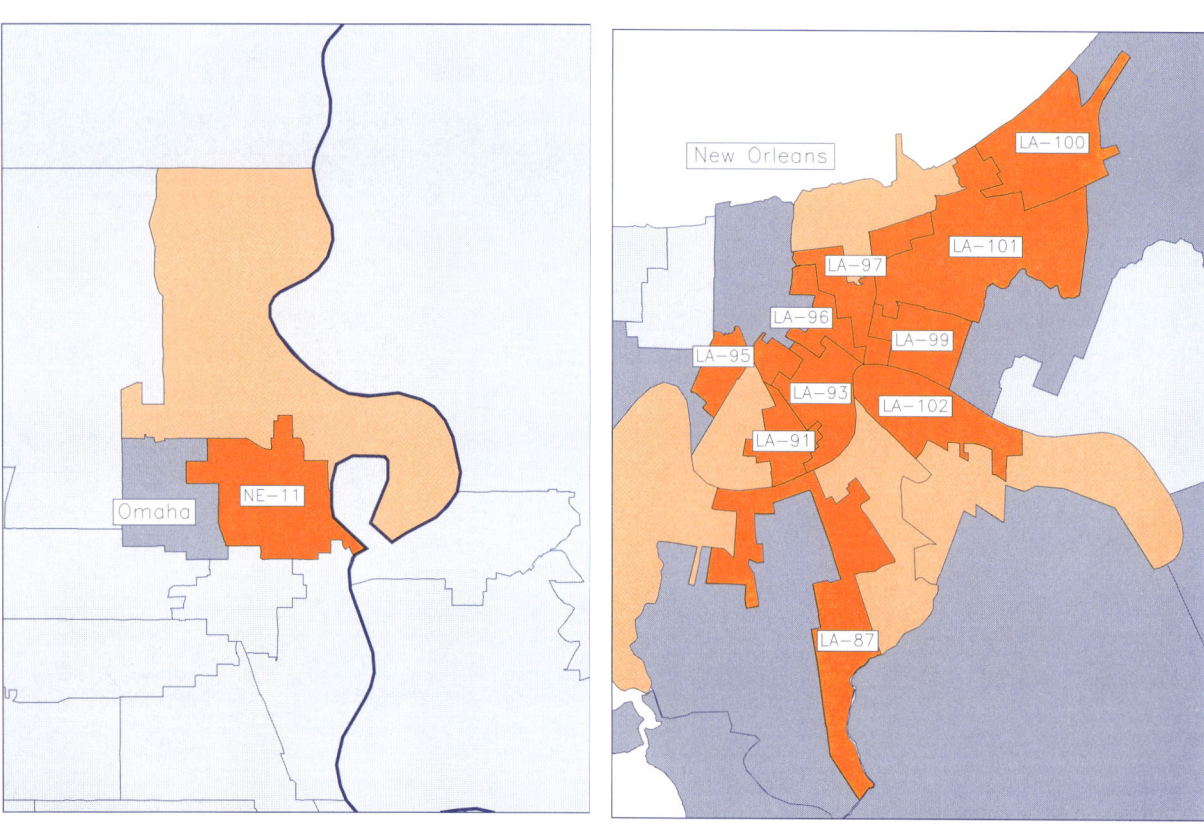

Population Ranges

- 50.0% to 99.9%
- 25.0% to 49.9%
- 10.0% to 24.9%
- 0.0% to 9.9%

AFRICAN-AMERICAN Top State House Districts

MILWAUKEE

COLUMBUS

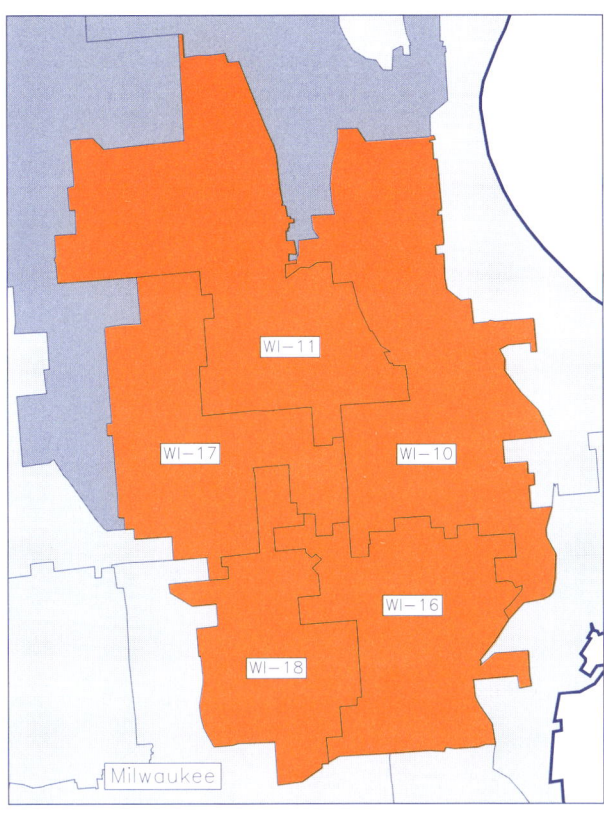
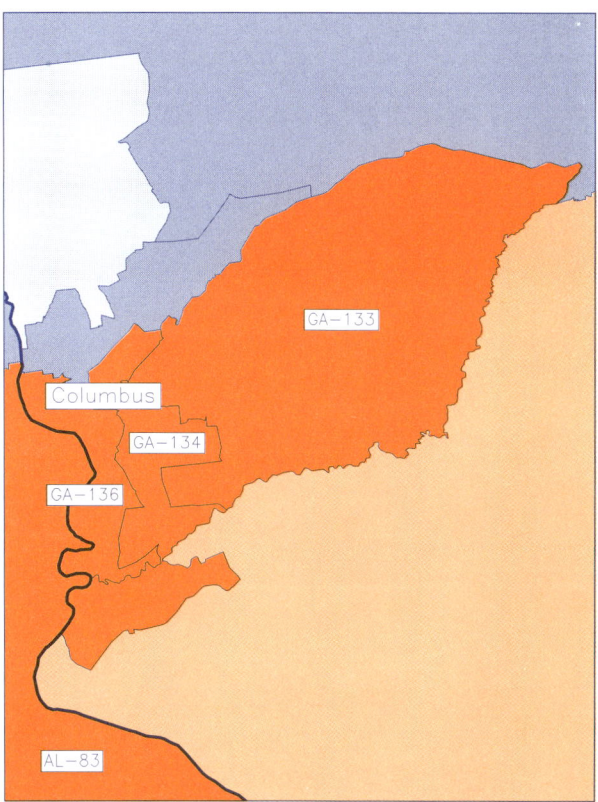

MEMPHIS

SAVANNAH

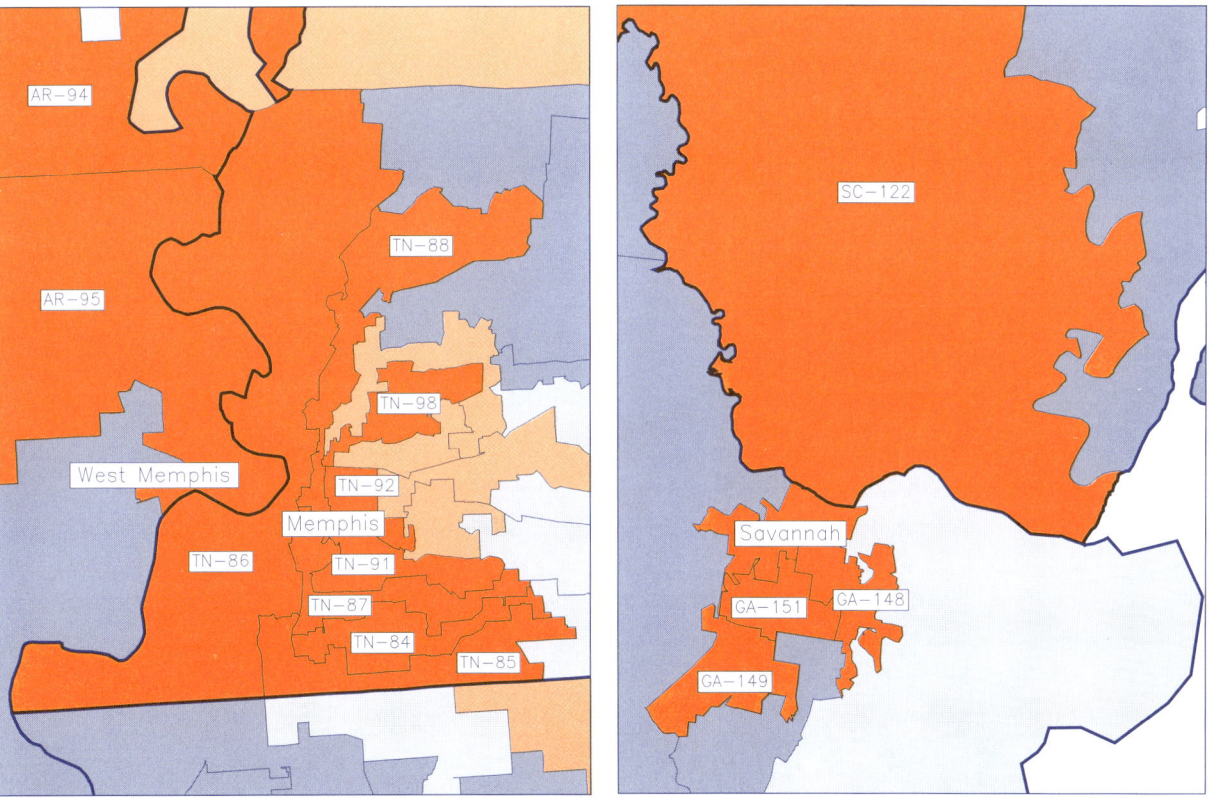

Population Ranges
- 50.0% to 99.9%
- 25.0% to 49.9%
- 10.0% to 24.9%
- 0.0% to 9.9%

AFRICAN-AMERICAN Top State House Districts

INDIANAPOLIS

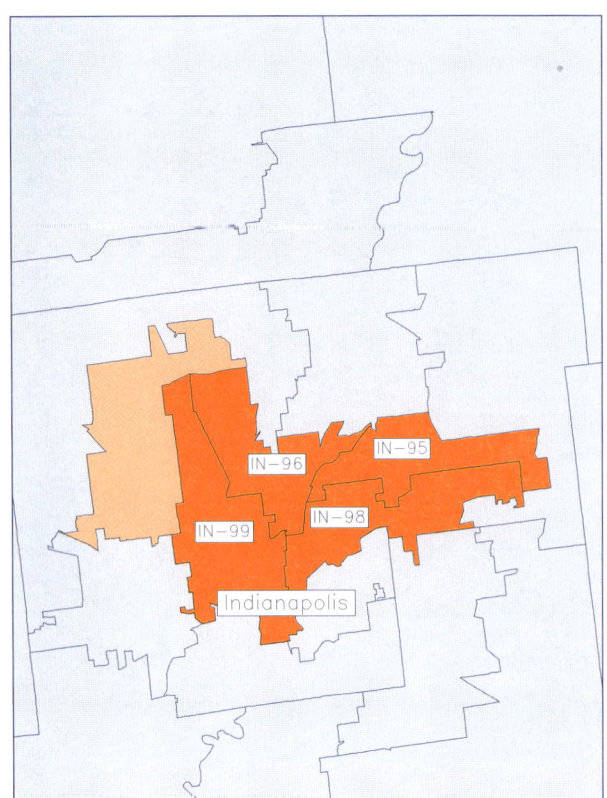

LITTLE ROCK

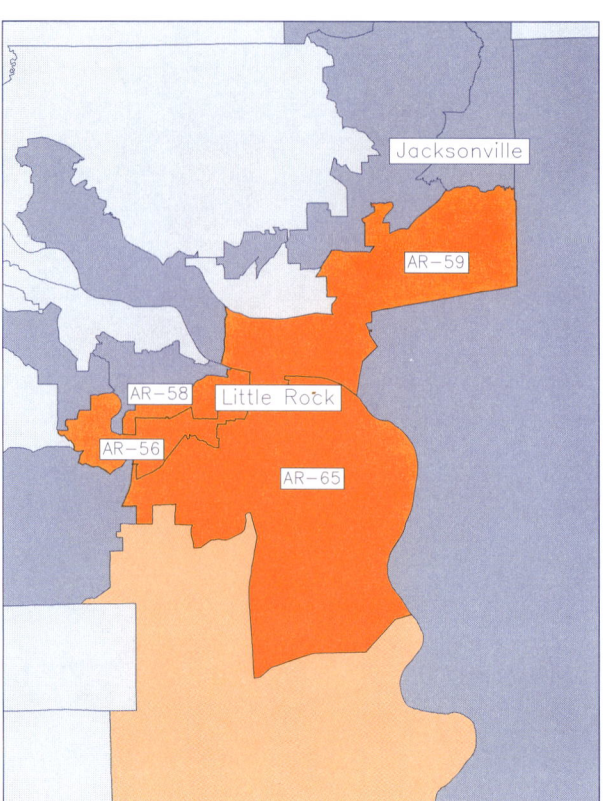

CHICAGO - GARY

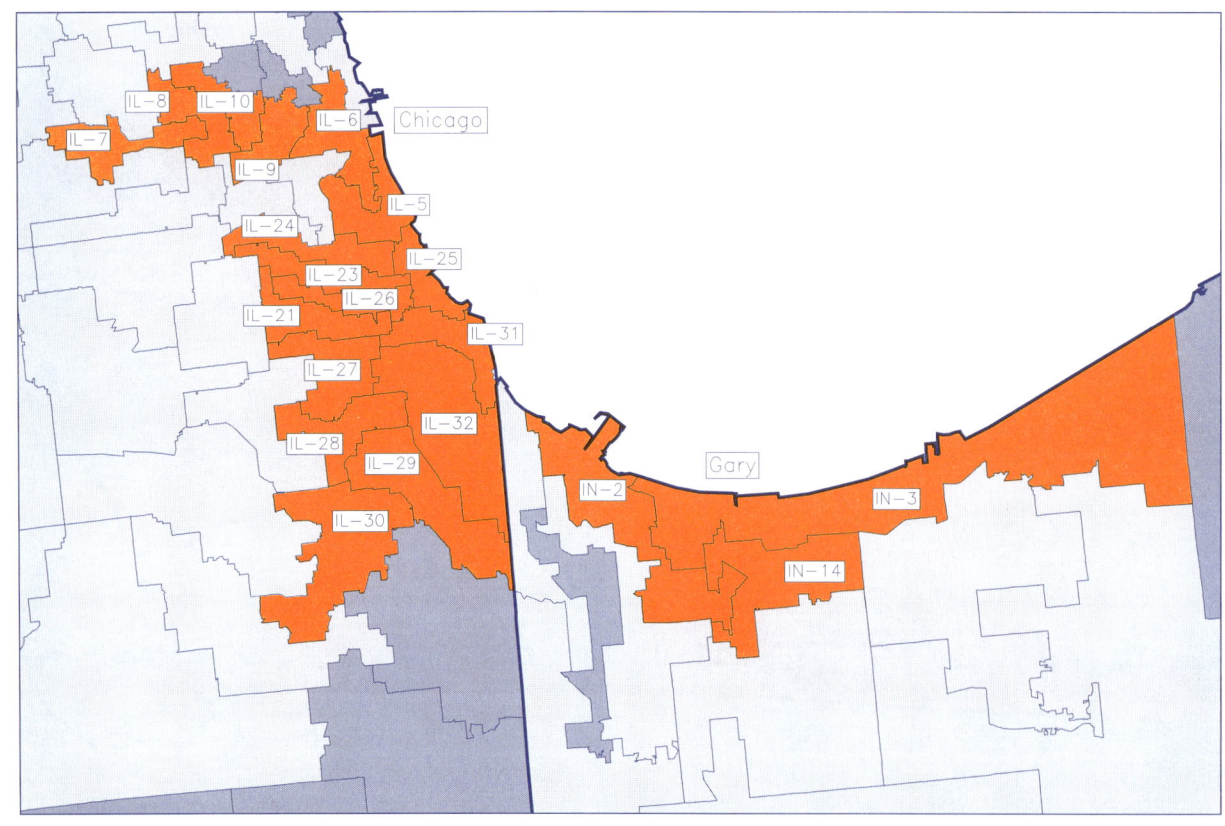

Population Ranges
- 50.0% to 99.9%
- 25.0% to 49.9%
- 10.0% to 24.9%
- 0.0% to 9.9%

AFRICAN-AMERICAN Top State House Districts

ATLANTA

FORT LAUDERDALE - HIALEAH

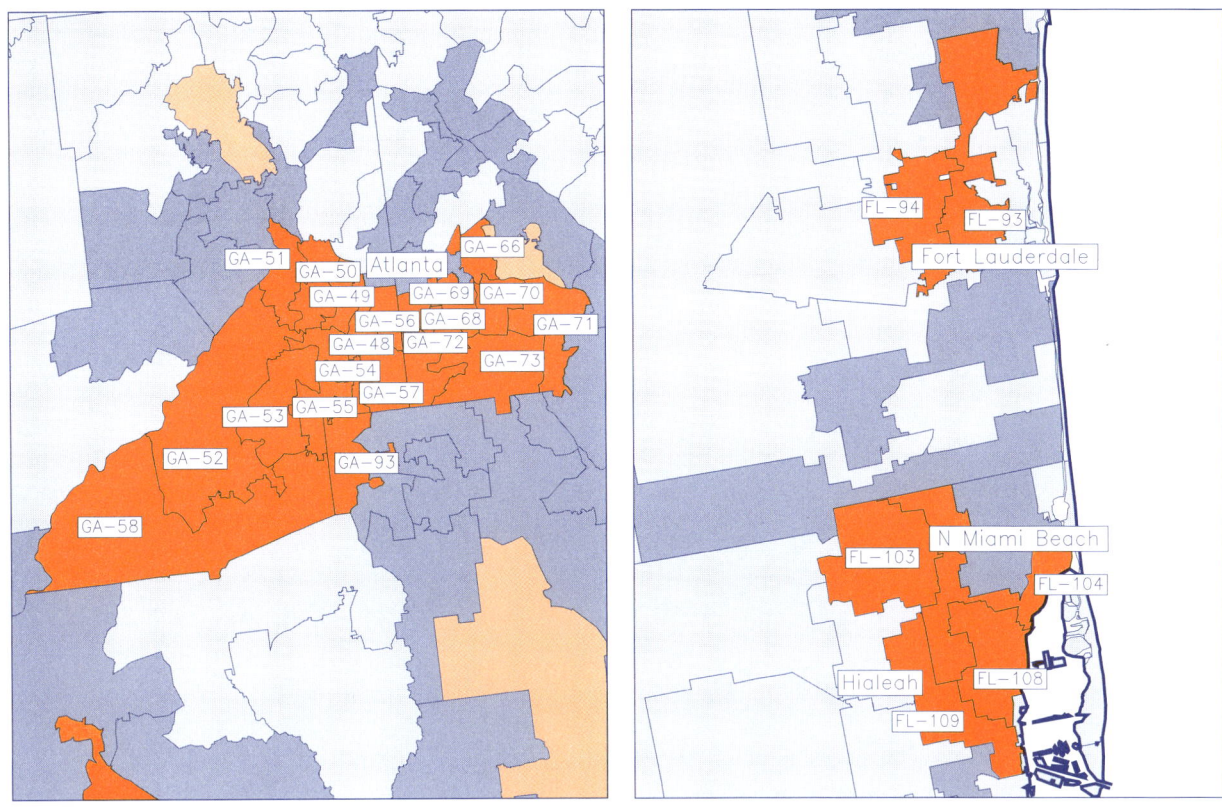

ORLANDO - TAMPA - WEST PALM BEACH

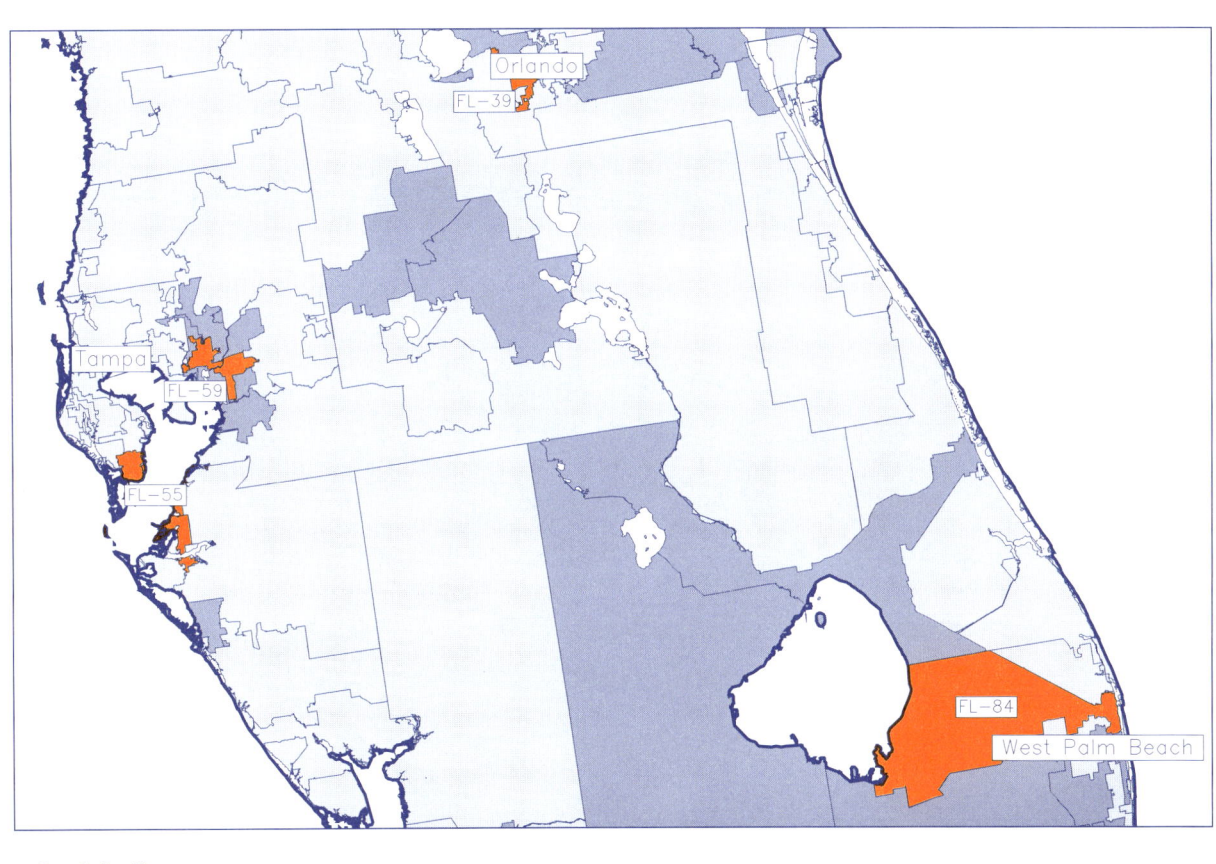

Population Ranges
- 50.0% to 99.9%
- 25.0% to 49.9%
- 10.0% to 24.9%
- 0.0% to 9.9%

BUFFALO - NIAGARA FALLS

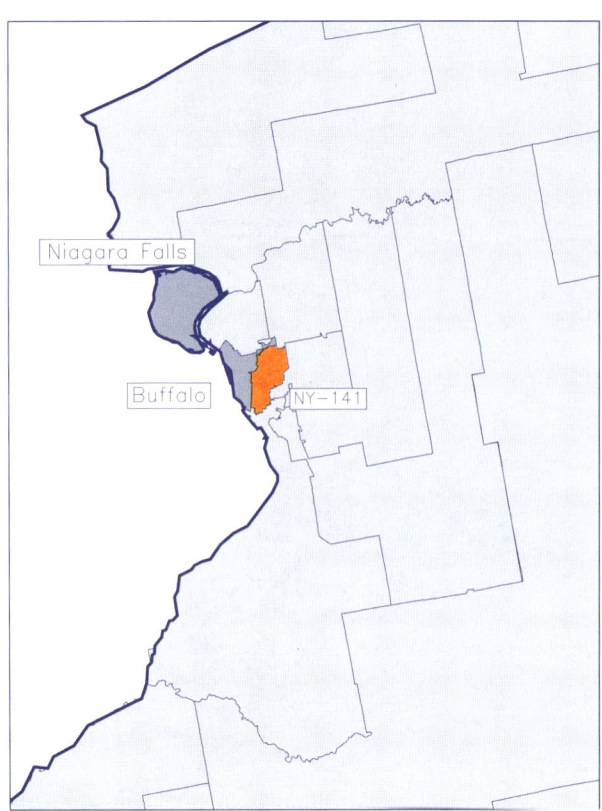

BOSTON

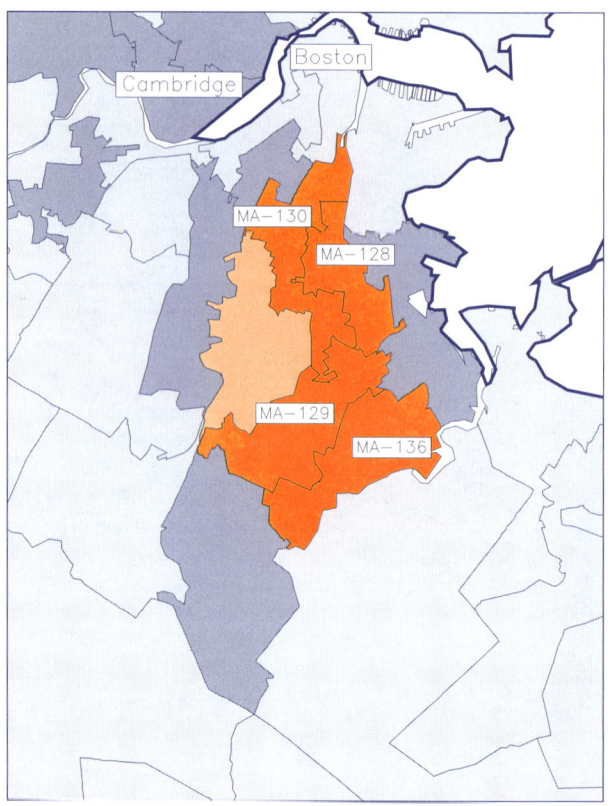

NEWARK - JERSEY CITY

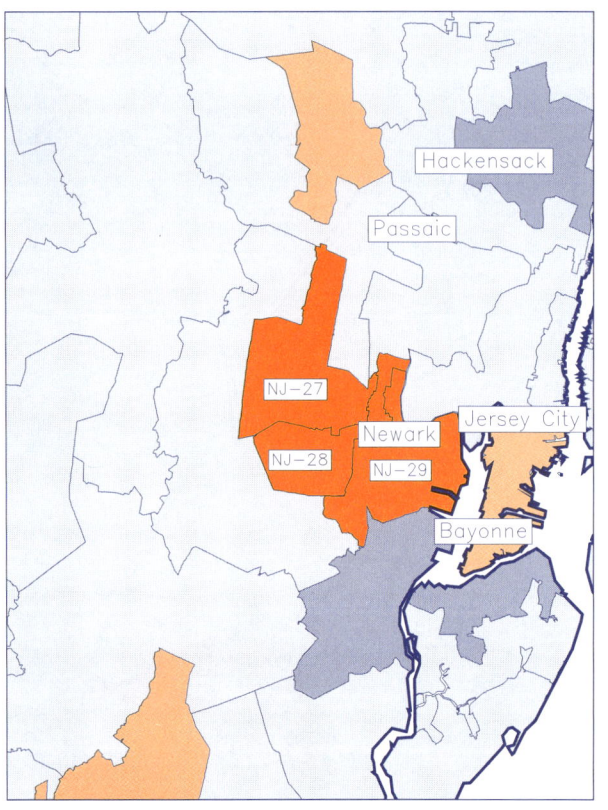

NEW YORK - NEW ROCHELLE

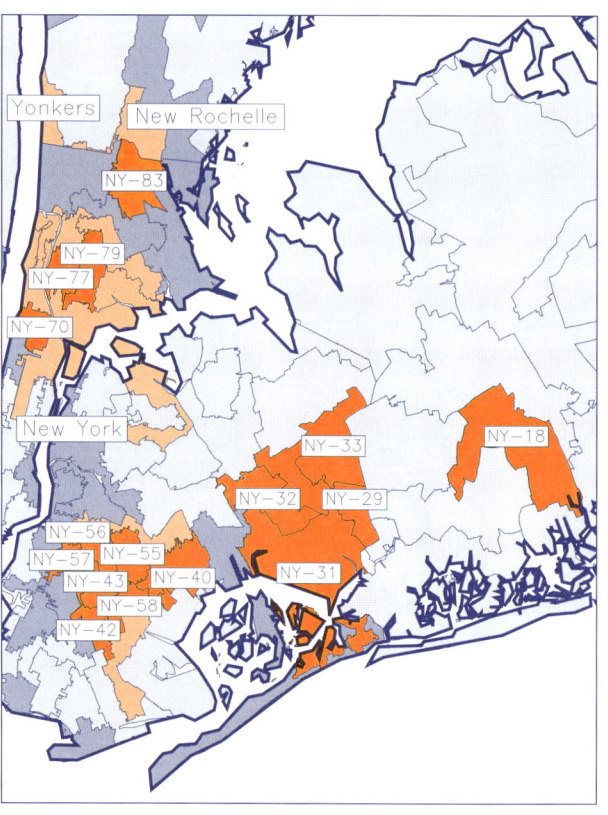

Population Ranges
- 50.0% to 99.9%
- 25.0% to 49.9%
- 10.0% to 24.9%
- 0.0% to 9.9%

AFRICAN-AMERICAN Top State House Districts

NEW HAVEN - BRIDGEPORT

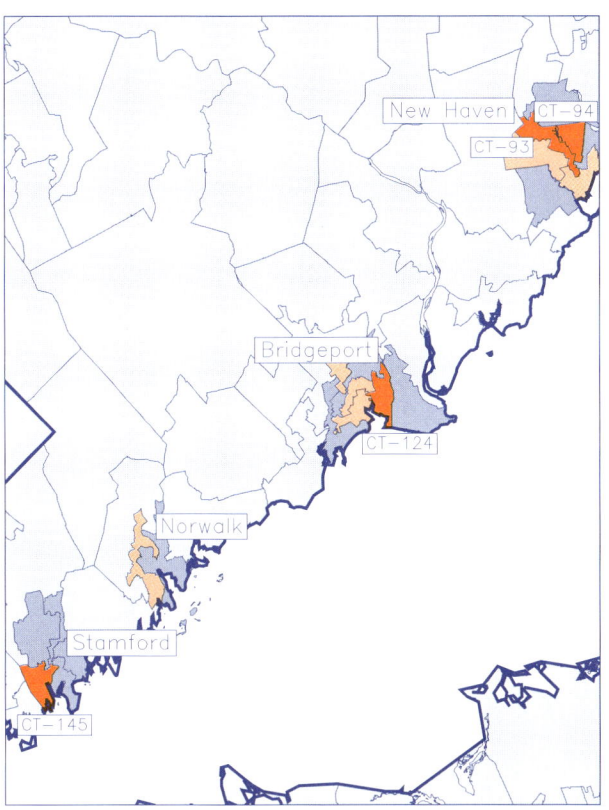

WILMINGTON

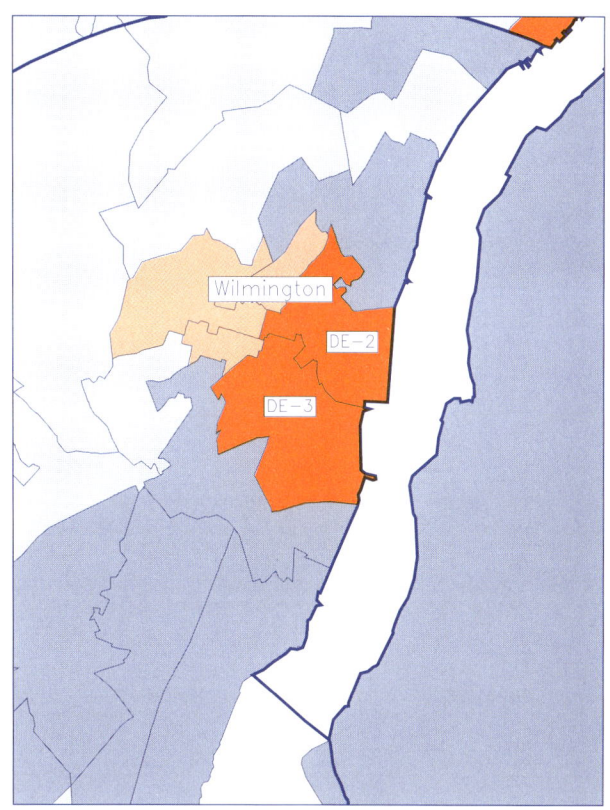

BALTIMORE - WASHINGTON

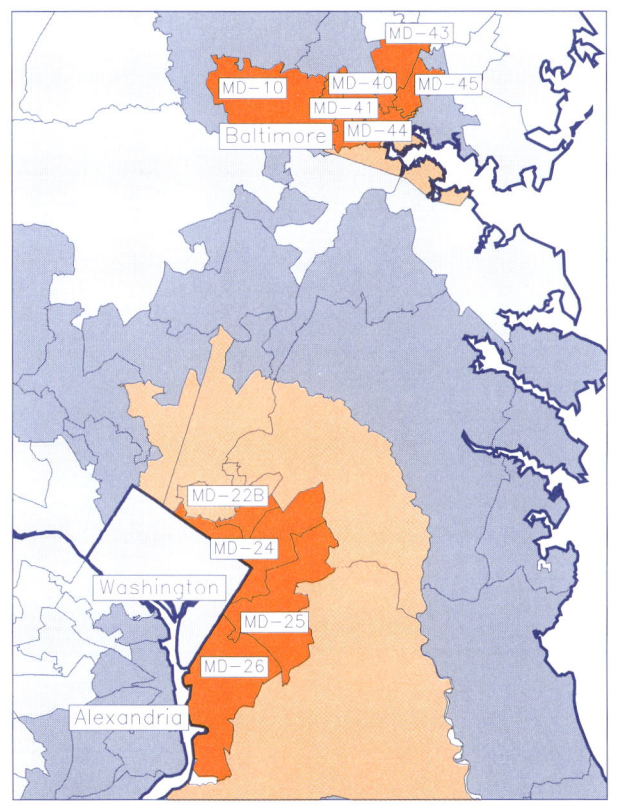

HARTFORD

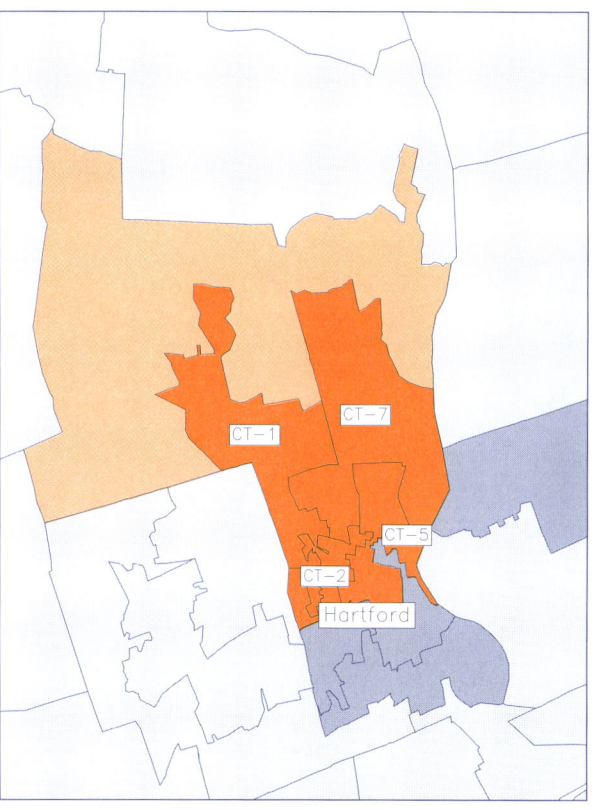

Population Ranges
- 50.0% to 99.9%
- 25.0% to 49.9%
- 10.0% to 24.9%
- 0.0% to 9.9%

AFRICAN-AMERICAN—Top State House Districts

RANK	STATE	DISTRICT NUMBER	AFRICAN-AMERICAN (%)	DISTRICT WIDE AVG. HH INCOME ($)	DISTRICT WIDE COLLEGE EDUCATION (%)	DISTRICT WIDE RECEIVES SOC. SEC. (%)
1	Missouri	60	99.1	19,908	11	40
2	Pennsylvania	197	98.6	21,165	6	38
3	Missouri	57	94.3	18,665	13	37
4	Michigan	10	93.9	34,407	23	29
5	Missouri	61	93.8	24,981	11	30
6	Michigan	12	93.7	37,013	23	22
7	Missouri	62	93.3	23,480	11	33
8	Georgia	72	93.2	32,455	16	15
9	Missouri	43	92.9	26,134	15	24
10	Louisiana	99	92.7	17,147	9	33
11	Georgia	68	91.3	22,771	11	27
12	Georgia	53	90.6	32,027	27	18
13	Pennsylvania	201	89.9	28,297	18	27
14	Louisiana	96	89.8	15,767	12	30
15	New York	58	89.5	36,091	18	16
16	New York	56	89.4	24,457	12	20
17	Maryland	40	89.2	24,756	15	29
18	Georgia	51	89.0	24,205	17	21
19	Michigan	4	87.6	18,602	11	36
20	Georgia	73	87.5	44,562	31	14
21	Missouri	58	86.7	16,030	7	33
22	New York	55	86.7	21,791	10	19
23	Michigan	7	84.9	19,465	19	32
24	Louisiana	101	84.9	22,402	20	24
25	Georgia	49	84.7	20,414	16	26
26	New York	43	84.7	31,425	20	17
27	Maryland	24	84.5	40,007	20	15
28	Maryland	41	83.6	29,345	13	27
29	Pennsylvania	190	82.8	21,938	18	29
30	Georgia	57	82.6	23,278	9	20
31	Georgia	48	82.5	14,716	11	25
32	Louisiana	17	82.4	16,912	11	30
33	New York	42	82.1	33,370	21	13
34	Michigan	9	81.3	19,877	9	34
35	Louisiana	2	81.1	16,727	12	35
36	Louisiana	97	81.1	23,394	20	30
37	Michigan	3	81.1	25,981	16	30
38	Michigan	11	81.0	25,173	11	26
39	Delaware	2	80.8	27,933	13	27
40	Georgia	50	80.6	28,826	23	27
41	Arkansas	58	80.5	20,648	17	32
42	Mississippi	29	80.0	19,316	18	33
43	Massachusetts	S7	79.9	26,127	19	20
44	Maryland	44	79.8	22,274	15	25
45	Illinois	10	79.7	26,018	10	22
46	Georgia	69	79.1	31,710	22	20
47	Georgia	52	79.0	37,971	24	18
48	Maryland	25	78.5	44,564	25	12
49	Georgia	54	78.4	27,746	17	26
50	New York	70	78.3	20,813	14	26

AFRICAN-AMERICAN—Top State House Districts

RANK	STATE	DISTRICT NUMBER	AFRICAN-AMERICAN (%)	DISTRICT WIDE AVG. HH INCOME ($)	COLLEGE EDUCATION (%)	RECEIVES SOC. SEC. (%)
51	New York	57	78.2	32,415	28	17
52	Pennsylvania	188	77.8	27,608	26	20
53	Illinois	9	77.7	19,285	10	26
54	Maryland	45	77.4	26,478	10	28
55	Mississippi	70	77.4	22,473	23	33
56	Mississippi	32	77.2	18,732	14	32
57	New York	40	76.8	24,955	11	15
58	Louisiana	95	76.1	22,796	20	31
59	Missouri	41	75.9	19,721	9	34
60	Georgia	55	75.9	29,592	22	21
61	Massachusetts	S6	75.6	33,699	18	17
62	Illinois	25	75.2	31,671	39	19
63	Louisiana	93	75.1	17,866	20	24
64	Mississippi	85	75.1	20,309	18	30
65	Nebraska	11	75.0	18,145	10	30
66	Mississippi	72	75.0	29,282	30	19
67	New York	141	75.0	21,025	19	28
68	Mississippi	65	74.8	29,475	32	29
69	South Carolina	73	74.7	27,048	24	23
70	South Carolina	74	74.4	23,960	25	28
71	Michigan	13	74.1	29,414	14	21
72	Mississippi	68	73.8	23,750	22	24
73	Illinois	26	73.6	25,600	12	30
74	Tennessee	91	73.6	24,014	15	23
75	Louisiana	63	73.5	28,054	20	24
76	Kentucky	42	73.5	18,697	14	35
77	Alabama	78	73.4	23,235	17	27
78	Tennessee	87	73.2	28,828	18	22
79	Alabama	82	73.2	22,307	24	28
80	Kansas	34	73.1	22,518	12	33
81	Wisconsin	18	73.0	17,793	14	18
82	Michigan	5	73.0	26,716	10	29
83	Oklahoma	73	72.9	21,220	16	34
84	Mississippi	49	72.7	23,283	16	35
85	Mississippi	67	72.5	19,818	18	31
86	Maryland	26	72.5	51,395	29	14
87	Georgia	134	72.3	23,409	17	18
88	Mississippi	103	72.2	17,020	14	31
89	Mississippi	50	72.2	22,429	16	28
90	Missouri	70	72.1	26,763	13	26
91	Georgia	161	72.1	24,316	16	24
92	Mississippi	9	72.1	19,730	13	36
93	Pennsylvania	203	72.1	33,748	19	25
94	Mississippi	47	72.0	19,068	13	35
95	Tennessee	88	71.8	18,135	10	29
96	Michigan	48	71.8	27,578	13	24
97	Louisiana	34	71.7	22,206	13	27
98	Michigan	14	71.7	30,476	17	20
99	Mississippi	82	71.7	17,956	13	36
100	Mississippi	51	71.4	20,934	14	32

AFRICAN-AMERICAN—Top State House Districts

RANK	STATE	DISTRICT NUMBER	AFRICAN-AMERICAN (%)	DISTRICT WIDE AVG. HH INCOME ($)	DISTRICT WIDE COLLEGE EDUCATION (%)	DISTRICT WIDE RECEIVES SOC. SEC. (%)
101	Missouri	42	71.4	23,093	12	28
102	Wisconsin	17	71.4	26,776	19	22
103	Tennessee	86	71.4	23,985	11	28
104	Louisiana	3	71.4	19,323	6	32
105	Illinois	8	71.3	37,287	24	20
106	Tennessee	98	71.3	21,158	13	28
107	Mississippi	55	71.3	21,910	18	35
108	South Carolina	111	71.3	22,820	14	30
109	Delaware	3	71.2	26,499	9	31
110	Alabama	77	71.2	21,060	18	31
111	Tennessee	54	71.0	24,496	22	29
112	New York	83	71.0	37,516	20	27
113	Connecticut	7	70.8	37,448	17	26
114	Pennsylvania	191	70.7	29,361	16	30
115	Pennsylvania	181	70.6	28,463	21	26
116	Georgia	127	70.6	23,660	10	30
117	Wisconsin	11	70.4	25,704	12	22
118	Oklahoma	99	70.4	22,327	17	28
119	Michigan	6	70.2	20,613	11	34
120	Louisiana	100	70.1	34,746	30	17
121	Mississippi	69	70.0	23,925	24	26
122	Kansas	35	70.0	23,258	13	32
123	Wisconsin	10	69.9	24,030	18	25
124	Georgia	162	69.8	21,211	11	21
125	Mississippi	26	69.7	18,010	19	32
126	Pennsylvania	24	69.7	25,636	25	31
127	Louisiana	61	69.6	21,158	16	30
128	Tennessee	84	69.5	31,614	23	17
129	Tennessee	58	69.5	19,340	17	28
130	Georgia	124	69.3	23,764	14	32
131	Arkansas	73	69.3	21,553	16	36
132	Mississippi	57	69.2	23,862	17	31
133	Louisiana	29	69.2	25,332	14	22
134	Pennsylvania	200	69.0	41,163	33	25
135	Mississippi	31	69.0	20,982	16	33
136	New York	33	68.9	48,117	23	27
137	Georgia	117	68.8	24,738	12	25
138	Ohio	12	68.7	28,013	11	33
139	Florida	108	68.7	28,057	18	24
140	Kentucky	43	68.7	21,985	10	35
141	Georgia	70	68.7	40,221	29	15
142	Missouri	37	68.6	19,979	14	35
143	Alabama	60	68.4	27,390	20	32
144	Wisconsin	16	68.4	15,252	12	27
145	New York	29	68.4	43,369	23	26
146	Georgia	148	68.1	23,692	14	31
147	Illinois	28	68.1	36,719	19	29
148	Ohio	10	68.1	16,613	8	29
149	Mississippi	110	68.0	25,129	15	31
150	Illinois	7	67.9	37,042	27	21

AFRICAN-AMERICAN—Top State House Districts

RANK	STATE	DISTRICT NUMBER	AFRICAN-AMERICAN (%)	DISTRICT WIDE AVG. HH INCOME ($)	COLLEGE EDUCATION (%)	RECEIVES SOC. SEC. (%)
151	Massachusetts	S13	67.8	39,479	24	21
152	Mississippi	27	67.8	18,005	12	35
153	Mississippi	94	67.8	20,447	16	32
154	Alabama	76	67.7	28,451	22	21
155	Tennessee	85	67.7	35,465	20	15
156	Illinois	31	67.7	29,455	17	28
157	Georgia	118	67.7	23,184	12	25
158	Illinois	27	67.7	43,056	26	29
159	Alabama	103	67.7	21,945	15	33
160	South Carolina	51	67.6	22,306	15	29
161	Pennsylvania	192	67.6	30,056	19	36
162	South Carolina	101	67.5	22,947	13	30
163	Alabama	52	67.5	26,150	28	22
164	Mississippi	30	67.4	18,493	11	33
165	Alabama	54	67.4	23,992	24	35
166	South Carolina	31	67.3	20,266	12	36
167	North Carolina	70	67.3	22,551	11	29
168	Illinois	24	67.2	22,644	9	27
169	Georgia	136	67.1	21,416	11	29
170	Illinois	21	67.0	32,382	15	32
171	Ohio	8	66.9	23,803	14	33
172	Tennessee	28	66.8	19,909	14	36
173	Mississippi	41	66.7	22,590	15	31
174	Alabama	71	66.6	22,808	14	32
175	Alabama	97	66.5	20,088	17	34
176	Alabama	99	66.5	23,098	17	34
177	Illinois	29	66.4	33,149	16	25
178	Missouri	72	66.3	35,464	36	25
179	Alabama	53	66.3	23,120	32	26
180	Maryland	10	66.2	40,913	29	20
181	Mississippi	76	66.2	22,152	16	34
182	Tennessee	92	66.1	24,875	22	28
183	New York	31	65.9	38,519	16	23
184	Louisiana	91	65.7	29,508	31	26
185	South Carolina	77	65.5	33,737	23	22
186	Georgia	58	65.5	37,201	25	17
187	Alabama	57	65.3	26,498	17	36
188	Illinois	32	65.3	34,580	17	29
189	Indiana	95	65.2	31,945	20	19
190	Illinois	23	65.1	25,380	10	33
191	Arkansas	65	65.0	22,062	13	27
192	Illinois	5	65.0	21,493	15	29
193	Alabama	98	65.0	20,177	10	31
194	Illinois	30	64.9	33,170	16	27
195	Mississippi	80	64.6	21,141	14	36
196	Alabama	19	64.6	32,380	30	21
197	Georgia	149	64.6	23,996	19	30
198	Illinois	114	64.6	22,830	10	30
199	Pennsylvania	195	64.6	26,797	27	30
200	Virginia	70	64.4	26,139	14	30

AFRICAN-AMERICAN—Top State House Districts

RANK	STATE	DISTRICT NUMBER	AFRICAN-AMERICAN (%)	DISTRICT WIDE		
				AVG. HH INCOME ($)	COLLEGE EDUCATION (%)	RECEIVES SOC. SEC. (%)
201	Arkansas	72	64.3	20,785	14	33
202	Georgia	151	64.3	27,282	20	37
203	Louisiana	58	64.3	26,298	11	25
204	Virginia	89	64.2	25,129	13	27
205	Florida	103	64.2	33,336	18	17
206	Alabama	59	64.1	23,104	10	35
207	South Carolina	66	64.0	22,093	13	31
208	Maryland	22B	64.0	40,814	24	14
209	Indiana	99	63.7	26,654	18	30
210	Florida	109	63.6	21,047	8	24
211	Virginia	63	63.5	29,277	17	30
212	Ohio	9	63.5	32,724	33	26
213	Michigan	2	63.5	27,786	13	23
214	Arkansas	95	63.4	21,794	9	27
215	Virginia	80	63.4	26,013	12	27
216	Georgia	71	63.4	42,921	39	9
217	Georgia	140	63.3	24,463	12	31
218	New York	32	63.3	36,823	20	24
219	North Carolina	7	63.2	22,631	11	33
220	South Carolina	95	63.2	27,706	28	28
221	Oklahoma	97	63.0	34,079	23	27
222	South Carolina	62	62.8	23,519	13	32
223	Georgia	56	62.7	22,793	21	24
224	Indiana	3	62.6	32,341	20	27
225	Pennsylvania	198	62.6	39,100	34	27
226	Virginia	69	62.6	27,956	23	25
227	Alabama	67	62.5	22,113	17	35
228	Arkansas	56	62.3	24,886	22	27
229	Alabama	58	62.2	21,030	12	34
230	Mississippi	42	62.2	22,654	13	32
231	Alabama	69	62.2	22,631	14	31
232	Missouri	69	62.1	30,617	15	28
233	Louisiana	4	62.0	25,529	18	25
234	Mississippi	98	62.0	18,719	14	33
235	Florida	104	62.0	33,615	20	23
236	Indiana	98	61.9	25,812	14	27
237	Mississippi	96	61.9	20,147	12	36
238	Georgia	121	61.8	25,690	10	29
239	Ohio	30	61.8	27,317	26	28
240	Connecticut	1	61.8	41,622	25	24
241	Missouri	71	61.7	30,657	21	25
242	Alabama	55	61.7	22,500	14	39
243	Connecticut	94	61.6	30,054	30	21
244	Arkansas	97	61.6	17,796	11	35
245	Arkansas	59	61.6	19,290	9	34
246	Mississippi	63	61.6	29,939	27	28
247	Indiana	14	61.5	23,931	9	31
248	Virginia	95	61.4	25,738	16	23
249	Pennsylvania	186	61.4	22,555	10	35
250	Alabama	56	61.3	20,943	10	38

AFRICAN-AMERICAN—Top State House Districts

RANK	STATE	DISTRICT NUMBER	AFRICAN-AMERICAN (%)	AVG. HH INCOME ($)	DISTRICT WIDE COLLEGE EDUCATION (%)	RECEIVES SOC. SEC. (%)
251	Louisiana	67	61.3	15,739	23	20
252	Maryland	43	61.0	38,677	27	25
253	Louisiana	44	60.9	19,707	13	28
254	South Carolina	23	60.9	22,570	17	36
255	Louisiana	26	60.9	21,172	14	28
256	Virginia	92	60.7	29,948	22	22
257	Indiana	96	60.7	34,092	30	26
258	Virginia	74	60.5	32,114	17	23
259	Illinois	6	60.5	25,816	27	22
260	Ohio	31	60.4	20,230	20	21
261	Mississippi	119	60.4	19,123	13	29
262	Alabama	32	60.0	21,523	11	33
263	Alabama	70	59.9	21,080	21	27
264	South Carolina	70	59.9	27,936	17	19
265	Missouri	63	59.8	20,998	24	31
266	Georgia	158	59.8	21,649	11	36
267	North Carolina	28	59.8	30,087	20	27
268	Louisiana	87	59.8	25,599	13	17
269	South Carolina	50	59.8	23,762	12	28
270	Alabama	72	59.7	23,026	13	34
271	Virginia	77	59.6	30,037	14	24
272	Texas	95	59.5	25,687	12	27
273	Georgia	178	59.2	21,281	10	29
274	Pennsylvania	19	59.1	20,555	19	34
275	Mississippi	36	58.9	24,702	13	30
276	Connecticut	5	58.9	22,573	14	19
277	North Carolina	5	58.9	24,089	13	34
278	Indiana	2	58.8	25,543	11	34
279	Texas	110	58.8	35,612	26	17
280	Florida	15	58.8	24,827	16	31
281	Florida	94	58.7	28,365	17	29
282	New York	18	58.7	47,900	24	23
283	Georgia	131	58.5	24,556	10	32
284	Georgia	179	58.2	24,333	16	33
285	Virginia	71	58.2	30,678	29	29
286	Arkansas	99	58.2	17,469	11	39
287	Alabama	83	58.1	24,291	12	28
288	North Carolina	8	58.1	24,952	16	27
289	Virginia	90	57.9	30,171	18	26
290	Arkansas	94	57.7	19,719	8	32
291	South Carolina	59	57.6	26,305	14	26
292	North Carolina	26	57.6	27,213	18	26
293	Connecticut	2	57.6	28,078	28	18
294	Georgia	93	57.5	33,554	26	9
295	Florida	59	57.5	23,442	14	27
296	New Jersey	29	57.4	29,064	12	24
297	Arkansas	100	57.3	21,677	10	35
298	South Carolina	25	57.3	31,050	17	22
299	Louisiana	11	57.3	21,350	17	30
300	North Carolina	66	57.3	26,577	15	29

AFRICAN-AMERICAN—Top State House Districts

RANK	STATE	DISTRICT NUMBER	AFRICAN-AMERICAN (%)	DISTRICT WIDE AVG. HH INCOME ($)	DISTRICT WIDE COLLEGE EDUCATION (%)	DISTRICT WIDE RECEIVES SOC. SEC. (%)
301	North Carolina	21	57.3	31,588	29	20
302	Louisiana	72	57.3	21,113	11	28
303	Florida	14	57.3	27,408	14	28
304	Alabama	68	57.0	24,399	13	33
305	Texas	22	56.8	23,540	14	34
306	Mississippi	5	56.7	21,022	13	32
307	Louisiana	40	56.6	22,356	13	29
308	North Carolina	60	56.5	31,192	20	24
309	South Carolina	120	56.4	24,098	11	30
310	Florida	93	56.4	28,743	15	26
311	Florida	84	56.3	32,087	19	25
312	South Carolina	57	56.2	23,105	12	29
313	Arkansas	37	56.1	21,221	12	35
314	South Carolina	41	56.0	27,129	13	31
315	New Jersey	27	56.0	47,681	31	27
316	Arkansas	74	55.8	22,158	7	31
317	Louisiana	102	55.6	28,119	24	25
318	North Carolina	59	55.6	30,296	15	22
319	Kansas	84	55.6	29,864	26	28
320	New Jersey	28	55.5	41,084	23	24
321	Pennsylvania	159	55.2	26,751	11	32
322	Florida	39	55.0	27,592	16	23
323	South Carolina	90	55.0	25,461	17	32
324	New York	77	54.9	20,758	11	14
325	Virginia	75	54.9	26,947	13	34
326	Ohio	21	54.8	21,323	19	21
327	Texas	109	54.7	31,992	17	21
328	Massachusetts	S5	54.7	31,045	16	20
329	South Carolina	49	54.5	29,807	16	26
330	Kentucky	77	54.5	22,576	13	26
331	Mississippi	11	54.4	21,170	13	32
332	Texas	131	54.3	34,305	31	14
333	South Carolina	64	54.3	24,199	14	30
334	North Carolina	78	54.1	24,902	13	32
335	Nevada	7	54.1	28,838	9	19
336	South Carolina	103	54.1	24,383	9	26
337	Louisiana	21	54.1	20,130	11	31
338	Texas	111	53.8	35,177	21	21
339	Georgia	133	53.8	28,557	16	15
340	Florida	55	53.5	25,944	18	35
341	Mississippi	38	53.5	24,825	25	22
342	Texas	146	53.4	31,562	24	19
343	Ohio	49	53.3	23,912	14	27
344	Georgia	111	53.1	25,930	10	33
345	Connecticut	93	53.0	30,752	30	20
346	Georgia	159	52.9	24,675	14	31
347	Georgia	116	52.8	25,872	17	21
348	Georgia	173	52.7	24,208	11	27
349	Texas	141	52.3	28,532	12	20
350	South Carolina	93	52.3	29,222	21	28

AFRICAN-AMERICAN—Top State House Districts

RANK	STATE	DISTRICT NUMBER	AFRICAN-AMERICAN (%)	DISTRICT WIDE AVG. HH INCOME ($)	COLLEGE EDUCATION (%)	RECEIVES SOC. SEC. (%)
351	Connecticut	124	52.1	29,435	8	27
352	Georgia	66	52.0	31,660	31	12
353	Connecticut	145	51.9	40,237	17	24
354	South Carolina	122	51.8	24,721	11	24
355	South Carolina	116	51.4	29,522	19	24
356	South Carolina	102	51.4	27,004	11	27
357	Mississippi	48	51.4	20,048	14	37
358	Texas	147	51.2	26,457	19	21
359	New York	79	51.0	18,621	9	20
360	North Carolina	87	50.9	22,452	13	30
361	Kansas	89	50.9	32,653	29	25
362	Florida	8	50.5	22,325	25	21
363	North Carolina	98	50.0	24,421	17	29
364	Texas	139	49.8	31,237	21	13
365	Georgia	141	49.7	26,220	13	22
366	Pennsylvania	103	49.6	26,787	17	28
367	New York	133	49.6	28,674	18	24
368	South Carolina	54	49.4	22,449	11	33
369	North Carolina	67	49.3	29,914	29	25
370	Colorado	7	49.2	38,101	31	18
371	Louisiana	98	49.0	35,322	32	35
372	Minnesota	58B	48.9	22,715	18	19
373	Mississippi	91	48.8	21,563	13	34
374	Texas	100	48.6	31,293	28	17
375	North Carolina	97	48.5	23,924	17	28
376	North Carolina	79	48.5	25,482	18	29
377	Massachusetts	H12	48.3	26,356	17	24
378	Delaware	1	48.2	37,894	32	29
379	Texas	142	48.2	25,496	14	20
380	Connecticut	95	48.0	25,512	16	25
381	South Carolina	91	48.0	28,549	16	28
382	Rhode Island	19	47.7	19,481	9	21
383	Ohio	22	47.6	28,447	19	25
384	North Carolina	17	47.3	26,464	24	14
385	Tennessee	73	46.7	26,436	20	32
386	New York	84	46.6	35,104	21	26
387	New York	68	46.3	30,049	17	22
388	Alabama	85	45.8	22,992	18	26
389	South Carolina	110	45.5	35,641	37	28
390	Oregon	18	45.5	24,033	22	29
391	New York	71	45.2	28,674	24	27
392	Ohio	11	45.2	48,022	37	27
393	Mississippi	28	45.1	24,824	21	30
394	Massachusetts	S12	44.4	31,033	29	17
395	Ohio	44	44.4	24,560	14	29
396	South Carolina	118	44.3	22,210	10	16
397	Nevada	6	44.1	33,268	15	24
398	Ohio	38	44.0	23,264	14	31
399	Michigan	95	43.7	23,977	14	28
400	South Carolina	55	43.7	23,769	12	31

AFRICAN-AMERICAN—Top State House Districts

RANK	STATE	DISTRICT NUMBER	AFRICAN-AMERICAN (%)	DISTRICT WIDE AVG. HH INCOME ($)	COLLEGE EDUCATION (%)	RECEIVES SOC. SEC. (%)
401	Missouri	64	43.4	34,611	44	25
402	Ohio	39	43.4	29,378	22	24
403	South Carolina	80	43.3	34,836	28	15
404	Georgia	89	43.2	20,573	26	23
405	Delaware	5	43.1	30,201	16	30
406	South Carolina	109	42.8	34,756	31	22
407	New York	75	42.7	23,650	10	19
408	Colorado	8	42.7	26,876	31	24
409	South Carolina	97	42.4	28,461	11	27
410	Pennsylvania	202	42.2	29,693	15	32
411	California	48	42.1	24,193	10	22
412	Mississippi	34	41.8	31,286	21	33
413	Arkansas	91	41.7	20,639	12	32
414	Mississippi	43	41.4	23,843	14	35
415	North Carolina	23	41.4	36,638	42	21
416	Mississippi	92	41.3	25,707	21	34
417	Tennessee	15	41.2	16,947	20	30
418	Mississippi	33	41.1	21,243	14	34
419	Tennessee	82	41.1	23,549	9	33
420	Maryland	22A	40.6	45,407	32	18
421	Mississippi	87	40.4	22,800	15	35
422	South Carolina	61	40.0	26,076	13	27
423	Arkansas	50	39.9	25,769	19	35
424	Mississippi	22	39.8	24,214	11	30
425	South Carolina	82	39.5	29,850	16	28
426	Maryland	27A	39.5	58,963	28	16
427	South Carolina	121	39.5	29,711	21	23
428	New York	74	39.4	17,681	8	18
429	New York	78	39.0	23,277	13	15
430	Tennessee	29	39.0	27,982	19	30
431	Alabama	84	38.9	26,246	15	32
432	Tennessee	93	38.8	30,440	24	30
433	Virginia	61	38.7	26,341	12	36
434	Florida	3	38.7	26,106	21	29
435	Pennsylvania	179	38.6	24,349	10	23
436	Kentucky	41	38.6	18,532	16	30
437	Tennessee	89	38.6	26,061	19	29
438	California	47	38.5	43,144	36	21
439	Minnesota	61B	38.4	26,089	29	17
440	North Carolina	6	38.3	26,370	19	27
441	Missouri	79	38.0	36,578	23	24
442	Georgia	164	37.7	25,270	12	29
443	South Carolina	124	37.7	32,257	27	27
444	Mississippi	24	37.6	25,458	14	32
445	South Carolina	72	37.6	29,695	37	19
446	Connecticut	126	37.3	40,809	17	25
447	Georgia	146	37.2	26,120	19	28
448	Mississippi	56	37.0	28,109	21	30
449	Arkansas	98	37.0	21,609	12	37
450	Michigan	43	37.0	30,766	16	22

AFRICAN-AMERICAN—Top State House Districts

RANK	STATE	DISTRICT NUMBER	AFRICAN-AMERICAN (%)	DISTRICT WIDE AVG. HH INCOME ($)	COLLEGE EDUCATION (%)	RECEIVES SOC. SEC. (%)
451	Louisiana	23	36.8	23,079	17	29
452	Virginia	20	36.6	28,051	17	35
453	South Carolina	40	36.6	28,158	20	31
454	California	51	36.5	37,145	23	17
455	Ohio	64	36.5	22,209	11	38
456	Florida	118	36.5	40,570	26	19
457	Louisiana	18	36.4	27,479	9	25
458	Kansas	36	36.3	29,475	15	28
459	Mississippi	46	36.3	21,156	12	37
460	Mississippi	99	36.0	20,709	11	35
461	Tennessee	97	36.0	33,606	19	26
462	Georgia	137	35.9	27,860	18	25
463	Rhode Island	18	35.9	26,350	16	21
464	Connecticut	72	35.8	28,555	13	32
465	New York	54	35.8	23,942	8	16
466	Georgia	120	35.8	26,875	11	26
467	Georgia	172	35.6	27,644	20	12
468	Georgia	123	35.5	31,230	11	26
469	Alabama	90	35.4	22,353	12	36
470	North Carolina	58	35.4	38,924	32	19
471	Louisiana	89	35.4	51,509	46	27
472	Louisiana	46	35.3	23,988	9	24
473	Virginia	60	35.3	26,336	11	33
474	Kentucky	30	35.1	27,081	19	29
475	Connecticut	92	35.1	40,948	39	23
476	Washington	37	35.0	35,316	31	26
477	Connecticut	130	35.0	24,678	8	24
478	Mississippi	10	35.0	24,228	14	31
479	Tennessee	52	34.9	28,331	17	26
480	Texas	27	34.9	37,160	22	15
481	Texas	120	34.7	25,490	18	26
482	Louisiana	50	34.7	25,216	9	25
483	Mississippi	86	34.7	21,136	12	30
484	Louisiana	60	34.6	27,078	10	27
485	California	16	34.6	42,052	33	22
486	Georgia	65	34.5	45,659	43	14
487	South Carolina	53	34.1	26,282	12	29
488	Georgia	143	33.9	28,786	17	27
489	South Carolina	56	33.8	30,281	15	27
490	North Carolina	33	33.8	27,599	13	32
491	Connecticut	140	33.8	44,213	23	19
492	Michigan	8	33.7	20,973	7	33
493	Georgia	144	33.7	23,258	11	33
494	Mississippi	66	33.7	50,636	55	26
495	South Carolina	108	33.7	34,964	27	32
496	South Carolina	12	33.6	30,437	19	33
497	North Carolina	56	33.6	39,069	37	24
498	South Carolina	60	33.5	30,723	19	22
499	California	52	33.5	31,242	13	20
500	New York	41	33.4	42,878	28	33

AFRICAN-AMERICAN—Top State House Districts

RANK	STATE	DISTRICT NUMBER	AFRICAN-AMERICAN (%)	DISTRICT WIDE AVG. HH INCOME ($)	COLLEGE EDUCATION (%)	RECEIVES SOC. SEC. (%)
501	South Carolina	13	33.2	27,525	24	31
502	Michigan	36	33.1	50,183	42	29
503	New York	76	33.1	28,734	15	22
504	Maryland	47A	33.0	28,683	12	28
505	Arkansas	21	32.9	25,407	17	30
506	Georgia	160	32.9	26,504	14	33
507	Mississippi	8	32.9	27,666	16	31
508	South Carolina	68	32.8	29,517	29	24
509	New Jersey	31	32.8	36,696	22	28
510	Minnesota	65A	32.7	28,161	30	21
511	Florida	23	32.6	22,367	33	20
512	Texas	132	32.6	47,612	46	19
513	Missouri	75	32.5	39,282	25	29
514	Texas	50	32.5	27,622	25	18
515	South Carolina	65	32.4	28,261	18	29
516	Georgia	115	32.3	32,755	31	32
517	Pennsylvania	194	32.2	35,830	25	33
518	Louisiana	83	32.2	24,932	8	24
519	Mississippi	77	32.2	23,421	13	31
520	Georgia	122	32.1	34,360	19	24
521	Louisiana	19	32.1	23,442	12	31
522	Mississippi	75	32.0	25,091	14	32
523	Indiana	81	31.8	27,904	18	28
524	South Carolina	75	31.7	27,790	41	27
525	Louisiana	75	31.7	22,572	11	34
526	Pennsylvania	185	31.7	29,669	12	33
527	Louisiana	10	31.6	23,962	12	34
528	Louisiana	92	31.5	29,552	17	18
529	South Carolina	52	31.5	32,282	20	29
530	North Carolina	71	31.4	29,810	15	27
531	Kentucky	40	31.3	22,218	10	33
532	Arkansas	28	31.2	23,135	13	35
533	North Carolina	12	31.2	26,570	16	31
534	Nebraska	13	31.0	32,012	17	29
535	South Carolina	78	31.0	41,243	41	18
536	Virginia	100	31.0	27,377	16	37
537	Georgia	112	31.0	31,030	16	24
538	Mississippi	90	30.9	23,117	13	32
539	Georgia	154	30.8	27,801	13	26
540	Virginia	23	30.7	31,722	24	34
541	North Carolina	22	30.7	29,995	17	30
542	Mississippi	35	30.6	23,418	16	33
543	New Jersey	5	30.5	32,151	13	28
544	South Carolina	67	30.4	32,029	23	19
545	Louisiana	14	30.4	25,980	13	30
546	West Virginia	31	30.4	21,894	20	38
547	North Carolina	32	30.4	25,977	14	32
548	South Carolina	42	30.3	25,448	12	33
549	Georgia	156	30.3	26,043	11	30
550	Maryland	21	30.3	47,034	38	14

AFRICAN-AMERICAN—Top State House Districts

RANK	STATE	DISTRICT NUMBER	AFRICAN-AMERICAN (%)	AVG. HH INCOME ($)	DISTRICT WIDE COLLEGE EDUCATION (%)	RECEIVES SOC. SEC. (%)
551	Mississippi	71	30.1	27,974	26	31
552	Delaware	31	30.0	39,354	36	23
553	Virginia	62	30.0	35,044	15	24
554	Maryland	20	29.9	50,074	49	16
555	Virginia	64	29.8	35,261	19	23
556	North Carolina	2	29.8	28,103	16	31
557	Mississippi	60	29.8	33,547	18	26
558	North Carolina	54	29.7	37,337	33	17
559	Connecticut	15	29.6	56,730	39	34
560	Virginia	59	29.6	28,409	14	33
561	Virginia	79	29.6	35,162	21	24
562	Kentucky	8	29.5	25,632	17	29
563	Louisiana	57	29.5	34,017	15	19
564	North Carolina	11	29.5	29,862	21	26
565	South Carolina	119	29.4	36,357	33	27
566	Alabama	65	29.3	25,599	12	31
567	Mississippi	16	29.3	28,319	18	23
568	Georgia	90	29.3	26,101	12	31
569	Tennessee	80	29.2	25,469	11	30
570	New Jersey	17	29.2	46,851	30	22
571	California	14	29.1	39,729	45	22
572	Rhode Island	20	29.0	27,475	13	18
573	North Carolina	64	28.9	36,513	38	22
574	Oklahoma	101	28.9	31,034	22	17
575	Arkansas	76	28.9	23,831	11	35
576	Louisiana	48	28.9	26,886	12	27
577	Mississippi	45	28.8	22,595	12	32
578	Louisiana	85	28.7	32,571	21	20
579	Louisiana	7	28.7	29,465	17	26
580	New Jersey	15	28.7	51,601	34	27
581	Wisconsin	61	28.6	29,611	19	28
582	South Carolina	39	28.6	28,554	13	30
583	South Carolina	16	28.6	29,228	15	28
584	Connecticut	128	28.5	27,734	8	22
585	Delaware	32	28.4	35,173	29	19
586	South Carolina	81	28.4	37,578	34	31
587	Mississippi	79	28.3	24,013	12	32
588	Louisiana	1	28.2	31,009	17	27
589	Virginia	99	28.2	35,657	19	36
590	North Carolina	35	28.1	30,593	21	32
591	Louisiana	28	28.1	19,566	9	32
592	Arkansas	51	28.1	28,897	14	19
593	Georgia	110	28.0	33,129	17	26
594	Oklahoma	72	28.0	19,633	12	30
595	South Carolina	15	27.9	29,714	15	34
596	Tennessee	81	27.9	28,007	9	27
597	Mississippi	13	27.9	30,051	10	26
598	Alabama	89	27.9	26,034	17	31
599	New Jersey	35	27.8	38,024	15	26
600	South Carolina	43	27.8	29,890	15	30

AFRICAN-AMERICAN—Top State House Districts

RANK	STATE	DISTRICT NUMBER	AFRICAN-AMERICAN (%)	DISTRICT WIDE AVG. HH INCOME ($)	DISTRICT WIDE COLLEGE EDUCATION (%)	DISTRICT WIDE RECEIVES SOC. SEC. (%)
601	Louisiana	86	27.8	38,157	29	16
602	Georgia	107	27.8	32,600	12	25
603	Alabama	64	27.7	25,814	13	33
604	Rhode Island	17	27.5	29,303	14	19
605	Georgia	12	27.5	28,697	17	36
606	Louisiana	38	27.4	20,430	10	31
607	Louisiana	13	27.3	26,388	12	31
608	North Carolina	1	27.1	29,624	17	30
609	South Carolina	100	27.0	30,622	19	19
610	Michigan	92	27.0	26,496	16	33
611	Mississippi	115	26.9	19,822	15	32
612	Alabama	37	26.9	25,127	11	35
613	Michigan	17	26.8	35,247	13	27
614	South Carolina	45	26.8	31,086	17	27
615	Illinois	18	26.7	45,182	47	22
616	Indiana	94	26.7	34,932	35	14
617	Alabama	81	26.7	28,722	16	33
618	Delaware	4	26.7	56,657	43	29
619	Kansas	65	26.6	24,700	18	19
620	Louisiana	62	26.6	26,997	15	23
621	Mississippi	52	26.6	32,682	21	26
622	Georgia	165	26.5	28,559	18	27
623	Georgia	145	26.4	25,873	17	26
624	Georgia	142	26.4	25,237	13	31
625	North Carolina	96	26.4	30,309	19	29
626	South Carolina	86	26.4	35,138	20	23
627	Maryland	23	26.4	57,769	43	12
628	Kansas	58	26.3	26,466	13	28
629	Georgia	157	26.3	28,578	14	26
630	South Carolina	96	26.3	27,473	12	25
631	Virginia	86	26.2	34,158	25	16
632	Mississippi	100	26.2	22,927	15	33
633	Virginia	88	26.2	34,013	33	25
634	Georgia	119	26.1	33,127	14	17
635	Mississippi	97	26.1	26,022	20	34
636	South Carolina	11	26.0	27,122	14	33
637	North Carolina	18	26.0	34,215	29	17
638	Alabama	38	26.0	28,533	14	30
639	Indiana	7	25.9	28,805	18	35
640	Michigan	79	25.8	32,712	23	30
641	Louisiana	24	25.8	21,793	9	33
642	Georgia	167	25.8	26,935	15	27
643	Alabama	61	25.7	28,502	17	30
644	South Carolina	9	25.7	30,356	24	34
645	South Carolina	104	25.7	30,300	20	33
646	South Carolina	30	25.6	26,218	12	30
647	Georgia	168	25.6	25,733	13	35
648	Mississippi	78	25.5	24,336	14	35
649	Louisiana	66	25.4	36,370	33	21
650	Georgia	32	25.4	32,307	31	19

AFRICAN-AMERICAN—Top State House Districts

RANK	STATE	DISTRICT NUMBER	AFRICAN-AMERICAN (%)	DISTRICT WIDE AVG. HH INCOME ($)	COLLEGE EDUCATION (%)	RECEIVES SOC. SEC. (%)
651	New York	119	25.3	36,288	35	25
652	Louisiana	20	25.3	21,934	11	31
653	Ohio	32	25.3	47,020	35	24
654	Tennessee	90	25.2	47,495	34	31
655	Georgia	129	25.2	29,254	12	32
656	New York	72	25.1	25,176	14	18
657	South Carolina	58	25.0	24,251	14	28
658	New York	35	25.0	35,461	25	19
659	Mississippi	40	25.0	29,908	19	25
660	Missouri	59	24.8	23,498	19	25
661	Arkansas	75	24.8	32,816	18	31
662	Iowa	25	24.8	26,630	18	34
663	Minnesota	61A	24.7	18,555	29	19
664	Mississippi	23	24.7	23,215	12	34
665	Georgia	155	24.7	26,266	14	29
666	Illinois	92	24.7	27,353	19	31
667	North Carolina	16	24.7	27,580	17	25
668	Delaware	28	24.6	35,029	17	24
669	Mississippi	81	24.6	29,048	18	25
670	Maryland	37	24.6	35,431	20	33
671	South Carolina	44	24.5	28,839	10	28
672	Florida	78	24.5	33,993	19	40
673	Louisiana	56	24.5	34,632	17	21
674	Oklahoma	13	24.5	26,776	20	31
675	Alabama	31	24.4	27,985	14	31
676	Rhode Island	5	24.3	35,826	45	26
677	Massachusetts	S9	24.3	33,776	50	16
678	South Carolina	113	24.3	30,668	23	12
679	Arkansas	36	24.2	24,154	19	34
680	Wisconsin	12	24.2	33,872	19	27
681	Alabama	33	24.2	27,253	14	32
682	Virginia	76	24.2	38,902	20	25
683	Pennsylvania	35	24.1	22,156	12	42
684	Mississippi	95	24.1	29,268	20	33
685	Georgia	94	24.0	33,153	13	21
686	Mississippi	37	24.0	26,433	39	19
687	Alabama	66	23.9	24,311	11	32
688	Virginia	11	23.9	30,360	14	30
689	Virginia	16	23.9	35,431	32	29
690	Louisiana	31	23.8	26,218	19	17
691	Georgia	64	23.8	55,130	42	13
692	Mississippi	83	23.8	35,035	31	30
693	Arkansas	90	23.7	23,878	10	33
694	South Carolina	14	23.7	28,496	17	29
695	Illinois	86	23.7	34,536	17	30
696	Alabama	21	23.6	30,108	23	26
697	Missouri	67	23.5	25,092	21	26
698	North Carolina	25	23.5	31,954	19	30
699	Connecticut	116	23.4	37,570	22	23
700	North Carolina	86	23.4	30,627	20	30

AFRICAN-AMERICAN—Top State House Districts

RANK	STATE	DISTRICT NUMBER	AFRICAN-AMERICAN (%)	DISTRICT WIDE AVG. HH INCOME ($)	COLLEGE EDUCATION (%)	RECEIVES SOC. SEC. (%)
701	New York	11	23.3	50,643	20	26
702	Florida	105	23.3	37,954	27	34
703	Missouri	38	23.2	26,344	39	20
704	Georgia	138	23.2	32,622	18	26
705	Texas	8	23.1	27,683	17	32
706	Mississippi	105	23.1	21,403	12	30
707	Arkansas	83	23.1	26,717	11	30
708	Georgia	92	23.0	32,387	12	26
709	New York	69	23.0	51,603	55	19
710	Arkansas	22	23.0	22,089	8	35
711	Georgia	109	22.9	35,504	13	27
712	Tennessee	67	22.8	29,735	23	18
713	New Jersey	20	22.8	37,840	17	28
714	New York	50	22.8	29,219	17	24
715	Tennessee	99	22.8	40,563	24	14
716	Florida	38	22.7	33,115	21	24
717	Georgia	176	22.7	27,959	14	25
718	Missouri	74	22.7	49,188	33	22
719	South Carolina	6	22.7	31,897	23	35
720	Arkansas	52	22.7	34,026	24	20
721	Illinois	17	22.6	31,332	40	20
722	Michigan	49	22.5	27,877	17	28
723	Illinois	80	22.5	45,758	25	24
724	Oklahoma	62	22.5	34,788	30	14
725	Louisiana	55	22.5	29,050	18	25
726	Illinois	59	22.4	62,381	33	19
727	Virginia	45	22.4	58,273	54	16
728	South Carolina	115	22.4	39,355	32	24
729	Georgia	96	22.3	35,100	18	13
730	Rhode Island	9	22.3	20,183	9	21
731	Virginia	91	22.3	39,571	30	18
732	New Jersey	7	22.3	44,515	23	26
733	Georgia	33	22.3	37,744	20	20
734	Arkansas	81	22.3	29,812	13	34
735	California	55	22.2	36,823	20	18
736	North Carolina	44	22.2	28,166	12	29
737	Maryland	38	22.2	33,371	19	30
738	Virginia	87	22.2	30,869	18	18
739	Mississippi	62	22.2	28,760	15	27
740	Mississippi	21	22.1	25,972	12	31
741	Missouri	44	22.1	30,821	31	28
742	Georgia	180	22.0	27,794	13	30
743	North Carolina	19	22.0	28,564	18	26
744	Louisiana	42	22.0	23,397	11	27
745	North Carolina	36	22.0	35,336	35	17
746	Tennessee	50	22.0	34,760	17	23
747	Georgia	171	21.9	26,791	13	27
748	Michigan	75	21.9	37,195	36	28
749	Louisiana	51	21.8	26,947	10	25
750	Louisiana	49	21.8	28,333	9	25

AFRICAN-AMERICAN—Top State House Districts

RANK	STATE	DISTRICT NUMBER	AFRICAN-AMERICAN (%)	AVG. HH INCOME ($)	DISTRICT WIDE COLLEGE EDUCATION (%)	RECEIVES SOC. SEC. (%)
751	Illinois	67	21.7	29,996	19	29
752	North Carolina	9	21.7	33,885	35	21
753	Texas	5	21.7	26,197	14	34
754	Georgia	62	21.7	43,423	41	16
755	New York	59	21.6	43,333	25	26
756	New York	82	21.6	37,813	17	36
757	Arkansas	82	21.6	25,550	14	30
758	Louisiana	39	21.6	27,842	15	19
759	Texas	138	21.5	31,029	16	23
760	Georgia	106	21.5	33,503	16	27
761	Connecticut	4	21.5	23,506	15	21
762	Michigan	54	21.5	38,241	32	17
763	Texas	57	21.5	24,797	15	30
764	Tennessee	51	21.4	28,932	16	30
765	Virginia	44	21.4	56,875	44	15
766	Virginia	56	21.3	39,131	16	27
767	Florida	11	21.3	26,449	14	33
768	Georgia	102	21.2	35,968	19	26
769	Oklahoma	88	21.2	24,427	24	26
770	South Carolina	84	21.2	29,136	10	28
771	South Carolina	29	21.2	30,823	14	26
772	North Carolina	72	21.2	39,843	30	24
773	Delaware	36	21.1	31,031	17	31
774	Mississippi	18	21.1	29,607	19	30
775	Louisiana	73	21.1	25,281	16	27
776	Texas	1	21.1	29,074	18	30
777	Louisiana	25	21.1	33,794	22	26
778	New York	46	21.0	29,122	20	34
779	Florida	101	21.0	32,891	19	40
780	Kansas	40	20.9	29,991	35	20
781	South Carolina	71	20.9	39,654	44	11
782	Indiana	77	20.9	29,879	22	32
783	Virginia	83	20.9	39,235	26	16
784	Georgia	177	20.9	35,639	26	22
785	North Carolina	10	20.9	24,162	12	25
786	Alabama	75	20.8	40,687	33	18
787	Louisiana	105	20.8	27,654	9	21
788	Illinois	85	20.8	32,199	17	30
789	Georgia	135	20.7	33,490	29	30
790	Alabama	29	20.7	24,600	13	38
791	Mississippi	84	20.7	27,879	15	29
792	North Carolina	34	20.6	34,867	19	27
793	North Carolina	89	20.5	38,102	34	24
794	Virginia	93	20.5	34,605	29	14
795	Virginia	94	20.5	40,748	31	22
796	Georgia	150	20.5	32,920	15	21
797	Delaware	41	20.5	30,527	15	32
798	North Carolina	65	20.4	42,092	36	16
799	Alabama	63	20.4	32,310	35	23
800	Mississippi	39	20.4	38,509	34	20

AFRICAN-AMERICAN—Top State House Districts

RANK	STATE	DISTRICT NUMBER	AFRICAN-AMERICAN (%)	DISTRICT WIDE AVG. HH INCOME ($)	DISTRICT WIDE COLLEGE EDUCATION (%)	DISTRICT WIDE RECEIVES SOC. SEC. (%)
801	Connecticut	125	20.4	38,396	19	30
802	Georgia	126	20.4	47,000	40	27
803	Georgia	152	20.3	39,752	30	22
804	South Carolina	114	20.3	40,682	38	18
805	Virginia	96	20.3	38,980	26	21
806	North Carolina	80	20.2	28,952	23	11
807	Virginia	27	20.1	42,366	26	16
808	Louisiana	41	20.1	21,870	10	29
809	Massachusetts	S16	20.1	36,478	43	18
810	Georgia	125	20.1	38,987	17	23
811	Georgia	170	20.1	26,086	11	30
812	Virginia	46	20.0	48,760	53	12
813	South Carolina	89	19.8	31,374	23	29
814	Connecticut	39	19.8	28,586	17	27
815	Louisiana	12	19.8	28,254	21	28
816	South Carolina	83	19.8	39,820	29	22
817	Texas	7	19.7	32,219	25	28
818	North Carolina	90	19.7	32,337	18	31
819	New York	96	19.7	39,025	24	26
820	Mississippi	44	19.6	22,925	16	32
821	South Carolina	34	19.6	37,123	31	22
822	Mississippi	108	19.6	26,750	18	31
823	Missouri	46	19.5	46,838	33	20
824	Arkansas	49	19.5	29,369	15	30
825	North Carolina	42	19.5	32,657	19	29
826	Alabama	88	19.4	32,286	19	24
827	Illinois	79	19.4	42,430	22	30
828	Delaware	34	19.3	39,677	26	20
829	Indiana	80	19.3	28,370	19	28
830	Connecticut	3	19.3	25,188	16	20
831	Louisiana	30	19.3	24,458	14	19
832	Virginia	98	19.2	39,122	22	28
833	Connecticut	148	19.2	51,071	33	22
834	Michigan	60	19.2	31,174	34	24
835	North Carolina	75	19.2	30,966	18	18
836	Mississippi	6	19.2	33,925	14	27
837	Mississippi	12	19.1	25,100	45	18
838	Texas	11	19.1	25,990	14	35
839	Florida	65	19.1	29,222	15	42
840	Tennessee	79	19.1	25,623	11	36
841	Georgia	20	19.1	34,487	20	29
842	New Jersey	2	19.1	42,071	22	28
843	Mississippi	112	19.0	31,315	20	20
844	Arkansas	19	19.0	24,746	11	34
845	Florida	73	19.0	30,913	19	35
846	Texas	134	19.0	40,824	43	12
847	Arkansas	96	19.0	32,983	16	22
848	Delaware	35	18.9	34,146	17	32
849	Alabama	3	18.9	29,879	18	32
850	Florida	27	18.9	29,646	23	39

AFRICAN-AMERICAN—Top State House Districts

RANK	STATE	DISTRICT NUMBER	AFRICAN-AMERICAN (%)	DISTRICT WIDE AVG. HH INCOME ($)	COLLEGE EDUCATION (%)	RECEIVES SOC. SEC. (%)
851	Connecticut	96	18.8	32,260	44	20
852	Colorado	17	18.8	23,843	19	18
853	Delaware	39	18.8	33,158	24	29
854	Georgia	87	18.8	33,710	13	28
855	Alabama	86	18.8	30,327	17	28
856	Alaska	23	18.8	38,633	21	8
857	Mississippi	118	18.8	33,220	28	25
858	Mississippi	53	18.7	22,693	13	35
859	Mississippi	102	18.7	33,328	44	22
860	Oklahoma	65	18.7	30,447	22	19
861	Virginia	21	18.7	39,750	29	10
862	New York	53	18.6	21,465	9	19
863	Mississippi	74	18.6	41,823	45	18
864	South Carolina	117	18.6	33,614	21	12
865	Kansas	37	18.5	22,699	13	36
866	New York	44	18.5	46,059	40	22
867	Alabama	8	18.4	32,490	21	26
868	Kansas	103	18.4	21,016	14	26
869	Iowa	71	18.4	29,259	34	22
870	North Carolina	77	18.4	31,537	19	27
871	Connecticut	121	18.4	38,985	21	37
872	South Carolina	7	18.3	28,839	14	32
873	Georgia	175	18.3	31,065	20	15
874	Kentucky	3	18.2	26,653	20	39
875	Missouri	162	18.2	21,118	8	38
876	Georgia	61	18.2	40,722	46	18
877	Texas	105	18.2	30,865	13	23
878	South Carolina	105	18.2	29,604	21	19
879	Louisiana	9	18.1	33,604	20	18
880	Colorado	42	18.1	31,054	27	17
881	Pennsylvania	180	18.1	17,356	3	23
882	Texas	24	18.1	38,753	25	22
883	Oklahoma	64	18.1	23,696	18	25
884	Maryland	28	18.1	50,308	22	16
885	Texas	54	18.0	26,789	20	22
886	North Carolina	37	18.0	29,751	16	25
887	Delaware	26	18.0	41,861	27	7
888	Texas	128	18.0	37,064	18	16
889	Mississippi	4	18.0	23,250	13	34
890	Michigan	35	17.9	40,118	29	27
891	Louisiana	8	17.9	30,806	22	20
892	North Carolina	31	17.9	36,313	28	38
893	North Carolina	20	17.9	31,503	17	24
894	Virginia	57	17.8	38,863	46	20
895	Virginia	42	17.8	63,847	46	10
896	Texas	17	17.7	28,700	16	33
897	Georgia	130	17.7	35,157	21	28
898	Maryland	13B	17.7	46,274	39	9
899	South Carolina	18	17.7	29,730	18	29
900	South Carolina	94	17.7	36,319	28	15

AFRICAN-AMERICAN—Top State House Districts

RANK	STATE	DISTRICT NUMBER	AFRICAN-AMERICAN (%)	DISTRICT WIDE		
				AVG. HH INCOME ($)	COLLEGE EDUCATION (%)	RECEIVES SOC. SEC. (%)
901	Texas	23	17.7	35,203	26	23
902	New York	51	17.7	28,114	16	20
903	Arkansas	38	17.6	29,875	22	32
904	Georgia	30	17.6	44,708	56	7
905	Georgia	88	17.6	34,281	51	17
906	Georgia	166	17.5	26,423	12	31
907	Alabama	80	17.5	31,983	16	26
908	Alabama	91	17.5	29,746	22	28
909	Massachusetts	P11	17.5	33,932	19	27
910	Alabama	1	17.5	29,531	25	33
911	Georgia	29	17.5	41,551	32	18
912	Georgia	128	17.4	35,685	20	20
913	Louisiana	68	17.4	48,091	50	23
914	Missouri	48	17.4	37,463	24	23
915	California	9	17.4	33,429	28	23
916	Virginia	84	17.3	37,648	26	8
917	Arizona	23	17.3	24,082	11	24
918	Virginia	51	17.2	54,278	34	7
919	Mississippi	20	17.2	25,983	11	32
920	Louisiana	52	17.2	31,622	14	22
921	West Virginia	24	17.1	28,978	19	43
922	Georgia	101	17.1	31,538	15	23
923	Florida	64	17.1	28,520	16	34
924	Texas	55	17.1	31,591	26	22
925	Kentucky	44	17.0	29,806	10	29
926	Mississippi	17	17.0	35,094	25	22
927	Louisiana	64	17.0	33,635	14	20
928	North Carolina	14	17.0	29,547	19	32
929	Delaware	15	17.0	38,439	19	18
930	Mississippi	54	17.0	36,781	31	21
931	Texas	18	17.0	26,515	16	34
932	Mississippi	25	17.0	30,938	14	24
933	Nevada	17	17.0	30,309	13	12
934	Virginia	17	17.0	29,386	15	33
935	Arkansas	20	16.9	26,899	11	29
936	Pennsylvania	182	16.9	40,839	50	22
937	Missouri	73	16.8	34,913	19	33
938	Virginia	52	16.8	47,959	30	9
939	Tennessee	59	16.8	32,427	26	12
940	Arkansas	55	16.8	50,146	49	17
941	Georgia	114	16.7	45,657	43	15
942	Louisiana	103	16.7	26,528	13	28
943	Virginia	49	16.6	48,078	52	16
944	New Jersey	37	16.6	58,527	38	28
945	South Carolina	99	16.6	33,317	21	11
946	North Carolina	3	16.6	31,387	22	23
947	Texas	9	16.6	25,670	16	32
948	Maryland	12B	16.6	63,673	63	12
949	Alabama	93	16.6	31,887	23	23
950	North Carolina	95	16.6	29,140	18	31

AFRICAN-AMERICAN—Top State House Districts

RANK	STATE	DISTRICT NUMBER	AFRICAN-AMERICAN (%)	DISTRICT WIDE AVG. HH INCOME ($)	COLLEGE EDUCATION (%)	RECEIVES SOC. SEC. (%)
951	Connecticut	91	16.6	43,084	31	37
952	Missouri	161	16.6	24,480	8	33
953	Pennsylvania	95	16.6	29,157	14	30
954	Maryland	29B	16.6	38,448	23	15
955	Maryland	46	16.5	29,712	13	33
956	Virginia	97	16.5	43,700	33	23
957	Kentucky	9	16.5	25,855	14	19
958	Connecticut	129	16.5	37,378	24	31
959	Pennsylvania	70	16.5	40,624	24	29
960	Louisiana	70	16.4	47,582	52	10
961	Indiana	9	16.4	33,842	17	30
962	Rhode Island	1	16.3	26,147	20	23
963	Florida	86	16.3	31,428	20	39
964	Missouri	40	16.3	21,837	10	33
965	Connecticut	137	16.3	49,155	32	21
966	Mississippi	89	16.3	31,107	23	35
967	New York	131	16.3	30,581	30	25
968	Mississippi	111	16.3	32,014	25	24
969	Delaware	33	16.2	31,486	17	25
970	South Carolina	37	16.2	30,615	16	26
971	Georgia	95	16.2	38,949	20	17
972	Pennsylvania	21	16.2	30,562	29	32
973	New York	106	16.1	30,192	23	29
974	South Carolina	79	16.1	49,538	36	15
975	Indiana	37	16.1	29,962	14	31
976	Mississippi	2	16.1	23,117	14	35
977	Georgia	74	16.1	46,198	26	17
978	Alabama	28	16.0	26,349	14	35
979	Mississippi	120	16.0	31,512	29	30
980	Mississippi	107	16.0	23,902	17	30
981	North Carolina	48	15.9	30,449	17	31
982	Texas	103	15.9	29,399	18	17
983	Louisiana	22	15.9	24,110	11	30
984	Ohio	54	15.9	26,602	13	33
985	Louisiana	37	15.9	24,475	9	30
986	Texas	90	15.9	23,409	11	28
987	Oklahoma	36	15.9	25,827	14	29
988	Georgia	91	15.8	38,506	24	23
989	Michigan	69	15.8	31,863	34	20
990	Texas	2	15.8	27,142	13	37
991	North Carolina	24	15.8	38,753	48	19
992	Michigan	64	15.8	32,633	22	31
993	North Carolina	73	15.8	30,297	14	30
994	Louisiana	53	15.8	26,379	10	26
995	Florida	7	15.8	27,709	16	30
996	Massachusetts	H11	15.7	33,339	19	32
997	New Jersey	11	15.7	51,162	33	28
998	Arkansas	64	15.7	28,536	16	19
999	Michigan	76	15.7	28,200	21	26
1000	Georgia	163	15.7	42,788	33	23

AFRICAN-AMERICAN
Top State Senate Districts

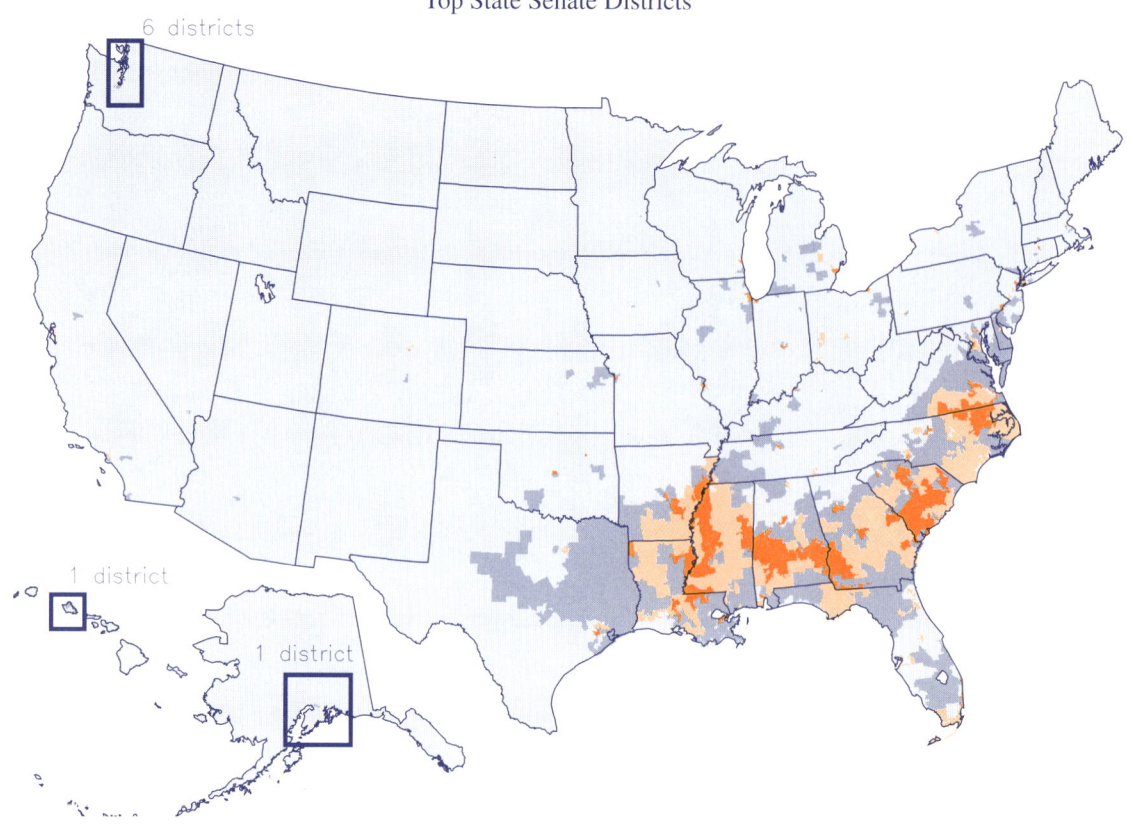

NEW YORK - NEWARK

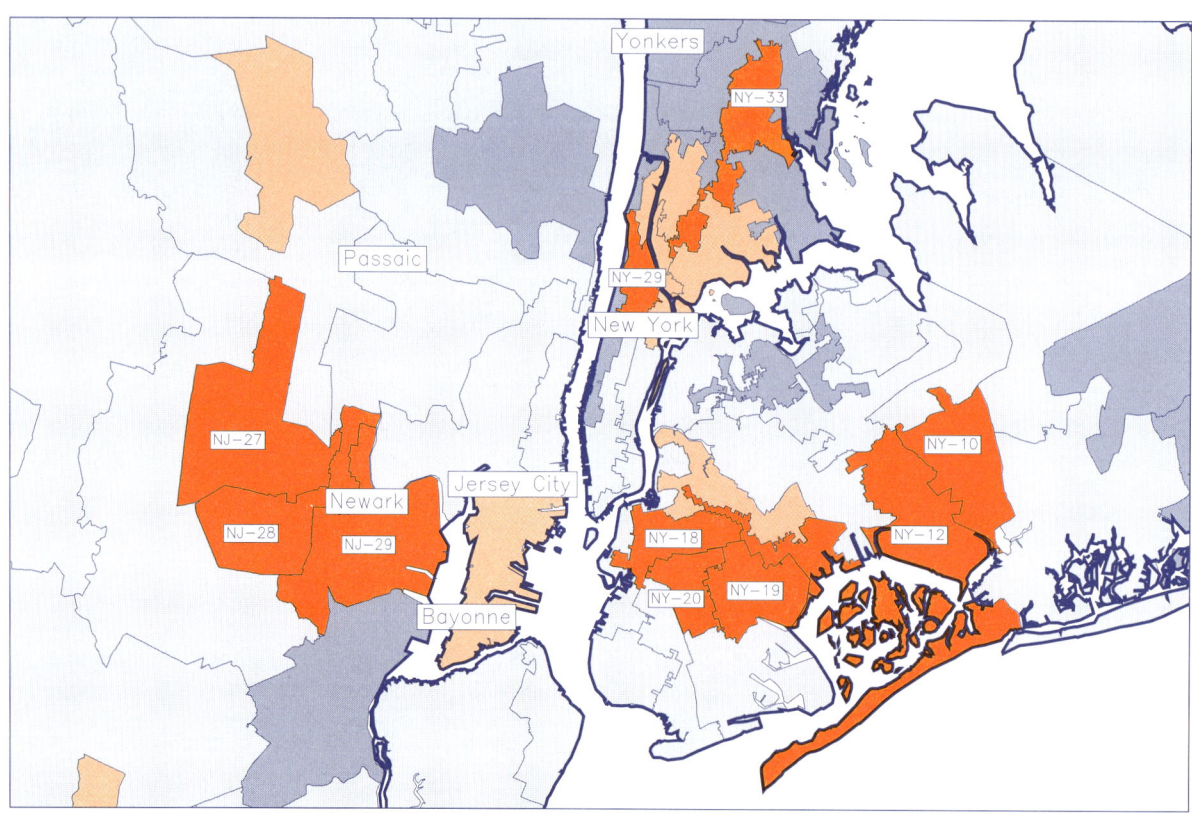

Population Ranges
- 50.0% to 99.9%
- 25.0% to 49.9%
- 10.0% to 24.9%
- 0.0% to 9.9%

AFRICAN-AMERICAN Top State Senate Districts

COLUMBIA - SAVANNAH - MONTGOMERY - JACKSON

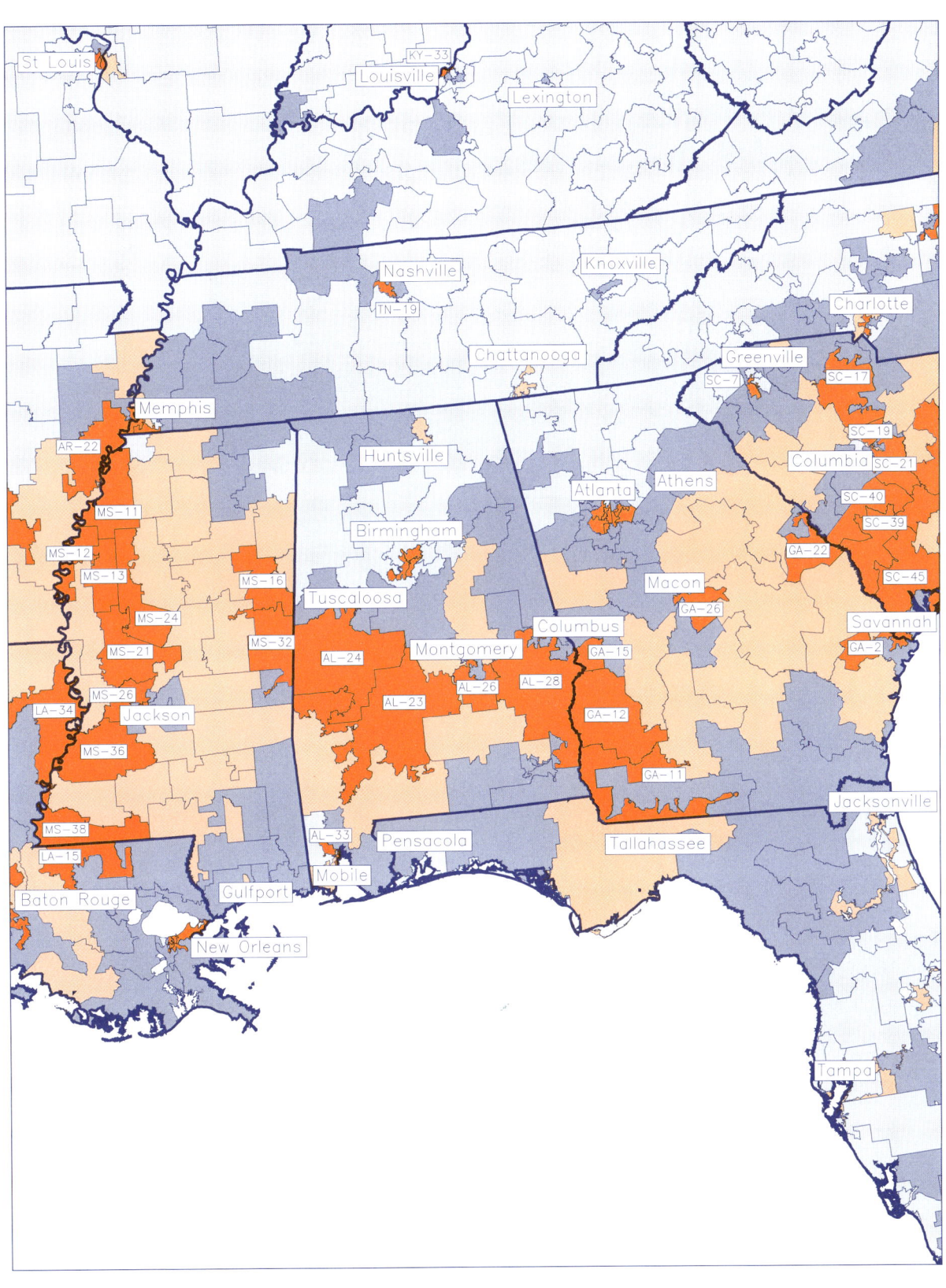

Population Ranges
- 50.0% to 99.9%
- 25.0% to 49.9%
- 10.0% to 24.9%
- 0.0% to 9.9%

AFRICAN-AMERICAN Top State Senate Districts

MEMPHIS

NEW ORLEANS

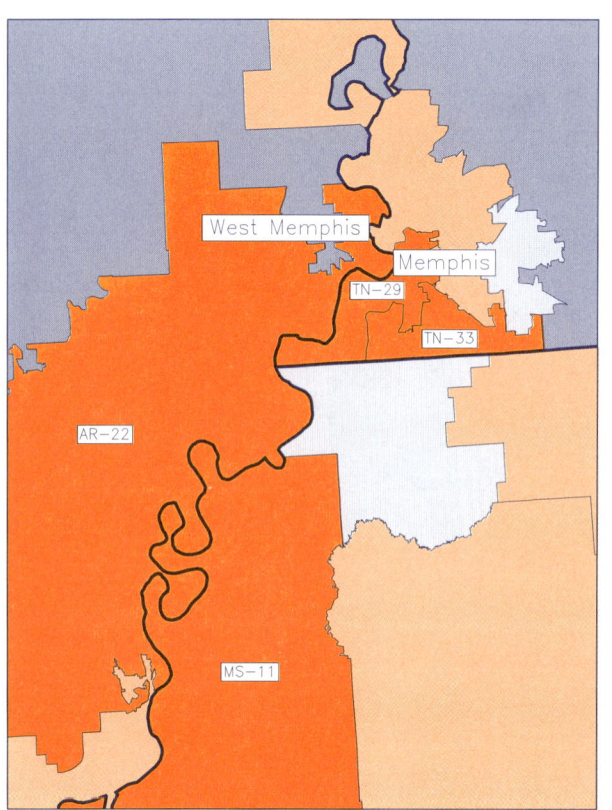
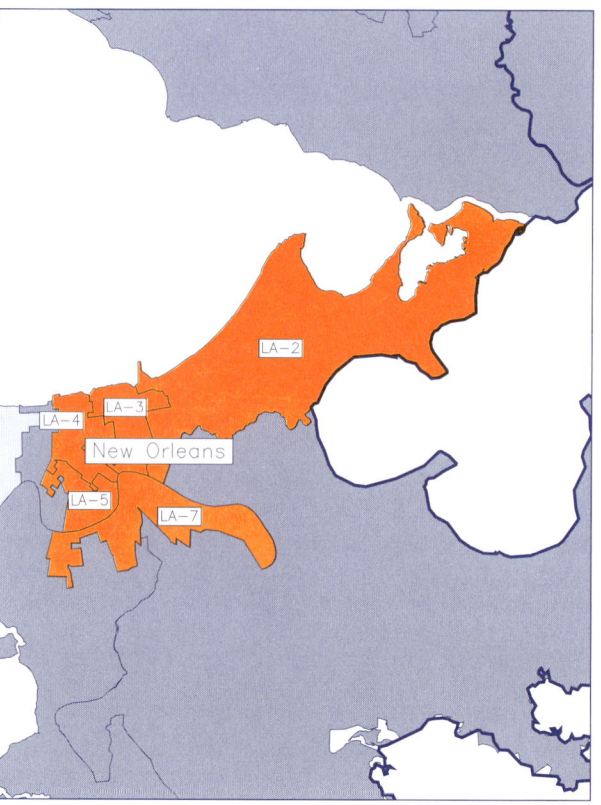

ATLANTA

BIRMINGHAM

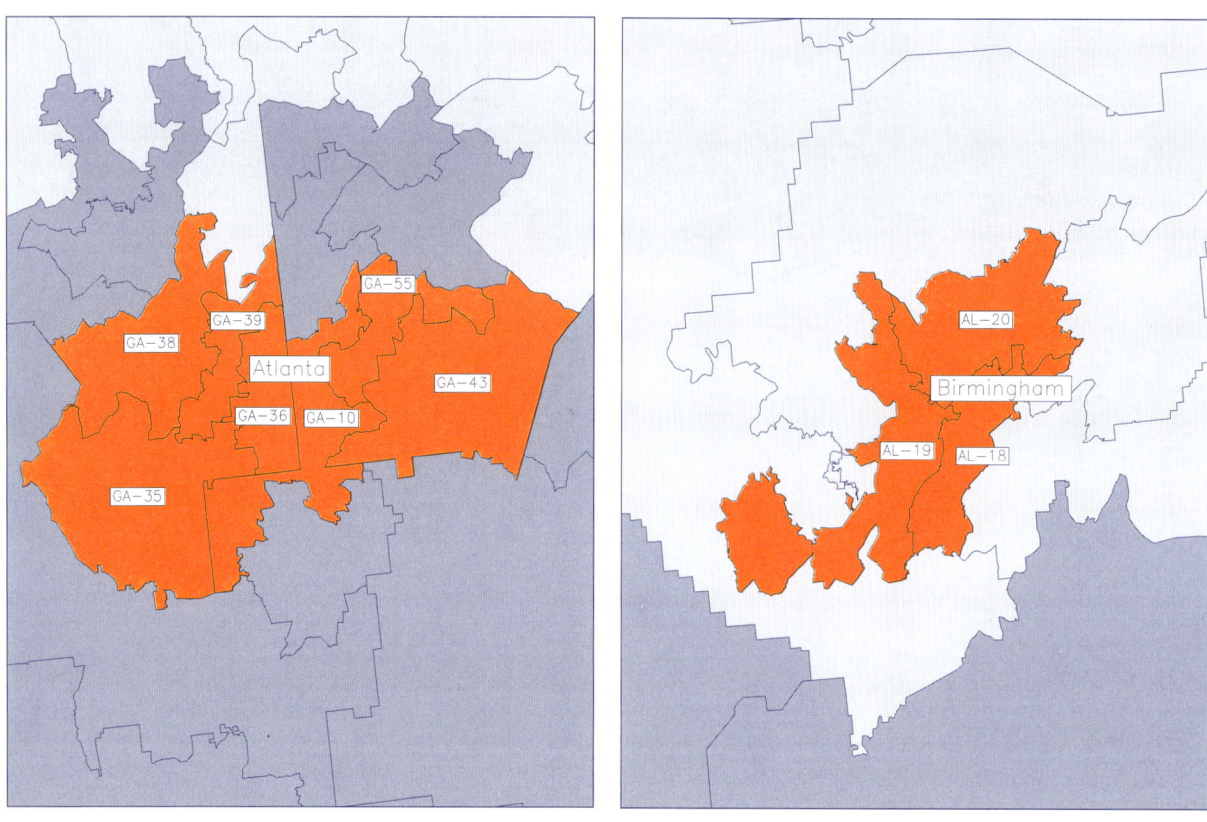

Population Ranges
- 50.0% to 99.9%
- 25.0% to 49.9%
- 10.0% to 24.9%
- 0.0% to 9.9%

RICHMOND - NEWPORT NEWS - NORFOLK

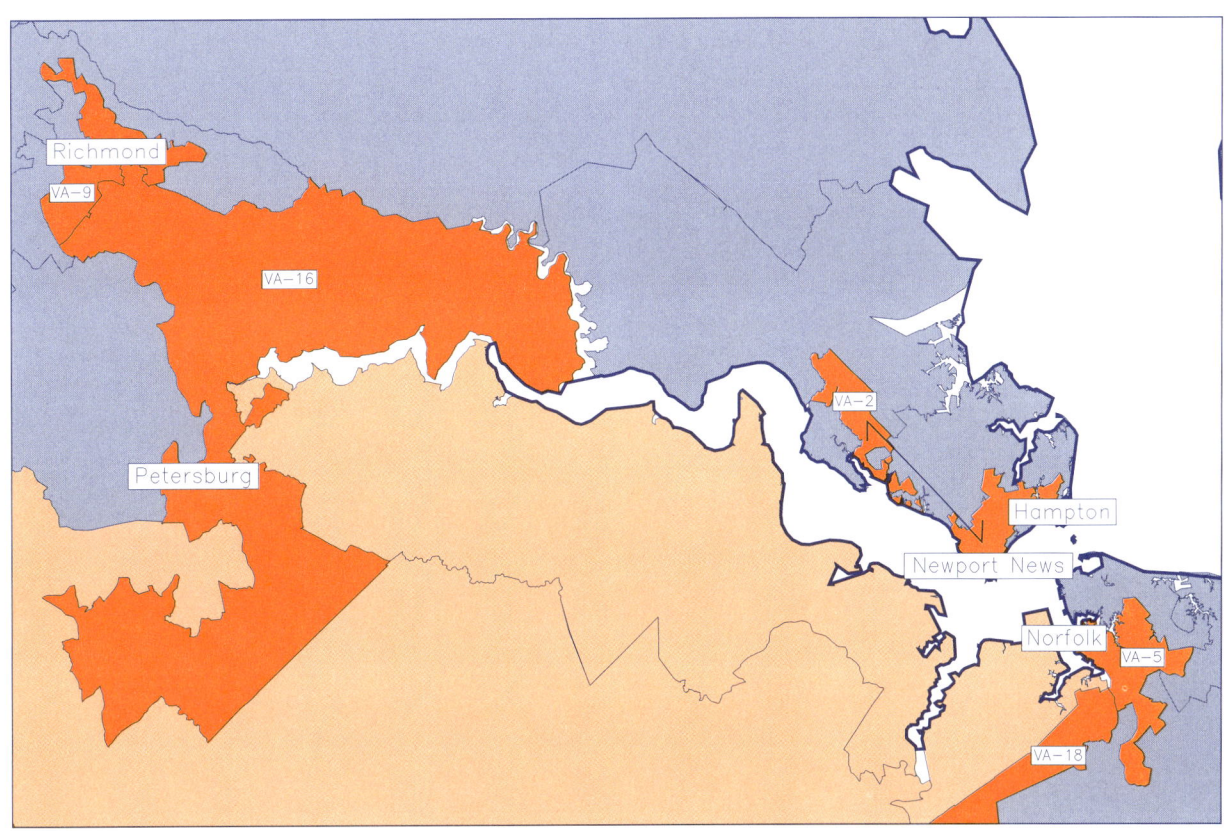

RALEIGH - CHARLOTTE

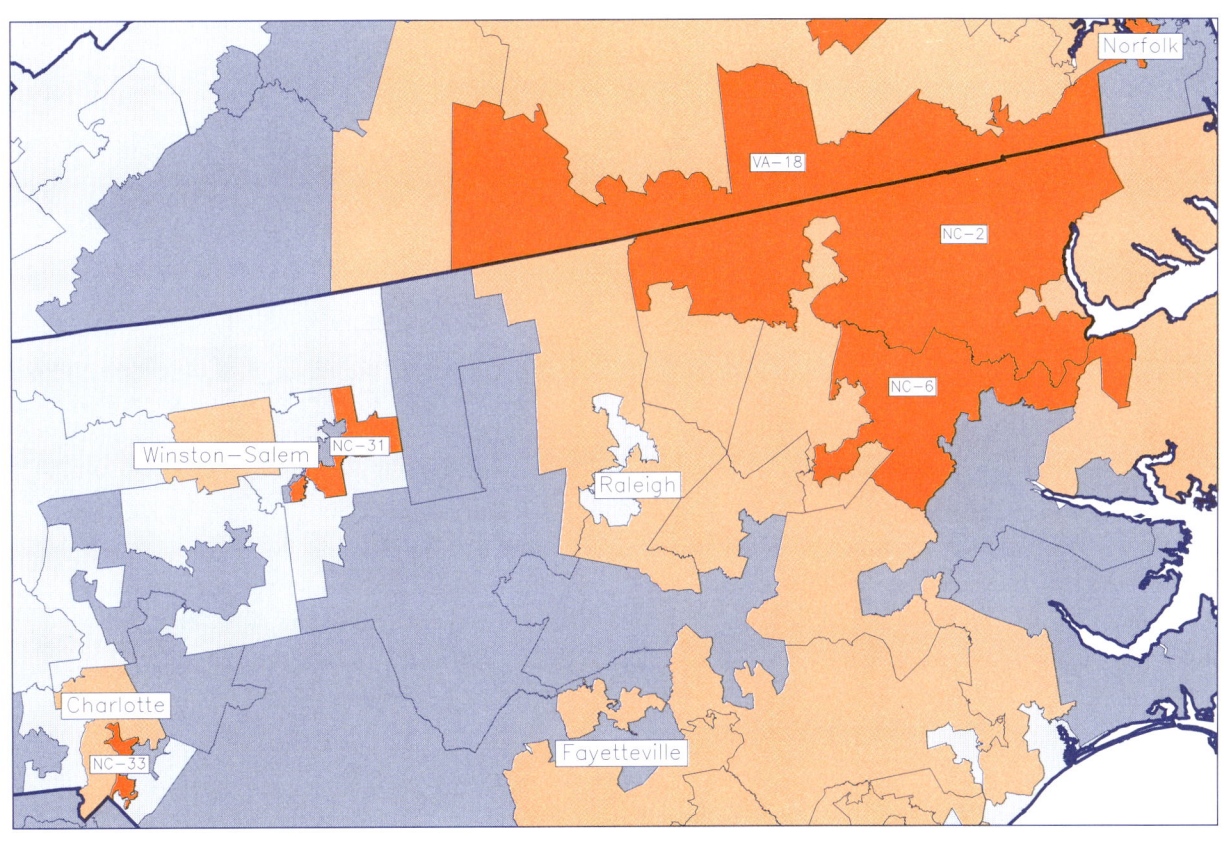

Population Ranges
- 50.0% to 99.9%
- 25.0% to 49.9%
- 10.0% to 24.9%
- 0.0% to 9.9%

AFRICAN-AMERICAN Top State Senate Districts

SHREVEPORT - LAFAYETTE

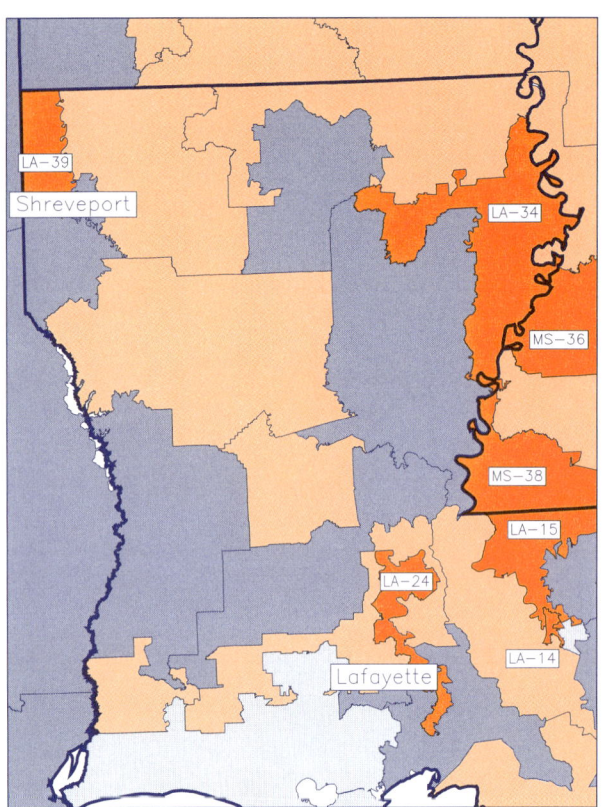

CHARLESTON - SAVANNAH

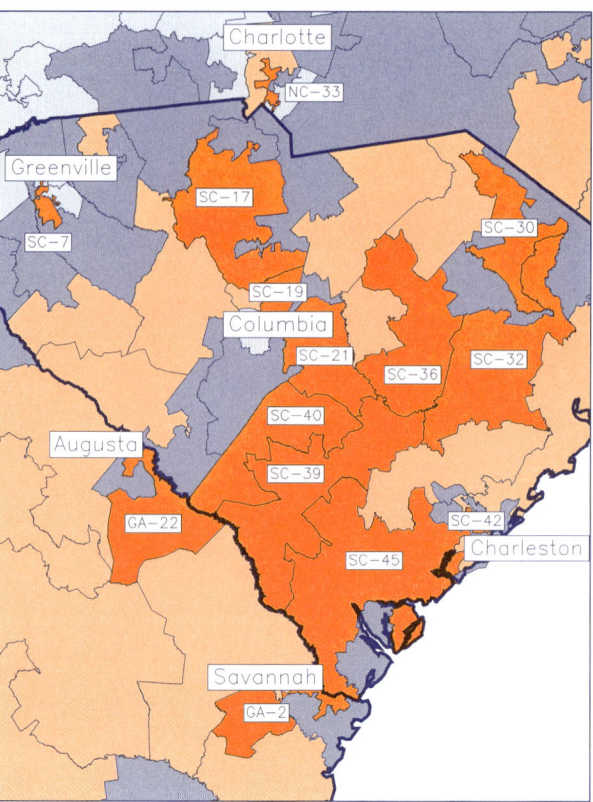

INDIANAPOLIS

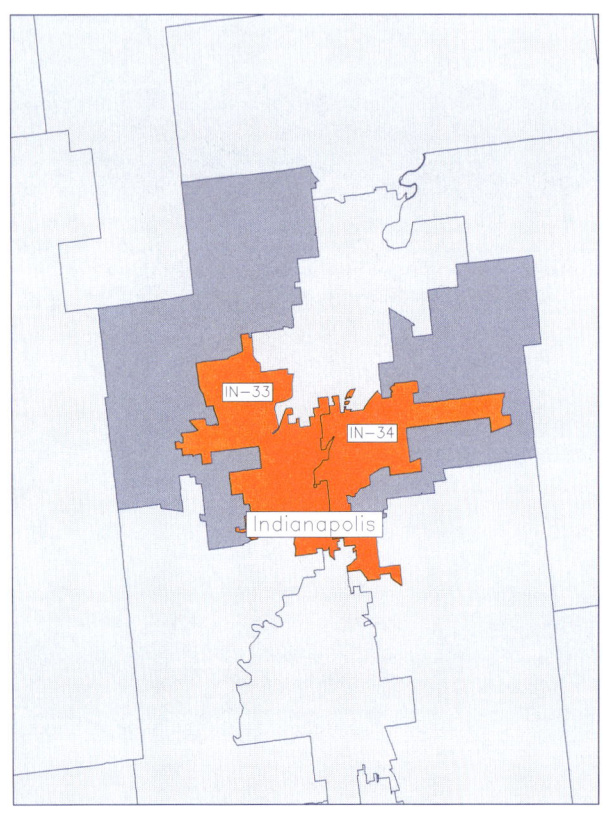

HARTFORD

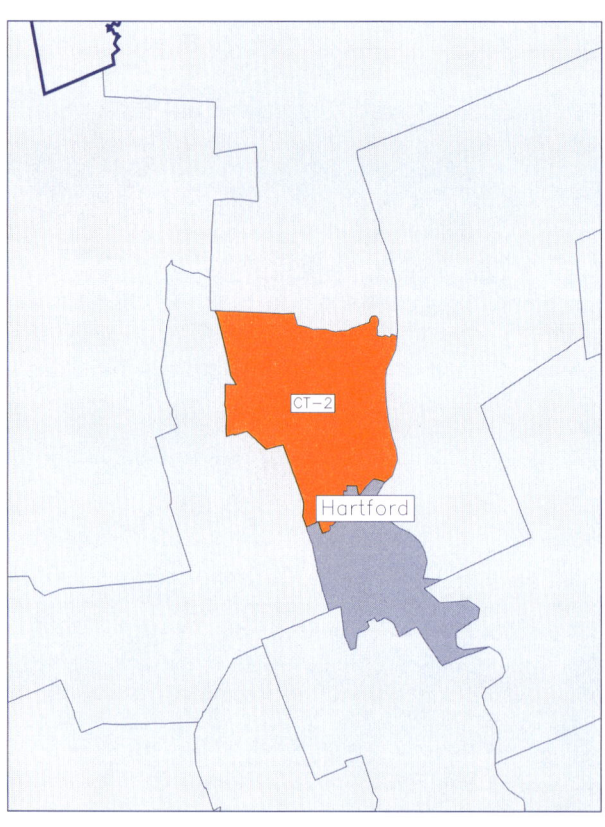

Population Ranges
- 50.0% to 99.9%
- 25.0% to 49.9%
- 10.0% to 24.9%
- 0.0% to 9.9%

AFRICAN-AMERICAN Top State Senate Districts

LITTLE ROCK - PINE BLUFF

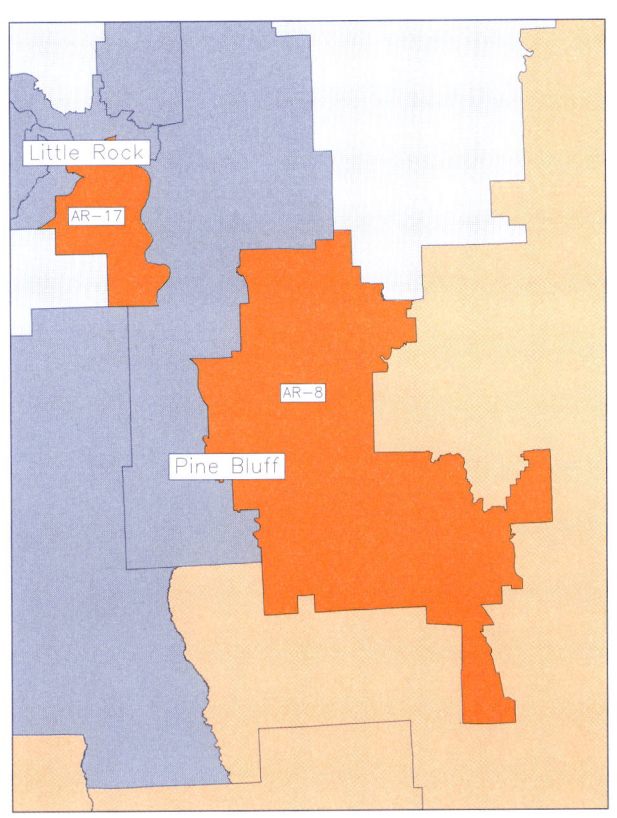

JACKSON

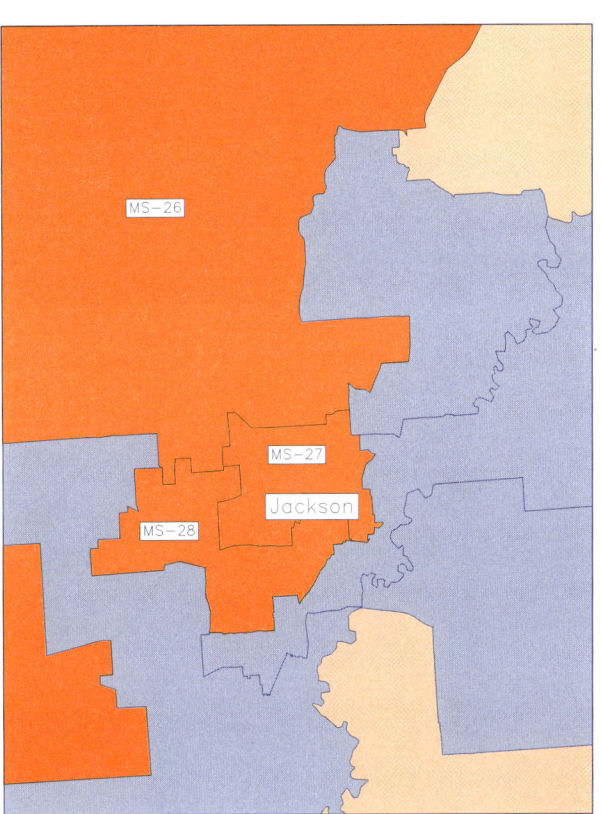

BOSTON

OHAMA

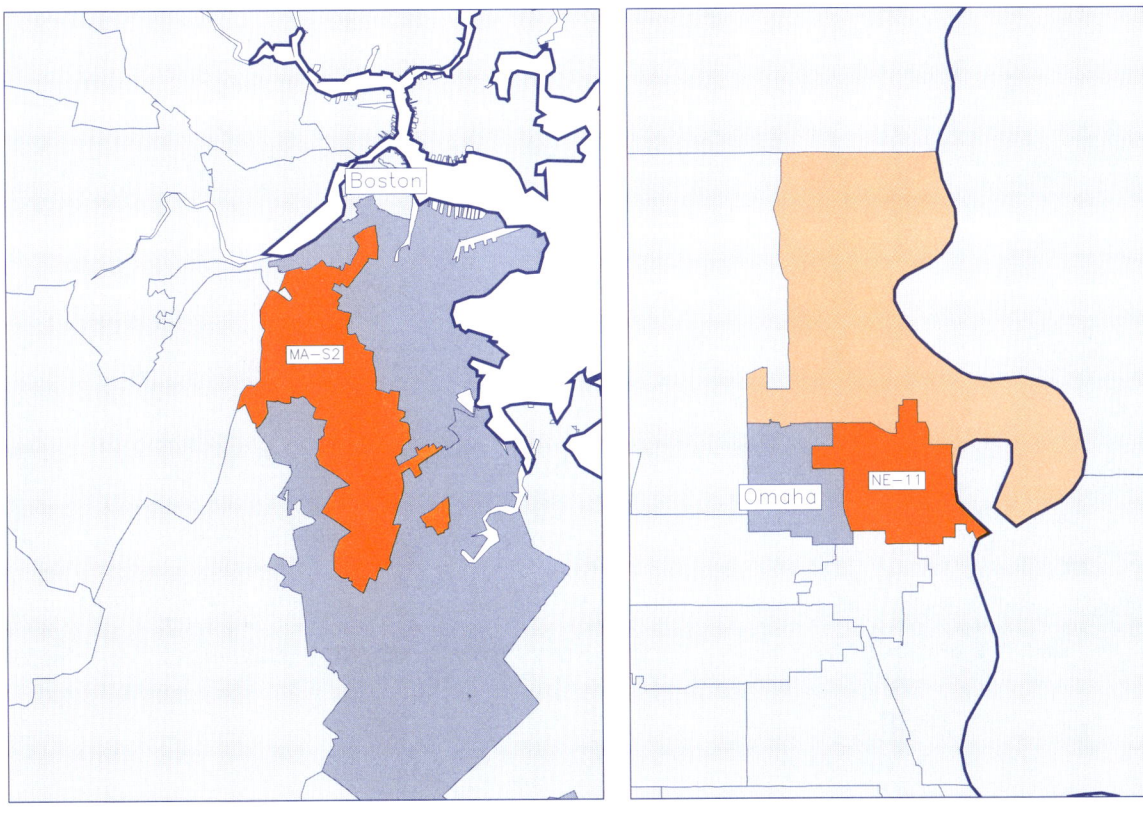

Population Ranges
- 50.0% to 99.9%
- 25.0% to 49.9%
- 10.0% to 24.9%
- 0.0% to 9.9%

AFRICAN-AMERICAN Top State Senate Districts

BALTIMORE

CLEVELAND

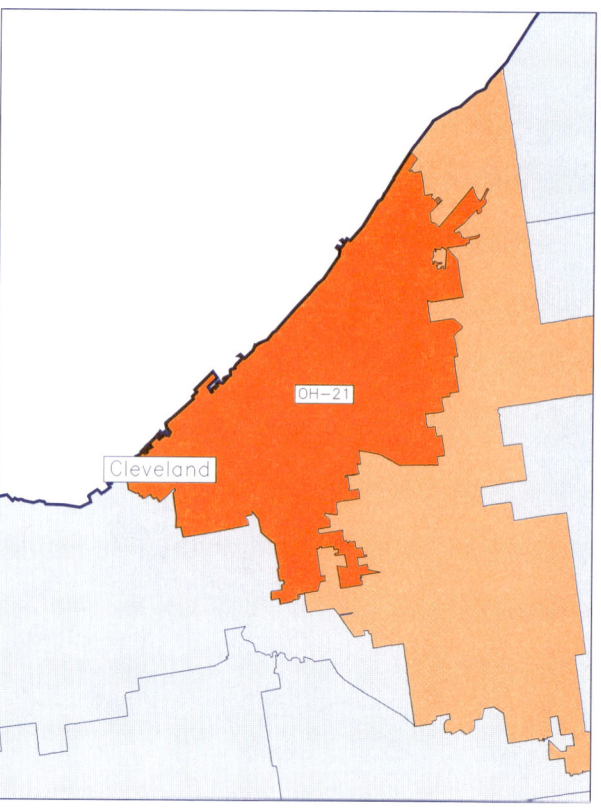

WEST PALM BEACH - HIALEAH

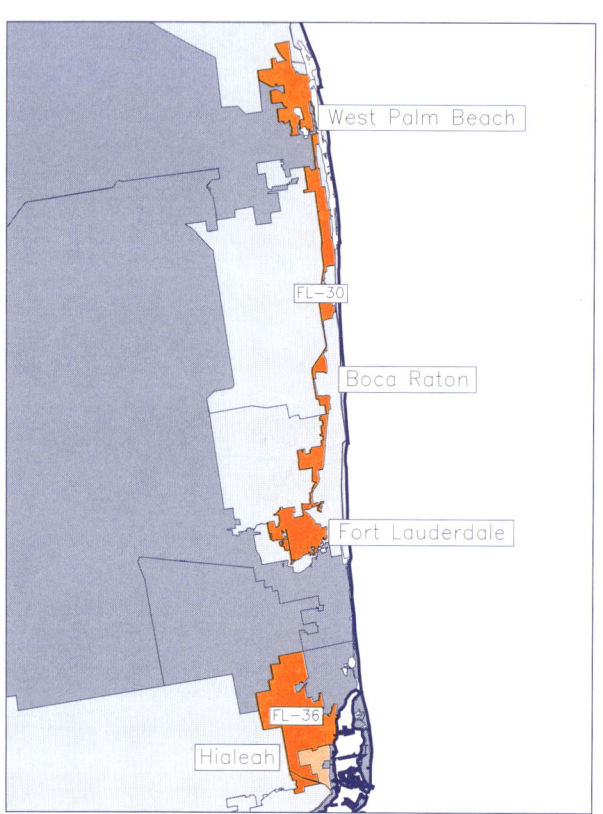

WASHINGTON

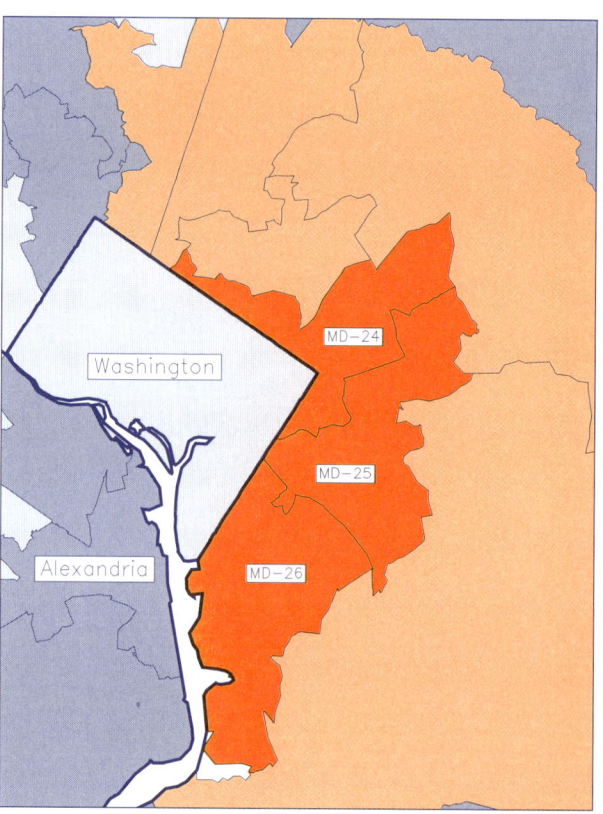

Population Ranges
- 50.0% to 99.9%
- 25.0% to 49.9%
- 10.0% to 24.9%
- 0.0% to 9.9%

AFRICAN-AMERICAN Top State Senate Districts

PHILADELPHIA

OKLAHOMA CITY - TULSA

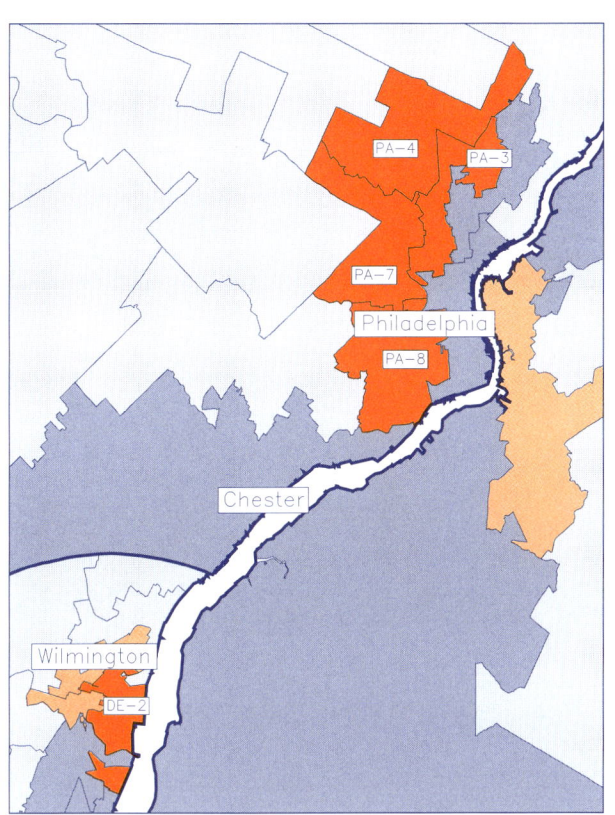
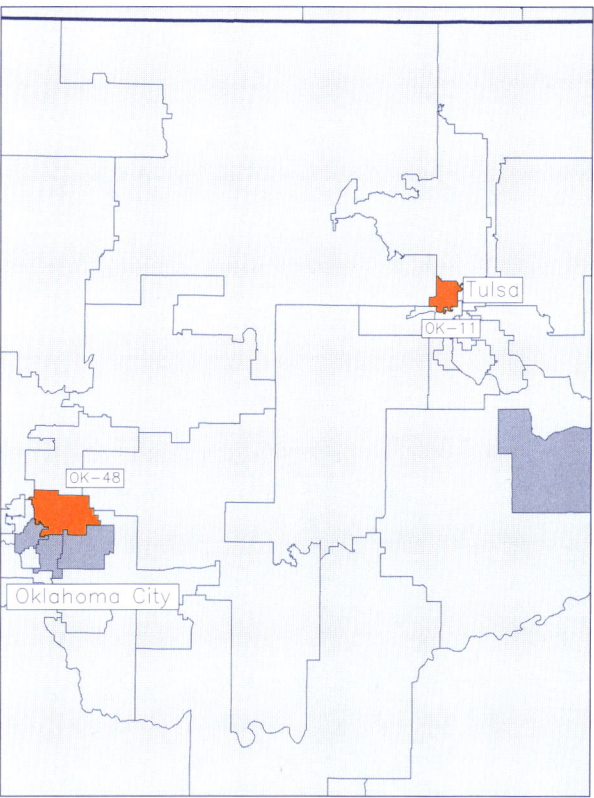

ST. LOUIS

KANSAS CITY

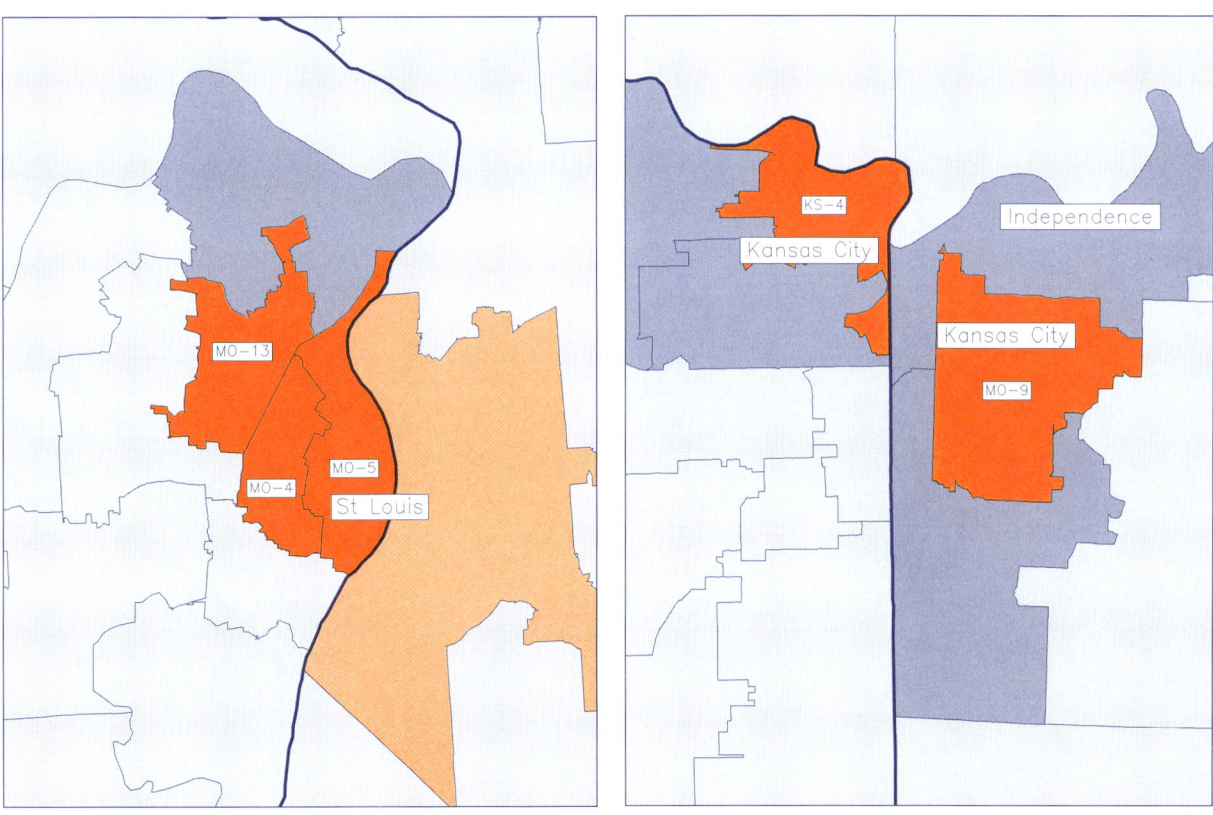

Population Ranges
- 50.0% to 99.9%
- 25.0% to 49.9%
- 10.0% to 24.9%
- 0.0% to 9.9%

AFRICAN-AMERICAN Top State Senate Districts

DETROIT

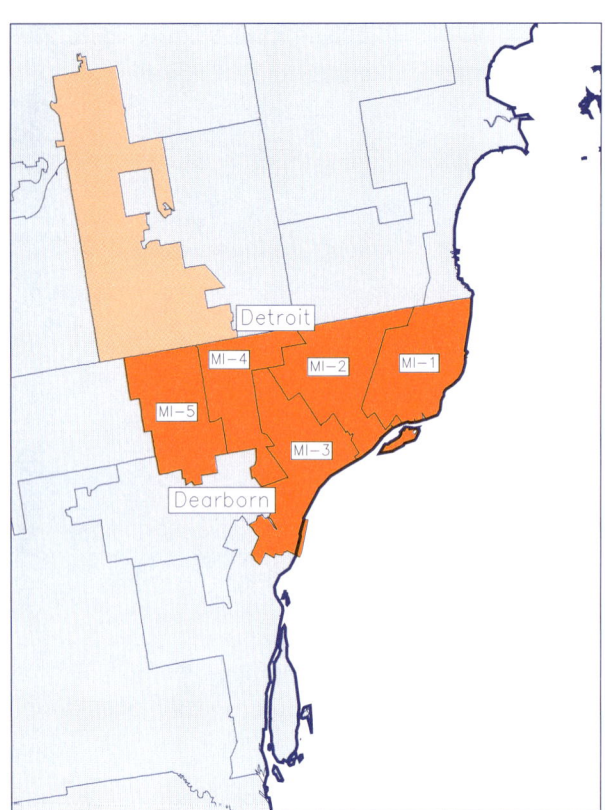

CHICAGO

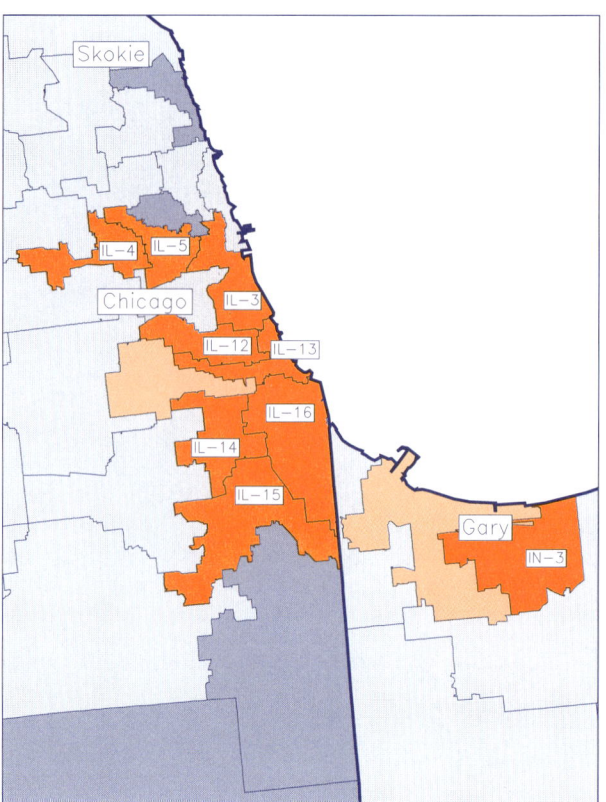

MILWAUKEE

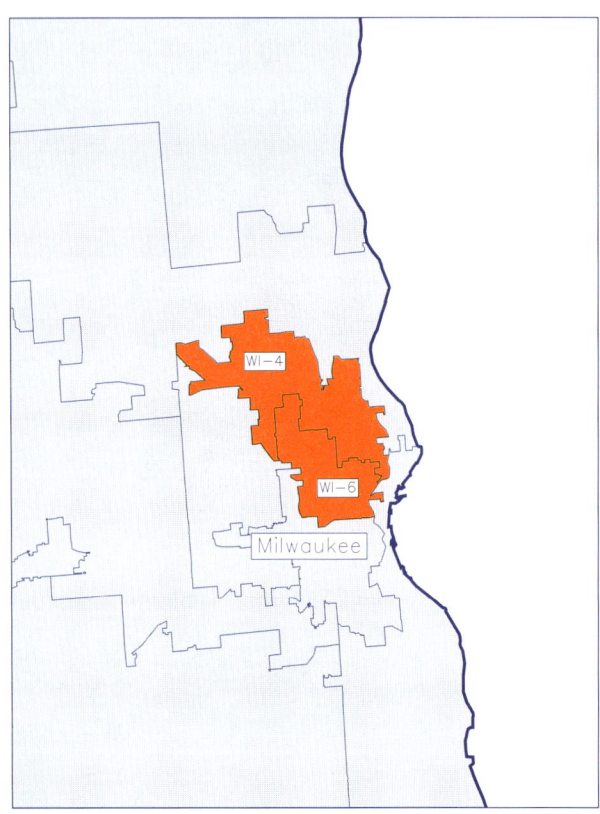

HOUSTON

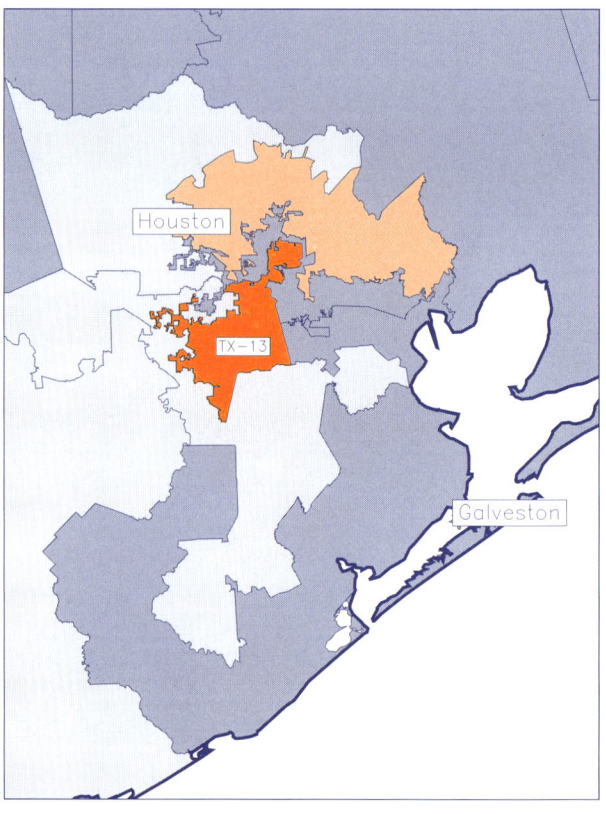

Population Ranges
- 50.0% to 99.9%
- 25.0% to 49.9%
- 10.0% to 24.9%
- 0.0% to 9.9%

AFRICAN-AMERICAN—Top State Senate Districts

RANK	STATE	DISTRICT NUMBER	AFRICAN-AMERICAN (%)	DISTRICT WIDE AVG. HH INCOME ($)	COLLEGE EDUCATION (%)	RECEIVES SOC. SEC. (%)
1	Maryland	40	89.2	24,756	15	29
2	Tennessee	29	86.8	18,957	13	31
3	Michigan	4	86.6	28,899	16	27
4	Maryland	24	84.5	40,007	20	15
5	Mississippi	27	83.8	21,755	23	30
6	Maryland	41	83.6	29,345	13	27
7	Maryland	44	79.8	22,274	15	25
8	Georgia	38	79.7	39,221	25	23
9	Mississippi	12	79.2	19,591	15	33
10	Illinois	5	78.7	22,501	10	24
11	Maryland	25	78.5	44,564	25	12
12	Mississippi	24	78.0	18,255	14	33
13	Maryland	45	77.4	26,478	10	28
14	Mississippi	28	76.5	21,174	23	29
15	Nebraska	11	75.0	18,145	10	30
16	Illinois	13	74.5	29,097	26	23
17	Georgia	35	74.3	33,350	24	19
18	Michigan	2	72.9	22,994	11	33
19	Michigan	5	72.8	31,232	17	22
20	Maryland	26	72.5	51,395	29	14
21	Michigan	3	72.1	19,837	13	34
22	Louisiana	2	71.8	28,629	24	23
23	New York	20	71.7	35,894	27	16
24	Tennessee	33	71.5	31,270	20	19
25	New York	10	71.4	42,363	21	28
26	New York	12	71.0	31,426	13	23
27	Louisiana	3	70.9	24,549	22	31
28	Wisconsin	6	70.9	20,169	16	22
29	Georgia	36	70.8	24,522	22	21
30	Alabama	26	70.8	24,174	19	26
31	New York	18	70.6	31,267	25	19
32	New York	19	70.2	35,407	19	21
33	South Carolina	19	70.2	29,566	24	24
34	Louisiana	5	69.9	26,475	27	27
35	Mississippi	13	69.9	20,757	15	33
36	Illinois	4	69.6	37,158	25	21
37	Arkansas	17	68.8	21,668	14	30
38	Kentucky	33	68.6	20,917	11	33
39	Georgia	10	68.6	31,313	21	17
40	Louisiana	14	68.4	23,194	23	24
41	Georgia	39	68.3	32,500	30	21
42	Illinois	14	67.9	39,967	23	29
43	Mississippi	26	67.8	33,318	32	23
44	Delaware	2	67.6	30,786	14	28
45	Alabama	18	67.1	24,353	28	28
46	Arkansas	8	66.6	20,924	12	34
47	Illinois	16	66.4	31,990	17	29
48	Missouri	13	66.3	30,803	20	26
49	Maryland	10	66.2	40,913	29	20
50	Illinois	12	66.2	24,035	10	30

AFRICAN-AMERICAN—Top State Senate Districts

RANK	STATE	DISTRICT NUMBER	AFRICAN-AMERICAN (%)	DISTRICT WIDE		
				AVG. HH INCOME ($)	COLLEGE EDUCATION (%)	RECEIVES SOC. SEC. (%)
51	Mississippi	36	66.2	21,131	17	33
52	Ohio	21	66.1	24,498	19	29
53	Alabama	33	66.0	21,135	15	33
54	Louisiana	39	66.0	21,627	12	31
55	Missouri	5	65.9	21,068	16	31
56	Louisiana	4	65.7	26,987	23	31
57	Illinois	15	65.6	33,159	16	26
58	Georgia	43	65.5	44,182	34	14
59	Missouri	9	65.0	25,722	15	30
60	Indiana	34	64.9	26,870	14	23
61	Georgia	55	64.9	35,380	29	15
62	Alabama	20	64.9	23,818	14	34
63	Mississippi	21	64.8	21,173	14	32
64	Virginia	9	64.7	28,612	23	26
65	Indiana	3	64.5	26,971	13	32
66	Mississippi	11	64.5	20,568	17	34
67	New York	33	64.4	31,823	18	27
68	Missouri	4	64.0	26,892	22	31
69	Tennessee	19	63.5	23,041	17	27
70	Mississippi	32	63.5	20,051	13	35
71	Georgia	12	63.5	25,065	15	27
72	Pennsylvania	4	63.3	41,496	30	27
73	South Carolina	36	63.3	22,473	12	31
74	New York	29	63.2	25,590	21	24
75	Louisiana	34	63.1	19,113	12	31
76	South Carolina	32	62.9	23,335	12	30
77	Mississippi	38	62.9	19,670	14	34
78	Alabama	19	62.8	23,325	14	38
79	Pennsylvania	7	62.8	28,907	21	32
80	Illinois	3	62.7	23,657	21	25
81	Oklahoma	48	62.6	28,682	21	27
82	Virginia	16	62.2	28,618	15	27
83	Alabama	24	62.0	22,304	16	31
84	Georgia	22	61.9	24,866	15	26
85	Pennsylvania	3	61.8	25,646	12	33
86	Connecticut	2	61.7	34,181	23	23
87	Georgia	26	61.6	24,872	11	31
88	Indiana	33	61.5	28,778	23	28
89	Pennsylvania	8	61.4	27,733	16	29
90	Georgia	2	61.2	24,173	14	29
91	Arkansas	22	61.1	19,471	11	33
92	South Carolina	42	61.1	23,215	17	24
93	Virginia	5	61.0	28,455	21	26
94	Maryland	43	61.0	38,677	27	25
95	Alabama	23	60.5	23,077	15	33
96	South Carolina	30	60.5	23,270	13	31
97	Louisiana	15	60.4	25,062	15	23
98	Florida	36	59.7	27,742	16	23
99	South Carolina	39	59.5	24,260	14	31
100	North Carolina	2	59.4	23,721	13	34

AFRICAN-AMERICAN—Top State Senate Districts

RANK	STATE	DISTRICT NUMBER	AFRICAN-AMERICAN (%)	DISTRICT WIDE AVG. HH INCOME ($)	DISTRICT WIDE COLLEGE EDUCATION (%)	DISTRICT WIDE RECEIVES SOC. SEC. (%)
101	Georgia	15	58.8	24,776	16	20
102	Virginia	18	58.6	25,771	12	31
103	North Carolina	6	58.3	24,649	14	28
104	Mississippi	16	58.1	24,173	18	28
105	New Jersey	29	57.4	29,064	12	24
106	South Carolina	45	57.3	25,818	15	30
107	Alabama	28	57.2	24,209	17	29
108	North Carolina	33	57.0	34,542	28	21
109	Massachusetts	S2	56.6	31,632	29	17
110	Louisiana	24	56.3	21,627	11	27
111	Kansas	4	56.2	23,095	15	31
112	Florida	30	56.0	29,221	17	28
113	New Jersey	27	56.0	47,681	31	27
114	Michigan	1	55.6	39,748	25	28
115	Wisconsin	4	55.5	27,997	17	25
116	New Jersey	28	55.5	41,084	23	24
117	Georgia	11	55.4	22,720	12	32
118	Virginia	2	54.4	29,324	21	21
119	South Carolina	21	54.4	26,538	22	25
120	South Carolina	40	53.8	27,847	21	27
121	Oklahoma	11	53.7	20,327	13	32
122	North Carolina	31	52.9	29,092	18	26
123	Texas	13	52.6	36,536	32	18
124	South Carolina	17	52.4	26,985	13	30
125	South Carolina	7	51.0	27,126	17	30
126	Louisiana	7	50.9	27,455	19	22
127	Florida	2	49.4	27,139	17	29
128	Florida	21	49.4	23,431	14	32
129	Nevada	CLARK-4	49.3	31,184	12	22
130	Ohio	9	48.4	31,239	28	24
131	Maryland	22	48.2	43,882	29	17
132	Texas	23	48.0	30,964	18	21
133	Colorado	33	47.8	31,757	31	21
134	Connecticut	10	45.1	32,111	25	22
135	Delaware	3	44.8	29,163	15	30
136	Georgia	25	44.6	29,955	14	28
137	North Carolina	41	43.9	28,200	25	14
138	North Carolina	7	42.8	22,741	17	24
139	Mississippi	14	42.0	25,986	15	33
140	South Carolina	29	42.0	27,622	16	29
141	Mississippi	10	41.9	24,430	14	32
142	Kansas	29	40.8	25,221	21	26
143	New York	32	40.7	23,143	11	20
144	California	26	40.3	35,397	25	22
145	Tennessee	30	40.2	33,772	27	27
146	Ohio	25	40.1	38,117	26	32
147	Mississippi	19	39.8	24,386	20	33
148	Mississippi	23	39.7	29,282	24	27
149	Indiana	2	39.5	27,893	12	29
150	Mississippi	45	39.4	25,666	28	26

AFRICAN-AMERICAN—Top State Senate Districts

RANK	STATE	DISTRICT NUMBER	AFRICAN-AMERICAN (%)	DISTRICT WIDE AVG. HH INCOME ($)	DISTRICT WIDE COLLEGE EDUCATION (%)	DISTRICT WIDE RECEIVES SOC. SEC. (%)
151	New York	31	39.0	23,005	12	15
152	South Carolina	34	38.9	30,249	19	25
153	Florida	40	38.1	34,921	20	23
154	Mississippi	2	38.0	27,742	12	28
155	Tennessee	28	37.9	29,457	17	23
156	Ohio	15	37.5	25,845	18	22
157	Connecticut	23	37.5	31,049	12	25
158	Louisiana	33	37.5	24,589	16	29
159	Mississippi	22	37.3	29,900	22	27
160	Rhode Island	9	37.0	24,391	13	22
161	Mississippi	34	36.6	23,472	12	34
162	Georgia	14	36.5	31,279	20	26
163	South Carolina	25	36.2	29,801	16	30
164	New York	57	36.1	26,024	23	30
165	Mississippi	8	36.0	24,375	12	30
166	Tennessee	10	36.0	27,868	20	30
167	Pennsylvania	38	35.3	30,017	24	34
168	North Carolina	13	35.3	36,456	35	22
169	Washington	37	35.0	35,316	31	26
170	Illinois	57	35.0	27,948	15	31
171	California	25	34.9	34,525	18	18
172	Georgia	29	34.6	28,882	13	30
173	Virginia	15	34.6	29,235	14	33
174	Arkansas	1	34.5	24,111	12	33
175	New York	28	34.5	28,473	19	19
176	Louisiana	17	34.4	32,778	22	22
177	South Carolina	43	34.1	33,132	26	20
178	South Carolina	35	33.9	30,436	25	20
179	Louisiana	29	33.9	27,790	18	26
180	New York	17	33.7	23,116	9	17
181	Arkansas	3	33.7	25,022	18	34
182	Illinois	11	32.9	35,533	14	35
183	Rhode Island	10	32.8	26,874	14	19
184	New Jersey	31	32.8	36,696	22	28
185	North Carolina	10	32.5	31,687	18	27
186	Mississippi	39	32.5	24,490	16	33
187	Louisiana	27	32.5	28,062	15	27
188	South Carolina	11	32.4	27,486	14	29
189	North Carolina	8	32.3	27,711	19	26
190	Mississippi	37	32.2	25,650	19	34
191	Georgia	3	32.0	28,338	16	22
192	Louisiana	36	31.9	25,704	14	30
193	Mississippi	31	31.9	24,587	14	32
194	Florida	14	31.9	32,402	23	24
195	California	9	31.8	40,802	39	22
196	Alabama	7	31.8	38,607	33	22
197	Georgia	13	31.7	26,059	12	30
198	Georgia	20	31.6	25,710	12	30
199	Louisiana	31	31.5	22,618	12	31
200	Minnesota	61	31.5	22,071	29	18

AFRICAN-AMERICAN—Top State Senate Districts

RANK	STATE	DISTRICT NUMBER	AFRICAN-AMERICAN (%)	DISTRICT WIDE		
				AVG. HH INCOME ($)	COLLEGE EDUCATION (%)	RECEIVES SOC. SEC. (%)
201	Nebraska	13	31.0	32,012	17	29
202	South Carolina	27	31.0	29,045	15	28
203	New Jersey	5	30.5	32,151	13	28
204	Mississippi	17	30.5	32,223	24	23
205	South Carolina	10	30.3	29,208	20	31
206	Maryland	21	30.3	47,034	38	14
207	Mississippi	41	30.2	22,752	14	33
208	South Carolina	18	30.1	29,758	18	32
209	Ohio	5	30.1	29,970	19	26
210	Minnesota	58	30.0	27,204	19	25
211	Maryland	20	29.9	50,074	49	16
212	Arkansas	7	29.7	24,634	12	34
213	Maryland	27	29.4	57,633	26	17
214	Delaware	17	29.3	35,382	28	23
215	Mississippi	42	29.3	26,815	18	34
216	South Carolina	37	29.2	30,297	15	22
217	New Jersey	17	29.2	46,851	30	22
218	Michigan	29	28.9	33,875	20	26
219	Texas	15	28.9	33,468	19	16
220	Mississippi	40	28.8	22,826	14	33
221	Georgia	19	28.7	26,253	14	30
222	Delaware	1	28.7	44,682	37	31
223	New Jersey	15	28.7	51,601	34	27
224	Michigan	14	28.6	56,309	37	26
225	Arkansas	2	28.5	27,059	15	33
226	North Carolina	5	28.3	27,128	16	25
227	Florida	3	28.2	29,253	25	24
228	North Carolina	11	28.2	31,344	19	28
229	Alabama	11	28.1	27,187	14	31
230	Mississippi	9	28.0	23,720	24	28
231	Mississippi	18	27.9	22,609	14	33
232	New Jersey	35	27.8	38,024	15	26
233	Oregon	8	27.8	26,450	19	29
234	North Carolina	14	27.8	38,160	37	19
235	Mississippi	7	27.5	25,229	11	31
236	Mississippi	35	27.4	26,163	14	29
237	Louisiana	26	27.4	24,259	11	26
238	Alabama	30	27.1	26,868	16	31
239	Alabama	35	27.0	28,822	16	27
240	Georgia	4	27.0	27,239	14	27
241	Mississippi	15	26.9	24,908	24	28
242	Alabama	22	26.9	25,224	12	32
243	North Carolina	30	26.7	25,625	15	26
244	Virginia	13	26.7	36,547	21	24
245	Mississippi	48	26.5	27,170	22	27
246	Virginia	19	26.5	29,613	16	31
247	Georgia	24	26.4	32,525	17	25
248	Maryland	23	26.4	57,769	43	12
249	Louisiana	21	26.1	29,089	12	24
250	Arkansas	28	26.1	23,324	12	29

AFRICAN-AMERICAN—Top State Senate Districts

RANK	STATE	DISTRICT NUMBER	AFRICAN-AMERICAN (%)	DISTRICT WIDE		
				AVG. HH INCOME ($)	COLLEGE EDUCATION (%)	RECEIVES SOC. SEC. (%)
251	North Carolina	18	26.0	26,747	16	32
252	North Carolina	34	25.9	39,082	27	19
253	North Carolina	20	25.7	39,068	30	24
254	South Carolina	20	25.6	36,280	44	18
255	North Carolina	1	25.2	29,787	18	30
256	Maryland	47	25.2	34,500	20	28
257	New York	54	25.0	35,551	32	25
258	Louisiana	18	24.9	32,049	13	21
259	South Carolina	31	24.9	34,712	24	24
260	Louisiana	28	24.8	20,844	10	31
261	Illinois	9	24.7	37,785	43	21
262	South Carolina	28	24.7	27,818	16	31
263	North Carolina	9	24.7	31,604	26	25
264	Louisiana	37	24.6	33,673	28	27
265	North Carolina	40	24.6	36,123	35	19
266	Maryland	37	24.6	35,431	20	33
267	Virginia	6	24.4	31,892	21	20
268	Louisiana	19	24.3	32,795	18	20
269	Tennessee	27	24.2	28,027	16	33
270	North Carolina	17	24.2	30,472	16	29
271	Arkansas	4	24.2	24,914	12	31
272	Georgia	8	24.1	30,396	18	26
273	Massachusetts	S&N2	23.8	45,210	33	26
274	Indiana	15	23.8	35,388	26	26
275	Alabama	29	23.7	28,348	18	28
276	Mississippi	51	23.3	32,175	19	24
277	Louisiana	8	23.1	32,621	17	18
278	North Carolina	24	23.0	33,011	25	18
279	South Carolina	16	23.0	31,645	16	28
280	Georgia	46	23.0	31,642	36	20
281	Georgia	18	22.9	33,598	19	20
282	New Jersey	20	22.8	37,840	17	28
283	Mississippi	52	22.7	31,694	25	24
284	Tennessee	26	22.7	24,683	9	33
285	North Carolina	23	22.7	30,452	18	29
286	South Carolina	9	22.7	30,675	17	28
287	South Carolina	22	22.5	47,048	44	20
288	Massachusetts	S1	22.5	39,617	33	20
289	Delaware	19	22.5	32,846	18	31
290	New Jersey	7	22.3	44,515	23	26
291	South Carolina	46	22.3	42,306	35	24
292	North Carolina	21	22.3	32,457	20	30
293	Maryland	38	22.2	33,371	19	30
294	Illinois	43	22.2	33,333	17	30
295	Kentucky	13	22.0	30,939	31	24
296	Arkansas	16	21.9	39,043	37	22
297	Oklahoma	46	21.8	23,065	20	27
298	Delaware	13	21.7	38,114	17	21
299	Mississippi	33	21.7	32,596	24	27
300	Mississippi	43	21.6	22,629	12	29

AFRICAN-AMERICAN—Top State Senate Districts

RANK	STATE	DISTRICT NUMBER	AFRICAN-AMERICAN (%)	DISTRICT WIDE AVG. HH INCOME ($)	COLLEGE EDUCATION (%)	RECEIVES SOC. SEC. (%)
301	North Carolina	15	21.5	27,845	17	28
302	Connecticut	27	21.5	58,820	37	24
303	Arkansas	18	21.4	31,842	23	27
304	Virginia	3	21.4	37,574	28	25
305	Ohio	11	21.2	31,619	21	28
306	Georgia	23	21.2	40,409	31	19
307	Georgia	27	21.1	39,531	24	26
308	Illinois	40	20.9	44,075	24	27
309	Louisiana	38	20.7	35,416	23	22
310	Louisiana	12	20.6	25,046	13	30
311	Texas	12	20.3	34,521	23	24
312	Georgia	7	20.3	28,142	15	25
313	Arkansas	23	20.1	27,337	12	29
314	Alabama	13	20.0	26,347	12	32
315	Georgia	44	19.9	36,149	18	17
316	North Carolina	3	19.8	30,056	21	26
317	South Carolina	3	19.7	30,611	20	33
318	Virginia	1	19.6	38,705	30	18
319	Alabama	21	19.6	31,204	24	26
320	Virginia	30	19.6	53,602	53	14
321	Oklahoma	32	19.5	29,719	24	19
322	Virginia	23	19.2	33,563	22	31
323	Virginia	17	19.2	37,963	20	26
324	New Jersey	2	19.1	42,071	22	28
325	Mississippi	29	19.0	39,230	34	19
326	Virginia	4	18.9	39,021	20	27
327	Alabama	27	18.8	29,002	24	23
328	Louisiana	22	18.8	29,654	13	24
329	Louisiana	30	18.7	25,658	14	21
330	Alabama	12	18.6	28,112	19	28
331	Virginia	36	18.5	58,537	43	13
332	Florida	1	18.5	27,837	19	27
333	Georgia	16	18.5	36,648	25	28
334	Georgia	6	18.4	31,088	18	32
335	Delaware	16	18.3	36,913	25	18
336	Minnesota	65	18.3	27,835	26	25
337	North Carolina	32	18.3	40,683	37	24
338	Mississippi	6	18.2	33,154	22	24
339	Maryland	28	18.1	50,308	22	16
340	Mississippi	49	18.1	31,611	29	24
341	South Carolina	14	18.0	31,306	16	27
342	Georgia	33	17.9	34,967	23	19
343	Texas	1	17.8	29,959	20	31
344	Kentucky	3	17.8	25,192	13	27
345	Colorado	11	17.7	25,494	21	16
346	Arkansas	15	17.7	44,863	43	20
347	Louisiana	10	17.5	36,972	24	20
348	Rhode Island	8	17.4	20,134	12	28
349	Texas	4	17.4	35,368	21	25
350	Arizona	23	17.3	24,082	11	24

AFRICAN-AMERICAN—Top State Senate Districts

RANK	STATE	DISTRICT NUMBER	AFRICAN-AMERICAN (%)	DISTRICT WIDE AVG. HH INCOME ($)	COLLEGE EDUCATION (%)	RECEIVES SOC. SEC. (%)
351	South Carolina	26	17.3	31,522	19	24
352	Mississippi	30	17.2	36,014	23	23
353	Connecticut	11	17.2	38,541	34	30
354	New York	6	17.2	60,239	31	29
355	North Carolina	25	17.2	31,703	17	29
356	South Carolina	24	16.9	40,609	29	24
357	Mississippi	47	16.7	26,157	18	29
358	Louisiana	32	16.7	24,563	11	28
359	Colorado	29	16.7	33,288	30	13
360	New Jersey	37	16.6	58,527	38	28
361	Maryland	46	16.5	29,712	13	33
362	Mississippi	50	16.5	24,504	18	25
363	Virginia	21	16.5	34,050	25	31
364	Texas	5	16.4	28,660	21	27
365	New York	16	16.4	34,371	23	21
366	Georgia	45	16.4	35,952	14	24
367	Indiana	10	16.4	29,071	22	31
368	Tennessee	7	16.3	31,041	30	25
369	Florida	29	16.3	36,764	22	34
370	Kansas	22	16.2	27,500	34	15
371	Virginia	28	16.2	43,851	26	21
372	Maryland	13	16.2	54,994	50	9
373	South Carolina	12	16.2	35,438	25	27
374	Pennsylvania	9	16.1	45,356	27	29
375	Georgia	1	16.0	41,893	30	25
376	Virginia	20	16.0	29,462	13	30
377	Virginia	14	16.0	43,935	29	13
378	Pennsylvania	1	16.0	34,378	26	29
379	Georgia	28	15.9	40,977	21	23
380	New York	8	15.9	62,595	32	27
381	Missouri	14	15.9	41,125	25	27
382	Alabama	31	15.8	28,379	20	29
383	Texas	2	15.8	29,573	17	27
384	Tennessee	32	15.8	44,365	25	20
385	New Jersey	11	15.7	51,162	33	28
386	Connecticut	1	15.6	31,860	21	25
387	New York	34	15.5	41,741	22	32
388	North Carolina	37	15.5	30,118	17	29
389	Mississippi	3	15.5	24,413	12	33
390	Michigan	30	15.4	33,699	27	24
391	Michigan	33	15.4	32,726	19	27
392	Pennsylvania	15	15.4	36,767	24	27
393	Delaware	21	15.4	31,771	17	29
394	South Carolina	41	15.4	39,418	35	18
395	Kentucky	38	15.3	23,256	14	35
396	New York	35	15.3	58,614	37	29
397	Mississippi	20	15.1	45,108	37	26
398	Ohio	28	15.1	32,400	18	26
399	Maryland	18	15.1	62,432	51	22
400	Florida	15	15.0	32,487	21	35

AFRICAN-AMERICAN—Top State Senate Districts

RANK	STATE	DISTRICT NUMBER	AFRICAN-AMERICAN (%)	DISTRICT WIDE AVG. HH INCOME ($)	DISTRICT WIDE COLLEGE EDUCATION (%)	DISTRICT WIDE RECEIVES SOC. SEC. (%)
401	Virginia	7	15.0	43,215	31	16
402	Arkansas	5	15.0	23,391	11	35
403	Kentucky	19	15.0	35,109	21	21
404	Maryland	30	14.9	55,817	40	20
405	New Jersey	3	14.8	39,163	19	29
406	North Carolina	16	14.8	35,354	32	26
407	Georgia	42	14.7	43,645	49	21
408	Kansas	5	14.6	37,126	21	25
409	Maryland	32	14.5	44,654	22	18
410	Virginia	11	14.5	44,201	27	17
411	Delaware	12	14.4	42,930	27	18
412	Alabama	25	14.4	41,584	36	24
413	Massachusetts	H1	14.3	36,902	28	27
414	South Carolina	4	14.3	31,356	17	29
415	Delaware	11	14.2	41,607	27	15
416	Nebraska	8	14.2	29,889	25	27
417	Oklahoma	43	14.2	27,054	15	23
418	Iowa	13	14.2	28,327	18	33
419	Maryland	42	14.2	55,135	46	32
420	Oklahoma	9	14.2	26,051	19	33
421	Mississippi	44	14.0	28,114	21	25
422	Connecticut	25	14.0	70,670	40	22
423	Florida	4	14.0	31,957	21	33
424	South Carolina	13	14.0	33,817	20	27
425	Virginia	8	13.9	41,884	31	14
426	Maryland	19	13.9	64,728	52	23
427	Florida	35	13.9	32,817	19	39
428	Louisiana	35	13.9	33,573	25	26
429	South Carolina	38	13.8	37,477	26	14
430	Georgia	47	13.8	28,223	12	30
431	Maryland	29	13.8	43,856	21	19
432	Rhode Island	3	13.7	51,456	55	24
433	Florida	38	13.7	42,376	31	36
434	Nevada	CLARK-2	13.6	33,079	14	16
435	Maryland	34	13.6	42,486	28	17
436	Oklahoma	31	13.6	27,769	19	26
437	Mississippi	25	13.6	45,882	54	18
438	Texas	11	13.5	36,581	21	20
439	Virginia	25	13.5	38,748	34	24
440	Louisiana	13	13.5	32,969	14	21
441	South Carolina	44	13.5	42,353	38	17
442	Louisiana	11	13.4	37,861	27	21
443	New Jersey	30	13.4	42,179	22	25
444	Delaware	20	13.3	31,725	18	40
445	Georgia	41	13.3	53,210	45	10
446	Illinois	46	13.2	28,846	17	31
447	Florida	5	13.2	29,359	29	26
448	South Carolina	15	13.2	37,638	26	22
449	Missouri	10	13.1	42,734	37	26
450	Alaska	L	13.1	46,606	31	6

AFRICAN-AMERICAN—Top State Senate Districts

RANK	STATE	DISTRICT NUMBER	AFRICAN-AMERICAN (%)	DISTRICT WIDE AVG. HH INCOME ($)	COLLEGE EDUCATION (%)	RECEIVES SOC. SEC. (%)
451	Texas	3	13.1	28,745	16	32
452	Alabama	10	13.0	27,835	15	33
453	Alabama	1	13.0	29,896	19	31
454	Georgia	30	13.0	34,365	16	22
455	Tennessee	22	13.0	29,884	18	22
456	Florida	32	12.9	43,439	27	25
457	Ohio	33	12.9	29,923	17	34
458	Washington	11	12.9	31,316	23	23
459	Georgia	32	12.8	53,954	48	11
460	Arkansas	19	12.8	33,851	21	17
461	Alabama	3	12.7	30,509	16	27
462	New York	48	12.6	35,812	32	26
463	Wisconsin	21	12.5	37,407	23	27
464	Louisiana	20	12.4	25,022	9	27
465	Georgia	34	12.4	46,864	23	16
466	California	28	12.4	51,314	35	17
467	Delaware	18	12.4	32,996	19	36
468	Pennsylvania	2	12.3	27,586	11	34
469	Alabama	2	12.3	37,967	30	19
470	Missouri	11	12.2	25,952	18	27
471	Indiana	29	12.2	46,336	40	17
472	Washington	27	12.2	30,622	24	27
473	Virginia	12	12.1	48,888	39	21
474	Louisiana	6	12.1	42,684	35	27
475	Texas	14	12.1	35,333	38	13
476	Maryland	33	12.1	62,066	40	16
477	Illinois	30	12.0	69,822	42	18
478	Washington	29	12.0	27,141	16	23
479	Delaware	14	12.0	42,676	17	24
480	Louisiana	1	11.9	30,671	12	25
481	Louisiana	23	11.9	35,474	31	17
482	Virginia	29	11.9	55,164	32	9
483	Pennsylvania	43	11.8	36,090	30	35
484	Texas	24	11.8	27,921	20	28
485	Michigan	18	11.8	45,038	50	16
486	Georgia	52	11.6	31,421	15	29
487	Illinois	2	11.6	25,120	12	20
488	Kansas	19	11.6	30,665	15	28
489	Maryland	12	11.6	49,240	37	22
490	Maryland	39	11.6	58,559	50	8
491	Texas	6	11.5	26,176	12	20
492	Virginia	10	11.5	51,211	43	22
493	North Carolina	22	11.5	33,999	18	28
494	Alabama	14	11.5	34,392	20	25
495	Mississippi	4	11.4	23,214	13	34
496	Tennessee	20	11.4	34,076	22	23
497	Michigan	20	11.4	32,831	20	29
498	Arkansas	9	11.4	32,341	17	26
499	Alabama	32	11.3	32,314	19	31
500	Michigan	25	11.3	36,692	37	19

AFRICAN-AMERICAN—Top State Senate Districts

| RANK | STATE | DISTRICT NUMBER | AFRICAN-AMERICAN (%) | DISTRICT WIDE |||
				AVG. HH INCOME ($)	COLLEGE EDUCATION (%)	RECEIVES SOC. SEC. (%)
501	California	32	11.3	37,542	18	18
502	Kentucky	10	11.2	29,709	17	21
503	Maryland	17	11.2	54,163	49	15
504	California	6	11.2	38,340	30	21
505	California	40	11.1	36,159	23	21
506	Connecticut	16	11.1	42,834	23	28
507	Georgia	5	11.1	54,946	45	16
508	Arkansas	6	11.0	25,930	13	34
509	South Carolina	33	11.0	33,131	27	25
510	New York	30	11.0	58,201	55	22
511	Illinois	34	11.0	36,857	22	25
512	Maryland	11	10.9	65,309	43	20
513	Virginia	31	10.8	54,092	56	15
514	Delaware	15	10.7	34,080	12	23
515	Oklahoma	42	10.7	35,051	24	20
516	Indiana	31	10.6	38,018	27	23
517	Georgia	17	10.6	41,267	17	21
518	Florida	17	10.6	32,307	19	39
519	Texas	16	10.5	44,948	36	15
520	Mississippi	46	10.4	27,388	20	32
521	Iowa	35	10.3	27,780	13	32
522	Washington	28	10.3	38,573	34	23
523	Indiana	49	10.3	27,562	14	32
524	Hawaii	22	10.2	39,563	22	21
525	Kansas	3	10.2	33,801	27	26
526	Rhode Island	49	10.1	39,815	35	20
527	New York	38	10.1	61,322	38	22
528	Massachusetts	P	10.1	42,367	25	25
529	South Carolina	5	10.1	30,324	16	29
530	Arizona	22	10.1	25,375	10	20
531	Iowa	36	10.0	32,930	38	24
532	Kansas	6	10.0	26,867	12	26
533	Rhode Island	4	10.0	29,231	20	37
534	Tennessee	24	9.9	26,594	11	33
535	Oklahoma	47	9.9	44,303	42	15
536	New York	25	9.8	34,238	27	23
537	Alabama	34	9.8	39,874	31	23
538	New York	22	9.7	31,043	18	33
539	Missouri	24	9.7	52,458	39	27
540	Oklahoma	8	9.7	23,176	14	35
541	New York	36	9.7	82,357	45	26
542	Tennessee	17	9.6	37,086	23	18
543	South Carolina	1	9.6	31,631	23	30
544	Maryland	36	9.6	43,221	20	28
545	North Carolina	36	9.6	52,447	55	11
546	South Carolina	8	9.5	44,541	41	23
547	Mississippi	5	9.5	23,323	12	34
548	Alaska	H	9.5	34,854	25	13
549	Indiana	8	9.5	34,699	17	30
550	Michigan	21	9.5	38,221	34	22

AMERICAN INDIAN, ESKIMO, or ALEUT
Top State House Districts

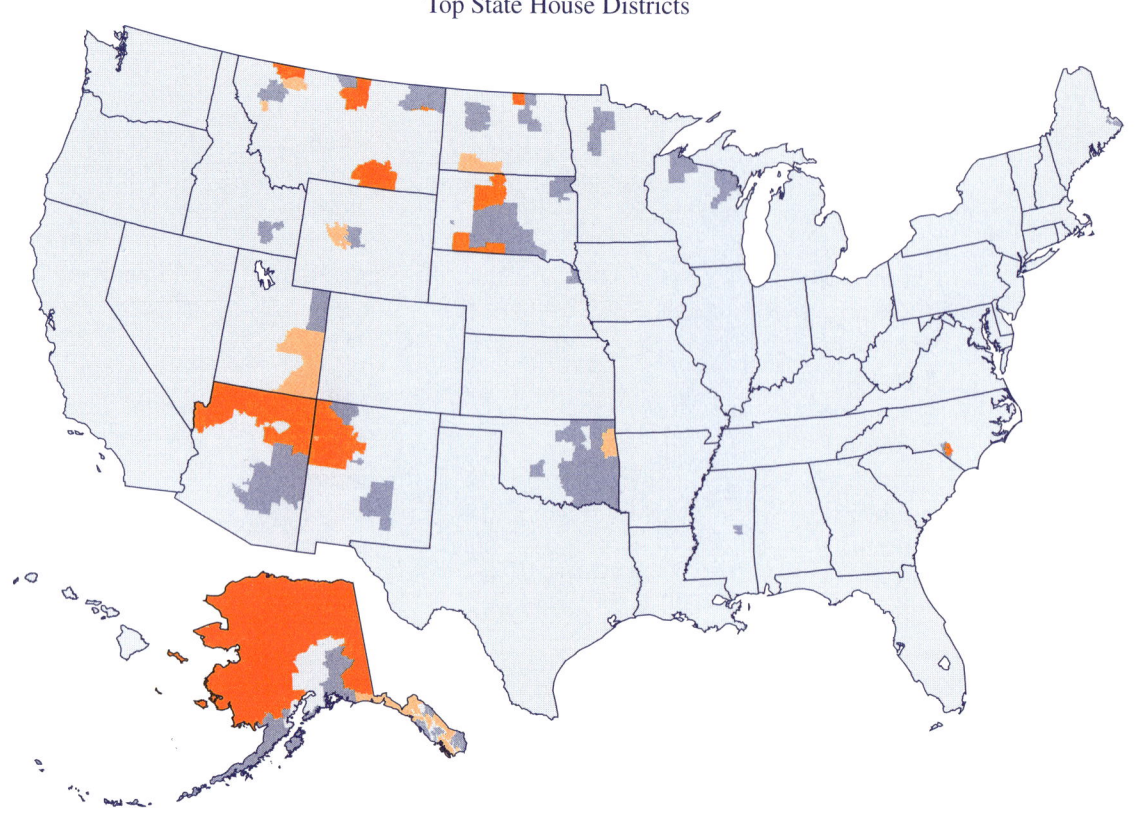

ANCHORAGE

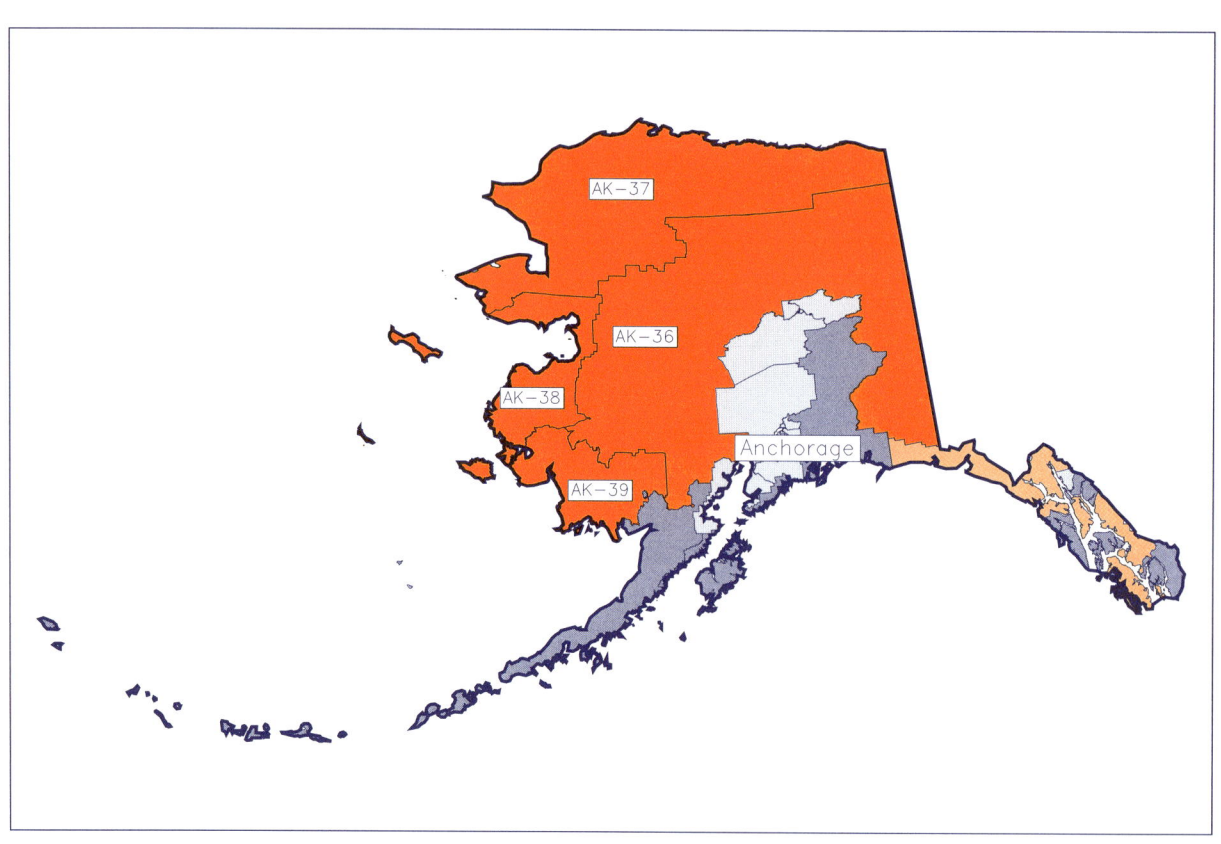

Population Ranges
- 50.0% to 99.9%
- 25.0% to 49.9%
- 10.0% to 24.9%
- 0.0% to 9.9%

AMERICAN INDIAN, ESKIMO, or ALEUT Top State House Districts

FAYETTEVILLE

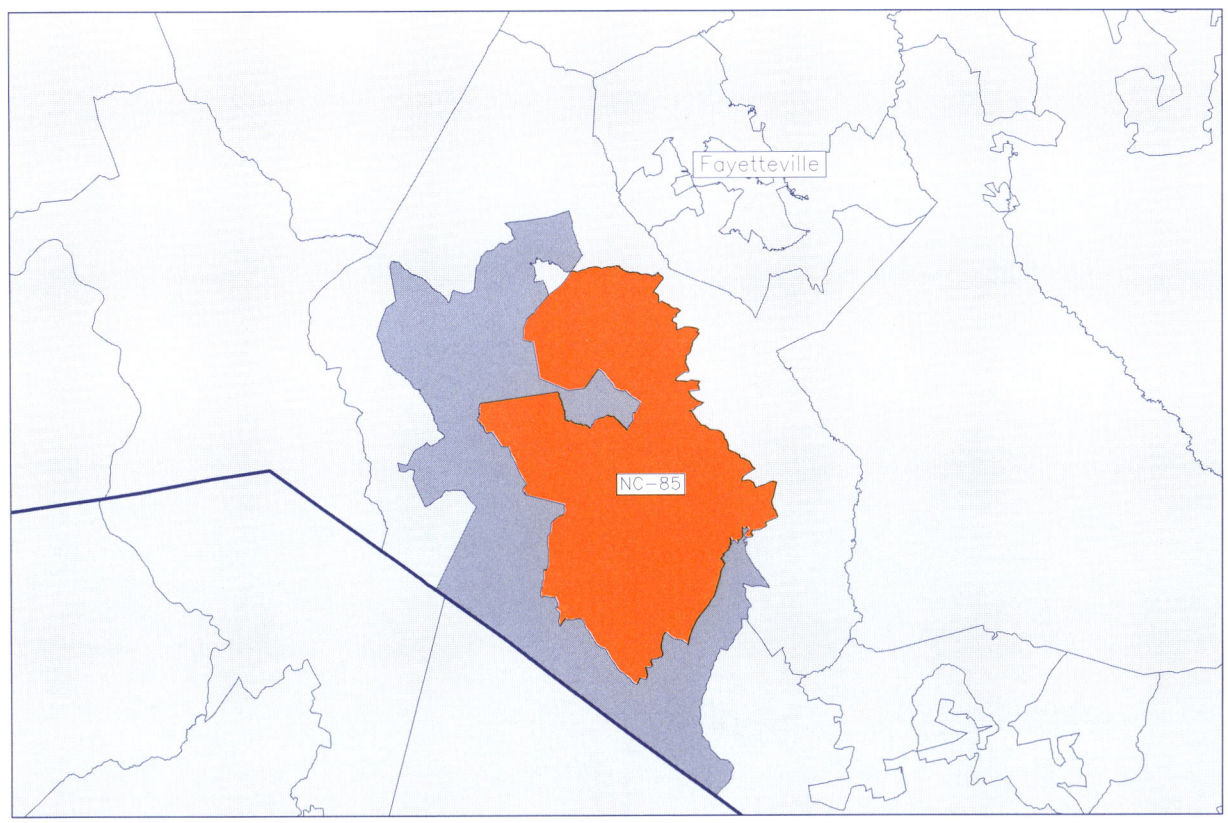

FLAGSTAFF - ALBUQUERQUE

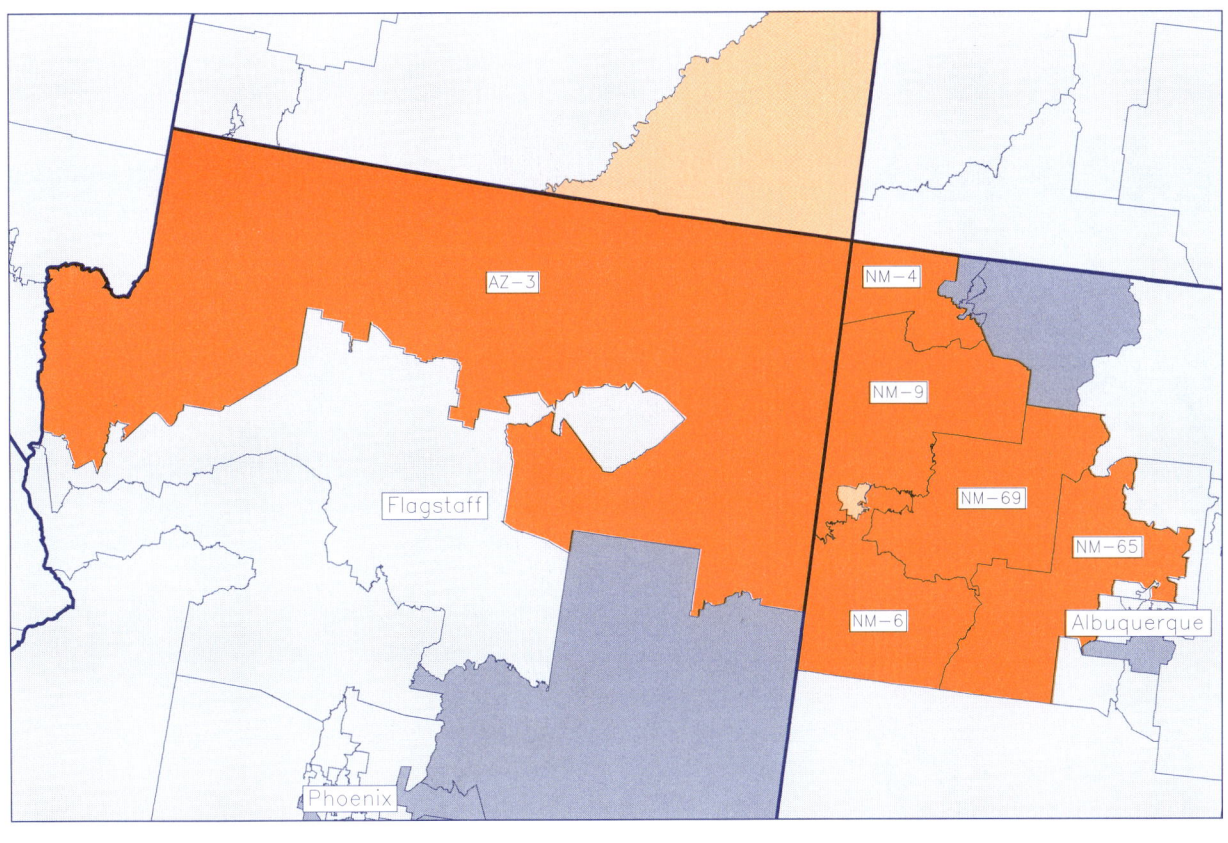

Population Ranges
- ■ 50.0% to 99.9%
- ■ 25.0% to 49.9%
- ■ 10.0% to 24.9%
- □ 0.0% to 9.9%

AMERICAN INDIAN, ESKIMO, or ALEUT Top State House Districts

RAPID CITY

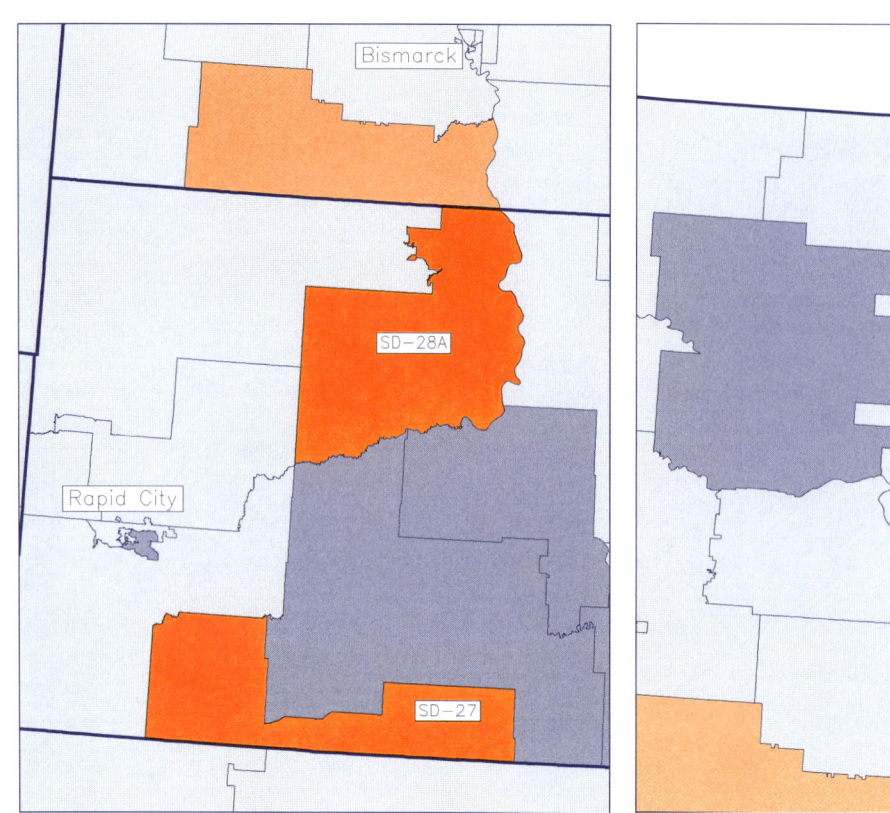

BISMARCK

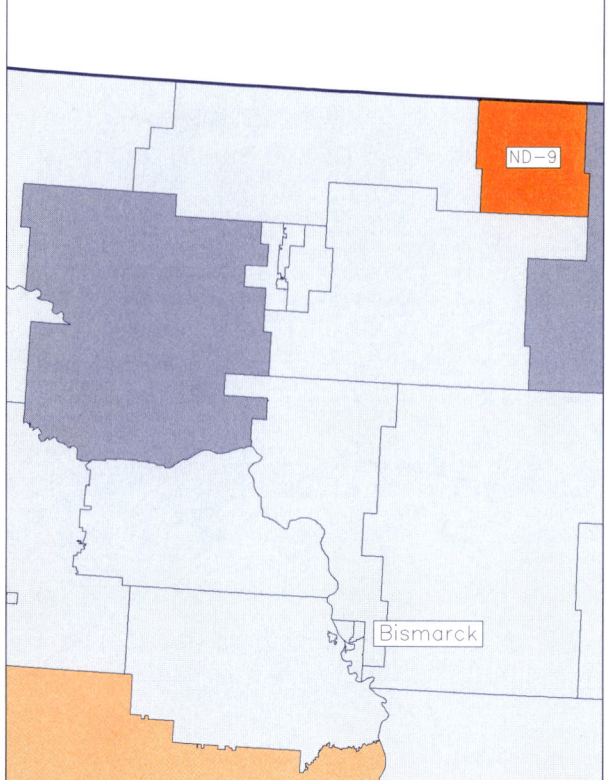

MISSOULA - BILLINGS

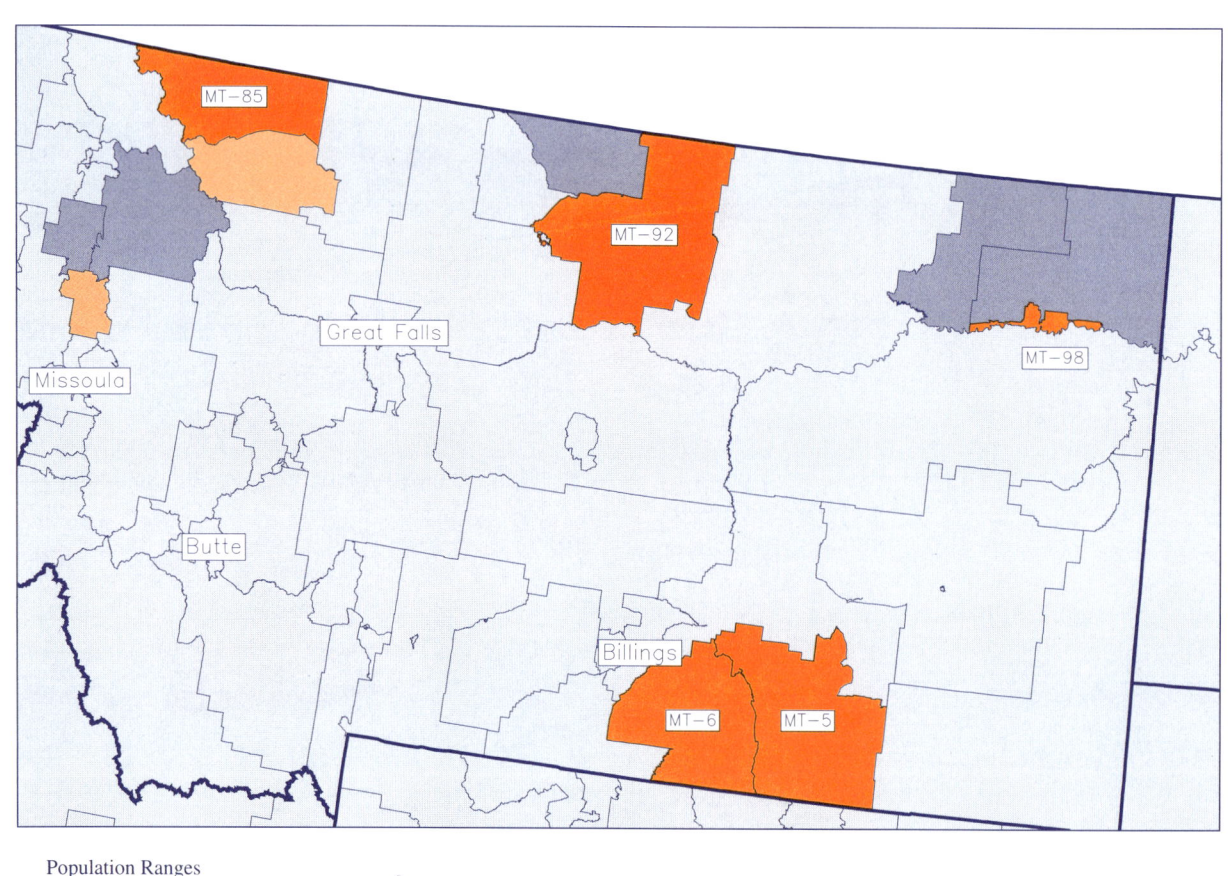

Population Ranges
- 50.0% to 99.9%
- 25.0% to 49.9%
- 10.0% to 24.9%
- 0.0% to 9.9%

AMERICAN INDIAN, ESKIMO, or ALEUT—Top State House Districts

RANK	STATE	DISTRICT NUMBER	AM. IND., ESKIMO or ALEUT (%)	DISTRICT WIDE AVG. HH INCOME ($)	DISTRICT WIDE COLLEGE EDUCATION (%)	RECEIVES SOC. SEC. (%)
1	New Mexico	9	94.4	17,049	9	24
2	South Dakota	27	87.5	17,831	18	26
3	Alaska	38	82.0	33,704	16	17
4	Alaska	37	79.0	47,674	16	13
5	New Mexico	4	78.4	22,211	12	21
6	Alaska	39	77.7	37,923	19	11
7	Arizona	3	77.3	20,155	11	22
8	New Mexico	6	69.1	20,891	13	20
9	Montana	85	68.1	20,416	18	18
10	North Dakota	9	68.0	20,786	21	27
11	South Dakota	28A	67.5	20,391	15	22
12	Alaska	36	67.0	27,983	17	13
13	New Mexico	69	66.0	20,952	13	21
14	New Mexico	65	65.9	24,442	14	22
15	Montana	98	64.7	21,271	17	20
16	Montana	5	61.3	22,317	16	18
17	North Carolina	85	58.5	28,024	18	24
18	Montana	92	55.8	24,161	19	25
19	Montana	6	54.5	24,993	18	23
20	Oklahoma	86	42.9	22,379	13	29
21	Wyoming	33	42.8	25,426	18	21
22	Oklahoma	4	34.7	25,501	26	30
23	New Mexico	5	33.3	30,582	19	19
24	Montana	73	31.9	23,162	20	32
25	Alaska	5	31.5	43,562	19	12
26	Utah	71	30.3	24,656	19	24
27	Montana	86	26.7	27,049	22	28
28	North Dakota	35	26.4	22,977	18	36
29	Oklahoma	5	26.0	24,612	14	40
30	Oklahoma	56	23.6	24,299	13	32
31	Oklahoma	2	23.5	24,616	13	30
32	North Dakota	4	23.4	24,323	22	34
33	North Dakota	12	23.1	21,579	19	37
34	South Dakota	26	22.9	25,609	18	31
35	Alaska	40	22.7	46,104	22	5
36	Minnesota	2B	22.1	22,244	16	35
37	Alaska	16	20.7	31,132	18	13
38	Oklahoma	15	20.4	21,675	14	40
39	Oklahoma	7	20.3	22,526	17	37
40	Alaska	2	20.3	49,798	26	16
41	New Mexico	3	20.0	26,381	14	22
42	North Carolina	87	18.9	22,452	13	30
43	Oklahoma	24	18.6	22,721	12	37
44	Arizona	4	18.4	28,833	17	30
45	Alaska	3	18.3	49,858	37	16
46	Oklahoma	17	18.0	22,795	16	35
47	Oklahoma	1	17.5	21,564	12	30
48	Montana	97	17.3	24,306	19	34
49	Oklahoma	28	17.3	23,910	14	36
50	Oklahoma	21	17.0	23,049	20	33

AMERICAN INDIAN, ESKIMO, or ALEUT—Top State House Districts

RANK	STATE	DISTRICT NUMBER	AM. IND., ESKIMO or ALEUT (%)	DISTRICT WIDE AVG. HH INCOME ($)	DISTRICT WIDE COLLEGE EDUCATION (%)	DISTRICT WIDE RECEIVES SOC. SEC. (%)
51	Oklahoma	14	17.0	26,706	19	33
52	Oklahoma	36	16.9	25,827	14	29
53	Oklahoma	25	16.8	25,293	21	33
54	Oklahoma	6	16.8	30,088	17	30
55	Maine	134	16.7	22,418	16	35
56	Oklahoma	9	16.5	32,633	22	23
57	Oklahoma	19	16.4	19,983	11	37
58	Montana	74	16.3	23,734	19	41
59	New Mexico	1	16.2	36,160	28	19
60	Alaska	31	16.2	38,655	20	15
61	Alaska	6	16.1	60,164	27	10
62	Oklahoma	20	16.0	19,872	13	36
63	South Dakota	25	14.8	22,908	17	37
64	Arizona	7	14.7	25,796	13	29
65	New Mexico	10	14.7	25,296	17	17
66	South Dakota	1	14.5	22,485	17	40
67	Oklahoma	26	14.5	26,877	19	33
68	Minnesota	61A	14.3	18,555	29	19
69	Wyoming	34	14.3	28,325	20	24
70	Alaska	1	14.1	51,216	27	15
71	Oklahoma	10	14.0	25,075	15	35
72	New Mexico	2	14.0	30,992	19	22
73	Montana	96	13.2	22,886	16	35
74	Oklahoma	16	13.2	22,262	15	37
75	Idaho	35	12.9	28,948	19	27
76	Oklahoma	8	12.9	31,800	18	26
77	Montana	46	12.8	18,501	15	33
78	Oklahoma	18	12.6	25,518	16	37
79	Oklahoma	13	12.5	26,776	20	31
80	Alaska	15	12.5	38,444	31	14
81	South Dakota	35	12.3	25,508	19	22
82	Oklahoma	27	12.0	29,070	14	26
83	Oklahoma	22	11.8	26,160	14	33
84	Nebraska	17	11.8	27,020	19	28
85	Montana	75	11.7	30,190	27	29
86	Oklahoma	12	11.7	31,652	15	27
87	New Mexico	56	11.6	25,569	18	28
88	Mississippi	44	11.4	22,925	16	32
89	Wisconsin	36	11.2	24,411	12	39
90	Utah	55	11.2	27,754	16	22
91	Oklahoma	3	11.0	24,205	17	32
92	Wisconsin	74	11.0	24,013	20	38
93	Montana	91	10.6	24,687	19	30
94	Alaska	35	10.2	55,647	25	10
95	Oklahoma	29	10.2	26,862	13	25
96	South Dakota	24	10.1	30,153	28	25
97	Oklahoma	35	10.1	28,576	16	31
98	Oklahoma	30	10.0	32,379	18	28
99	Montana	13	9.9	16,424	14	32
100	Alaska	30	9.9	43,387	27	9

AMERICAN INDIAN, ESKIMO, or ALEUT
Top State Senate Districts

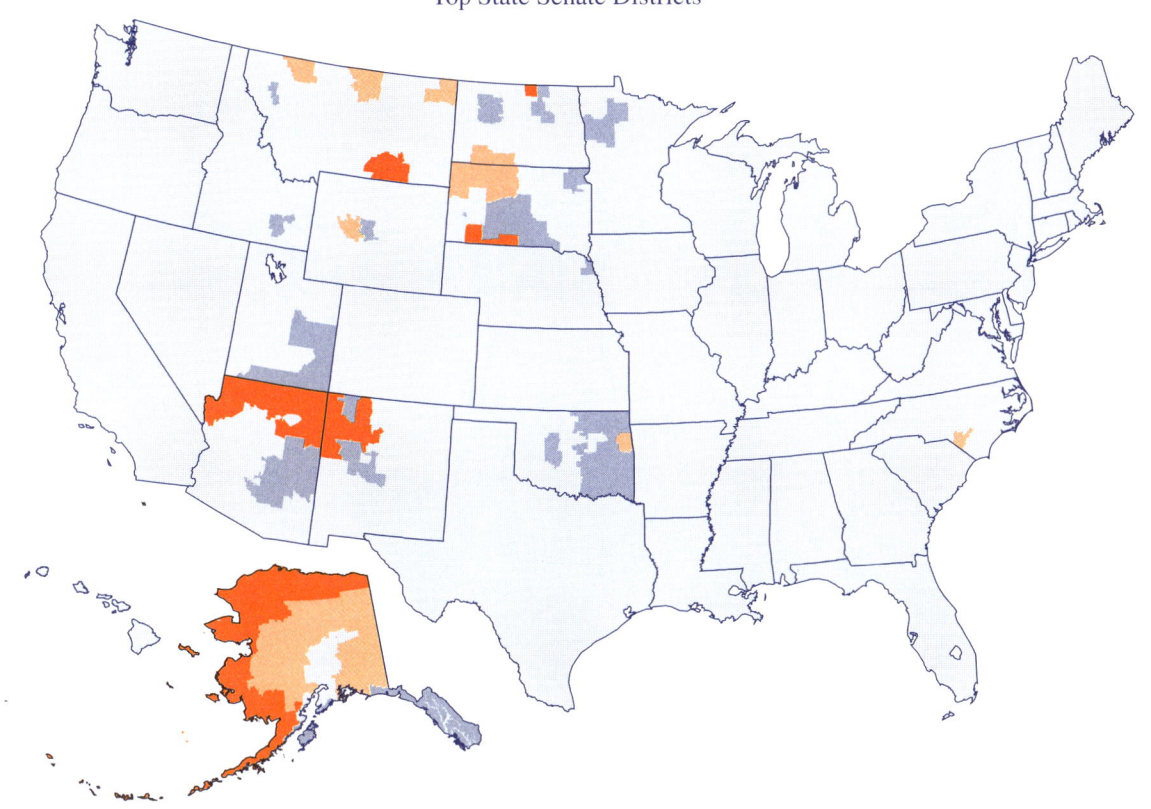

FLAGSTAFF - ALBUQUERQUE

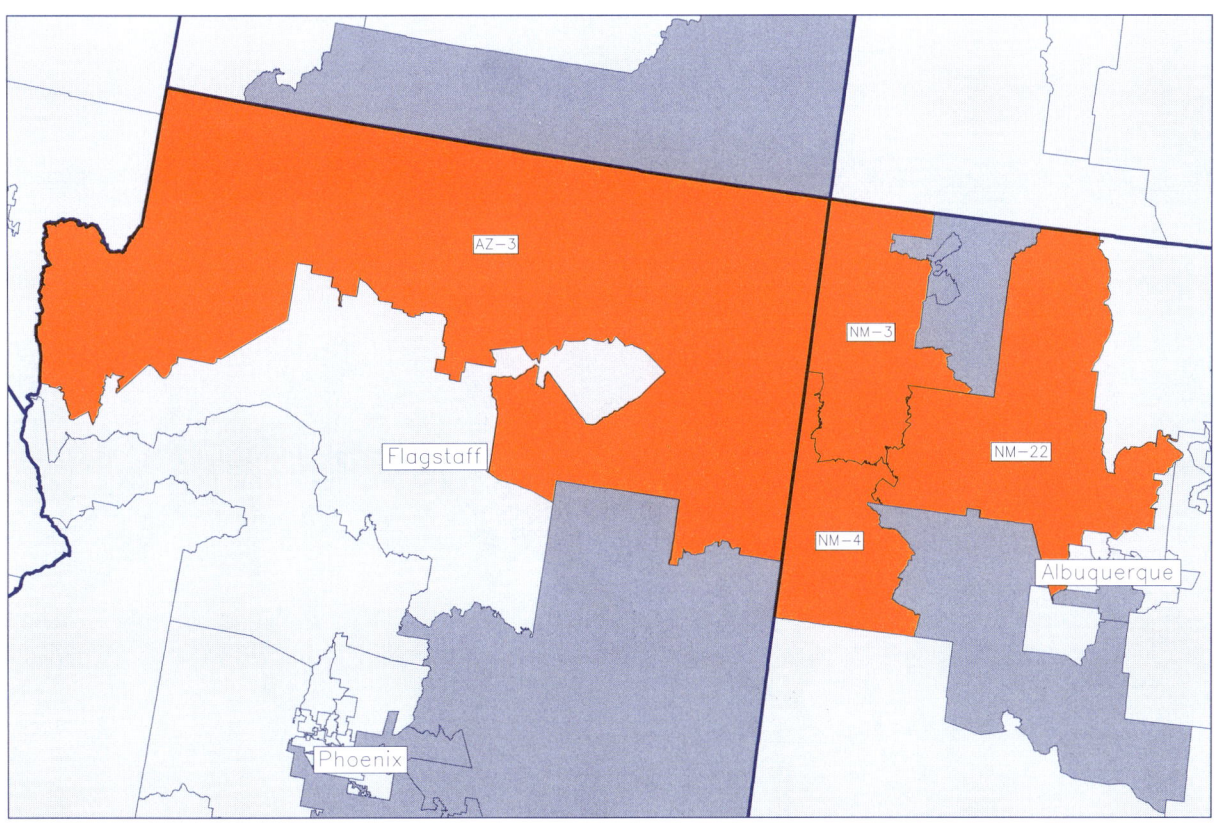

Population Ranges
- 50.0% to 99.9%
- 25.0% to 49.9%
- 10.0% to 24.9%
- 0.0% to 9.9%

AMERICAN INDIAN, ESKIMO, or ALEUT Top State Senate Districts

MINOT - BISMARCK

BILLINGS

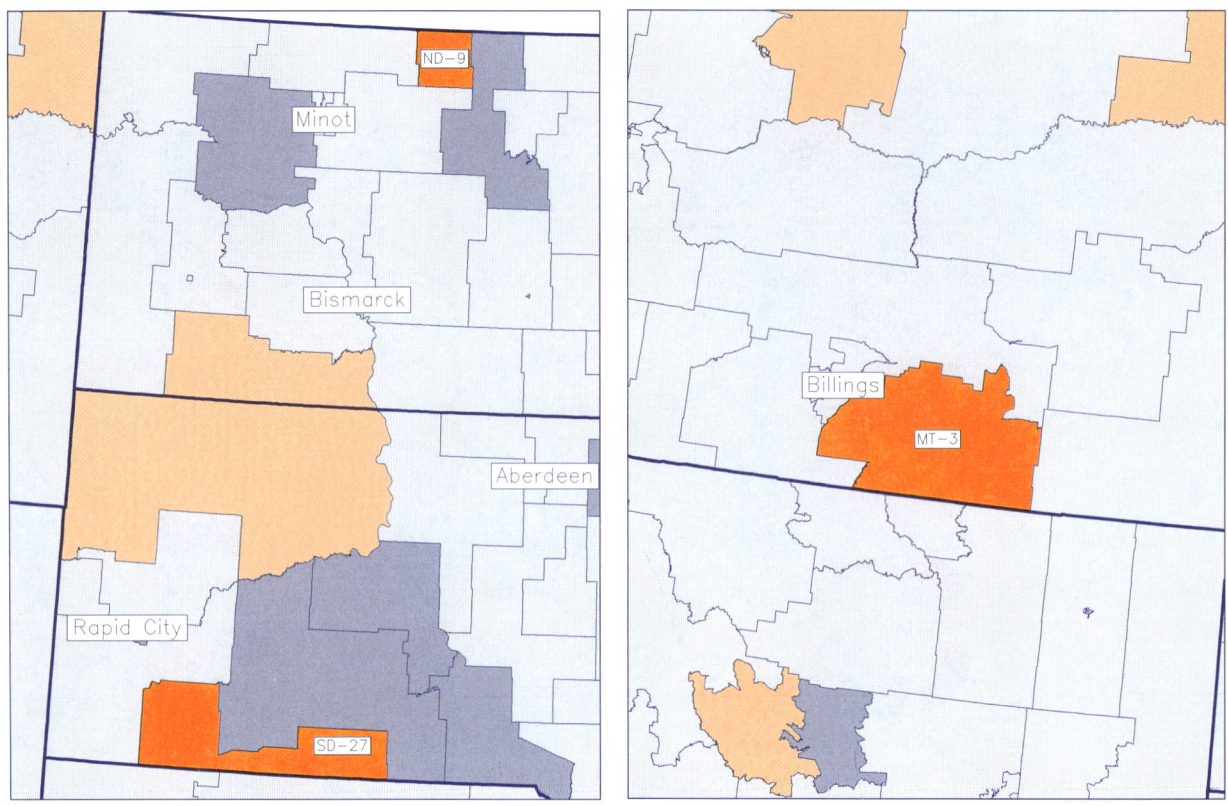

ANCHORAGE

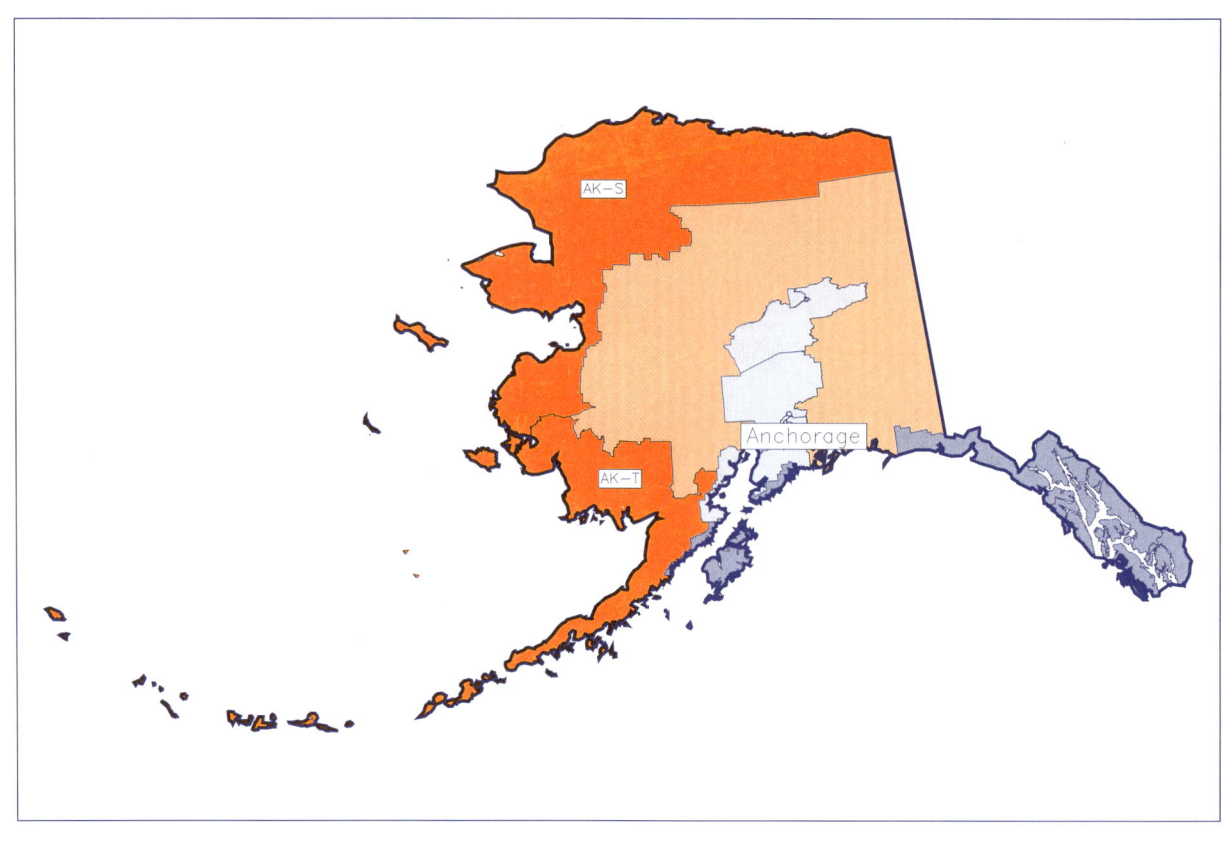

Population Ranges
- 50.0% to 99.9%
- 25.0% to 49.9%
- 10.0% to 24.9%
- 0.0% to 9.9%

AMERICAN INDIAN, ESKIMO, or ALEUT—Top State Senate Districts

RANK	STATE	DISTRICT NUMBER	AM. IND., ESKIMO, or ALEUT (%)	DISTRICT WIDE AVG. HH INCOME ($)	DISTRICT WIDE COLLEGE EDUCATION (%)	DISTRICT WIDE RECEIVES SOC. SEC. (%)
1	South Dakota	27	87.5	17,831	18	26
2	New Mexico	3	86.5	18,279	10	23
3	Alaska	S	80.6	40,398	16	15
4	Arizona	3	77.3	20,155	11	22
5	North Dakota	9	68.0	20,786	21	27
6	New Mexico	4	67.4	25,938	17	18
7	New Mexico	22	61.8	30,864	23	18
8	Montana	3	57.7	23,683	17	21
9	Alaska	T	50.5	41,542	20	9
10	Montana	43	48.5	23,881	20	23
11	Oklahoma	3	38.7	23,530	19	29
12	Montana	49	36.6	23,216	19	29
13	Montana	46	36.4	24,430	19	27
14	South Dakota	28	35.3	23,704	16	28
15	Alaska	R	34.6	43,473	21	11
16	North Carolina	30	32.8	25,625	15	26
17	Wyoming	25	27.4	26,562	23	26
18	North Dakota	35	26.4	22,977	18	36
19	Montana	37	24.2	23,460	19	37
20	New Mexico	2	23.7	27,034	14	22
21	Oklahoma	1	23.5	23,613	16	38
22	Alaska	C	23.4	50,755	22	11
23	North Dakota	4	23.4	24,323	22	34
24	North Dakota	12	23.1	21,579	19	37
25	South Dakota	26	22.9	25,609	18	31
26	New Mexico	30	22.7	24,735	17	26
27	Arizona	4	18.4	28,833	17	30
28	Alaska	A	17.3	50,501	27	16
29	Oklahoma	13	17.1	24,109	16	36
30	Alaska	H	17.0	34,854	25	13
31	Oklahoma	5	16.4	20,609	11	33
32	Oklahoma	6	15.9	22,311	17	36
33	Oklahoma	4	15.7	24,157	15	32
34	Oklahoma	8	15.6	23,176	14	35
35	Oklahoma	2	15.4	31,946	20	26
36	Oklahoma	9	15.3	26,051	19	33
37	New Mexico	1	15.1	34,450	25	20
38	Oklahoma	7	15.0	23,787	15	37
39	South Dakota	25	14.8	22,908	17	37
40	Arizona	7	14.7	25,796	13	29
41	South Dakota	1	14.5	22,485	17	40
42	Alaska	B	13.6	53,439	37	11
43	Alaska	P	13.2	42,444	21	14
44	Oklahoma	18	13.0	30,165	16	25
45	Oklahoma	50	12.9	26,974	15	32
46	Idaho	35	12.9	28,948	19	27
47	Oklahoma	10	12.6	29,253	18	31
48	South Dakota	35	12.3	25,508	19	22
49	Minnesota	2	12.2	24,456	18	35
50	Nebraska	17	11.8	27,020	19	28

AMERICAN INDIAN, ESKIMO, or ALEUT—Top State Senate Districts

RANK	STATE	DISTRICT NUMBER	AM. IND., ESKIMO, or ALEUT (%)	DISTRICT WIDE AVG. HH INCOME ($)	DISTRICT WIDE COLLEGE EDUCATION (%)	DISTRICT WIDE RECEIVES SOC. SEC. (%)
51	Oklahoma	23	11.7	26,151	15	32
52	Utah	27	11.2	27,768	20	28
53	Wyoming	26	11.0	27,471	21	27
54	Oklahoma	34	11.0	28,512	14	26
55	Oklahoma	29	10.9	35,267	27	32
56	New Mexico	14	10.1	24,809	17	20
57	South Dakota	24	10.1	30,153	28	25
58	Oklahoma	12	9.8	27,779	14	28
59	Oklahoma	14	9.8	27,481	16	32
60	Minnesota	61	9.8	22,071	29	18
61	Arizona	11	9.3	27,032	18	24
62	Arizona	2	9.2	32,017	27	28
63	Oklahoma	17	9.1	32,819	21	24
64	Alaska	O	8.4	48,545	42	7
65	Minnesota	4	8.3	24,563	24	33
66	South Dakota	34	8.3	36,107	34	24
67	New Mexico	5	8.3	29,457	23	24
68	Montana	23	8.1	22,417	18	30
69	Oklahoma	37	8.1	31,359	19	23
70	New Mexico	32	8.0	22,173	11	29
71	South Dakota	22	7.8	23,548	20	37
72	Alaska	J	7.8	52,020	37	9
73	New Mexico	17	7.7	22,272	18	23
74	Oklahoma	44	7.6	26,008	12	29
75	Washington	15	7.5	29,210	15	28
76	Montana	7	7.4	20,953	24	31
77	Alaska	K	7.2	55,665	36	9
78	Mississippi	18	7.2	22,609	14	33
79	Oklahoma	15	7.2	32,550	25	26
80	Montana	48	6.8	26,762	19	33
81	Oklahoma	46	6.8	23,065	20	27
82	Montana	38	6.7	32,182	26	29
83	Louisiana	20	6.5	25,022	9	27
84	Oklahoma	33	6.4	34,268	30	29
85	Oklahoma	20	6.4	28,750	22	35
86	Oklahoma	16	6.4	28,094	33	18
87	Oklahoma	43	6.4	27,054	15	23
88	Oklahoma	26	6.4	24,081	15	37
89	Idaho	7	6.2	27,110	17	32
90	New Mexico	9	6.2	35,936	30	24
91	Nevada	Northern	6.0	38,301	19	16
92	Alaska	G	6.0	50,724	35	11
93	South Dakota	32	5.9	30,332	31	25
94	Oklahoma	11	5.9	20,327	13	32
95	Utah	26	5.8	34,671	24	21
96	New Mexico	6	5.7	24,316	21	26
97	Arizona	10	5.6	23,460	13	27
98	Alaska	F	5.6	56,342	33	8
99	Oklahoma	31	5.6	27,769	19	26
100	Oklahoma	24	5.5	29,538	17	28

ASIAN or PACIFIC ISLANDER
Top State House Districts

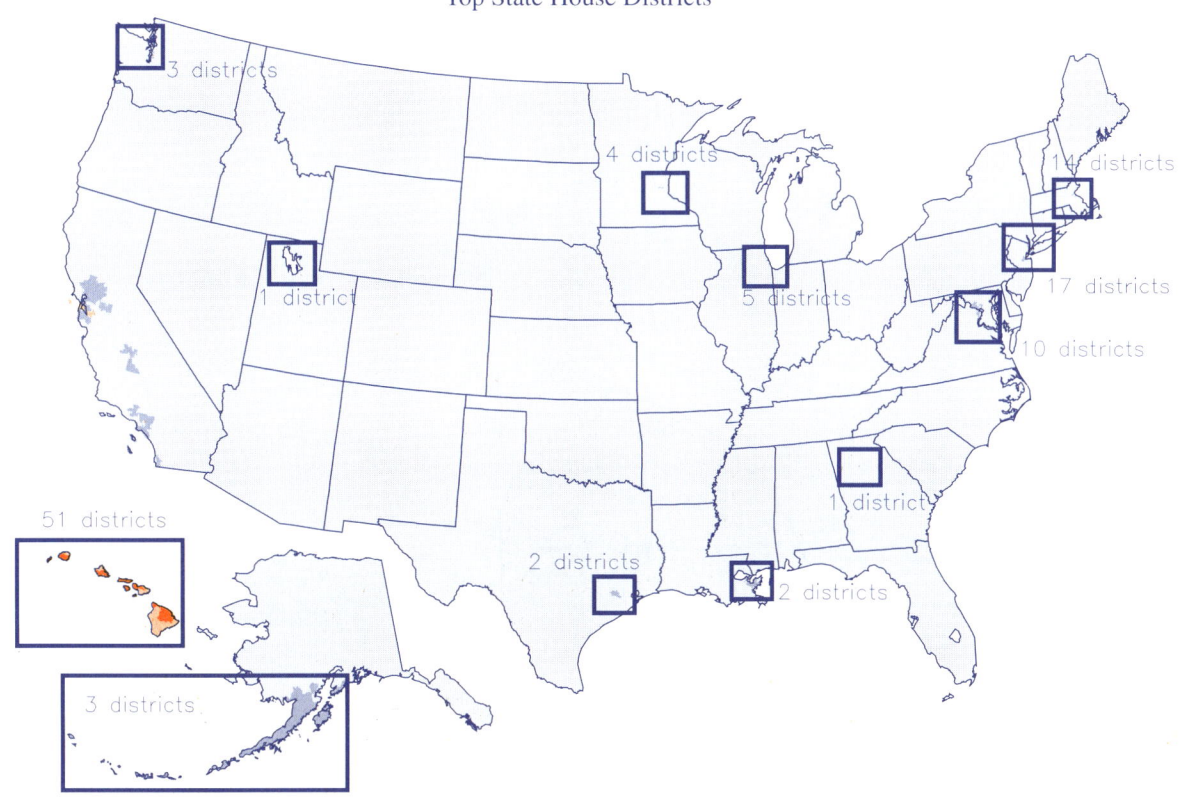

HONOLULU - KAILUA - HILO

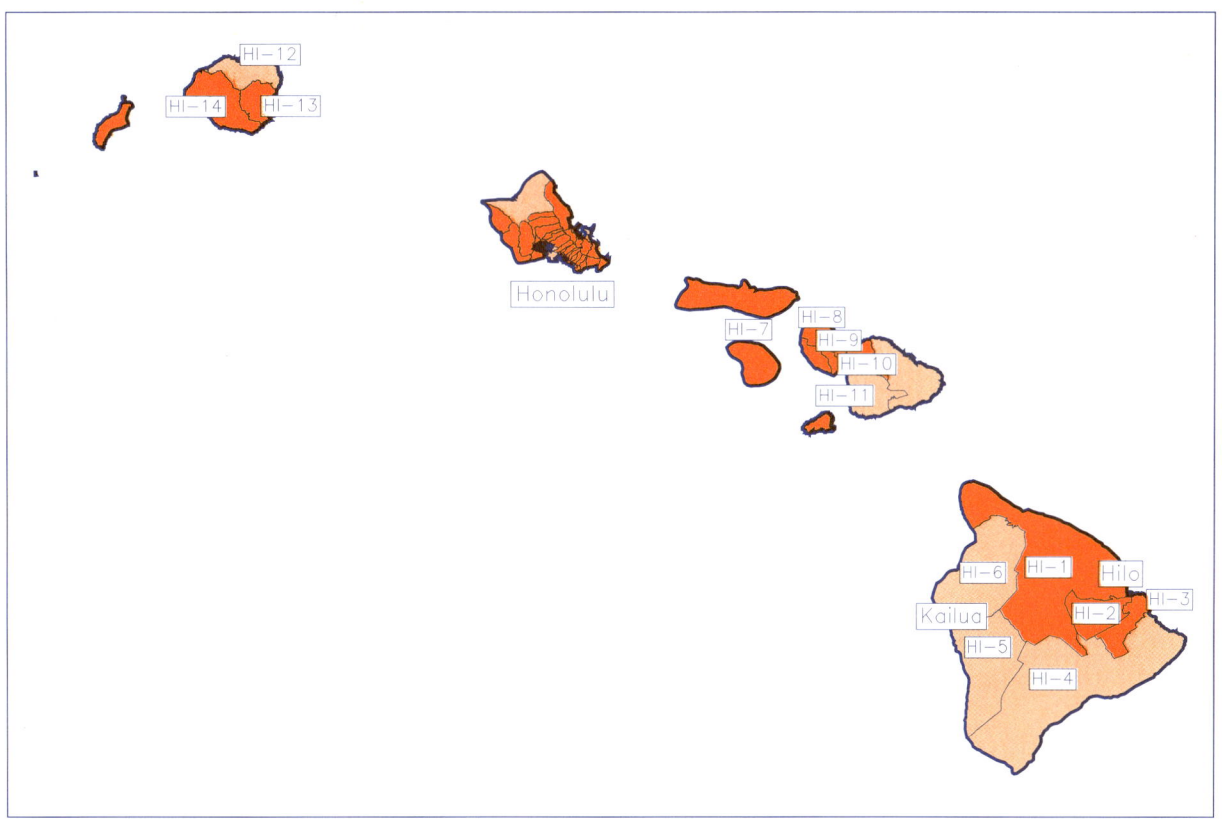

Population Ranges
- 50.0% to 99.9%
- 25.0% to 49.9%
- 10.0% to 24.9%
- 0.0% to 9.9%

HONOLULU

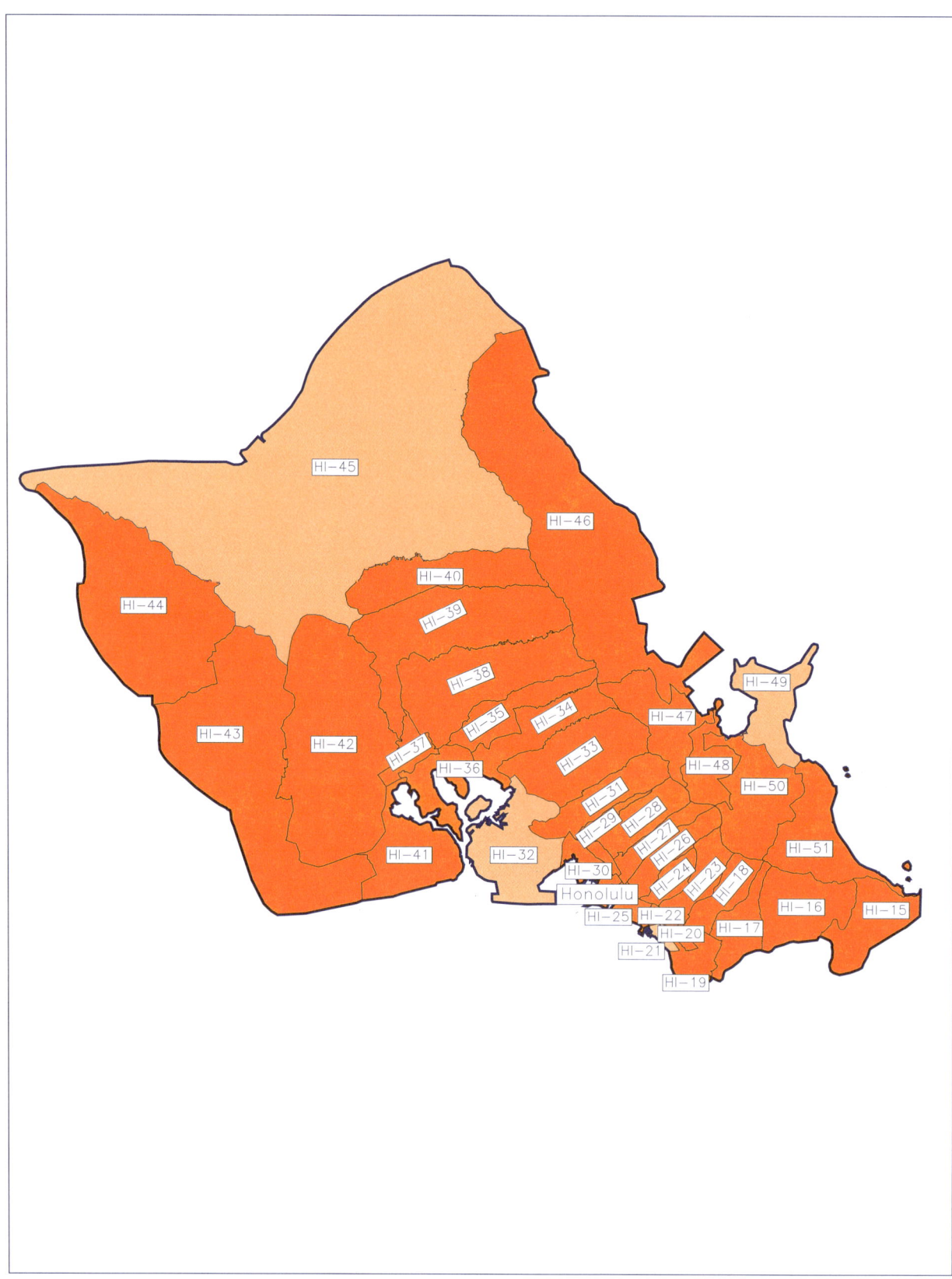

Population Ranges
- 50.0% to 99.9%
- 25.0% to 49.9%
- 10.0% to 24.9%
- 0.0% to 9.9%

ASIAN or PACIFIC ISLANDER Top State House Districts

SKOKIE - CHICAGO

ATLANTA

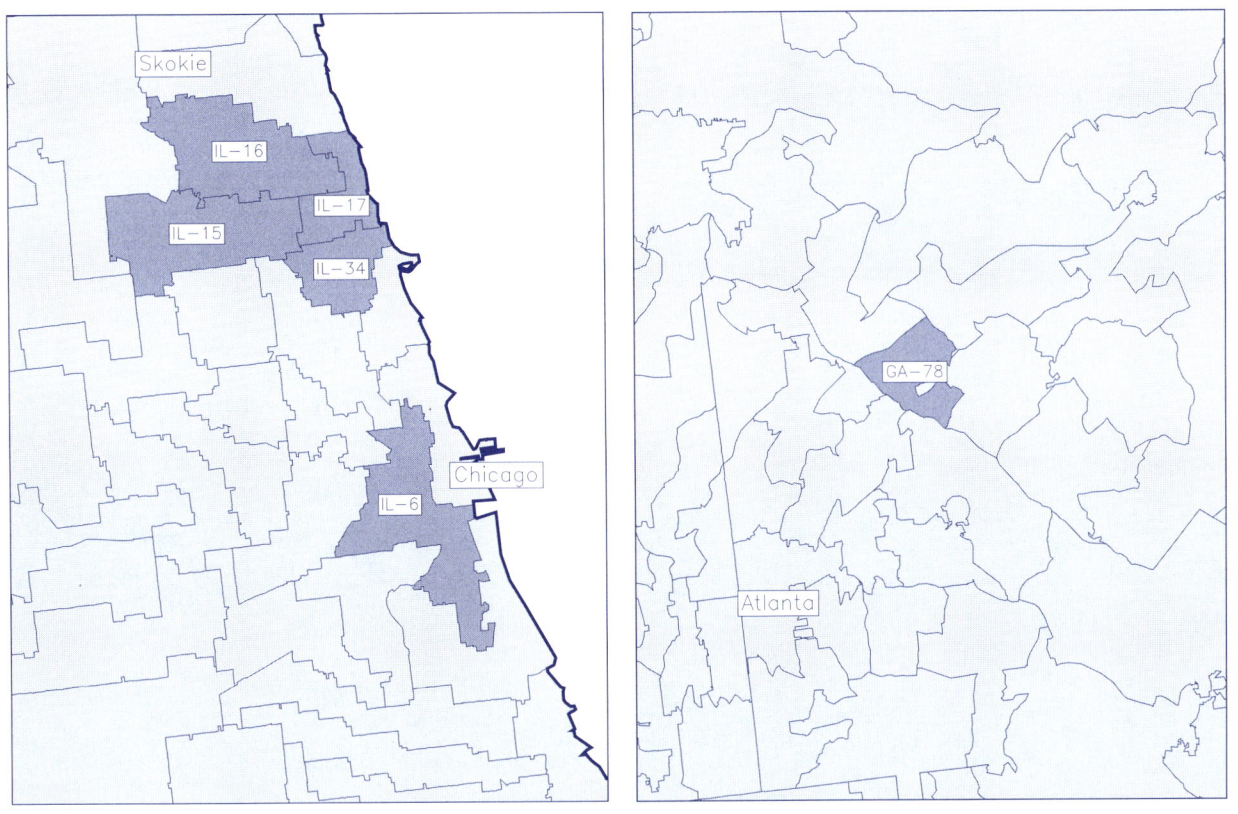

ANCHORAGE

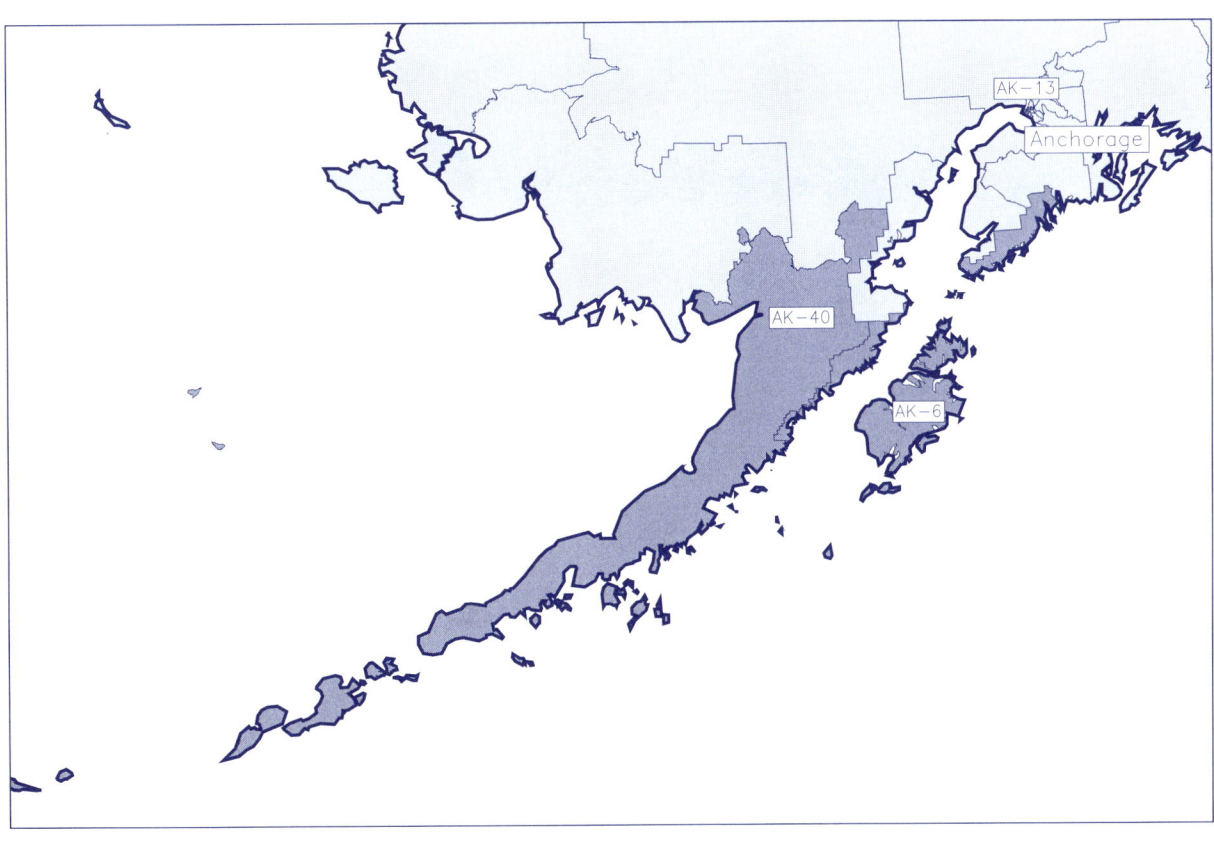

Population Ranges
- 50.0% to 99.9%
- 25.0% to 49.9%
- 10.0% to 24.9%
- 0.0% to 9.9%

ASIAN or PACIFIC ISLANDER Top State House Districts

SALT LAKE CITY

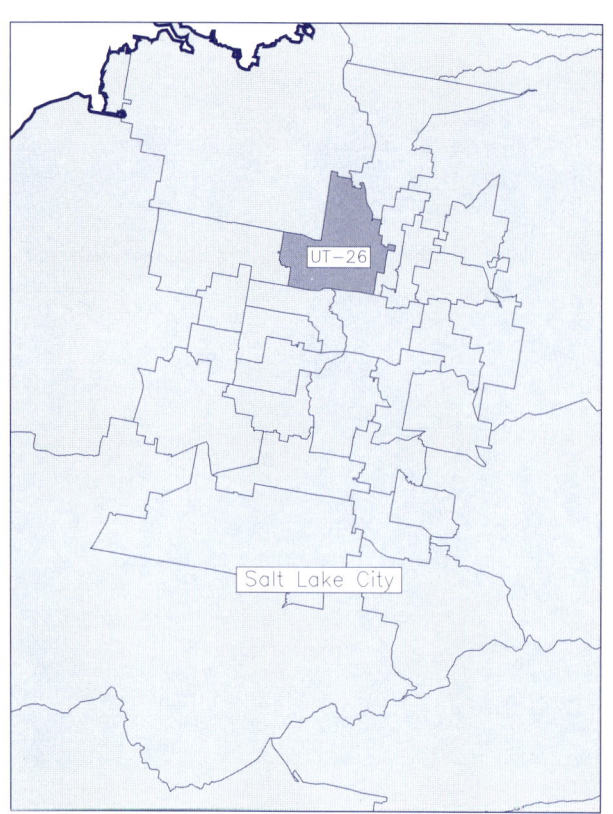

SAN FRANCISCO - SACRAMENTO

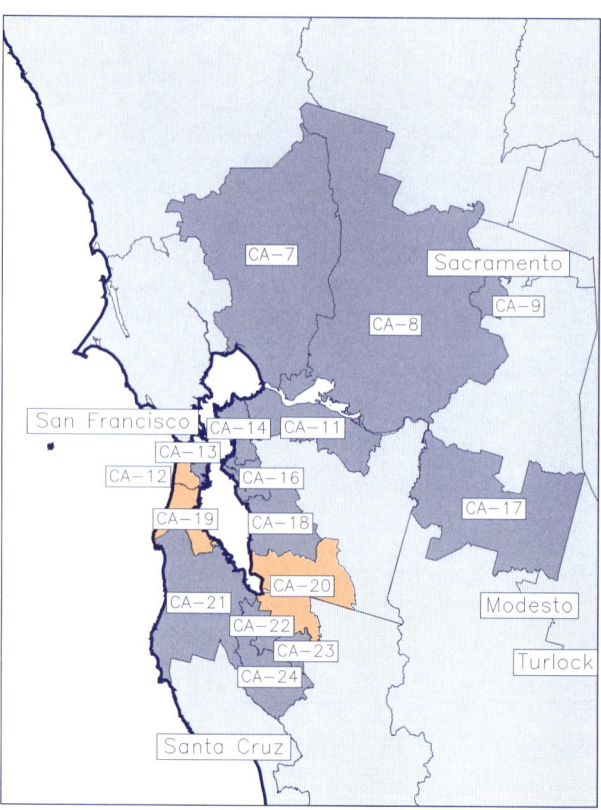

FRESNO - BAKERSFIELD

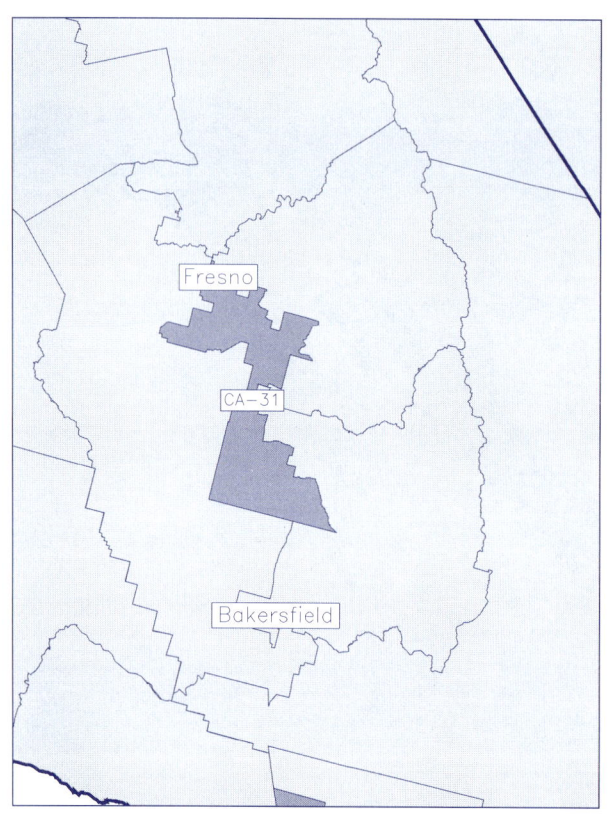

LOS ANGELES - SAN DIEGO

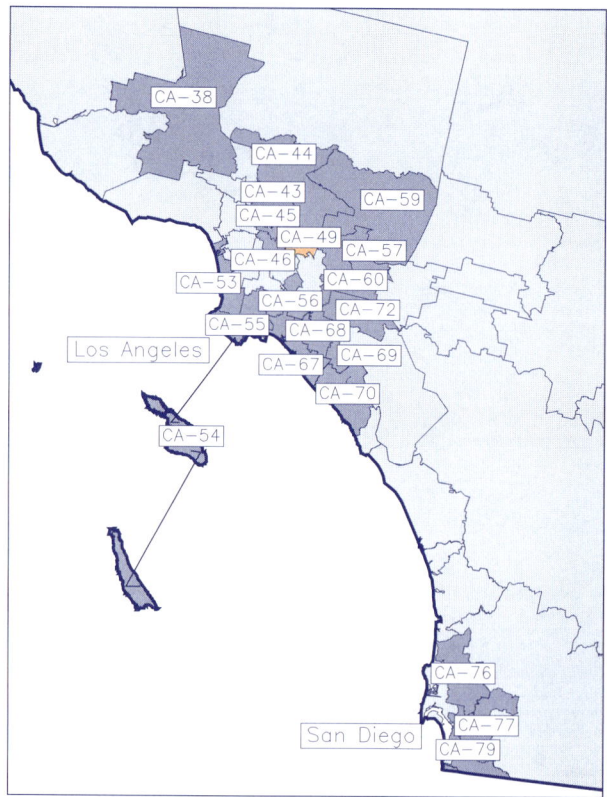

Population Ranges
- 50.0% to 99.9%
- 25.0% to 49.9%
- 10.0% to 24.9%
- 0.0% to 9.9%

ASIAN or PACIFIC ISLANDER Top State House Districts

WASHINGTON, D.C.

PROVIDENCE

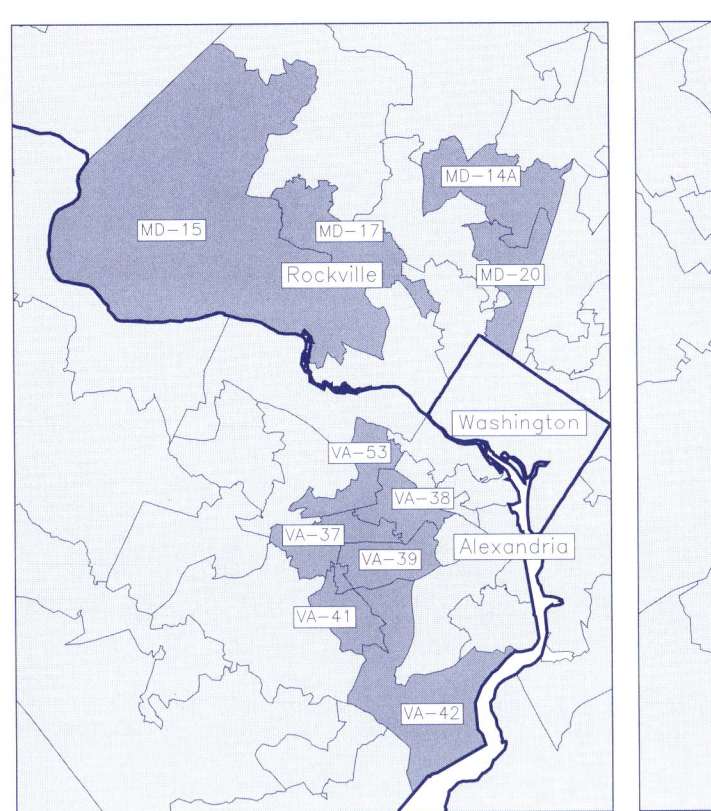
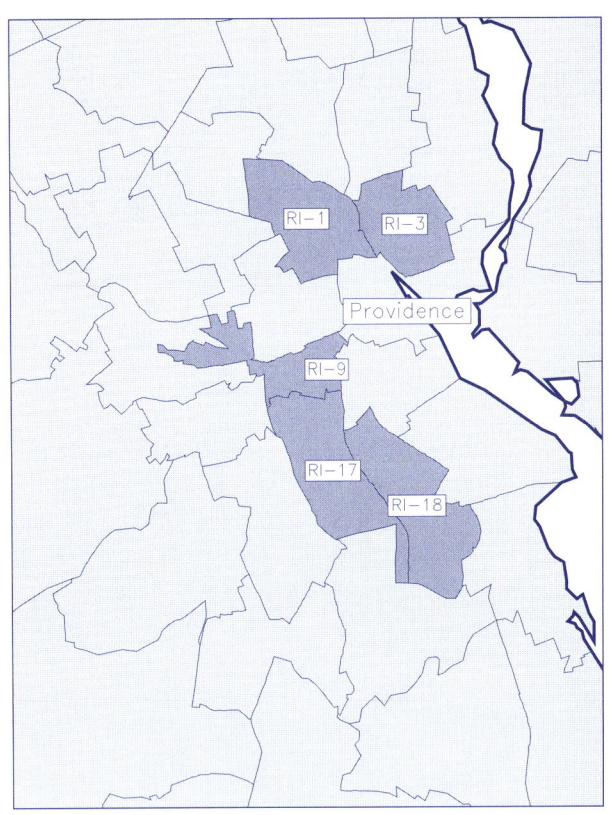

SEATTLE

NEW ORLEANS - HOUSTON

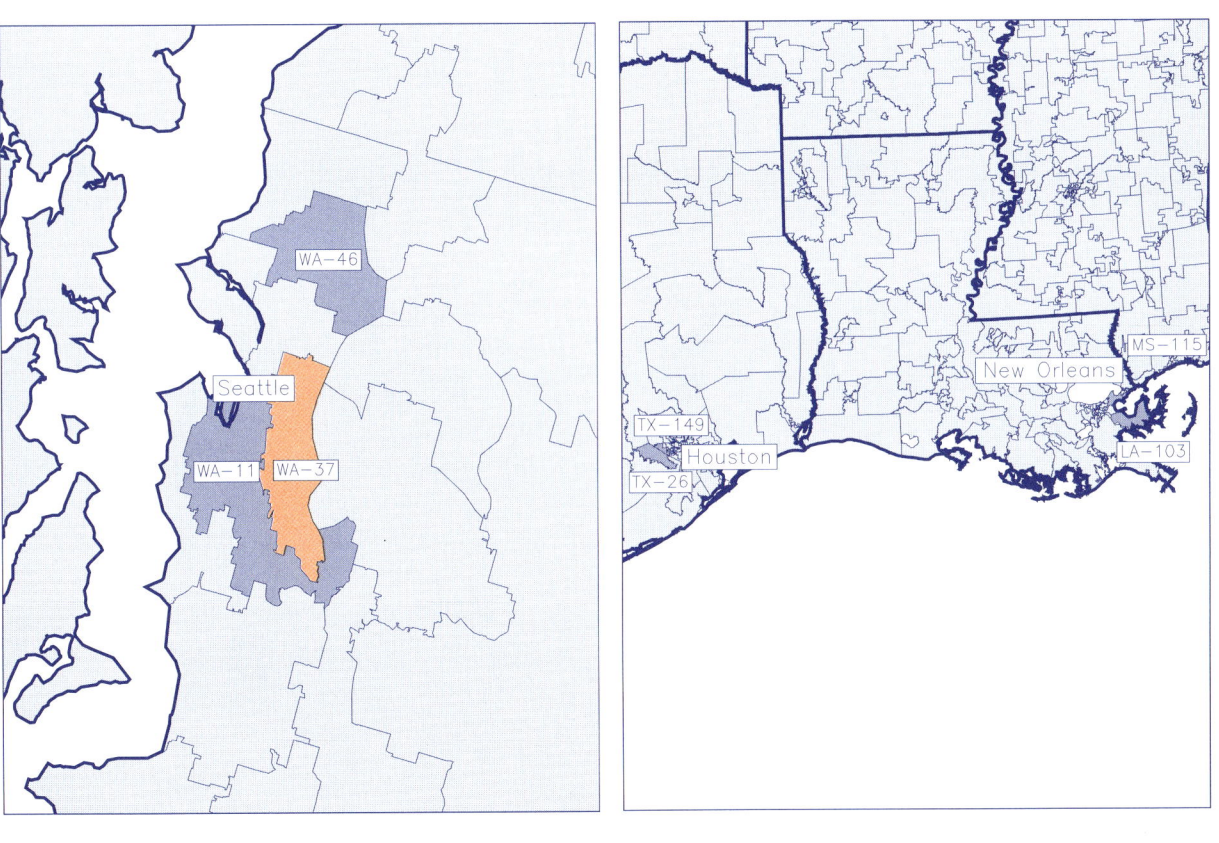

Population Ranges
- 50.0% to 99.9%
- 25.0% to 49.9%
- 10.0% to 24.9%
- 0.0% to 9.9%

ASIAN or PACIFIC ISLANDER Top State House Districts

NEW YORK

QUEENS

BOSTON

MINNEAPOLIS

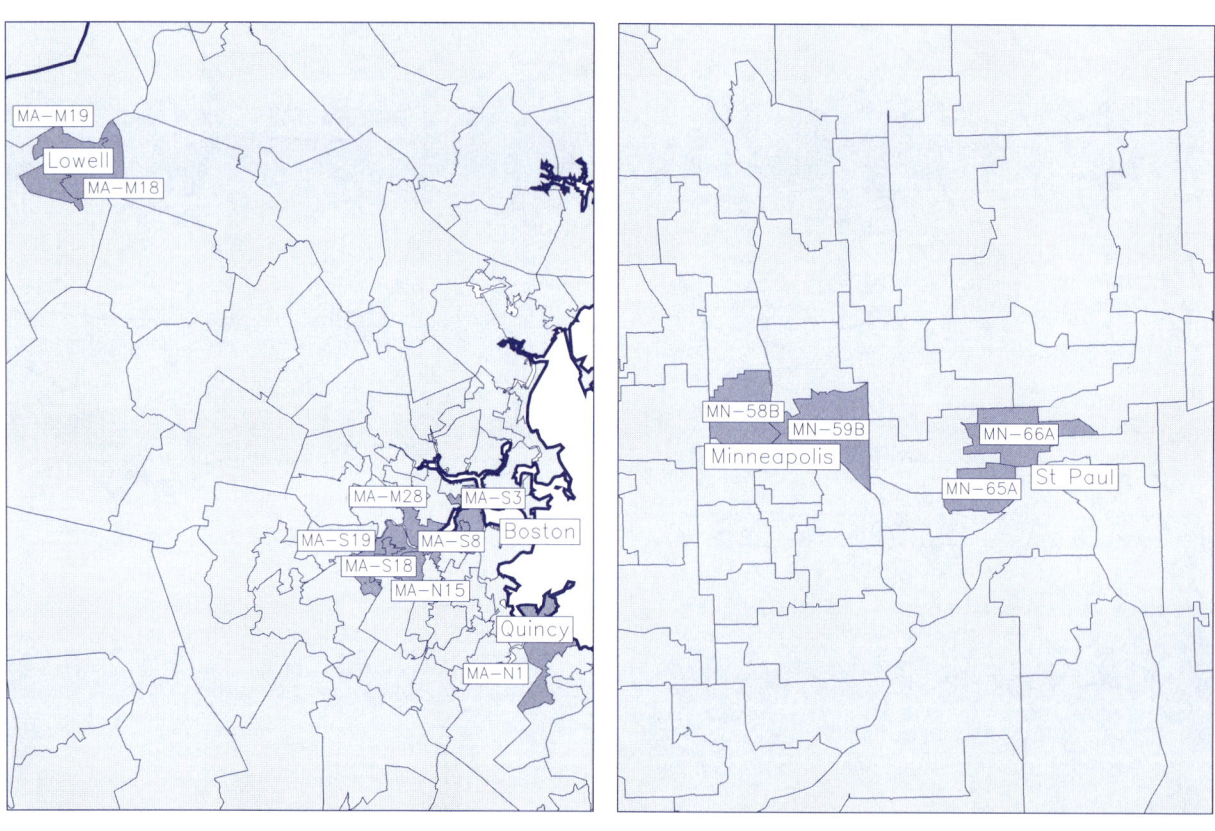

Population Ranges
- 50.0% to 99.9%
- 25.0% to 49.9%
- 10.0% to 24.9%
- 0.0% to 9.9%

ASIAN or PACIFIC ISLANDER—Top State House Districts

RANK	STATE	DISTRICT NUMBER	ASIAN or PACIFIC ISLANDER (%)	AVG. HH INCOME ($)	DISTRICT WIDE COLLEGE EDUCATION (%)	RECEIVES SOC. SEC. (%)
1	Hawaii	28	89.6	49,002	17	39
2	Hawaii	27	85.1	51,138	27	43
3	Hawaii	30	85.1	33,223	15	31
4	Hawaii	29	83.6	35,589	18	31
5	Hawaii	35	82.7	66,820	31	23
6	Hawaii	9	81.5	45,184	23	39
7	Hawaii	37	81.1	49,433	21	24
8	Hawaii	18	80.5	48,450	33	38
9	Hawaii	20	79.4	36,505	31	25
10	Hawaii	22	78.6	31,154	30	28
11	Hawaii	31	78.4	53,251	32	19
12	Hawaii	26	75.0	54,993	39	30
13	Hawaii	34	74.8	62,347	38	18
14	Hawaii	23	74.6	65,014	49	34
15	Hawaii	36	74.5	41,811	17	26
16	Hawaii	48	72.1	55,132	32	28
17	Hawaii	7	70.6	41,601	17	31
18	Hawaii	25	69.7	36,033	35	22
19	Hawaii	42	69.7	53,930	32	16
20	Hawaii	40	69.7	41,527	18	29
21	Hawaii	3	68.5	38,801	32	31
22	Hawaii	2	67.4	34,985	31	33
23	Hawaii	19	67.1	51,650	33	36
24	Hawaii	1	66.9	33,154	20	39
25	Hawaii	24	66.6	47,937	46	22
26	Hawaii	14	66.5	42,592	24	35
27	Hawaii	44	66.1	36,179	18	22
28	Hawaii	33	65.4	54,378	35	21
29	Hawaii	16	64.8	73,696	49	31
30	Hawaii	43	64.7	39,133	13	17
31	Hawaii	17	64.7	93,454	50	39
32	Hawaii	46	64.7	48,624	31	20
33	Hawaii	38	64.0	55,407	46	8
34	Hawaii	41	63.9	41,016	21	14
35	Hawaii	47	63.0	61,354	41	16
36	Hawaii	13	62.8	46,921	27	29
37	Hawaii	15	61.0	76,140	48	18
38	Hawaii	8	59.1	48,688	27	23
39	Hawaii	51	58.8	58,805	33	23
40	Hawaii	39	56.9	53,397	40	11
41	Hawaii	50	52.2	63,756	42	23
42	Hawaii	10	50.0	48,741	29	21
43	New York	62	49.5	30,854	21	29
44	Hawaii	21	48.8	38,809	40	26
45	Hawaii	4	46.1	26,950	21	29
46	Hawaii	12	46.0	41,528	27	21
47	Hawaii	5	42.8	43,063	29	27
48	California	12	41.3	49,988	40	28
49	Hawaii	6	40.7	49,288	32	16
50	New York	25	40.1	38,670	30	25

ASIAN or PACIFIC ISLANDER—Top State House Districts

RANK	STATE	DISTRICT NUMBER	ASIAN or PACIFIC ISLANDER (%)	DISTRICT WIDE AVG. HH INCOME ($)	COLLEGE EDUCATION (%)	RECEIVES SOC. SEC. (%)
51	Hawaii	45	35.7	37,647	24	17
52	Hawaii	11	32.7	52,766	33	20
53	California	49	32.0	36,614	22	22
54	Hawaii	32	29.8	38,657	29	8
55	California	20	29.3	58,735	38	13
56	New York	35	28.7	35,461	25	19
57	Hawaii	49	27.9	52,654	33	20
58	Washington	37	25.3	35,316	31	26
59	California	19	25.2	55,290	36	23
60	California	23	23.7	41,791	24	17
61	California	13	23.4	42,431	41	20
62	California	45	21.1	31,451	21	17
63	California	60	20.9	56,899	34	17
64	California	68	20.6	43,622	24	20
65	Washington	11	20.5	31,316	23	23
66	New York	30	20.3	38,381	23	28
67	Massachusetts	S3	20.3	49,590	52	18
68	Texas	149	20.2	44,074	41	7
69	Illinois	16	20.0	42,564	37	31
70	California	16	19.9	42,052	33	22
71	California	55	19.4	36,823	20	18
72	California	22	19.2	51,876	44	17
73	New York	34	18.4	34,782	20	22
74	California	9	18.2	33,429	28	23
75	California	18	18.2	45,053	27	24
76	California	56	17.9	46,397	28	22
77	California	17	17.3	36,498	21	24
78	New York	24	17.0	52,210	37	34
79	California	46	16.8	23,822	16	15
80	Illinois	15	15.4	39,754	28	33
81	Massachusetts	M18	15.2	35,005	20	25
82	California	57	15.1	40,589	17	17
83	California	14	14.9	39,729	45	22
84	New York	27	14.8	44,484	32	27
85	California	76	14.5	40,074	38	19
86	Minnesota	65A	14.4	28,161	30	21
87	California	43	14.3	44,800	34	20
88	New York	28	14.2	45,821	39	32
89	California	24	14.1	68,439	46	17
90	New York	37	14.1	30,654	18	25
91	California	53	13.9	60,751	47	17
92	Rhode Island	1	13.9	26,147	20	23
93	Rhode Island	3	13.6	45,382	69	13
94	New York	48	13.6	34,834	19	32
95	Massachusetts	S18	13.3	34,627	51	13
96	Massachusetts	M28	13.3	40,238	65	13
97	California	67	13.3	59,470	40	20
98	California	79	13.1	29,077	16	20
99	California	44	13.0	57,859	43	21
100	Minnesota	66A	13.0	28,323	21	27

ASIAN or PACIFIC ISLANDER—Top State House Districts

RANK	STATE	DISTRICT NUMBER	ASIAN or PACIFIC ISLANDER (%)	AVG. HH INCOME ($)	DISTRICT WIDE COLLEGE EDUCATION (%)	RECEIVES SOC. SEC. (%)
101	Minnesota	58B	13.0	22,715	18	19
102	Maryland	14A	12.9	71,376	55	11
103	Massachusetts	N1	12.8	46,011	33	26
104	Alaska	6	12.8	60,164	27	10
105	Rhode Island	18	12.7	26,350	16	21
106	Texas	26	12.7	63,698	48	9
107	Virginia	39	12.5	63,149	52	13
108	California	11	12.4	47,128	32	19
109	Virginia	38	12.3	58,209	48	19
110	Massachusetts	S19	12.3	36,425	58	15
111	Rhode Island	17	12.3	29,303	14	19
112	New York	26	12.2	54,275	33	32
113	California	31	12.2	26,467	12	26
114	Illinois	34	12.1	29,733	32	19
115	Virginia	53	12.1	62,899	56	13
116	Virginia	37	12.1	67,498	55	14
117	New York	47	12.0	34,550	17	35
118	California	72	12.0	59,075	38	17
119	New Jersey	18	11.9	59,877	39	22
120	California	77	11.9	42,134	29	21
121	Massachusetts	M19	11.7	32,904	22	28
122	Alaska	40	11.7	46,104	22	5
123	Virginia	41	11.7	69,497	62	5
124	Illinois	6	11.6	25,816	27	22
125	Washington	46	11.4	42,292	51	26
126	Louisiana	103	11.4	26,528	13	28
127	Massachusetts	S8	11.4	58,703	72	9
128	Illinois	17	11.4	31,332	40	20
129	Rhode Island	9	11.4	20,183	9	21
130	Massachusetts	N15	11.4	51,693	67	23
131	New York	49	11.3	34,673	15	34
132	Maryland	17	11.2	54,163	49	15
133	California	38	11.2	63,145	36	17
134	California	59	11.1	52,924	36	22
135	California	70	11.0	65,340	49	19
136	California	69	10.9	38,662	15	16
137	California	21	10.8	72,157	53	21
138	California	54	10.8	55,482	41	21
139	Mississippi	115	10.7	19,822	15	32
140	New York	36	10.7	34,413	24	26
141	New Jersey	39	10.7	82,285	45	26
142	Georgia	78	10.6	41,190	39	6
143	Minnesota	59B	10.3	27,647	49	17
144	Alaska	13	10.3	60,400	43	14
145	Utah	26	10.2	23,399	11	27
146	New Jersey	37	10.2	58,527	38	28
147	Maryland	15	10.2	94,245	62	11
148	California	8	10.2	41,897	31	18
149	Virginia	42	10.1	63,847	46	10
150	California	7	10.0	44,158	32	27

ASIAN or PACIFIC ISLANDER—Top State House Districts

RANK	STATE	DISTRICT NUMBER	ASIAN or PACIFIC ISLANDER (%)	AVG. HH INCOME ($)	COLLEGE EDUCATION (%)	RECEIVES SOC. SEC. (%)
151	Maryland	20	10.0	50,074	49	16
152	Virginia	67	9.9	69,951	56	6
153	New Jersey	32	9.9	40,627	24	26
154	Virginia	34	9.9	101,208	64	13
155	Maryland	19	9.8	64,728	52	23
156	Oregon	35	9.8	30,837	54	19
157	Oregon	6	9.8	38,950	38	17
158	Iowa	61	9.8	35,675	63	15
159	Virginia	47	9.7	52,229	52	14
160	Washington	41	9.7	64,527	52	20
161	Washington	32	9.6	47,325	40	26
162	Alaska	15	9.6	38,444	31	14
163	Washington	48	9.6	59,555	52	17
164	California	71	9.6	65,914	43	15
165	Alaska	12	9.6	59,293	34	8
166	Oregon	14	9.5	25,314	32	20
167	Nevada	24	9.5	35,022	28	20
168	Virginia	85	9.5	49,518	38	12
169	Minnesota	65B	9.5	27,560	23	29
170	New York	45	9.4	38,295	28	37
171	Virginia	40	9.4	80,208	62	7
172	Virginia	43	9.4	57,453	46	11
173	Virginia	35	9.3	79,224	60	13
174	Oregon	15	9.3	32,633	30	30
175	California	40	9.3	43,166	31	19
176	California	47	9.3	43,144	36	21
177	Illinois	13	9.2	53,942	31	36
178	New York	51	9.2	28,114	16	20
179	California	28	9.2	45,679	23	21
180	New York	44	9.2	46,059	40	22
181	Alaska	16	9.1	31,132	18	13
182	California	58	9.0	40,014	17	23
183	Illinois	18	9.0	45,182	47	22
184	Indiana	26	9.0	34,329	58	14
185	California	26	8.9	34,222	17	24
186	Illinois	49	8.8	51,945	32	12
187	Washington	43	8.8	37,509	59	17
188	Pennsylvania	179	8.8	24,349	10	23
189	California	42	8.8	71,145	51	20
190	Illinois	58	8.7	104,983	68	26
191	Pennsylvania	202	8.7	29,693	15	32
192	New York	63	8.6	49,657	51	19
193	Massachusetts	M27	8.5	55,001	61	19
194	Maryland	39	8.5	58,559	50	8
195	New Jersey	31	8.5	36,696	22	28
196	Georgia	59	8.5	57,725	53	14
197	Minnesota	67A	8.5	27,699	16	27
198	Illinois	55	8.4	48,386	33	26
199	Wisconsin	77	8.2	45,107	67	19
200	Washington	29	8.2	27,141	16	23

ASIAN or PACIFIC ISLANDER
Top State Senate Districts

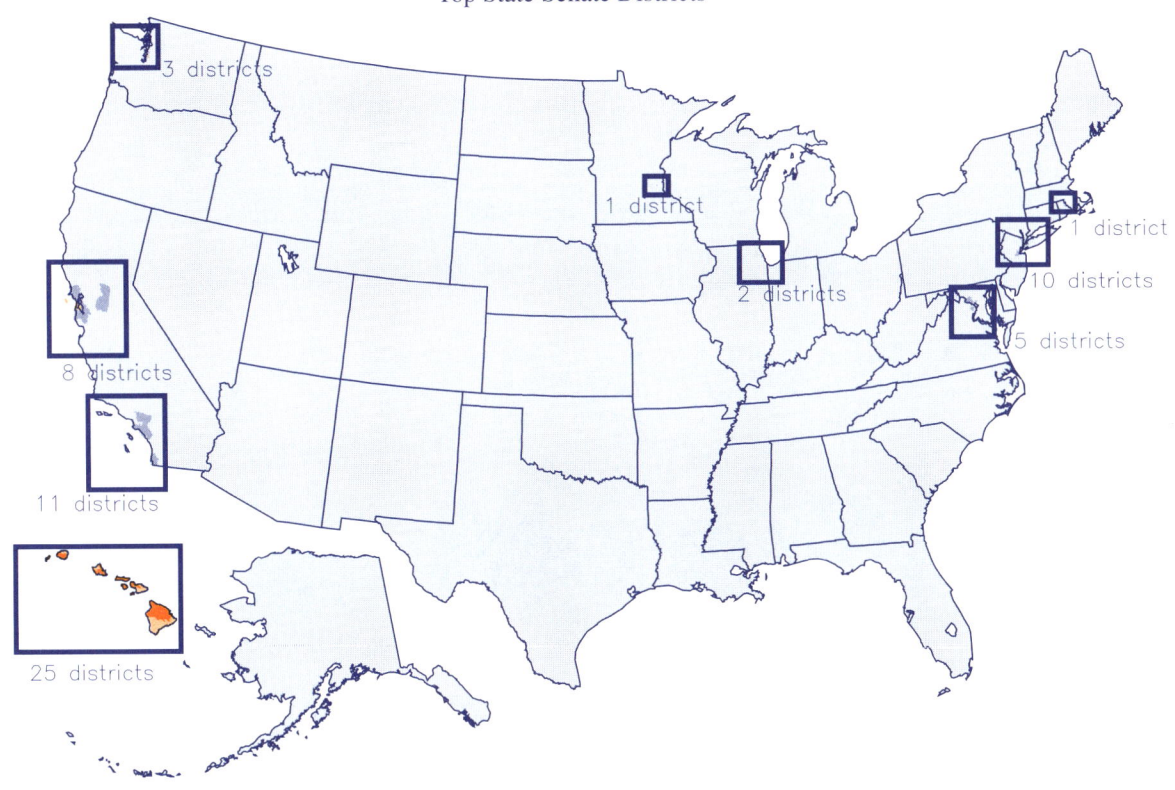

HONOLULU - HILO

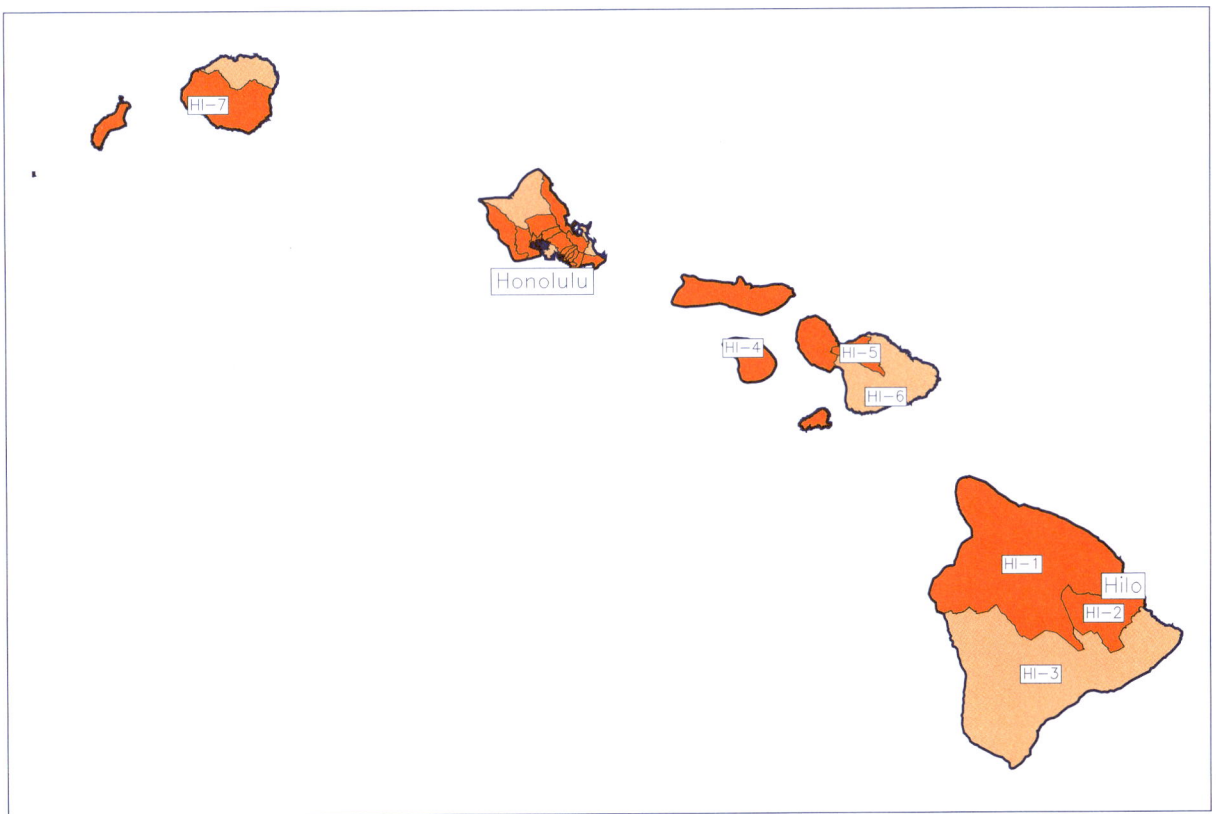

Population Ranges
- 50.0% to 99.9%
- 25.0% to 49.9%
- 10.0% to 24.9%
- 0.0% to 9.9%

ASIAN or PACIFIC ISLANDER Top State Senate Districts

HONOLULU

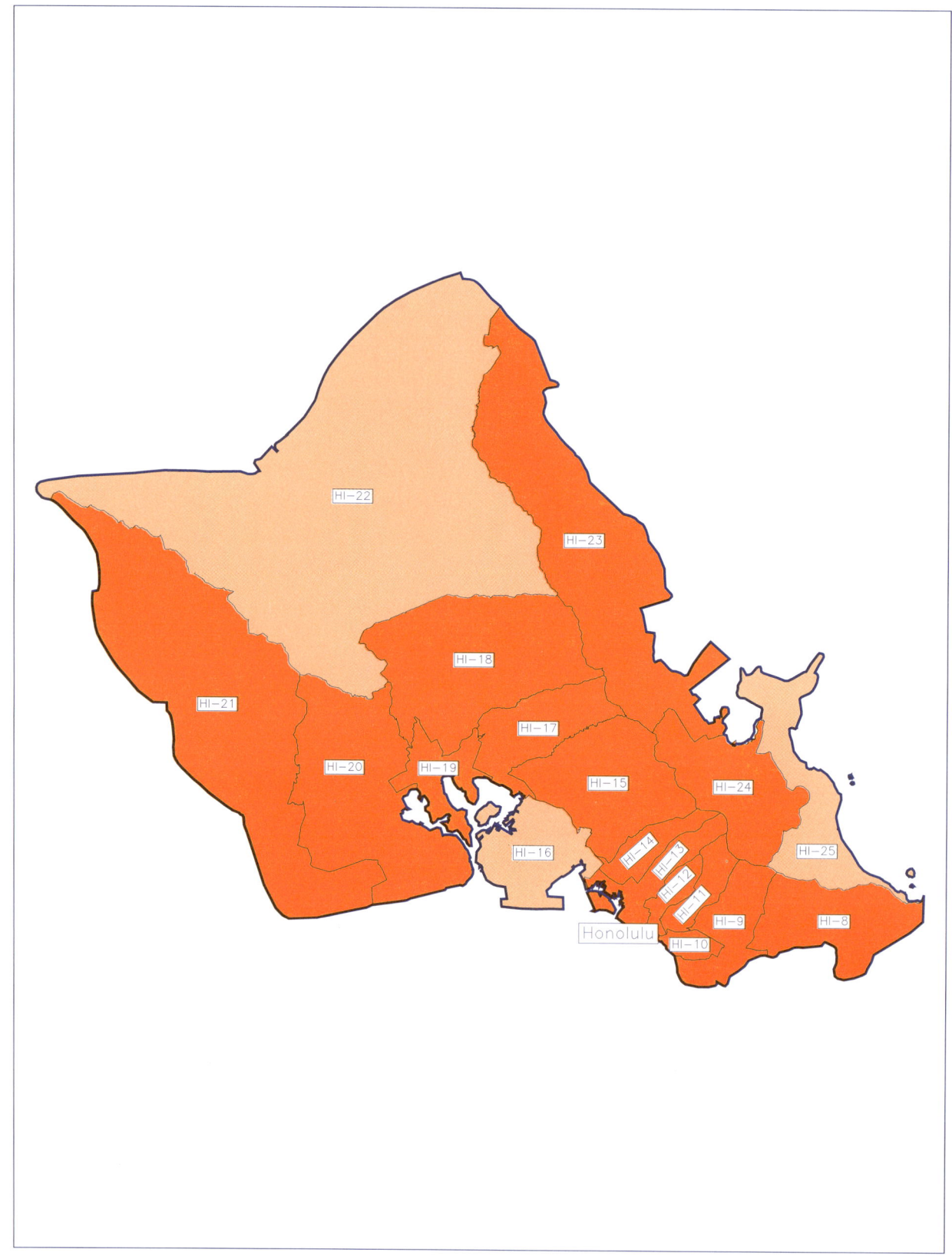

Population Ranges
- 50.0% to 99.9%
- 25.0% to 49.9%
- 10.0% to 24.9%
- 0.0% to 9.9%

ASIAN or PACIFIC ISLANDER Top State Senate Districts

SAN FRANCISCO

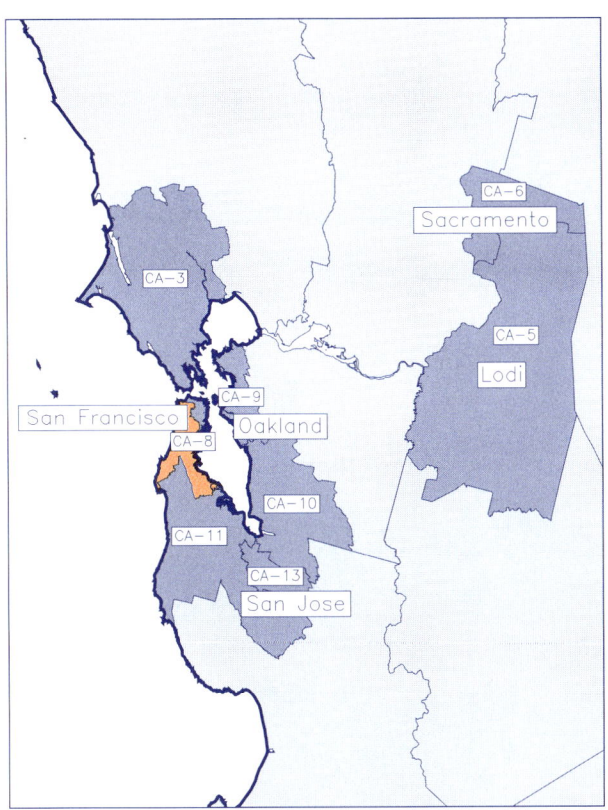

SKOKIE - EVANSTON

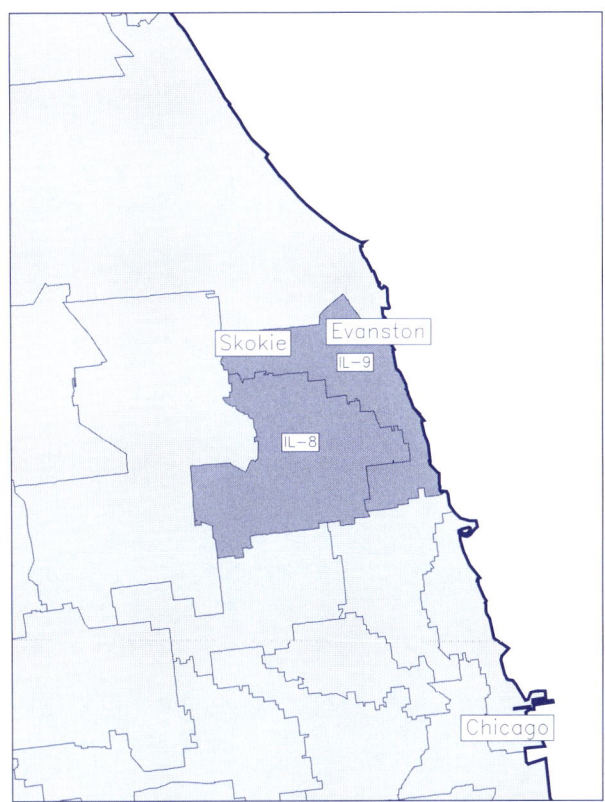

LOS ANGELES

SEATTLE

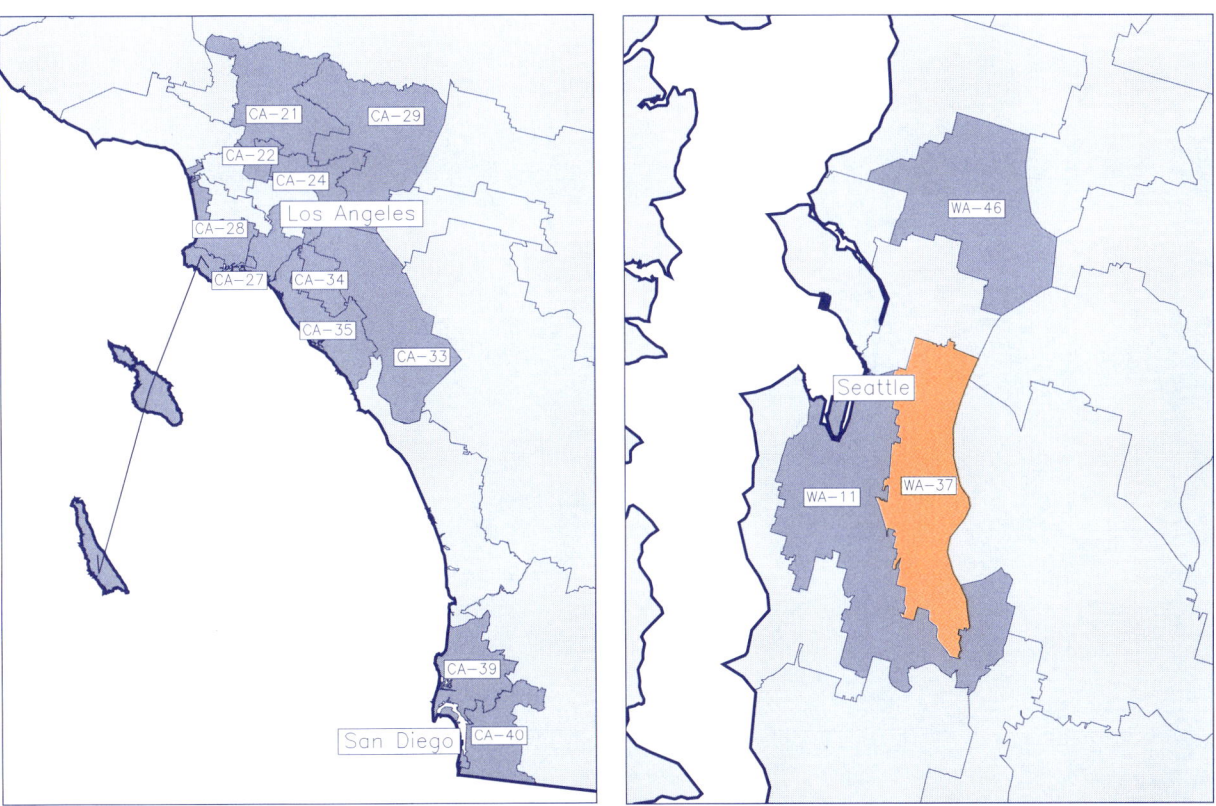

Population Ranges
- 50.0% to 99.9%
- 25.0% to 49.9%
- 10.0% to 24.9%
- 0.0% to 9.9%

ASIAN or PACIFIC ISLANDER Top State Senate Districts

ST. PAUL

WASHINGTON, D.C.

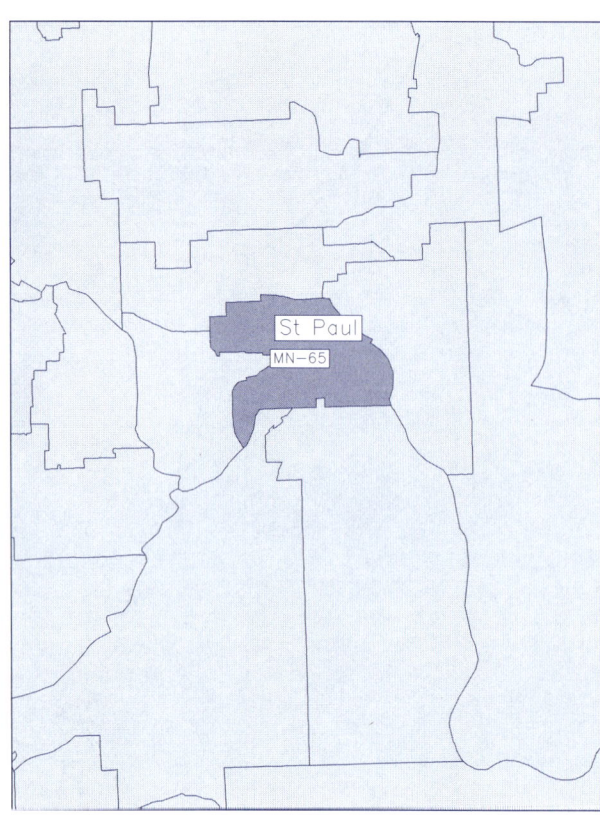
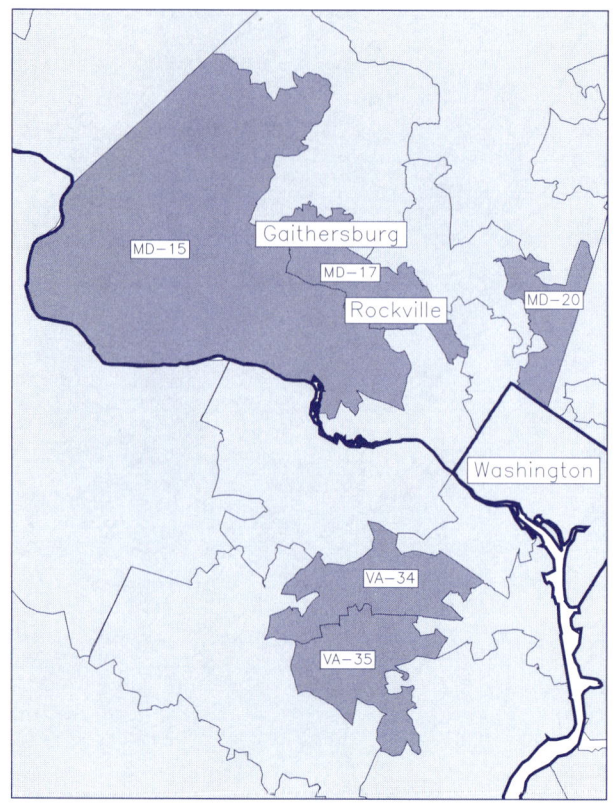

NEW YORK - NEWARK

PROVIDENCE

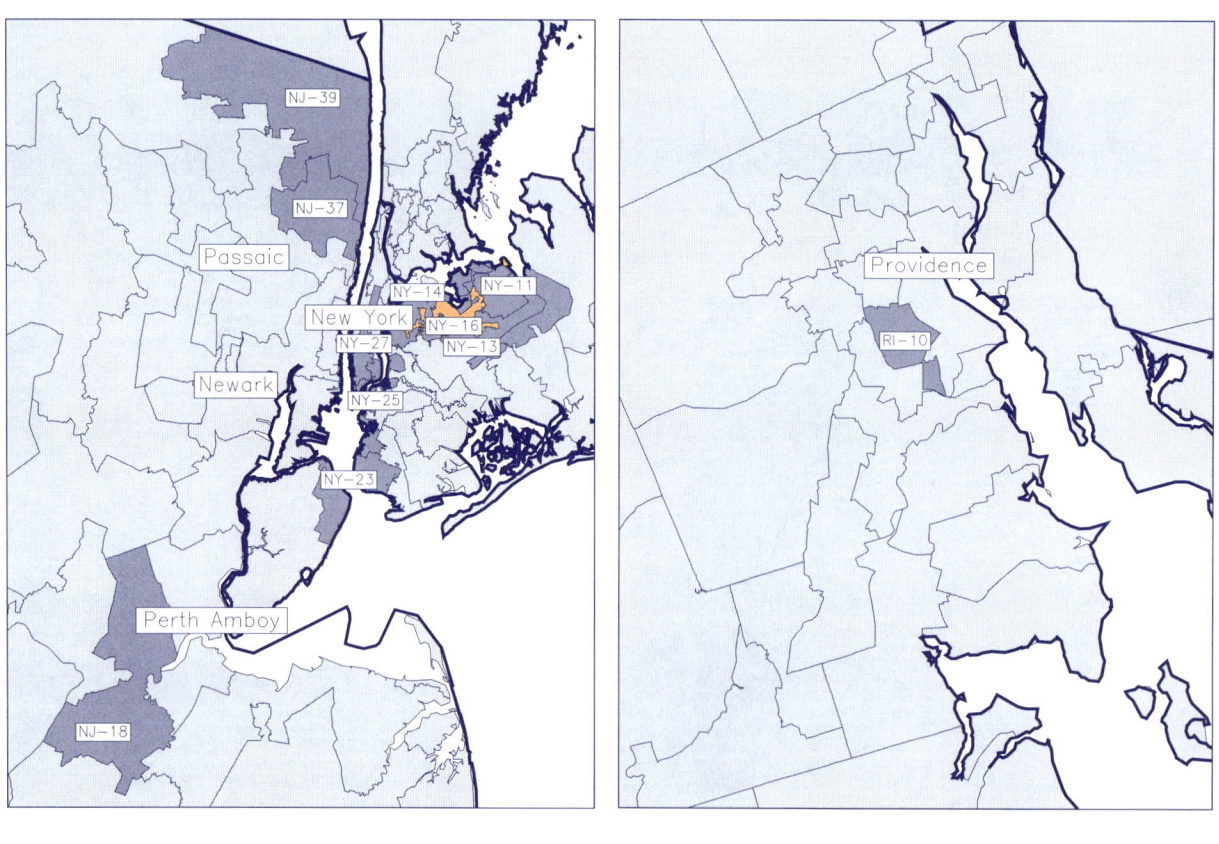

Population Ranges
- 50.0% to 99.9%
- 25.0% to 49.9%
- 10.0% to 24.9%
- 0.0% to 9.9%

ASIAN or PACIFIC ISLANDER—Top State Senate Districts

RANK	STATE	DISTRICT NUMBER	ASIAN or PACIFIC ISLANDER (%)	AVG. HH INCOME ($)	DISTRICT WIDE COLLEGE EDUCATION (%)	RECEIVES SOC. SEC. (%)
1	Hawaii	14	89.1	46,898	23	41
2	Hawaii	19	78.4	46,839	19	25
3	Hawaii	15	77.2	52,246	27	29
4	Hawaii	11	77.2	45,155	40	28
5	Hawaii	13	75.2	43,202	32	27
6	Hawaii	17	74.9	59,343	34	20
7	Hawaii	9	71.2	65,848	40	40
8	Hawaii	2	67.9	36,781	32	32
9	Hawaii	10	66.4	40,608	33	29
10	Hawaii	20	66.2	47,363	26	15
11	Hawaii	12	65.5	41,410	40	25
12	Hawaii	23	65.4	53,242	34	20
13	Hawaii	21	65.3	37,668	16	20
14	Hawaii	7	64.9	44,665	26	32
15	Hawaii	4	64.6	45,595	22	27
16	Hawaii	5	64.6	46,547	26	30
17	Hawaii	24	63.2	60,464	38	24
18	Hawaii	8	62.9	81,846	50	25
19	Hawaii	18	60.4	54,373	43	10
20	Hawaii	1	52.6	41,220	26	27
21	Hawaii	22	47.4	39,563	22	21
22	Hawaii	16	46.5	42,939	28	12
23	Hawaii	3	44.5	35,197	25	28
24	Hawaii	25	39.7	54,895	33	21
25	Hawaii	6	39.5	47,435	30	21
26	California	8	33.2	52,673	38	25
27	New York	16	26.4	34,371	23	21
28	Washington	37	25.3	35,316	31	26
29	California	10	23.8	51,511	32	19
30	California	24	23.6	38,475	20	20
31	California	13	21.4	47,672	35	17
32	Washington	11	20.5	31,316	23	23
33	New York	13	20.4	44,450	36	29
34	New York	27	20.3	59,101	56	16
35	California	22	18.9	27,614	18	16
36	New York	11	17.8	50,427	31	31
37	Illinois	8	17.7	41,141	33	32
38	California	9	17.4	40,802	39	22
39	California	28	16.6	51,314	35	17
40	California	29	16.1	54,775	35	20
41	California	34	15.8	41,528	20	18
42	New York	14	14.8	36,654	26	27
43	California	27	14.4	51,224	34	22
44	California	3	14.0	50,109	43	21
45	California	21	13.7	51,090	39	21
46	Rhode Island	10	12.7	26,874	14	19
47	California	5	12.7	40,063	28	23
48	Virginia	34	12.7	58,587	51	14
49	California	40	12.5	36,159	23	21
50	New York	25	12.5	34,238	27	23

ASIAN or PACIFIC ISLANDER—Top State Senate Districts

RANK	STATE	DISTRICT NUMBER	ASIAN or PACIFIC ISLANDER (%)	DISTRICT WIDE AVG. HH INCOME ($)	DISTRICT WIDE COLLEGE EDUCATION (%)	DISTRICT WIDE RECEIVES SOC. SEC. (%)
51	California	11	12.5	70,315	50	19
52	California	35	12.1	62,553	44	19
53	New Jersey	18	11.9	59,877	39	22
54	Minnesota	65	11.8	27,835	26	25
55	Virginia	35	11.7	68,147	59	9
56	California	6	11.7	38,340	30	21
57	Washington	46	11.4	42,292	51	26
58	Maryland	17	11.2	54,163	49	15
59	New York	23	10.9	39,066	21	31
60	California	33	10.8	62,491	40	16
61	New Jersey	39	10.7	82,285	45	26
62	Illinois	9	10.2	37,785	43	21
63	New Jersey	37	10.2	58,527	38	28
64	Maryland	15	10.2	94,245	62	11
65	California	39	10.1	44,032	41	21
66	Maryland	20	10.0	50,074	49	16
67	New Jersey	32	9.9	40,627	24	26
68	California	7	9.8	58,848	41	19
69	Maryland	19	9.8	64,728	52	23
70	Washington	41	9.7	64,527	52	20
71	Washington	32	9.6	47,325	40	26
72	Washington	48	9.6	59,555	52	17
73	New York	22	9.4	31,043	18	33
74	California	19	9.3	58,831	34	18
75	Massachusetts	S1	9.3	39,617	33	20
76	Alaska	H	9.3	34,854	25	13
77	Illinois	17	9.0	32,394	29	20
78	Washington	43	8.8	37,509	59	17
79	Alaska	F	8.7	56,342	33	8
80	Minnesota	66	8.7	30,405	32	26
81	Virginia	36	8.7	58,537	43	13
82	Rhode Island	2	8.7	37,350	52	23
83	Rhode Island	1	8.6	29,744	26	27
84	Virginia	32	8.6	89,813	64	16
85	Maryland	39	8.5	58,559	50	8
86	New Jersey	31	8.5	36,696	22	28
87	New York	15	8.5	39,501	18	31
88	Alaska	G	8.5	50,724	35	11
89	California	20	8.4	41,096	25	18
90	Massachusetts	S&M	8.3	37,168	42	19
91	Oregon	3	8.3	47,641	44	18
92	Illinois	3	8.3	23,657	21	25
93	California	16	8.2	27,955	12	24
94	Virginia	37	8.2	71,958	56	7
95	Texas	17	8.2	51,827	44	12
96	Washington	29	8.2	27,141	16	23
97	Washington	30	8.2	45,981	35	14
98	Oregon	7	8.1	27,965	28	24
99	New Jersey	38	8.1	50,231	26	31
100	Illinois	29	8.1	99,467	60	24

CHINESE
Top State House Districts

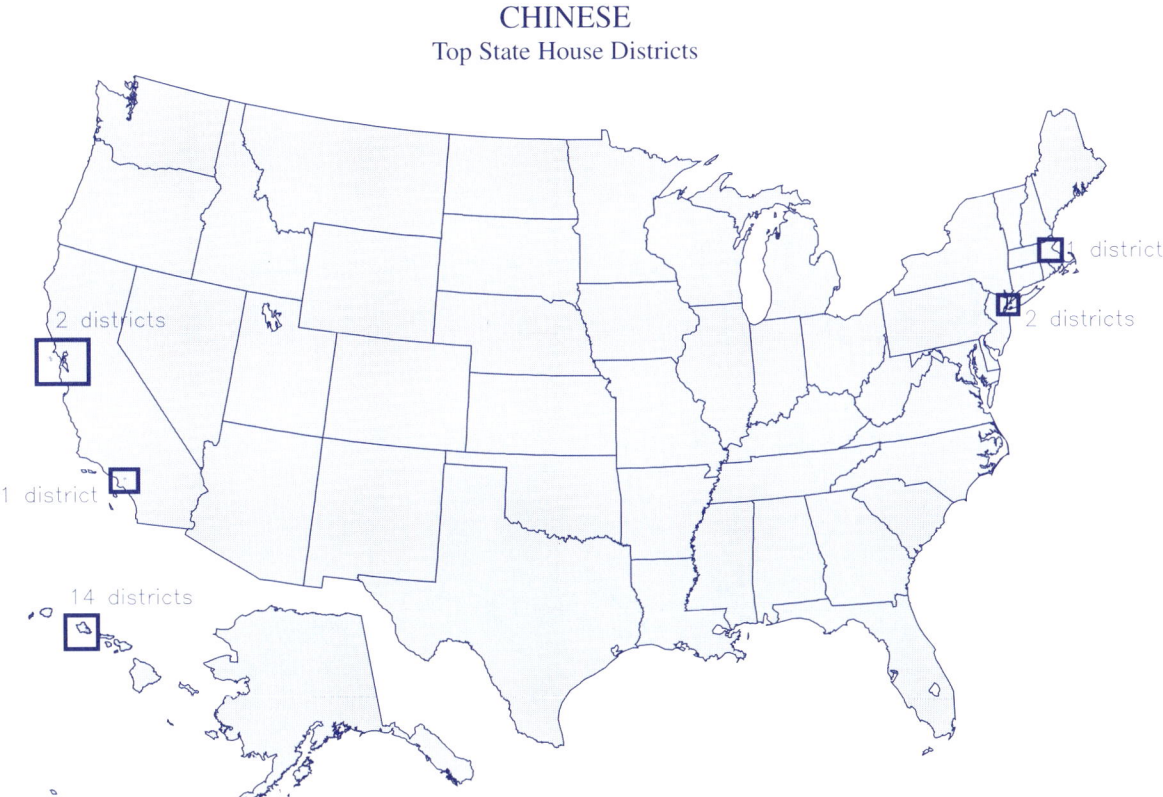

HONOLULU

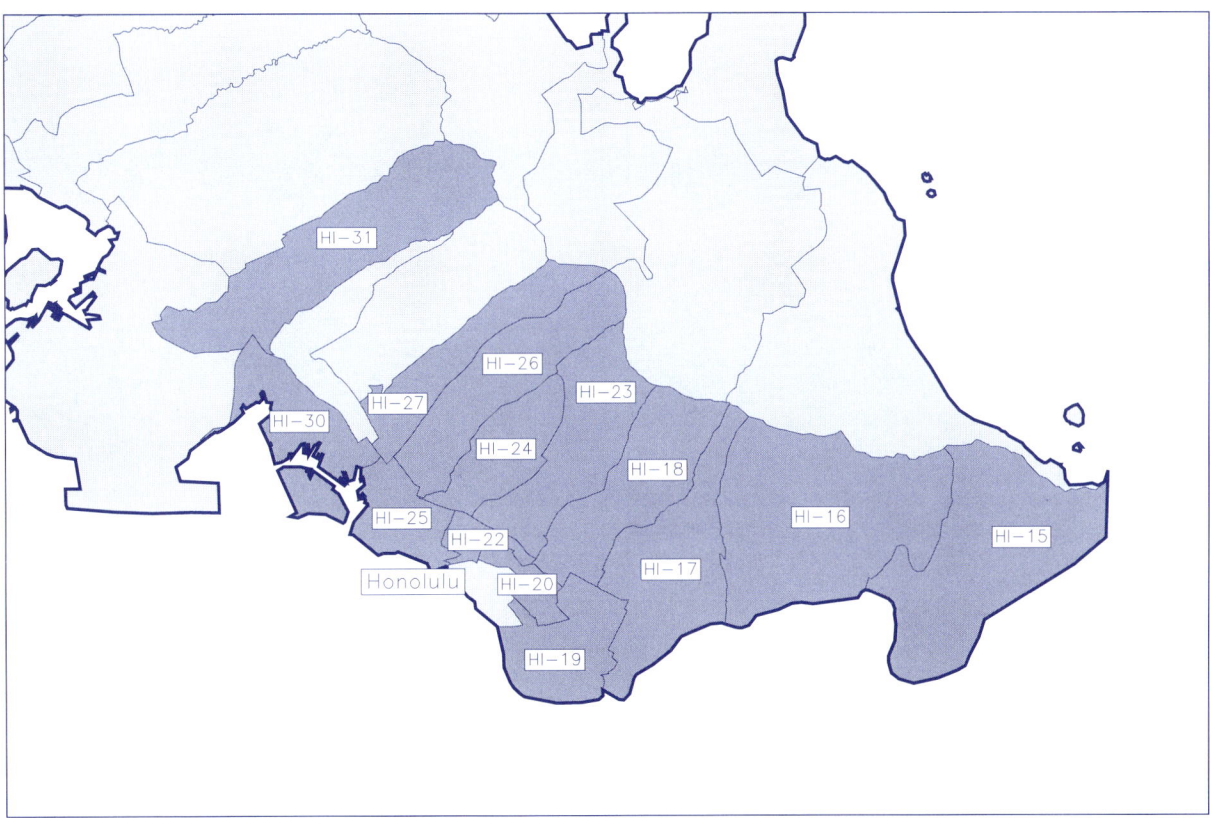

Population Ranges
- 50.0% to 99.9%
- 25.0% to 49.9%
- 10.0% to 24.9%
- 0.0% to 9.9%

NEW YORK

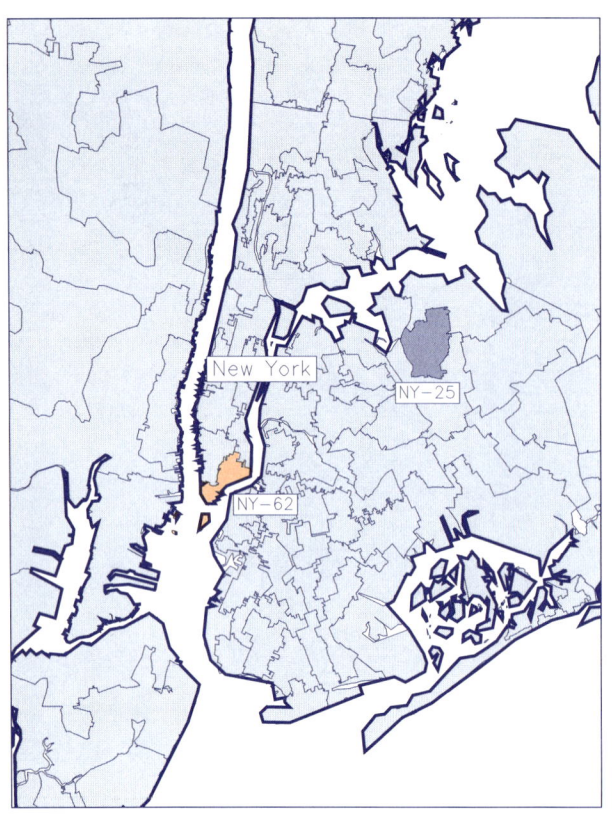

BOSTON

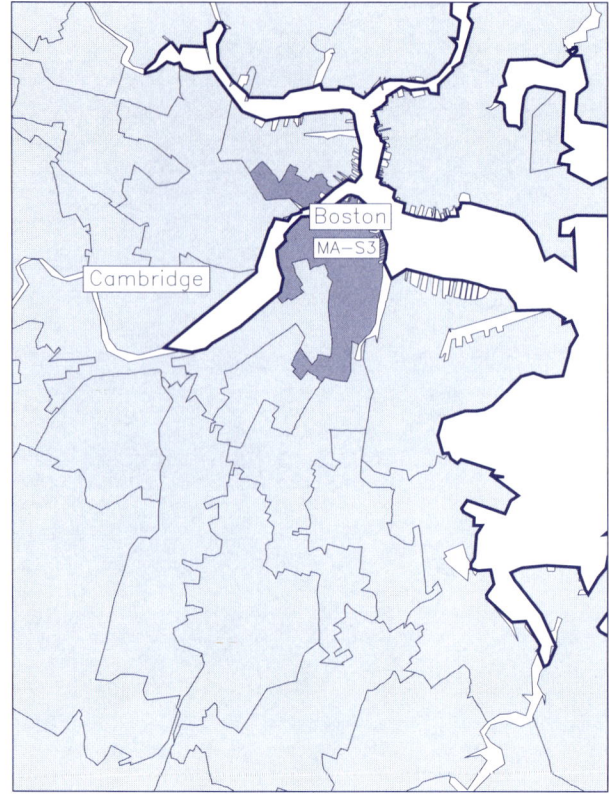

LOS ANGELES

SAN FRANCISCO

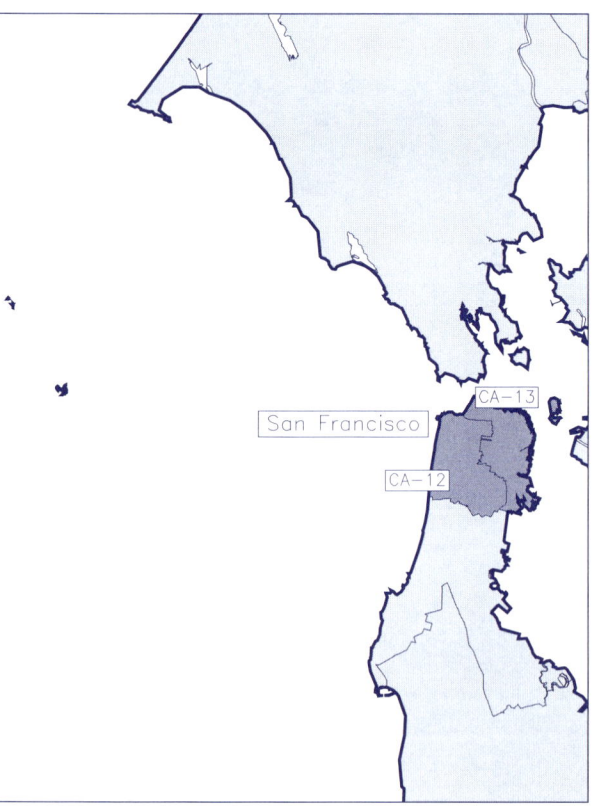

Population Ranges
- 50.0% to 99.9%
- 25.0% to 49.9%
- 10.0% to 24.9%
- 0.0% to 9.9%

CHINESE—Top State House Districts

RANK	STATE	DISTRICT NUMBER	CHINESE (%)	AVG. HH INCOME ($)	DISTRICT WIDE COLLEGE EDUCATION (%)	RECEIVES SOC. SEC. (%)
1	New York	62	42.2	30,854	21	29
2	Hawaii	27	22.0	51,138	27	43
3	California	12	21.9	49,988	40	28
4	California	49	18.7	36,614	22	22
5	Hawaii	24	16.1	47,937	46	22
6	Hawaii	19	16.0	51,650	33	36
7	Hawaii	17	15.9	93,454	50	39
8	Massachusetts	S3	15.5	49,590	52	18
9	Hawaii	26	15.2	54,993	39	30
10	Hawaii	16	15.1	73,696	49	31
11	Hawaii	22	14.9	31,154	30	28
12	California	13	13.8	42,431	41	20
13	New York	25	13.6	38,670	30	25
14	Hawaii	25	13.3	36,033	35	22
15	Hawaii	20	13.0	36,505	31	25
16	Hawaii	23	12.0	65,014	49	34
17	Hawaii	15	11.6	76,140	48	18
18	Hawaii	18	11.5	48,450	33	38
19	Hawaii	30	11.2	33,223	15	31
20	Hawaii	31	10.7	53,251	32	19
21	Hawaii	21	8.7	38,809	40	26
22	New York	35	8.7	35,461	25	19
23	Illinois	6	8.4	25,816	27	22
24	California	16	8.0	42,052	33	22
25	Hawaii	29	7.8	35,589	18	31
26	New York	48	7.8	34,834	19	32
27	New York	47	7.7	34,550	17	35
28	California	45	7.6	31,451	21	17
29	Hawaii	48	7.5	55,132	32	28
30	New York	49	7.3	34,673	15	34
31	Massachusetts	N1	7.3	46,011	33	26
32	New York	30	7.2	38,381	23	28
33	New York	34	7.1	34,782	20	22
34	Hawaii	47	7.0	61,354	41	16
35	Hawaii	34	6.7	62,347	38	18
36	California	20	6.6	58,735	38	13
37	California	19	6.4	55,290	36	23
38	Hawaii	50	6.4	63,756	42	23
39	Massachusetts	S18	6.4	34,627	51	13
40	New York	27	6.3	44,484	32	27
41	Massachusetts	S8	6.2	58,703	72	9
42	Hawaii	33	5.9	54,378	35	21
43	New York	45	5.8	38,295	28	37
44	Massachusetts	M28	5.6	40,238	65	13
45	New York	24	5.5	52,210	37	34
46	Hawaii	35	5.4	66,820	31	23
47	California	60	5.3	56,899	34	17
48	New York	28	5.3	45,821	39	32
49	Washington	37	5.3	35,316	31	26
50	California	57	5.2	40,589	17	17

CHINESE
Top State Senate Districts

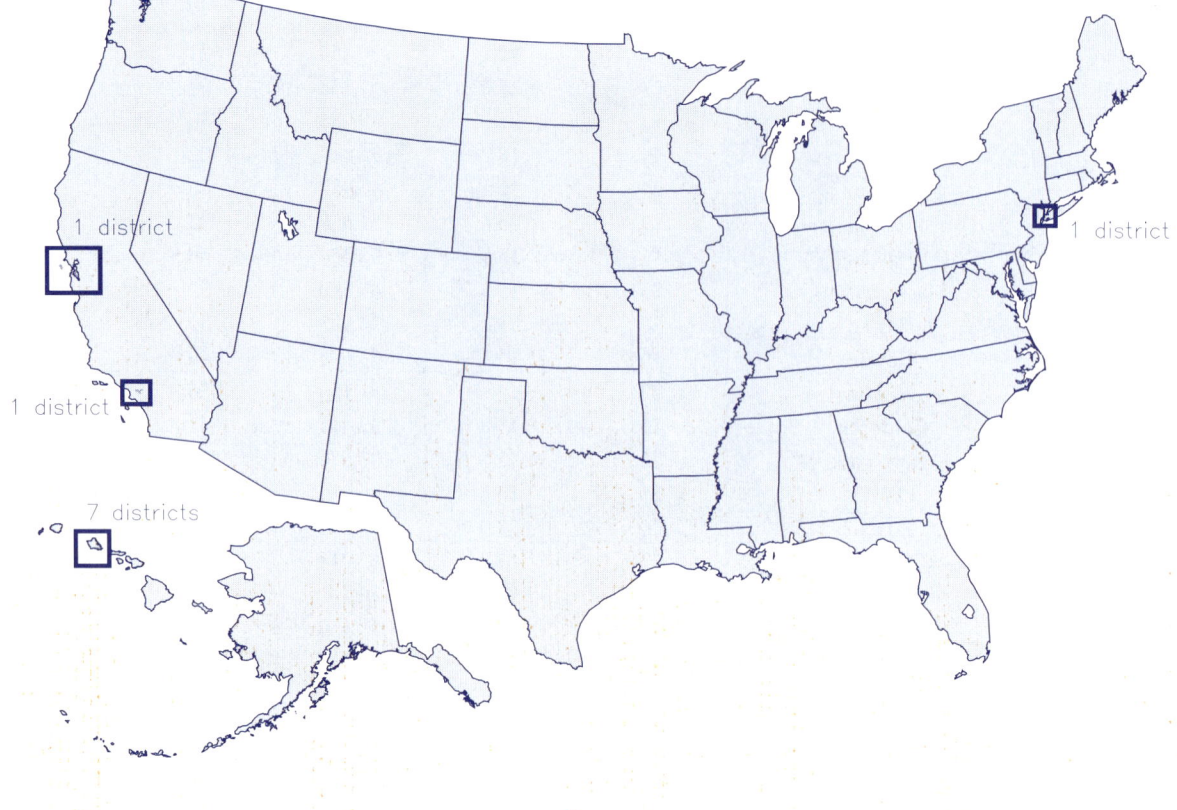

HONOLULU

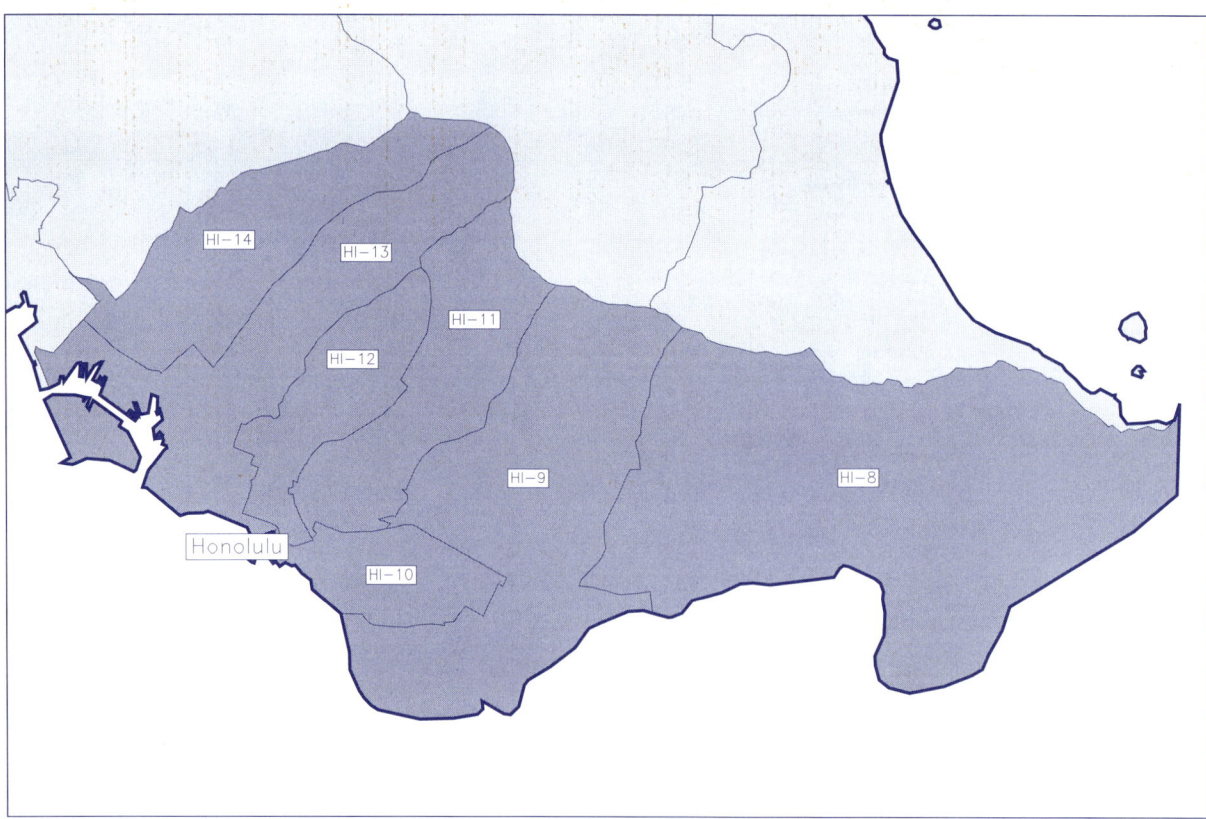

Population Ranges
- 50.0% to 99.9%
- 25.0% to 49.9%
- 10.0% to 24.9%
- 0.0% to 9.9%

CHINESE Top State Senate Districts

SAN FRANCISCO

LOS ANGELES

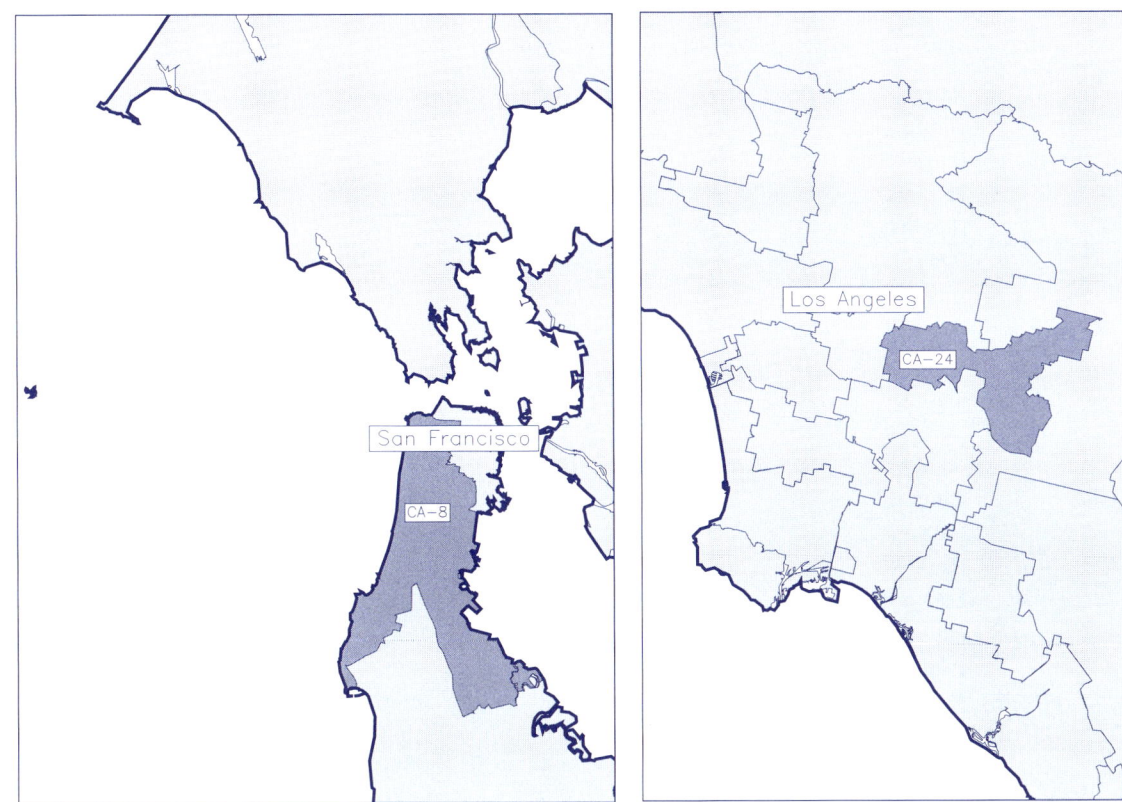

NEW YORK

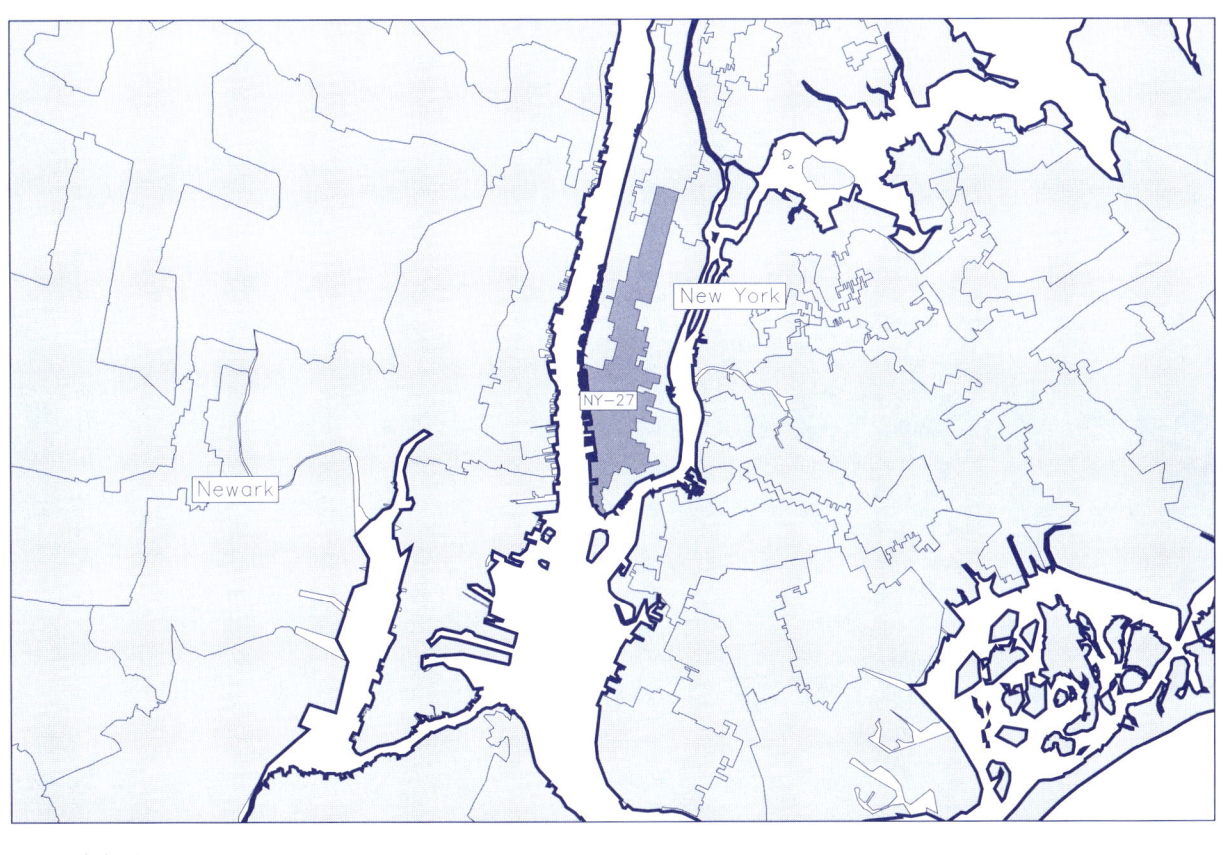

Population Ranges
- 50.0% to 99.9%
- 25.0% to 49.9%
- 10.0% to 24.9%
- 0.0% to 9.9%

CHINESE—Top State Senate Districts

RANK	STATE	DISTRICT NUMBER	CHINESE (%)	DISTRICT WIDE AVG. HH INCOME ($)	DISTRICT WIDE COLLEGE EDUCATION (%)	DISTRICT WIDE RECEIVES SOC. SEC. (%)
1	Hawaii	13	17.3	43,202	32	27
2	California	8	14.2	52,673	38	25
3	Hawaii	8	14.2	81,846	50	25
4	New York	27	13.9	59,101	56	16
5	Hawaii	14	13.5	46,898	23	41
6	Hawaii	11	13.5	45,155	40	28
7	Hawaii	12	13.4	41,410	40	25
8	Hawaii	9	13.3	65,848	40	40
9	Hawaii	10	12.9	40,608	33	29
10	California	24	12.0	38,475	20	20
11	New York	16	8.8	34,371	23	21
12	New York	25	7.9	34,238	27	23
13	California	3	7.4	50,109	43	21
14	New York	13	7.3	44,450	36	29
15	Hawaii	24	7.1	60,464	38	24
16	New York	23	6.4	39,066	21	31
17	California	9	6.2	40,802	39	22
18	Illinois	3	5.8	23,657	21	25
19	Hawaii	17	5.8	59,343	34	20
20	Hawaii	23	5.7	53,242	34	20
21	New York	22	5.5	31,043	18	33
22	Washington	37	5.3	35,316	31	26
23	New York	11	5.2	50,427	31	31
24	California	10	5.1	51,511	32	19
25	Massachusetts	S1	4.9	39,617	33	20
26	Hawaii	15	4.8	52,246	27	29
27	Hawaii	16	4.7	42,939	28	12
28	Washington	11	4.6	31,316	23	23
29	Hawaii	18	4.5	54,373	43	10
30	California	29	4.4	54,775	35	20
31	California	22	4.4	27,614	18	16
32	New York	21	4.2	41,640	27	35
33	California	11	4.1	70,315	50	19
34	New York	14	3.8	36,654	26	27
35	Maryland	15	3.6	94,245	62	11
36	California	13	3.5	47,672	35	17
37	Massachusetts	M&N	3.4	72,781	65	24
38	Hawaii	25	3.4	54,895	33	21
39	Massachusetts	N	3.3	44,085	30	30
40	New York	15	3.3	39,501	18	31
41	Massachusetts	M&S	3.1	49,991	57	22
42	Massachusetts	S&M	3.1	37,168	42	19
43	Maryland	17	2.9	54,163	49	15
44	California	21	2.9	51,090	39	21
45	Washington	41	2.9	64,527	52	20
46	Rhode Island	2	2.9	37,350	52	23
47	California	6	2.8	38,340	30	21
48	Hawaii	20	2.7	47,363	26	15
49	Hawaii	19	2.6	46,839	19	25
50	New Jersey	18	2.5	59,877	39	22

JAPANESE
Top State House Districts

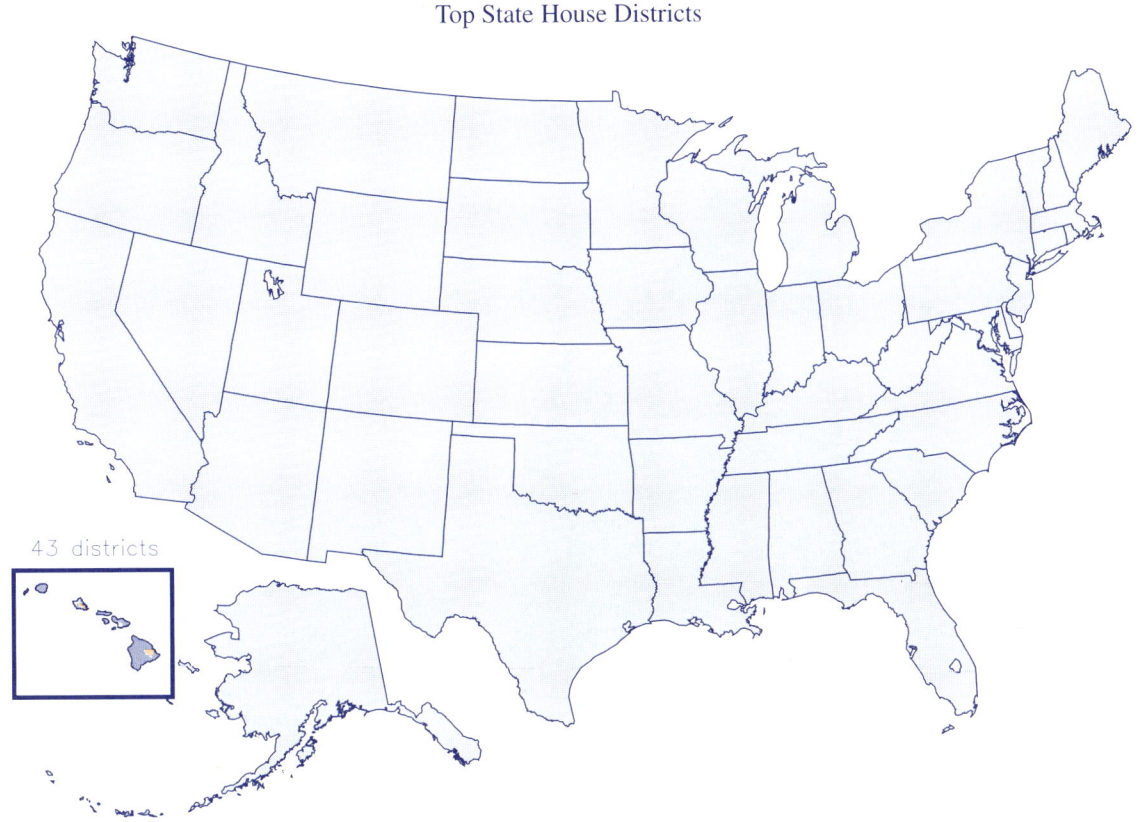

HILO - KAILUA

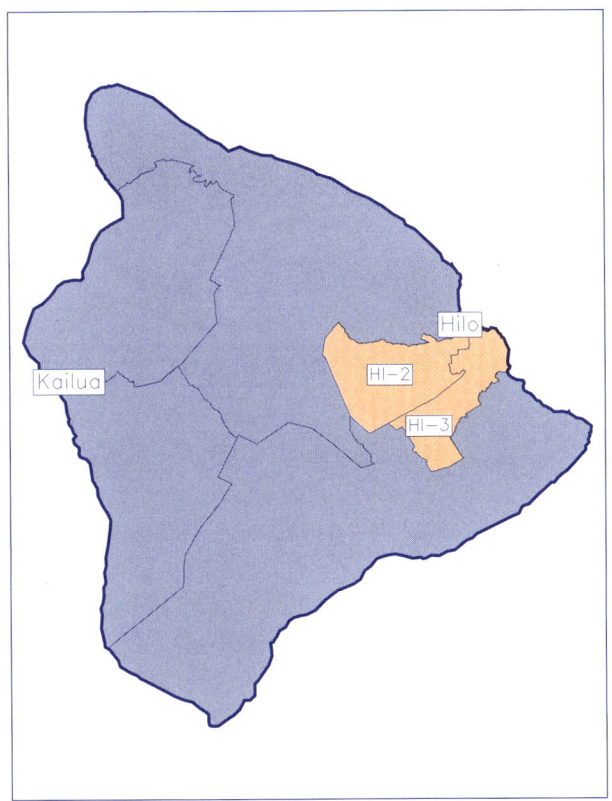

WAILUKU

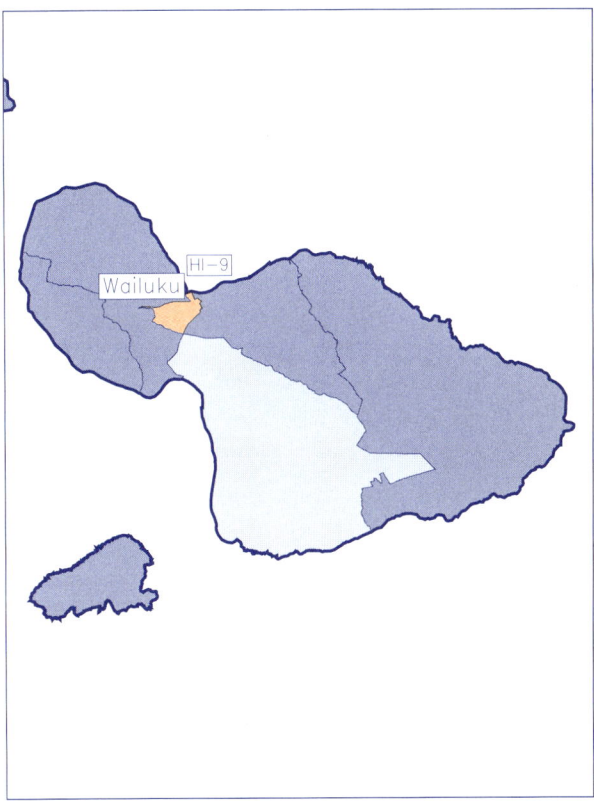

Population Ranges
- 50.0% to 99.9%
- 25.0% to 49.9%
- 10.0% to 24.9%
- 0.0% to 9.9%

HONOLULU

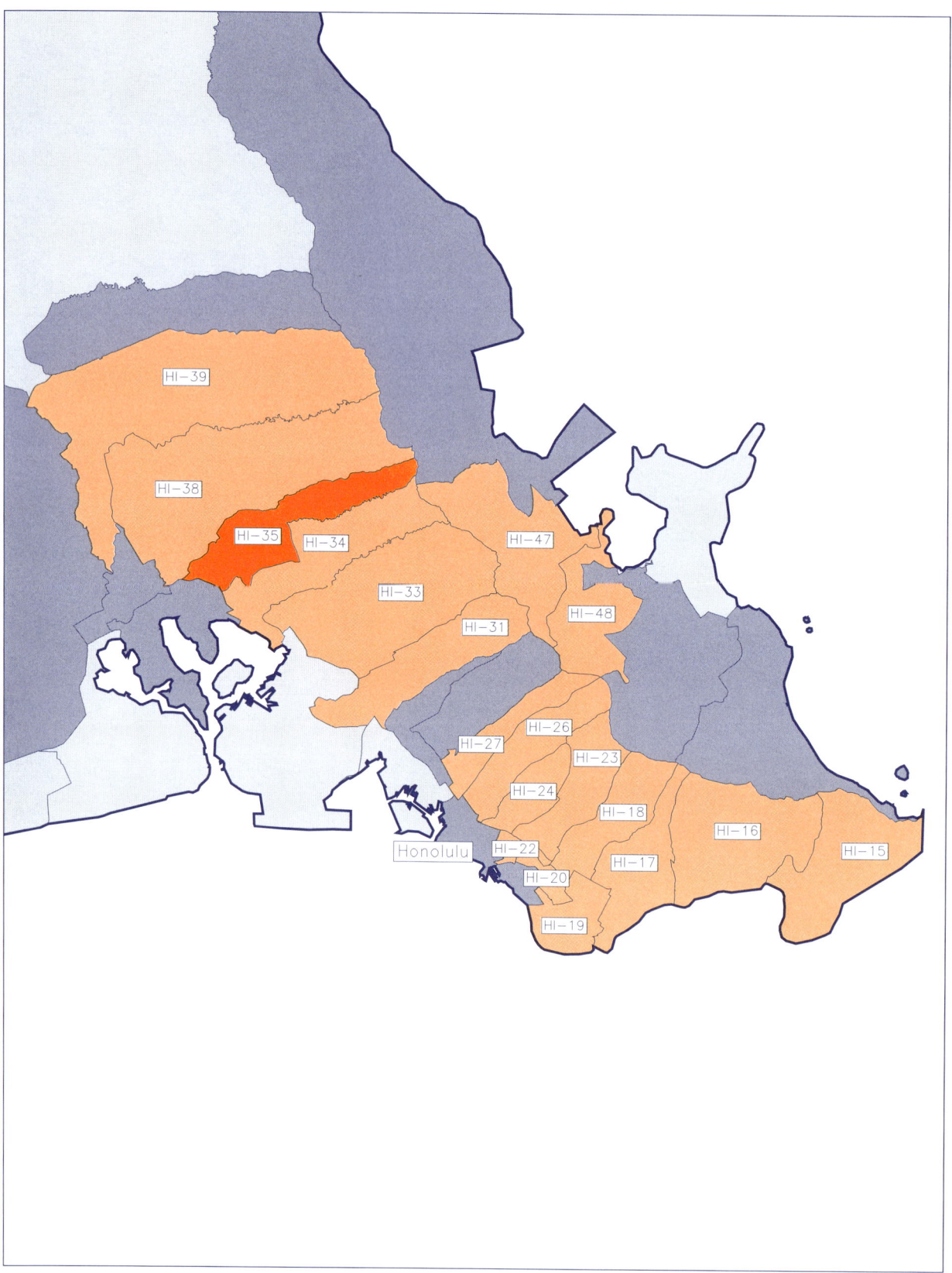

Population Ranges
■ 50.0% to 99.9% ■ 25.0% to 49.9% ■ 10.0% to 24.9% □ 0.0% to 9.9%

JAPANESE—Top State House Districts

RANK	STATE	DISTRICT NUMBER	JAPANESE (%)	DISTRICT WIDE AVG. HH INCOME ($)	COLLEGE EDUCATION (%)	RECEIVES SOC. SEC. (%)
1	Hawaii	35	50.7	66,820	31	23
2	Hawaii	23	48.0	65,014	49	34
3	Hawaii	18	44.6	48,450	33	38
4	Hawaii	34	44.3	62,347	38	18
5	Hawaii	20	44.2	36,505	31	25
6	Hawaii	22	38.9	31,154	30	28
7	Hawaii	48	37.6	55,132	32	28
8	Hawaii	27	36.5	51,138	27	43
9	Hawaii	3	35.8	38,801	32	31
10	Hawaii	17	34.9	93,454	50	39
11	Hawaii	2	33.9	34,985	31	33
12	Hawaii	38	33.5	55,407	46	8
13	Hawaii	19	32.0	51,650	33	36
14	Hawaii	15	31.8	76,140	48	18
15	Hawaii	26	31.8	54,993	39	30
16	Hawaii	33	31.8	54,378	35	21
17	Hawaii	9	31.7	45,184	23	39
18	Hawaii	16	31.3	73,696	49	31
19	Hawaii	31	30.2	53,251	32	19
20	Hawaii	24	27.0	47,937	46	22
21	Hawaii	47	25.8	61,354	41	16
22	Hawaii	39	25.7	53,397	40	11
23	Hawaii	50	23.9	63,756	42	23
24	Hawaii	25	23.9	36,033	35	22
25	Hawaii	14	23.0	42,592	24	35
26	Hawaii	40	22.5	41,527	18	29
27	Hawaii	13	22.1	46,921	27	29
28	Hawaii	37	20.9	49,433	21	24
29	Hawaii	1	20.8	33,154	20	39
30	Hawaii	8	20.6	48,688	27	23
31	Hawaii	28	20.0	49,002	17	39
32	Hawaii	36	19.6	41,811	17	26
33	Hawaii	42	17.5	53,930	32	16
34	Hawaii	10	17.2	48,741	29	21
35	Hawaii	21	16.2	38,809	40	26
36	Hawaii	5	15.9	43,063	29	27
37	Hawaii	29	14.8	35,589	18	31
38	Hawaii	51	12.6	58,805	33	23
39	Hawaii	7	12.0	41,601	17	31
40	Hawaii	12	11.1	41,528	27	21
41	Hawaii	4	10.5	26,950	21	29
42	Hawaii	6	10.3	49,288	32	16
43	Hawaii	46	10.1	48,624	31	20
44	Hawaii	30	9.7	33,223	15	31
45	Hawaii	41	9.0	41,016	21	14
46	Hawaii	49	7.8	52,654	33	20
47	Hawaii	11	7.7	52,766	33	20
48	Hawaii	44	7.5	36,179	18	22
49	Hawaii	32	5.9	38,657	29	8
50	Hawaii	45	5.4	37,647	24	17

JAPANESE
Top State Senate Districts

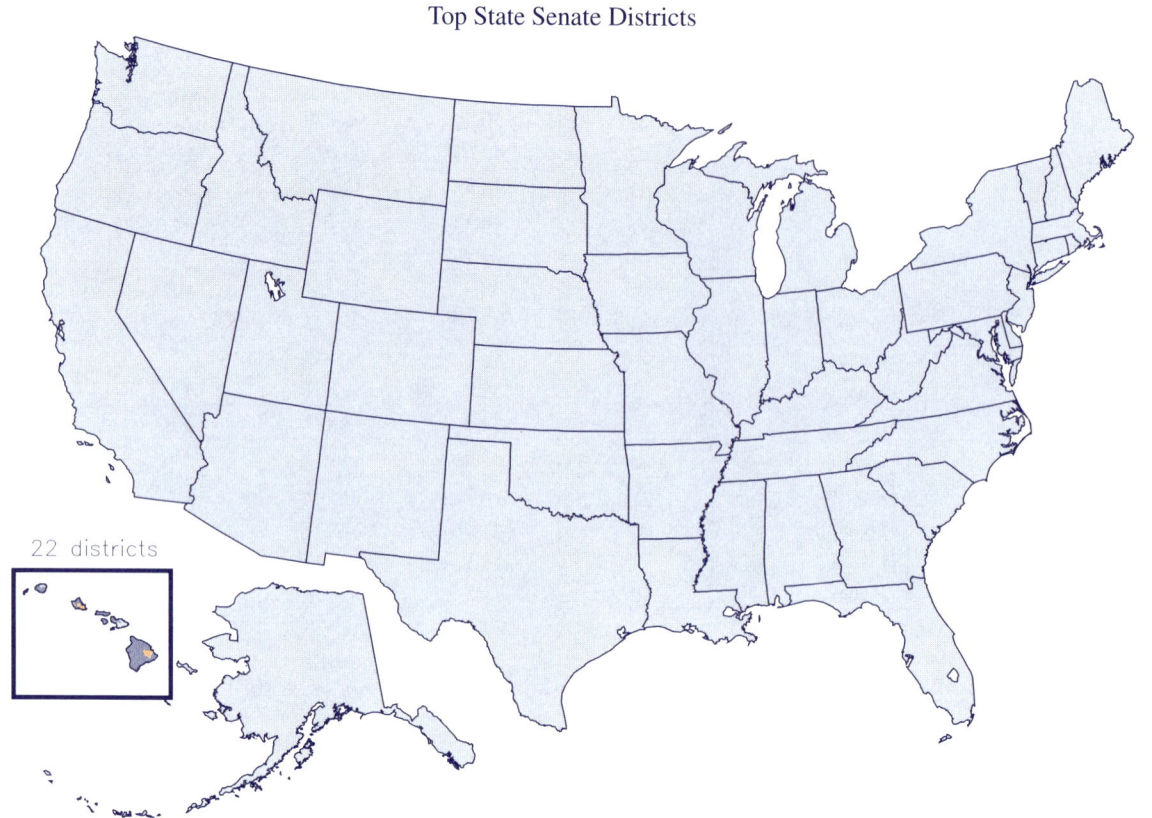

22 districts

HONOLULU - HILO

Population Ranges
- 50.0% to 99.9%
- 25.0% to 49.9%
- 10.0% to 24.9%
- 0.0% to 9.9%

JAPANESE Top State Senate Districts

HONOLULU

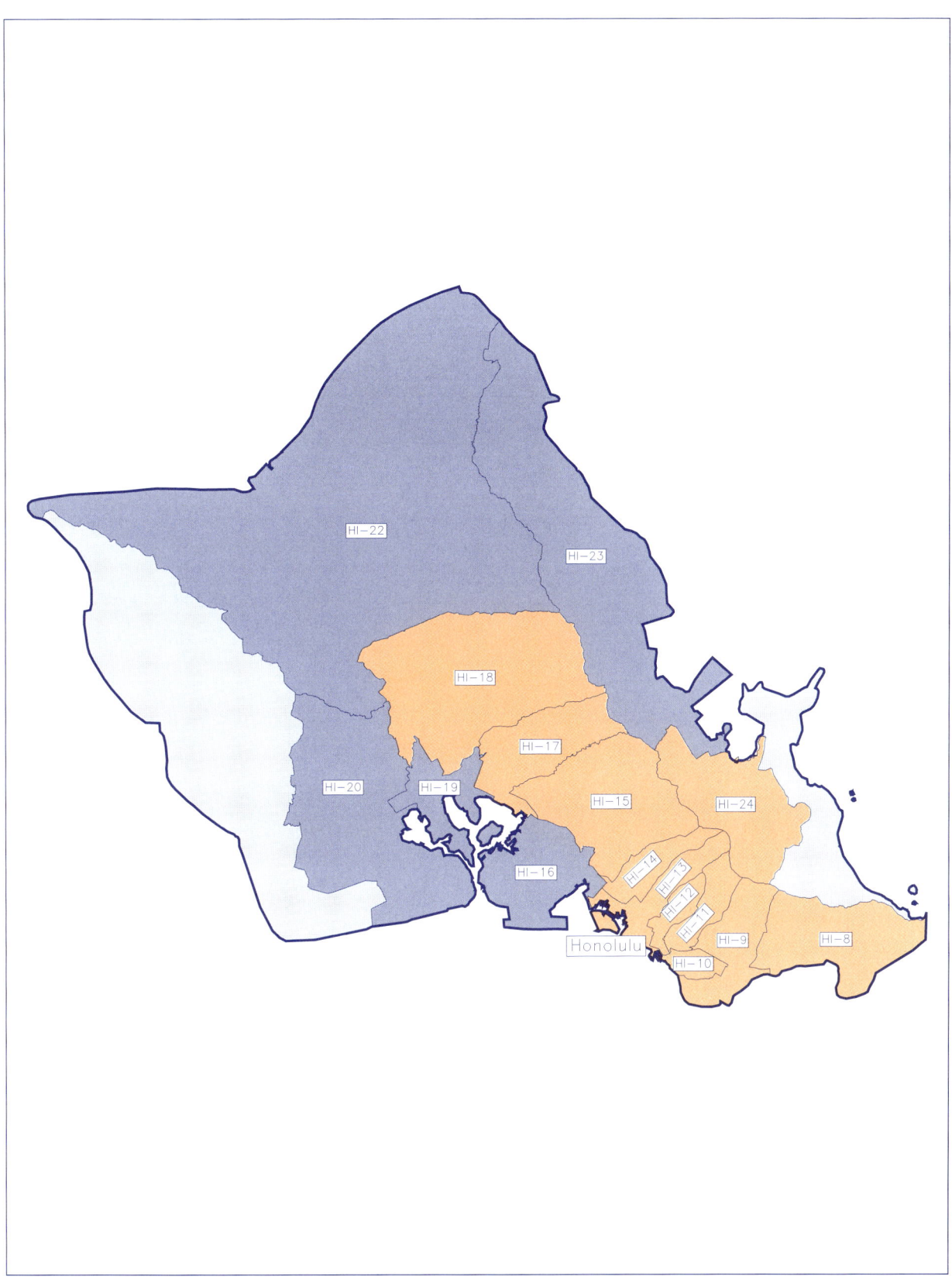

Population Ranges
- 50.0% to 99.9%
- 25.0% to 49.9%
- 10.0% to 24.9%
- 0.0% to 9.9%

JAPANESE—Top State Senate Districts

RANK	STATE	DISTRICT NUMBER	JAPANESE (%)	DISTRICT WIDE AVG. HH INCOME ($)	DISTRICT WIDE COLLEGE EDUCATION (%)	DISTRICT WIDE RECEIVES SOC. SEC. (%)
1	Hawaii	11	45.6	45,155	40	28
2	Hawaii	17	43.2	59,343	34	20
3	Hawaii	9	39.5	65,848	40	40
4	Hawaii	2	34.8	36,781	32	32
5	Hawaii	24	31.6	60,464	38	24
6	Hawaii	8	31.2	81,846	50	25
7	Hawaii	10	29.7	40,608	33	29
8	Hawaii	18	29.3	54,373	43	10
9	Hawaii	12	27.0	41,410	40	25
10	Hawaii	15	26.7	52,246	27	29
11	Hawaii	14	25.6	46,898	23	41
12	Hawaii	13	25.0	43,202	32	27
13	Hawaii	5	24.2	46,547	26	30
14	Hawaii	7	22.6	44,665	26	32
15	Hawaii	19	22.1	46,839	19	25
16	Hawaii	4	16.7	45,595	22	27
17	Hawaii	23	16.4	53,242	34	20
18	Hawaii	1	15.6	41,220	26	27
19	Hawaii	3	13.2	35,197	25	28
20	Hawaii	20	13.2	47,363	26	15
21	Hawaii	22	11.7	39,563	22	21
22	Hawaii	16	11.3	42,939	28	12
23	Hawaii	25	9.5	54,895	33	21
24	Hawaii	6	9.4	47,435	30	21
25	Hawaii	21	5.8	37,668	16	20
26	Washington	37	3.4	35,316	31	26
27	California	28	3.1	51,314	35	17
28	Washington	41	2.4	64,527	52	20
29	Washington	48	2.2	59,555	52	17
30	Washington	11	2.0	31,316	23	23
31	California	25	2.0	34,525	18	18
32	California	24	2.0	38,475	20	20
33	Washington	43	1.9	37,509	59	17
34	California	35	1.9	62,553	44	19
35	California	11	1.8	70,315	50	19
36	California	8	1.8	52,673	38	25
37	New Jersey	37	1.7	58,527	38	28
38	New Jersey	39	1.7	82,285	45	26
39	California	13	1.7	47,672	35	17
40	Washington	46	1.6	42,292	51	26
41	New York	35	1.5	58,614	37	29
42	California	27	1.5	51,224	34	22
43	California	26	1.5	35,397	25	22
44	California	21	1.4	51,090	39	21
45	California	23	1.4	75,750	51	20
46	New York	27	1.4	59,101	56	16
47	Connecticut	36	1.3	125,674	56	26
48	California	6	1.3	38,340	30	21
49	California	9	1.3	40,802	39	22
50	New York	36	1.3	82,357	45	26

KOREAN
Top State House Districts

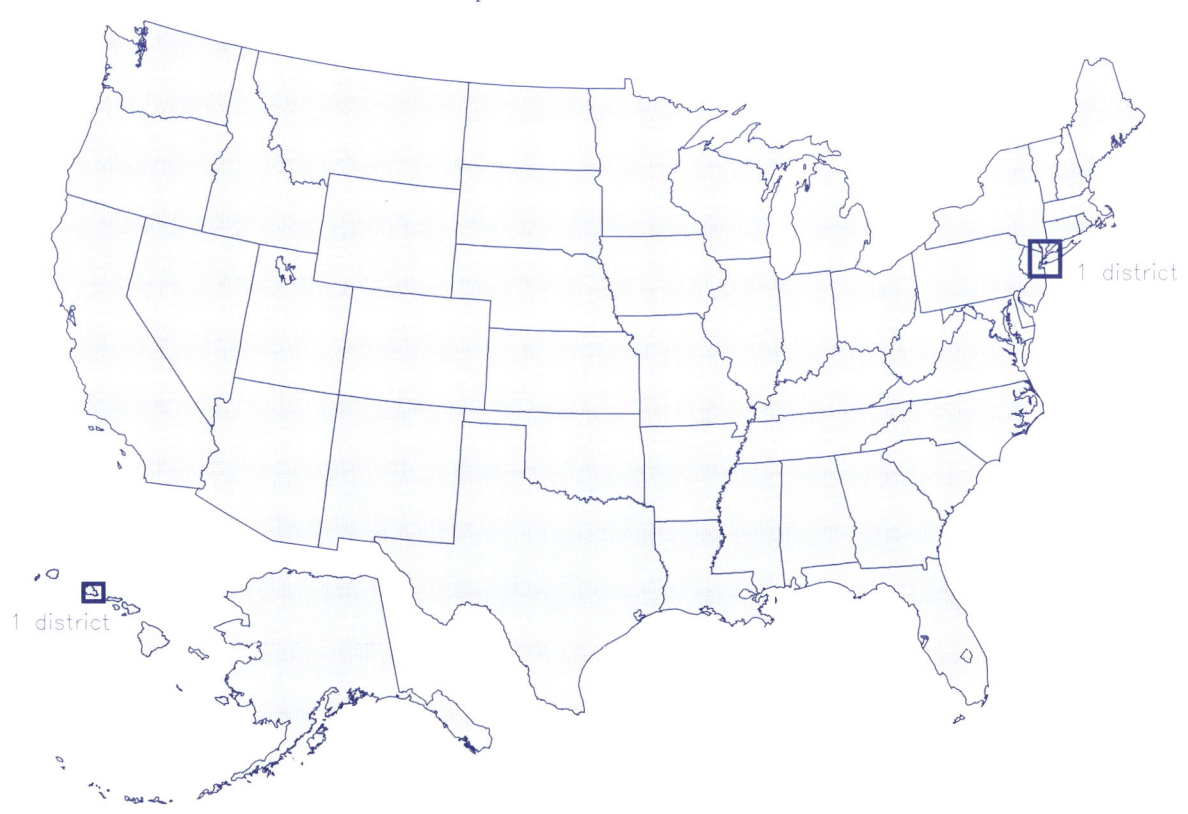

NEW YORK

HONOLULU

Population Ranges
- 50.0% to 99.9%
- 25.0% to 49.9%
- 10.0% to 24.9%
- 0.0% to 9.9%

KOREAN—Top State House Districts

RANK	STATE	DISTRICT NUMBER	KOREAN (%)	DISTRICT WIDE		
				AVG. HH INCOME ($)	COLLEGE EDUCATION (%)	RECEIVES SOC. SEC. (%)
1	New York	25	11.9	38,670	30	25
2	Hawaii	22	10.1	31,154	30	28
3	Hawaii	25	8.7	36,033	35	22
4	California	46	7.7	23,822	16	15
5	New York	35	7.2	35,461	25	19
6	Hawaii	24	6.9	47,937	46	22
7	Hawaii	31	5.7	53,251	32	19
8	Hawaii	20	4.9	36,505	31	25
9	Illinois	15	4.9	39,754	28	33
10	Hawaii	15	4.1	76,140	48	18
11	New York	26	3.8	54,275	33	32
12	Virginia	39	3.8	63,149	52	13
13	Hawaii	21	3.8	38,809	40	26
14	Virginia	37	3.7	67,498	55	14
15	Hawaii	40	3.7	41,527	18	29
16	New York	37	3.7	30,654	18	25
17	Hawaii	16	3.6	73,696	49	31
18	New York	30	3.4	38,381	23	28
19	Hawaii	33	3.3	54,378	35	21
20	California	43	3.3	44,800	34	20
21	Virginia	41	3.3	69,497	62	5
22	California	56	3.3	46,397	28	22
23	California	68	3.2	43,622	24	20
24	Illinois	16	3.2	42,564	37	31
25	Hawaii	17	3.2	93,454	50	39
26	Hawaii	19	3.1	51,650	33	36
27	Hawaii	34	3.1	62,347	38	18
28	Hawaii	38	3.0	55,407	46	8
29	Rhode Island	3	3.0	45,382	69	13
30	Hawaii	39	2.9	53,397	40	11
31	Hawaii	18	2.8	48,450	33	38
32	New York	24	2.8	52,210	37	34
33	Hawaii	30	2.7	33,223	15	31
34	Maryland	14A	2.7	71,376	55	11
35	Hawaii	26	2.7	54,993	39	30
36	Hawaii	23	2.6	65,014	49	34
37	Alaska	16	2.6	31,132	18	13
38	New York	34	2.6	34,782	20	22
39	Hawaii	27	2.5	51,138	27	43
40	Maryland	19	2.5	64,728	52	23
41	Washington	30	2.5	45,981	35	14
42	New Jersey	39	2.5	82,285	45	26
43	Washington	28	2.5	38,573	34	23
44	Alaska	14	2.4	37,155	24	7
45	Pennsylvania	203	2.4	33,748	19	25
46	Virginia	53	2.4	62,899	56	13
47	Georgia	59	2.4	57,725	53	14
48	Colorado	41	2.3	40,816	46	11
49	Hawaii	42	2.3	53,930	32	16
50	Virginia	40	2.3	80,208	62	7

KOREAN
Top State Senate Districts

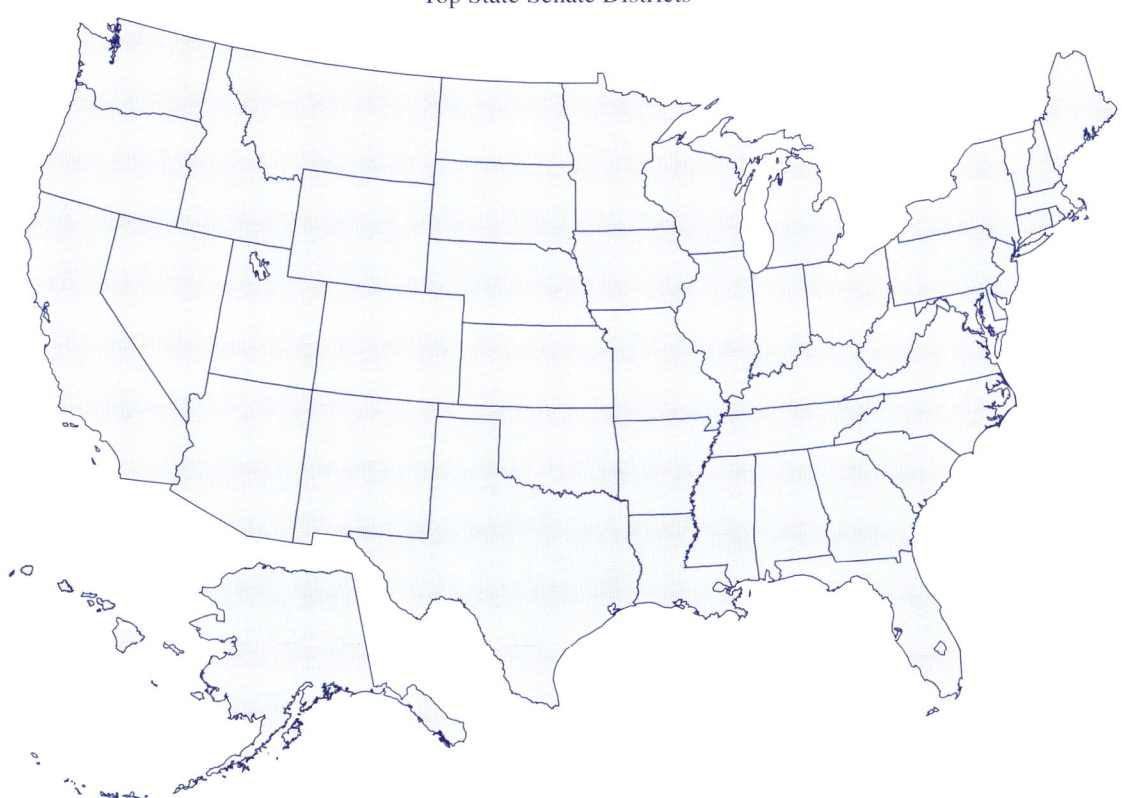

Population Ranges
- 50.0% to 99.9%
- 25.0% to 49.9%
- 10.0% to 24.9%
- 0.0% to 9.9%

KOREAN—Top State Senate Districts

RANK	STATE	DISTRICT NUMBER	KOREAN (%)	DISTRICT WIDE AVG. HH INCOME ($)	DISTRICT WIDE COLLEGE EDUCATION (%)	DISTRICT WIDE RECEIVES SOC. SEC. (%)
1	Hawaii	12	7.9	41,410	40	25
2	New York	16	6.6	34,371	23	21
3	Hawaii	13	5.0	43,202	32	27
4	Hawaii	11	4.9	45,155	40	28
5	California	22	4.8	27,614	18	16
6	Illinois	8	4.0	41,141	33	32
7	Hawaii	10	3.8	40,608	33	29
8	Hawaii	8	3.7	81,846	50	25
9	New York	14	3.4	36,654	26	27
10	Virginia	35	3.3	68,147	59	9
11	Hawaii	9	3.1	65,848	40	40
12	New York	11	3.0	50,427	31	31
13	Hawaii	16	2.9	42,939	28	12
14	Hawaii	18	2.9	54,373	43	10
15	Hawaii	17	2.8	59,343	34	20
16	New York	13	2.8	44,450	36	29
17	Maryland	19	2.5	64,728	52	23
18	Washington	30	2.5	45,981	35	14
19	New Jersey	39	2.5	82,285	45	26
20	Washington	28	2.5	38,573	34	23
21	Virginia	34	2.4	58,587	51	14
22	California	21	2.3	51,090	39	21
23	Alaska	G	2.3	50,724	35	11
24	Alaska	H	2.3	34,854	25	13
25	Washington	29	2.2	27,141	16	23
26	California	27	2.1	51,224	34	22
27	New Jersey	38	2.0	50,231	26	31
28	New Jersey	37	2.0	58,527	38	28
29	Hawaii	14	2.0	46,898	23	41
30	Maryland	14	1.9	70,005	52	16
31	Illinois	29	1.9	99,467	60	24
32	Maryland	20	1.9	50,074	49	16
33	California	34	1.9	41,528	20	18
34	Hawaii	22	1.8	39,563	22	21
35	Washington	32	1.7	47,325	40	26
36	Virginia	36	1.7	58,537	43	13
37	Virginia	32	1.7	89,813	64	16
38	Colorado	11	1.7	25,494	21	16
39	Virginia	37	1.6	71,958	56	7
40	Hawaii	24	1.6	60,464	38	24
41	Washington	21	1.6	45,965	35	20
42	Alaska	F	1.6	56,342	33	8
43	Hawaii	20	1.6	47,363	26	15
44	California	29	1.5	54,775	35	20
45	California	33	1.5	62,491	40	16
46	Hawaii	15	1.5	52,246	27	29
47	Maryland	21	1.4	47,034	38	14
48	Colorado	29	1.4	33,288	30	13
49	Rhode Island	2	1.4	37,350	52	23
50	Alaska	P	1.4	42,444	21	14

HISPANIC
Top State House Districts

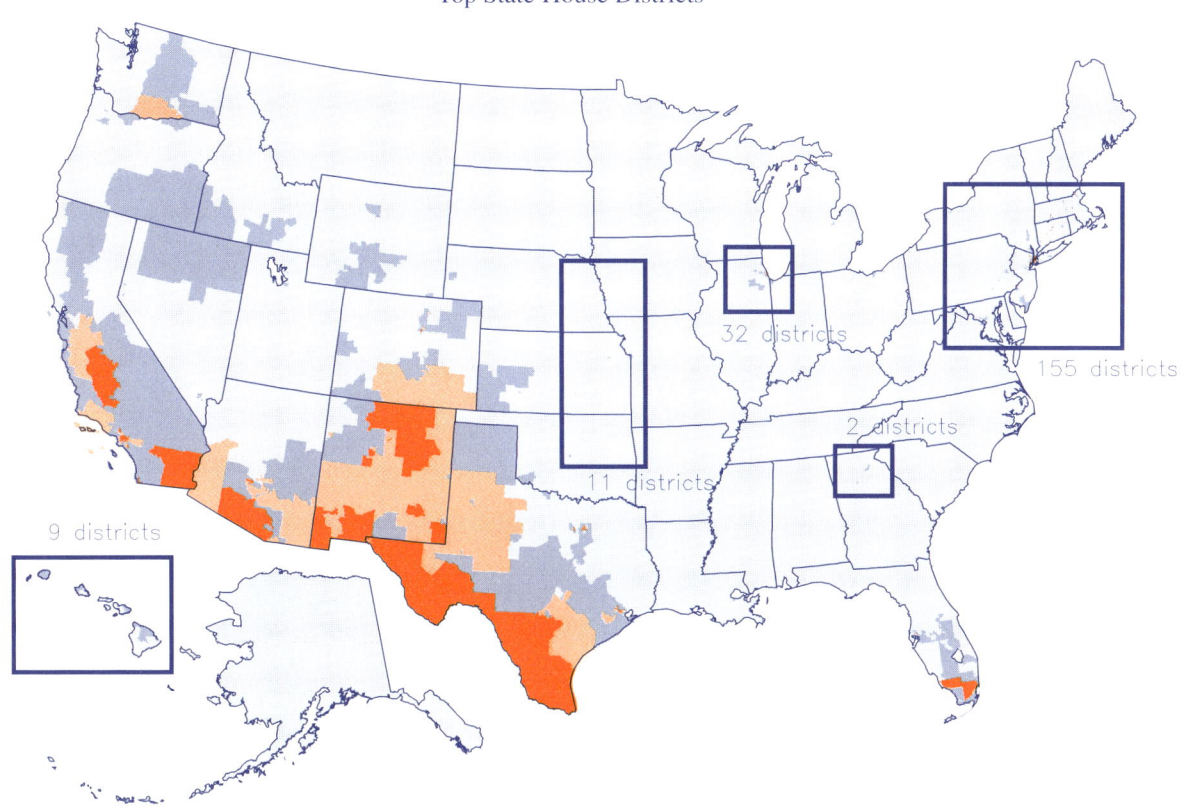

MIAMI

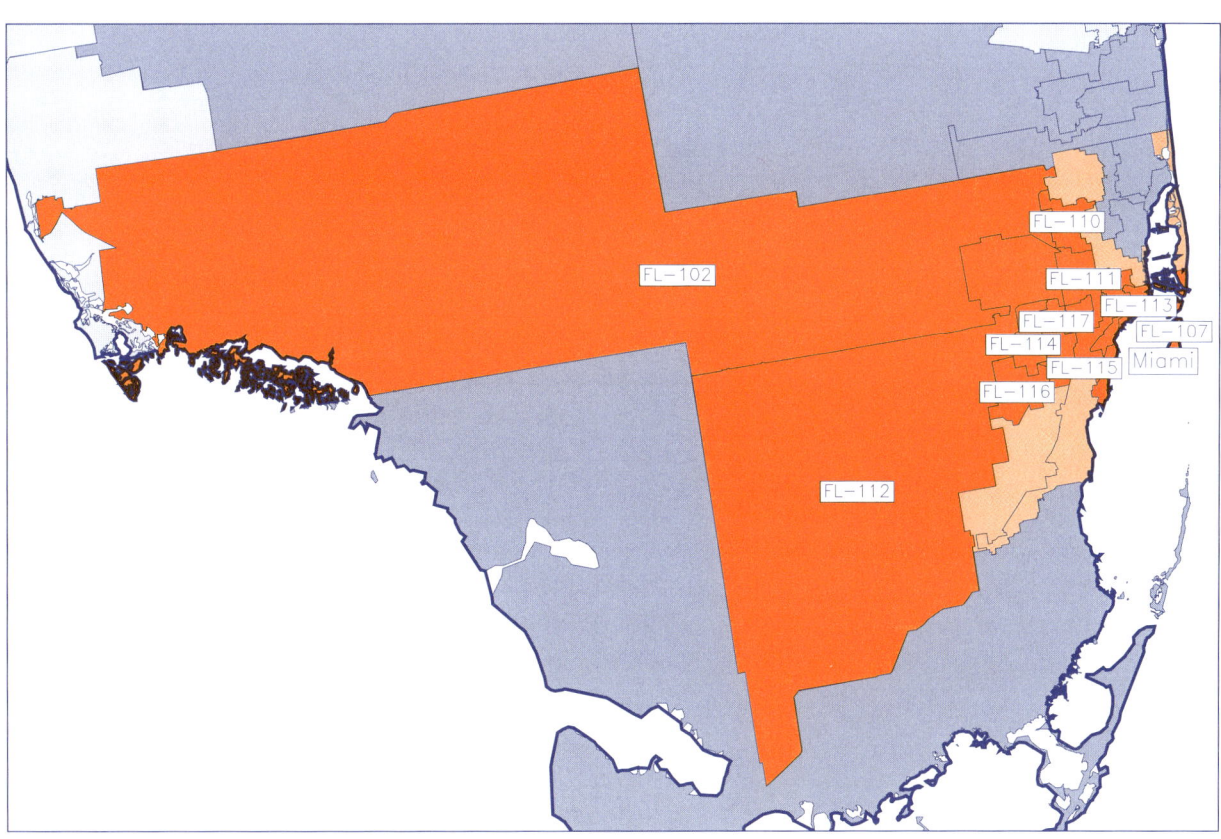

Population Ranges
- 50.0% to 99.9%
- 25.0% to 49.9%
- 10.0% to 24.9%
- 0.0% to 9.9%

HISPANIC Top State House Districts

HARTFORD
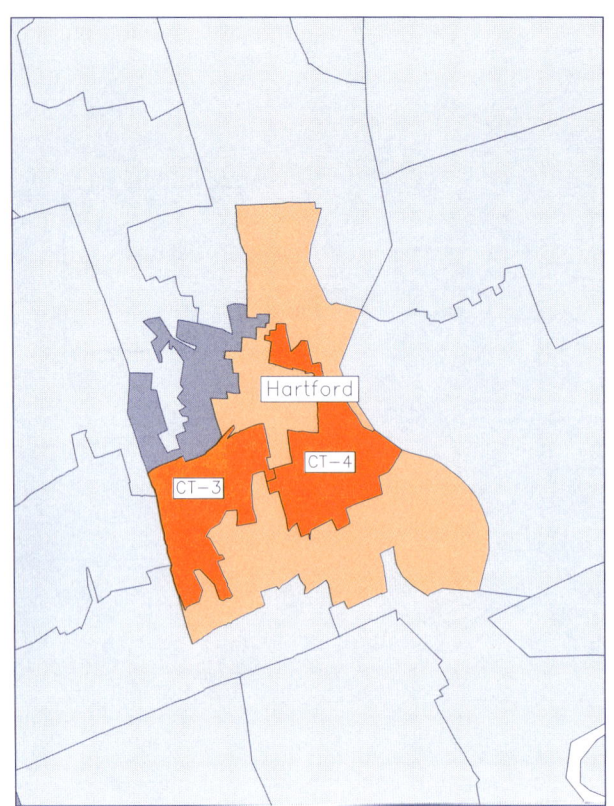

BRIDGEPORT
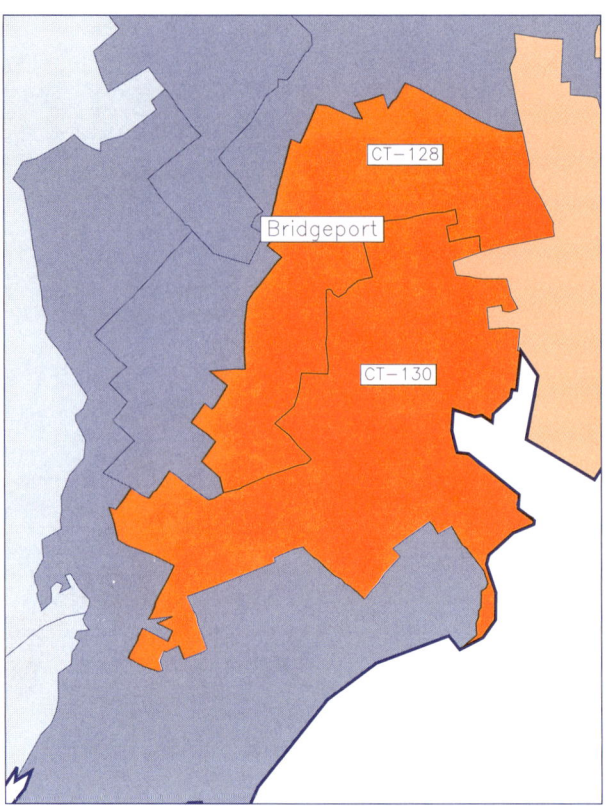

NEW YORK - JERSEY CITY
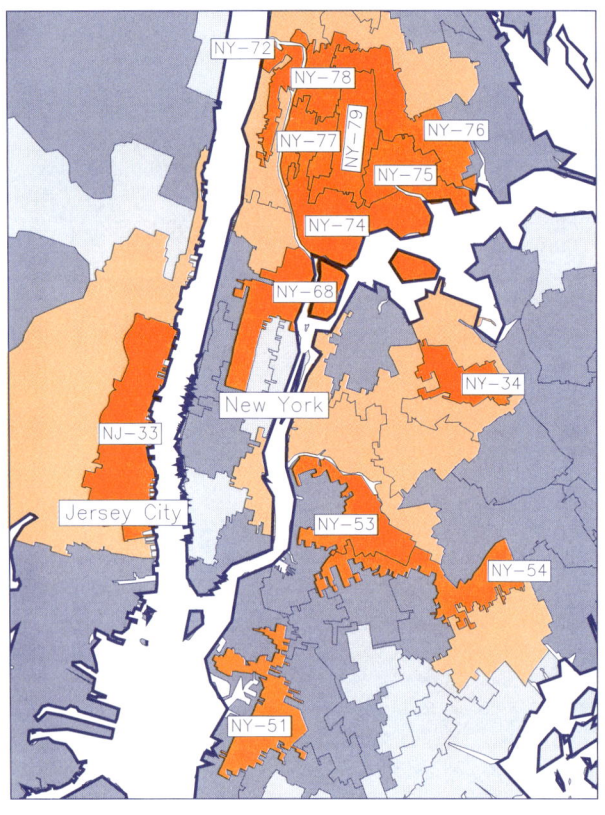

LAWRENCE
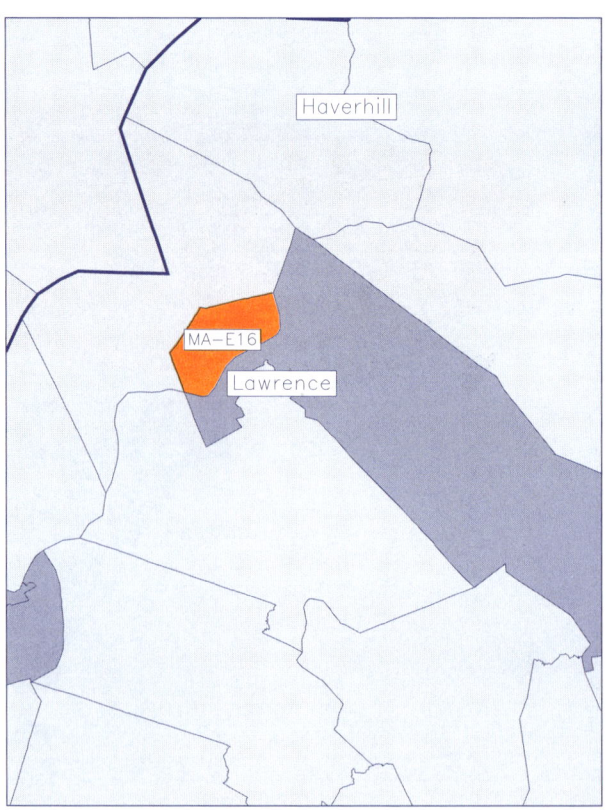

Population Ranges
- 50.0% to 99.9%
- 25.0% to 49.9%
- 10.0% to 24.9%
- 0.0% to 9.9%

HISPANIC Top State House Districts

SANTA FE - ALBUQUERQUE

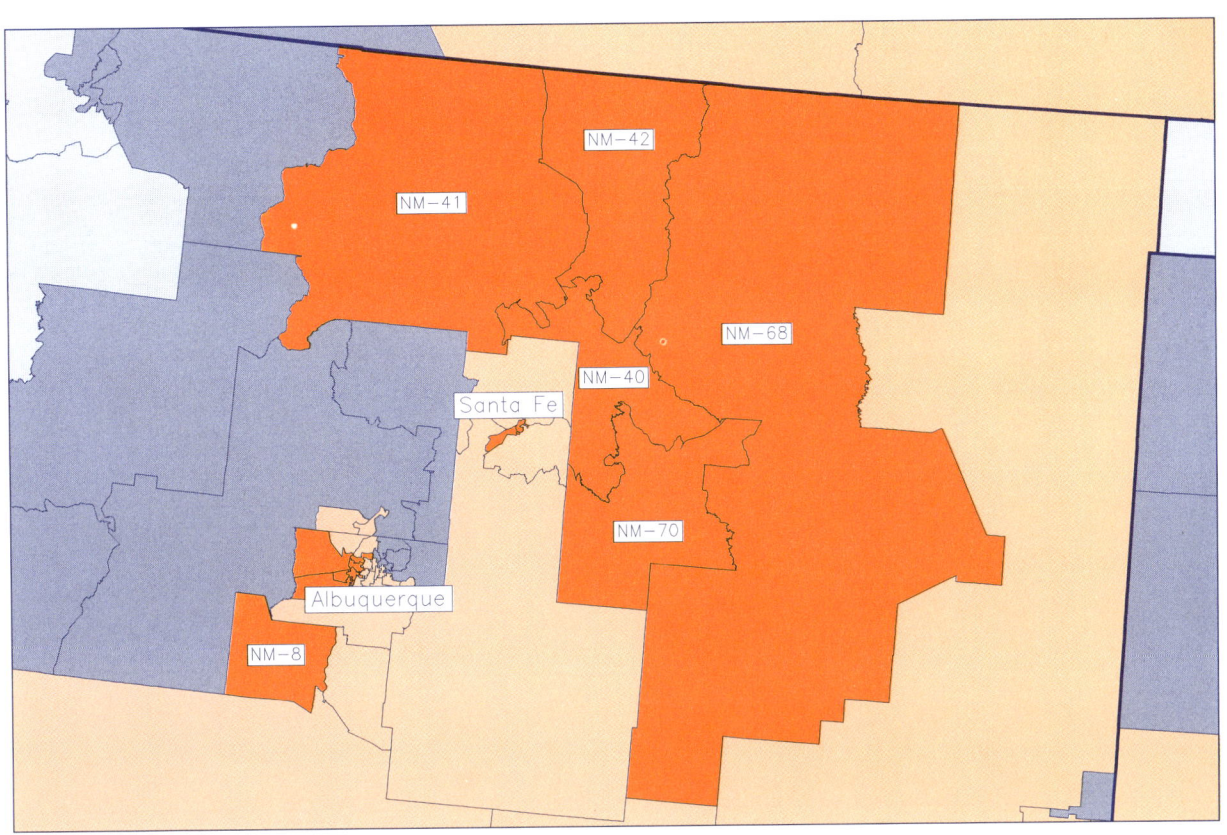

ALBUQUERQUE

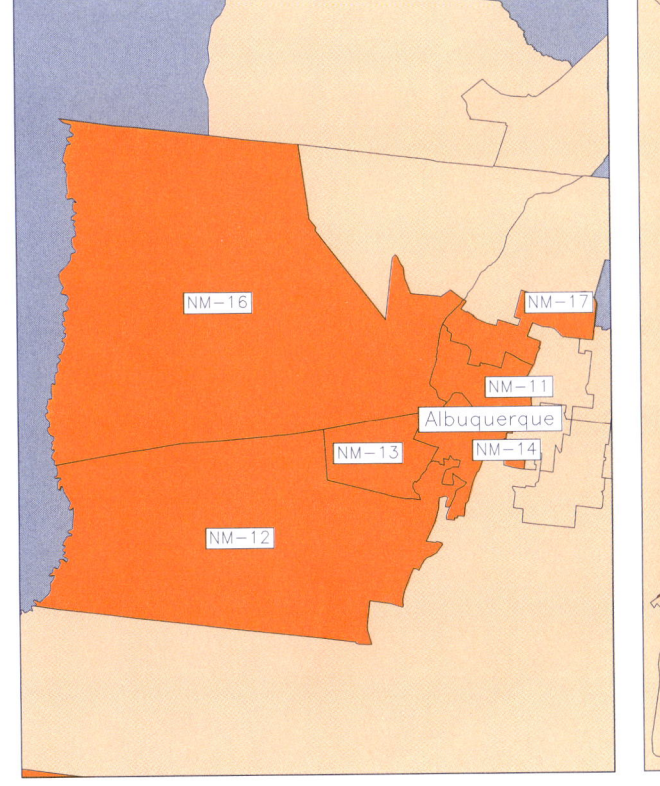

SANTA FE

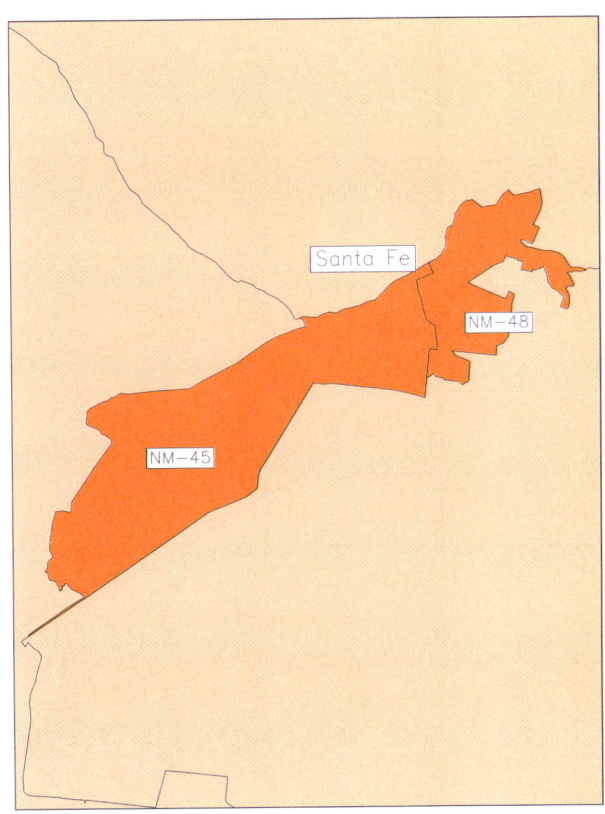

Population Ranges
- 50.0% to 99.9%
- 25.0% to 49.9%
- 10.0% to 24.9%
- 0.0% to 9.9%

HISPANIC Top State House Districts

PHOENIX

CHICAGO

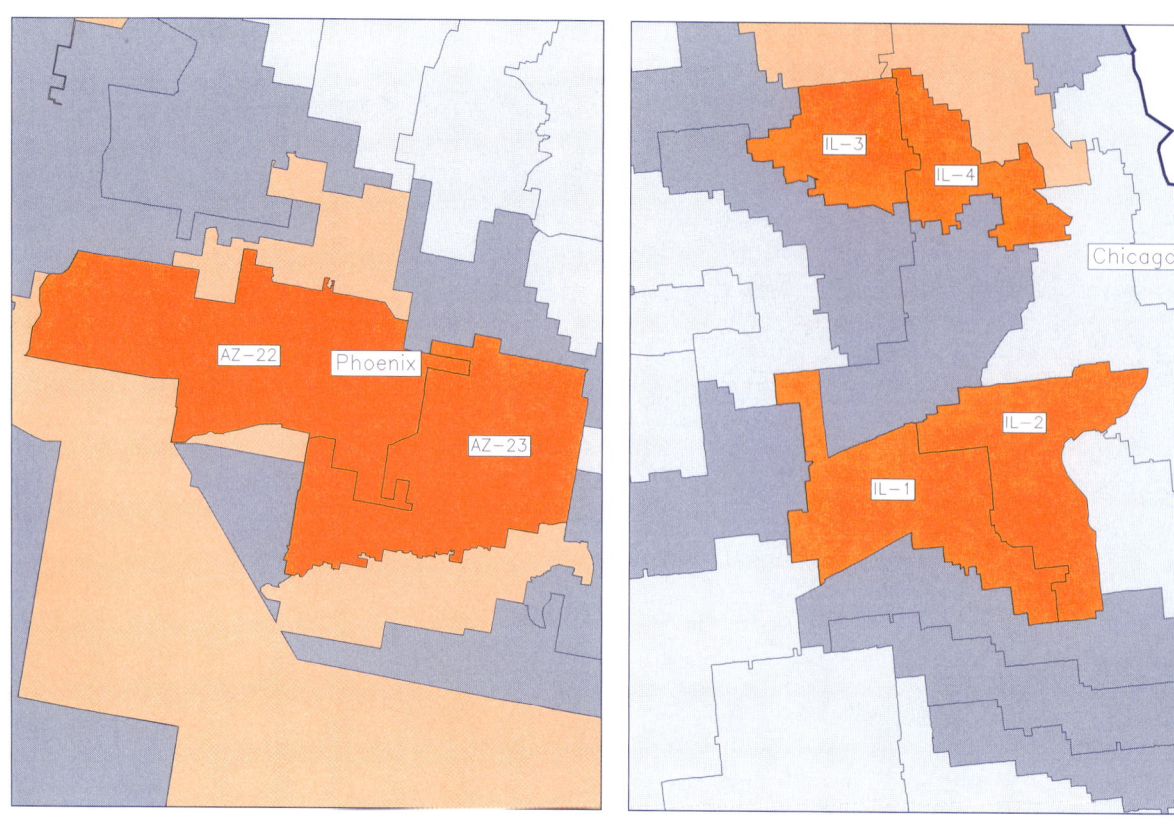

PHOENIX - TUCSON

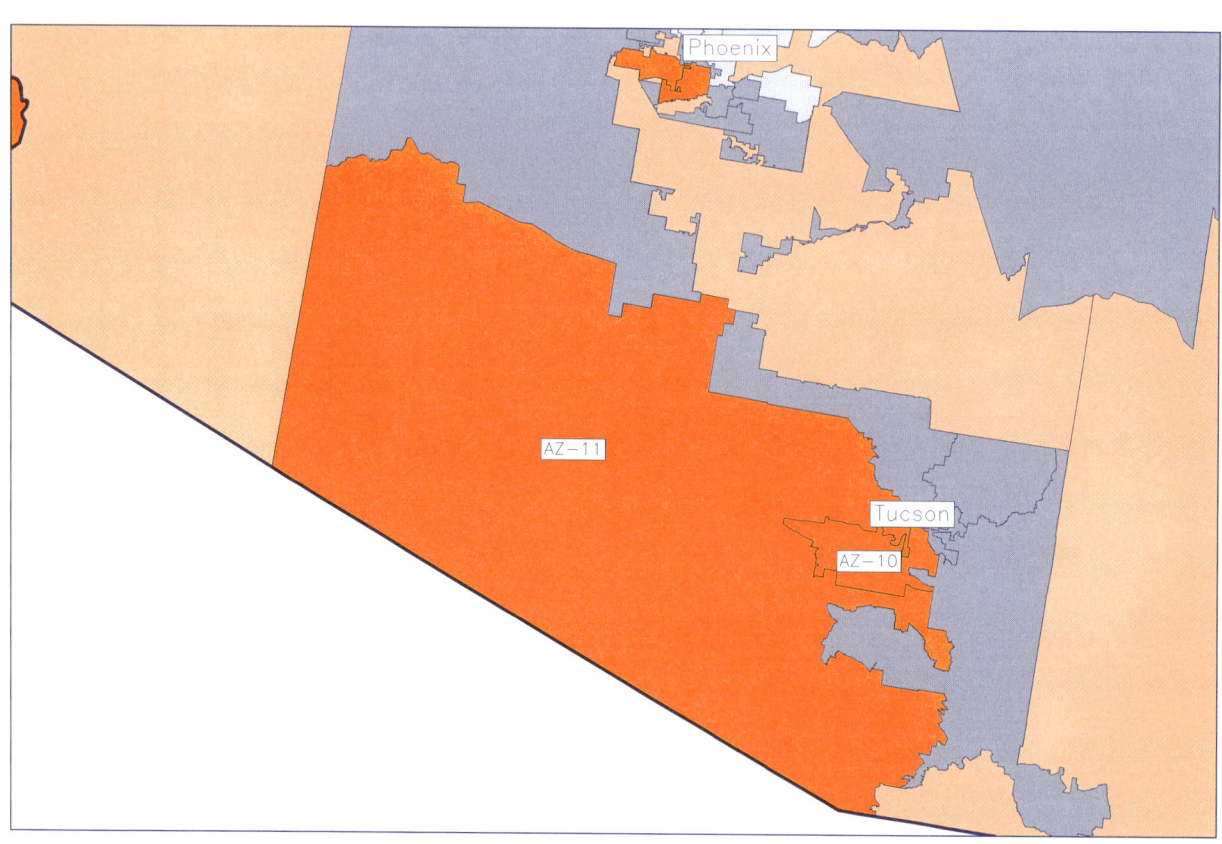

Population Ranges

- ■ 50.0% to 99.9%
- ■ 25.0% to 49.9%
- ■ 10.0% to 24.9%
- □ 0.0% to 9.9%

HISPANIC Top State House Districts

HOUSTON

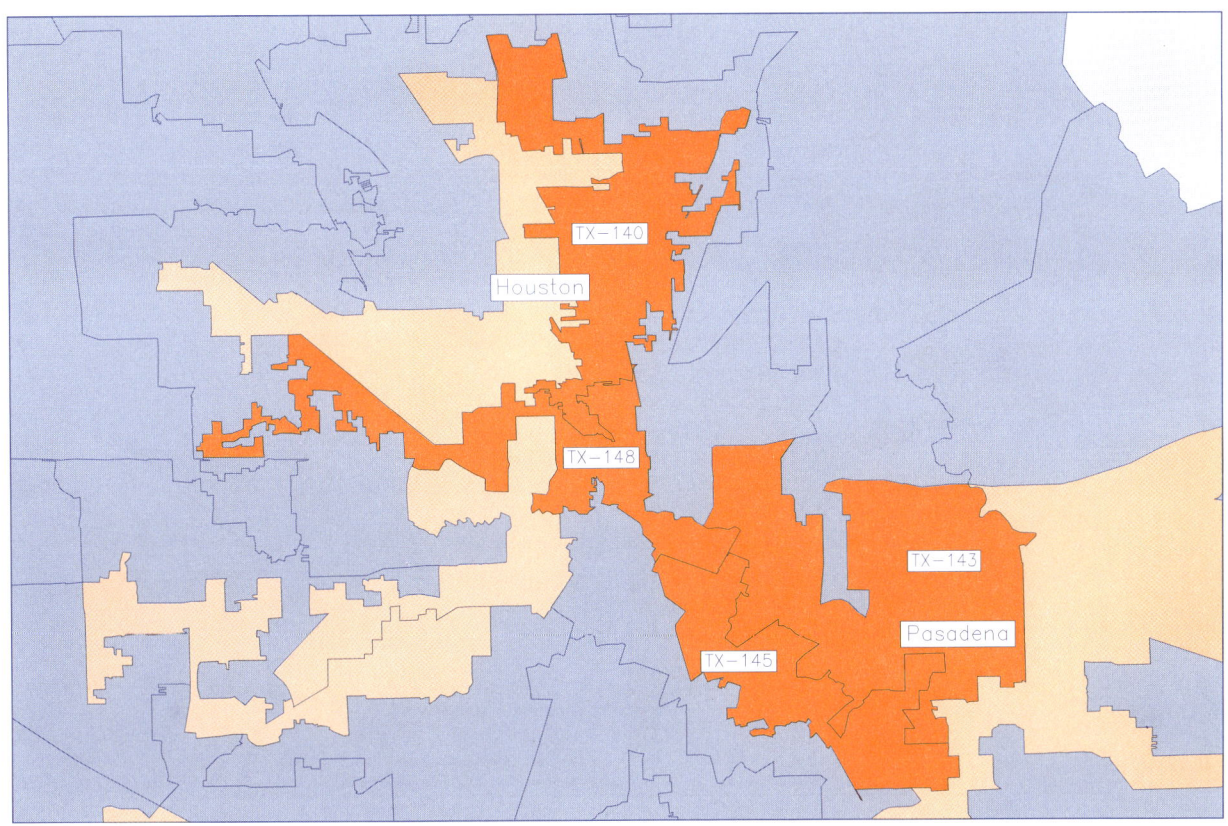

SAN ANTONIO

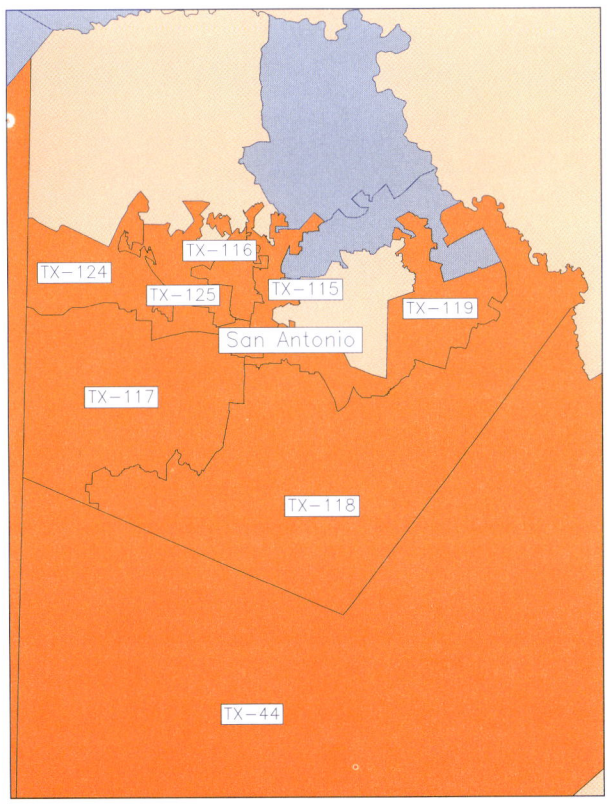

CORPUS CHRISTI - BROWNSVILLE

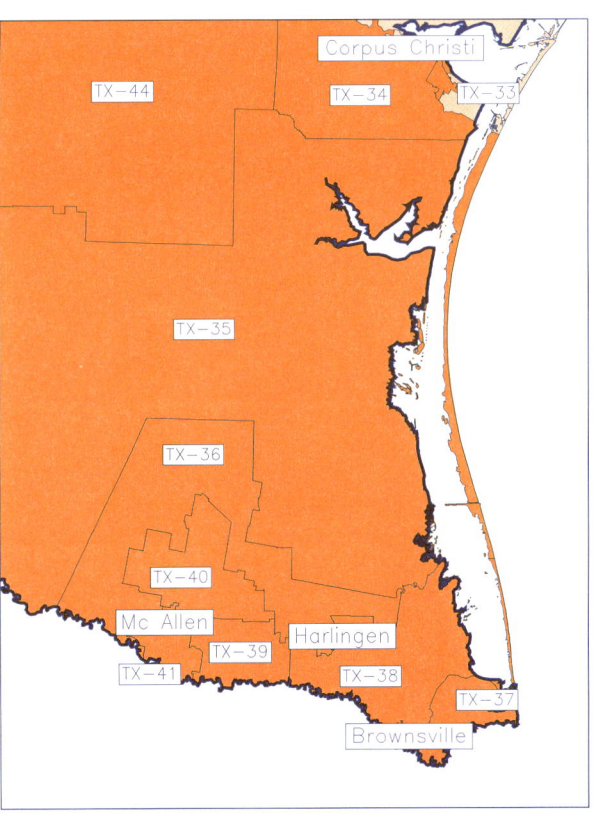

Population Ranges
- 50.0% to 99.9%
- 25.0% to 49.9%
- 10.0% to 24.9%
- 0.0% to 9.9%

EL PASO - LAS CRUCES

PHILADELPHIA

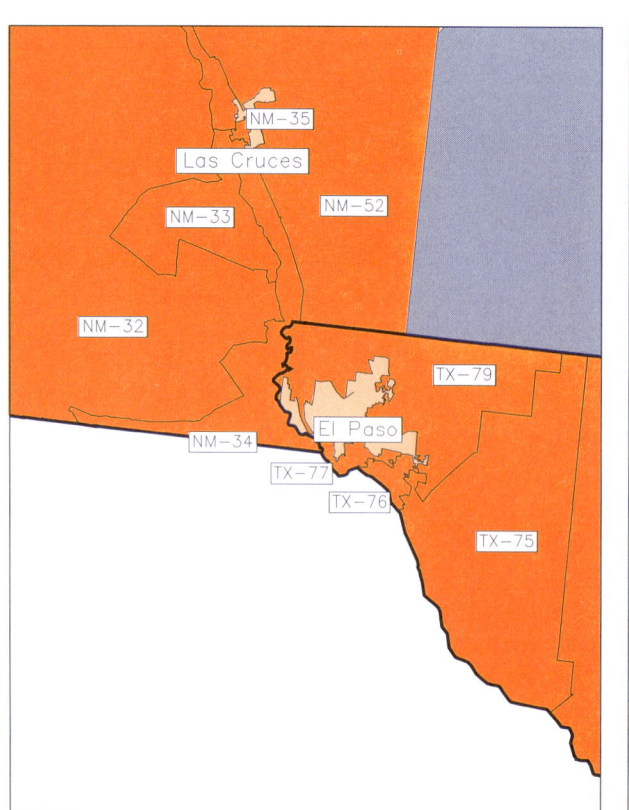
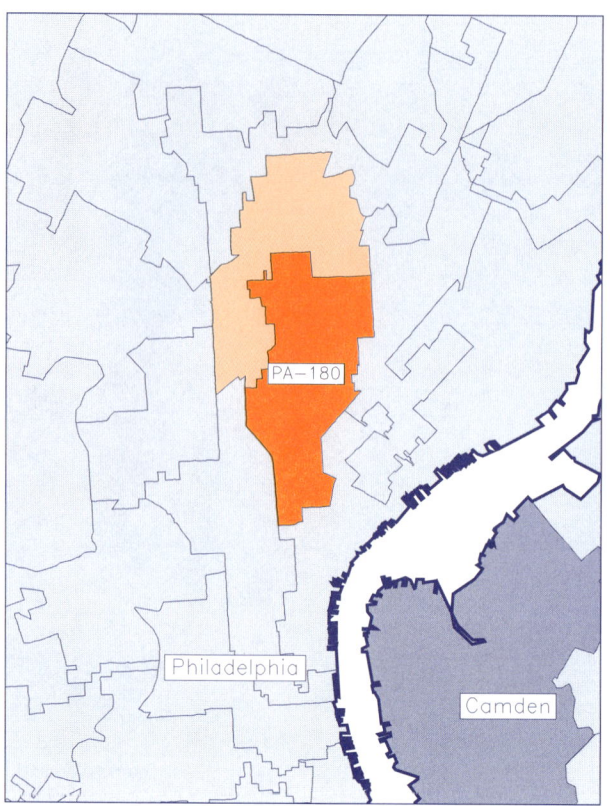

LAS CRUCES - EL PASO

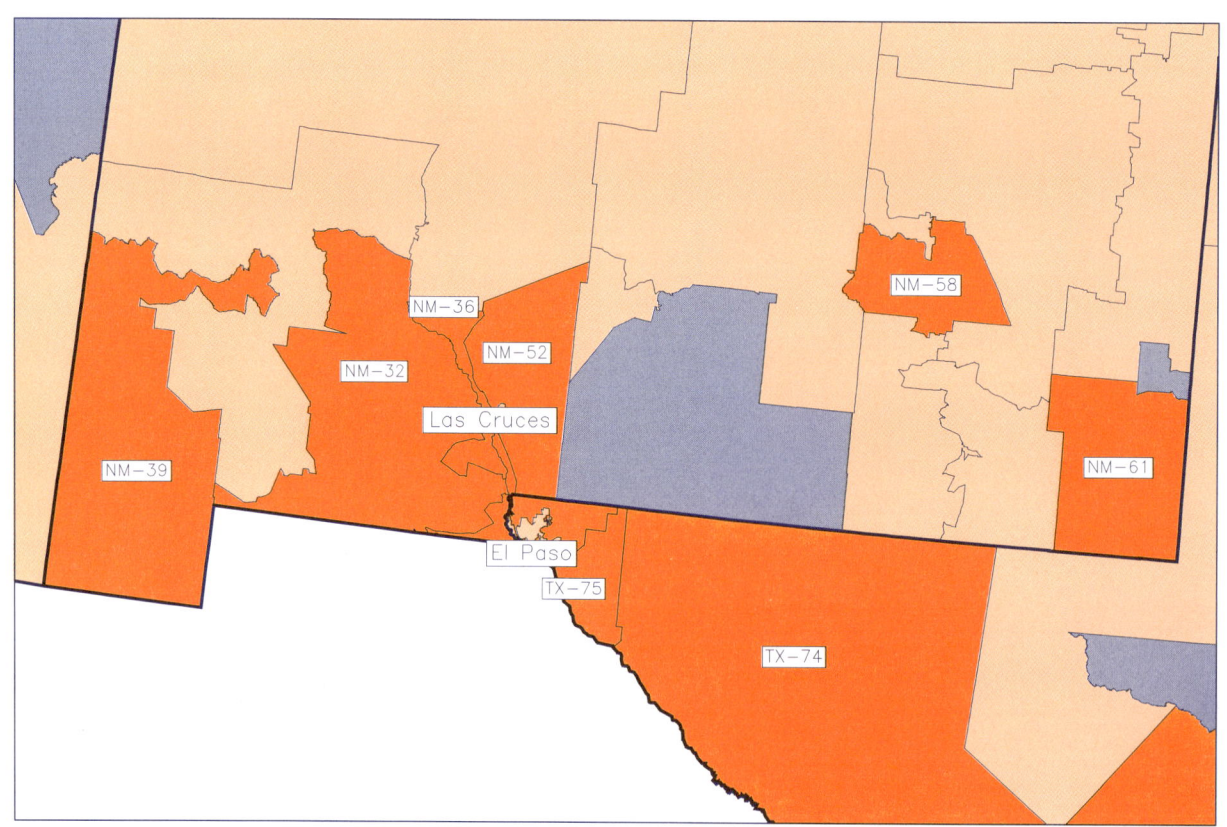

Population Ranges
- 50.0% to 99.9%
- 25.0% to 49.9%
- 10.0% to 24.9%
- 0.0% to 9.9%

HISPANIC Top State House Districts

DALLAS - FORT WORTH

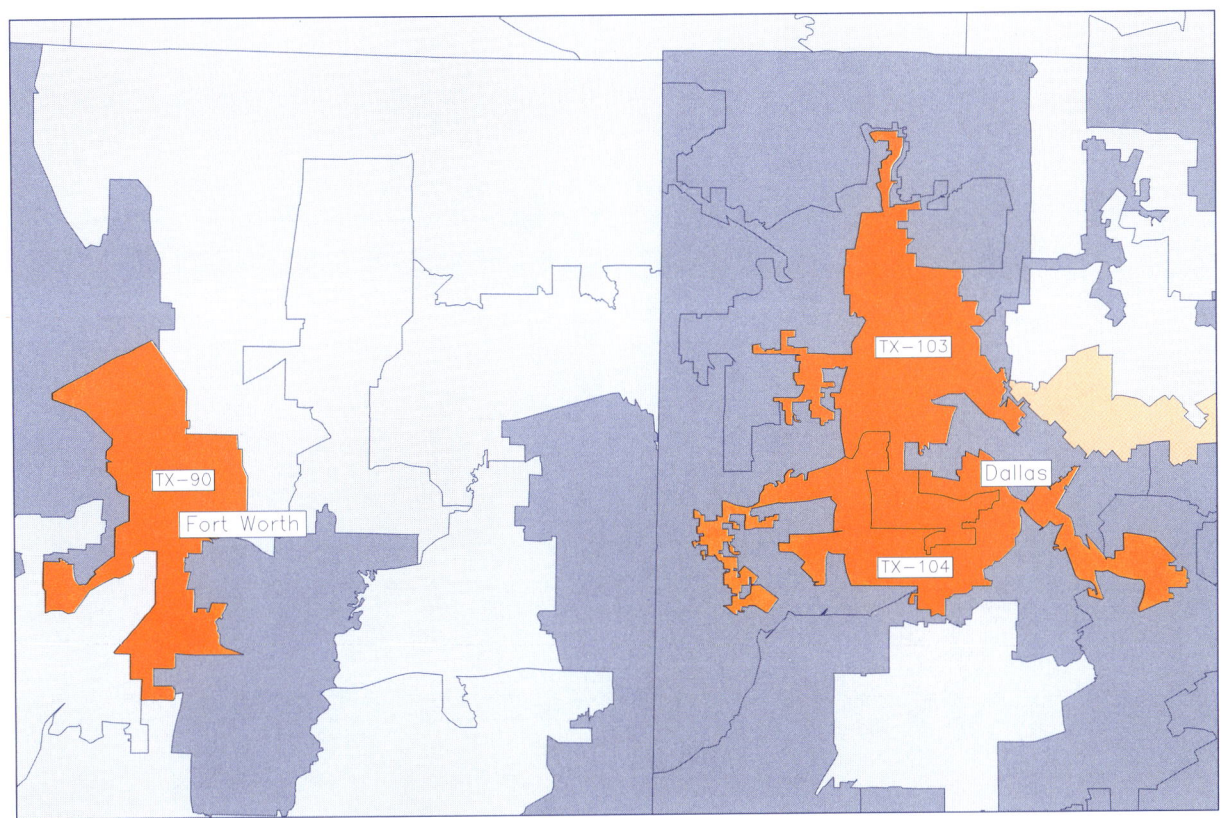

SAN ANTONIO - CORPUS CHRISTI - BROWNSVILLE

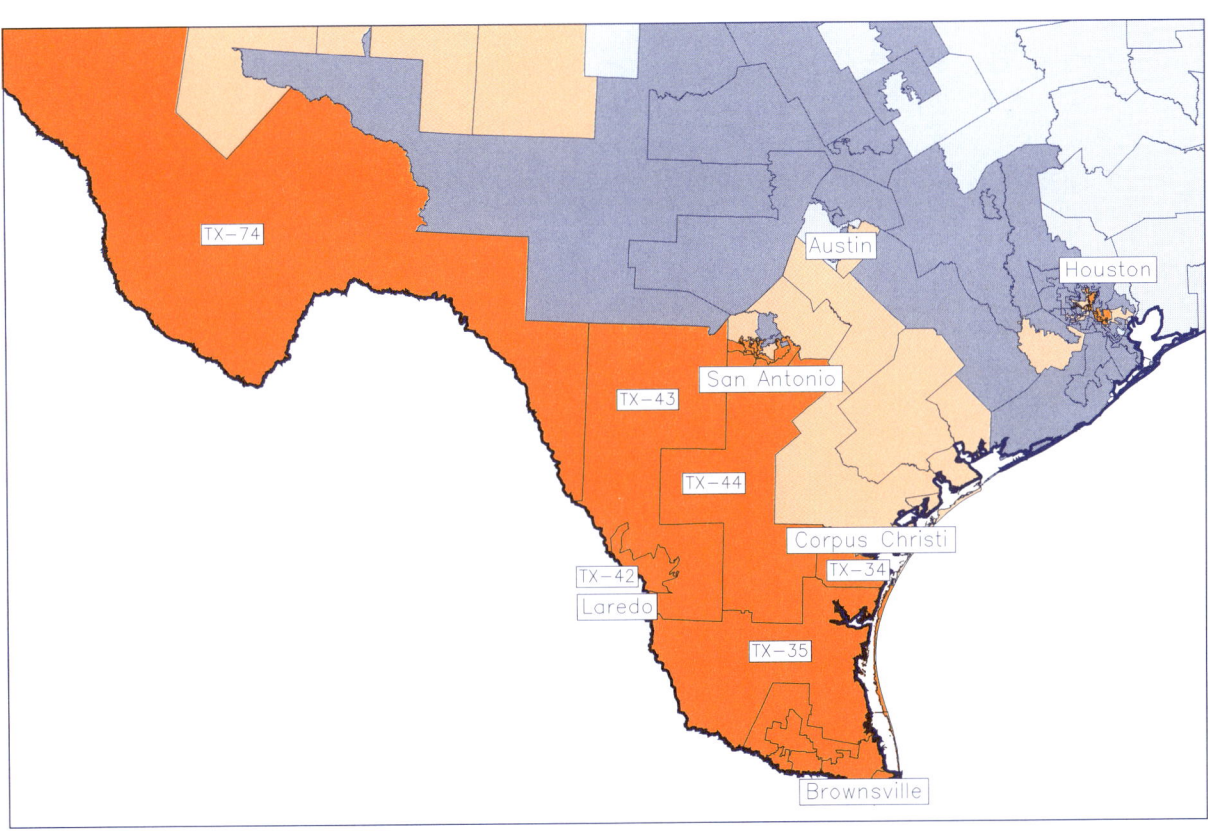

Population Ranges
- 50.0% to 99.9%
- 25.0% to 49.9%
- 10.0% to 24.9%
- 0.0% to 9.9%

HISPANIC Top State House Districts

FRESNO - BAKERSFIELD

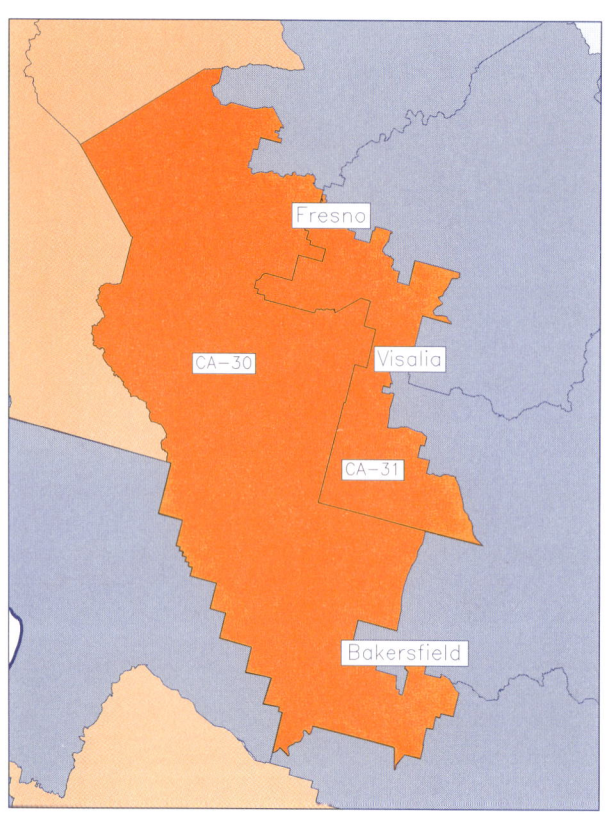

DENVER

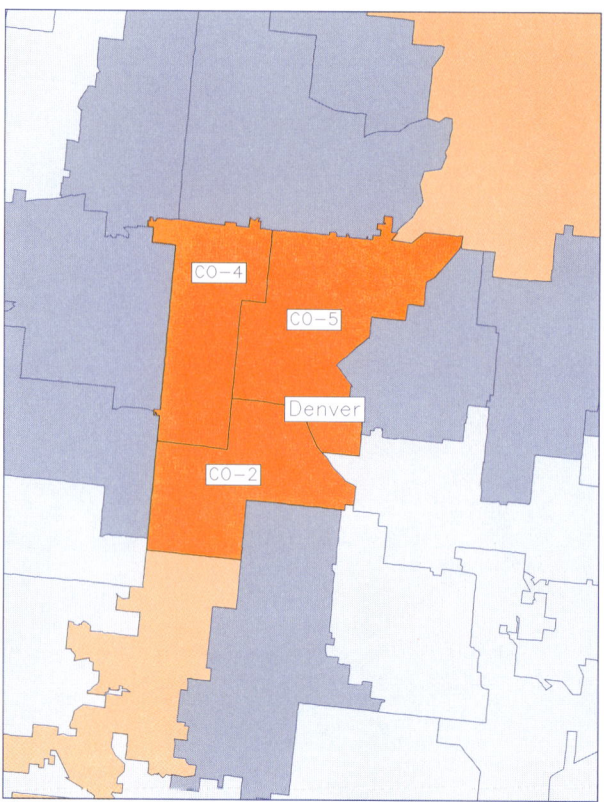

LOS ANGELES - LONG BEACH

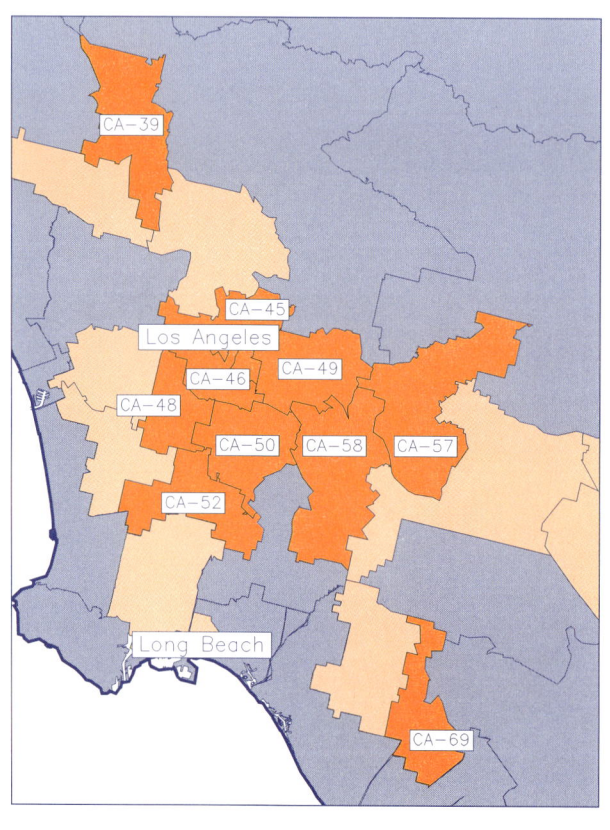

SAN DIEGO

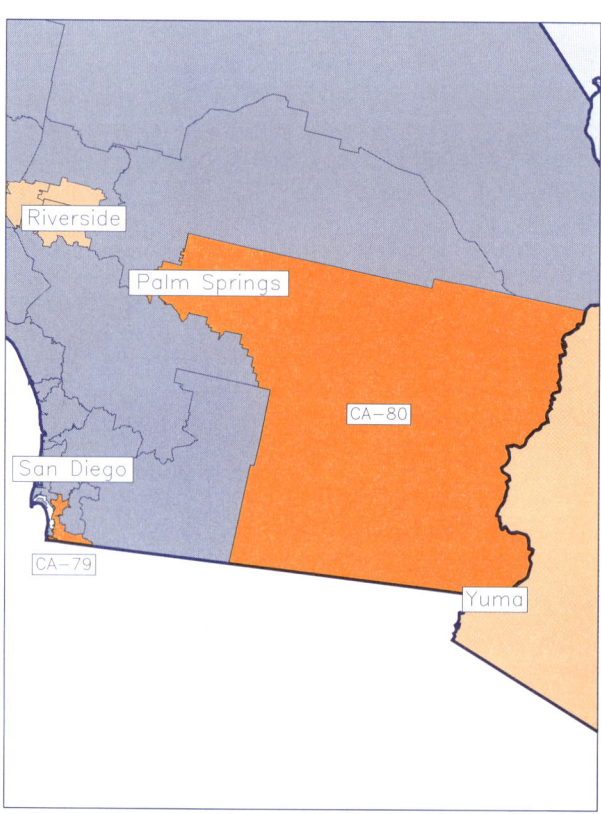

Population Ranges
- 50.0% to 99.9%
- 25.0% to 49.9%
- 10.0% to 24.9%
- 0.0% to 9.9%

HISPANIC—Top State House Districts

RANK	STATE	DISTRICT NUMBER	HISPANIC (%)	AVG. HH INCOME ($)	DISTRICT WIDE COLLEGE EDUCATION (%)	RECEIVES SOC. SEC. (%)
1	Texas	42	95.3	27,397	18	23
2	Texas	37	93.7	22,739	15	25
3	California	50	91.5	28,775	7	18
4	Texas	75	91.3	26,669	12	17
5	New Mexico	34	89.8	22,782	13	19
6	Texas	77	88.7	21,884	15	28
7	Texas	76	88.0	26,477	14	26
8	Texas	40	87.9	24,895	17	23
9	Florida	110	86.2	31,892	14	23
10	Texas	35	85.8	21,520	12	25
11	Texas	38	85.5	25,949	16	28
12	Illinois	2	85.3	24,349	7	20
13	Texas	39	83.8	21,291	11	30
14	New Mexico	70	82.7	21,976	20	26
15	New York	72	82.6	25,176	14	18
16	Texas	41	82.1	28,083	17	26
17	Florida	114	81.9	38,260	28	18
18	Illinois	3	81.2	26,271	10	18
19	Illinois	1	80.8	28,204	7	21
20	New Mexico	40	80.6	24,747	16	27
21	Texas	36	80.6	23,822	12	28
22	Florida	111	80.1	31,424	21	26
23	New Mexico	13	79.1	26,052	9	17
24	Texas	145	77.4	25,965	10	21
25	Florida	113	76.3	32,599	20	29
26	New Mexico	41	75.6	22,670	16	26
27	Texas	74	74.8	23,574	16	25
28	Texas	143	74.5	25,692	6	23
29	California	46	74.4	23,822	16	15
30	Texas	116	74.2	25,520	19	27
31	Texas	104	73.2	26,715	8	23
32	Texas	79	72.9	28,537	20	15
33	New York	53	72.7	21,465	9	19
34	Florida	112	72.5	43,229	32	14
35	Florida	117	72.2	39,364	27	31
36	Texas	43	72.1	23,234	12	27
37	New Mexico	14	71.7	25,285	17	26
38	New Mexico	12	71.6	26,305	11	23
39	Texas	115	71.6	24,690	18	30
40	California	69	71.3	38,662	15	16
41	Pennsylvania	180	71.1	17,356	3	23
42	Texas	118	70.6	24,180	8	23
43	Florida	115	70.1	48,971	35	23
44	Texas	148	70.0	26,743	13	22
45	New York	74	69.8	17,681	8	18
46	Florida	102	69.0	37,159	20	21
47	California	57	68.6	40,589	17	17
48	Texas	125	68.4	30,376	24	17
49	Texas	124	68.0	30,586	20	18
50	Illinois	4	67.9	24,031	14	21

HISPANIC—Top State House Districts

RANK	STATE	DISTRICT NUMBER	HISPANIC (%)	DISTRICT WIDE AVG. HH INCOME ($)	COLLEGE EDUCATION (%)	RECEIVES SOC. SEC. (%)
51	Texas	117	67.5	26,649	14	17
52	California	39	67.3	38,125	17	18
53	California	45	66.9	31,451	21	17
54	Florida	107	66.8	36,317	29	29
55	California	58	66.3	40,014	17	23
56	Texas	33	66.3	31,367	21	21
57	New York	75	66.1	23,650	10	19
58	Texas	34	65.5	28,359	15	28
59	New Mexico	35	65.4	24,333	23	25
60	Texas	140	64.8	24,820	6	22
61	New York	78	64.2	23,277	13	15
62	Texas	119	63.8	26,347	14	29
63	New Mexico	42	63.8	24,836	24	24
64	New York	54	63.7	23,942	8	16
65	New Mexico	45	63.6	30,839	24	16
66	New York	34	63.0	34,782	20	22
67	Connecticut	3	61.5	25,188	16	20
68	New York	76	61.3	28,734	15	22
69	New Mexico	68	61.2	23,260	16	34
70	New Mexico	58	61.1	21,704	9	27
71	Texas	44	60.6	25,973	12	29
72	New Mexico	33	60.6	25,109	29	20
73	Massachusetts	E16	60.3	24,264	11	27
74	New Mexico	52	60.2	28,960	23	16
75	New York	51	59.9	28,114	16	20
76	New Mexico	11	59.9	25,908	24	25
77	Arizona	23	59.8	24,082	11	24
78	Connecticut	4	59.5	23,506	15	21
79	New Mexico	39	58.9	26,139	16	29
80	New Mexico	16	58.9	32,685	25	16
81	New Jersey	33	58.5	36,920	24	22
82	New Mexico	8	58.4	28,608	15	27
83	Arizona	10	58.0	23,460	13	27
84	California	48	57.6	24,193	10	22
85	New York	77	57.5	20,758	11	14
86	Texas	90	57.1	23,409	11	28
87	Connecticut	128	57.0	27,734	8	22
88	New Mexico	17	56.6	28,804	22	22
89	New Mexico	36	56.3	31,556	28	22
90	Florida	116	56.0	47,584	45	14
91	California	31	55.8	26,467	12	26
92	Arizona	22	55.7	25,375	10	20
93	Connecticut	130	55.4	24,678	8	24
94	California	49	55.3	36,614	22	22
95	New York	68	54.9	30,049	17	22
96	California	52	54.2	31,242	13	20
97	Colorado	2	53.9	23,671	19	24
98	Colorado	5	53.8	22,149	23	24
99	New Mexico	32	53.4	24,730	17	36
100	California	79	53.3	29,077	16	20

HISPANIC—Top State House Districts

RANK	STATE	DISTRICT NUMBER	HISPANIC (%)	DISTRICT WIDE AVG. HH INCOME ($)	DISTRICT WIDE COLLEGE EDUCATION (%)	DISTRICT WIDE RECEIVES SOC. SEC. (%)
101	California	30	52.6	29,461	12	22
102	New York	79	52.6	18,621	9	20
103	New Mexico	61	52.1	21,736	7	29
104	Texas	103	51.9	29,399	18	17
105	Colorado	4	51.0	26,285	20	30
106	New Mexico	48	50.6	33,115	37	25
107	California	80	50.2	39,448	20	32
108	Arizona	11	50.0	27,032	18	24
109	Texas	31	49.3	27,262	16	28
110	Texas	51	49.3	23,919	25	13
111	Colorado	46	48.8	23,756	14	31
112	New Mexico	54	48.7	24,331	9	31
113	California	28	48.6	45,679	23	21
114	New Mexico	46	48.5	45,928	36	22
115	Rhode Island	18	48.4	26,350	16	21
116	Texas	78	47.3	42,887	37	17
117	New Mexico	10	46.9	25,296	17	17
118	California	61	46.3	41,623	20	16
119	New York	71	46.3	28,674	24	27
120	New Mexico	15	46.1	37,394	26	25
121	Wisconsin	8	46.1	20,482	8	26
122	California	23	45.8	41,791	24	17
123	New Mexico	49	45.1	24,314	18	30
124	Colorado	60	44.9	23,536	20	31
125	California	55	44.2	36,823	20	18
126	New Mexico	26	43.7	24,875	21	21
127	California	62	43.6	33,690	17	20
128	Texas	80	43.6	29,443	13	26
129	Connecticut	5	43.3	22,573	14	19
130	Texas	137	43.0	35,398	39	13
131	New Mexico	7	42.9	31,078	18	23
132	Massachusetts	H9	42.8	25,555	14	34
133	Nevada	28	42.0	22,948	8	20
134	Illinois	33	41.6	35,374	26	21
135	Texas	85	41.6	26,669	14	31
136	Arizona	5	41.0	29,271	18	30
137	New Mexico	63	40.3	20,612	11	24
138	California	51	39.9	37,145	23	17
139	Rhode Island	9	39.3	20,183	9	21
140	Arizona	8	39.0	27,117	21	32
141	Texas	107	38.8	34,024	31	19
142	Connecticut	6	38.6	31,578	18	23
143	Texas	83	38.5	24,898	17	23
144	New York	35	38.2	35,461	25	19
145	Pennsylvania	179	38.1	24,349	10	23
146	Florida	106	37.9	43,545	31	45
147	Washington	15	37.5	29,210	15	28
148	Connecticut	75	37.3	28,331	12	27
149	Florida	109	37.1	21,047	8	24
150	Rhode Island	17	37.1	29,303	14	19

HISPANIC—Top State House Districts

RANK	STATE	DISTRICT NUMBER	HISPANIC (%)	DISTRICT WIDE AVG. HH INCOME ($)	COLLEGE EDUCATION (%)	RECEIVES SOC. SEC. (%)
151	New Mexico	59	36.9	27,745	21	34
152	New Mexico	44	36.9	34,659	27	28
153	Texas	81	36.8	30,374	16	22
154	Rhode Island	72	36.7	22,861	10	30
155	New Mexico	38	36.5	24,991	18	39
156	New Jersey	35	36.1	38,024	15	26
157	New York	37	35.9	30,654	18	25
158	Connecticut	95	35.7	25,512	16	25
159	New Mexico	37	35.6	32,104	45	20
160	New Mexico	5	35.4	30,582	19	19
161	Arizona	7	35.2	25,796	13	29
162	Texas	120	35.0	25,490	18	26
163	Rhode Island	19	34.3	19,481	9	21
164	Texas	138	34.3	31,029	16	23
165	California	40	34.2	43,166	31	19
166	New Mexico	25	34.1	32,938	38	23
167	California	26	33.8	34,222	17	24
168	California	37	33.7	54,155	31	20
169	Florida	58	33.5	32,316	23	23
170	California	60	33.3	56,899	34	17
171	Texas	144	33.3	33,256	13	20
172	Colorado	47	33.1	24,496	19	33
173	New Mexico	67	33.0	24,907	14	35
174	New Mexico	50	32.1	29,759	21	20
175	Arizona	20	32.1	28,302	15	22
176	New Mexico	66	31.7	27,492	20	28
177	Colorado	45	31.6	27,308	23	32
178	New Jersey	20	31.5	37,840	17	28
179	New Jersey	32	31.0	40,627	24	26
180	California	64	30.7	43,253	23	19
181	Texas	30	30.4	31,261	17	31
182	Florida	118	30.3	40,570	26	19
183	New Mexico	21	30.2	29,212	24	32
184	Texas	46	30.2	29,968	23	23
185	New Mexico	29	30.2	44,665	40	13
186	Massachusetts	H5	30.1	31,796	23	32
187	Texas	27	29.9	37,160	22	15
188	New Mexico	56	29.8	25,569	18	28
189	New York	80	29.6	32,431	20	32
190	New Mexico	51	29.4	24,895	17	18
191	Colorado	50	29.3	24,019	24	24
192	Massachusetts	S12	29.2	31,033	29	17
193	New Mexico	60	29.2	34,531	28	20
194	Connecticut	24	28.9	29,161	18	33
195	New York	70	28.9	20,813	14	26
196	Texas	45	28.7	33,739	21	28
197	New Mexico	55	28.7	32,675	20	35
198	Wyoming	44	28.6	21,747	18	27
199	Colorado	32	28.6	29,584	12	18
200	Florida	103	28.6	33,336	18	17

HISPANIC—Top State House Districts

RANK	STATE	DISTRICT NUMBER	HISPANIC (%)	AVG. HH INCOME ($)	DISTRICT WIDE COLLEGE EDUCATION (%)	RECEIVES SOC. SEC. (%)
201	Illinois	20	28.5	33,594	20	26
202	Florida	119	28.2	54,158	35	21
203	New Mexico	19	28.1	27,378	37	26
204	Texas	123	28.0	49,111	46	16
205	Rhode Island	73	27.9	25,156	9	33
206	New Mexico	20	27.6	35,762	31	18
207	Connecticut	124	27.6	29,435	8	27
208	Texas	72	27.6	30,422	20	28
209	Kansas	123	27.6	38,401	24	21
210	Rhode Island	20	27.6	27,475	13	18
211	California	43	27.5	44,800	34	20
212	Texas	82	27.4	41,874	30	20
213	New Mexico	30	27.1	34,238	35	29
214	New York	30	27.1	38,381	23	28
215	New Mexico	47	27.1	50,124	52	21
216	New Jersey	29	27.0	29,064	12	24
217	New York	81	27.0	42,108	32	30
218	New Mexico	57	26.9	36,276	25	32
219	Texas	32	26.7	35,785	27	24
220	Connecticut	84	26.6	31,341	15	30
221	California	68	26.6	43,622	24	20
222	New York	63	26.5	49,657	51	19
223	Connecticut	145	26.4	40,237	17	24
224	California	47	26.4	43,144	36	21
225	California	17	26.2	36,498	21	24
226	California	35	26.2	50,492	37	25
227	Texas	134	26.1	40,824	43	12
228	Texas	70	26.0	27,353	15	32
229	New Mexico	18	25.9	26,825	48	19
230	Illinois	34	25.6	29,733	32	19
231	Kansas	103	25.6	21,016	14	26
232	Texas	50	25.5	27,622	25	18
233	New York	84	25.5	35,104	21	26
234	Colorado	1	25.5	36,235	26	24
235	Massachusetts	S2	25.3	35,834	25	25
236	New York	40	25.1	24,955	11	15
237	California	56	24.9	46,397	28	22
238	Texas	87	24.9	27,287	16	26
239	Massachusetts	S5	24.8	31,045	16	20
240	New York	69	24.7	51,603	55	19
241	New Mexico	27	24.7	39,914	39	23
242	Utah	9	24.5	20,992	15	28
243	Connecticut	125	24.5	38,396	19	30
244	Pennsylvania	127	24.1	25,625	11	33
245	Indiana	2	24.1	25,543	11	34
246	California	59	24.0	52,924	36	22
247	Rhode Island	1	23.8	26,147	20	23
248	Massachusetts	S16	23.7	36,478	43	18
249	California	33	23.7	39,462	29	26
250	Nevada	9	23.7	32,944	17	29

HISPANIC—Top State House Districts

RANK	STATE	DISTRICT NUMBER	HISPANIC (%)	DISTRICT WIDE AVG. HH INCOME ($)	DISTRICT WIDE COLLEGE EDUCATION (%)	RECEIVES SOC. SEC. (%)
251	New York	5	23.6	52,446	23	23
252	Texas	29	23.6	32,899	15	22
253	Pennsylvania	96	23.6	28,319	17	28
254	Illinois	84	23.6	42,043	20	20
255	Colorado	35	23.6	31,361	16	21
256	Illinois	31	23.5	29,455	17	28
257	New Mexico	3	23.5	26,381	14	22
258	Idaho	10	23.3	26,611	15	31
259	New York	36	23.2	34,413	24	26
260	Texas	142	23.2	25,496	14	20
261	Michigan	8	23.0	20,973	7	33
262	Delaware	5	22.9	30,201	16	30
263	Texas	73	22.9	26,785	16	36
264	Connecticut	96	22.9	32,260	44	20
265	California	72	22.9	59,075	38	17
266	Rhode Island	14	22.8	21,390	16	34
267	California	66	22.8	44,301	23	29
268	Illinois	17	22.8	31,332	40	20
269	California	32	22.7	37,117	23	26
270	Colorado	3	22.7	29,108	25	25
271	Texas	147	22.6	26,457	19	21
272	Massachusetts	H12	22.6	26,356	17	24
273	Wyoming	15	22.5	29,529	19	27
274	California	29	22.4	38,225	31	24
275	New Mexico	28	22.4	39,799	36	19
276	Massachusetts	S1	22.3	28,527	13	29
277	Kansas	116	22.2	29,698	26	26
278	New Jersey	36	22.2	42,623	23	30
279	Arizona	25	22.2	31,088	29	25
280	New York	82	22.1	37,813	17	36
281	Florida	77	22.1	27,236	13	43
282	Florida	105	22.0	37,954	27	34
283	New York	50	22.0	29,219	17	24
284	Connecticut	140	22.0	44,213	23	19
285	California	74	21.9	51,676	37	25
286	Texas	106	21.8	36,327	24	13
287	New Mexico	53	21.8	32,278	27	21
288	Illinois	43	21.8	38,108	24	34
289	Kansas	117	21.6	29,231	20	24
290	California	44	21.4	57,859	43	21
291	Texas	48	21.3	40,886	44	11
292	Oregon	38	21.2	31,738	17	35
293	Connecticut	2	21.1	28,078	28	18
294	Kansas	125	21.1	31,844	19	23
295	Nevada	11	21.0	32,644	14	20
296	New York	62	20.8	30,854	21	29
297	New York	18	20.8	47,900	24	23
298	California	77	20.7	42,134	29	21
299	Florida	120	20.7	39,811	24	25
300	Texas	128	20.7	37,064	18	16

HISPANIC—Top State House Districts

RANK	STATE	DISTRICT NUMBER	HISPANIC (%)	AVG. HH INCOME ($)	DISTRICT WIDE COLLEGE EDUCATION (%)	RECEIVES SOC. SEC. (%)
301	Texas	121	20.6	46,545	39	24
302	Texas	122	20.6	49,153	44	12
303	California	63	20.5	47,522	32	18
304	California	54	20.5	55,482	41	21
305	New Mexico	2	20.5	30,992	19	22
306	Massachusetts	W15	20.4	26,899	20	31
307	California	65	20.3	36,661	21	32
308	Indiana	12	20.2	34,951	14	25
309	Kansas	32	20.2	22,037	18	22
310	Connecticut	129	20.2	37,378	24	31
311	New York	25	20.2	38,670	30	25
312	New York	83	20.1	37,516	20	27
313	Texas	141	20.1	28,532	12	20
314	Colorado	34	20.1	35,565	21	17
315	New York	32	20.0	36,823	20	24
316	California	18	20.0	45,053	27	24
317	New Jersey	19	19.8	45,554	20	28
318	California	25	19.8	40,164	25	26
319	New Mexico	22	19.7	40,767	39	18
320	Virginia	47	19.7	52,229	52	14
321	New Mexico	65	19.7	24,442	14	22
322	New Mexico	62	19.6	36,248	25	22
323	Texas	136	19.6	68,317	45	17
324	Utah	23	19.4	27,132	18	24
325	Texas	28	19.4	28,733	16	33
326	Texas	139	19.3	31,237	21	13
327	Kansas	124	19.1	31,689	20	23
328	Washington	16	19.1	30,989	25	29
329	California	36	19.1	50,541	27	15
330	New Mexico	24	19.1	41,216	41	26
331	Illinois	59	19.0	62,381	33	19
332	California	73	19.0	54,012	37	23
333	New York	38	19.0	38,225	17	32
334	Rhode Island	12	18.9	26,092	12	27
335	Utah	27	18.9	20,958	19	30
336	Oklahoma	89	18.8	19,360	8	32
337	Texas	105	18.8	30,865	13	23
338	Idaho	25	18.7	29,006	18	26
339	California	9	18.7	33,429	28	23
340	Virginia	49	18.7	48,078	52	16
341	Virginia	38	18.6	58,209	48	19
342	Colorado	31	18.5	40,268	28	15
343	California	19	18.5	55,290	36	23
344	Florida	86	18.5	31,428	20	39
345	Texas	100	18.5	31,293	28	17
346	Connecticut	126	18.5	40,809	17	25
347	Texas	25	18.4	43,025	26	17
348	New Jersey	31	18.4	36,696	22	28
349	California	34	18.3	36,457	20	23
350	Nevada	27	18.3	25,472	19	28

HISPANIC—Top State House Districts

RANK	STATE	DISTRICT NUMBER	HISPANIC (%)	DISTRICT WIDE AVG. HH INCOME ($)	DISTRICT WIDE COLLEGE EDUCATION (%)	DISTRICT WIDE RECEIVES SOC. SEC. (%)
351	New York	31	18.3	38,519	16	23
352	Connecticut	72	18.3	28,555	13	32
353	New Jersey	5	18.3	32,151	13	28
354	California	38	18.2	63,145	36	17
355	Texas	57	18.2	24,797	15	30
356	Arizona	29	18.2	30,885	26	17
357	Colorado	8	18.2	26,876	31	24
358	New Jersey	28	18.1	41,084	23	24
359	Colorado	36	18.1	30,596	18	20
360	Arizona	4	18.1	28,833	17	30
361	Illinois	66	18.1	42,677	25	20
362	Connecticut	23	17.9	41,599	22	32
363	California	8	17.7	41,897	31	18
364	Illinois	19	17.7	36,684	16	37
365	Utah	26	17.7	23,399	11	27
366	Nevada	41	17.7	27,574	21	22
367	Texas	149	17.6	44,074	41	7
368	Florida	79	17.5	32,187	17	27
369	Wyoming	12	17.4	29,224	20	13
370	Hawaii	44	17.4	36,179	18	22
371	Nevada	30	17.3	31,802	18	21
372	Florida	108	17.3	28,057	18	24
373	Texas	131	17.2	34,305	31	14
374	Texas	133	17.2	57,111	54	14
375	Texas	23	17.2	35,203	26	23
376	Texas	71	17.1	31,786	25	24
377	Kansas	122	17.1	30,297	18	24
378	Colorado	17	17.1	23,843	19	18
379	Florida	101	17.0	32,891	19	40
380	Florida	35	16.9	36,860	34	15
381	Arizona	15	16.9	34,509	21	46
382	Connecticut	39	16.8	28,586	17	27
383	Florida	104	16.7	33,615	20	23
384	Kansas	31	16.6	28,813	11	27
385	California	13	16.6	42,431	41	20
386	Texas	49	16.6	30,452	45	13
387	New Mexico	6	16.6	20,891	13	20
388	California	71	16.5	65,914	43	15
389	New York	27	16.4	44,484	32	27
390	Oregon	5	16.3	32,610	24	25
391	Massachusetts	S7	16.3	26,127	19	20
392	Connecticut	49	16.3	34,662	23	29
393	Nevada	24	16.3	35,022	28	20
394	New York	55	16.2	21,791	10	19
395	Arizona	14	16.2	29,683	35	25
396	Texas	54	16.2	26,789	20	22
397	New York	64	16.2	57,013	55	19
398	Nevada	19	16.2	30,242	13	17
399	Nevada	10	16.1	30,895	16	28
400	Texas	52	16.0	37,279	30	17

HISPANIC—Top State House Districts

RANK	STATE	DISTRICT NUMBER	HISPANIC (%)	DISTRICT WIDE AVG. HH INCOME ($)	COLLEGE EDUCATION (%)	RECEIVES SOC. SEC. (%)
401	Texas	14	16.0	28,368	42	14
402	Massachusetts	H6	16.0	34,440	23	28
403	California	20	15.9	58,735	38	13
404	New York	52	15.9	52,034	43	25
405	California	16	15.9	42,052	33	22
406	Nebraska	48	15.9	27,183	22	32
407	California	21	15.9	72,157	53	21
408	New York	44	15.8	46,059	40	22
409	New Mexico	1	15.8	36,160	28	19
410	Arizona	17	15.8	34,124	24	36
411	Texas	93	15.8	36,058	31	9
412	Texas	114	15.7	52,978	39	16
413	Nevada	33	15.7	39,144	21	15
414	Illinois	77	15.6	44,617	26	32
415	New Mexico	64	15.6	30,754	24	26
416	Connecticut	110	15.5	37,927	22	26
417	Texas	86	15.5	37,857	30	21
418	New York	46	15.5	29,122	20	34
419	Rhode Island	75	15.4	29,452	14	24
420	Nevada	34	15.4	37,573	17	16
421	New York	42	15.3	33,370	21	13
422	Washington	14	15.3	30,721	23	30
423	New Mexico	69	15.3	20,952	13	21
424	Oregon	60	15.2	28,410	19	31
425	Texas	53	15.2	33,354	24	35
426	Texas	132	15.1	47,612	46	19
427	Florida	40	15.0	43,542	32	23
428	Colorado	48	15.0	38,062	30	21
429	Hawaii	14	15.0	42,592	24	35
430	Illinois	86	14.9	34,536	17	30
431	California	78	14.9	47,712	43	22
432	Arizona	9	14.9	35,618	28	32
433	Nevada	7	14.8	28,838	9	19
434	California	22	14.8	51,876	44	17
435	Kansas	57	14.7	24,026	7	34
436	New Mexico	43	14.7	54,098	54	16
437	California	11	14.6	47,128	32	19
438	California	27	14.6	48,374	40	22
439	Washington	13	14.6	29,637	21	26
440	Arizona	6	14.5	46,556	39	11
441	Massachusetts	H10	14.5	31,520	28	27
442	New York	23	14.5	41,975	20	33
443	Rhode Island	76	14.5	28,815	22	30
444	Pennsylvania	131	14.5	30,429	16	30
445	Nevada	14	14.4	38,793	16	16
446	New York	59	14.4	43,333	25	26
447	Massachusetts	S9	14.3	33,776	50	16
448	Florida	100	14.2	37,773	22	42
449	Texas	89	14.2	33,258	20	22
450	Oklahoma	93	14.2	21,677	7	37

HISPANIC—Top State House Districts

RANK	STATE	DISTRICT NUMBER	HISPANIC (%)	DISTRICT WIDE AVG. HH INCOME ($)	DISTRICT WIDE COLLEGE EDUCATION (%)	DISTRICT WIDE RECEIVES SOC. SEC. (%)
451	Illinois	24	14.2	22,644	9	27
452	New York	29	14.2	43,369	23	26
453	California	70	14.1	65,340	49	19
454	Illinois	23	14.1	25,380	10	33
455	Texas	135	14.1	56,674	42	8
456	Maryland	20	14.1	50,074	49	16
457	Illinois	10	14.0	26,018	10	22
458	California	76	14.0	40,074	38	19
459	New York	85	13.9	81,115	46	27
460	Wyoming	60	13.9	38,756	17	20
461	Missouri	37	13.9	19,979	14	35
462	Florida	97	13.9	48,841	32	27
463	Texas	24	13.8	38,753	25	22
464	California	12	13.8	49,988	40	28
465	New Mexico	23	13.7	59,643	52	15
466	Colorado	65	13.7	27,533	20	30
467	Nebraska	7	13.6	22,783	13	32
468	New York	67	13.6	70,605	65	17
469	Idaho	24	13.6	29,315	17	29
470	Texas	95	13.6	25,687	12	27
471	Texas	26	13.5	63,698	48	9
472	Connecticut	26	13.5	36,368	23	29
473	Massachusetts	M7	13.5	45,108	36	22
474	New York	56	13.4	24,457	12	20
475	Massachusetts	M18	13.4	35,005	20	25
476	New Jersey	17	13.4	46,851	30	22
477	Texas	55	13.4	31,591	26	22
478	Minnesota	65B	13.4	27,560	23	29
479	New York	48	13.3	34,834	19	32
480	Hawaii	43	13.3	39,133	13	17
481	California	7	13.3	44,158	32	27
482	Massachusetts	W14	13.3	32,256	28	31
483	Connecticut	148	13.3	51,071	33	22
484	Colorado	44	13.3	28,488	21	32
485	Ohio	13	13.2	25,248	10	31
486	Texas	88	13.2	30,274	17	32
487	Massachusetts	S6	13.2	33,699	18	17
488	Florida	99	13.2	40,435	26	25
489	Nevada	12	13.1	35,379	16	30
490	Oklahoma	52	13.0	26,698	22	27
491	New Mexico	31	13.0	59,964	54	16
492	Nevada	6	12.9	33,268	15	24
493	Indiana	1	12.9	31,318	15	33
494	Texas	109	12.8	31,992	17	21
495	Texas	146	12.8	31,562	24	19
496	Texas	10	12.7	33,744	17	27
497	Massachusetts	E11	12.7	33,787	21	27
498	Illinois	46	12.7	48,559	24	22
499	New York	57	12.7	32,415	28	17
500	Massachusetts	S18	12.6	34,627	51	13

HISPANIC—Top State House Districts

RANK	STATE	DISTRICT NUMBER	HISPANIC (%)	AVG. HH INCOME ($)	DISTRICT WIDE COLLEGE EDUCATION (%)	RECEIVES SOC. SEC. (%)
501	California	10	12.6	43,124	33	22
502	Colorado	33	12.6	39,859	26	13
503	Maryland	21	12.6	47,034	38	14
504	New York	144	12.6	29,779	30	28
505	Arizona	12	12.6	39,732	35	27
506	Pennsylvania	132	12.5	33,842	27	35
507	Connecticut	146	12.5	59,677	42	22
508	California	53	12.4	60,751	47	17
509	Wisconsin	61	12.4	29,611	19	28
510	Ohio	61	12.4	30,214	15	28
511	Texas	99	12.4	53,424	48	11
512	Texas	84	12.3	38,678	38	20
513	Florida	56	12.3	34,031	25	25
514	Idaho	11	12.3	28,363	17	26
515	Kansas	37	12.2	22,699	13	36
516	Texas	130	12.2	54,252	43	8
517	Connecticut	137	12.2	49,155	32	21
518	Texas	113	12.2	46,667	33	9
519	Montana	13	12.2	16,424	14	32
520	Massachusetts	M29	12.1	37,291	31	23
521	Illinois	9	12.1	19,285	10	26
522	Washington	12	12.1	31,146	23	29
523	Arizona	13	12.1	39,460	43	26
524	Rhode Island	78	12.1	25,777	16	31
525	Illinois	26	12.1	25,600	12	30
526	Nevada	8	12.0	32,879	19	22
527	Maryland	18	11.9	62,432	51	22
528	Colorado	59	11.9	30,460	30	23
529	New York	88	11.9	77,761	46	28
530	California	14	11.8	39,729	45	22
531	California	67	11.8	59,470	40	20
532	Massachusetts	Br12	11.8	24,962	14	35
533	Idaho	35	11.7	28,948	19	27
534	Colorado	12	11.7	37,718	29	20
535	Nevada	42	11.7	45,717	22	22
536	California	2	11.7	31,515	21	31
537	Texas	111	11.7	35,177	21	21
538	Illinois	15	11.7	39,754	28	33
539	Virginia	46	11.6	48,760	53	12
540	Massachusetts	E10	11.6	31,672	20	30
541	Wyoming	45	11.6	21,949	33	17
542	Florida	84	11.5	32,087	19	25
543	Hawaii	37	11.5	49,433	21	24
544	Florida	59	11.5	23,442	14	27
545	Wyoming	16	11.5	35,213	19	19
546	Illinois	32	11.4	34,580	17	29
547	Arizona	30	11.4	41,638	33	26
548	Virginia	48	11.4	65,608	63	16
549	Texas	59	11.4	26,799	18	27
550	Hawaii	40	11.4	41,527	18	29

HISPANIC—Top State House Districts

RANK	STATE	DISTRICT NUMBER	HISPANIC (%)	DISTRICT WIDE AVG. HH INCOME ($)	COLLEGE EDUCATION (%)	RECEIVES SOC. SEC. (%)
551	New Jersey	37	11.4	58,527	38	28
552	California	42	11.4	71,145	51	20
553	Idaho	20	11.3	27,638	20	20
554	Florida	36	11.3	38,374	34	29
555	New York	133	11.3	28,674	18	24
556	Colorado	24	11.3	33,199	27	27
557	Texas	13	11.2	29,872	18	32
558	Wyoming	11	11.2	27,744	24	30
559	Massachusetts	M19	11.2	32,904	22	28
560	Oregon	57	11.0	28,332	20	26
561	Illinois	12	11.0	45,146	59	14
562	Hawaii	1	11.0	33,154	20	39
563	Colorado	7	10.9	38,101	31	18
564	Georgia	62	10.9	43,423	41	16
565	Maryland	17	10.9	54,163	49	15
566	Florida	92	10.9	40,145	26	31
567	Missouri	40	10.8	21,837	10	33
568	Virginia	53	10.8	62,899	56	13
569	Arizona	27	10.8	42,581	46	14
570	Michigan	95	10.8	23,977	14	28
571	Colorado	54	10.8	29,319	23	29
572	Rhode Island	74	10.8	32,564	16	26
573	Massachusetts	W3	10.7	31,763	20	32
574	Wyoming	27	10.7	30,105	24	29
575	Nevada	23	10.7	35,163	14	25
576	Hawaii	12	10.7	41,528	27	21
577	Colorado	19	10.7	31,680	20	16
578	California	41	10.7	81,286	50	20
579	Texas	112	10.7	47,382	37	16
580	New Jersey	1	10.7	37,713	19	34
581	Oregon	56	10.7	32,930	23	28
582	New York	96	10.6	39,025	24	26
583	Florida	57	10.6	43,506	36	24
584	Texas	126	10.6	61,126	47	9
585	Nevada	17	10.6	30,309	13	12
586	New Hampshire	Hi29	10.5	28,002	14	30
587	New York	33	10.5	48,117	23	27
588	California	75	10.5	53,418	37	20
589	Florida	85	10.5	38,546	22	34
590	Texas	150	10.4	45,683	30	11
591	New York	92	10.4	66,805	40	20
592	Hawaii	13	10.4	46,921	27	29
593	Texas	69	10.4	30,387	21	26
594	Hawaii	45	10.4	37,647	24	17
595	Wyoming	43	10.3	29,090	21	21
596	Louisiana	92	10.3	29,552	17	18
597	California	24	10.3	68,439	46	17
598	Hawaii	41	10.3	41,016	21	14
599	Florida	47	10.3	41,317	34	24
600	Illinois	16	10.3	42,564	37	31

HISPANIC—Top State House Districts

RANK	STATE	DISTRICT NUMBER	HISPANIC (%)	DISTRICT WIDE AVG. HH INCOME ($)	COLLEGE EDUCATION (%)	RECEIVES SOC. SEC. (%)
601	Indiana	11	10.2	36,895	19	29
602	Idaho	12	10.2	29,195	19	31
603	Florida	66	10.2	35,441	20	39
604	Oklahoma	88	10.2	24,427	24	26
605	Massachusetts	E14	10.2	52,602	37	25
606	Texas	101	10.2	41,408	28	13
607	New York	28	10.2	45,821	39	32
608	Pennsylvania	133	10.1	34,225	22	30
609	Florida	62	10.1	40,778	25	23
610	Colorado	23	10.1	39,433	37	22
611	Georgia	20	10.1	34,487	20	29
612	Nevada	40	10.1	34,742	23	28
613	Texas	129	10.1	49,530	40	10
614	Utah	24	10.0	27,138	37	25
615	Connecticut	93	10.0	30,752	30	20
616	Texas	15	10.0	40,876	26	22
617	Louisiana	79	10.0	44,941	35	11
618	Nevada	16	10.0	40,477	25	20
619	Colorado	29	10.0	37,667	28	16
620	Colorado	16	9.9	31,866	30	24
621	California	6	9.9	59,219	44	21
622	Nevada	26	9.9	36,175	30	17
623	Hawaii	42	9.9	53,930	32	16
624	Texas	58	9.9	33,579	16	26
625	Pennsylvania	135	9.9	42,543	30	33
626	Colorado	56	9.9	41,498	39	11
627	California	1	9.9	34,964	26	29
628	Wyoming	39	9.8	39,823	24	10
629	Oklahoma	61	9.8	28,888	18	29
630	Virginia	45	9.7	58,273	54	16
631	Connecticut	97	9.7	33,806	23	42
632	Nevada	18	9.7	31,909	12	28
633	Massachusetts	S19	9.6	36,425	58	15
634	New York	87	9.6	51,570	30	34
635	Illinois	18	9.6	45,182	47	22
636	Hawaii	4	9.6	26,950	21	29
637	Kansas	92	9.5	29,314	25	27
638	Texas	16	9.5	35,757	17	23
639	Florida	98	9.5	46,210	32	36
640	New Jersey	15	9.5	51,601	34	27
641	Arizona	2	9.5	32,017	27	28
642	Oregon	33	9.4	29,270	23	28
643	Nevada	15	9.4	45,079	24	29
644	Florida	95	9.4	35,760	22	45
645	Illinois	78	9.4	49,254	31	27
646	Arizona	18	9.4	42,669	34	23
647	Maryland	22A	9.4	45,407	32	18
648	Illinois	42	9.4	44,723	31	22
649	Nevada	3	9.4	37,689	20	25
650	Utah	47	9.4	30,881	20	17

HISPANIC
Top State Senate Districts

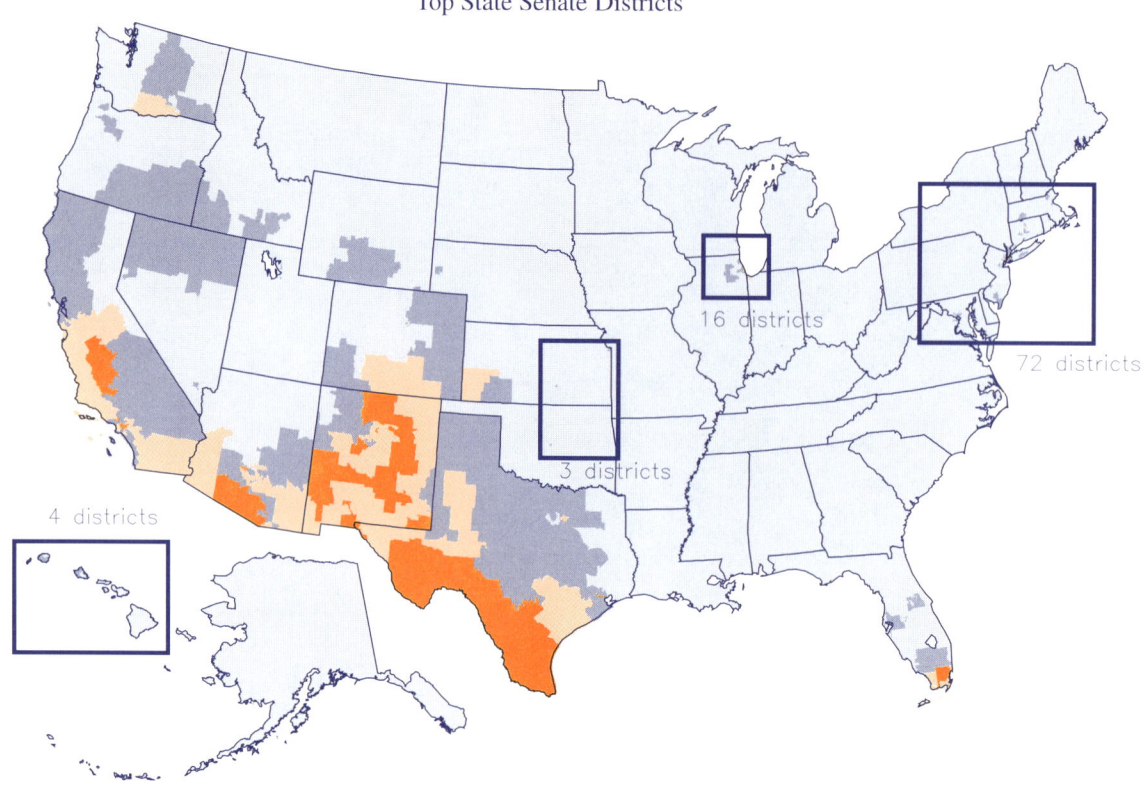

SAN ANTONIO - HOUSTON - BROWNSVILLE

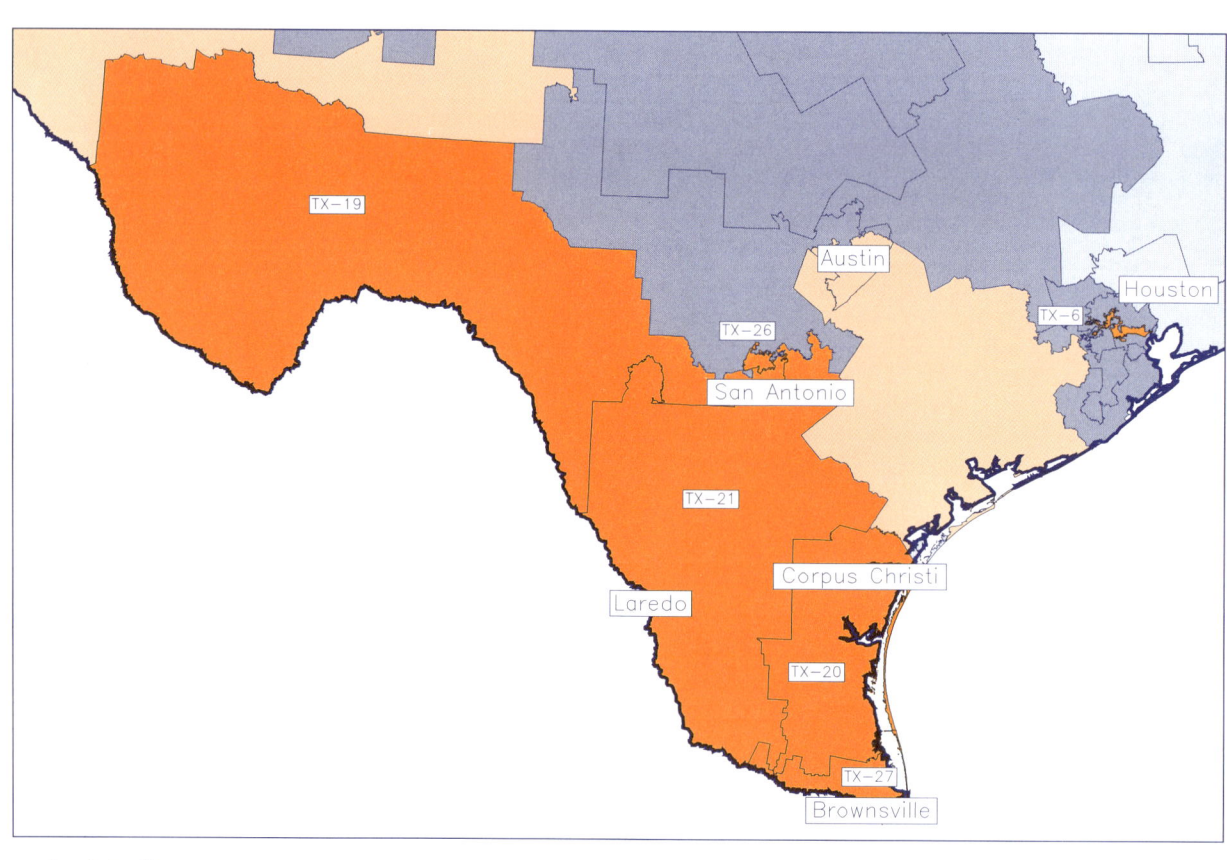

Population Ranges
- 50.0% to 99.9%
- 25.0% to 49.9%
- 10.0% to 24.9%
- 0.0% to 9.9%

HISPANIC Top State Senate Districts 143

SANTA FE - EL PASO

NEW YORK

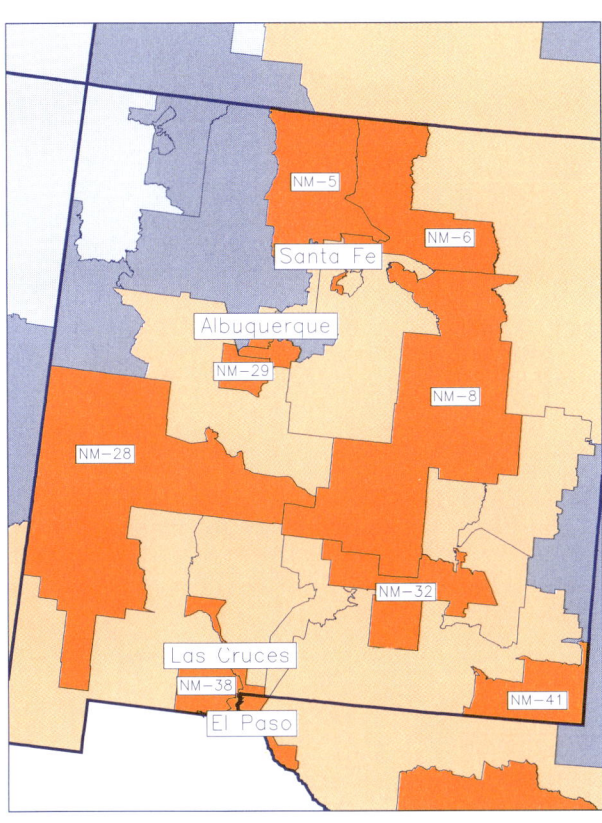

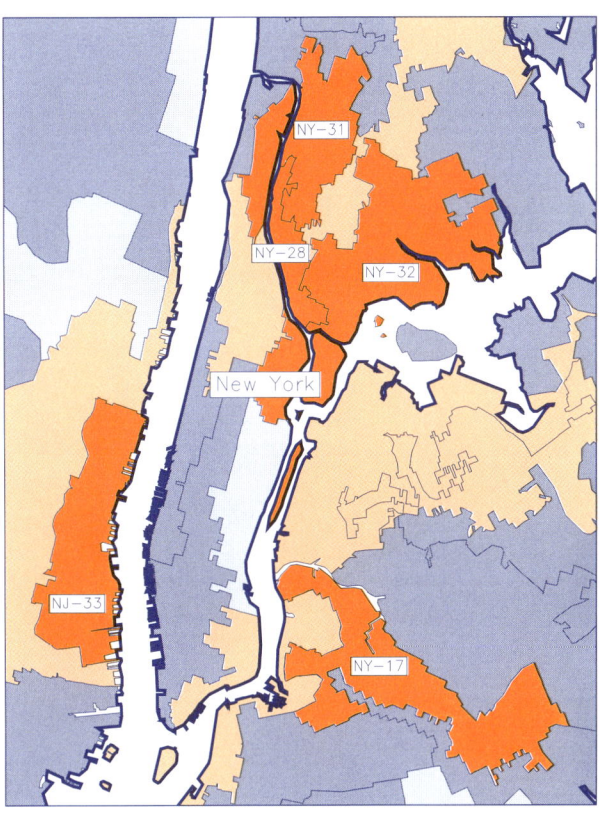

CHICAGO

ALBUQUERQUE

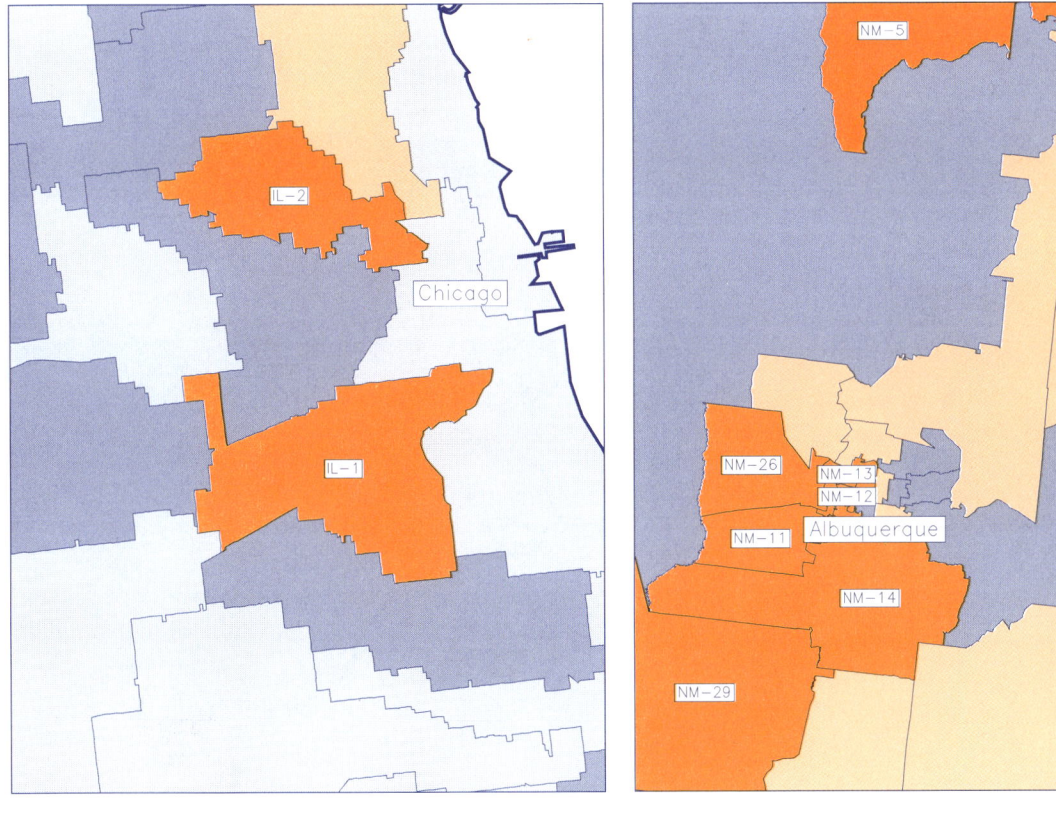

Population Ranges
- 50.0% to 99.9%
- 25.0% to 49.9%
- 10.0% to 24.9%
- 0.0% to 9.9%

HISPANIC Top State Senate Districts

PHOENIX - TUCSON

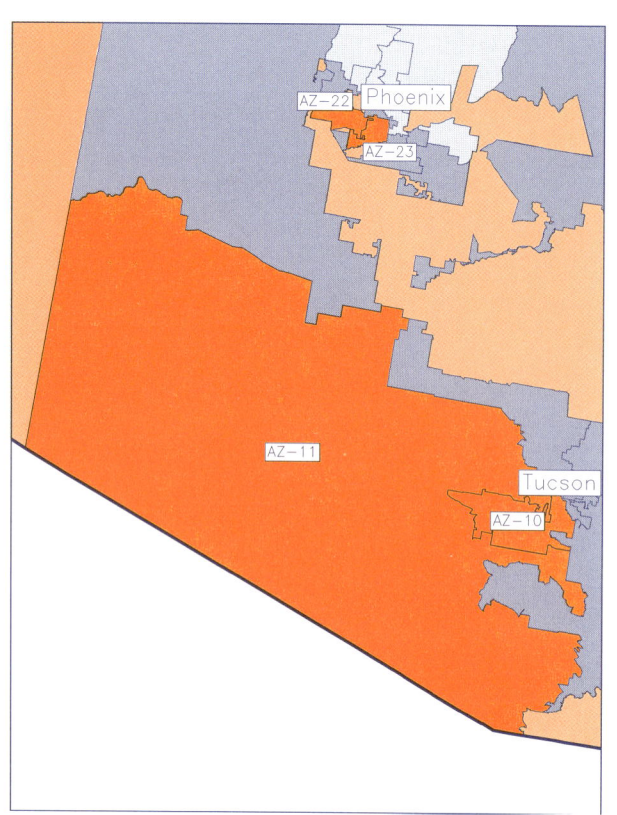

MIAMI

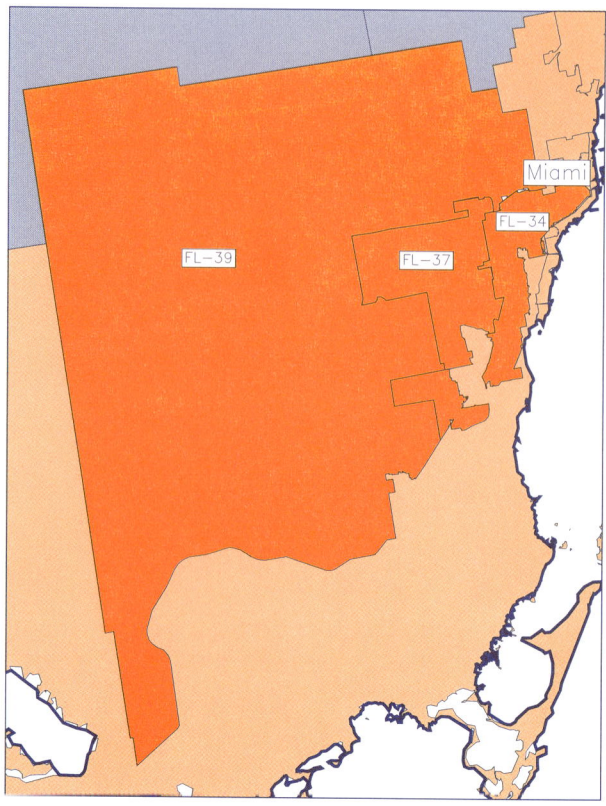

EL PASO - LAS CRUCES

LOS ANGELES

Population Ranges
- 50.0% to 99.9%
- 25.0% to 49.9%
- 10.0% to 24.9%
- 0.0% to 9.9%

HISPANIC—Top State Senate Districts

RANK	STATE	DISTRICT NUMBER	HISPANIC (%)	DISTRICT WIDE AVG. HH INCOME ($)	COLLEGE EDUCATION (%)	RECEIVES SOC. SEC. (%)
1	Texas	27	85.8	25,034	15	27
2	Illinois	1	83.1	26,136	7	20
3	California	30	78.9	34,919	12	21
4	Texas	29	78.8	29,641	20	21
5	Florida	39	77.8	34,233	19	20
6	New Mexico	31	77.4	24,145	20	16
7	New Mexico	11	75.3	25,675	11	20
8	Illinois	2	74.4	25,120	12	20
9	California	22	70.7	27,614	18	16
10	Texas	6	69.9	26,176	12	20
11	New Mexico	6	69.8	24,316	21	26
12	Florida	37	69.7	44,699	35	17
13	New Mexico	5	69.4	29,457	23	24
14	Florida	34	68.7	41,213	29	28
15	Texas	26	67.8	27,231	20	23
16	Texas	19	65.8	24,407	13	25
17	Texas	21	65.6	28,057	18	23
18	New York	32	64.7	23,143	11	20
19	New Mexico	26	64.3	31,970	22	17
20	Texas	20	63.7	29,617	19	24
21	New York	28	63.4	28,473	19	19
22	New York	31	62.9	23,005	12	15
23	New Mexico	38	62.8	25,608	26	22
24	New Mexico	36	62.5	27,770	24	24
25	California	24	61.9	38,475	20	20
26	New York	17	60.8	23,116	9	17
27	New Mexico	24	60.4	32,200	28	17
28	Arizona	23	59.8	24,082	11	24
29	New Mexico	8	59.6	23,282	19	30
30	New Jersey	33	58.5	36,920	24	22
31	Arizona	10	58.0	23,460	13	27
32	New Mexico	13	57.7	29,908	23	22
33	Arizona	22	55.7	25,375	10	20
34	New Mexico	41	55.4	22,191	7	32
35	California	16	54.2	27,955	12	24
36	New Mexico	32	53.1	22,173	11	29
37	New Mexico	29	52.8	30,026	16	23
38	New Mexico	12	52.5	24,740	27	22
39	New Mexico	14	51.8	24,809	17	20
40	California	20	50.8	41,096	25	18
41	New Mexico	28	50.7	25,405	19	31
42	Arizona	11	50.0	27,032	18	24
43	Colorado	31	49.8	25,914	21	25
44	Colorado	34	49.7	24,339	23	26
45	California	34	49.0	41,528	20	18
46	California	25	47.0	34,525	18	18
47	New Mexico	39	46.1	35,436	28	20
48	California	32	45.0	37,542	18	18
49	New York	16	44.7	34,371	23	21
50	New Mexico	35	44.5	24,210	15	40

HISPANIC—Top State Senate Districts

RANK	STATE	DISTRICT NUMBER	HISPANIC (%)	DISTRICT WIDE AVG. HH INCOME ($)	COLLEGE EDUCATION (%)	RECEIVES SOC. SEC. (%)
51	Rhode Island	10	43.5	26,874	14	19
52	New Mexico	17	43.2	22,272	18	23
53	Colorado	3	42.7	24,745	18	32
54	Connecticut	1	42.2	31,860	21	25
55	California	26	42.1	35,397	25	22
56	Arizona	5	41.0	29,271	18	30
57	Connecticut	23	39.4	31,049	12	25
58	Arizona	8	39.0	27,117	21	32
59	New Mexico	30	38.7	24,735	17	26
60	Washington	15	37.5	29,210	15	28
61	Texas	28	37.3	30,149	20	24
62	New York	29	37.1	25,590	21	24
63	Colorado	5	36.9	26,699	22	29
64	California	40	36.9	36,159	23	21
65	New York	25	36.4	34,238	27	23
66	New Jersey	35	36.1	38,024	15	26
67	Arizona	7	35.2	25,796	13	29
68	Florida	38	34.9	42,376	31	36
69	New Mexico	37	34.8	30,448	31	18
70	Rhode Island	8	33.8	20,134	12	28
71	Illinois	17	33.7	32,394	29	20
72	New Mexico	10	33.5	40,402	31	23
73	New Mexico	7	33.3	27,440	18	31
74	Rhode Island	35	32.3	24,014	10	32
75	California	15	32.2	47,162	32	22
76	New Mexico	27	32.1	23,509	17	26
77	Arizona	20	32.1	28,302	15	22
78	Florida	36	31.9	27,742	16	23
79	New Jersey	20	31.5	37,840	17	28
80	New Mexico	33	31.3	33,699	23	33
81	New Mexico	9	31.2	35,936	30	24
82	New Jersey	32	31.0	40,627	24	26
83	California	37	31.0	46,373	28	26
84	California	13	30.4	47,672	35	17
85	New Mexico	40	29.3	28,997	22	21
86	New Mexico	34	29.0	32,025	20	29
87	Rhode Island	9	29.0	24,391	13	22
88	New Mexico	23	28.9	39,192	34	17
89	California	29	28.7	54,775	35	20
90	New Mexico	25	28.4	49,056	51	25
91	California	28	28.3	51,314	35	17
92	New Mexico	15	27.3	35,642	38	26
93	New York	14	27.3	36,654	26	27
94	Pennsylvania	2	27.1	27,586	11	34
95	New Jersey	29	27.0	29,064	12	24
96	New York	33	26.7	31,823	18	27
97	California	12	26.7	37,390	21	25
98	California	36	26.6	43,804	23	24
99	Texas	18	26.2	32,359	20	27
100	Texas	23	26.1	30,964	18	21

HISPANIC—Top State Senate Districts

RANK	STATE	DISTRICT NUMBER	HISPANIC (%)	DISTRICT WIDE AVG. HH INCOME ($)	COLLEGE EDUCATION (%)	RECEIVES SOC. SEC. (%)
101	Kansas	39	26.1	32,934	20	20
102	Florida	40	26.0	34,921	20	23
103	California	19	25.9	58,831	34	18
104	Indiana	2	25.3	27,893	12	29
105	Texas	14	25.3	35,333	38	13
106	California	18	25.0	45,049	33	26
107	Colorado	25	24.5	30,122	16	21
108	California	21	24.5	51,090	39	21
109	Texas	15	24.0	33,468	19	16
110	New York	34	23.4	41,741	22	32
111	New Mexico	16	23.3	30,592	47	24
112	Idaho	10	23.3	26,611	15	31
113	Texas	31	23.3	34,071	22	23
114	Wyoming	8	23.1	25,017	19	21
115	Illinois	10	23.0	35,147	18	32
116	California	27	22.7	51,224	34	22
117	New Mexico	19	22.6	39,563	34	17
118	Florida	32	22.6	43,439	27	25
119	California	14	22.6	37,680	27	25
120	New Mexico	18	22.4	36,621	32	30
121	Nevada	CLARK-3	22.3	30,556	16	26
122	New Jersey	36	22.2	42,623	23	30
123	Arizona	25	22.2	31,088	29	25
124	Texas	11	22.1	36,581	21	20
125	Colorado	16	22.0	30,481	28	23
126	Massachusetts	E&M2	21.9	45,871	29	23
127	New Mexico	42	21.8	31,037	21	26
128	Texas	2	21.7	29,573	17	27
129	Texas	12	21.3	34,521	23	24
130	New Mexico	2	21.0	27,034	14	22
131	New York	30	20.9	58,201	55	22
132	Colorado	24	20.8	34,103	18	15
133	New York	15	20.5	39,501	18	31
134	California	31	20.4	42,031	27	25
135	California	38	20.4	52,821	37	24
136	New York	12	20.1	31,426	13	23
137	Utah	2	19.9	24,665	20	28
138	New Jersey	19	19.8	45,554	20	28
139	California	33	19.7	62,491	40	16
140	California	5	19.5	40,063	28	23
141	Wisconsin	3	19.4	27,195	16	30
142	Washington	16	19.1	30,989	25	29
143	New Mexico	20	19.1	44,867	43	20
144	Colorado	2	19.0	27,347	20	27
145	Idaho	25	18.7	29,006	18	26
146	California	17	18.7	43,392	23	20
147	New Jersey	31	18.4	36,696	22	28
148	New Jersey	5	18.3	32,151	13	28
149	Arizona	29	18.2	30,885	26	17
150	New Jersey	28	18.1	41,084	23	24

HISPANIC—Top State Senate Districts

RANK	STATE	DISTRICT NUMBER	HISPANIC (%)	DISTRICT WIDE AVG. HH INCOME ($)	COLLEGE EDUCATION (%)	RECEIVES SOC. SEC. (%)
151	Arizona	4	18.1	28,833	17	30
152	New York	18	18.0	31,267	25	19
153	California	10	17.9	51,511	32	19
154	Texas	25	17.7	44,861	37	23
155	Illinois	16	17.3	31,990	17	29
156	Nevada	CLARK-2	17.2	33,079	14	16
157	Massachusetts	H1	17.1	36,902	28	27
158	Arizona	15	16.9	34,509	21	46
159	Texas	13	16.8	36,536	32	18
160	Massachusetts	S2	16.6	31,632	29	17
161	Florida	29	16.3	36,764	22	34
162	Arizona	14	16.2	29,683	35	25
163	Colorado	1	16.2	29,465	19	27
164	California	8	16.1	52,673	38	25
165	New Mexico	1	16.1	34,450	25	20
166	New York	35	16.1	58,614	37	29
167	Illinois	9	16.0	37,785	43	21
168	Kansas	38	15.9	30,936	22	26
169	Nebraska	48	15.9	27,183	22	32
170	Arizona	17	15.8	34,124	24	36
171	Florida	13	15.7	38,120	29	27
172	New York	13	15.6	44,450	36	29
173	Virginia	34	15.6	58,587	51	14
174	Connecticut	6	15.5	39,427	23	31
175	Nevada	Northern	15.5	38,301	19	16
176	Washington	14	15.3	30,721	23	30
177	Colorado	11	15.2	25,494	21	16
178	Hawaii	21	15.1	37,668	16	20
179	Connecticut	2	15.1	34,181	23	23
180	Texas	17	15.0	51,827	44	12
181	Texas	24	15.0	27,921	20	28
182	Virginia	31	15.0	54,092	56	15
183	Delaware	3	15.0	29,163	15	30
184	Arizona	9	14.9	35,618	28	32
185	Rhode Island	1	14.8	29,744	26	27
186	California	4	14.7	36,479	26	24
187	Washington	13	14.6	29,637	21	26
188	Arizona	6	14.5	46,556	39	11
189	New Mexico	21	14.4	57,921	53	16
190	California	39	14.4	44,032	41	21
191	New York	22	14.3	31,043	18	33
192	Illinois	12	14.1	24,035	10	30
193	Maryland	20	14.1	50,074	49	16
194	Nevada	CLARK-4	13.9	31,184	12	22
195	California	9	13.8	40,802	39	22
196	Rhode Island	7	13.8	27,855	13	29
197	Illinois	22	13.7	46,842	28	33
198	Connecticut	27	13.7	58,820	37	24
199	Nebraska	7	13.6	22,783	13	32
200	Idaho	24	13.6	29,315	17	29

HISPANIC—Top State Senate Districts

RANK	STATE	DISTRICT NUMBER	HISPANIC (%)	DISTRICT WIDE AVG. HH INCOME ($)	COLLEGE EDUCATION (%)	RECEIVES SOC. SEC. (%)
201	Illinois	42	13.6	46,657	24	19
202	New Jersey	17	13.4	46,851	30	22
203	Nevada	Washoe-1	13.4	33,938	23	20
204	Wyoming	11	13.4	30,481	21	24
205	New York	20	13.4	35,894	27	16
206	Connecticut	10	13.4	32,111	25	22
207	Kansas	6	13.3	26,867	12	26
208	California	6	13.3	38,340	30	21
209	Colorado	32	13.3	41,591	44	24
210	California	3	13.3	50,109	43	21
211	New Mexico	4	13.2	25,938	17	18
212	Colorado	23	13.1	40,147	28	16
213	New Mexico	22	13.1	30,864	23	18
214	Oregon	15	13.1	33,416	18	32
215	California	11	13.1	70,315	50	19
216	Illinois	5	13.0	22,501	10	24
217	Illinois	30	13.0	69,822	42	18
218	California	35	13.0	62,553	44	19
219	New York	11	12.9	50,427	31	31
220	Nevada	Washoe-2	12.9	36,451	21	20
221	Nevada	Washoe-4	12.9	33,982	26	21
222	Colorado	33	12.9	31,757	31	21
223	Florida	9	12.8	41,199	34	21
224	Hawaii	7	12.7	44,665	26	32
225	Massachusetts	H&H	12.7	35,830	23	29
226	Illinois	39	12.6	46,825	28	30
227	Maryland	21	12.6	47,034	38	14
228	Arizona	12	12.6	39,732	35	27
229	Texas	5	12.5	28,660	21	27
230	Illinois	33	12.5	48,146	26	18
231	Massachusetts	S1	12.4	39,617	33	20
232	Utah	18	12.3	31,216	24	23
233	New York	36	12.3	82,357	45	26
234	Idaho	11	12.3	28,363	17	26
235	Texas	8	12.1	59,672	47	14
236	Washington	12	12.1	31,146	23	29
237	Arizona	13	12.1	39,460	43	26
238	Texas	7	12.0	58,517	44	11
239	Rhode Island	38	12.0	29,227	16	28
240	Maryland	18	11.9	62,432	51	22
241	Connecticut	15	11.9	41,640	24	30
242	Virginia	30	11.8	53,602	53	14
243	Idaho	35	11.7	28,948	19	27
244	Massachusetts	S&M	11.6	37,168	42	19
245	California	2	11.6	39,488	29	28
246	New York	3	11.5	51,927	24	22
247	Arizona	30	11.4	41,638	33	26
248	Oklahoma	46	11.4	23,065	20	27
249	New Jersey	37	11.4	58,527	38	28
250	Idaho	20	11.3	27,638	20	20

HISPANIC—Top State Senate Districts

RANK	STATE	DISTRICT NUMBER	HISPANIC (%)	DISTRICT WIDE AVG. HH INCOME ($)	COLLEGE EDUCATION (%)	RECEIVES SOC. SEC. (%)
251	Colorado	21	11.3	37,682	33	20
252	New York	23	11.3	39,066	21	31
253	Wyoming	13	11.3	39,255	20	18
254	California	7	11.2	58,848	41	19
255	Colorado	6	11.1	29,677	26	27
256	California	23	11.0	75,750	51	20
257	Texas	30	11.0	30,082	20	30
258	Texas	22	11.0	29,279	18	30
259	Rhode Island	37	11.0	31,797	16	27
260	Oregon	30	11.0	28,196	19	30
261	Illinois	8	11.0	41,141	33	32
262	Connecticut	13	10.9	40,847	25	28
263	Texas	16	10.9	44,948	36	15
264	Maryland	17	10.9	54,163	49	15
265	New York	10	10.9	42,363	21	28
266	Florida	12	10.9	44,437	32	20
267	Nevada	CLARK-7	10.8	36,277	16	28
268	Texas	9	10.8	45,672	36	10
269	Wyoming	7	10.8	28,287	22	27
270	Oregon	5	10.8	37,802	27	22
271	Arizona	27	10.8	42,581	46	14
272	New York	27	10.7	59,101	56	16
273	New Jersey	1	10.7	37,713	19	34
274	Wyoming	12	10.6	36,917	20	22
275	Hawaii	22	10.6	39,563	22	21
276	Kansas	29	10.6	25,221	21	26
277	Massachusetts	SE&M	10.4	37,970	23	29
278	Florida	21	10.4	23,431	14	32
279	Florida	23	10.3	36,308	26	25
280	New York	4	10.3	54,014	23	26
281	Connecticut	11	10.3	38,541	34	30
282	Idaho	12	10.2	29,195	19	31
283	Hawaii	20	10.2	47,363	26	15
284	Colorado	17	10.1	42,816	37	17
285	Nevada	CLARK-8	10.0	38,950	20	21
286	Connecticut	25	10.0	70,670	40	22
287	Utah	13	9.9	32,253	17	16
288	Oklahoma	38	9.8	26,743	22	28
289	Indiana	1	9.7	38,500	20	33
290	Florida	35	9.7	32,817	19	39
291	Massachusetts	W	9.7	40,165	33	30
292	Hawaii	19	9.6	46,839	19	25
293	Florida	14	9.6	32,402	23	24
294	New Jersey	15	9.5	51,601	34	27
295	Arizona	2	9.5	32,017	27	28
296	New Mexico	3	9.4	18,279	10	23
297	Arizona	18	9.4	42,669	34	23
298	New York	19	9.4	35,407	19	21
299	Hawaii	1	9.3	41,220	26	27
300	Arizona	26	9.3	48,119	39	25

MEXICAN
Top State House Districts

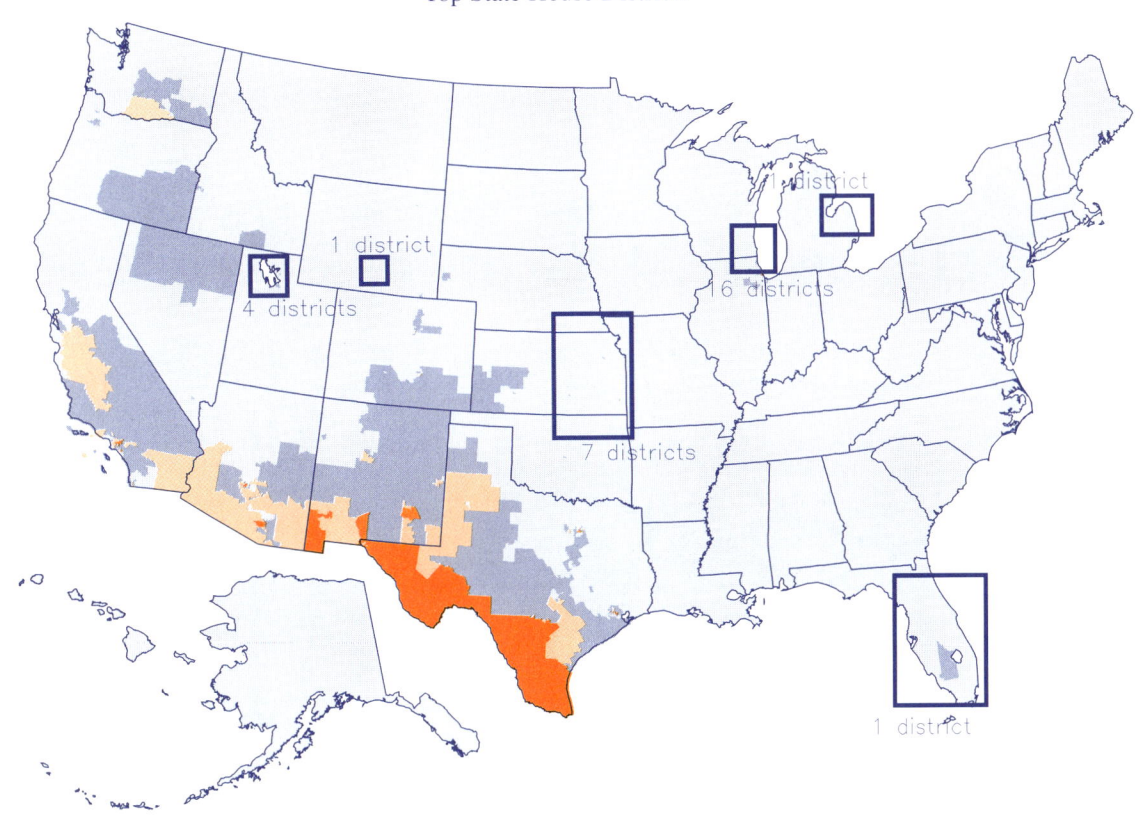

LOS ANGELES

CHICAGO

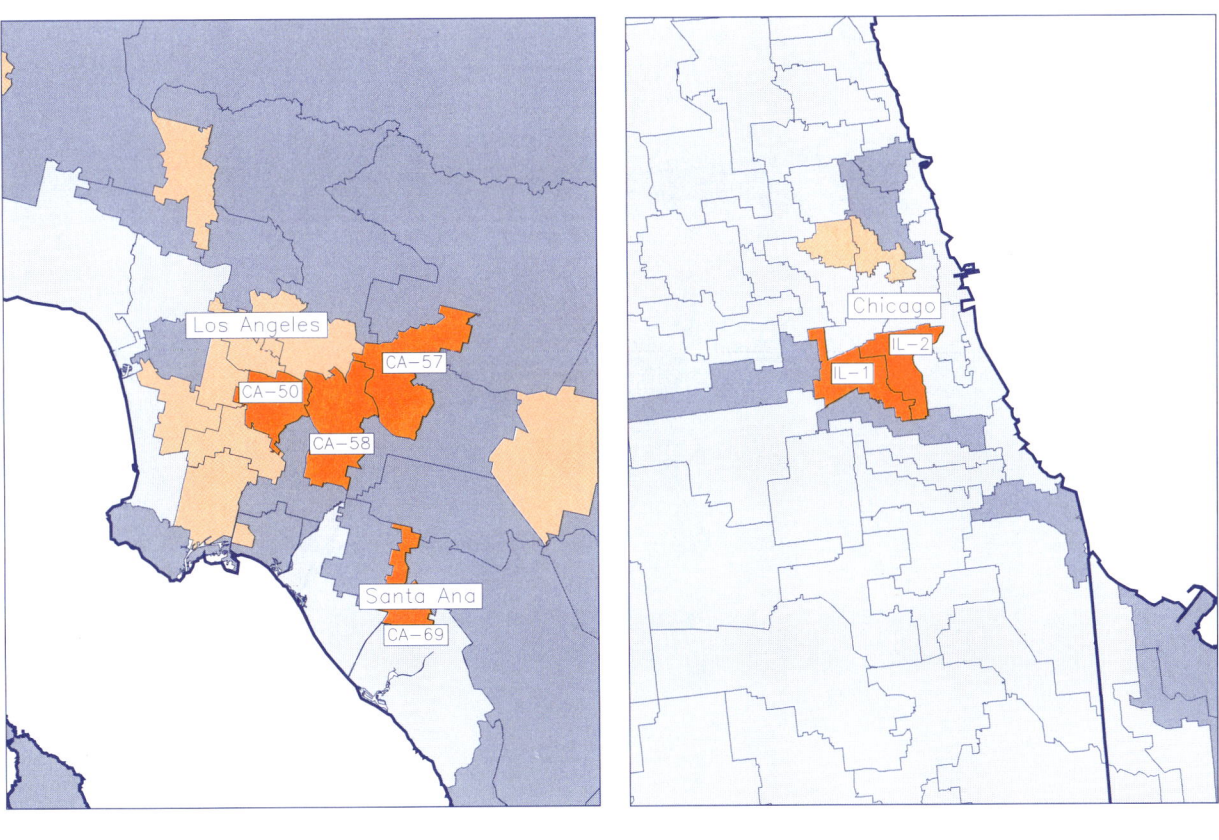

Population Ranges
- 50.0% to 99.9%
- 25.0% to 49.9%
- 10.0% to 24.9%
- 0.0% to 9.9%

152 MEXICAN Top State House Districts

CORPUS CHRISTI - BROWNSVILLE

LAS CRUCES - EL PASO

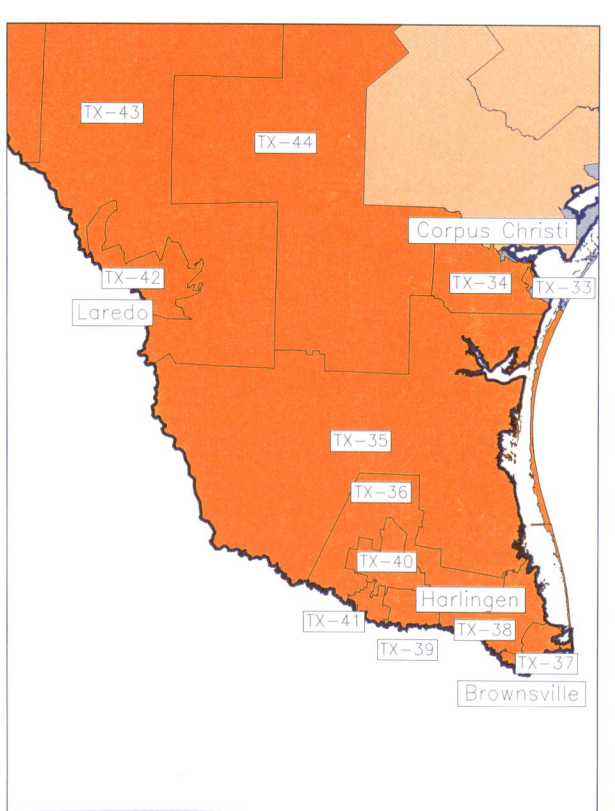
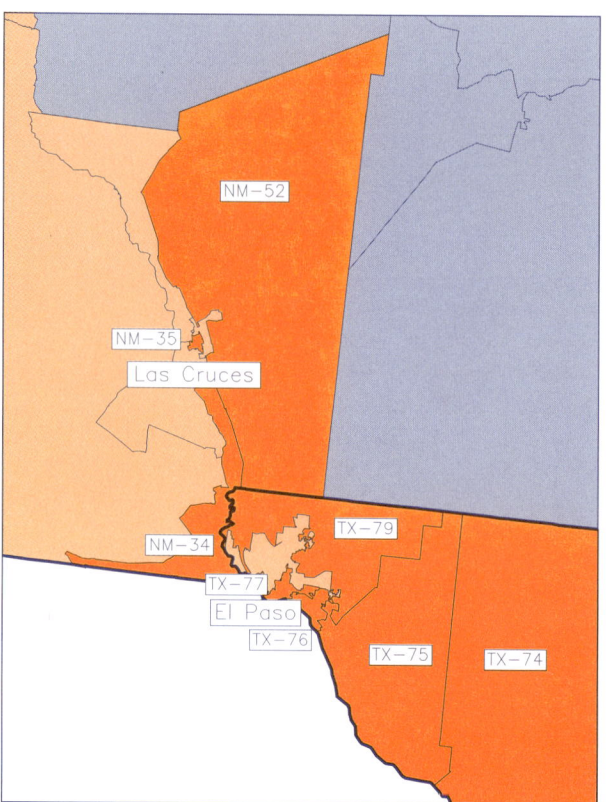

SAN ANTONIO - EL PASO - BROWNSVILLE

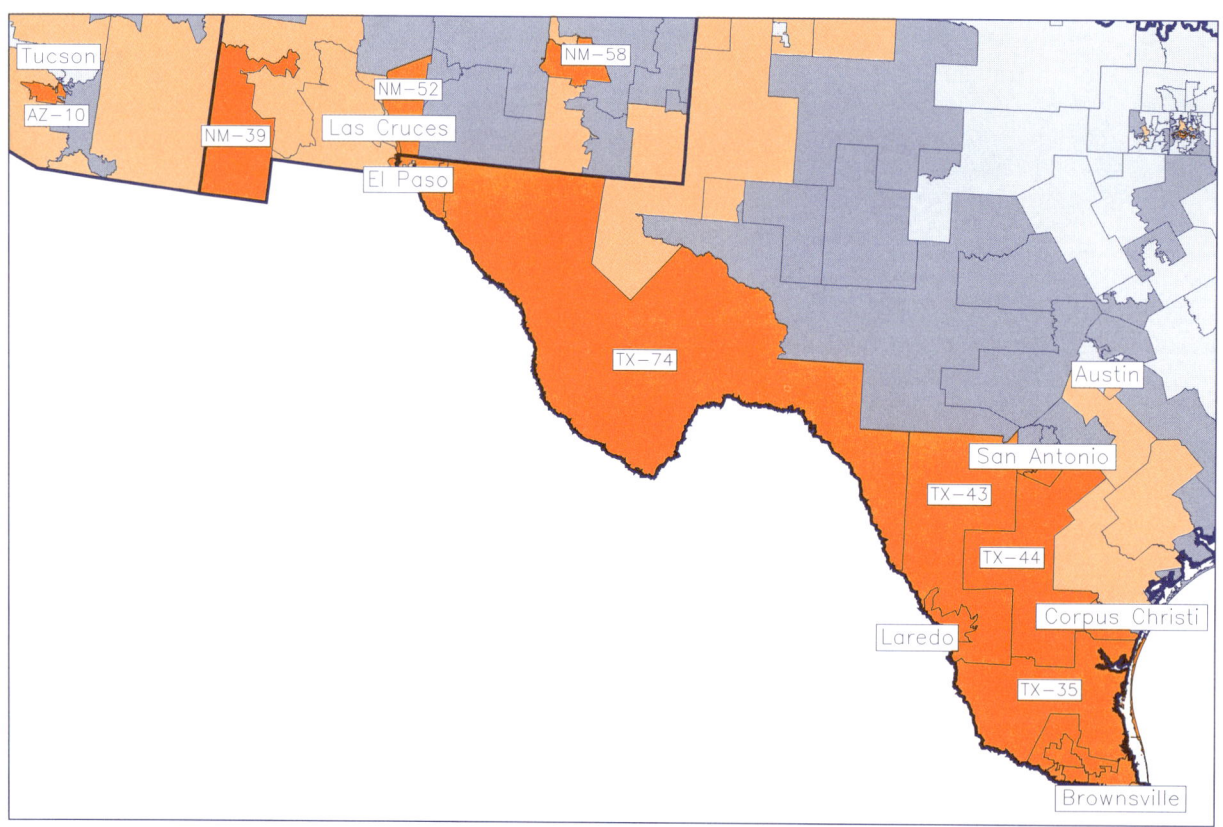

Population Ranges
- 50.0% to 99.9%
- 25.0% to 49.9%
- 10.0% to 24.9%
- 0.0% to 9.9%

MEXICAN Top State House Districts

PHOENIX
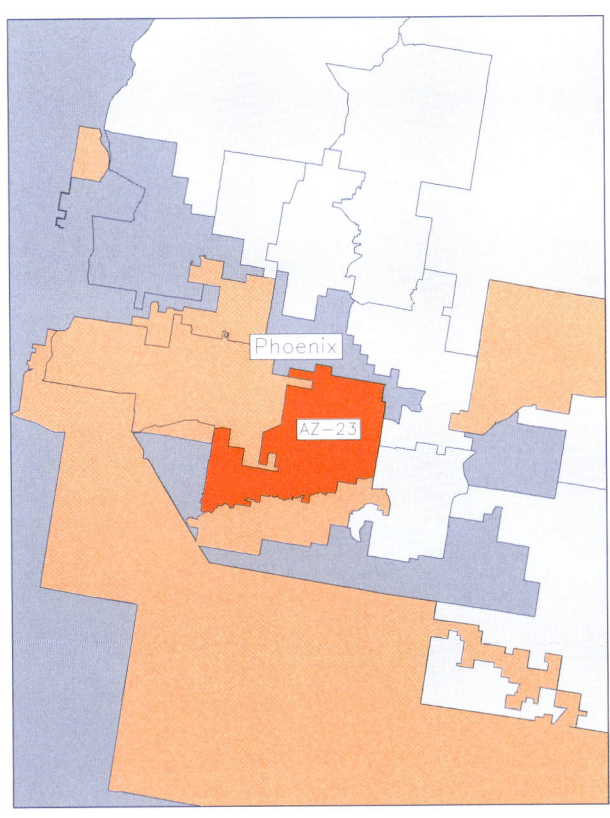

DALLAS
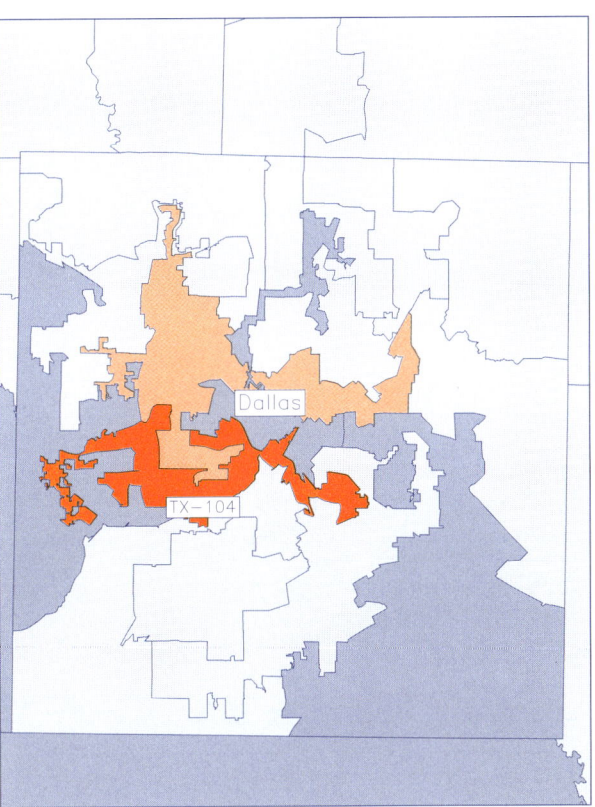

SAN ANTONIO
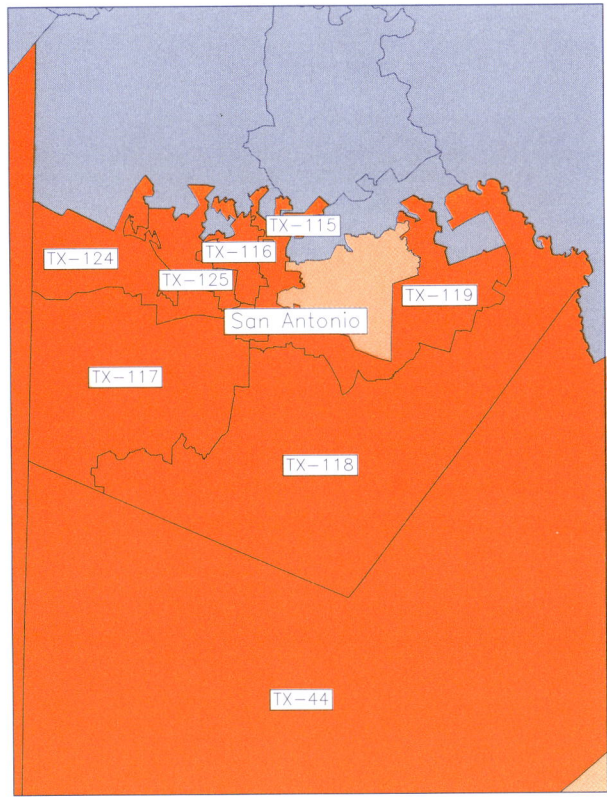

HOUSTON - PASADENA
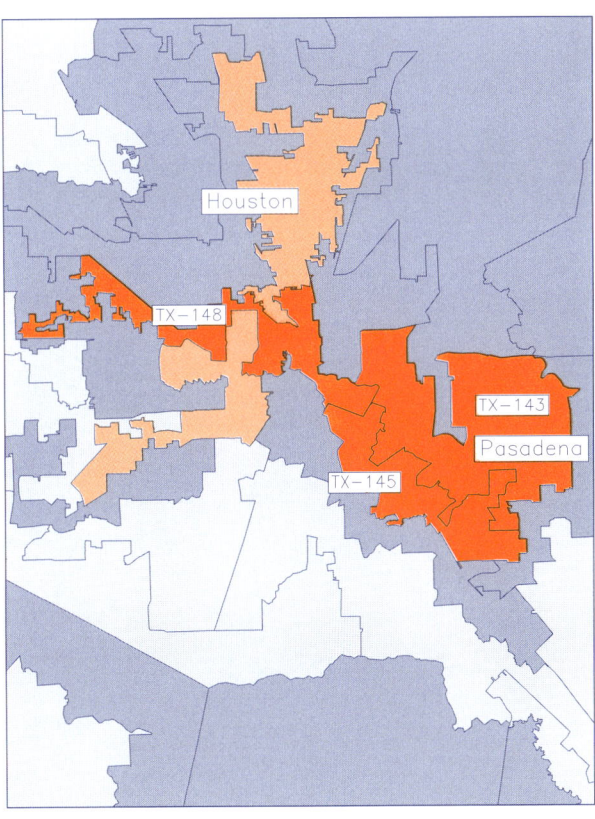

Population Ranges
- 50.0% to 99.9%
- 25.0% to 49.9%
- 10.0% to 24.9%
- 0.0% to 9.9%

MEXICAN—Top State House Districts

RANK	STATE	DISTRICT NUMBER	MEXICAN (%)	DISTRICT WIDE		
				AVG. HH INCOME ($)	COLLEGE EDUCATION (%)	RECEIVES SOC. SEC. (%)
1	Texas	42	90.1	27,397	18	23
2	Texas	37	84.9	22,739	15	25
3	New Mexico	34	84.5	22,782	13	19
4	Texas	39	84.0	21,291	11	30
5	Texas	75	82.7	26,669	12	17
6	Texas	40	81.9	24,895	17	23
7	Texas	35	80.1	21,520	12	25
8	Texas	76	80.0	26,477	14	26
9	Texas	77	79.6	21,884	15	28
10	Texas	41	79.4	28,083	17	26
11	Texas	36	77.4	23,822	12	28
12	Texas	38	74.8	25,949	16	28
13	Illinois	2	74.0	24,349	7	20
14	California	50	73.6	28,775	7	18
15	Texas	74	71.3	23,574	16	25
16	Texas	43	68.0	23,234	12	27
17	Illinois	1	66.3	28,204	7	21
18	Texas	115	64.3	24,690	18	30
19	Texas	116	63.6	25,520	19	27
20	Texas	118	62.6	24,180	8	23
21	Texas	124	60.6	30,586	20	18
22	Texas	125	60.4	30,376	24	17
23	Texas	143	60.3	25,692	6	23
24	Texas	79	59.3	28,537	20	15
25	California	69	58.7	38,662	15	16
26	Texas	117	58.6	26,649	14	17
27	Texas	145	58.0	25,965	10	21
28	Texas	33	57.5	31,367	21	21
29	Texas	34	57.1	28,359	15	28
30	Texas	119	56.4	26,347	14	29
31	New Mexico	35	56.0	24,333	23	25
32	California	57	55.9	40,589	17	17
33	California	58	55.9	40,014	17	23
34	Texas	44	55.9	25,973	12	29
35	Texas	104	55.7	26,715	8	23
36	Texas	148	53.6	26,743	13	22
37	New Mexico	58	53.1	21,704	9	27
38	New Mexico	39	52.7	26,139	16	29
39	Arizona	23	51.0	24,082	11	24
40	New Mexico	52	50.9	28,960	23	16
41	Arizona	10	50.3	23,460	13	27
42	California	31	49.1	26,467	12	26
43	California	39	48.9	38,125	17	18
44	California	49	48.1	36,614	22	22
45	New Mexico	33	46.9	25,109	29	20
46	Arizona	22	46.9	25,375	10	20
47	Texas	140	46.5	24,820	6	22
48	California	30	46.2	29,461	12	22
49	Texas	31	45.2	27,262	16	28
50	Arizona	11	45.2	27,032	18	24

MEXICAN—Top State House Districts

RANK	STATE	DISTRICT NUMBER	MEXICAN (%)	DISTRICT WIDE		
				AVG. HH INCOME ($)	COLLEGE EDUCATION (%)	RECEIVES SOC. SEC. (%)
51	California	79	45.0	29,077	16	20
52	New Mexico	36	44.5	31,556	28	22
53	Texas	90	44.2	23,409	11	28
54	New Mexico	32	44.0	24,730	17	36
55	California	80	42.8	39,448	20	32
56	California	46	42.3	23,822	16	15
57	California	45	42.2	31,451	21	17
58	California	28	41.4	45,679	23	21
59	California	52	40.9	31,242	13	20
60	Texas	51	39.8	23,919	25	13
61	Texas	80	38.9	29,443	13	26
62	New Mexico	61	38.8	21,736	7	29
63	New Mexico	12	38.0	26,305	11	23
64	New Mexico	14	37.9	25,285	17	26
65	New Mexico	11	37.6	25,908	24	25
66	California	23	37.6	41,791	24	17
67	Colorado	5	37.6	22,149	23	24
68	Arizona	5	37.6	29,271	18	30
69	New Mexico	13	37.3	26,052	9	17
70	Texas	103	37.0	29,399	18	17
71	New Mexico	54	36.9	24,331	9	31
72	Texas	85	36.8	26,669	14	31
73	California	61	36.3	41,623	20	16
74	Arizona	8	35.2	27,117	21	32
75	California	55	34.3	36,823	20	18
76	California	62	34.2	33,690	17	20
77	Texas	83	33.8	24,898	17	23
78	Colorado	2	33.7	23,671	19	24
79	California	48	33.6	24,193	10	22
80	Illinois	4	33.5	24,031	14	21
81	Texas	78	32.9	42,887	37	17
82	Arizona	7	31.8	25,796	13	29
83	Washington	15	31.5	29,210	15	28
84	Colorado	46	31.0	23,756	14	31
85	New Mexico	38	31.0	24,991	18	39
86	Nevada	28	30.2	22,948	8	20
87	Colorado	4	29.5	26,285	20	30
88	Texas	46	29.4	29,968	23	23
89	Texas	81	29.3	30,374	16	22
90	Texas	120	29.1	25,490	18	26
91	New Mexico	17	29.0	28,804	22	22
92	New Mexico	16	28.9	32,685	25	16
93	California	37	28.1	54,155	31	20
94	Texas	107	27.9	34,024	31	19
95	California	26	27.6	34,222	17	24
96	New Mexico	26	26.9	24,875	21	21
97	New Mexico	59	26.0	27,745	21	34
98	Texas	30	25.9	31,261	17	31
99	New Mexico	10	25.7	25,296	17	17
100	Texas	137	25.6	35,398	39	13

MEXICAN—Top State House Districts

RANK	STATE	DISTRICT NUMBER	MEXICAN (%)	DISTRICT WIDE AVG. HH INCOME ($)	COLLEGE EDUCATION (%)	RECEIVES SOC. SEC. (%)
101	Arizona	20	25.5	28,302	15	22
102	New Mexico	37	25.5	32,104	45	20
103	New Mexico	63	25.2	20,612	11	24
104	Illinois	3	25.2	26,271	10	18
105	California	51	25.2	37,145	23	17
106	New Mexico	66	24.9	27,492	20	28
107	Texas	45	24.7	33,739	21	28
108	Wisconsin	8	24.4	20,482	8	26
109	California	60	24.1	56,899	34	17
110	Texas	27	24.1	37,160	22	15
111	Texas	144	23.9	33,256	13	20
112	Texas	72	23.8	30,422	20	28
113	New Mexico	70	23.7	21,976	20	26
114	Colorado	50	22.9	24,019	24	24
115	California	64	22.8	43,253	23	19
116	Texas	70	22.4	27,353	15	32
117	Texas	32	22.3	35,785	27	24
118	New Mexico	55	22.0	32,675	20	35
119	New Mexico	68	21.7	23,260	16	34
120	Texas	138	21.6	31,029	16	23
121	Texas	123	21.2	49,111	46	16
122	New Mexico	5	21.2	30,582	19	19
123	California	35	21.0	50,492	37	25
124	Wyoming	44	21.0	21,747	18	27
125	California	17	21.0	36,498	21	24
126	New Mexico	45	20.9	30,839	24	16
127	New Mexico	51	20.9	24,895	17	18
128	Texas	82	20.7	41,874	30	20
129	Colorado	60	20.6	23,536	20	31
130	Texas	73	20.5	26,785	16	36
131	Kansas	123	20.3	38,401	24	21
132	Texas	50	19.6	27,622	25	18
133	New Mexico	48	19.4	33,115	37	25
134	Texas	29	19.3	32,899	15	22
135	Colorado	45	19.2	27,308	23	32
136	Illinois	33	19.2	35,374	26	21
137	New Mexico	40	19.0	24,747	16	27
138	Colorado	32	18.9	29,584	12	18
139	New Mexico	8	18.7	28,608	15	27
140	Colorado	47	18.7	24,496	19	33
141	Texas	87	18.7	27,287	16	26
142	Idaho	10	18.7	26,611	15	31
143	Illinois	31	18.6	29,455	17	28
144	New Mexico	57	18.5	36,276	25	32
145	California	68	18.4	43,622	24	20
146	Kansas	116	18.2	29,698	26	26
147	California	40	18.1	43,166	31	19
148	Utah	9	18.0	20,992	15	28
149	California	32	18.0	37,117	23	26
150	Kansas	103	18.0	21,016	14	26

MEXICAN—Top State House Districts

RANK	STATE	DISTRICT NUMBER	MEXICAN (%)	DISTRICT WIDE		
				AVG. HH INCOME ($)	COLLEGE EDUCATION (%)	RECEIVES SOC. SEC. (%)
151	New Mexico	56	17.8	25,569	18	28
152	California	29	17.8	38,225	31	24
153	California	33	17.7	39,462	29	26
154	New Mexico	15	17.6	37,394	26	25
155	California	72	17.5	59,075	38	17
156	Illinois	84	17.5	42,043	20	20
157	New Mexico	49	17.4	24,314	18	30
158	Kansas	125	17.3	31,844	19	23
159	California	66	17.0	44,301	23	29
160	Texas	28	16.8	28,733	16	33
161	California	74	16.7	51,676	37	25
162	Texas	48	16.7	40,886	44	11
163	New Mexico	29	16.4	44,665	40	13
164	Oregon	38	16.4	31,738	17	35
165	California	59	16.4	52,924	36	22
166	New Mexico	42	16.3	24,836	24	24
167	California	56	16.3	46,397	28	22
168	New Mexico	67	16.2	24,907	14	35
169	New Mexico	53	16.2	32,278	27	21
170	New Mexico	7	16.1	31,078	18	23
171	New Mexico	41	15.8	22,670	16	26
172	Texas	147	15.8	26,457	19	21
173	Indiana	2	15.6	25,543	11	34
174	Texas	142	15.6	25,496	14	20
175	New Mexico	25	15.6	32,938	38	23
176	Arizona	25	15.6	31,088	29	25
177	Washington	16	15.6	30,989	25	29
178	California	25	15.4	40,164	25	26
179	Texas	122	15.4	49,153	44	12
180	Kansas	32	15.4	22,037	18	22
181	Arizona	4	15.4	28,833	17	30
182	Texas	106	15.3	36,327	24	13
183	California	63	15.1	47,522	32	18
184	New Mexico	21	15.0	29,212	24	32
185	California	54	15.0	55,482	41	21
186	California	77	15.0	42,134	29	21
187	Colorado	35	14.8	31,361	16	21
188	Texas	121	14.8	46,545	39	24
189	Illinois	43	14.6	38,108	24	34
190	Texas	25	14.6	43,025	26	17
191	Idaho	25	14.4	29,006	18	26
192	California	9	14.4	33,429	28	23
193	Kansas	124	14.4	31,689	20	23
194	Michigan	8	14.3	20,973	7	33
195	Texas	128	14.3	37,064	18	16
196	Indiana	12	14.2	34,951	14	25
197	Texas	57	14.1	24,797	15	30
198	Kansas	117	14.0	29,231	20	24
199	Texas	105	14.0	30,865	13	23
200	California	65	13.9	36,661	21	32

MEXICAN—Top State House Districts

RANK	STATE	DISTRICT NUMBER	MEXICAN (%)	DISTRICT WIDE AVG. HH INCOME ($)	DISTRICT WIDE COLLEGE EDUCATION (%)	RECEIVES SOC. SEC. (%)
201	Oklahoma	89	13.8	19,360	8	32
202	Arizona	29	13.7	30,885	26	17
203	Colorado	3	13.6	29,108	25	25
204	New Mexico	19	13.6	27,378	37	26
205	Arizona	15	13.6	34,509	21	46
206	New Mexico	18	13.6	26,825	48	19
207	Nebraska	48	13.5	27,183	22	32
208	Wyoming	15	13.5	29,529	19	27
209	California	44	13.5	57,859	43	21
210	Nevada	11	13.5	32,644	14	20
211	Texas	52	13.4	37,279	30	17
212	Texas	23	13.4	35,203	26	23
213	Texas	141	13.4	28,532	12	20
214	Nevada	9	13.4	32,944	17	29
215	Colorado	31	13.3	40,268	28	15
216	New Mexico	20	13.3	35,762	31	18
217	Kansas	122	13.3	30,297	18	24
218	California	73	13.1	54,012	37	23
219	Illinois	66	13.0	42,677	25	20
220	Texas	71	12.9	31,786	25	24
221	Texas	134	12.9	40,824	43	12
222	Utah	23	12.9	27,132	18	24
223	California	34	12.8	36,457	20	23
224	Kansas	31	12.8	28,813	11	27
225	Kansas	57	12.6	24,026	7	34
226	Texas	53	12.6	33,354	24	35
227	California	8	12.5	41,897	31	18
228	Colorado	1	12.5	36,235	26	24
229	Texas	100	12.5	31,293	28	17
230	Florida	77	12.4	27,236	13	43
231	Illinois	34	12.4	29,733	32	19
232	California	43	12.4	44,800	34	20
233	Texas	86	12.4	37,857	30	21
234	New Mexico	62	12.4	36,248	25	22
235	New Mexico	50	12.4	29,759	21	20
236	New Mexico	46	12.4	45,928	36	22
237	Arizona	17	12.4	34,124	24	36
238	California	47	12.4	43,144	36	21
239	New Mexico	30	12.3	34,238	35	29
240	Arizona	6	12.3	46,556	39	11
241	Oregon	5	12.3	32,610	24	25
242	Texas	14	12.2	28,368	42	14
243	Wyoming	12	12.1	29,224	20	13
244	Texas	139	12.1	31,237	21	13
245	Colorado	48	12.1	38,062	30	21
246	New Mexico	44	12.0	34,659	27	28
247	Texas	136	12.0	68,317	45	17
248	Arizona	14	11.9	29,683	35	25
249	New Mexico	60	11.9	34,531	28	20
250	California	18	11.9	45,053	27	24

MEXICAN—Top State House Districts

RANK	STATE	DISTRICT NUMBER	MEXICAN (%)	DISTRICT WIDE AVG. HH INCOME ($)	COLLEGE EDUCATION (%)	RECEIVES SOC. SEC. (%)
251	Arizona	9	11.8	35,618	28	32
252	California	36	11.7	50,541	27	15
253	California	71	11.7	65,914	43	15
254	Nevada	33	11.6	39,144	21	15
255	Washington	14	11.6	30,721	23	30
256	Colorado	8	11.6	26,876	31	24
257	Texas	49	11.5	30,452	45	13
258	Colorado	34	11.5	35,565	21	17
259	Utah	26	11.5	23,399	11	27
260	New Mexico	47	11.4	50,124	52	21
261	Washington	13	11.3	29,637	21	26
262	Utah	27	11.2	20,958	19	30
263	Colorado	36	11.2	30,596	18	20
264	Oklahoma	93	11.1	21,677	7	37
265	New Mexico	28	11.1	39,799	36	19
266	Nevada	7	11.1	28,838	9	19
267	Texas	54	10.9	26,789	20	22
268	Oregon	60	10.9	28,410	19	31
269	Nebraska	7	10.9	22,783	13	32
270	Nevada	34	10.9	37,573	17	16
271	Texas	10	10.9	33,744	17	27
272	Texas	24	10.7	38,753	25	22
273	California	38	10.5	63,145	36	17
274	Illinois	59	10.5	62,381	33	19
275	California	20	10.5	58,735	38	13
276	New Mexico	22	10.4	40,767	39	18
277	California	78	10.4	47,712	43	22
278	California	16	10.3	42,052	33	22
279	Texas	93	10.3	36,058	31	9
280	Texas	89	10.3	33,258	20	22
281	Illinois	86	10.2	34,536	17	30
282	Illinois	24	10.2	22,644	9	27
283	Nevada	19	10.1	30,242	13	17
284	Missouri	37	10.0	19,979	14	35
285	Illinois	20	9.9	33,594	20	26
286	New Mexico	64	9.9	30,754	24	26
287	Texas	88	9.8	30,274	17	32
288	Colorado	65	9.8	27,533	20	30
289	Idaho	24	9.8	29,315	17	29
290	Oklahoma	52	9.8	26,698	22	27
291	Illinois	17	9.8	31,332	40	20
292	Texas	95	9.8	25,687	12	27
293	Illinois	77	9.7	44,617	26	32
294	Nevada	30	9.7	31,802	18	21
295	California	76	9.6	40,074	38	19
296	Nevada	27	9.6	25,472	19	28
297	California	27	9.6	48,374	40	22
298	Kansas	37	9.5	22,699	13	36
299	Minnesota	65B	9.5	27,560	23	29
300	New Mexico	27	9.5	39,914	39	23

MEXICAN
Top State Senate Districts

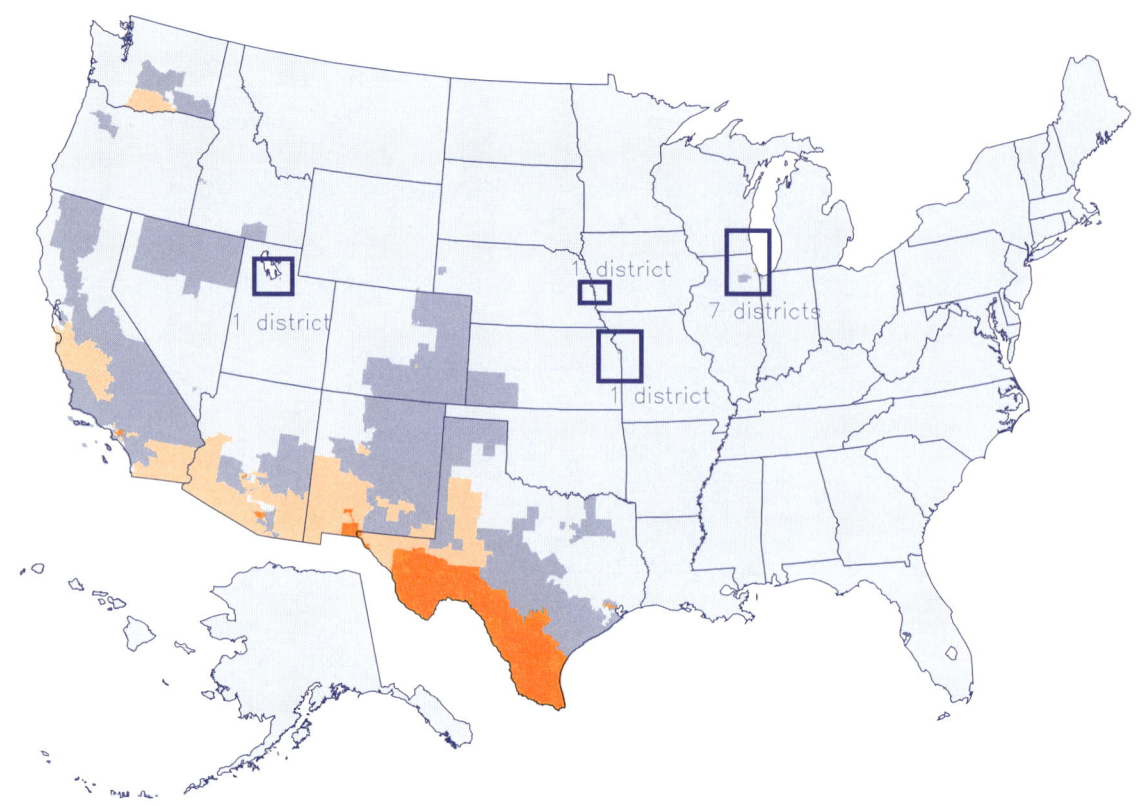

HOUSTON - SAN ANTONIO - BROWNSVILLE

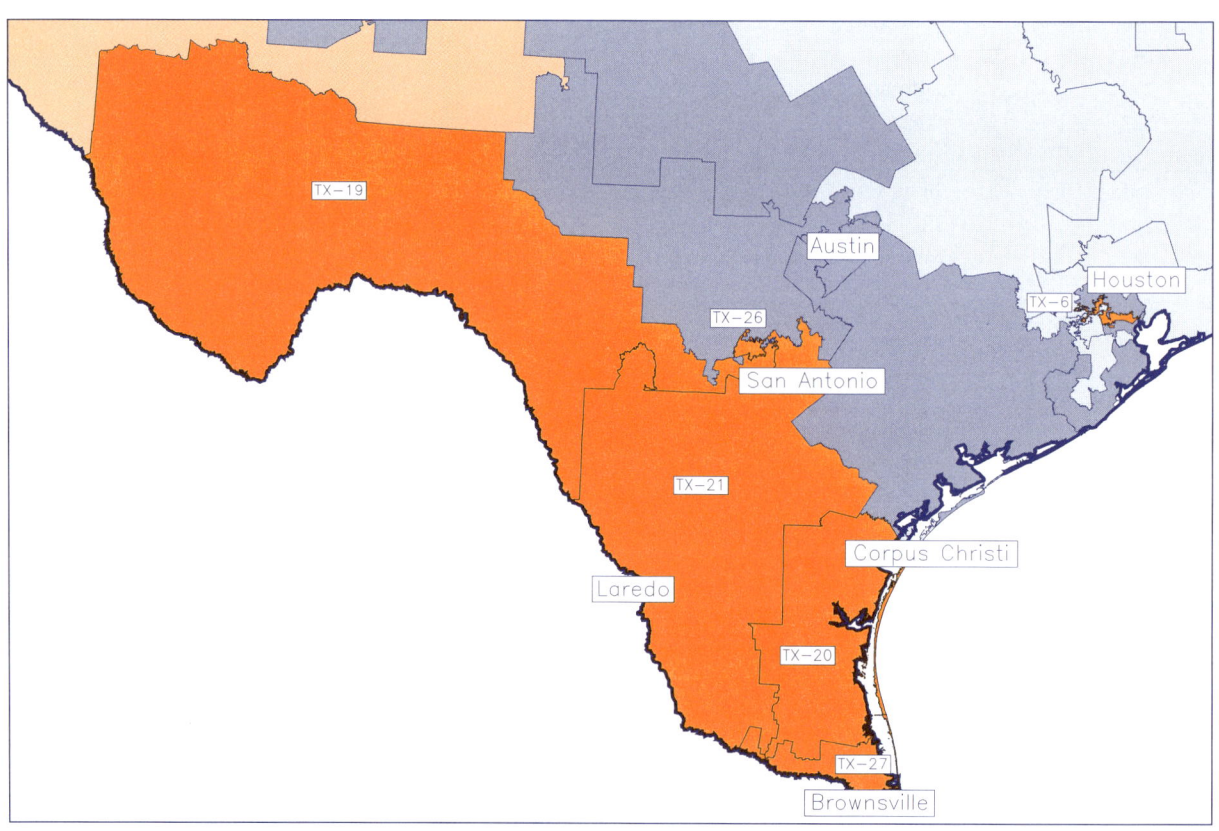

Population Ranges
- 50.0% to 99.9%
- 25.0% to 49.9%
- 10.0% to 24.9%
- 0.0% to 9.9%

MEXICAN Top State Senate Districts

LOS ANGELES
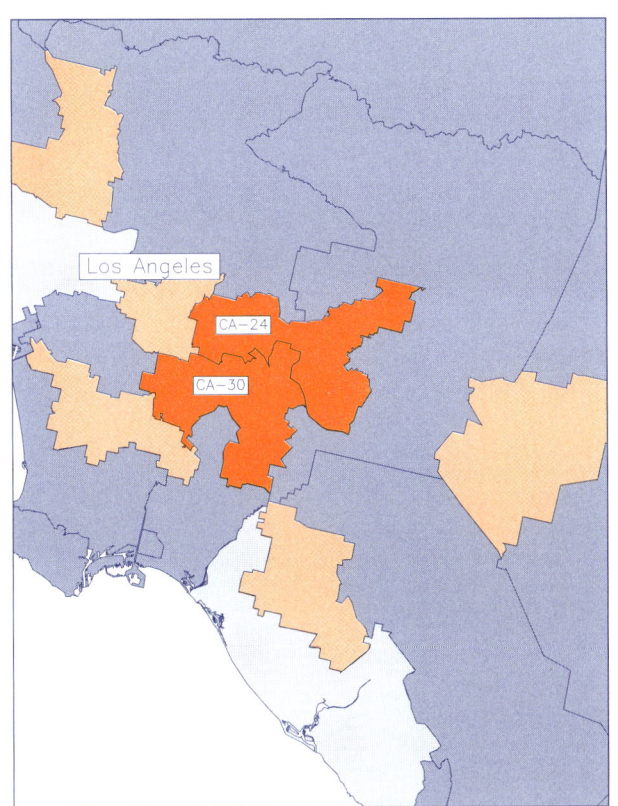

CHICAGO
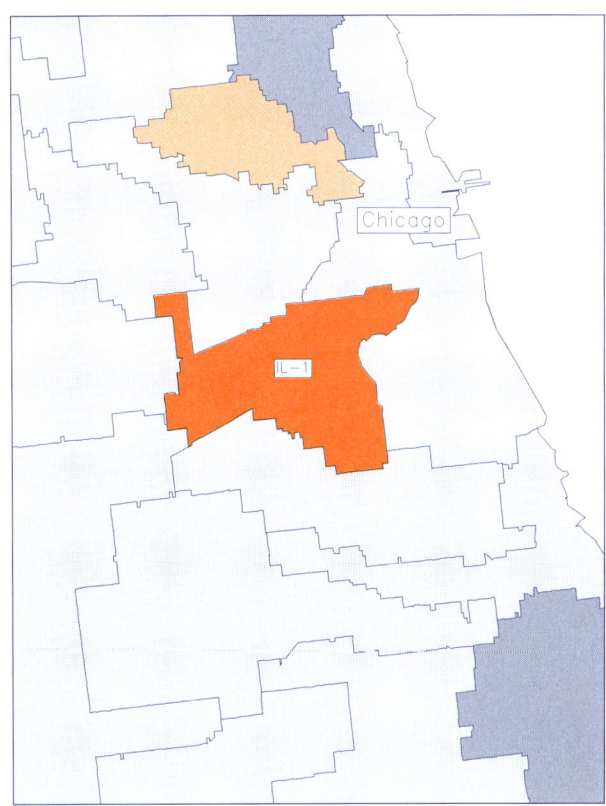

LAS CRUCES - EL PASO
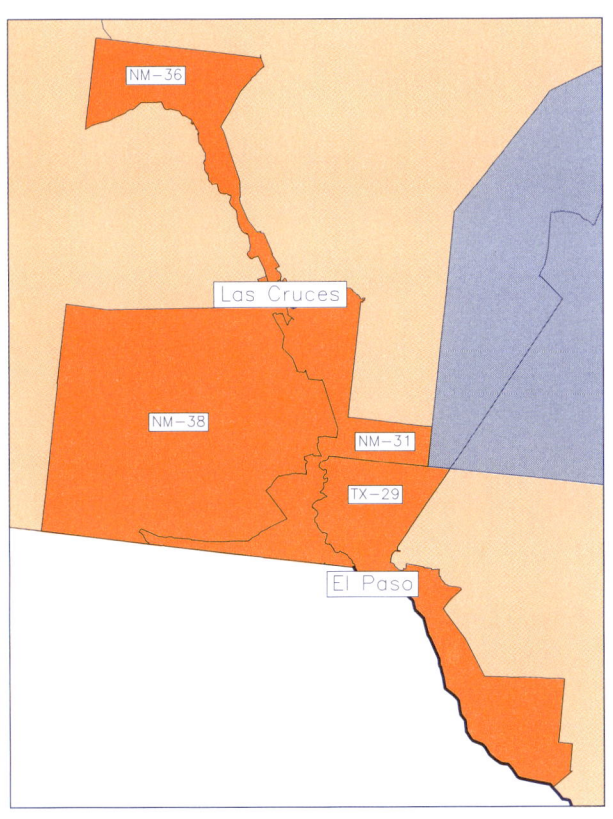

PHOENIX - TUCSON
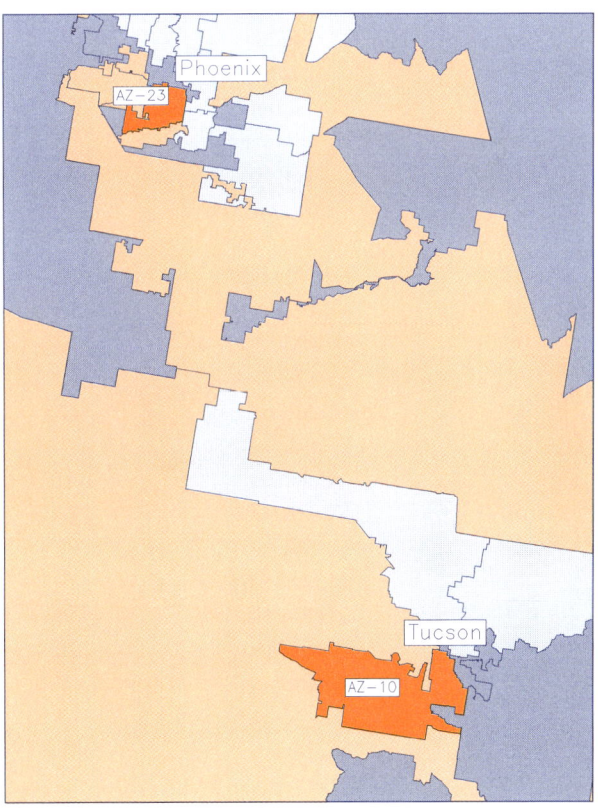

Population Ranges
- 50.0% to 99.9%
- 25.0% to 49.9%
- 10.0% to 24.9%
- 0.0% to 9.9%

MEXICAN—Top State Senate Districts

RANK	STATE	DISTRICT NUMBER	MEXICAN (%)	DISTRICT WIDE AVG. HH INCOME ($)	COLLEGE EDUCATION (%)	RECEIVES SOC. SEC. (%)
1	Texas	27	79.6	25,034	15	27
2	Illinois	1	70.2	26,136	7	20
3	Texas	29	68.4	29,641	20	21
4	New Mexico	31	66.9	24,145	20	16
5	California	30	64.7	34,919	12	21
6	Texas	21	60.1	28,057	18	23
7	Texas	26	59.3	27,231	20	23
8	Texas	19	59.2	24,407	13	25
9	Texas	20	57.6	29,617	19	24
10	California	24	52.0	38,475	20	20
11	Texas	6	51.9	26,176	12	20
12	New Mexico	36	51.8	27,770	24	24
13	Arizona	23	51.0	24,082	11	24
14	New Mexico	38	51.0	25,608	26	22
15	Arizona	10	50.3	23,460	13	27
16	California	16	47.6	27,955	12	24
17	Arizona	22	46.9	25,375	10	20
18	Arizona	11	45.2	27,032	18	24
19	New Mexico	32	43.4	22,173	11	29
20	California	22	42.3	27,614	18	16
21	New Mexico	41	40.6	22,191	7	32
22	New Mexico	28	39.8	25,405	19	31
23	California	34	38.5	41,528	20	18
24	New Mexico	11	38.4	25,675	11	20
25	Arizona	5	37.6	29,271	18	30
26	New Mexico	35	36.9	24,210	15	40
27	California	32	35.3	37,542	18	18
28	Arizona	8	35.2	27,117	21	32
29	California	20	33.5	41,096	25	18
30	California	25	33.0	34,525	18	18
31	Colorado	34	32.8	24,339	23	26
32	Arizona	7	31.8	25,796	13	29
33	Washington	15	31.5	29,210	15	28
34	New Mexico	26	31.2	31,970	22	17
35	Texas	28	31.1	30,149	20	24
36	New Mexico	13	30.2	29,908	23	22
37	New Mexico	12	30.2	24,740	27	22
38	California	40	30.0	36,159	23	21
39	Illinois	2	29.3	25,120	12	20
40	Colorado	31	29.2	25,914	21	25
41	New Mexico	14	28.8	24,809	17	20
42	New Mexico	37	26.8	30,448	31	18
43	Colorado	3	26.4	24,745	18	32
44	California	15	25.6	47,162	32	22
45	Arizona	20	25.5	28,302	15	22
46	California	37	25.0	46,373	28	26
47	New Mexico	17	24.9	22,272	18	23
48	Texas	18	23.3	32,359	20	27
49	California	13	23.2	47,672	35	17
50	California	26	23.0	35,397	25	22

MEXICAN—Top State Senate Districts

RANK	STATE	DISTRICT NUMBER	MEXICAN (%)	AVG. HH INCOME ($)	DISTRICT WIDE COLLEGE EDUCATION (%)	RECEIVES SOC. SEC. (%)
51	New Mexico	6	22.2	24,316	21	26
52	New Mexico	8	22.2	23,282	19	30
53	New Mexico	34	21.9	32,025	20	29
54	New Mexico	24	21.7	32,200	28	17
55	New Mexico	27	21.5	23,509	17	26
56	California	12	21.5	37,390	21	25
57	New Mexico	33	21.5	33,699	23	33
58	California	28	21.0	51,314	35	17
59	New Mexico	40	21.0	28,997	22	21
60	California	29	20.3	54,775	35	20
61	California	36	19.9	43,804	23	24
62	Texas	14	19.8	35,333	38	13
63	Texas	23	19.3	30,964	18	21
64	California	18	19.3	45,049	33	26
65	California	19	19.3	58,831	34	18
66	Kansas	39	19.0	32,934	20	20
67	Idaho	10	18.7	26,611	15	31
68	Colorado	5	18.3	26,699	22	29
69	Texas	31	18.1	34,071	22	23
70	California	14	17.9	37,680	27	25
71	New Mexico	29	17.8	30,026	16	23
72	Colorado	16	17.5	30,481	28	23
73	Texas	2	16.8	29,573	17	27
74	Wyoming	8	16.6	25,017	19	21
75	Indiana	2	16.3	27,893	12	29
76	Texas	11	16.3	36,581	21	20
77	Texas	15	15.8	33,468	19	16
78	Texas	12	15.8	34,521	23	24
79	Illinois	17	15.8	32,394	29	20
80	California	27	15.6	51,224	34	22
81	Arizona	25	15.6	31,088	29	25
82	Washington	16	15.6	30,989	25	29
83	Colorado	25	15.4	30,122	16	21
84	Arizona	4	15.4	28,833	17	30
85	California	38	14.9	52,821	37	24
86	California	5	14.9	40,063	28	23
87	New Mexico	7	14.8	27,440	18	31
88	New Mexico	42	14.7	31,037	21	26
89	California	33	14.6	62,491	40	16
90	California	31	14.5	42,031	27	25
91	Idaho	25	14.4	29,006	18	26
92	New Mexico	23	14.2	39,192	34	17
93	Texas	25	14.1	44,861	37	23
94	Illinois	16	13.8	31,990	17	29
95	Arizona	29	13.7	30,885	26	17
96	Arizona	15	13.6	34,509	21	46
97	Nebraska	48	13.5	27,183	22	32
98	New Mexico	10	13.5	40,402	31	23
99	Kansas	38	13.3	30,936	22	26
100	New Mexico	39	13.1	35,436	28	20

MEXICAN—Top State Senate Districts

RANK	STATE	DISTRICT NUMBER	MEXICAN (%)	DISTRICT WIDE AVG. HH INCOME ($)	DISTRICT WIDE COLLEGE EDUCATION (%)	RECEIVES SOC. SEC. (%)
101	California	21	13.0	51,090	39	21
102	Nevada	CLARK-3	12.8	30,556	16	26
103	Colorado	24	12.8	34,103	18	15
104	Colorado	2	12.7	27,347	20	27
105	New Mexico	30	12.6	24,735	17	26
106	Utah	2	12.5	24,665	20	28
107	Arizona	17	12.4	34,124	24	36
108	Arizona	6	12.3	46,556	39	11
109	California	17	12.3	43,392	23	20
110	New Mexico	15	12.1	35,642	38	26
111	Colorado	1	12.0	29,465	19	27
112	Arizona	14	11.9	29,683	35	25
113	Arizona	9	11.8	35,618	28	32
114	Washington	14	11.6	30,721	23	30
115	New Mexico	5	11.5	29,457	23	24
116	New Mexico	9	11.5	35,936	30	24
117	New Mexico	19	11.4	39,563	34	17
118	New Mexico	16	11.4	30,592	47	24
119	Washington	13	11.3	29,637	21	26
120	Nevada	Northern	11.2	38,301	19	16
121	Nevada	CLARK-2	11.2	33,079	14	16
122	California	10	11.2	51,511	32	19
123	Texas	24	11.0	27,921	20	28
124	Nebraska	7	10.9	22,783	13	32
125	California	4	10.6	36,479	26	24
126	New Mexico	25	10.5	49,056	51	25
127	Wisconsin	3	10.2	27,195	16	30
128	Illinois	42	10.2	46,657	24	19
129	Kansas	6	10.1	26,867	12	26
130	Oregon	15	10.1	33,416	18	32
131	New Mexico	18	10.0	36,621	32	30
132	California	39	9.9	44,032	41	21
133	Texas	13	9.9	36,536	32	18
134	Texas	5	9.8	28,660	21	27
135	Idaho	24	9.8	29,315	17	29
136	Illinois	12	9.8	24,035	10	30
137	California	6	9.7	38,340	30	21
138	Arizona	12	9.4	39,732	35	27
139	Idaho	11	9.4	28,363	17	26
140	New Mexico	20	9.4	44,867	43	20
141	Texas	17	9.1	51,827	44	12
142	Utah	18	9.0	31,216	24	23
143	Nevada	CLARK-4	8.9	31,184	12	22
144	Texas	30	8.9	30,082	20	30
145	Washington	12	8.7	31,146	23	29
146	Illinois	22	8.7	46,842	28	33
147	Illinois	33	8.6	48,146	26	18
148	Arizona	30	8.5	41,638	33	26
149	Oklahoma	46	8.4	23,065	20	27
150	Texas	22	8.4	29,279	18	30

PUERTO RICAN Top State House Districts

PUERTO RICAN
Top State House Districts

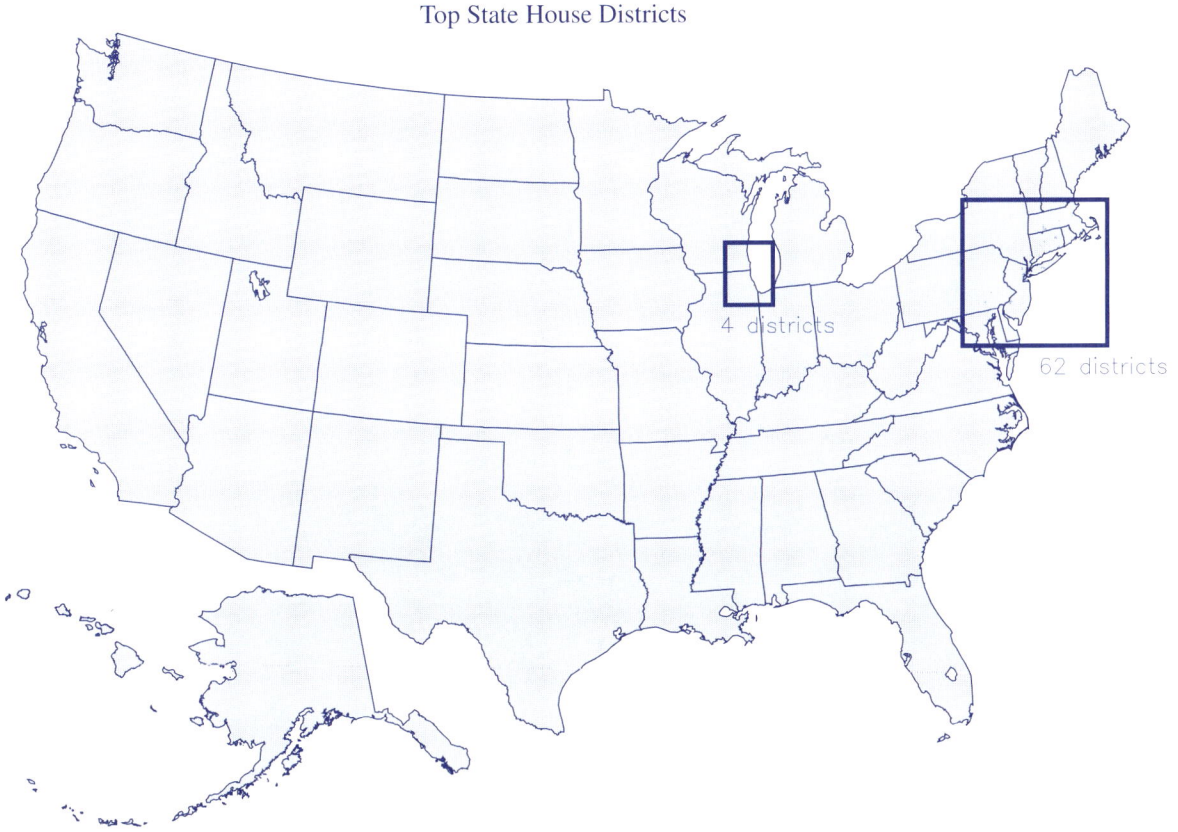

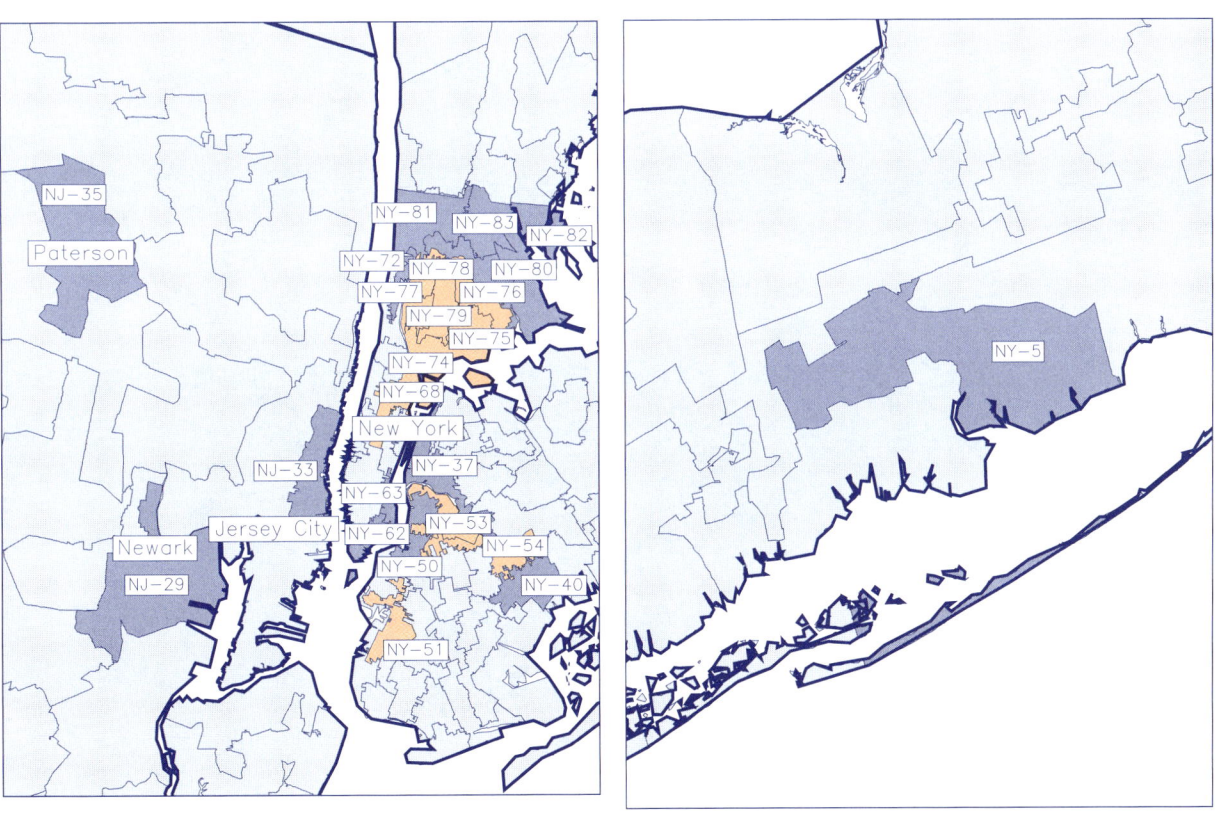

Population Ranges
- 50.0% to 99.9%
- 25.0% to 49.9%
- 10.0% to 24.9%
- 0.0% to 9.9%

PUERTO RICAN Top State House Districts

CHICAGO

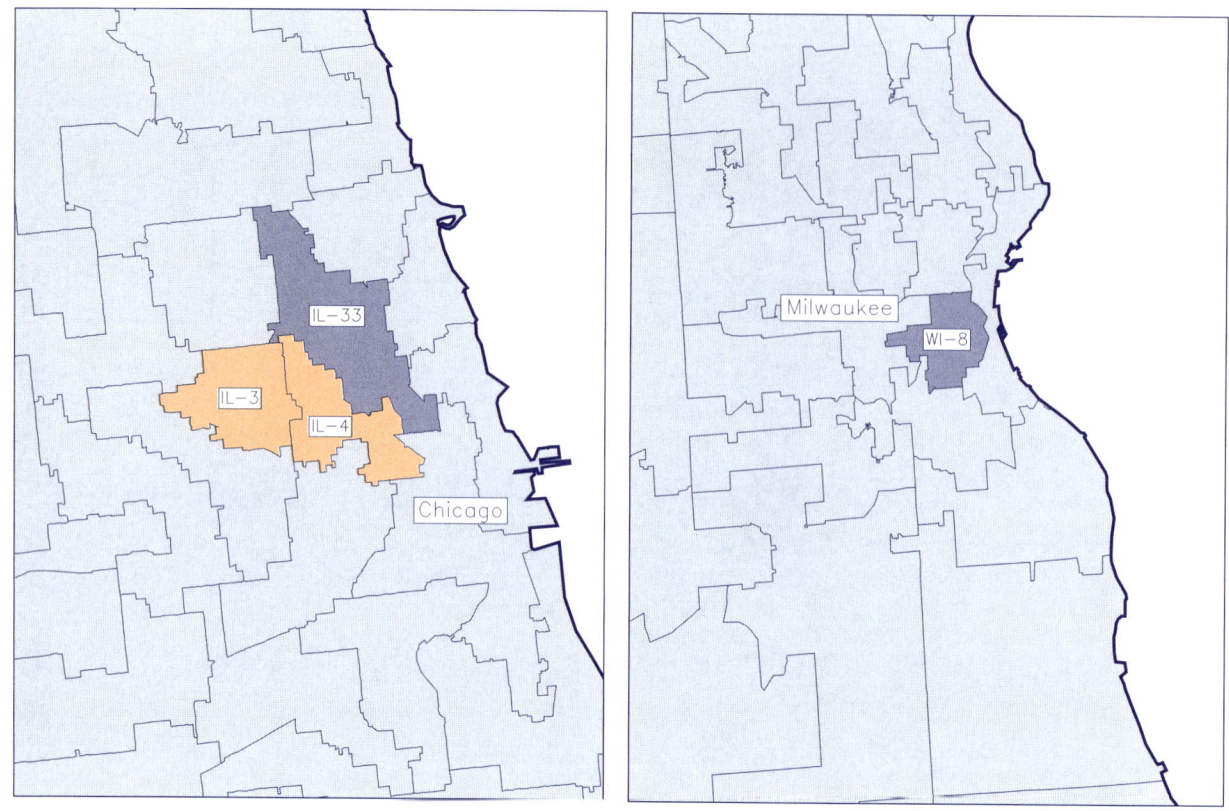

MILWAUKEE

PHILADELPHIA - READING - WILMINGTON

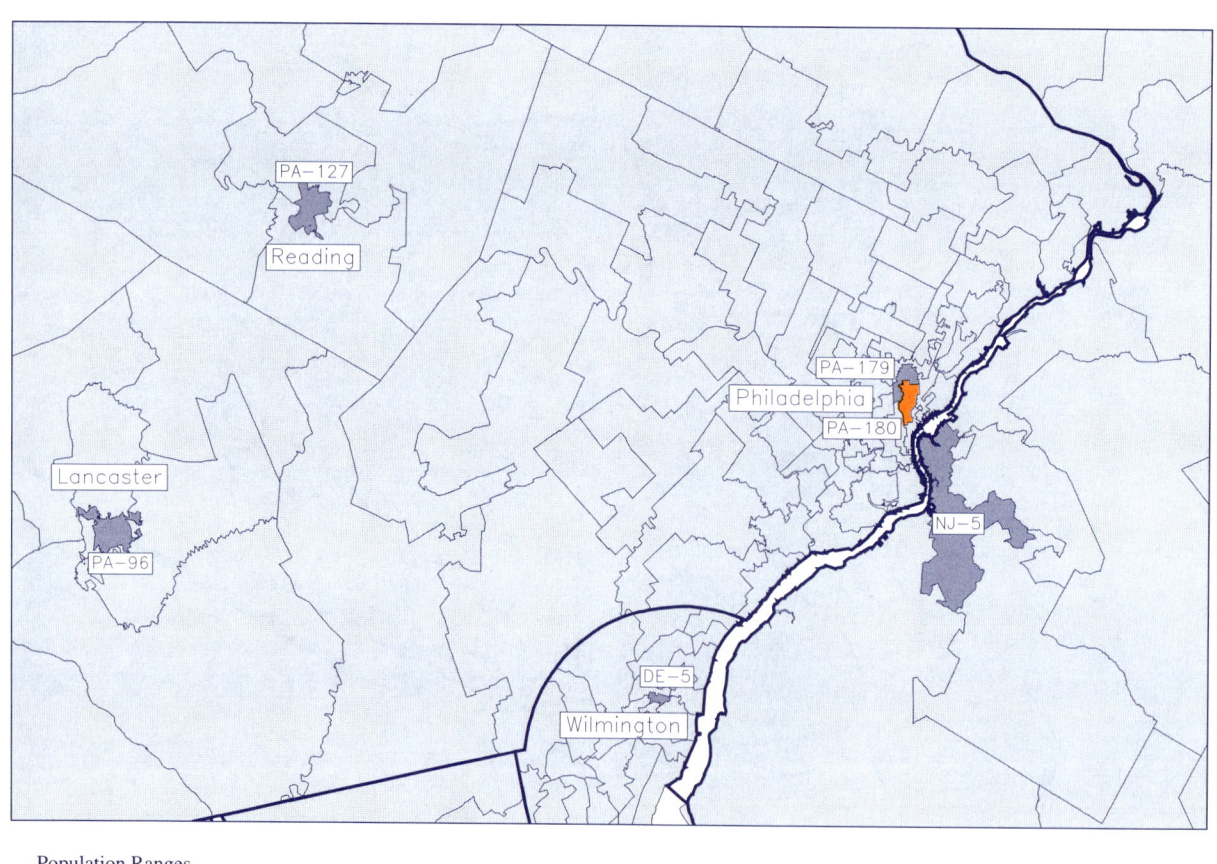

Population Ranges
- 50.0% to 99.9%
- 25.0% to 49.9%
- 10.0% to 24.9%
- 0.0% to 9.9%

PUERTO RICAN Top State House Districts

BOSTON - SPRINGFIELD - PROVIDENCE

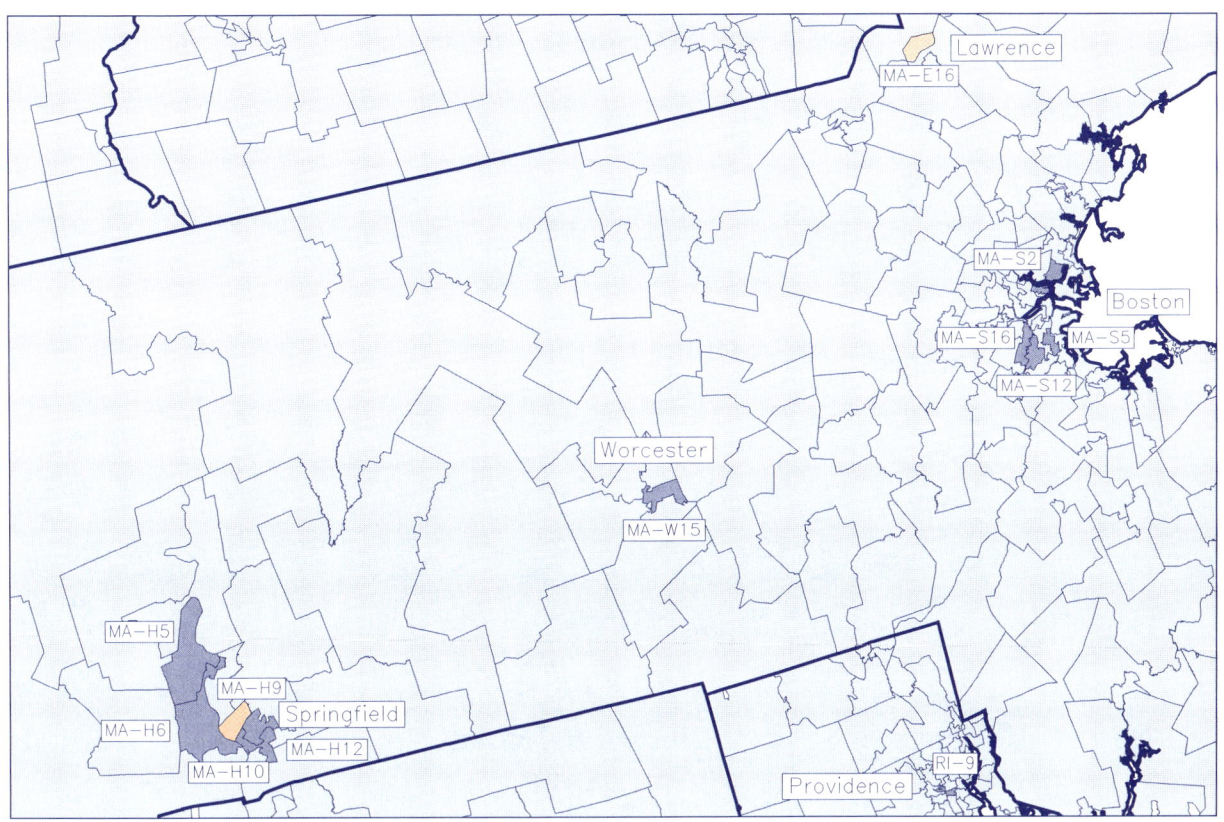

HARTFORD - NEW HAVEN

NORWICH - NEW LONDON

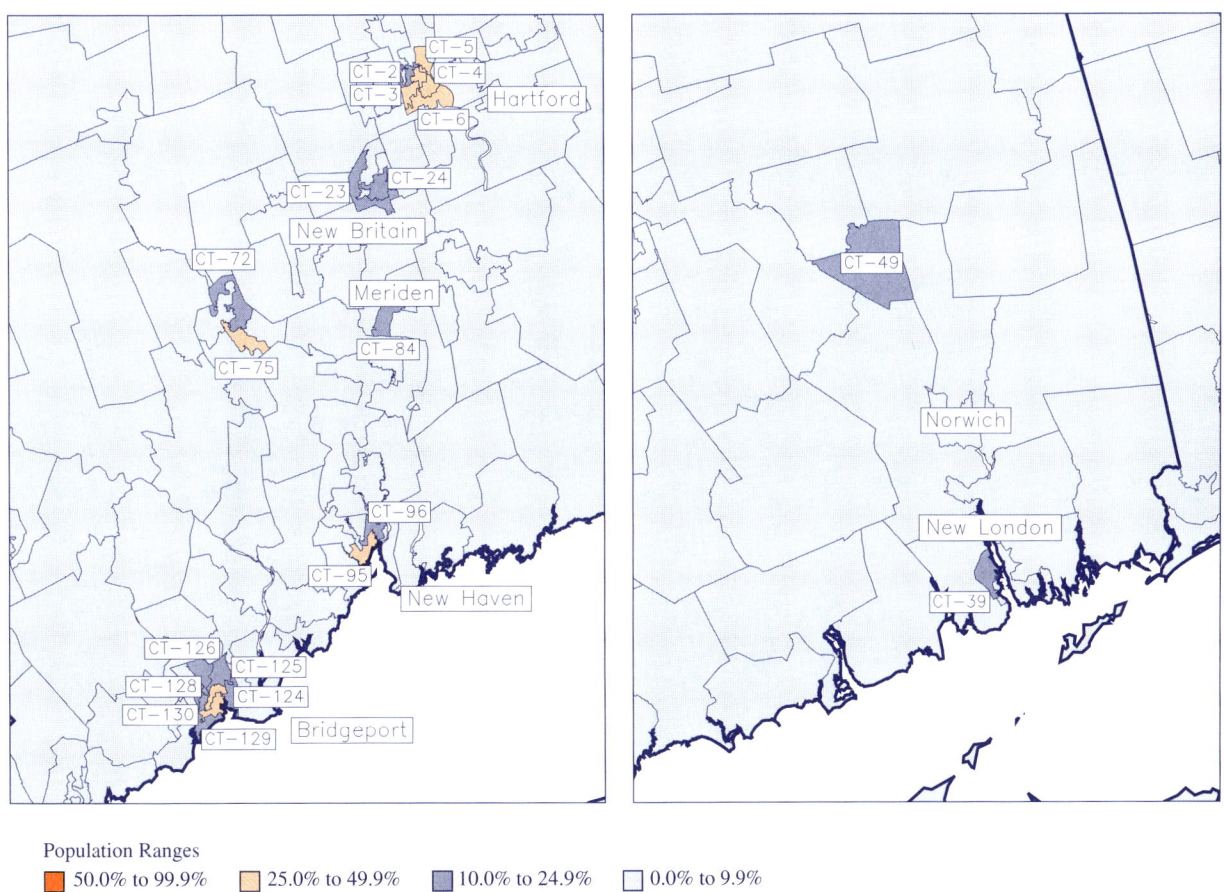

Population Ranges
- 50.0% to 99.9%
- 25.0% to 49.9%
- 10.0% to 24.9%
- 0.0% to 9.9%

PUERTO RICAN—Top State House Districts

RANK	STATE	DISTRICT NUMBER	PUERTO RICAN (%)	DISTRICT WIDE		
				AVG. HH INCOME ($)	COLLEGE EDUCATION (%)	RECEIVES SOC. SEC. (%)
1	Pennsylvania	180	55.6	17,356	3	23
2	Connecticut	4	48.8	23,506	15	21
3	Connecticut	3	47.4	25,188	16	20
4	New York	75	44.5	23,650	10	19
5	New York	74	44.4	17,681	8	18
6	New York	53	43.3	21,465	9	19
7	Connecticut	130	42.7	24,678	8	24
8	New York	76	38.9	28,734	15	22
9	New York	68	38.1	30,049	17	22
10	New York	54	37.7	23,942	8	16
11	Illinois	3	37.4	26,271	10	18
12	Connecticut	128	37.2	27,734	8	22
13	New York	51	36.9	28,114	16	20
14	Connecticut	5	36.2	22,573	14	19
15	Massachusetts	H9	34.8	25,555	14	34
16	New York	79	33.6	18,621	9	20
17	New York	78	33.2	23,277	13	15
18	Connecticut	75	30.6	28,331	12	27
19	Illinois	4	28.9	24,031	14	21
20	Connecticut	95	27.4	25,512	16	25
21	New York	77	27.3	20,758	11	14
22	Connecticut	6	27.1	31,578	18	23
23	Massachusetts	E16	26.1	24,264	11	27
24	Pennsylvania	179	24.8	24,349	10	23
25	Massachusetts	H5	22.2	31,796	23	32
26	Connecticut	24	20.6	29,161	18	33
27	Connecticut	124	19.7	29,435	8	27
28	Connecticut	84	19.0	31,341	15	30
29	New York	63	18.2	49,657	51	19
30	Massachusetts	H12	17.0	26,356	17	24
31	New York	80	17.0	32,431	20	32
32	Pennsylvania	96	17.0	28,319	17	28
33	Connecticut	96	16.8	32,260	44	20
34	Delaware	5	16.7	30,201	16	30
35	New York	40	16.7	24,955	11	15
36	Pennsylvania	127	16.4	25,625	11	33
37	Connecticut	2	14.8	28,078	28	18
38	New York	82	14.8	37,813	17	36
39	New Jersey	35	14.4	38,024	15	26
40	New York	83	14.2	37,516	20	27
41	New York	62	13.5	30,854	21	29
42	Connecticut	129	13.5	37,378	24	31
43	New York	81	13.5	42,108	32	30
44	New Jersey	33	13.4	36,920	24	22
45	New York	50	13.4	29,219	17	24
46	Connecticut	23	13.0	41,599	22	32
47	Massachusetts	W15	12.8	26,899	20	31
48	Illinois	33	12.8	35,374	26	21
49	Massachusetts	S5	12.6	31,045	16	20
50	Connecticut	49	12.5	34,662	23	29

PUERTO RICAN—Top State House Districts

RANK	STATE	DISTRICT NUMBER	PUERTO RICAN (%)	DISTRICT WIDE AVG. HH INCOME ($)	COLLEGE EDUCATION (%)	RECEIVES SOC. SEC. (%)
51	Massachusetts	S12	12.4	31,033	29	17
52	Massachusetts	H6	12.2	34,440	23	28
53	Connecticut	125	12.2	38,396	19	30
54	New Jersey	29	12.2	29,064	12	24
55	Massachusetts	H10	12.1	31,520	28	27
56	Connecticut	72	12.0	28,555	13	32
57	New York	5	12.0	52,446	23	23
58	New Jersey	5	12.0	32,151	13	28
59	Connecticut	126	11.9	40,809	17	25
60	New York	37	11.8	30,654	18	25
61	Wisconsin	8	11.8	20,482	8	26
62	Connecticut	39	11.0	28,586	17	27
63	Massachusetts	S16	10.9	36,478	43	18
64	Massachusetts	S2	10.3	35,834	25	25
65	Rhode Island	9	10.2	20,183	9	21
66	New York	72	10.1	25,176	14	18
67	New York	55	9.8	21,791	10	19
68	Massachusetts	W14	9.8	32,256	28	31
69	New York	46	9.6	29,122	20	34
70	Connecticut	145	9.5	40,237	17	24
71	New Jersey	28	9.3	41,084	23	24
72	Connecticut	26	9.3	36,368	23	29
73	Pennsylvania	131	9.3	30,429	16	30
74	Rhode Island	72	9.1	22,861	10	30
75	New York	84	9.0	35,104	21	26
76	Connecticut	140	9.0	44,213	23	19
77	Ohio	13	9.0	25,248	10	31
78	Ohio	61	8.6	30,214	15	28
79	Rhode Island	18	8.6	26,350	16	21
80	New Jersey	19	8.5	45,554	20	28
81	New York	133	8.5	28,674	18	24
82	Massachusetts	M18	8.5	35,005	20	25
83	New York	69	8.4	51,603	55	19
84	Massachusetts	S7	8.4	26,127	19	20
85	New York	59	8.2	43,333	25	26
86	New York	71	8.2	28,674	24	27
87	New York	144	8.1	29,779	30	28
88	New Jersey	1	8.1	37,713	19	34
89	New York	52	8.1	52,034	43	25
90	New York	31	8.0	38,519	16	23
91	New Jersey	31	7.9	36,696	22	28
92	Rhode Island	12	7.7	26,092	12	27
93	New York	56	7.6	24,457	12	20
94	Pennsylvania	135	7.6	42,543	30	33
95	Florida	35	7.6	36,860	34	15
96	Massachusetts	W3	7.4	31,763	20	32
97	Massachusetts	S9	7.1	33,776	50	16
98	New York	38	7.1	38,225	17	32
99	New Jersey	32	7.1	40,627	24	26
100	Florida	79	7.1	32,187	17	27

PUERTO RICAN
Top State Senate Districts

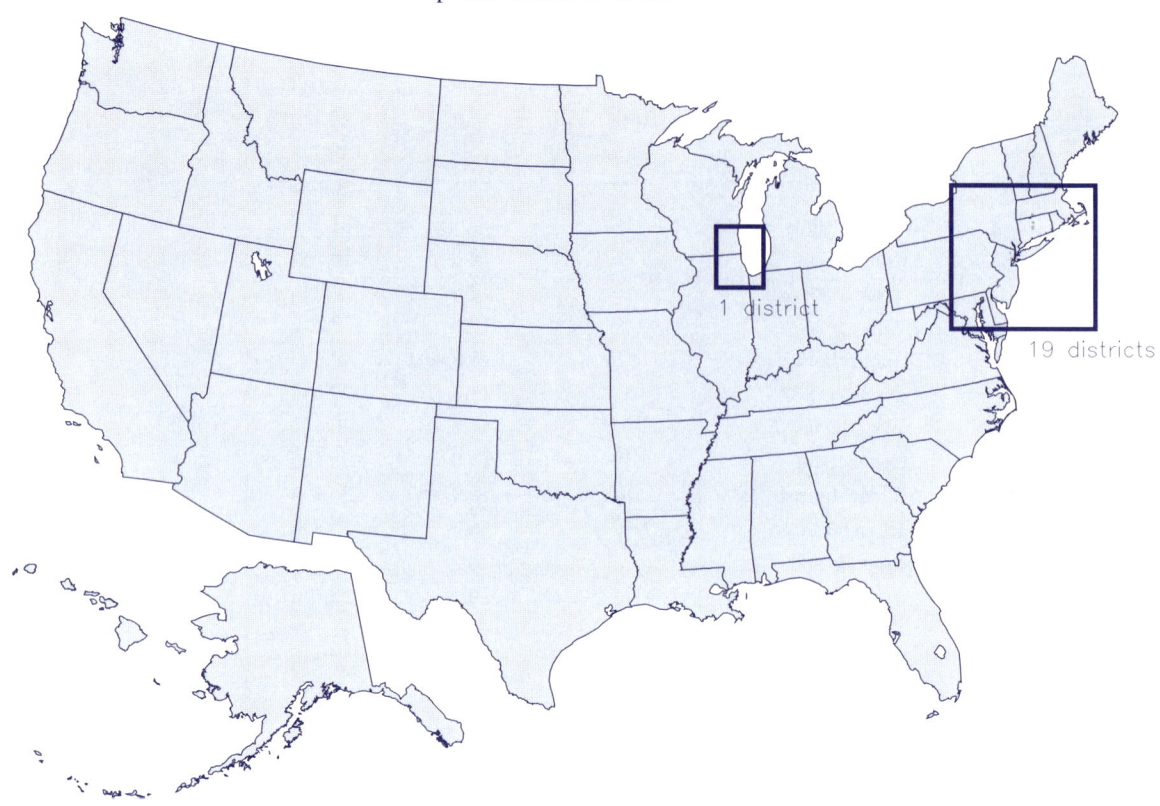

NEW YORK - NEWARK

PHILADELPHIA - WILMINGTON

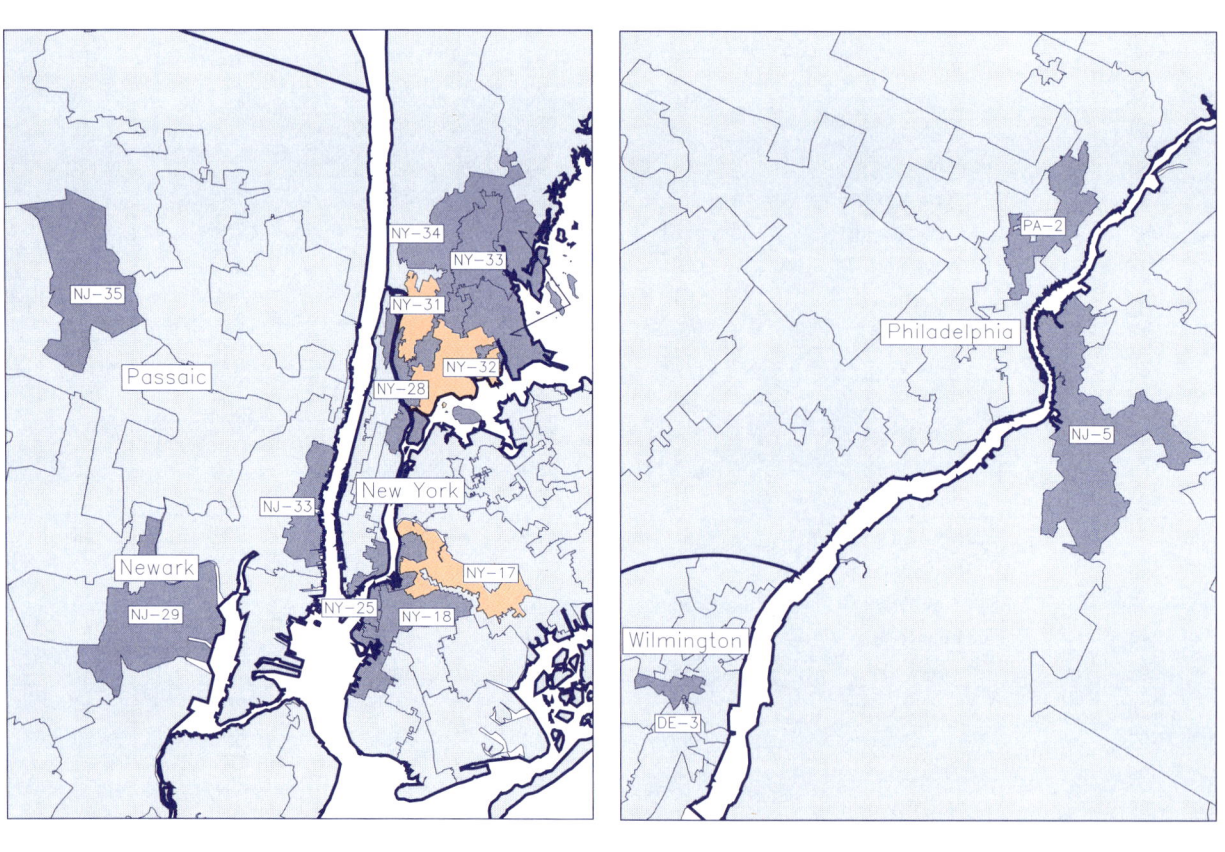

Population Ranges
- 50.0% to 99.9%
- 25.0% to 49.9%
- 10.0% to 24.9%
- 0.0% to 9.9%

PUERTO RICAN Top State Senate Districts 171

CHICAGO SPRINGFIELD - HARTFORD

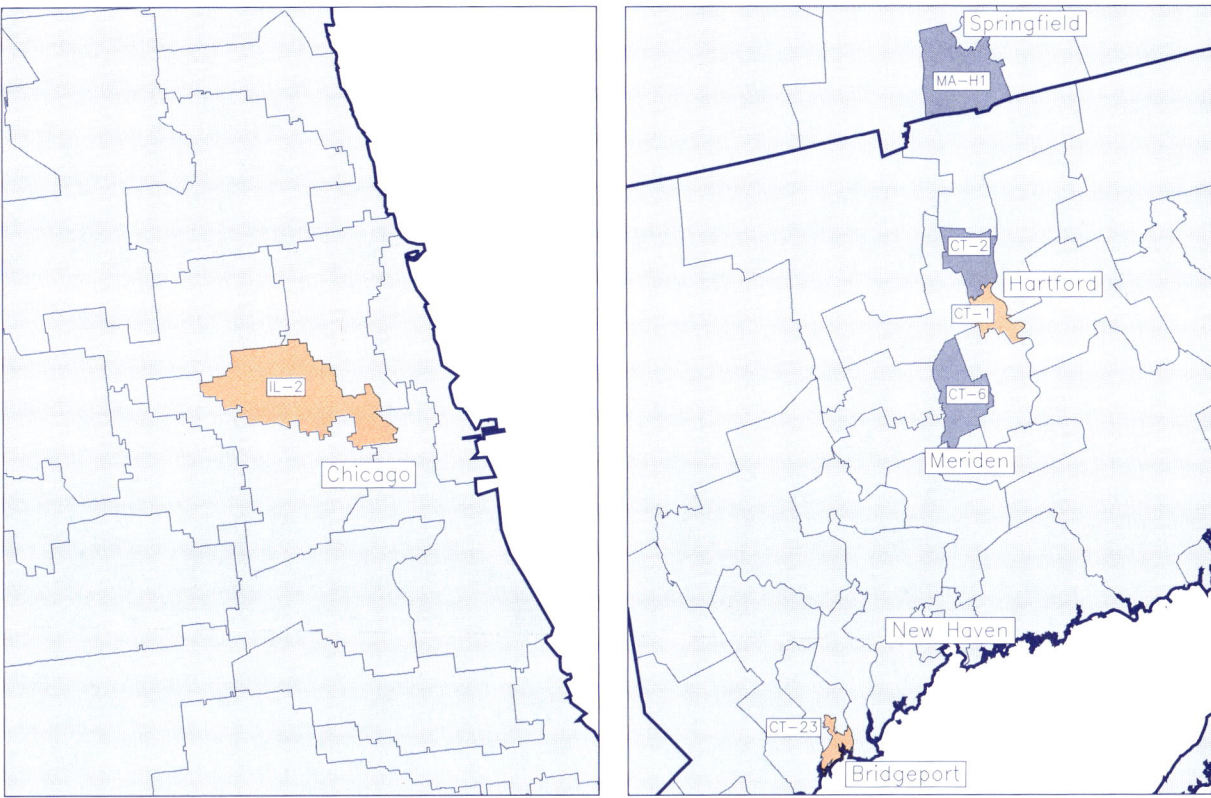

Population Ranges
- 50.0% to 99.9%
- 25.0% to 49.9%
- 10.0% to 24.9%
- 0.0% to 9.9%

PUERTO RICAN—Top State Senate Districts

RANK	STATE	DISTRICT NUMBER	PUERTO RICAN (%)	DISTRICT WIDE AVG. HH INCOME ($)	DISTRICT WIDE COLLEGE EDUCATION (%)	DISTRICT WIDE RECEIVES SOC. SEC. (%)
1	New York	32	44.3	23,143	11	20
2	New York	17	36.5	23,116	9	17
3	Illinois	2	33.2	25,120	12	20
4	Connecticut	1	31.9	31,860	21	25
5	New York	31	31.4	23,005	12	15
6	Connecticut	23	27.3	31,049	12	25
7	New York	28	23.9	28,473	19	19
8	New York	25	23.6	34,238	27	23
9	Pennsylvania	2	19.4	27,586	11	34
10	New York	33	17.2	31,823	18	27
11	New Jersey	35	14.4	38,024	15	26
12	Massachusetts	H1	13.4	36,902	28	27
13	New Jersey	33	13.4	36,920	24	22
14	New Jersey	29	12.2	29,064	12	24
15	New York	34	12.1	41,741	22	32
16	New Jersey	5	12.0	32,151	13	28
17	Connecticut	6	11.2	39,427	23	31
18	Connecticut	2	10.9	34,181	23	23
19	Delaware	3	10.4	29,163	15	30
20	New York	18	10.1	31,267	25	19
21	Massachusetts	H&H	9.8	35,830	23	29
22	New York	12	9.8	31,426	13	23
23	New York	29	9.6	25,590	21	24
24	New Jersey	28	9.3	41,084	23	24
25	Massachusetts	E&M2	9.1	45,871	29	23
26	Connecticut	10	8.6	32,111	25	22
27	Illinois	17	8.5	32,394	29	20
28	New Jersey	19	8.5	45,554	20	28
29	Connecticut	15	8.5	41,640	24	30
30	New Jersey	1	8.1	37,713	19	34
31	New Jersey	31	7.9	36,696	22	28
32	Rhode Island	10	7.9	26,874	14	19
33	New York	30	7.8	58,201	55	22
34	New York	15	7.7	39,501	18	31
35	New York	22	7.7	31,043	18	33
36	Massachusetts	S2	7.6	31,632	29	17
37	Connecticut	13	7.6	40,847	25	28
38	Rhode Island	35	7.6	24,014	10	32
39	New Jersey	32	7.1	40,627	24	26
40	Rhode Island	8	7.0	20,134	12	28
41	New Jersey	20	7.0	37,840	17	28
42	New Jersey	36	6.7	42,623	23	30
43	Connecticut	11	6.4	38,541	34	30
44	Massachusetts	W	6.2	40,165	33	30
45	Massachusetts	S1	6.1	39,617	33	20
46	Illinois	10	5.7	35,147	18	32
47	New York	3	5.7	51,927	24	22
48	New York	23	5.5	39,066	21	31
49	Hawaii	21	5.4	37,668	16	20
50	Florida	9	5.3	41,199	34	21

CUBAN
Top State House Districts

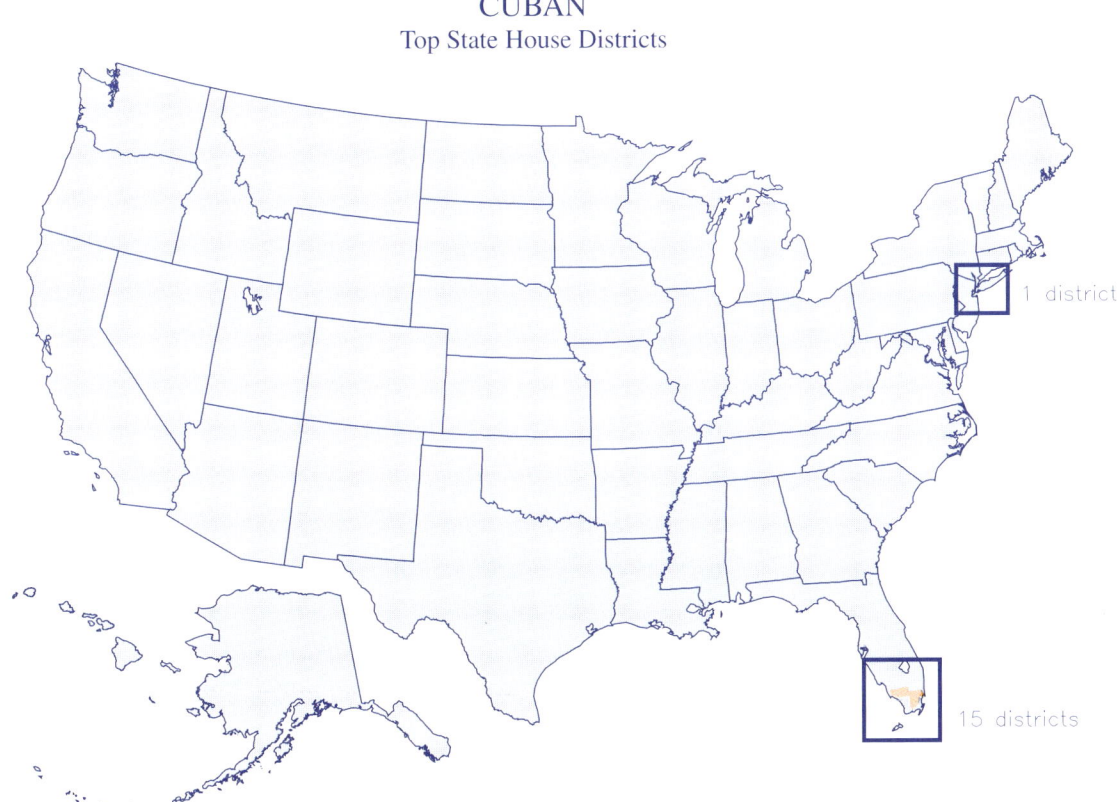

1 district

15 districts

MIAMI

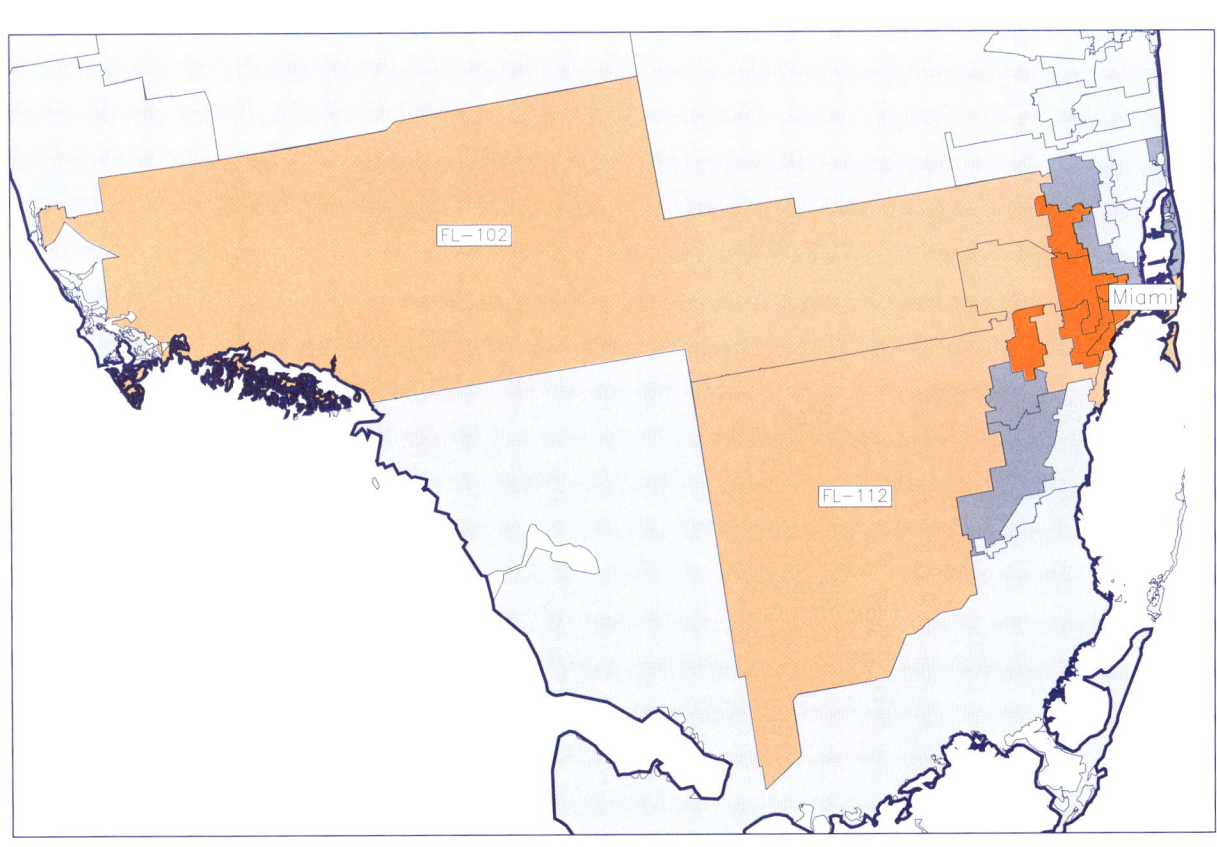

Population Ranges
- ■ 50.0% to 99.9%
- ■ 25.0% to 49.9%
- ■ 10.0% to 24.9%
- □ 0.0% to 9.9%

CUBAN Top State House Districts

TAMPA

JERSEY CITY

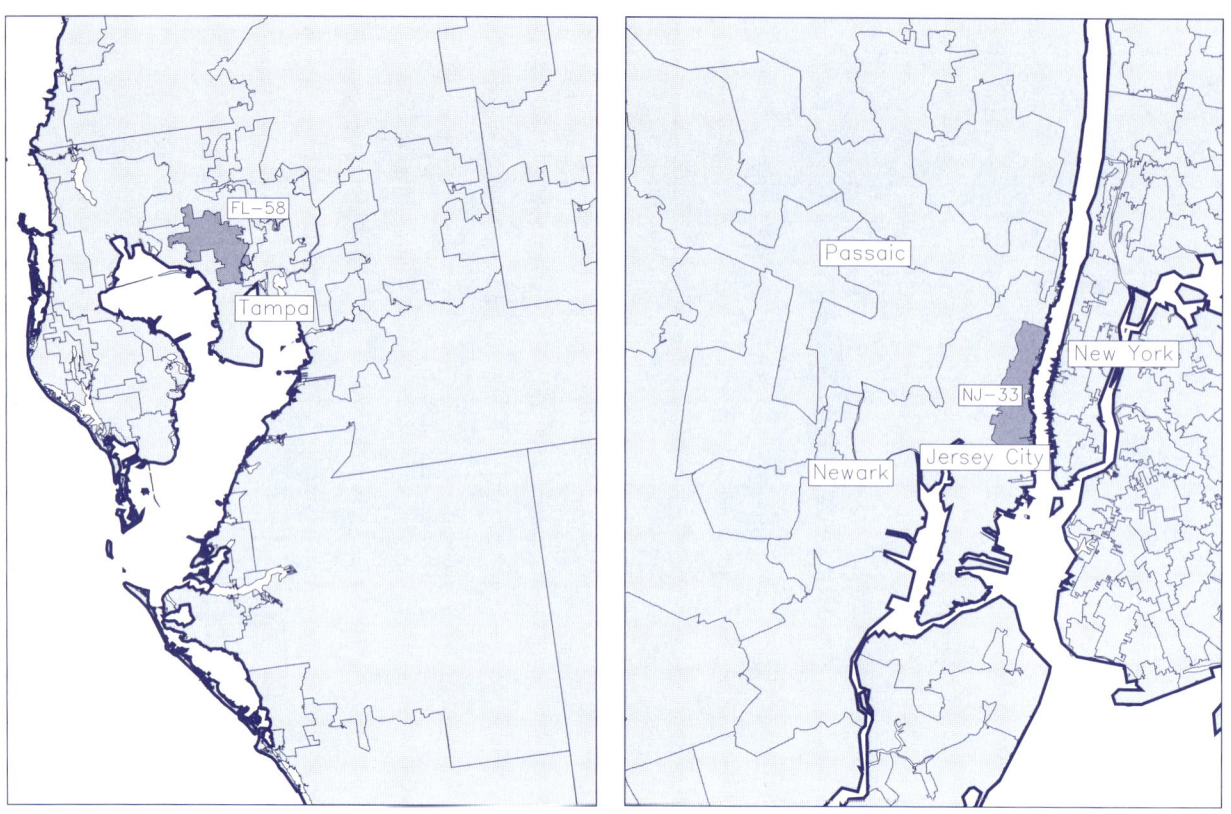

MIAMI - NORTH MIAMI BEACH

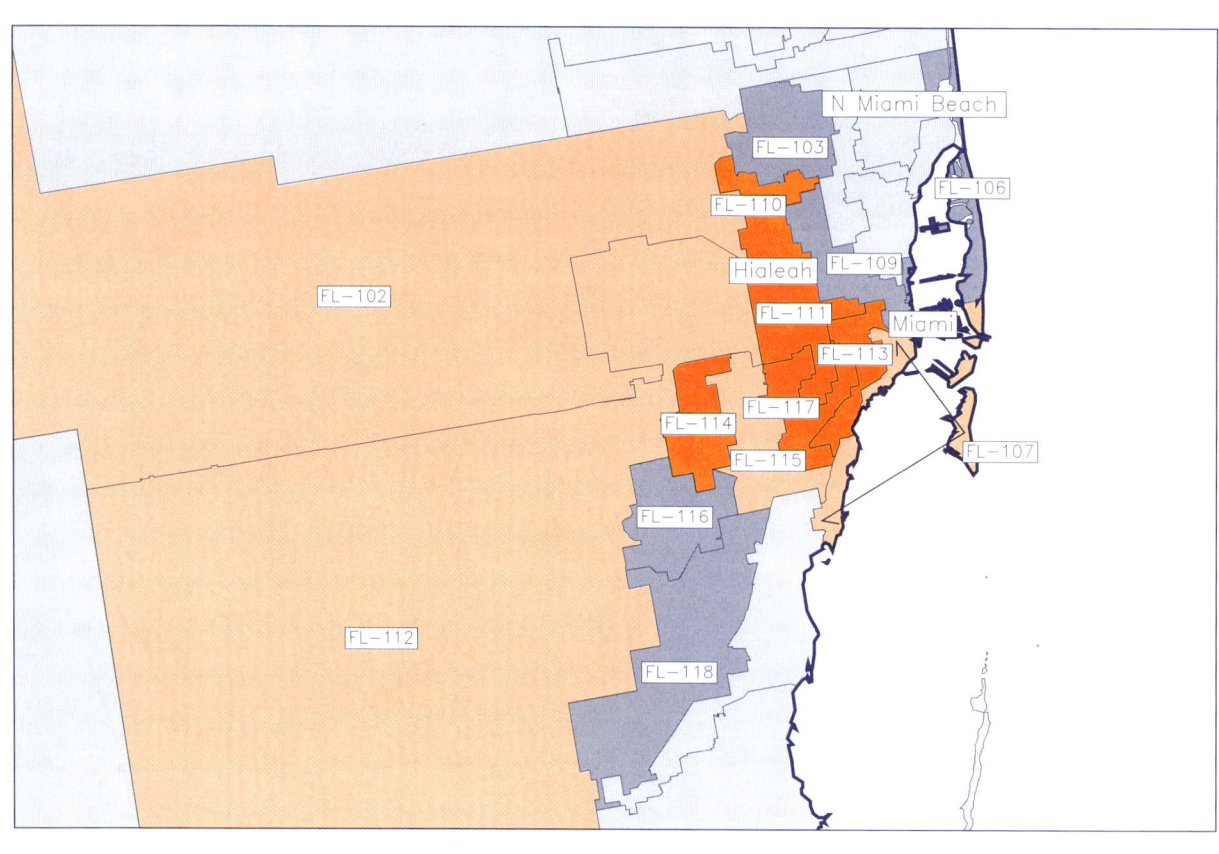

Population Ranges
- 50.0% to 99.9%
- 25.0% to 49.9%
- 10.0% to 24.9%
- 0.0% to 9.9%

CUBAN—Top State House Districts

RANK	STATE	DISTRICT NUMBER	CUBAN (%)	AVG. HH INCOME ($)	DISTRICT WIDE COLLEGE EDUCATION (%)	RECEIVES SOC. SEC. (%)
1	Florida	110	61.8	31,892	14	23
2	Florida	117	52.3	39,364	27	31
3	Florida	111	51.6	31,424	21	26
4	Florida	113	51.6	32,599	20	29
5	Florida	114	50.8	38,260	28	18
6	Florida	115	44.8	48,971	35	23
7	Florida	102	42.9	37,159	20	21
8	Florida	112	39.8	43,229	32	14
9	Florida	107	32.8	36,317	29	29
10	Florida	116	18.8	47,584	45	14
11	Florida	109	18.1	21,047	8	24
12	New Jersey	33	16.7	36,920	24	22
13	Florida	58	14.0	32,316	23	23
14	Florida	103	13.3	33,336	18	17
15	Florida	106	12.4	43,545	31	45
16	Florida	118	11.4	40,570	26	19
17	Florida	120	8.5	39,811	24	25
18	Florida	119	6.6	54,158	35	21
19	New Jersey	20	6.0	37,840	17	28
20	New Jersey	32	6.0	40,627	24	26
21	Florida	86	5.7	31,428	20	39
22	Florida	105	5.3	37,954	27	34
23	Florida	104	4.0	33,615	20	23
24	Florida	108	4.0	28,057	18	24
25	New York	72	3.9	25,176	14	18
26	Florida	101	3.6	32,891	19	40
27	Florida	97	3.3	48,841	32	27
28	Florida	99	3.2	40,435	26	25
29	Florida	100	3.1	37,773	22	42
30	New York	71	3.1	28,674	24	27
31	Florida	59	2.9	23,442	14	27
32	New York	34	2.7	34,782	20	22
33	Florida	56	2.7	34,031	25	25
34	Florida	57	2.6	43,506	36	24
35	Florida	47	2.5	41,317	34	24
36	Nevada	12	2.5	35,379	16	30
37	Florida	85	2.4	38,546	22	34
38	Florida	84	2.0	32,087	19	25
39	Florida	92	2.0	40,145	26	31
40	New York	35	1.9	35,461	25	19
41	Nevada	18	1.9	31,909	12	28
42	New Jersey	29	1.9	29,064	12	24
43	Nevada	10	1.8	30,895	16	28
44	Florida	98	1.8	46,210	32	36
45	Florida	76	1.7	58,214	32	40
46	Nevada	28	1.7	22,948	8	20
47	Florida	35	1.7	36,860	34	15
48	Florida	40	1.7	43,542	32	23
49	California	50	1.7	28,775	7	18
50	New York	30	1.7	38,381	23	28

CUBAN
Top State Senate Districts

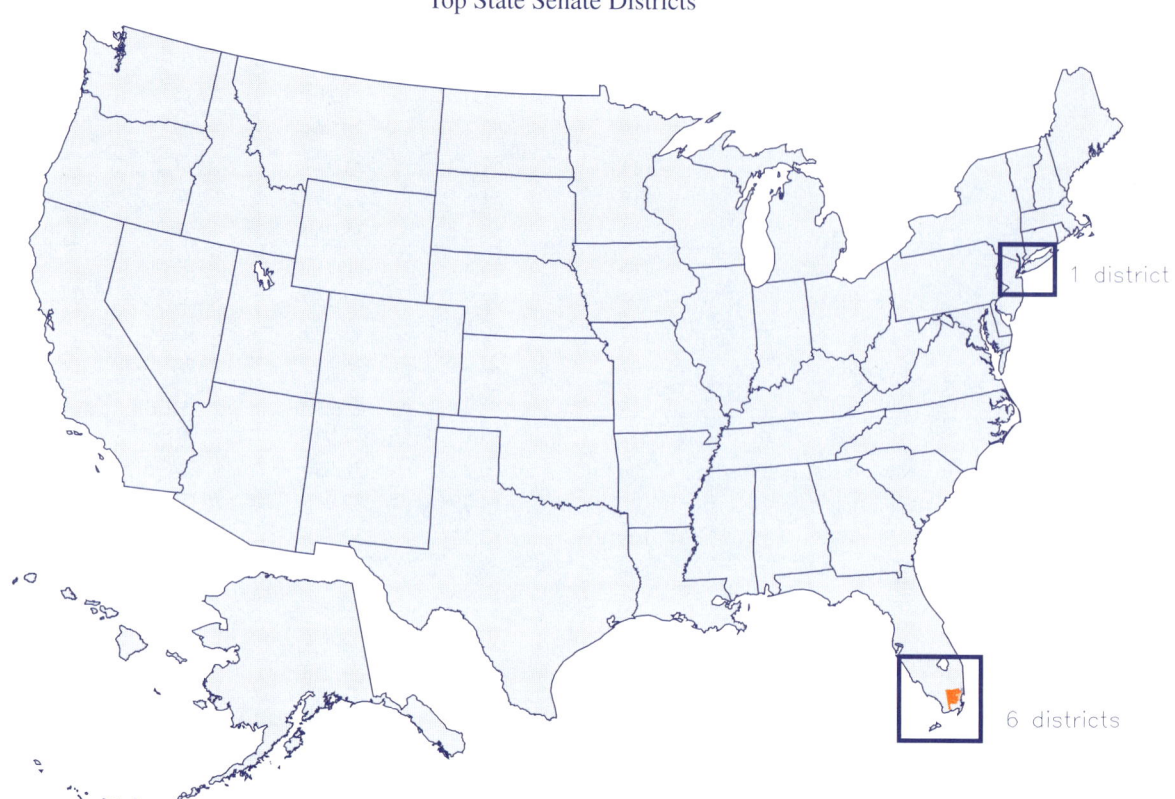

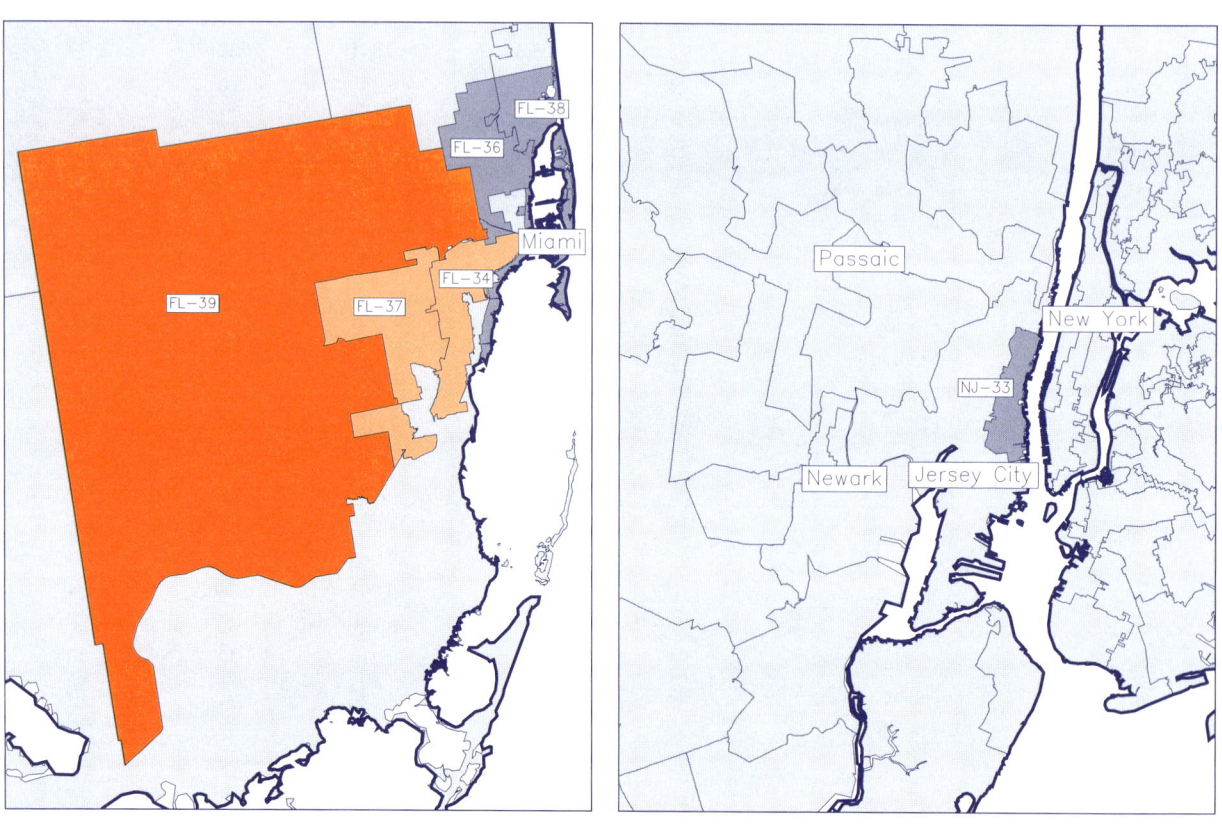

MIAMI

JERSEY CITY

Population Ranges
- 50.0% to 99.9%
- 25.0% to 49.9%
- 10.0% to 24.9%
- 0.0% to 9.9%

CUBAN—Top State Senate Districts

RANK	STATE	DISTRICT NUMBER	CUBAN (%)	AVG. HH INCOME ($)	DISTRICT WIDE COLLEGE EDUCATION (%)	RECEIVES SOC. SEC. (%)
1	Florida	39	50.4	34,233	19	20
2	Florida	34	44.6	41,213	29	28
3	Florida	37	37.8	44,699	35	17
4	New Jersey	33	16.7	36,920	24	22
5	Florida	36	16.0	27,742	16	23
6	Florida	38	12.0	42,376	31	36
7	Florida	40	8.9	34,921	20	23
8	Florida	32	8.5	43,439	27	25
9	New Jersey	20	6.0	37,840	17	28
10	New Jersey	32	6.0	40,627	24	26
11	Florida	13	5.4	38,120	29	27
12	New York	28	2.3	28,473	19	19
13	Florida	21	2.3	23,431	14	32
14	Florida	29	2.2	36,764	22	34
15	New York	16	2.1	34,371	23	21
16	New Jersey	29	1.9	29,064	12	24
17	Florida	35	1.8	32,817	19	39
18	New York	30	1.6	58,201	55	22
19	Florida	30	1.6	29,221	17	28
20	Nevada	CLARK-3	1.5	30,556	16	26
21	Florida	31	1.5	49,286	31	37
22	New York	14	1.5	36,654	26	27
23	Florida	28	1.4	46,653	28	45
24	Nevada	CLARK-7	1.4	36,277	16	28
25	Florida	9	1.2	41,199	34	21
26	New York	29	1.2	25,590	21	24
27	Florida	23	1.2	36,308	26	25
28	Florida	33	1.1	40,094	26	40
29	New Jersey	19	1.1	45,554	20	28
30	California	30	1.0	34,919	12	21
31	New Jersey	37	1.0	58,527	38	28
32	New Jersey	36	1.0	42,623	23	30
33	Florida	25	1.0	46,635	27	42
34	Connecticut	23	1.0	31,049	12	25
35	Illinois	17	1.0	32,394	29	20
36	New Jersey	38	1.0	50,231	26	31
37	Illinois	2	0.9	25,120	12	20
38	New York	35	0.9	58,614	37	29
39	Florida	12	0.9	44,437	32	20
40	Illinois	9	0.9	37,785	43	21
41	Louisiana	10	0.9	36,972	24	20
42	New Jersey	28	0.9	41,084	23	24
43	New Jersey	35	0.9	38,024	15	26
44	Illinois	8	0.8	41,141	33	32
45	California	21	0.8	51,090	39	21
46	New York	13	0.8	44,450	36	29
47	New York	31	0.8	23,005	12	15
48	Florida	27	0.8	52,925	31	42
49	New York	32	0.7	23,143	11	20
50	New York	36	0.7	82,357	45	26

GERMAN
Top State House Districts

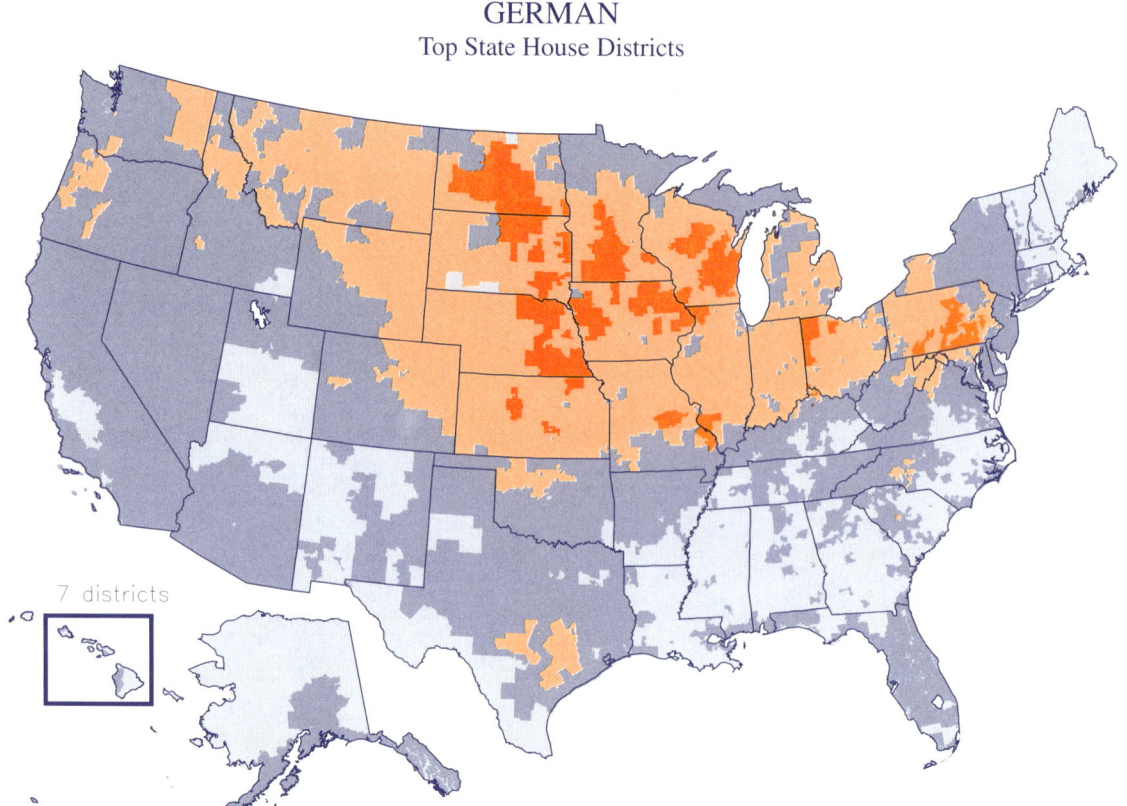

HARRISBURG - JOHNSTOWN - ALLENTOWN

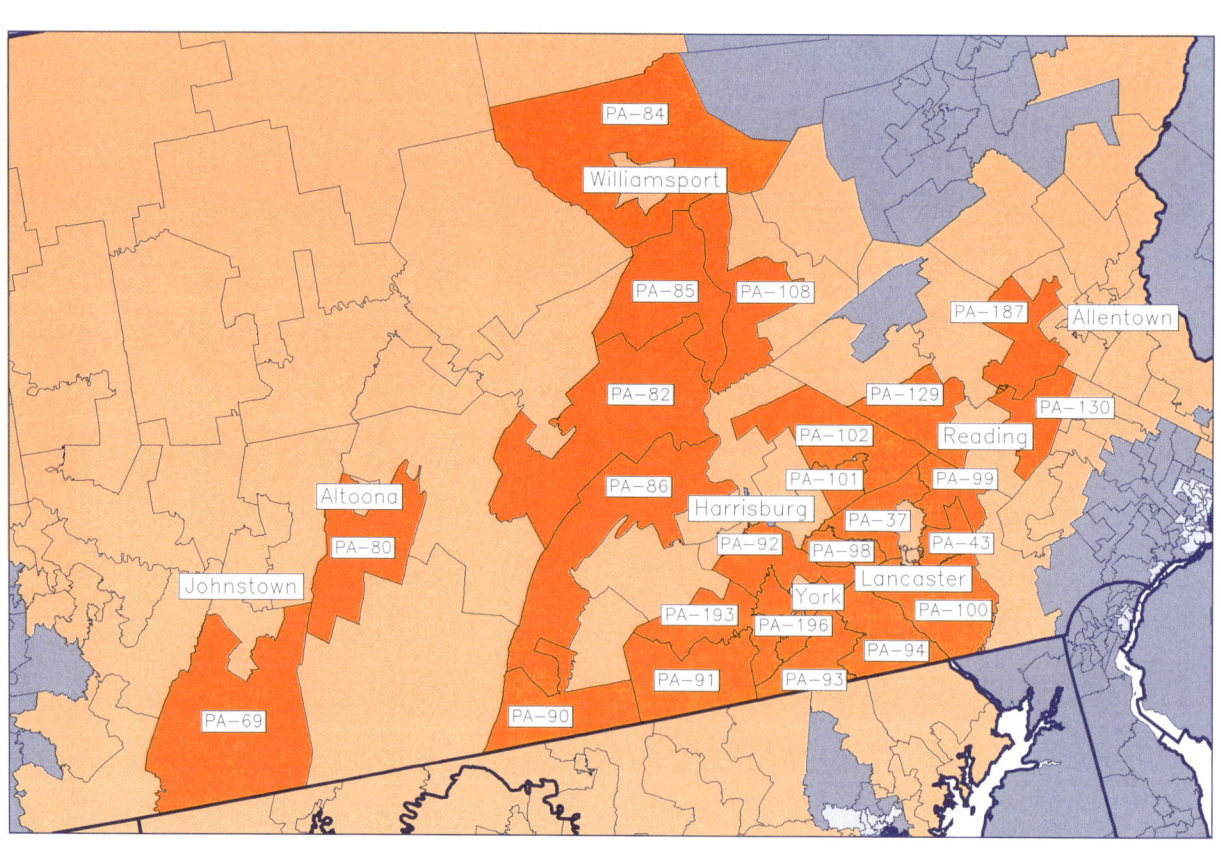

Population Ranges
■ 50.0% to 99.9% ■ 25.0% to 49.9% ■ 10.0% to 24.9% □ 0.0% to 9.9%

GERMAN Top State House Districts

ST. LOUIS
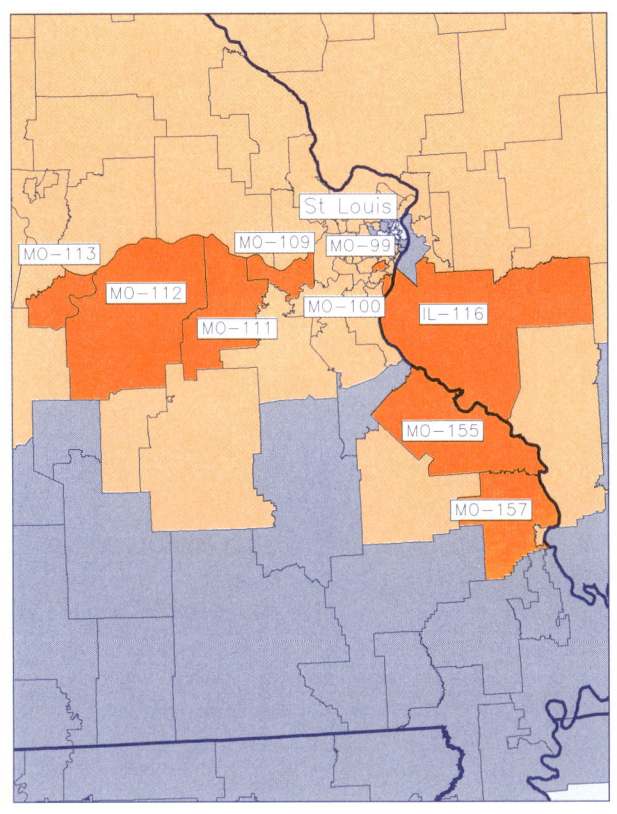

TOLEDO - DAYTON - COLUMBUS
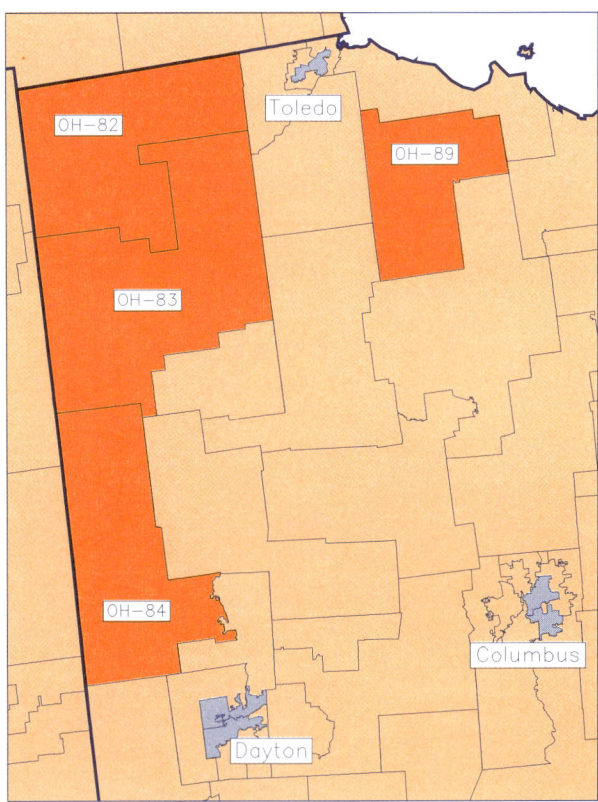

MILWAUKEE - WAUSAU
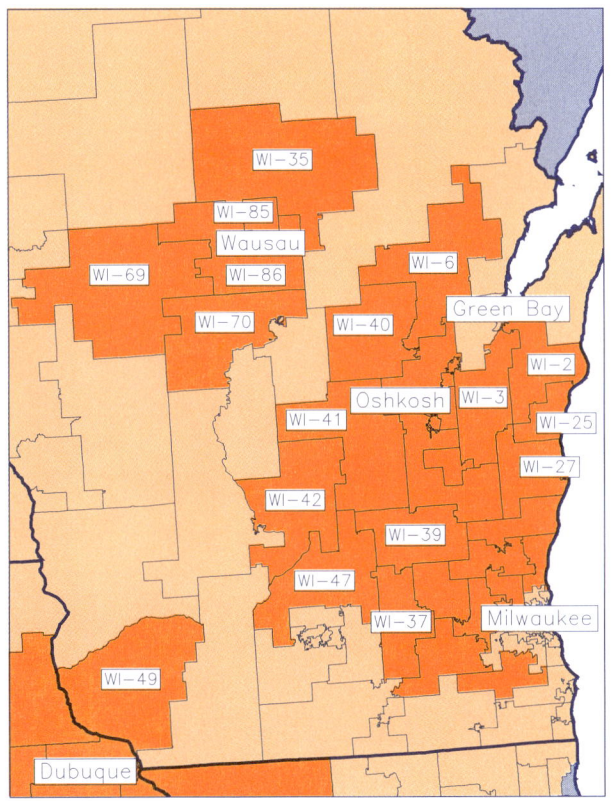

CINCINNATI
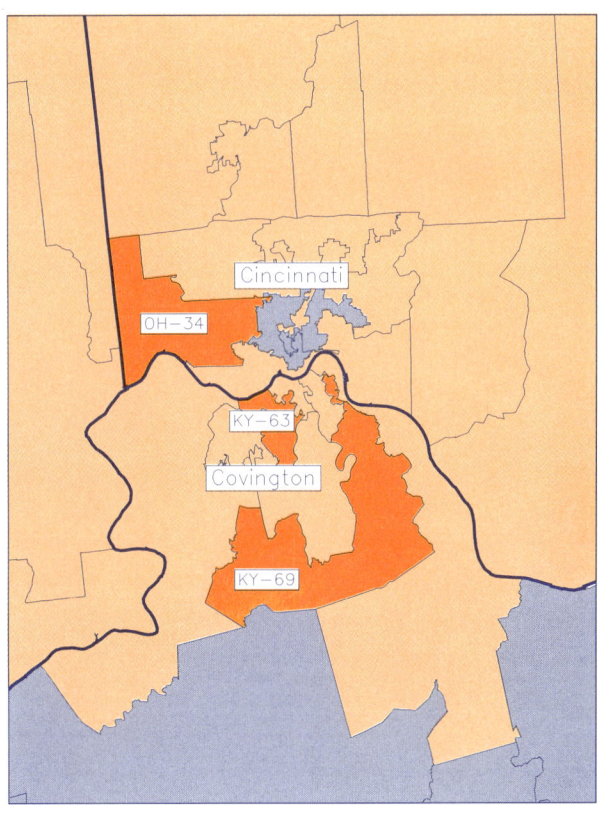

Population Ranges
- 50.0% to 99.9%
- 25.0% to 49.9%
- 10.0% to 24.9%
- 0.0% to 9.9%

BISMARCK - ABERDEEN

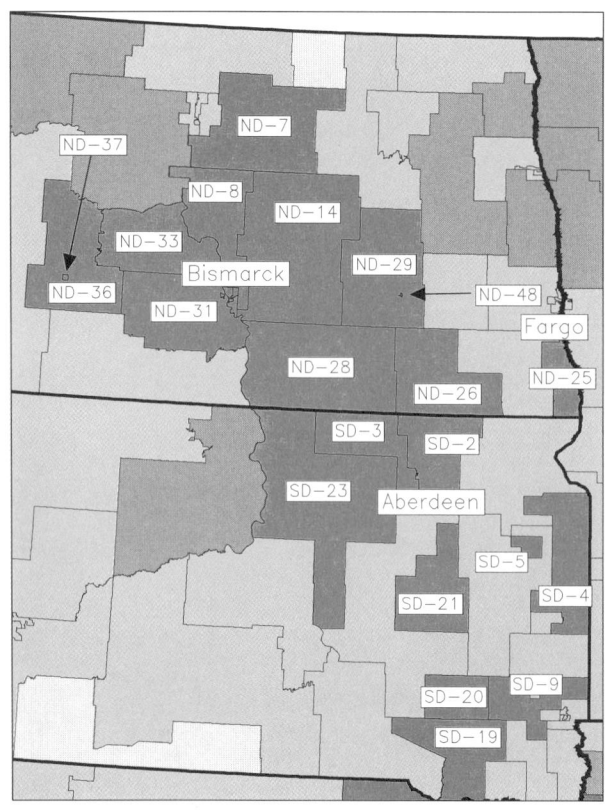

BISMARCK

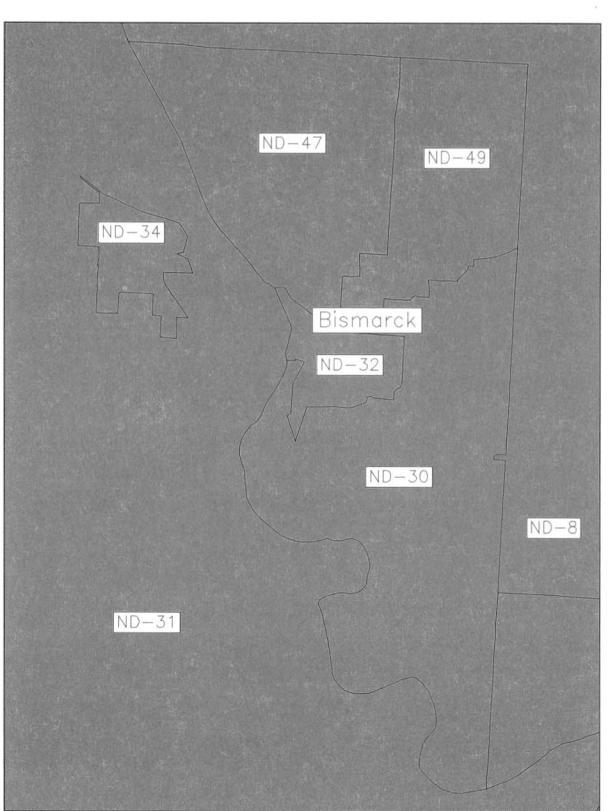

MINNEAPOLIS - ROCHESTER

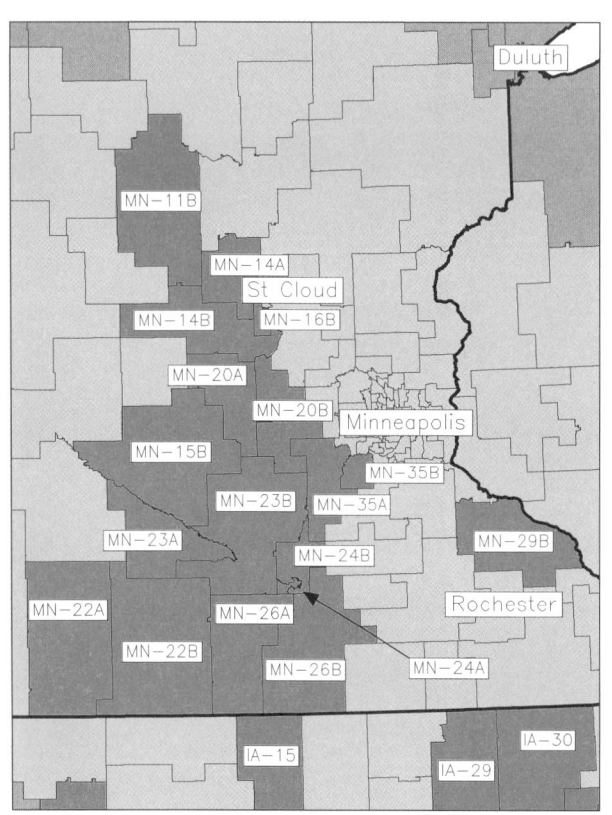

OMAHA - SIOUX CITY

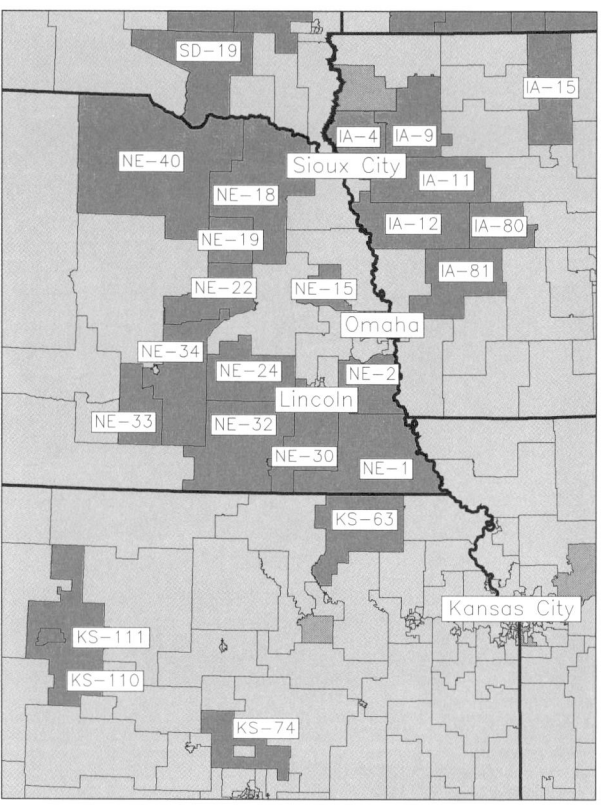

Population Ranges
- 50.0% to 99.9%
- 25.0% to 49.9%
- 10.0% to 24.9%
- 0.0% to 9.9%

CEDAR RAPIDS - DUBUQUE

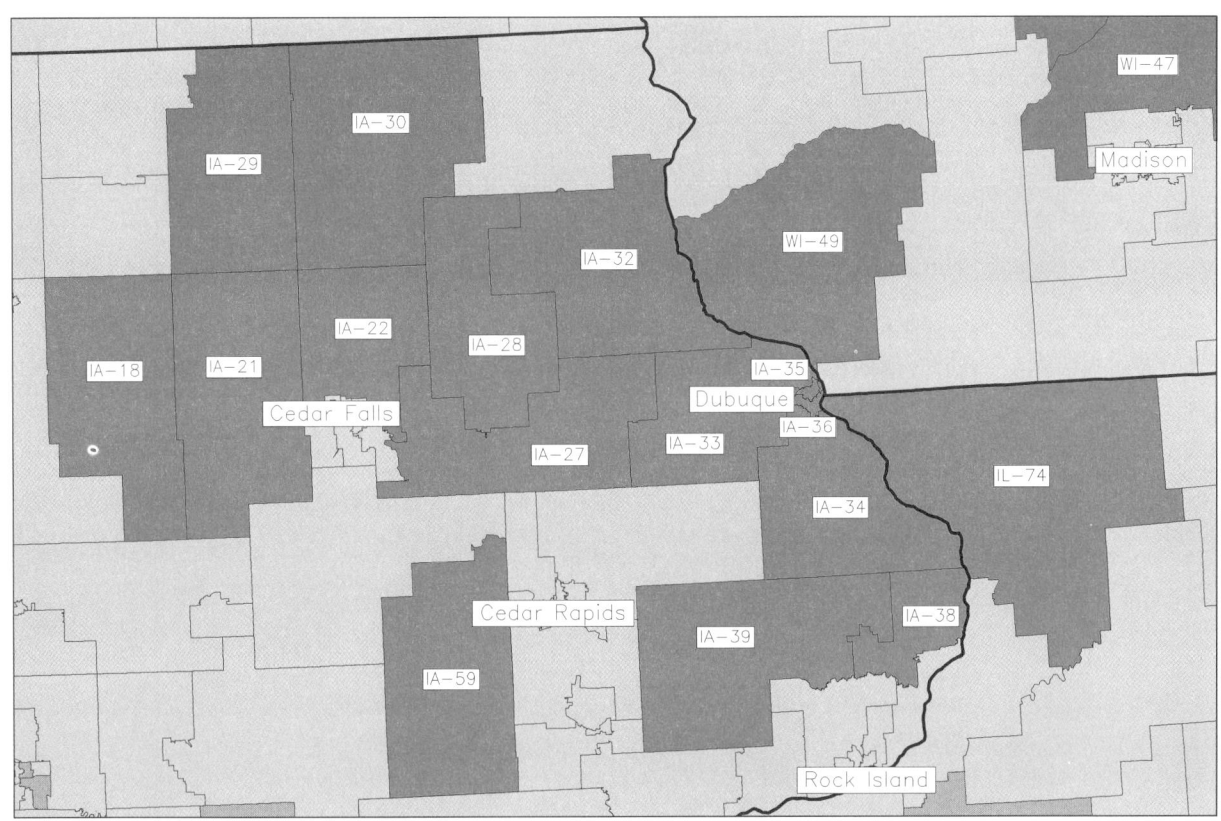

GREEN BAY - OSHKOSH

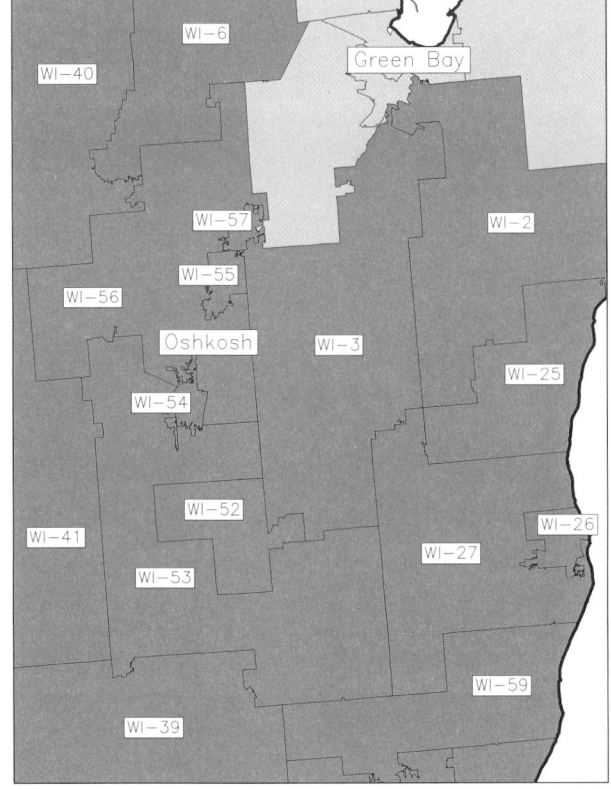

MILWAUKEE

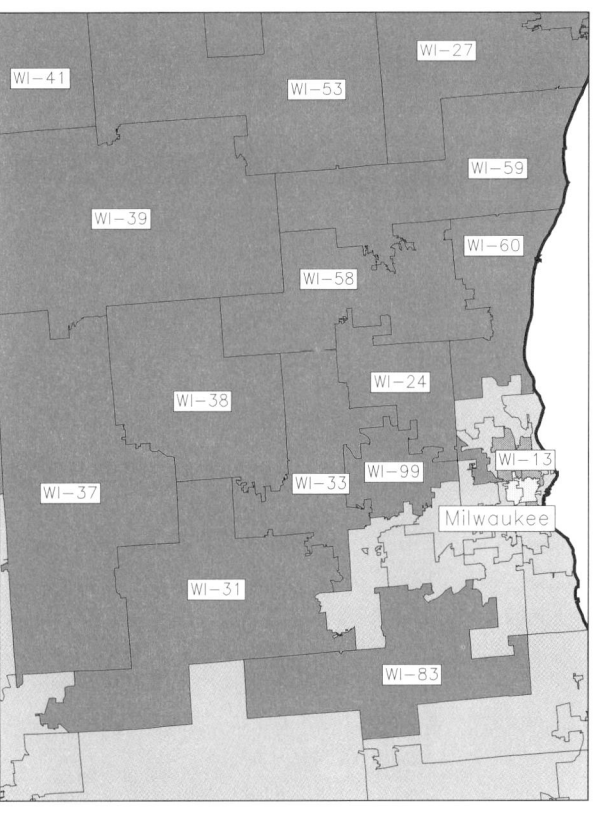

Population Ranges
- 50.0% to 99.9%
- 25.0% to 49.9%
- 10.0% to 24.9%
- 0.0% to 9.9%

GERMAN—Top State House Districts

RANK	STATE	DISTRICT NUMBER	GERMAN (%)	DISTRICT WIDE AVG. HH INCOME ($)	DISTRICT WIDE COLLEGE EDUCATION (%)	RECEIVES SOC. SEC. (%)
1	North Dakota	28	80.2	23,031	15	44
2	Iowa	33	73.8	34,472	15	26
3	Minnesota	14B	73.7	31,606	17	30
4	North Dakota	31	73.0	29,151	21	31
5	Minnesota	23A	72.1	28,465	19	35
6	Minnesota	23B	72.0	30,757	17	32
7	Iowa	80	69.9	29,298	20	36
8	North Dakota	34	68.7	26,661	22	30
9	North Dakota	33	68.6	32,089	23	27
10	Wisconsin	3	67.4	38,745	23	24
11	Wisconsin	27	67.3	35,276	18	28
12	Wisconsin	39	67.2	33,350	16	31
13	Iowa	21	67.1	29,854	18	37
14	Wisconsin	58	66.8	41,979	25	26
15	North Dakota	14	66.0	25,198	19	38
16	North Dakota	32	65.5	30,747	31	19
17	Iowa	22	64.9	32,123	21	30
18	South Dakota	23	64.3	24,059	21	39
19	Wisconsin	59	63.8	39,022	20	25
20	Nebraska	18	63.7	25,754	17	34
21	North Dakota	48	63.4	23,418	20	28
22	Wisconsin	52	63.4	32,620	22	31
23	Wisconsin	37	63.1	35,170	22	29
24	Wisconsin	38	62.9	37,979	23	28
25	North Dakota	36	62.5	25,710	20	26
26	Iowa	32	62.4	25,669	16	36
27	Wisconsin	69	62.2	28,659	13	33
28	Wisconsin	26	62.2	35,844	23	29
29	Pennsylvania	193	62.2	35,769	14	27
30	Wisconsin	53	62.1	37,025	19	26
31	Iowa	11	62.0	27,251	18	38
32	South Dakota	3	61.7	29,461	27	32
33	Wisconsin	25	61.6	31,961	21	34
34	Iowa	34	61.5	31,299	17	28
35	Wisconsin	54	61.4	28,550	23	30
36	Ohio	83	61.0	33,591	14	28
37	North Dakota	49	60.9	34,288	39	25
38	Missouri	112	60.8	26,606	12	37
39	Kansas	111	60.8	29,164	31	23
40	Iowa	35	60.8	30,032	19	34
41	Pennsylvania	102	60.7	36,421	13	27
42	Pennsylvania	99	60.2	38,288	14	25
43	Wisconsin	56	60.1	44,262	28	20
44	Wisconsin	6	60.0	29,609	14	34
45	North Dakota	30	59.8	28,128	30	25
46	South Dakota	19	59.8	22,454	19	40
47	Minnesota	14A	59.6	35,579	24	23
48	Missouri	155	59.6	28,899	9	31
49	Wisconsin	24	59.4	47,153	27	22
50	Pennsylvania	196	58.8	42,919	21	28

GERMAN—Top State House Districts

RANK	STATE	DISTRICT NUMBER	GERMAN (%)	DISTRICT WIDE AVG. HH INCOME ($)	COLLEGE EDUCATION (%)	RECEIVES SOC. SEC. (%)
51	Wisconsin	40	58.8	30,553	16	33
52	Minnesota	35A	58.6	39,484	23	21
53	Iowa	39	58.2	30,356	18	33
54	Minnesota	16B	58.1	36,170	32	18
55	Iowa	29	58.0	27,936	19	36
56	Minnesota	22B	58.0	26,791	18	37
57	Iowa	27	57.8	32,233	18	31
58	Minnesota	20B	57.6	34,193	16	28
59	Iowa	59	57.6	30,953	17	34
60	Pennsylvania	37	57.5	44,758	25	22
61	Ohio	84	57.4	34,391	14	29
62	Ohio	34	57.2	40,915	25	28
63	Minnesota	29B	57.1	33,150	21	31
64	Kansas	63	57.1	26,756	15	40
65	Nebraska	24	57.0	30,108	23	32
66	North Dakota	8	56.9	30,378	25	33
67	South Dakota	2	56.8	27,319	25	31
68	Minnesota	26B	56.7	29,086	20	35
69	Wisconsin	86	56.7	37,043	21	23
70	North Dakota	37	56.7	27,661	28	33
71	Iowa	18	56.6	28,393	22	36
72	Iowa	12	56.5	25,875	16	36
73	Wisconsin	85	56.5	34,126	24	32
74	Nebraska	19	56.4	28,616	22	27
75	Wisconsin	55	56.4	37,171	24	26
76	North Dakota	47	56.3	42,781	52	21
77	Wisconsin	35	56.3	28,512	15	36
78	Iowa	28	56.3	26,937	17	35
79	Wisconsin	57	56.2	38,357	32	27
80	Pennsylvania	98	56.1	36,826	19	24
81	Nebraska	30	56.0	31,451	23	29
82	Pennsylvania	43	56.0	42,050	20	28
83	Pennsylvania	82	55.8	29,590	11	30
84	Kansas	110	55.7	26,638	18	36
85	Iowa	4	55.6	31,235	22	33
86	Pennsylvania	93	55.6	41,924	22	25
87	Wisconsin	49	55.5	29,242	21	32
88	Illinois	116	55.4	33,548	16	31
89	Pennsylvania	91	55.3	35,444	17	27
90	Wisconsin	41	55.3	29,833	17	36
91	Minnesota	15B	55.3	28,084	19	35
92	Minnesota	11B	55.2	23,721	16	34
93	South Dakota	21	55.1	25,654	22	34
94	Pennsylvania	129	55.0	42,486	24	28
95	Missouri	109	54.8	34,352	17	26
96	Minnesota	26A	54.8	28,672	20	35
97	Nebraska	32	54.8	27,044	18	40
98	Iowa	15	54.7	29,125	21	36
99	North Dakota	29	54.6	28,275	23	34
100	Iowa	9	54.5	27,573	18	37

GERMAN—Top State House Districts

RANK	STATE	DISTRICT NUMBER	GERMAN (%)	AVG. HH INCOME ($)	DISTRICT WIDE COLLEGE EDUCATION (%)	RECEIVES SOC. SEC. (%)
101	Wisconsin	60	54.4	55,525	38	21
102	Nebraska	1	54.3	25,546	18	40
103	South Dakota	20	54.2	25,433	24	35
104	Wisconsin	47	54.2	39,613	24	24
105	South Dakota	9	54.2	28,498	20	33
106	Pennsylvania	85	54.1	32,890	20	28
107	Pennsylvania	101	54.0	33,086	17	30
108	Pennsylvania	92	54.0	38,815	19	22
109	Minnesota	22A	53.9	27,438	18	37
110	Illinois	74	53.8	33,256	18	31
111	Wisconsin	2	53.8	35,448	18	25
112	Iowa	30	53.8	26,911	16	35
113	Ohio	89	53.7	32,351	16	30
114	Iowa	36	53.6	34,952	30	28
115	Wisconsin	99	53.6	59,773	38	24
116	Pennsylvania	69	53.6	27,956	12	34
117	Wisconsin	70	53.4	34,388	21	28
118	South Dakota	5	53.4	26,555	20	29
119	Minnesota	24B	53.1	35,133	31	23
120	Nebraska	33	53.1	31,587	23	31
121	North Dakota	25	53.1	29,158	31	27
122	Pennsylvania	86	53.0	33,758	15	24
123	Minnesota	20A	52.9	32,461	20	30
124	Nebraska	40	52.5	25,021	17	38
125	Kentucky	63	52.2	50,236	37	25
126	Pennsylvania	90	52.2	34,282	15	27
127	Minnesota	35B	52.1	46,193	25	17
128	Missouri	100	52.1	50,986	31	16
129	Wisconsin	33	51.9	55,607	36	17
130	Pennsylvania	80	51.7	30,842	16	32
131	Pennsylvania	187	51.6	42,674	25	25
132	Ohio	82	51.5	34,480	16	27
133	Pennsylvania	108	51.4	30,144	14	32
134	Nebraska	22	51.2	29,537	20	31
135	Pennsylvania	84	51.2	30,923	17	30
136	Pennsylvania	100	51.2	38,487	15	22
137	North Dakota	7	51.2	23,431	21	40
138	Minnesota	24A	51.1	27,831	35	24
139	Wisconsin	42	51.1	28,989	19	36
140	Wisconsin	83	51.0	44,841	24	21
141	Missouri	99	51.0	41,706	25	33
142	Kentucky	69	50.9	38,366	20	27
143	Wisconsin	31	50.8	40,142	28	21
144	South Dakota	4	50.8	26,873	21	33
145	Pennsylvania	130	50.7	41,315	19	27
146	Pennsylvania	94	50.6	39,106	18	26
147	Missouri	111	50.4	30,308	12	33
148	Iowa	81	50.4	28,009	18	35
149	Wisconsin	13	50.2	33,649	25	35
150	Iowa	38	50.2	32,709	25	32

GERMAN—Top State House Districts

RANK	STATE	DISTRICT NUMBER	GERMAN (%)	DISTRICT WIDE AVG. HH INCOME ($)	COLLEGE EDUCATION (%)	RECEIVES SOC. SEC. (%)
151	North Dakota	26	50.2	25,417	22	38
152	Kansas	74	50.2	33,744	24	29
153	Nebraska	15	50.1	28,777	18	32
154	Nebraska	2	50.1	30,135	19	30
155	Nebraska	34	50.1	28,451	19	30
156	Missouri	157	50.1	31,428	17	28
157	Missouri	113	50.0	33,156	23	25
158	Minnesota	16A	49.9	28,768	29	25
159	Iowa	8	49.9	29,162	23	33
160	Wisconsin	72	49.9	33,276	18	33
161	Pennsylvania	97	49.8	47,407	34	28
162	Pennsylvania	104	49.8	36,693	21	32
163	Ohio	85	49.7	35,570	16	27
164	Minnesota	17B	49.6	34,057	23	21
165	Pennsylvania	199	49.5	35,363	22	24
166	Minnesota	32B	49.5	33,249	25	29
167	Minnesota	28A	49.5	33,735	26	27
168	Pennsylvania	63	49.5	26,944	14	33
169	Pennsylvania	89	49.5	33,383	18	27
170	Wisconsin	50	49.5	28,258	16	34
171	Indiana	79	49.3	34,932	17	26
172	Iowa	56	49.2	32,814	20	29
173	Pennsylvania	78	49.2	26,687	11	33
174	Wisconsin	67	49.2	29,207	18	31
175	Missouri	98	49.1	36,981	24	37
176	Illinois	96	48.8	28,631	18	34
177	Wisconsin	87	48.7	26,880	15	36
178	Nebraska	16	48.7	30,735	20	33
179	Pennsylvania	125	48.6	30,044	14	37
180	Minnesota	19A	48.6	37,887	21	19
181	Wisconsin	14	48.6	46,789	45	35
182	Indiana	85	48.6	45,097	28	20
183	Kansas	112	48.5	29,329	21	29
184	North Dakota	35	48.5	22,977	18	36
185	Wisconsin	92	48.5	28,031	16	32
186	Wisconsin	51	48.4	31,294	19	31
187	Indiana	74	48.4	31,131	14	30
188	Wisconsin	32	48.3	43,241	33	20
189	Nebraska	26	48.2	30,807	29	24
190	Illinois	110	48.1	39,275	25	24
191	Iowa	6	48.1	28,042	18	33
192	Missouri	97	48.1	48,647	34	18
193	Wisconsin	15	48.0	31,554	18	31
194	Iowa	31	48.0	28,099	21	34
195	Indiana	49	47.9	37,894	19	23
196	Iowa	10	47.9	29,278	24	35
197	Ohio	90	47.8	31,692	14	28
198	South Dakota	22	47.7	23,548	20	37
199	Indiana	76	47.7	31,668	16	29
200	Wisconsin	94	47.7	34,109	27	23

GERMAN—Top State House Districts

RANK	STATE	DISTRICT NUMBER	GERMAN (%)	AVG. HH INCOME ($)	DISTRICT WIDE COLLEGE EDUCATION (%)	RECEIVES SOC. SEC. (%)
201	Missouri	19	47.7	29,665	12	34
202	Wisconsin	84	47.6	47,060	35	21
203	Missouri	68	47.6	34,515	24	43
204	Missouri	117	47.5	27,158	14	35
205	Ohio	35	47.4	40,815	26	26
206	Indiana	50	47.4	34,241	16	28
207	Iowa	40	47.3	33,441	23	17
208	Minnesota	19B	47.3	41,039	23	18
209	Indiana	68	47.3	32,808	13	29
210	Iowa	23	47.2	33,755	41	23
211	South Dakota	10	47.2	39,697	28	16
212	South Dakota	11	47.2	36,621	30	16
213	Nebraska	25	47.1	52,837	46	20
214	Nebraska	38	47.1	26,095	19	38
215	Wisconsin	5	46.9	38,228	18	24
216	Ohio	86	46.9	34,812	20	26
217	Wisconsin	98	46.9	56,248	38	30
218	Indiana	51	46.9	34,204	17	27
219	Missouri	96	46.9	33,836	15	36
220	Pennsylvania	128	46.8	46,084	28	32
221	Iowa	26	46.8	30,064	17	33
222	Indiana	83	46.7	43,002	27	21
223	Iowa	19	46.7	29,554	27	34
224	Minnesota	37A	46.6	42,428	25	19
225	Minnesota	29A	46.6	36,718	23	28
226	Nebraska	36	46.5	28,396	21	30
227	Ohio	33	46.5	32,605	24	28
228	Wisconsin	66	46.5	39,244	19	27
229	Minnesota	32A	46.5	28,081	27	31
230	Indiana	67	46.4	31,946	13	30
231	North Dakota	22	46.4	37,001	31	26
232	Iowa	24	46.3	36,702	29	27
233	Nebraska	29	46.3	40,007	44	24
234	Minnesota	25B	46.2	32,863	22	29
235	Iowa	99	46.1	31,571	19	31
236	Nebraska	44	46.0	26,267	22	34
237	Iowa	55	46.0	42,498	37	17
238	Nebraska	35	46.0	28,334	21	30
239	South Dakota	14	45.9	44,810	38	16
240	Missouri	114	45.9	39,287	30	25
241	Minnesota	10B	45.9	26,709	24	35
242	Indiana	52	45.9	31,890	12	24
243	Wisconsin	95	45.8	29,867	33	30
244	Missouri	95	45.8	48,465	33	29
245	Illinois	89	45.7	38,623	23	25
246	Iowa	16	45.7	28,056	23	35
247	Missouri	18	45.7	39,152	26	25
248	Wisconsin	81	45.7	38,735	34	19
249	Missouri	13	45.5	46,929	26	18
250	Kansas	72	45.4	32,080	24	34

GERMAN—Top State House Districts

RANK	STATE	DISTRICT NUMBER	GERMAN (%)	AVG. HH INCOME ($)	DISTRICT WIDE COLLEGE EDUCATION (%)	RECEIVES SOC. SEC. (%)
251	Kansas	61	45.2	29,321	17	30
252	South Dakota	8	45.2	28,717	22	34
253	Minnesota	21A	45.2	29,193	22	32
254	Iowa	98	45.1	29,156	16	31
255	Kansas	118	45.1	26,540	19	36
256	Kansas	70	45.1	28,351	18	37
257	Nebraska	37	45.1	29,634	32	24
258	Minnesota	39B	45.0	39,384	24	19
259	Kansas	93	45.0	43,027	23	21
260	South Dakota	18	45.0	26,655	25	30
261	Indiana	84	44.9	45,458	38	22
262	Maryland	1A	44.9	27,407	13	33
263	Wisconsin	68	44.8	30,977	23	26
264	Iowa	60	44.8	29,147	17	33
265	Pennsylvania	171	44.8	31,049	23	30
266	West Virginia	47	44.8	25,384	11	31
267	Indiana	22	44.8	32,040	15	28
268	Nebraska	47	44.7	26,562	20	34
269	Minnesota	57B	44.7	44,973	26	13
270	Nebraska	48	44.7	27,183	22	32
271	Missouri	12	44.7	39,090	17	19
272	Pennsylvania	95	44.6	29,157	14	30
273	Indiana	75	44.6	29,020	16	33
274	Minnesota	11A	44.6	25,750	21	36
275	Pennsylvania	88	44.5	43,673	32	27
276	Iowa	44	44.4	28,990	16	28
277	Iowa	7	44.4	29,520	25	36
278	Montana	2	44.3	28,201	22	32
279	Wisconsin	30	44.3	42,276	31	19
280	Minnesota	21B	44.2	26,743	16	38
281	Nebraska	21	44.2	36,212	23	24
282	Kansas	113	44.2	26,066	21	34
283	Minnesota	31B	44.1	29,273	18	33
284	Ohio	4	44.1	38,878	29	23
285	Pennsylvania	105	44.1	44,439	32	22
286	Ohio	53	44.1	35,564	17	30
287	Indiana	78	44.0	48,242	33	20
288	Pennsylvania	79	44.0	26,503	13	38
289	Pennsylvania	83	43.9	29,929	21	34
290	Kansas	119	43.9	24,854	20	40
291	Minnesota	31A	43.9	46,704	41	16
292	Pennsylvania	87	43.9	46,086	32	25
293	Nebraska	27	43.8	31,958	31	19
294	Pennsylvania	126	43.8	36,141	18	35
295	Pennsylvania	145	43.7	42,977	22	27
296	Indiana	63	43.7	29,001	13	31
297	Iowa	37	43.7	34,356	23	25
298	Iowa	96	43.6	28,639	17	33
299	Indiana	73	43.6	30,837	13	27
300	Iowa	48	43.5	32,122	19	28

GERMAN—Top State House Districts

RANK	STATE	DISTRICT NUMBER	GERMAN (%)	DISTRICT WIDE AVG. HH INCOME ($)	COLLEGE EDUCATION (%)	RECEIVES SOC. SEC. (%)
301	Pennsylvania	12	43.5	39,880	26	25
302	South Dakota	6	43.5	24,639	17	40
303	Pennsylvania	11	43.5	31,367	18	32
304	Minnesota	13A	43.5	24,824	22	39
305	Pennsylvania	134	43.4	54,643	37	26
306	Iowa	14	43.4	28,622	20	35
307	Montana	22	43.3	27,252	18	29
308	Minnesota	34A	43.3	50,032	28	17
309	Missouri	101	43.3	38,141	14	19
310	Wisconsin	29	43.2	32,932	24	27
311	Wisconsin	1	43.2	32,684	19	32
312	North Dakota	24	43.2	25,145	25	38
313	North Dakota	13	43.1	31,385	30	16
314	Pennsylvania	76	43.1	28,869	17	31
315	Nebraska	46	43.1	23,260	28	20
316	Missouri	102	43.0	36,884	15	16
317	Missouri	90	43.0	42,217	26	14
318	South Dakota	12	42.9	32,020	32	29
319	Michigan	94	42.7	37,361	17	25
320	North Dakota	3	42.7	26,497	23	24
321	Wisconsin	82	42.7	44,861	31	27
322	Kansas	121	42.6	26,601	22	31
323	Pennsylvania	106	42.6	39,431	26	26
324	Nebraska	23	42.5	29,473	17	34
325	Iowa	97	42.5	29,467	22	32
326	Indiana	82	42.5	40,736	25	26
327	Missouri	15	42.4	40,823	29	14
328	Wisconsin	23	42.4	44,995	36	27
329	Iowa	51	42.3	44,824	37	22
330	Minnesota	12B	42.3	28,461	18	32
331	South Dakota	15	42.3	24,310	17	26
332	Wisconsin	93	42.3	33,340	35	27
333	Missouri	122	42.3	29,949	15	32
334	Pennsylvania	124	42.3	32,047	15	35
335	Ohio	95	42.2	30,246	12	28
336	Minnesota	30A	42.2	44,862	49	17
337	Missouri	16	42.2	48,469	33	11
338	North Dakota	27	42.2	27,674	20	39
339	Nebraska	49	42.1	27,937	21	32
340	Pennsylvania	183	42.1	36,325	18	31
341	South Dakota	24	42.1	30,153	28	25
342	Missouri	77	42.1	42,096	24	20
343	Pennsylvania	109	42.1	28,954	17	33
344	Wisconsin	89	42.1	30,797	17	30
345	Wisconsin	97	42.1	36,185	21	34
346	North Dakota	5	42.0	30,244	32	31
347	Indiana	21	41.9	36,433	18	24
348	Kentucky	68	41.9	32,442	16	30
349	Iowa	47	41.9	33,425	22	24
350	Montana	100	41.9	27,978	22	29

GERMAN—Top State House Districts

RANK	STATE	DISTRICT NUMBER	GERMAN (%)	DISTRICT WIDE AVG. HH INCOME ($)	COLLEGE EDUCATION (%)	RECEIVES SOC. SEC. (%)
351	Pennsylvania	81	41.8	27,962	13	33
352	Missouri	105	41.8	36,211	14	18
353	Missouri	17	41.8	43,025	28	14
354	Kansas	50	41.8	35,071	16	30
355	Wisconsin	63	41.8	46,328	26	24
356	Minnesota	13B	41.8	25,561	18	40
357	Kansas	68	41.5	27,737	15	39
358	Wisconsin	46	41.5	36,969	28	24
359	Iowa	100	41.5	29,119	20	34
360	Wisconsin	12	41.5	33,872	19	27
361	Wisconsin	21	41.5	38,413	20	25
362	Wisconsin	43	41.4	37,035	21	30
363	Nebraska	31	41.4	48,410	37	13
364	Minnesota	28B	41.3	34,857	21	28
365	Iowa	43	41.3	30,692	25	31
366	Iowa	85	41.2	29,665	19	34
367	Pennsylvania	147	41.1	47,919	29	21
368	Illinois	87	41.1	34,405	19	30
369	North Dakota	41	41.1	39,617	47	10
370	Minnesota	27B	41.1	27,891	23	38
371	Wisconsin	44	41.1	36,868	24	24
372	Wyoming	4	41.0	27,095	24	30
373	Minnesota	39A	41.0	43,941	30	31
374	Ohio	71	40.9	39,658	22	20
375	South Dakota	7	40.9	26,125	37	25
376	Iowa	41	40.9	45,014	42	20
377	Minnesota	33A	40.9	52,879	34	8
378	Indiana	70	40.8	34,300	15	26
379	Iowa	64	40.8	32,846	25	29
380	Wisconsin	79	40.8	44,635	38	17
381	North Dakota	45	40.8	32,870	45	19
382	North Dakota	40	40.7	27,208	30	16
383	Kansas	94	40.7	41,776	38	15
384	Nebraska	39	40.7	44,753	37	10
385	Nebraska	41	40.6	26,071	17	36
386	Kentucky	66	40.5	36,552	22	22
387	Missouri	14	40.5	47,511	28	10
388	South Dakota	13	40.5	35,691	37	28
389	Michigan	84	40.5	29,873	14	31
390	Ohio	56	40.4	36,422	17	24
391	Wisconsin	4	40.4	44,936	34	20
392	Iowa	17	40.4	29,105	21	36
393	Ohio	1	40.4	32,384	17	29
394	Wisconsin	7	40.3	29,537	23	27
395	Kansas	120	40.3	25,833	18	38
396	Kansas	49	40.3	25,419	17	38
397	Illinois	109	40.2	28,450	15	35
398	Nebraska	28	40.2	27,399	39	23
399	Missouri	66	40.2	29,884	20	36
400	Ohio	6	40.2	37,804	21	25

GERMAN—Top State House Districts

RANK	STATE	DISTRICT NUMBER	GERMAN (%)	DISTRICT WIDE AVG. HH INCOME ($)	COLLEGE EDUCATION (%)	RECEIVES SOC. SEC. (%)
401	Minnesota	37B	40.2	49,859	31	8
402	Iowa	82	40.1	33,636	20	31
403	Illinois	108	40.0	28,404	17	35
404	Maryland	4B	40.0	45,452	19	22
405	Missouri	76	40.0	41,012	25	31
406	Missouri	78	40.0	41,327	25	21
407	Montana	4	40.0	22,965	24	35
408	West Virginia	48	40.0	26,529	11	33
409	Iowa	54	40.0	33,481	23	25
410	Wisconsin	90	40.0	31,166	21	27
411	Nebraska	42	39.9	30,591	21	31
412	Missouri	108	39.9	24,519	12	36
413	Nebraska	17	39.9	27,020	19	28
414	Illinois	73	39.9	31,773	18	31
415	Ohio	51	39.9	47,826	30	23
416	Iowa	3	39.9	33,567	26	27
417	Minnesota	17A	39.9	27,014	15	33
418	Wisconsin	80	39.8	35,776	19	28
419	South Dakota	31	39.8	29,377	25	29
420	Maryland	5	39.7	47,357	26	23
421	Michigan	86	39.5	38,137	20	23
422	Colorado	65	39.5	27,533	20	30
423	Ohio	7	39.5	34,564	18	24
424	Iowa	63	39.4	34,366	27	30
425	South Dakota	28B	39.3	26,277	17	33
426	Indiana	18	39.3	37,657	20	24
427	Kansas	104	39.3	38,616	33	32
428	Pennsylvania	64	39.3	27,900	14	32
429	Minnesota	57A	39.3	45,078	36	14
430	Wisconsin	91	39.2	28,311	17	35
431	South Dakota	35	39.1	25,508	19	22
432	South Dakota	25	39.1	22,908	17	37
433	Iowa	52	39.1	42,971	40	28
434	Ohio	36	39.1	53,397	36	29
435	Iowa	20	39.0	29,389	25	34
436	Illinois	90	39.0	32,610	17	31
437	Wisconsin	20	39.0	33,477	18	30
438	Pennsylvania	8	39.0	27,879	18	34
439	Minnesota	56B	39.0	57,342	42	13
440	North Dakota	21	39.0	22,154	30	24
441	Maryland	2A	38.9	33,006	14	29
442	North Dakota	11	38.9	32,498	33	19
443	Minnesota	41B	38.9	52,848	43	8
444	Wisconsin	34	38.9	27,868	20	39
445	Illinois	113	38.8	32,226	19	32
446	Pennsylvania	29	38.8	39,037	31	33
447	Ohio	37	38.8	47,305	39	25
448	Iowa	78	38.7	27,539	17	37
449	Kentucky	64	38.6	35,246	13	25
450	South Dakota	1	38.6	22,485	17	40

GERMAN—Top State House Districts

RANK	STATE	DISTRICT NUMBER	GERMAN (%)	AVG. HH INCOME ($)	DISTRICT WIDE COLLEGE EDUCATION (%)	RECEIVES SOC. SEC. (%)
451	Kansas	48	38.5	26,727	17	33
452	South Dakota	17	38.5	24,473	32	29
453	South Dakota	32	38.5	30,332	31	25
454	Pennsylvania	66	38.5	26,966	12	34
455	Missouri	93	38.5	68,995	53	15
456	Montana	1	38.5	28,122	18	32
457	Missouri	1	38.5	22,934	12	37
458	North Dakota	46	38.4	39,324	46	15
459	Pennsylvania	53	38.4	42,916	26	25
460	Missouri	91	38.3	51,344	51	32
461	Maryland	1C	38.3	26,646	16	40
462	Minnesota	38B	38.3	54,620	52	4
463	Iowa	46	38.3	34,768	53	14
464	North Dakota	39	38.2	26,090	22	32
465	Iowa	50	38.2	37,545	29	21
466	Minnesota	43A	38.2	66,444	50	11
467	Minnesota	49B	38.2	42,338	25	12
468	Missouri	92	38.2	54,665	47	15
469	Maryland	2B	38.1	39,138	17	26
470	Nebraska	43	38.1	25,643	18	37
471	Ohio	93	38.1	30,229	16	29
472	North Dakota	15	38.1	27,568	26	35
473	Illinois	63	38.0	46,591	22	22
474	Iowa	65	38.0	40,151	34	16
475	Ohio	97	38.0	28,517	13	30
476	Minnesota	55B	37.9	36,927	25	27
477	Minnesota	50A	37.9	43,840	21	11
478	Iowa	13	37.9	26,884	24	33
479	Ohio	43	37.9	37,879	22	22
480	Minnesota	49A	37.8	42,866	28	17
481	Wisconsin	36	37.8	24,411	12	39
482	Kansas	51	37.8	47,532	32	21
483	Iowa	77	37.7	34,882	23	28
484	Kentucky	67	37.7	28,047	18	29
485	Michigan	55	37.6	46,628	23	23
486	Minnesota	30B	37.6	36,399	39	26
487	Nebraska	10	37.6	40,658	33	23
488	Indiana	72	37.6	33,633	20	28
489	Minnesota	25A	37.6	34,598	27	28
490	Wisconsin	75	37.5	26,839	19	36
491	Illinois	97	37.5	32,995	19	33
492	Montana	3	37.5	27,344	21	31
493	Minnesota	51B	37.5	46,668	29	16
494	Maryland	3	37.5	43,917	28	21
495	Kansas	52	37.5	39,126	36	26
496	Minnesota	50B	37.4	51,447	26	6
497	Maryland	4A	37.4	50,062	25	19
498	Kansas	53	37.3	40,414	23	18
499	Indiana	16	37.3	30,459	14	31
500	Iowa	86	37.3	27,160	19	36

GERMAN—Top State House Districts

RANK	STATE	DISTRICT NUMBER	GERMAN (%)	DISTRICT WIDE AVG. HH INCOME ($)	DISTRICT WIDE COLLEGE EDUCATION (%)	DISTRICT WIDE RECEIVES SOC. SEC. (%)
501	Missouri	73	37.3	34,913	19	33
502	Minnesota	51A	37.3	41,775	25	9
503	Missouri	94	37.3	55,712	47	31
504	Illinois	65	37.3	53,874	27	16
505	Ohio	63	37.2	37,450	18	26
506	Montana	99	37.2	25,024	17	33
507	Maryland	1B	37.2	30,621	21	38
508	Colorado	48	37.2	38,062	30	21
509	Illinois	112	37.2	38,857	28	27
510	Iowa	76	37.1	45,062	39	17
511	Minnesota	54B	37.0	43,093	37	26
512	Ohio	40	37.0	39,041	23	25
513	Kansas	101	37.0	30,762	21	29
514	Illinois	102	37.0	36,182	21	29
515	Minnesota	10A	37.0	26,682	23	38
516	Kansas	117	36.9	29,231	20	24
517	Pennsylvania	10	36.9	29,790	17	33
518	Kansas	109	36.9	23,499	17	41
519	South Dakota	30	36.9	29,086	23	34
520	Ohio	55	36.9	40,646	27	28
521	Michigan	96	36.9	40,113	27	29
522	Wisconsin	88	36.9	31,489	24	25
523	Missouri	88	36.8	67,630	50	17
524	Minnesota	48A	36.8	47,743	33	9
525	Wisconsin	48	36.8	38,420	35	21
526	Missouri	158	36.8	28,748	28	27
527	Iowa	2	36.8	27,526	23	29
528	Pennsylvania	28	36.8	60,348	47	24
529	Maryland	2C	36.8	27,737	14	31
530	Wyoming	31	36.7	41,668	24	6
531	Minnesota	36A	36.7	56,218	45	7
532	Iowa	62	36.7	29,091	45	15
533	Wisconsin	62	36.7	36,184	23	29
534	Wisconsin	71	36.7	32,400	25	26
535	Illinois	88	36.7	37,666	35	21
536	Ohio	41	36.7	43,573	34	27
537	Kansas	108	36.7	28,607	22	36
538	Montana	19	36.6	34,792	27	25
539	Iowa	49	36.6	40,207	60	13
540	Pennsylvania	17	36.6	30,460	16	32
541	Pennsylvania	75	36.6	29,033	16	33
542	Montana	7	36.6	34,133	24	20
543	Minnesota	36B	36.6	50,694	47	8
544	Nebraska	12	36.5	44,417	38	12
545	Iowa	79	36.5	29,524	21	35
546	Wisconsin	65	36.5	38,145	21	29
547	Virginia	26	36.5	33,206	22	26
548	Kansas	90	36.5	45,816	27	21
549	Kansas	115	36.5	30,942	23	28
550	Indiana	17	36.5	30,504	14	30

GERMAN—Top State House Districts

RANK	STATE	DISTRICT NUMBER	GERMAN (%)	DISTRICT WIDE AVG. HH INCOME ($)	COLLEGE EDUCATION (%)	RECEIVES SOC. SEC. (%)
551	Nebraska	4	36.5	61,998	52	15
552	Iowa	61	36.4	35,675	63	15
553	Ohio	60	36.4	35,243	18	24
554	Ohio	52	36.4	41,380	34	29
555	Missouri	89	36.4	70,958	45	15
556	South Dakota	29	36.4	27,303	22	29
557	Minnesota	55A	36.3	47,000	38	20
558	Kansas	66	36.2	21,552	45	15
559	Missouri	80	36.2	34,175	17	28
560	Kentucky	65	36.2	24,868	13	32
561	Indiana	24	36.2	31,213	14	30
562	Kansas	73	36.2	31,176	24	32
563	Kansas	114	36.2	27,983	21	37
564	Indiana	93	36.2	42,184	25	23
565	Wisconsin	76	36.2	43,779	59	16
566	Minnesota	33B	36.1	54,676	46	8
567	Michigan	78	36.1	33,529	23	29
568	North Carolina	83	36.0	30,938	16	28
569	Iowa	45	36.0	35,887	61	16
570	Illinois	98	36.0	28,294	12	36
571	Wisconsin	96	36.0	26,378	17	36
572	Montana	15	36.0	36,690	27	16
573	West Virginia	49	36.0	27,991	16	35
574	Montana	11	35.9	39,795	38	6
575	Illinois	93	35.9	41,234	31	29
576	Kansas	60	35.9	28,166	32	26
577	Minnesota	53B	35.8	56,628	44	14
578	Montana	21	35.8	27,771	25	22
579	Wisconsin	19	35.7	33,222	40	20
580	Indiana	80	35.7	28,370	19	28
581	Pennsylvania	59	35.7	35,400	22	32
582	Missouri	103	35.6	33,493	15	25
583	Indiana	25	35.6	31,898	14	31
584	Kansas	67	35.6	35,803	25	26
585	Indiana	64	35.5	29,072	18	32
586	South Dakota	16	35.5	28,076	20	35
587	Wyoming	53	35.5	32,555	22	14
588	Iowa	83	35.5	27,457	14	30
589	Pennsylvania	3	35.5	40,744	27	27
590	Iowa	84	35.5	29,535	16	29
591	South Dakota	34	35.4	36,107	34	24
592	Kansas	59	35.4	28,815	14	30
593	Kansas	100	35.4	54,604	41	16
594	Indiana	4	35.4	46,601	28	24
595	Minnesota	56A	35.4	56,137	37	21
596	Pennsylvania	122	35.3	30,025	13	39
597	Indiana	20	35.3	35,053	18	30
598	Pennsylvania	5	35.3	36,125	22	27
599	Iowa	42	35.3	33,604	36	26
600	South Dakota	26	35.3	25,609	18	31

GERMAN—Top State House Districts

RANK	STATE	DISTRICT NUMBER	GERMAN (%)	DISTRICT WIDE AVG. HH INCOME ($)	COLLEGE EDUCATION (%)	RECEIVES SOC. SEC. (%)
601	Missouri	74	35.3	49,188	33	22
602	Missouri	118	35.3	26,624	18	35
603	New York	147	35.3	32,933	19	27
604	Ohio	42	35.3	44,841	35	23
605	Illinois	64	35.3	60,461	36	18
606	Kansas	69	35.3	25,853	17	27
607	Indiana	55	35.3	32,471	12	30
608	Kentucky	60	35.3	38,519	17	21
609	North Dakota	44	35.3	34,543	43	25
610	Missouri	26	35.3	27,537	17	35
611	Kansas	5	35.3	29,954	16	34
612	Indiana	48	35.3	42,398	22	23
613	Michigan	57	35.2	35,924	18	28
614	Montana	47	35.2	33,331	20	21
615	Iowa	72	35.1	36,366	40	27
616	West Virginia	45	35.1	25,191	12	32
617	Ohio	59	35.1	34,702	21	25
618	Kansas	64	35.1	29,286	21	27
619	Pennsylvania	73	35.0	25,729	12	37
620	Montana	12	34.9	27,929	20	24
621	Minnesota	67A	34.9	27,699	16	27
622	Kansas	105	34.9	26,409	17	37
623	Missouri	10	34.9	25,288	16	35
624	Wyoming	5	34.8	30,107	17	30
625	Kentucky	35	34.8	30,976	17	33
626	Minnesota	9B	34.8	29,237	23	32
627	Nebraska	3	34.8	41,577	38	8
628	Ohio	80	34.8	43,668	25	22
629	Kansas	30	34.7	46,905	50	13
630	Wyoming	10	34.7	35,153	27	18
631	New York	139	34.7	34,122	23	29
632	Wyoming	3	34.7	27,774	18	31
633	Minnesota	15A	34.7	31,119	28	29
634	Indiana	23	34.7	32,688	15	27
635	Pennsylvania	138	34.6	39,335	19	26
636	Missouri	4	34.6	24,619	18	32
637	Kansas	6	34.6	34,307	18	30
638	Kansas	47	34.6	33,416	17	27
639	Indiana	57	34.5	34,492	15	27
640	Nebraska	14	34.5	40,488	29	13
641	Minnesota	12A	34.5	26,922	21	35
642	Colorado	49	34.5	40,634	29	20
643	Kansas	26	34.5	50,266	46	10
644	Wisconsin	22	34.4	67,047	61	26
645	Kansas	9	34.4	26,412	18	36
646	Ohio	79	34.4	31,785	15	27
647	Missouri	81	34.4	32,126	15	29
648	Minnesota	18A	34.4	34,293	17	23
649	Pennsylvania	14	34.3	26,478	14	34
650	Kansas	42	34.3	40,360	25	23

GERMAN—Top State House Districts

RANK	STATE	DISTRICT NUMBER	GERMAN (%)	AVG. HH INCOME ($)	DISTRICT WIDE COLLEGE EDUCATION (%)	RECEIVES SOC. SEC. (%)
651	Ohio	87	34.3	31,613	14	28
652	Wyoming	27	34.3	30,105	24	29
653	Iowa	75	34.3	51,550	49	18
654	Missouri	85	34.3	50,584	46	13
655	West Virginia	46	34.3	23,900	10	34
656	Pennsylvania	96	34.2	28,319	17	28
657	Iowa	1	34.2	36,884	23	32
658	Minnesota	53A	34.2	56,045	47	13
659	Iowa	25	34.2	26,630	18	34
660	Minnesota	34B	34.2	76,233	50	11
661	Kansas	91	34.2	37,761	28	32
662	Kansas	62	34.2	35,890	45	16
663	Missouri	11	34.2	28,675	13	30
664	Colorado	51	34.2	36,752	30	27
665	Iowa	66	34.2	37,578	22	20
666	Illinois	91	34.2	30,266	16	31
667	Pennsylvania	30	34.1	61,796	38	28
668	Ohio	48	34.1	37,454	19	27
669	Nebraska	6	34.1	51,420	45	26
670	Pennsylvania	72	34.0	28,005	15	39
671	Michigan	59	34.0	33,385	16	28
672	Wyoming	32	33.9	44,826	29	9
673	Ohio	24	33.9	43,804	28	17
674	Minnesota	27A	33.9	28,781	19	34
675	Maryland	8	33.9	44,193	29	24
676	Maryland	6	33.9	37,655	13	25
677	Pennsylvania	4	33.9	32,365	16	29
678	Pennsylvania	6	33.9	28,652	15	32
679	Pennsylvania	60	33.8	27,856	12	36
680	Missouri	87	33.8	85,949	58	27
681	Montana	16	33.8	30,405	19	16
682	Iowa	89	33.7	35,678	26	24
683	Kansas	71	33.7	32,568	24	31
684	West Virginia	3	33.7	29,418	23	38
685	Montana	18	33.7	25,011	22	34
686	Michigan	58	33.6	30,432	16	29
687	Wisconsin	64	33.6	31,164	20	29
688	Kansas	123	33.6	38,401	24	21
689	Kansas	18	33.6	46,217	33	21
690	Kansas	54	33.6	36,385	31	24
691	Illinois	99	33.6	36,436	26	25
692	Indiana	29	33.6	48,215	34	18
693	Pennsylvania	71	33.6	26,857	18	41
694	Minnesota	40A	33.5	37,083	29	20
695	Kansas	99	33.5	49,133	41	11
696	Colorado	63	33.5	29,830	21	27
697	Minnesota	38A	33.5	52,319	48	11
698	Kansas	14	33.5	46,161	45	7
699	Missouri	20	33.5	30,696	18	28
700	Minnesota	41A	33.5	65,834	54	14

GERMAN—Top State House Districts

RANK	STATE	DISTRICT NUMBER	GERMAN (%)	DISTRICT WIDE AVG. HH INCOME ($)	COLLEGE EDUCATION (%)	RECEIVES SOC. SEC. (%)
701	Wisconsin	45	33.4	32,891	16	28
702	Kansas	106	33.4	24,108	17	32
703	Minnesota	66B	33.4	32,329	41	25
704	Pennsylvania	13	33.4	41,589	20	24
705	Iowa	53	33.4	26,918	20	31
706	Minnesota	40B	33.3	45,821	38	23
707	Kansas	19	33.3	48,391	49	20
708	Kentucky	31	33.3	37,643	30	26
709	North Dakota	42	33.3	25,806	46	14
710	Indiana	38	33.2	50,047	33	21
711	Minnesota	47A	33.2	38,281	30	10
712	Indiana	33	33.2	28,603	13	32
713	Missouri	115	33.2	27,129	12	34
714	Nebraska	20	33.2	43,619	37	30
715	Michigan	98	33.2	41,690	34	22
716	Missouri	110	33.2	28,192	11	28
717	Pennsylvania	41	33.1	38,808	29	33
718	Maryland	35A	33.1	53,635	28	22
719	Indiana	27	33.0	32,354	26	24
720	Indiana	90	33.0	40,301	23	24
721	Pennsylvania	143	33.0	61,254	39	25
722	Iowa	87	33.0	25,549	18	40
723	Montana	8	33.0	22,255	16	39
724	Montana	9	33.0	47,926	40	19
725	Wisconsin	77	32.9	45,107	67	19
726	Ohio	99	32.9	26,027	13	36
727	Minnesota	48B	32.9	43,504	26	15
728	Minnesota	9A	32.9	29,667	37	24
729	Indiana	59	32.8	37,325	23	25
730	Illinois	68	32.8	44,059	26	21
731	Minnesota	47B	32.8	39,469	24	23
732	Missouri	104	32.8	32,084	12	28
733	Minnesota	46A	32.8	40,197	31	24
734	Kansas	21	32.8	50,634	48	26
735	Minnesota	66A	32.8	28,323	21	27
736	Indiana	77	32.7	29,879	22	32
737	Kansas	75	32.7	34,431	25	29
738	Illinois	69	32.7	40,233	20	25
739	Minnesota	46B	32.7	39,336	28	28
740	Minnesota	67B	32.7	31,903	22	25
741	Montana	91	32.6	24,687	19	30
742	Ohio	81	32.6	42,167	23	21
743	North Dakota	10	32.6	28,200	22	37
744	Montana	89	32.6	29,732	24	32
745	West Virginia	50	32.5	26,858	12	33
746	Kansas	85	32.5	46,305	37	17
747	Kansas	122	32.5	30,297	18	24
748	Minnesota	52B	32.5	44,578	36	16
749	Minnesota	18B	32.5	33,921	18	28
750	Ohio	77	32.5	34,944	19	26

GERMAN—Top State House Districts

RANK	STATE	DISTRICT NUMBER	GERMAN (%)	AVG. HH INCOME ($)	DISTRICT WIDE COLLEGE EDUCATION (%)	RECEIVES SOC. SEC. (%)
751	Wisconsin	9	32.5	30,199	16	37
752	Wyoming	55	32.5	26,165	24	33
753	Missouri	21	32.4	29,615	17	31
754	Kentucky	32	32.4	53,320	49	31
755	Ohio	57	32.4	31,570	15	31
756	Wisconsin	28	32.4	28,924	17	35
757	Missouri	28	32.4	35,824	26	29
758	Missouri	9	32.4	25,576	10	35
759	Montana	70	32.4	33,392	21	19
760	Illinois	52	32.4	57,853	30	18
761	Maryland	7	32.4	36,853	12	30
762	Montana	88	32.3	29,062	21	34
763	Missouri	8	32.3	24,170	13	39
764	South Dakota	33	32.3	35,670	34	12
765	Missouri	65	32.2	31,595	24	35
766	Indiana	87	32.2	47,652	54	22
767	Iowa	73	32.2	57,987	48	24
768	West Virginia	53	32.2	33,835	13	20
769	West Virginia	51	32.2	29,319	14	29
770	Kansas	10	32.2	29,426	19	30
771	Wisconsin	78	32.2	25,626	50	14
772	Pennsylvania	146	32.1	39,031	21	30
773	Indiana	53	32.1	39,653	18	25
774	Kansas	16	32.1	49,439	54	15
775	Illinois	95	32.1	26,745	19	32
776	Ohio	29	32.1	45,662	34	15
777	Montana	17	32.1	24,785	12	26
778	Montana	10	32.1	49,322	43	32
779	Ohio	50	32.0	28,102	13	28
780	Wyoming	52	32.0	44,086	19	7
781	Kansas	116	32.0	29,698	26	26
782	Maryland	12A	32.0	41,911	25	28
783	Wyoming	43	31.9	29,090	21	21
784	Kansas	24	31.9	38,618	43	22
785	Pennsylvania	137	31.9	43,209	25	32
786	Montana	30	31.9	23,697	50	18
787	Montana	24	31.8	28,815	22	35
788	Indiana	66	31.8	30,242	13	28
789	Pennsylvania	62	31.8	28,465	21	31
790	Maryland	31	31.8	46,673	20	23
791	Wyoming	38	31.7	35,993	24	14
792	Wyoming	35	31.7	39,394	40	15
793	Kansas	17	31.7	57,155	53	8
794	Ohio	74	31.7	38,153	21	23
795	Minnesota	64A	31.7	44,205	59	18
796	Iowa	94	31.7	27,258	25	32
797	Wyoming	2	31.6	30,973	18	31
798	Indiana	89	31.6	34,589	19	32
799	Illinois	76	31.6	30,663	16	34
800	Missouri	75	31.6	39,282	25	29

GERMAN—Top State House Districts

RANK	STATE	DISTRICT NUMBER	GERMAN (%)	DISTRICT WIDE AVG. HH INCOME ($)	COLLEGE EDUCATION (%)	RECEIVES SOC. SEC. (%)
801	Montana	14	31.6	25,163	34	31
802	Montana	23	31.6	26,523	25	39
803	Minnesota	4B	31.6	22,955	18	39
804	Ohio	32	31.6	47,020	35	24
805	Iowa	74	31.5	50,563	49	19
806	Wyoming	25	31.5	27,373	26	27
807	Pennsylvania	133	31.5	34,225	22	30
808	Wyoming	51	31.4	35,976	30	29
809	North Dakota	38	31.4	29,720	31	14
810	Indiana	26	31.4	34,329	58	14
811	Montana	20	31.4	32,547	34	33
812	Kansas	87	31.4	34,051	34	24
813	Missouri	25	31.3	23,925	49	12
814	Wyoming	40	31.3	28,542	24	30
815	Ohio	78	31.3	27,335	19	26
816	Colorado	53	31.3	30,087	44	13
817	Missouri	33	31.3	42,776	27	24
818	Kentucky	34	31.3	40,385	50	28
819	Colorado	52	31.3	36,392	48	17
820	North Dakota	6	31.3	26,094	23	38
821	West Virginia	52	31.3	29,098	19	33
822	Indiana	19	31.3	43,458	23	25
823	Kansas	80	31.3	31,539	15	36
824	Missouri	24	31.3	35,185	38	14
825	Ohio	72	31.2	31,052	12	27
826	Illinois	70	31.2	35,042	29	23
827	Colorado	12	31.2	37,718	29	20
828	Illinois	106	31.2	28,669	20	31
829	Indiana	28	31.2	35,144	17	28
830	Montana	50	31.1	30,640	22	27
831	Kansas	77	31.1	35,295	20	26
832	West Virginia	54	31.1	30,644	14	25
833	Pennsylvania	77	31.1	31,313	52	17
834	Kansas	45	31.1	31,739	37	18
835	Indiana	40	31.1	44,678	23	22
836	Montana	54	31.1	32,407	36	22
837	Minnesota	43B	31.1	68,094	50	17
838	Kansas	43	31.1	40,488	23	20
839	Kansas	83	31.1	76,742	60	25
840	Illinois	111	31.1	31,547	15	33
841	Missouri	119	31.1	22,188	10	45
842	Montana	95	31.1	28,799	20	32
843	Indiana	56	31.1	28,683	16	31
844	Kansas	8	31.0	26,150	19	36
845	Pennsylvania	57	31.0	29,855	22	33
846	Kansas	39	31.0	46,657	26	20
847	Indiana	39	31.0	60,435	43	20
848	Montana	63	31.0	39,281	35	18
849	Missouri	116	31.0	26,719	14	38
850	Pennsylvania	132	31.0	33,842	27	35

GERMAN—Top State House Districts

RANK	STATE	DISTRICT NUMBER	GERMAN (%)	DISTRICT WIDE		
				AVG. HH INCOME ($)	COLLEGE EDUCATION (%)	RECEIVES SOC. SEC. (%)
851	New York	148	31.0	39,855	27	32
852	Pennsylvania	36	31.0	32,400	21	36
853	Illinois	104	31.0	31,436	26	23
854	Wyoming	1	31.0	28,278	21	28
855	Montana	83	31.0	27,644	15	25
856	Pennsylvania	22	30.9	26,346	15	38
857	Michigan	81	30.9	35,249	20	28
858	Pennsylvania	144	30.9	50,172	31	21
859	Kansas	44	30.9	39,643	61	13
860	Missouri	30	30.9	46,340	32	13
861	Minnesota	44A	30.9	40,531	39	22
862	Wyoming	50	30.8	30,434	24	27
863	Ohio	2	30.8	42,045	24	21
864	Ohio	91	30.8	29,803	13	28
865	Virginia	15	30.8	32,133	13	30
866	Kentucky	33	30.7	47,006	31	19
867	Ohio	58	30.7	43,139	28	22
868	Indiana	71	30.7	31,071	18	27
869	Indiana	81	30.7	27,904	18	28
870	Indiana	86	30.7	60,260	54	19
871	Kentucky	47	30.7	58,450	47	22
872	Wyoming	30	30.7	31,291	24	30
873	Kansas	107	30.6	25,425	20	39
874	South Carolina	87	30.6	40,995	25	20
875	Colorado	33	30.6	39,859	26	13
876	Ohio	26	30.6	43,038	42	14
877	Michigan	56	30.6	37,689	15	25
878	Missouri	132	30.6	23,704	12	35
879	Indiana	41	30.6	34,898	20	26
880	Kansas	15	30.5	31,671	22	17
881	Ohio	3	30.5	27,949	13	32
882	Minnesota	45A	30.5	66,629	49	20
883	Wyoming	37	30.5	45,291	39	19
884	Indiana	69	30.5	30,239	14	28
885	Minnesota	63B	30.5	37,108	28	32
886	Michigan	83	30.5	33,448	14	27
887	Ohio	27	30.5	39,250	46	22
888	Nebraska	8	30.4	29,889	25	27
889	Ohio	25	30.4	44,393	35	18
890	Minnesota	52A	30.4	36,268	24	25
891	Ohio	46	30.4	45,790	37	24
892	Minnesota	42B	30.4	67,872	58	17
893	Pennsylvania	131	30.4	30,429	16	30
894	Iowa	57	30.4	32,306	19	31
895	Colorado	28	30.4	57,937	48	8
896	Colorado	27	30.4	47,570	37	15
897	Missouri	56	30.3	47,732	32	16
898	Colorado	29	30.3	37,667	28	16
899	Pennsylvania	55	30.3	29,955	16	35
900	Missouri	23	30.3	38,289	52	21

GERMAN—Top State House Districts

RANK	STATE	DISTRICT NUMBER	GERMAN (%)	AVG. HH INCOME ($)	DISTRICT WIDE COLLEGE EDUCATION (%)	RECEIVES SOC. SEC. (%)
901	Idaho	5	30.3	28,594	44	19
902	Michigan	71	30.3	40,455	27	21
903	Kansas	81	30.3	37,547	19	19
904	Missouri	5	30.3	26,511	15	35
905	Texas	53	30.3	33,354	24	35
906	Kansas	56	30.2	29,358	25	28
907	Minnesota	45B	30.2	56,943	49	22
908	Missouri	7	30.2	25,798	16	39
909	Michigan	82	30.2	39,409	14	26
910	Minnesota	54A	30.2	42,922	47	28
911	Kansas	27	30.2	77,722	55	10
912	Texas	13	30.2	29,872	18	32
913	Virginia	25	30.2	35,726	21	29
914	North Dakota	43	30.1	30,393	40	16
915	Oklahoma	41	30.1	34,110	25	28
916	Kansas	76	30.1	25,726	15	40
917	Maryland	47B	30.1	45,846	35	27
918	Wyoming	6	30.1	31,150	18	18
919	Kansas	41	30.1	34,332	28	25
920	Wyoming	9	30.0	32,289	30	9
921	Montana	66	30.0	17,063	28	24
922	North Dakota	18	30.0	24,307	27	22
923	Indiana	5	30.0	30,647	18	26
924	Ohio	62	30.0	39,868	22	23
925	Michigan	65	30.0	36,740	19	26
926	Montana	79	30.0	33,045	24	17
927	Pennsylvania	2	29.9	29,385	23	32
928	Iowa	90	29.9	31,858	16	26
929	Montana	26	29.9	24,052	20	40
930	Montana	84	29.9	27,271	19	20
931	Illinois	100	29.9	36,141	29	26
932	Wyoming	11	29.9	27,744	24	30
933	Missouri	149	29.9	26,688	22	26
934	Kansas	86	29.9	28,433	20	29
935	Colorado	26	29.8	43,476	37	16
936	Michigan	32	29.8	53,357	26	19
937	Pennsylvania	20	29.8	26,284	15	41
938	Kansas	78	29.8	29,965	21	31
939	Missouri	55	29.8	44,819	30	14
940	New York	145	29.8	37,287	28	32
941	Ohio	54	29.8	26,602	13	33
942	Missouri	121	29.8	27,985	32	16
943	Montana	62	29.8	33,849	25	18
944	Wyoming	7	29.8	44,504	38	20
945	Minnesota	64B	29.8	46,668	50	31
946	Colorado	25	29.8	54,174	47	14
947	Missouri	2	29.7	23,298	21	31
948	Missouri	86	29.7	86,036	56	22
949	Missouri	67	29.7	25,092	21	26
950	Maryland	9A	29.7	60,145	42	28

GERMAN—Top State House Districts

RANK	STATE	DISTRICT NUMBER	GERMAN (%)	AVG. HH INCOME ($)	DISTRICT WIDE COLLEGE EDUCATION (%)	RECEIVES SOC. SEC. (%)
951	Kansas	22	29.7	49,117	41	26
952	Pennsylvania	136	29.7	34,203	18	32
953	Kansas	96	29.6	31,429	13	20
954	Colorado	64	29.6	63,457	50	9
955	Pennsylvania	127	29.6	25,625	11	33
956	Ohio	96	29.6	27,116	16	30
957	Indiana	35	29.6	35,635	26	26
958	Washington	4	29.6	33,841	28	25
959	Indiana	47	29.6	40,958	19	24
960	Illinois	101	29.6	30,675	15	30
961	Pennsylvania	107	29.5	26,243	13	40
962	Illinois	54	29.5	57,702	42	18
963	Montana	42	29.5	33,573	28	23
964	Kansas	92	29.5	29,314	25	27
965	Texas	45	29.5	33,739	21	28
966	Kansas	97	29.5	30,371	14	23
967	Montana	93	29.5	30,251	22	32
968	Colorado	50	29.4	24,019	24	24
969	Illinois	115	29.4	25,456	27	27
970	Missouri	47	29.4	37,917	29	26
971	Wyoming	8	29.4	38,974	40	27
972	Colorado	23	29.4	39,433	37	22
973	Ohio	76	29.3	39,394	31	19
974	Missouri	120	29.3	24,639	13	39
975	Iowa	88	29.3	23,965	18	39
976	Michigan	97	29.3	31,295	16	30
977	Illinois	103	29.3	35,827	52	14
978	Kansas	95	29.3	26,545	16	26
979	Kansas	79	29.3	30,528	21	33
980	Montana	13	29.3	16,424	14	32
981	Indiana	44	29.2	30,873	14	32
982	Ohio	73	29.2	31,103	16	30
983	Wyoming	13	29.2	26,409	48	16
984	Missouri	106	29.2	25,777	14	38
985	Missouri	34	29.1	41,375	24	20
986	Michigan	85	29.1	34,415	17	26
987	Oregon	28	29.1	34,932	20	29
988	Nebraska	5	29.1	28,077	13	31
989	Iowa	91	29.1	25,673	14	39
990	Illinois	42	29.1	44,723	31	22
991	Indiana	9	29.1	33,842	17	30
992	Michigan	67	29.1	43,368	27	20
993	Colorado	30	29.0	50,714	44	10
994	Missouri	32	29.0	41,030	35	15
995	Indiana	32	29.0	34,329	16	29
996	Wyoming	42	29.0	37,512	33	11
997	Missouri	124	29.0	34,023	15	25
998	Illinois	75	29.0	39,575	18	25
999	Wyoming	14	29.0	32,017	57	9
1000	Montana	40	29.0	28,075	20	30

GERMAN
Top State Senate Districts

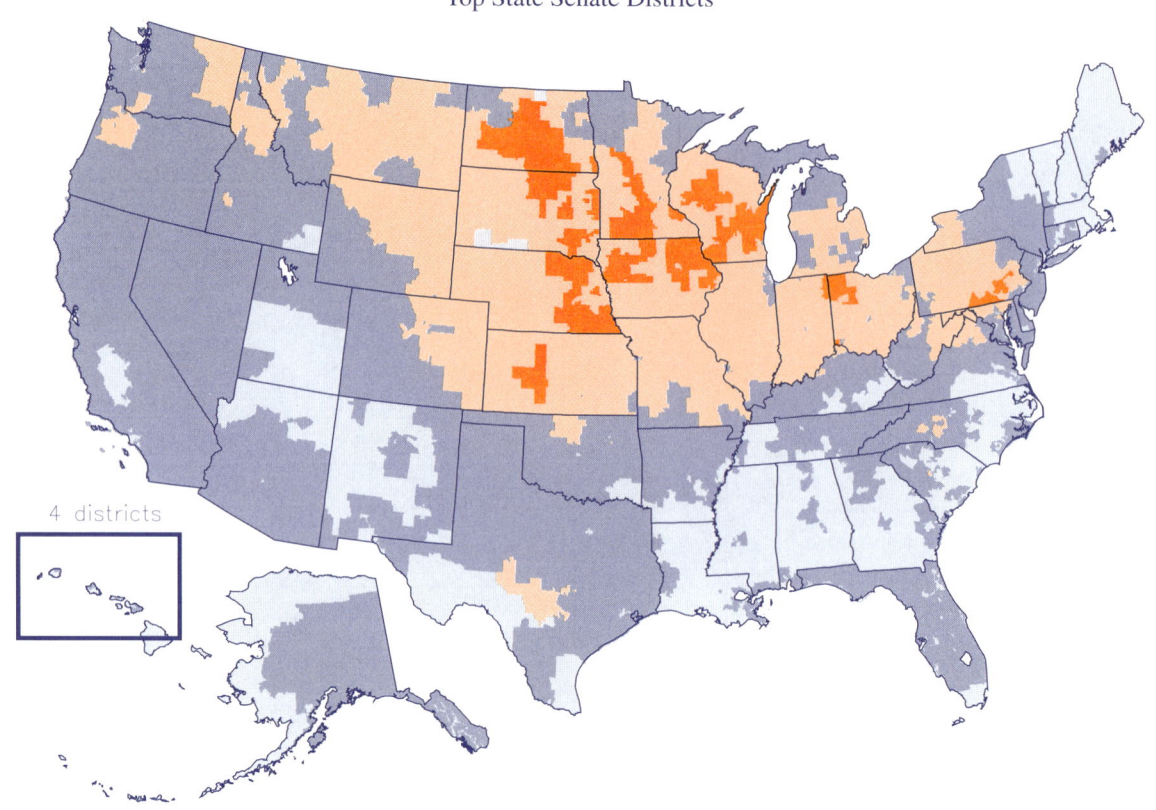

BISMARCK

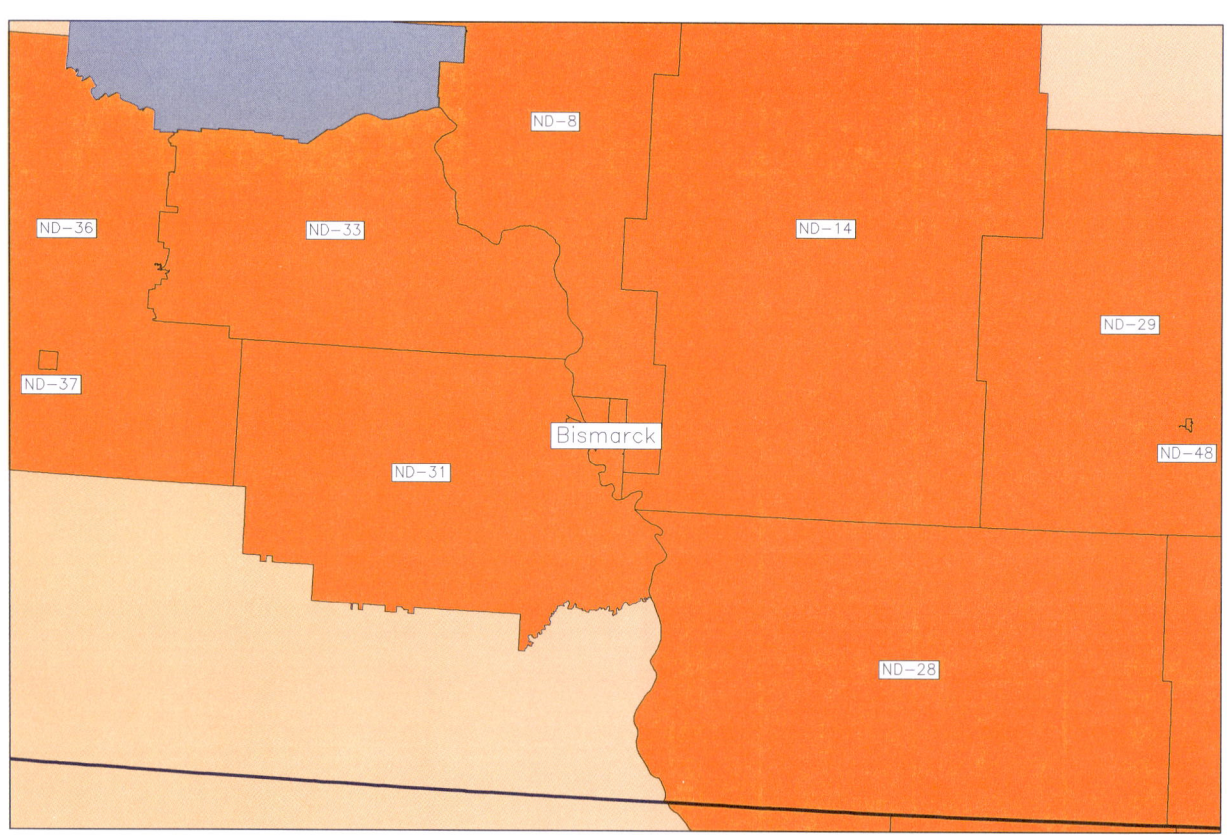

Population Ranges
- 50.0% to 99.9%
- 25.0% to 49.9%
- 10.0% to 24.9%
- 0.0% to 9.9%

BISMARCK - MILWAUKEE - LINCOLN

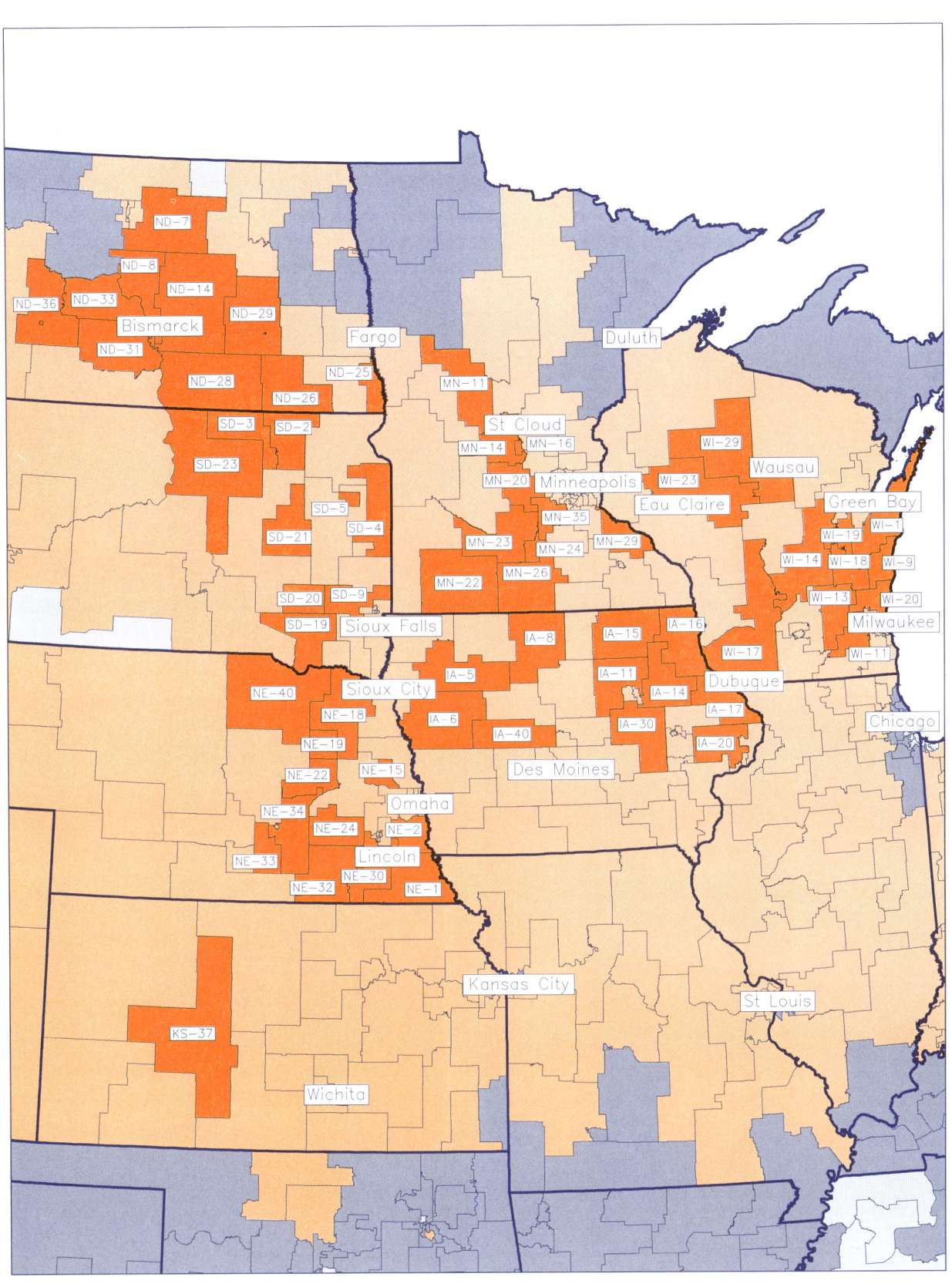

Population Ranges
- 50.0% to 99.9%
- 25.0% to 49.9%
- 10.0% to 24.9%
- 0.0% to 9.9%

CINCINNATI - FT. WAYNE

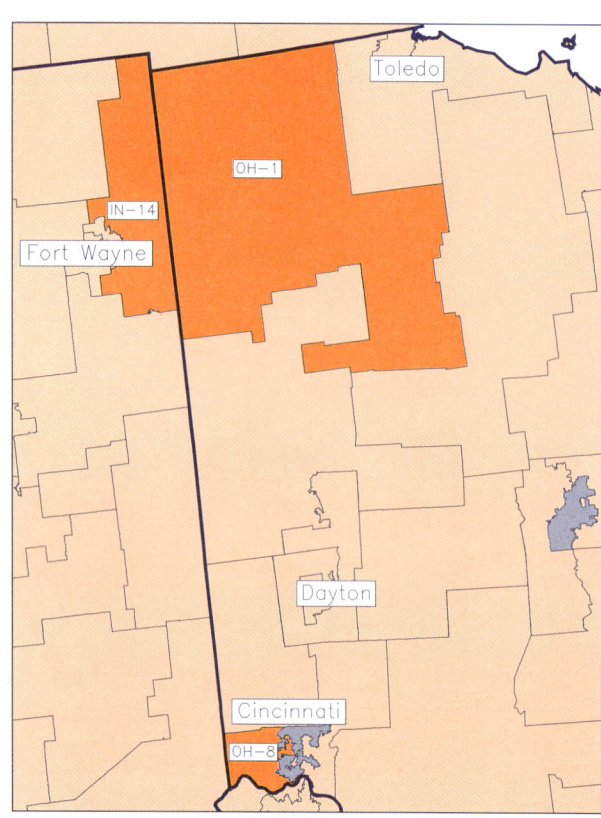

HARRISBURG - LANCASTER

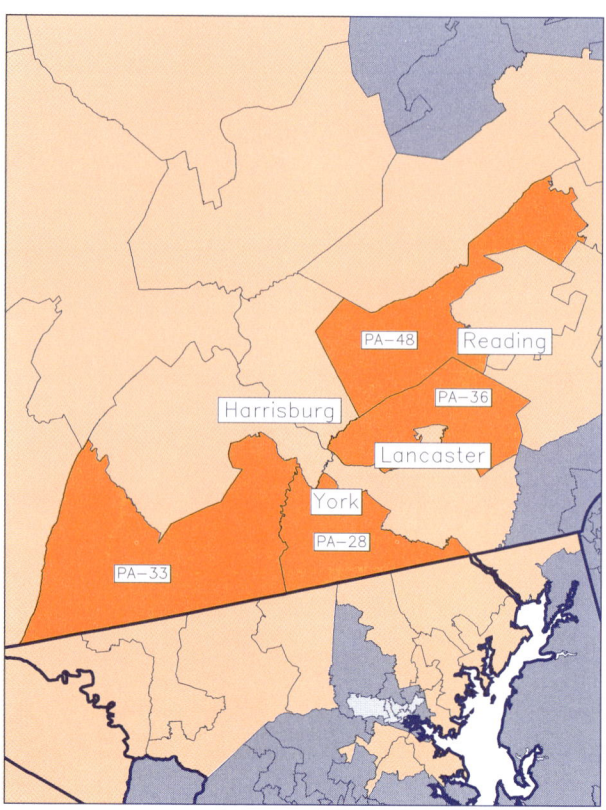

BISMARCK

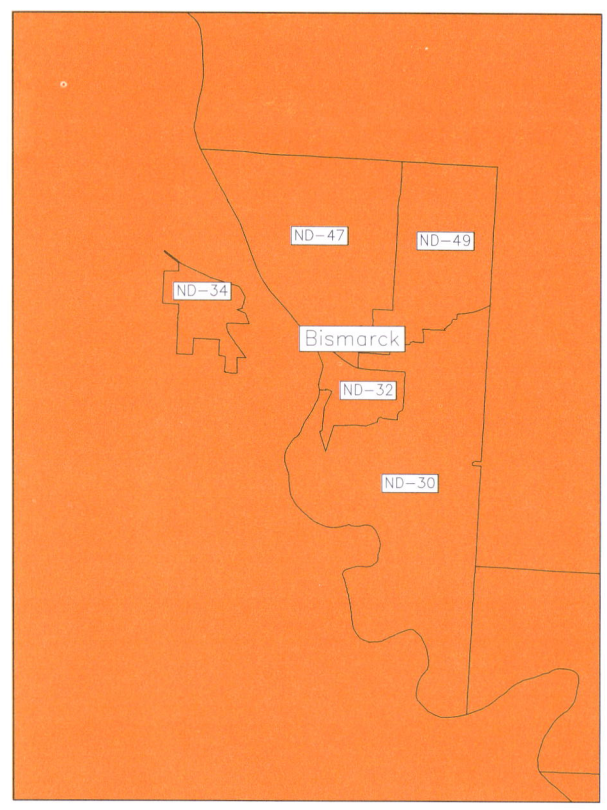

DUBUQUE

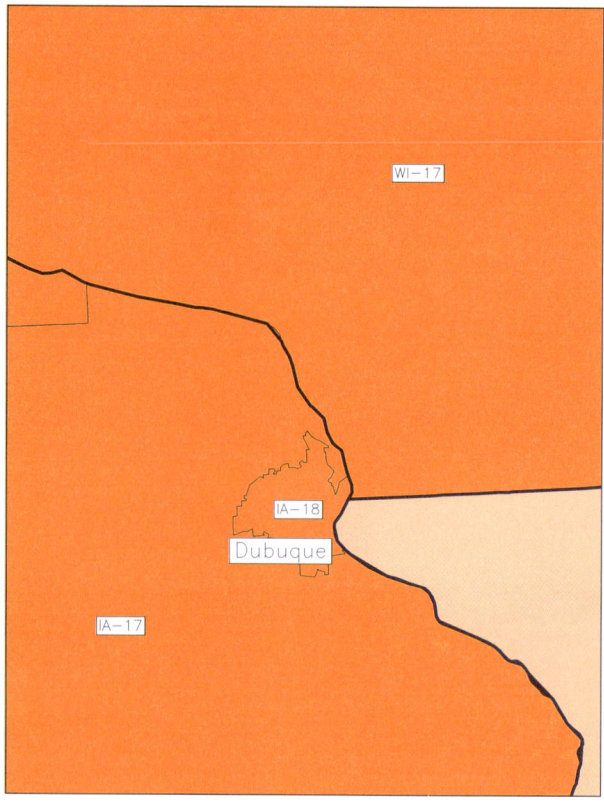

Population Ranges
- 50.0% to 99.9%
- 25.0% to 49.9%
- 10.0% to 24.9%
- 0.0% to 9.9%

GERMAN—Top State Senate Districts

RANK	STATE	DISTRICT NUMBER	GERMAN (%)	DISTRICT WIDE AVG. HH INCOME ($)	COLLEGE EDUCATION (%)	RECEIVES SOC. SEC. (%)
1	North Dakota	28	80.2	23,031	15	44
2	North Dakota	31	73.0	29,151	21	31
3	Minnesota	23	72.0	29,624	18	34
4	North Dakota	34	68.7	26,661	22	30
5	North Dakota	33	68.6	32,089	23	27
6	Iowa	17	67.5	32,795	16	27
7	Minnesota	14	66.6	33,508	20	27
8	North Dakota	14	66.0	25,198	19	38
9	Iowa	11	66.0	30,978	20	33
10	North Dakota	32	65.5	30,747	31	19
11	Wisconsin	13	64.5	35,463	20	29
12	South Dakota	23	64.3	24,059	21	39
13	Wisconsin	9	63.8	34,356	20	30
14	Nebraska	18	63.7	25,754	17	34
15	North Dakota	48	63.4	23,418	20	28
16	North Dakota	36	62.5	25,710	20	26
17	Wisconsin	18	62.3	32,564	21	29
18	South Dakota	3	61.7	29,461	27	32
19	Wisconsin	20	61.7	45,578	28	24
20	North Dakota	49	60.9	34,288	39	25
21	North Dakota	30	59.8	28,128	30	25
22	South Dakota	19	59.8	22,454	19	40
23	Iowa	6	59.2	26,555	17	37
24	Pennsylvania	36	58.0	40,134	19	24
25	Wisconsin	19	57.6	39,875	28	24
26	Iowa	18	57.2	32,501	25	31
27	Iowa	14	57.1	29,732	18	32
28	Nebraska	24	57.0	30,108	23	32
29	North Dakota	8	56.9	30,378	25	33
30	South Dakota	2	56.8	27,319	25	31
31	North Dakota	37	56.7	27,661	28	33
32	Nebraska	19	56.4	28,616	22	27
33	North Dakota	47	56.3	42,781	52	21
34	Nebraska	30	56.0	31,451	23	29
35	Minnesota	22	56.0	27,109	18	37
36	Iowa	15	55.9	27,422	17	35
37	Minnesota	26	55.8	28,883	20	35
38	Minnesota	35	55.5	42,680	24	19
39	Minnesota	20	55.3	33,319	18	29
40	South Dakota	21	55.1	25,654	22	34
41	Wisconsin	14	55.1	29,784	17	35
42	Wisconsin	1	54.9	35,609	20	27
43	Iowa	16	54.9	26,900	18	35
44	Nebraska	32	54.8	27,044	18	40
45	Pennsylvania	28	54.6	37,303	18	27
46	North Dakota	29	54.6	28,275	23	34
47	Nebraska	1	54.3	25,546	18	40
48	South Dakota	20	54.2	25,433	24	35
49	Minnesota	16	54.2	32,558	31	21
50	South Dakota	9	54.2	28,498	20	33

GERMAN—Top State Senate Districts

RANK	STATE	DISTRICT NUMBER	GERMAN (%)	DISTRICT WIDE AVG. HH INCOME ($)	COLLEGE EDUCATION (%)	RECEIVES SOC. SEC. (%)
51	Wisconsin	29	53.9	32,571	20	30
52	South Dakota	5	53.4	26,555	20	29
53	Pennsylvania	48	53.3	40,659	22	29
54	Ohio	1	53.1	34,307	17	27
55	Nebraska	33	53.1	31,587	23	31
56	North Dakota	25	53.1	29,158	31	27
57	Iowa	20	52.8	31,827	21	25
58	Pennsylvania	33	52.8	36,165	18	26
59	Minnesota	29	52.5	34,729	22	29
60	Nebraska	40	52.5	25,021	17	38
61	Minnesota	24	52.2	31,939	33	23
62	Iowa	40	52.2	29,421	21	35
63	Wisconsin	23	52.1	29,624	18	30
64	Nebraska	22	51.2	29,537	20	31
65	North Dakota	7	51.2	23,431	21	40
66	Iowa	30	51.1	30,046	17	34
67	Iowa	5	51.1	28,438	21	36
68	Wisconsin	17	51.1	29,584	19	32
69	South Dakota	4	50.8	26,873	21	33
70	Indiana	14	50.6	41,411	24	22
71	Wisconsin	11	50.4	46,469	33	19
72	Kansas	37	50.3	28,047	23	32
73	Ohio	8	50.3	37,829	25	27
74	Iowa	8	50.3	28,604	22	35
75	North Dakota	26	50.2	25,417	22	38
76	Nebraska	15	50.1	28,777	18	32
77	Minnesota	11	50.1	24,727	18	35
78	Nebraska	2	50.1	30,135	19	30
79	Nebraska	34	50.1	28,451	19	30
80	Ohio	12	49.4	34,106	16	28
81	Missouri	1	49.4	44,227	27	28
82	Wisconsin	2	49.2	37,360	22	26
83	Wisconsin	5	48.9	37,163	29	34
84	Nebraska	16	48.7	30,735	20	33
85	North Dakota	35	48.5	22,977	18	36
86	Iowa	9	48.4	28,757	21	36
87	Nebraska	26	48.2	30,807	29	24
88	Minnesota	32	48.1	30,883	26	30
89	Minnesota	19	48.0	39,414	22	19
90	Iowa	2	47.8	32,380	24	30
91	South Dakota	22	47.7	23,548	20	37
92	Iowa	28	47.7	37,724	28	23
93	Wisconsin	33	47.6	50,080	32	29
94	Pennsylvania	31	47.6	39,205	25	25
95	South Dakota	10	47.2	39,697	28	16
96	South Dakota	11	47.2	36,621	30	16
97	Wisconsin	28	47.1	45,587	30	23
98	Iowa	4	47.1	29,343	24	35
99	Nebraska	25	47.1	52,837	46	20
100	Nebraska	38	47.1	26,095	19	38

GERMAN—Top State Senate Districts

RANK	STATE	DISTRICT NUMBER	GERMAN (%)	AVG. HH INCOME ($)	DISTRICT WIDE COLLEGE EDUCATION (%)	RECEIVES SOC. SEC. (%)
101	Iowa	19	47.0	33,504	24	28
102	Illinois	37	46.9	32,529	18	31
103	Wisconsin	24	46.9	33,392	21	29
104	Iowa	12	46.8	35,432	34	25
105	Pennsylvania	30	46.7	27,949	13	34
106	Nebraska	36	46.5	28,396	21	30
107	Kentucky	11	46.5	40,917	27	26
108	Pennsylvania	13	46.4	38,687	22	27
109	North Dakota	22	46.4	37,001	31	26
110	Nebraska	29	46.3	40,007	44	24
111	Nebraska	44	46.0	26,267	22	34
112	Indiana	47	46.0	30,420	13	29
113	Nebraska	35	46.0	28,334	21	30
114	South Dakota	14	45.9	44,810	38	16
115	Minnesota	28	45.4	34,276	24	27
116	Wisconsin	8	45.4	53,300	41	25
117	Pennsylvania	27	45.3	29,396	16	33
118	Ohio	26	45.3	31,885	15	29
119	Iowa	41	45.3	30,752	19	33
120	Indiana	17	45.3	33,641	16	27
121	South Dakota	8	45.2	28,717	22	34
122	Kansas	21	45.1	26,423	19	37
123	Minnesota	17	45.1	30,625	19	27
124	Nebraska	37	45.1	29,634	32	24
125	Pennsylvania	11	45.1	35,537	18	31
126	South Dakota	18	45.0	26,655	25	30
127	Minnesota	15	45.0	29,592	23	32
128	Nebraska	47	44.7	26,562	20	34
129	Minnesota	21	44.7	27,974	19	35
130	Wisconsin	16	44.7	38,401	29	23
131	Indiana	50	44.7	41,497	29	25
132	Nebraska	48	44.7	27,183	22	32
133	Indiana	13	44.6	33,275	14	26
134	Indiana	43	44.4	32,267	13	29
135	Wisconsin	12	44.3	26,966	16	38
136	Nebraska	21	44.2	36,212	23	24
137	Illinois	55	44.2	33,687	20	29
138	Minnesota	31	44.0	39,433	31	23
139	Iowa	50	43.8	30,317	20	33
140	Iowa	49	43.8	29,307	19	32
141	Nebraska	27	43.8	31,958	31	19
142	Minnesota	37	43.7	45,684	28	14
143	South Dakota	6	43.5	24,639	17	40
144	Kansas	40	43.4	26,870	20	34
145	Wisconsin	31	43.3	29,855	22	32
146	Kansas	35	43.3	28,615	21	36
147	Missouri	23	43.2	43,639	26	16
148	North Dakota	24	43.2	25,145	25	38
149	Wisconsin	32	43.2	30,085	25	30
150	North Dakota	13	43.1	31,385	30	16

GERMAN—Top State Senate Districts

RANK	STATE	DISTRICT NUMBER	GERMAN (%)	DISTRICT WIDE AVG. HH INCOME ($)	COLLEGE EDUCATION (%)	RECEIVES SOC. SEC. (%)
151	Indiana	16	43.1	37,523	27	25
152	Nebraska	46	43.1	23,260	28	20
153	Minnesota	39	43.1	41,745	27	25
154	Pennsylvania	21	43.0	31,516	18	31
155	Iowa	10	42.9	29,472	26	34
156	South Dakota	12	42.9	32,020	32	29
157	Iowa	22	42.8	29,865	21	30
158	North Dakota	3	42.7	26,497	23	24
159	Ohio	2	42.7	40,738	25	26
160	Iowa	24	42.6	32,830	20	26
161	Minnesota	13	42.6	25,202	20	39
162	Nebraska	23	42.5	29,473	17	34
163	Illinois	58	42.4	29,359	21	29
164	Illinois	45	42.4	35,604	20	28
165	South Dakota	15	42.3	24,310	17	26
166	Kansas	36	42.2	24,651	18	40
167	Minnesota	25	42.2	33,622	24	28
168	North Dakota	27	42.2	27,674	20	39
169	Nebraska	49	42.1	27,937	21	32
170	South Dakota	24	42.1	30,153	28	25
171	Missouri	6	42.1	29,127	18	33
172	Wisconsin	27	42.1	39,575	30	22
173	Missouri	2	42.0	36,308	20	23
174	Pennsylvania	34	42.0	30,617	24	27
175	North Dakota	5	42.0	30,244	32	31
176	Indiana	12	42.0	35,584	17	23
177	Missouri	3	41.9	30,400	21	36
178	Minnesota	57	41.9	45,031	31	13
179	Indiana	48	41.7	29,888	14	30
180	Montana	1	41.5	28,163	20	32
181	Minnesota	10	41.5	26,695	24	36
182	Nebraska	31	41.4	48,410	37	13
183	North Dakota	41	41.1	39,617	47	10
184	Kentucky	24	41.0	37,787	16	23
185	Iowa	7	41.0	27,860	22	34
186	South Dakota	7	40.9	26,125	37	25
187	Missouri	22	40.9	35,931	15	19
188	Kansas	1	40.8	27,198	17	34
189	North Dakota	45	40.8	32,870	45	19
190	North Dakota	40	40.7	27,208	30	16
191	Nebraska	39	40.7	44,753	37	10
192	Missouri	26	40.7	40,587	23	24
193	Iowa	26	40.7	43,837	39	25
194	Nebraska	41	40.6	26,071	17	36
195	South Dakota	13	40.5	35,691	37	28
196	Iowa	13	40.4	28,327	18	33
197	Illinois	48	40.4	27,711	18	33
198	Nebraska	28	40.2	27,399	39	23
199	Maryland	1	40.1	28,235	16	37
200	Iowa	32	40.1	33,648	26	29

GERMAN—Top State Senate Districts

RANK	STATE	DISTRICT NUMBER	GERMAN (%)	DISTRICT WIDE AVG. HH INCOME ($)	COLLEGE EDUCATION (%)	RECEIVES SOC. SEC. (%)
201	Indiana	49	40.0	27,562	14	32
202	Nebraska	42	39.9	30,591	21	31
203	Wisconsin	10	39.9	34,455	24	27
204	Montana	11	39.9	27,496	21	26
205	Nebraska	17	39.9	27,020	19	28
206	South Dakota	31	39.8	29,377	25	29
207	Kansas	33	39.8	27,707	20	34
208	Maryland	5	39.7	47,357	26	23
209	Wisconsin	30	39.7	31,160	21	27
210	Minnesota	30	39.6	39,803	43	22
211	Montana	50	39.5	26,459	19	31
212	Kentucky	23	39.4	29,764	17	30
213	Iowa	43	39.2	28,312	19	35
214	South Dakota	35	39.1	25,508	19	22
215	South Dakota	25	39.1	22,908	17	37
216	Kansas	31	39.1	36,587	26	26
217	North Dakota	21	39.0	22,154	30	24
218	Minnesota	34	38.9	62,663	39	14
219	North Dakota	11	38.9	32,498	33	19
220	Illinois	44	38.9	36,011	26	26
221	Wisconsin	22	38.8	36,120	20	28
222	Wisconsin	7	38.7	34,774	26	25
223	South Dakota	1	38.6	22,485	17	40
224	Wisconsin	15	38.6	35,578	20	27
225	South Dakota	17	38.5	24,473	32	29
226	Minnesota	33	38.5	53,825	40	8
227	South Dakota	32	38.5	30,332	31	25
228	Minnesota	12	38.5	27,666	20	34
229	North Dakota	46	38.4	39,324	46	15
230	Missouri	15	38.4	60,220	49	24
231	Pennsylvania	15	38.4	36,767	24	27
232	Montana	2	38.4	25,691	22	33
233	Iowa	21	38.3	39,551	39	23
234	Maryland	4	38.3	48,503	23	20
235	North Dakota	39	38.2	26,090	22	32
236	Iowa	39	38.1	31,254	20	32
237	Nebraska	43	38.1	25,643	18	37
238	North Dakota	15	38.1	27,568	26	35
239	Indiana	9	38.0	36,059	18	27
240	Missouri	14	38.0	41,125	25	27
241	Minnesota	49	38.0	42,613	27	15
242	Maryland	2	37.9	32,747	15	29
243	Minnesota	50	37.7	47,577	24	8
244	Wyoming	3	37.6	27,453	21	31
245	Nebraska	10	37.6	40,658	33	23
246	Iowa	25	37.5	38,713	41	18
247	Maryland	3	37.5	43,917	28	21
248	Minnesota	27	37.4	28,335	21	36
249	Minnesota	51	37.4	44,189	27	13
250	Minnesota	56	37.2	56,754	40	17

GERMAN—Top State Senate Districts

RANK	STATE	DISTRICT NUMBER	GERMAN (%)	AVG. HH INCOME ($)	DISTRICT WIDE COLLEGE EDUCATION (%)	RECEIVES SOC. SEC. (%)
251	Kansas	17	37.2	28,547	20	30
252	Kansas	26	37.2	44,231	26	19
253	Missouri	27	37.2	27,271	15	31
254	Minnesota	55	37.1	41,747	31	24
255	Iowa	23	37.1	35,318	56	15
256	South Dakota	30	36.9	29,086	23	34
257	Illinois	49	36.8	30,593	15	35
258	Illinois	32	36.7	53,480	29	20
259	Minnesota	36	36.6	53,133	46	7
260	Iowa	31	36.6	31,956	53	15
261	Pennsylvania	44	36.6	47,480	29	24
262	Iowa	27	36.6	30,037	21	28
263	Nebraska	12	36.5	44,417	38	12
264	Pennsylvania	23	36.5	29,469	18	32
265	Nebraska	4	36.5	61,998	52	15
266	Indiana	19	36.5	33,604	16	28
267	Indiana	18	36.4	29,749	13	29
268	South Dakota	29	36.4	27,303	22	29
269	Indiana	5	36.3	38,485	23	26
270	Ohio	6	36.3	42,535	31	25
271	Kansas	27	36.3	40,812	32	20
272	Ohio	7	36.2	47,859	33	25
273	Kansas	20	36.2	41,133	35	24
274	Minnesota	41	36.2	59,605	49	11
275	Iowa	33	36.0	38,853	28	18
276	Colorado	1	36.0	29,465	19	27
277	Ohio	29	35.8	34,557	19	28
278	Iowa	38	35.8	48,206	44	17
279	Minnesota	38	35.8	53,374	50	8
280	Indiana	42	35.7	32,631	13	29
281	Ohio	19	35.7	35,129	19	26
282	Missouri	16	35.6	26,218	14	33
283	South Dakota	16	35.5	28,076	20	35
284	Iowa	1	35.5	32,134	23	31
285	Iowa	42	35.5	28,498	15	30
286	Montana	6	35.5	33,895	29	15
287	South Dakota	34	35.4	36,107	34	24
288	Indiana	7	35.4	33,888	18	27
289	South Dakota	26	35.3	25,609	18	31
290	Missouri	7	35.3	60,232	43	19
291	North Dakota	44	35.3	34,543	43	25
292	Pennsylvania	41	35.2	28,450	15	34
293	Iowa	3	35.1	29,251	20	33
294	Indiana	46	35.1	32,516	19	28
295	Pennsylvania	16	35.1	36,308	22	31
296	Minnesota	53	35.1	56,363	45	14
297	Montana	8	35.0	33,907	23	16
298	Ohio	20	35.0	27,723	14	31
299	Wisconsin	21	35.0	37,407	23	27
300	Minnesota	48	35.0	45,627	30	12

GERMAN—Top State Senate Districts

RANK	STATE	DISTRICT NUMBER	GERMAN (%)	AVG. HH INCOME ($)	DISTRICT WIDE COLLEGE EDUCATION (%)	RECEIVES SOC. SEC. (%)
301	Wyoming	24	34.9	36,361	24	12
302	Montana	4	34.8	28,144	20	29
303	Nebraska	3	34.8	41,577	38	8
304	Kansas	24	34.6	31,381	22	28
305	Minnesota	43	34.6	67,300	50	14
306	Nebraska	14	34.5	40,488	29	13
307	Ohio	31	34.5	33,271	19	26
308	Wyoming	23	34.4	42,819	22	7
309	Kansas	34	34.4	29,655	22	30
310	Indiana	15	34.3	35,388	26	26
311	Pennsylvania	40	34.3	43,180	32	31
312	Michigan	17	34.2	39,081	18	26
313	Missouri	21	34.2	29,904	15	31
314	Illinois	56	34.1	35,206	22	30
315	Ohio	4	34.1	37,645	22	24
316	Montana	10	34.1	33,593	31	29
317	Nebraska	6	34.1	51,420	45	26
318	Maryland	8	33.9	44,193	29	24
319	Maryland	6	33.9	37,655	13	25
320	Minnesota	9	33.8	29,439	29	29
321	Minnesota	67	33.8	29,658	19	26
322	Michigan	34	33.8	30,580	15	31
323	Wisconsin	26	33.8	37,964	59	16
324	Missouri	18	33.7	25,009	15	35
325	Illinois	54	33.7	27,973	17	35
326	Colorado	16	33.6	30,481	28	23
327	Colorado	15	33.6	38,209	31	23
328	Minnesota	54	33.5	43,004	42	27
329	Minnesota	40	33.4	41,249	34	22
330	Minnesota	18	33.4	34,104	18	26
331	Pennsylvania	29	33.4	29,504	13	39
332	Illinois	51	33.3	33,431	19	30
333	Kansas	23	33.3	44,936	37	13
334	North Dakota	42	33.3	25,806	46	14
335	Nebraska	20	33.2	43,619	37	30
336	Kansas	12	33.2	29,627	16	33
337	Kansas	18	33.1	32,881	23	26
338	Wyoming	6	33.1	34,192	28	15
339	Minnesota	66	33.1	30,405	32	26
340	Minnesota	47	33.0	38,877	27	17
341	Ohio	14	33.0	31,968	15	26
342	Michigan	33	33.0	32,726	19	27
343	Montana	9	32.8	24,909	17	30
344	Minnesota	46	32.7	39,749	29	26
345	Wyoming	2	32.7	30,558	18	25
346	Michigan	20	32.7	32,831	20	29
347	Iowa	48	32.7	29,567	19	33
348	Indiana	27	32.6	29,321	14	32
349	Indiana	22	32.6	33,157	37	21
350	North Dakota	10	32.6	28,200	22	37

GERMAN—Top State Senate Districts

RANK	STATE	DISTRICT NUMBER	GERMAN (%)	DISTRICT WIDE		
				AVG. HH INCOME ($)	COLLEGE EDUCATION (%)	RECEIVES SOC. SEC. (%)
351	Kansas	30	32.5	53,568	46	22
352	New York	59	32.5	38,403	27	28
353	Montana	5	32.5	48,676	42	26
354	Maryland	7	32.4	36,853	12	30
355	Kansas	9	32.3	47,599	42	12
356	South Dakota	33	32.3	35,670	34	12
357	Kansas	10	32.3	44,348	38	17
358	Indiana	36	32.3	36,693	21	26
359	Pennsylvania	50	32.1	29,509	16	34
360	Illinois	33	32.0	48,146	26	18
361	Illinois	35	31.9	37,717	24	24
362	Pennsylvania	25	31.9	28,633	15	33
363	Iowa	37	31.9	54,568	48	22
364	Pennsylvania	32	31.9	26,279	13	37
365	Maryland	31	31.8	46,673	20	23
366	Illinois	50	31.8	36,287	28	26
367	Montana	12	31.7	27,645	23	37
368	Kansas	16	31.7	33,295	21	31
369	Colorado	14	31.7	34,749	48	15
370	Montana	24	31.6	29,380	18	25
371	Pennsylvania	49	31.6	33,369	22	30
372	Pennsylvania	10	31.6	60,159	39	23
373	Iowa	45	31.6	33,528	20	25
374	Indiana	11	31.6	44,910	30	22
375	West Virginia	15	31.6	24,682	13	33
376	Minnesota	52	31.5	40,323	30	21
377	North Dakota	38	31.4	29,720	31	14
378	Pennsylvania	35	31.3	26,319	14	38
379	Ohio	3	31.3	43,212	35	16
380	North Carolina	26	31.3	34,765	20	25
381	Indiana	41	31.3	36,762	20	25
382	North Dakota	6	31.3	26,094	23	38
383	Wyoming	1	31.3	29,541	19	30
384	Indiana	32	31.3	37,937	20	26
385	Iowa	44	31.2	24,768	18	39
386	Kansas	32	31.1	30,498	19	33
387	Kansas	38	31.1	30,936	22	26
388	Indiana	30	31.0	52,227	54	21
389	Wyoming	22	31.0	29,944	24	30
390	South Dakota	28	30.9	23,704	16	28
391	Indiana	39	30.9	28,254	17	32
392	Colorado	19	30.9	46,478	36	12
393	Wisconsin	3	30.9	27,195	16	30
394	Michigan	26	30.8	43,555	23	22
395	Indiana	8	30.8	34,699	17	30
396	Ohio	30	30.8	27,801	13	33
397	Wyoming	7	30.8	28,287	22	27
398	Kansas	8	30.8	46,622	46	22
399	Minnesota	64	30.8	45,458	54	25
400	New York	61	30.7	37,637	24	28

GERMAN—Top State Senate Districts

RANK	STATE	DISTRICT NUMBER	GERMAN (%)	DISTRICT WIDE AVG. HH INCOME ($)	COLLEGE EDUCATION (%)	RECEIVES SOC. SEC. (%)
401	Iowa	36	30.6	32,930	38	24
402	Michigan	27	30.5	36,029	16	27
403	Montana	45	30.5	32,146	28	28
404	Ohio	16	30.5	42,831	40	20
405	Montana	7	30.5	20,953	24	31
406	Illinois	46	30.5	28,846	17	31
407	Nebraska	8	30.4	29,889	25	27
408	Pennsylvania	39	30.4	31,763	21	34
409	Montana	42	30.4	27,446	17	22
410	Minnesota	45	30.4	61,813	49	21
411	Idaho	5	30.3	28,594	44	19
412	Illinois	38	30.3	34,809	17	30
413	Kansas	7	30.3	61,610	53	29
414	Missouri	24	30.2	52,458	39	27
415	West Virginia	14	30.2	25,918	13	33
416	Wyoming	27	30.2	35,809	35	17
417	Kansas	19	30.2	30,665	15	28
418	Illinois	52	30.1	33,545	38	19
419	Indiana	28	30.1	39,048	19	26
420	North Dakota	43	30.1	30,393	40	16
421	Montana	44	30.1	29,024	21	33
422	Ohio	10	30.1	36,055	23	24
423	Ohio	22	30.0	49,618	28	25
424	Kentucky	35	30.0	38,975	39	31
425	Missouri	19	30.0	31,213	35	21
426	Indiana	24	30.0	40,990	21	24
427	North Dakota	18	30.0	24,307	27	22
428	Indiana	21	30.0	39,387	22	26
429	Kansas	3	29.9	33,801	27	26
430	Colorado	20	29.9	37,076	30	24
431	Wyoming	20	29.9	28,751	22	32
432	Wyoming	30	29.9	31,318	18	19
433	West Virginia	16	29.9	32,585	16	26
434	New York	60	29.8	42,345	36	32
435	Pennsylvania	18	29.8	37,741	22	32
436	Minnesota	4	29.8	24,563	24	33
437	Illinois	53	29.8	29,463	18	32
438	Kansas	22	29.8	27,500	34	15
439	Missouri	12	29.7	24,861	15	37
440	Illinois	47	29.7	35,430	25	31
441	Kansas	15	29.6	26,202	19	38
442	Washington	4	29.6	33,841	28	25
443	Kansas	2	29.6	30,965	44	16
444	Maryland	35	29.6	49,686	25	22
445	Colorado	30	29.6	56,414	44	10
446	Wyoming	18	29.5	33,040	26	27
447	Wisconsin	25	29.5	25,765	20	36
448	Montana	48	29.5	26,762	19	33
449	Kentucky	36	29.4	57,975	48	23
450	Indiana	23	29.4	31,398	15	30

GERMAN—Top State Senate Districts

RANK	STATE	DISTRICT NUMBER	GERMAN (%)	DISTRICT WIDE AVG. HH INCOME ($)	COLLEGE EDUCATION (%)	RECEIVES SOC. SEC. (%)
451	Montana	15	29.4	23,818	46	19
452	Indiana	20	29.3	38,722	22	26
453	Colorado	23	29.3	40,147	28	16
454	Missouri	17	29.3	39,776	25	21
455	Minnesota	63	29.3	44,810	41	29
456	Wyoming	21	29.3	30,937	25	31
457	Montana	32	29.3	35,524	39	22
458	Iowa	47	29.3	26,593	21	35
459	Colorado	22	29.3	50,305	44	11
460	Kansas	11	29.2	75,144	61	13
461	Wyoming	5	29.2	38,406	37	21
462	Minnesota	44	29.1	41,488	42	23
463	Wyoming	29	29.1	35,773	30	24
464	Colorado	21	29.1	37,682	33	20
465	Nebraska	5	29.1	28,077	13	31
466	Indiana	44	29.1	29,456	13	30
467	Indiana	6	29.0	43,686	22	23
468	Missouri	34	29.0	33,966	22	27
469	Indiana	37	29.0	35,820	18	28
470	Montana	40	29.0	32,943	27	21
471	North Dakota	1	28.9	28,591	29	29
472	Nebraska	45	28.9	37,887	34	13
473	Idaho	7	28.9	27,110	17	32
474	Montana	34	28.8	23,112	26	21
475	Ohio	13	28.8	35,769	18	26
476	Wyoming	26	28.8	27,471	21	27
477	Kansas	25	28.8	28,340	20	31
478	Wyoming	4	28.8	39,215	33	22
479	Michigan	19	28.7	33,037	19	29
480	Kansas	39	28.7	32,934	20	20
481	Missouri	31	28.7	29,939	18	28
482	Missouri	8	28.7	41,906	29	21
483	Colorado	17	28.7	42,816	37	17
484	Montana	21	28.6	30,806	26	19
485	Nebraska	9	28.6	23,941	34	23
486	Minnesota	42	28.6	70,103	58	25
487	Wyoming	10	28.5	34,786	47	18
488	Montana	35	28.4	38,082	31	20
489	Montana	31	28.3	30,868	24	23
490	Maryland	9	28.3	56,219	45	31
491	Illinois	36	28.3	32,781	20	30
492	Pennsylvania	37	28.3	48,040	39	30
493	Colorado	13	28.2	55,308	51	11
494	Illinois	26	28.2	65,858	41	14
495	North Carolina	38	28.2	34,497	18	25
496	Indiana	29	28.2	46,336	40	17
497	Kentucky	19	28.2	35,109	21	21
498	Michigan	23	28.2	30,625	18	26
499	Indiana	45	28.2	31,302	14	27
500	Iowa	46	28.2	24,918	15	39

GERMAN—Top State Senate Districts

RANK	STATE	DISTRICT NUMBER	GERMAN (%)	DISTRICT WIDE AVG. HH INCOME ($)	DISTRICT WIDE COLLEGE EDUCATION (%)	DISTRICT WIDE RECEIVES SOC. SEC. (%)
501	Ohio	11	28.2	31,619	21	28
502	Montana	20	28.1	31,718	24	27
503	Iowa	29	28.1	32,193	19	31
504	Illinois	21	28.1	55,426	44	16
505	Maryland	12	28.1	49,240	37	22
506	Pennsylvania	24	28.1	50,494	33	25
507	Oregon	14	28.0	42,806	26	23
508	Washington	9	28.0	30,573	35	21
509	Montana	27	28.0	28,005	37	25
510	Montana	33	28.0	22,166	41	23
511	Ohio	27	27.9	40,670	29	28
512	Montana	47	27.9	28,257	21	36
513	Indiana	40	27.8	31,824	36	20
514	Oklahoma	19	27.8	28,587	20	29
515	Maryland	32	27.8	44,654	22	18
516	Colorado	9	27.7	48,543	50	12
517	North Dakota	17	27.7	40,511	42	19
518	Pennsylvania	42	27.7	34,797	23	33
519	Montana	25	27.6	40,181	31	24
520	Idaho	2	27.6	28,639	20	26
521	Wyoming	9	27.6	24,062	40	17
522	Colorado	24	27.6	34,103	18	15
523	Michigan	35	27.5	30,957	21	32
524	Wyoming	19	27.5	26,579	22	30
525	Wyoming	28	27.5	30,059	29	30
526	Colorado	26	27.5	48,770	39	23
527	Idaho	3	27.4	31,166	25	29
528	Idaho	6	27.2	30,952	25	30
529	Colorado	2	27.1	27,347	20	27
530	Pennsylvania	47	27.1	28,493	17	37
531	North Dakota	12	27.1	21,579	19	37
532	Kansas	28	27.1	31,492	14	20
533	Illinois	20	27.1	58,716	49	19
534	Colorado	10	27.1	34,676	32	15
535	Minnesota	62	27.1	32,805	34	26
536	Kentucky	37	27.0	36,944	18	21
537	Oregon	12	27.0	35,231	24	27
538	Illinois	27	27.0	52,456	39	16
539	Montana	13	26.9	27,432	25	34
540	Virginia	26	26.9	38,677	21	25
541	Michigan	24	26.8	36,132	24	25
542	Washington	7	26.8	30,045	21	28
543	Colorado	27	26.8	67,150	59	9
544	Missouri	20	26.8	25,067	11	35
545	Kansas	5	26.8	37,126	21	25
546	Kansas	14	26.7	25,985	19	36
547	Colorado	28	26.7	43,345	43	12
548	Illinois	42	26.7	46,657	24	19
549	Illinois	34	26.7	36,857	22	25
550	Oregon	19	26.7	31,396	20	30

GERMAN—Top State Senate Districts

RANK	STATE	DISTRICT NUMBER	GERMAN (%)	DISTRICT WIDE AVG. HH INCOME ($)	COLLEGE EDUCATION (%)	RECEIVES SOC. SEC. (%)
551	Virginia	27	26.7	38,746	20	26
552	Washington	6	26.7	37,870	37	29
553	Indiana	35	26.7	32,623	16	24
554	Illinois	31	26.7	48,415	30	20
555	Missouri	28	26.7	26,723	16	32
556	New York	56	26.6	29,235	21	32
557	Ohio	28	26.6	32,400	18	26
558	Oregon	15	26.4	33,416	18	32
559	Indiana	31	26.4	38,018	27	23
560	Washington	3	26.4	23,189	25	30
561	Oregon	5	26.4	37,802	27	22
562	Oregon	16	26.3	38,516	31	27
563	Indiana	38	26.3	26,897	17	33
564	West Virginia	1	26.2	31,995	20	35
565	Oregon	11	26.2	36,562	25	22
566	Maryland	34	26.2	42,486	28	17
567	Oregon	9	26.2	30,101	19	28
568	Illinois	25	26.2	55,254	35	13
569	Indiana	26	26.1	30,889	21	29
570	Montana	14	26.1	38,454	47	17
571	Texas	25	26.1	44,861	37	23
572	Minnesota	3	26.1	27,882	22	34
573	North Carolina	22	26.0	33,999	18	28
574	Washington	17	26.0	39,500	24	19
575	Indiana	25	25.9	33,949	17	30
576	Nebraska	13	25.9	32,012	17	29
577	Oklahoma	20	25.8	28,750	22	35
578	North Dakota	19	25.8	26,305	27	19
579	West Virginia	2	25.8	25,685	13	36
580	Washington	49	25.8	33,416	24	26
581	Nebraska	7	25.7	22,783	13	32
582	Colorado	12	25.7	36,883	37	24
583	Montana	39	25.6	27,227	25	36
584	Montana	36	25.5	26,749	19	33
585	Missouri	10	25.5	42,734	37	26
586	Pennsylvania	12	25.5	56,775	37	26
587	Ohio	17	25.5	26,323	13	32
588	Iowa	35	25.4	27,780	13	32
589	Oklahoma	51	25.4	58,569	48	11
590	Montana	22	25.3	29,502	23	32
591	Michigan	11	25.3	42,747	21	26
592	Oregon	18	25.3	31,296	39	23
593	Ohio	24	25.3	46,224	30	31
594	Washington	25	25.2	38,634	23	23
595	Colorado	29	25.2	33,288	30	13
596	Oregon	13	25.2	55,940	47	18
597	Oregon	4	25.1	42,733	42	23
598	Ohio	5	25.1	29,970	19	26
599	Indiana	4	25.1	41,632	19	27
600	Idaho	18	25.1	40,534	28	14

GERMAN—Top State Senate Districts

RANK	STATE	DISTRICT NUMBER	GERMAN (%)	DISTRICT WIDE		
				AVG. HH INCOME ($)	COLLEGE EDUCATION (%)	RECEIVES SOC. SEC. (%)
601	Kentucky	7	25.0	31,754	12	28
602	South Carolina	23	25.0	42,798	37	15
603	Iowa	34	25.0	27,389	15	26
604	Montana	26	24.9	33,755	34	24
605	Washington	8	24.9	37,337	33	21
606	Minnesota	60	24.8	43,489	54	17
607	Michigan	16	24.8	53,357	33	18
608	Illinois	57	24.8	27,948	15	31
609	Missouri	30	24.8	31,011	26	28
610	Kentucky	38	24.8	23,256	14	35
611	Oklahoma	22	24.7	34,670	23	20
612	West Virginia	3	24.7	28,896	17	32
613	Virginia	24	24.7	32,743	19	29
614	Montana	23	24.7	22,417	18	30
615	Arizona	19	24.6	42,125	29	24
616	Colorado	32	24.6	41,591	44	24
617	Arizona	24	24.6	45,473	33	20
618	Minnesota	59	24.6	28,499	35	23
619	Montana	16	24.6	33,001	26	20
620	Michigan	36	24.6	29,493	21	33
621	Idaho	23	24.6	30,978	23	31
622	Kansas	13	24.5	24,771	21	37
623	Ohio	32	24.5	38,406	19	29
624	Michigan	12	24.5	50,582	26	20
625	Oregon	3	24.5	47,641	44	18
626	Colorado	25	24.5	30,122	16	21
627	Colorado	7	24.4	30,000	24	28
628	Maryland	46	24.4	29,712	13	33
629	Indiana	10	24.3	29,071	22	31
630	Oklahoma	41	24.3	47,123	45	15
631	Montana	38	24.2	32,182	26	29
632	Washington	18	24.1	36,492	21	26
633	New York	58	24.1	30,358	20	35
634	Ohio	18	24.1	37,225	20	28
635	Idaho	17	24.1	32,484	27	26
636	Arizona	28	24.1	63,903	45	24
637	Michigan	25	24.1	36,692	37	19
638	Wyoming	11	24.1	30,481	21	24
639	Montana	28	24.1	29,993	24	29
640	Oklahoma	49	24.1	27,939	18	31
641	Idaho	11	24.0	28,363	17	26
642	Illinois	23	24.0	50,648	29	18
643	North Dakota	4	24.0	24,323	22	34
644	Oregon	17	24.0	28,509	23	29
645	Oregon	21	24.0	29,325	28	24
646	Montana	29	24.0	25,972	20	38
647	Maryland	47	24.0	34,500	20	28
648	Washington	2	24.0	34,315	20	15
649	Montana	46	24.0	24,430	19	27
650	Washington	39	24.0	40,912	21	21

GERMAN—Top State Senate Districts

RANK	STATE	DISTRICT NUMBER	GERMAN (%)	DISTRICT WIDE AVG. HH INCOME ($)	DISTRICT WIDE COLLEGE EDUCATION (%)	RECEIVES SOC. SEC. (%)
651	North Dakota	20	24.0	29,846	26	33
652	Florida	24	24.0	36,764	24	53
653	Arizona	21	23.9	33,488	21	42
654	Idaho	4	23.9	30,633	22	34
655	Montana	41	23.9	25,956	16	30
656	Montana	30	23.9	24,162	21	37
657	Michigan	18	23.9	45,038	50	16
658	Oregon	2	23.8	32,922	22	32
659	Pennsylvania	6	23.8	43,009	23	24
660	Washington	20	23.8	31,468	21	27
661	Illinois	28	23.8	53,852	38	25
662	Arizona	16	23.8	40,527	29	17
663	West Virginia	12	23.8	24,644	15	37
664	Idaho	22	23.8	28,491	19	29
665	Minnesota	2	23.7	24,456	18	35
666	Oregon	22	23.7	32,656	22	29
667	Colorado	18	23.7	41,447	61	14
668	Missouri	32	23.6	26,511	17	31
669	Montana	17	23.6	26,726	25	30
670	West Virginia	13	23.6	27,598	26	30
671	New York	55	23.5	47,363	40	26
672	Idaho	15	23.5	43,379	34	18
673	Missouri	33	23.5	25,252	13	31
674	Michigan	28	23.4	40,279	20	22
675	Minnesota	8	23.4	28,220	18	34
676	Arizona	26	23.4	48,119	39	25
677	Michigan	37	23.4	26,442	17	35
678	Arizona	27	23.4	42,581	46	14
679	Oregon	27	23.3	33,028	24	28
680	Wisconsin	4	23.3	27,997	17	25
681	Illinois	19	23.2	52,296	31	20
682	Oregon	1	23.2	31,824	19	32
683	Washington	14	23.2	30,721	23	30
684	Idaho	14	23.1	36,916	29	22
685	Arizona	6	23.1	46,556	39	11
686	Idaho	13	23.1	39,773	40	18
687	New Jersey	23	23.0	56,490	34	24
688	Missouri	29	23.0	25,393	13	35
689	Idaho	1	23.0	27,172	20	31
690	Washington	30	22.9	45,981	35	14
691	Arizona	12	22.9	39,732	35	27
692	Washington	47	22.9	44,786	31	14
693	Oregon	7	22.9	27,965	28	24
694	Arizona	30	22.8	41,638	33	26
695	Colorado	8	22.8	37,626	33	15
696	Maryland	14	22.8	70,005	52	16
697	Michigan	21	22.8	38,221	34	22
698	Arizona	18	22.7	42,669	34	23
699	Pennsylvania	45	22.7	32,584	23	36
700	Idaho	16	22.7	32,497	29	24

GERMAN—Top State Senate Districts

| RANK | STATE | DISTRICT NUMBER | GERMAN (%) | DISTRICT WIDE |||
				AVG. HH INCOME ($)	COLLEGE EDUCATION (%)	RECEIVES SOC. SEC. (%)
701	Washington	31	22.7	40,437	23	18
702	Alaska	L	22.7	46,606	31	6
703	Pennsylvania	46	22.7	29,874	16	36
704	Washington	38	22.7	35,583	22	25
705	Oregon	20	22.6	33,385	37	24
706	Alaska	I	22.6	67,572	43	6
707	Arizona	1	22.6	29,400	20	42
708	Oregon	29	22.6	27,951	21	28
709	Washington	16	22.6	30,989	25	29
710	Washington	5	22.6	54,718	40	15
711	Oklahoma	21	22.6	26,474	32	22
712	Wyoming	8	22.6	25,017	19	21
713	Oregon	10	22.5	33,792	33	29
714	Colorado	35	22.5	43,618	48	23
715	Colorado	11	22.5	25,494	21	16
716	Oregon	28	22.5	30,774	21	31
717	Florida	25	22.5	46,635	27	42
718	Kentucky	26	22.4	33,390	16	26
719	Michigan	31	22.4	44,589	30	20
720	Washington	45	22.4	52,457	44	12
721	New York	52	22.4	32,499	24	31
722	Idaho	12	22.3	29,195	19	31
723	Kansas	6	22.3	26,867	12	26
724	Washington	13	22.3	29,637	21	26
725	Idaho	8	22.3	29,353	18	31
726	Washington	44	22.3	47,125	32	15
727	North Dakota	23	22.2	23,772	20	41
728	Michigan	10	22.2	38,218	15	33
729	Washington	22	22.1	36,423	37	24
730	North Dakota	2	22.1	26,912	20	33
731	Florida	22	22.1	37,005	26	44
732	Michigan	8	22.0	40,106	18	20
733	Arizona	13	22.0	39,460	43	26
734	Arizona	17	22.0	34,124	24	36
735	Minnesota	65	22.0	27,835	26	25
736	Washington	26	21.9	40,339	30	22
737	Colorado	4	21.9	31,992	28	27
738	Oklahoma	45	21.9	38,706	23	12
739	Illinois	41	21.9	58,434	42	16
740	Washington	12	21.9	31,146	23	29
741	Illinois	43	21.9	33,333	17	30
742	Maryland	33	21.9	62,066	40	16
743	Michigan	32	21.8	35,452	22	27
744	Oklahoma	35	21.8	43,718	43	25
745	Arizona	9	21.8	35,618	28	32
746	Ohio	23	21.7	29,931	18	30
747	Colorado	6	21.7	29,677	26	27
748	Washington	33	21.7	40,529	29	18
749	Pennsylvania	43	21.7	36,090	30	35
750	Maryland	11	21.7	65,309	43	20

GERMAN—Top State Senate Districts

RANK	STATE	DISTRICT NUMBER	GERMAN (%)	DISTRICT WIDE AVG. HH INCOME ($)	COLLEGE EDUCATION (%)	RECEIVES SOC. SEC. (%)
751	North Carolina	23	21.6	30,452	18	29
752	Pennsylvania	20	21.6	33,297	20	33
753	Washington	21	21.6	45,965	35	20
754	Washington	1	21.6	46,208	36	15
755	Michigan	9	21.6	51,908	32	25
756	Texas	18	21.5	32,359	20	27
757	Michigan	13	21.5	51,950	36	24
758	Washington	23	21.5	41,585	32	21
759	Oklahoma	54	21.5	34,381	27	13
760	Oregon	26	21.5	32,339	27	31
761	Kentucky	8	21.5	30,073	18	28
762	Wyoming	13	21.4	39,255	20	18
763	Idaho	24	21.4	29,315	17	29
764	Illinois	59	21.4	25,411	16	37
765	Pennsylvania	19	21.3	58,099	42	21
766	Florida	19	21.3	33,698	22	48
767	New Mexico	20	21.3	44,867	43	20
768	Ohio	33	21.2	29,923	17	34
769	Oklahoma	52	21.2	40,478	36	23
770	Idaho	19	21.2	38,506	41	22
771	Alaska	M	21.1	52,339	31	9
772	Oregon	6	21.0	45,936	52	21
773	Oklahoma	10	21.0	29,253	18	31
774	Oklahoma	29	21.0	35,267	27	32
775	New York	53	20.9	37,313	25	28
776	West Virginia	4	20.9	27,412	13	30
777	Alaska	N	20.9	46,359	26	14
778	Florida	20	20.9	34,048	27	36
779	Oregon	23	20.8	28,154	18	32
780	Oklahoma	39	20.8	39,896	40	22
781	Oklahoma	47	20.8	44,303	42	15
782	Kentucky	12	20.8	42,035	44	14
783	Alaska	O	20.8	48,545	42	7
784	Illinois	18	20.7	45,536	23	30
785	Texas	7	20.7	58,517	44	11
786	Washington	19	20.7	29,995	19	33
787	Oregon	24	20.7	27,454	19	37
788	Washington	29	20.7	27,141	16	23
789	Arizona	29	20.7	30,885	26	17
790	Alaska	Q	20.6	43,053	27	6
791	North Carolina	25	20.6	31,703	17	29
792	New Jersey	24	20.6	58,788	35	18
793	New York	40	20.6	35,757	24	30
794	Illinois	39	20.6	46,825	28	30
795	Ohio	9	20.6	31,239	28	24
796	New Mexico	21	20.6	57,921	53	16
797	Alaska	D	20.5	51,778	27	14
798	Oregon	25	20.5	28,188	17	36
799	Washington	10	20.5	38,437	27	28
800	Florida	26	20.5	35,580	22	45

GERMAN—Top State Senate Districts

RANK	STATE	DISTRICT NUMBER	GERMAN (%)	DISTRICT WIDE		
				AVG. HH INCOME ($)	COLLEGE EDUCATION (%)	RECEIVES SOC. SEC. (%)
801	Nevada	Clark-1	20.5	42,810	20	24
802	Oklahoma	40	20.5	39,347	32	31
803	Nevada	Washoe-3	20.5	50,859	34	20
804	Washington	35	20.5	33,534	23	27
805	Alaska	F	20.4	56,342	33	8
806	Arkansas	34	20.4	31,761	18	34
807	Nevada	Western	20.4	50,620	31	22
808	New Mexico	23	20.4	39,192	34	17
809	New Jersey	9	20.4	35,170	16	52
810	Virginia	29	20.4	55,164	32	9
811	Maryland	30	20.4	55,817	40	20
812	Oklahoma	16	20.4	28,094	33	18
813	Michigan	15	20.3	62,076	42	20
814	Washington	24	20.3	30,461	23	36
815	Arizona	15	20.3	34,509	21	46
816	Oregon	30	20.3	28,196	19	30
817	Arizona	14	20.2	29,683	35	25
818	Idaho	20	20.2	27,638	20	20
819	South Carolina	18	20.2	29,758	18	32
820	Arkansas	33	20.2	31,190	18	29
821	Indiana	1	20.1	38,500	20	33
822	Washington	28	20.1	38,573	34	23
823	Alaska	E	20.1	62,116	34	8
824	Missouri	11	20.1	25,952	18	27
825	Alaska	K	20.0	55,665	36	9
826	Montana	37	20.0	23,460	19	37
827	Idaho	10	20.0	26,611	15	31
828	North Carolina	35	20.0	61,232	52	17
829	Alaska	J	20.0	52,020	37	9
830	Idaho	21	20.0	37,315	30	23
831	Illinois	29	20.0	99,467	60	24
832	New Jersey	4	19.9	43,616	25	21
833	Minnesota	58	19.9	27,204	19	25
834	Washington	41	19.9	64,527	52	20
835	South Carolina	26	19.9	31,522	19	24
836	Maryland	13	19.8	54,994	50	9
837	New Jersey	3	19.8	39,163	19	29
838	Nevada	CLARK-6	19.8	44,728	22	16
839	Virginia	33	19.8	61,944	48	10
840	Washington	48	19.8	59,555	52	17
841	North Carolina	39	19.8	35,681	19	25
842	Michigan	7	19.7	38,420	15	28
843	Delaware	10	19.7	45,390	45	17
844	Idaho	9	19.6	26,202	14	37
845	Wyoming	25	19.6	26,562	23	26
846	Washington	34	19.6	40,990	34	27
847	Michigan	22	19.6	35,835	20	25
848	Wyoming	12	19.6	36,917	20	22
849	Virginia	37	19.5	71,958	56	7
850	Arkansas	32	19.5	24,473	14	44

GERMAN—Top State Senate Districts

RANK	STATE	DISTRICT NUMBER	GERMAN (%)	AVG. HH INCOME ($)	DISTRICT WIDE COLLEGE EDUCATION (%)	RECEIVES SOC. SEC. (%)
851	Maryland	28	19.5	50,308	22	16
852	Wyoming	15	19.5	38,203	20	14
853	Oklahoma	17	19.4	32,819	21	24
854	Washington	40	19.4	36,584	29	29
855	Florida	27	19.4	52,925	31	42
856	Delaware	15	19.3	34,080	12	23
857	Wyoming	14	19.3	39,960	21	10
858	Ohio	15	19.3	25,845	18	22
859	Texas	10	19.3	44,634	34	12
860	Florida	18	19.2	37,962	27	29
861	California	1	19.2	37,468	28	29
862	Montana	19	19.2	23,817	19	34
863	Maryland	36	19.2	43,221	20	28
864	Idaho	34	19.1	31,969	34	24
865	Arizona	2	19.1	32,017	27	28
866	Nevada	Capital	19.1	33,465	19	29
867	Texas	9	19.1	45,672	36	10
868	New Mexico	19	19.1	39,563	34	17
869	Georgia	56	19.1	64,295	51	11
870	Oklahoma	2	19.0	31,946	20	26
871	Oklahoma	42	19.0	35,051	24	20
872	Oklahoma	33	18.9	34,268	30	29
873	Florida	11	18.9	30,458	18	45
874	Minnesota	7	18.9	26,463	23	34
875	Nevada	Washoe-2	18.8	36,451	21	20
876	Arizona	25	18.8	31,088	29	25
877	Nevada	CLARK-5	18.8	53,175	29	18
878	Georgia	21	18.8	60,744	48	11
879	Louisiana	9	18.8	37,065	30	25
880	Virginia	22	18.8	32,759	20	30
881	Delaware	14	18.8	42,676	17	24
882	Idaho	29	18.7	34,144	32	19
883	Kentucky	10	18.7	29,709	17	21
884	New Jersey	8	18.7	55,783	36	22
885	Florida	9	18.7	41,199	34	21
886	Florida	12	18.7	44,437	32	20
887	Nevada	Washoe-4	18.7	33,982	26	21
888	Washington	42	18.7	34,903	25	25
889	Maryland	29	18.6	43,856	21	19
890	New York	49	18.6	38,702	32	27
891	New York	50	18.6	31,737	30	29
892	Texas	5	18.6	28,660	21	27
893	Minnesota	1	18.6	27,223	21	32
894	Nevada	CLARK-8	18.6	38,950	20	21
895	Delaware	16	18.6	36,913	25	18
896	Oklahoma	23	18.5	26,151	15	32
897	Oklahoma	38	18.5	26,743	22	28
898	Illinois	7	18.5	49,120	27	36
899	Nevada	CLARK-7	18.4	36,277	16	28
900	Florida	10	18.4	28,352	14	45

GERMAN—Top State Senate Districts

RANK	STATE	DISTRICT NUMBER	GERMAN (%)	AVG. HH INCOME ($)	DISTRICT WIDE COLLEGE EDUCATION (%)	RECEIVES SOC. SEC. (%)
901	Maryland	39	18.4	58,559	50	8
902	Alaska	G	18.4	50,724	35	11
903	New Mexico	18	18.4	36,621	32	30
904	Oklahoma	34	18.4	28,512	14	26
905	Minnesota	6	18.3	32,993	28	31
906	Wyoming	17	18.3	39,225	33	16
907	Nevada	Central	18.3	32,824	16	26
908	New Jersey	6	18.3	55,559	38	27
909	Delaware	11	18.3	41,607	27	15
910	California	17	18.2	43,392	23	20
911	South Carolina	38	18.2	37,477	26	14
912	Illinois	30	18.2	69,822	42	18
913	Florida	16	18.1	30,633	21	41
914	Virginia	39	18.1	27,144	22	27
915	Texas	8	18.1	59,672	47	14
916	Delaware	5	18.1	54,272	42	27
917	Delaware	8	18.1	52,069	45	19
918	Illinois	40	18.1	44,075	24	27
919	Delaware	6	18.1	82,056	57	24
920	North Carolina	19	18.0	42,813	30	21
921	Arkansas	35	18.0	29,767	30	22
922	Alabama	4	18.0	34,035	26	24
923	Virginia	35	18.0	68,147	59	9
924	Montana	43	17.9	23,881	20	23
925	Georgia	9	17.9	52,144	38	11
926	New Jersey	1	17.8	37,713	19	34
927	Illinois	6	17.8	61,839	65	13
928	Kentucky	20	17.8	33,897	19	25
929	Alaska	P	17.8	42,444	21	14
930	Illinois	24	17.8	48,570	26	27
931	West Virginia	8	17.8	31,318	21	33
932	Oklahoma	37	17.8	31,359	19	23
933	Oklahoma	1	17.7	23,613	16	38
934	North Carolina	36	17.7	52,447	55	11
935	Michigan	30	17.7	33,699	27	24
936	Virginia	8	17.7	41,884	31	14
937	Arkansas	12	17.7	25,256	15	33
938	Arkansas	31	17.7	20,448	10	43
939	Washington	46	17.7	42,292	51	26
940	Oklahoma	32	17.6	29,719	24	19
941	Oklahoma	15	17.6	32,550	25	26
942	Washington	43	17.6	37,509	59	17
943	Oklahoma	18	17.6	30,165	16	25
944	Montana	18	17.6	31,380	23	37
945	North Carolina	27	17.6	28,884	14	28
946	Washington	27	17.5	30,622	24	27
947	Texas	17	17.5	51,827	44	12
948	Nevada	Washoe-1	17.5	33,938	23	20
949	New Jersey	10	17.5	47,009	26	34
950	Arizona	20	17.5	28,302	15	22

GERMAN—Top State Senate Districts

RANK	STATE	DISTRICT NUMBER	GERMAN (%)	DISTRICT WIDE		
				AVG. HH INCOME ($)	COLLEGE EDUCATION (%)	RECEIVES SOC. SEC. (%)
951	Idaho	35	17.5	28,948	19	27
952	Florida	15	17.5	32,487	21	35
953	New York	44	17.5	35,149	26	33
954	South Carolina	24	17.5	40,609	29	24
955	Montana	49	17.5	23,216	19	29
956	New York	51	17.5	34,767	29	29
957	California	4	17.4	36,479	26	24
958	Arkansas	11	17.4	31,401	23	28
959	California	33	17.4	62,491	40	16
960	Oklahoma	31	17.4	27,769	19	26
961	Texas	14	17.3	35,333	38	13
962	New York	1	17.3	49,547	29	29
963	South Carolina	41	17.3	39,418	35	18
964	California	38	17.3	52,821	37	24
965	Washington	36	17.3	41,003	48	25
966	New Mexico	16	17.2	30,592	47	24
967	New York	47	17.2	31,724	24	32
968	Nevada	Northern	17.2	38,301	19	16
969	Pennsylvania	38	17.2	30,017	24	34
970	Michigan	38	17.2	26,809	21	35
971	Florida	13	17.2	38,120	29	27
972	Florida	8	17.2	39,560	29	28
973	Virginia	7	17.2	43,215	31	16
974	Kentucky	18	17.2	25,783	12	32
975	Oklahoma	44	17.2	26,008	12	29
976	Florida	23	17.2	36,308	26	25
977	Pennsylvania	5	17.1	38,690	18	33
978	Virginia	21	17.1	34,050	25	31
979	New York	48	17.1	35,812	32	26
980	Arkansas	19	17.1	33,851	21	17
981	Kentucky	4	17.1	29,128	13	30
982	New Jersey	7	17.0	44,515	23	26
983	Delaware	4	17.0	54,546	42	31
984	California	31	17.0	42,031	27	25
985	Delaware	9	17.0	41,613	29	21
986	California	35	17.0	62,553	44	19
987	Georgia	37	16.9	49,752	34	13
988	New Mexico	15	16.9	35,642	38	26
989	North Dakota	16	16.9	28,669	22	36
990	South Carolina	44	16.9	42,353	38	17
991	Oregon	8	16.9	26,450	19	29
992	Tennessee	2	16.9	32,039	20	31
993	Louisiana	11	16.8	37,861	27	21
994	Oklahoma	24	16.8	29,538	17	28
995	Arkansas	27	16.8	25,768	11	30
996	Florida	31	16.8	49,286	31	37
997	Washington	32	16.8	47,325	40	26
998	North Carolina	20	16.8	39,068	30	24
999	Virginia	32	16.8	89,813	64	16
1000	West Virginia	5	16.8	29,360	23	34

IRISH
Top State House Districts

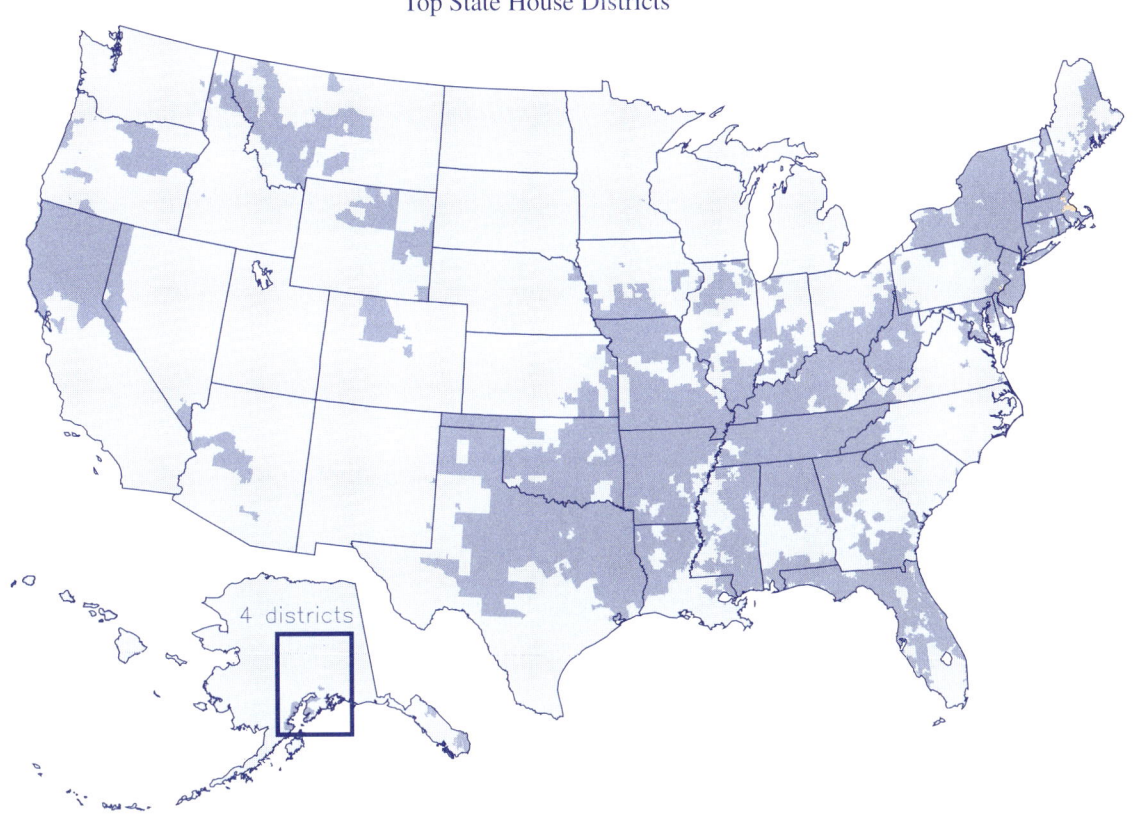

PROVIDENCE - NEWPORT

PHILADELPHIA

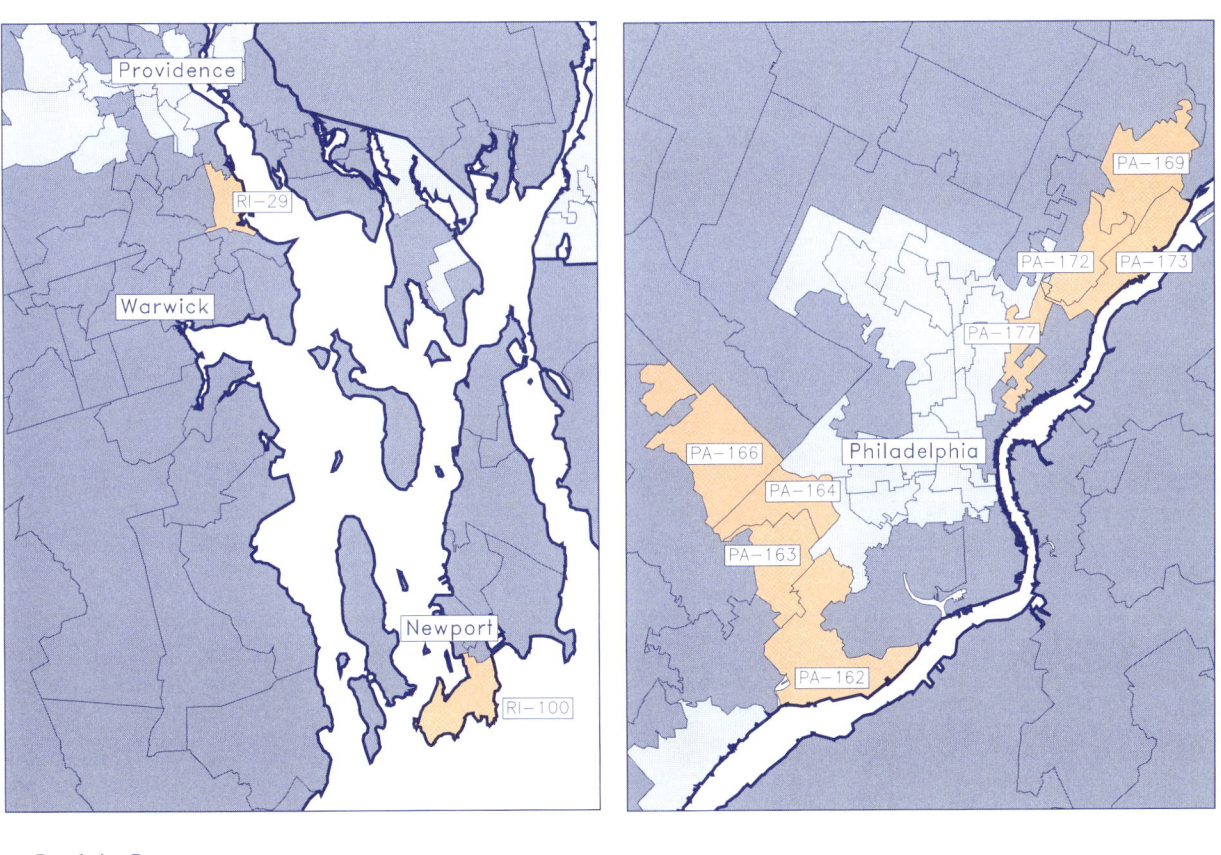

Population Ranges

- 50.0% to 99.9%
- 25.0% to 49.9%
- 10.0% to 24.9%
- 0.0% to 9.9%

BOSTON

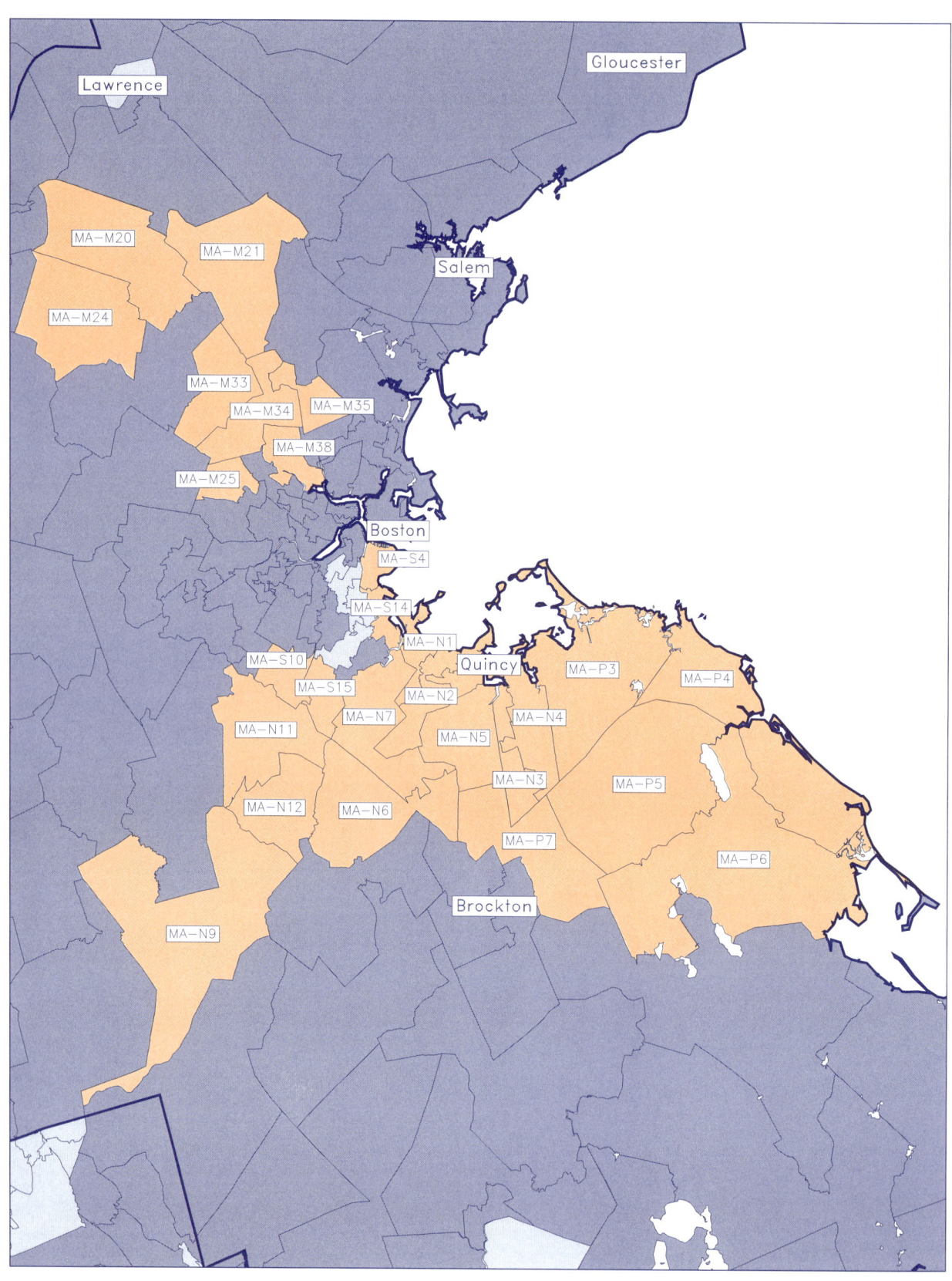

Population Ranges

■ 50.0% to 99.9%   ■ 25.0% to 49.9%   ■ 10.0% to 24.9%   □ 0.0% to 9.9%

IRISH—Top State House Districts

RANK	STATE	DISTRICT NUMBER	IRISH (%)	AVG. HH INCOME ($)	DISTRICT WIDE COLLEGE EDUCATION (%)	RECEIVES SOC. SEC. (%)
1	Massachusetts	S4	48.3	31,589	20	28
2	Massachusetts	N1	39.5	46,011	33	26
3	Massachusetts	S10	38.2	46,286	41	32
4	Massachusetts	P4	37.0	58,314	46	22
5	Massachusetts	N7	36.8	59,499	45	34
6	Massachusetts	S14	36.7	36,056	23	26
7	Massachusetts	N5	36.6	52,722	32	32
8	Massachusetts	M33	34.4	48,181	31	25
9	Massachusetts	N12	34.4	50,911	39	29
10	Massachusetts	N4	34.3	47,223	30	27
11	Massachusetts	P5	33.3	54,438	34	24
12	Rhode Island	100	32.6	45,450	43	26
13	Massachusetts	N2	32.4	39,818	29	31
14	Massachusetts	N3	32.2	40,285	29	31
15	Pennsylvania	163	31.8	39,414	24	32
16	Massachusetts	P7	31.8	43,867	26	25
17	Massachusetts	N11	31.1	60,960	42	32
18	Massachusetts	P3	30.8	67,829	49	24
19	Pennsylvania	164	30.2	37,615	26	32
20	Massachusetts	S15	30.2	38,504	26	30
21	Pennsylvania	177	30.1	27,428	8	36
22	Massachusetts	P6	29.4	60,004	43	20
23	Massachusetts	M35	29.2	51,205	38	30
24	Pennsylvania	172	29.0	33,311	14	40
25	Massachusetts	M25	28.4	52,592	49	29
26	Pennsylvania	162	28.2	34,883	13	29
27	Massachusetts	N6	27.6	53,954	35	27
28	Pennsylvania	169	27.0	40,285	16	28
29	Massachusetts	N9	26.8	59,486	41	21
30	Massachusetts	M20	26.5	55,662	28	22
31	Massachusetts	M24	26.3	52,216	30	17
32	Massachusetts	M21	26.0	57,945	41	23
33	Rhode Island	29	25.3	42,424	33	36
34	Massachusetts	M38	25.3	43,155	27	33
35	Massachusetts	M34	25.2	67,719	48	27
36	Pennsylvania	173	25.2	31,991	11	36
37	Pennsylvania	166	25.1	57,511	45	32
38	Massachusetts	Br1	24.6	55,465	41	20
39	Massachusetts	P12	24.6	45,123	26	23
40	Pennsylvania	176	24.5	37,097	19	38
41	Massachusetts	M22	24.4	57,487	38	29
42	Massachusetts	P1	23.8	45,281	31	24
43	Illinois	36	23.6	40,848	22	36
44	Rhode Island	47	23.6	41,094	40	27
45	Massachusetts	S2	23.5	35,834	25	25
46	Rhode Island	34	23.4	39,768	21	30
47	Rhode Island	28	23.3	42,497	38	29
48	Massachusetts	M36	23.2	38,690	28	30
49	Rhode Island	7	23.2	33,067	28	33
50	Pennsylvania	113	23.2	28,374	18	40

IRISH—Top State House Districts

RANK	STATE	DISTRICT NUMBER	IRISH (%)	DISTRICT WIDE AVG. HH INCOME ($)	DISTRICT WIDE COLLEGE EDUCATION (%)	RECEIVES SOC. SEC. (%)
51	Massachusetts	Ba2	22.9	43,772	38	34
52	Massachusetts	Ba1	22.9	35,255	35	45
53	Massachusetts	M26	22.9	60,280	56	29
54	Massachusetts	N13	22.8	81,684	60	25
55	Massachusetts	M23	22.8	62,215	45	21
56	Montana	38	22.8	22,557	21	33
57	Massachusetts	Ba3	22.6	40,075	33	30
58	Pennsylvania	165	22.6	62,457	42	34
59	Massachusetts	P8	22.6	49,081	32	22
60	New Hampshire	Ca6	22.5	35,625	24	30
61	Montana	37	22.4	25,076	16	34
62	Rhode Island	35	22.4	39,787	26	28
63	Rhode Island	30	22.4	36,711	20	34
64	Rhode Island	99	22.3	44,882	42	26
65	Montana	36	22.3	25,247	16	42
66	Pennsylvania	161	22.3	45,413	29	32
67	Massachusetts	Br14	22.2	46,345	34	22
68	Massachusetts	W13	22.2	52,834	45	32
69	Delaware	13	22.2	37,187	16	36
70	Pennsylvania	112	22.1	29,207	21	41
71	Rhode Island	43	22.0	64,285	51	27
72	Massachusetts	S20	21.8	37,255	23	32
73	Massachusetts	M9	21.6	60,702	40	23
74	Massachusetts	M16	21.5	58,531	43	20
75	Pennsylvania	175	21.5	30,385	14	32
76	Rhode Island	82	21.4	43,020	32	38
77	Massachusetts	M30	21.3	38,411	38	24
78	Massachusetts	E13	21.3	52,783	36	24
79	Massachusetts	M37	21.2	43,332	35	28
80	Massachusetts	E9	21.2	47,097	26	33
81	Massachusetts	M32	21.1	47,320	46	27
82	Massachusetts	W17	21.1	35,857	23	30
83	Massachusetts	M8	21.1	63,579	49	19
84	Rhode Island	8	20.9	34,091	30	37
85	Massachusetts	M5	20.9	62,915	51	23
86	Pennsylvania	160	20.8	47,278	27	26
87	Massachusetts	N10	20.8	50,067	34	20
88	Rhode Island	98	20.7	45,162	40	25
89	Massachusetts	P10	20.7	39,788	18	24
90	Rhode Island	48	20.7	43,549	48	24
91	Massachusetts	P9	20.6	41,767	25	25
92	Massachusetts	M31	20.6	34,370	17	31
93	Rhode Island	36	20.6	51,189	45	33
94	Rhode Island	32	20.6	38,040	23	31
95	Maine	30	20.5	28,340	33	23
96	Mississippi	3	20.5	24,083	13	33
97	New Jersey	10	20.4	47,009	26	34
98	Massachusetts	S19	20.3	36,425	58	15
99	Massachusetts	P11	20.3	33,932	19	27
100	Massachusetts	E6	20.2	46,865	38	27

IRISH—Top State House Districts

RANK	STATE	DISTRICT NUMBER	IRISH (%)	AVG. HH INCOME ($)	DISTRICT WIDE COLLEGE EDUCATION (%)	RECEIVES SOC. SEC. (%)
101	New Hampshire	Hi37	20.1	66,978	53	26
102	Massachusetts	M10	20.1	41,419	34	26
103	Vermont	Ru 6-2	20.1	32,270	25	35
104	Massachusetts	E7	20.1	38,618	30	28
105	Massachusetts	E10	20.1	31,672	20	30
106	Massachusetts	E14	20.1	52,602	37	25
107	Massachusetts	M17	20.1	42,993	20	25
108	Rhode Island	33	20.0	43,793	27	25
109	Massachusetts	E12	20.0	41,890	26	30
110	New Jersey	13	20.0	54,834	29	24
111	Montana	35	20.0	39,736	31	31
112	New York	91	19.9	57,104	32	22
113	Maine	32	19.9	39,794	41	27
114	Massachusetts	N14	19.6	106,928	74	27
115	Massachusetts	W14	19.6	32,256	28	31
116	Massachusetts	P2	19.5	37,463	20	30
117	Maine	35	19.5	41,482	42	25
118	Massachusetts	E1	19.5	42,812	34	25
119	Vermont	Ru 6-1	19.4	42,095	37	37
120	New Hampshire	Ro29	19.4	57,942	43	11
121	Mississippi	19	19.4	23,546	10	31
122	Massachusetts	E8	19.3	67,810	56	26
123	Connecticut	119	19.3	51,813	32	26
124	Rhode Island	44	19.3	46,461	34	23
125	New York	21	19.3	58,794	35	33
126	Pennsylvania	170	19.2	40,085	21	28
127	Rhode Island	95	19.1	39,488	30	23
128	Massachusetts	M6	19.1	63,749	52	19
129	New Hampshire	Ro24	19.1	66,051	46	33
130	New York	107	19.1	49,672	41	24
131	Arkansas	88	19.0	25,426	11	27
132	New York	8	19.0	58,098	28	25
133	Massachusetts	W11	19.0	57,519	47	23
134	New Hampshire	Ro22	19.0	46,352	39	24
135	Vermont	Wm 2-2	18.9	30,528	27	31
136	Massachusetts	E2	18.9	49,602	36	24
137	Rhode Island	46	18.8	54,037	42	16
138	Massachusetts	M1	18.8	53,630	37	17
139	Massachusetts	W12	18.7	46,180	34	26
140	New York	14	18.7	58,942	29	29
141	New York	17	18.6	64,035	36	34
142	New Hampshire	Ro16	18.6	46,793	27	18
143	New York	12	18.6	62,326	30	30
144	Rhode Island	45	18.6	49,390	41	26
145	Illinois	35	18.5	50,870	24	24
146	Rhode Island	97	18.5	30,525	31	20
147	Massachusetts	S11	18.4	68,856	60	25
148	New York	108	18.4	38,554	29	28
149	Pennsylvania	167	18.4	76,791	54	22
150	New Hampshire	Ro14	18.4	62,145	42	17

IRISH—Top State House Districts

RANK	STATE	DISTRICT NUMBER	IRISH (%)	AVG. HH INCOME ($)	DISTRICT WIDE COLLEGE EDUCATION (%)	RECEIVES SOC. SEC. (%)
151	Massachusetts	Be2	18.4	38,738	31	32
152	Massachusetts	M4	18.4	48,068	34	21
153	Pennsylvania	141	18.4	38,762	14	26
154	Montana	57	18.4	22,660	17	43
155	Pennsylvania	153	18.4	60,257	37	34
156	Maine	31	18.3	29,302	38	27
157	Maine	36	18.3	37,294	31	34
158	Pennsylvania	168	18.3	64,735	46	29
159	Maine	33	18.3	19,420	26	24
160	New Hampshire	Ro17	18.2	52,563	36	17
161	Massachusetts	E11	18.2	33,787	21	27
162	Connecticut	19	18.2	66,505	54	34
163	Delaware	19	18.1	37,706	21	30
164	New York	94	18.1	51,591	34	22
165	Maine	141	18.1	26,110	12	36
166	Massachusetts	E4	18.0	65,908	50	24
167	Massachusetts	Be3	18.0	40,488	29	33
168	Pennsylvania	142	18.0	50,467	32	23
169	New Hampshire	Hi34	17.9	60,445	46	10
170	Delaware	20	17.9	64,880	51	16
171	Massachusetts	H5	17.9	31,796	23	32
172	New York	104	17.9	40,572	43	26
173	Massachusetts	M19	17.8	32,904	22	28
174	Rhode Island	96	17.8	48,439	44	17
175	New Hampshire	Ro27	17.8	73,221	47	14
176	Rhode Island	87	17.8	51,515	39	30
177	Massachusetts	M2	17.7	60,868	46	16
178	Delaware	16	17.7	34,520	11	30
179	Mississippi	23	17.7	23,215	12	34
180	New Hampshire	Ro15	17.6	51,817	41	17
181	South Carolina	1	17.6	31,742	16	33
182	Mississippi	1	17.6	23,174	11	33
183	New York	106	17.5	30,192	23	29
184	Massachusetts	E17	17.5	61,950	48	23
185	Rhode Island	67	17.5	55,571	39	24
186	Maine	120	17.5	29,764	34	21
187	Pennsylvania	178	17.5	62,507	37	19
188	Massachusetts	M7	17.4	45,108	36	22
189	Massachusetts	M18	17.4	35,005	20	25
190	New York	95	17.4	46,624	25	24
191	Massachusetts	N8	17.3	56,761	41	25
192	New York	1	17.3	45,865	28	32
193	New Hampshire	Hi15	17.3	80,862	51	17
194	Massachusetts	BDN	17.3	43,284	42	31
195	Massachusetts	W10	17.3	45,601	31	25
196	Connecticut	115	17.3	38,413	22	28
197	Massachusetts	W16	17.3	32,940	22	28
198	New Hampshire	Gr7	17.3	28,928	30	23
199	Rhode Island	57	17.3	42,424	29	29
200	Rhode Island	86	17.2	33,171	20	34

IRISH—Top State House Districts

RANK	STATE	DISTRICT NUMBER	IRISH (%)	AVG. HH INCOME ($)	DISTRICT WIDE COLLEGE EDUCATION (%)	RECEIVES SOC. SEC. (%)
201	New Hampshire	Hi26	17.2	56,977	47	16
202	Mississippi	15	17.2	24,238	11	32
203	Connecticut	118	17.2	48,308	25	30
204	Connecticut	132	17.2	63,248	43	31
205	Illinois	22	17.2	38,442	12	38
206	Massachusetts	H2	17.1	62,538	46	30
207	Missouri	153	17.1	19,402	10	39
208	Massachusetts	S17	17.1	37,735	20	30
209	Connecticut	117	17.1	56,448	32	33
210	Massachusetts	H13	17.1	47,594	34	26
211	Connecticut	111	17.0	94,531	61	18
212	Massachusetts	M13	16.9	83,107	59	20
213	Tennessee	74	16.9	24,628	9	34
214	South Carolina	4	16.9	28,415	14	29
215	Connecticut	101	16.9	74,601	51	23
216	New York	81	16.8	42,108	32	30
217	New Hampshire	Co3	16.8	32,474	29	28
218	Connecticut	141	16.7	134,438	65	22
219	Mississippi	62	16.7	28,760	15	27
220	Maine	24	16.7	42,714	39	29
221	Connecticut	108	16.7	68,604	41	21
222	Connecticut	102	16.6	50,023	38	27
223	Arkansas	85	16.6	25,722	12	33
224	New Hampshire	St12	16.6	36,747	32	24
225	New York	145	16.6	37,287	28	32
226	Rhode Island	10	16.6	34,175	24	36
227	Connecticut	88	16.6	51,916	43	30
228	Pennsylvania	121	16.6	25,307	17	40
229	Connecticut	74	16.5	36,534	21	32
230	Louisiana	15	16.5	28,872	16	26
231	Maine	26	16.5	36,209	30	33
232	New York	97	16.5	47,914	35	26
233	Rhode Island	93	16.5	40,906	29	28
234	Maine	142	16.5	26,973	22	33
235	Pennsylvania	31	16.5	76,090	56	17
236	Maine	37	16.5	38,475	44	29
237	Pennsylvania	151	16.5	61,342	43	22
238	Mississippi	7	16.5	40,767	17	17
239	New York	6	16.5	66,955	38	23
240	New Jersey	4	16.4	43,616	25	21
241	Connecticut	16	16.4	78,688	63	18
242	Rhode Island	27	16.4	33,629	24	36
243	New Hampshire	Hi30	16.4	49,049	39	24
244	Massachusetts	E3	16.4	40,570	29	24
245	Massachusetts	W9	16.4	47,025	36	25
246	Rhode Island	77	16.4	31,855	17	33
247	Massachusetts	M3	16.4	54,741	39	19
248	New York	7	16.4	52,876	22	21
249	New Hampshire	Hi16	16.4	79,537	54	14
250	Massachusetts	Br4	16.4	50,363	31	23

IRISH—Top State House Districts

RANK	STATE	DISTRICT NUMBER	IRISH (%)	DISTRICT WIDE AVG. HH INCOME ($)	COLLEGE EDUCATION (%)	RECEIVES SOC. SEC. (%)
251	Delaware	18	16.4	44,141	32	13
252	New Hampshire	Ro35	16.4	41,694	43	26
253	Arkansas	89	16.3	23,451	7	36
254	Rhode Island	24	16.3	50,692	33	31
255	Massachusetts	S18	16.3	34,627	51	13
256	New Jersey	9	16.3	35,170	16	52
257	Arkansas	92	16.3	21,831	7	36
258	New York	2	16.3	48,709	27	30
259	Connecticut	13	16.3	41,466	31	29
260	Georgia	3	16.2	29,859	13	24
261	Delaware	27	16.2	49,293	29	14
262	Connecticut	106	16.2	63,101	43	20
263	Rhode Island	81	16.2	43,908	37	28
264	New Hampshire	St13	16.2	36,811	32	24
265	Connecticut	134	16.2	72,926	47	34
266	Mississippi	35	16.2	23,418	16	33
267	Massachusetts	Ba4	16.2	35,030	38	43
268	New York	87	16.2	51,570	30	34
269	Massachusetts	W7	16.1	42,709	26	29
270	Massachusetts	E15	16.1	41,983	26	32
271	Delaware	8	16.1	43,994	29	27
272	New Hampshire	Ro13	16.1	46,801	34	14
273	Montana	53	16.1	24,115	38	28
274	Pennsylvania	140	16.1	39,290	18	27
275	Vermont	Ru 6-3	16.1	24,028	16	28
276	Delaware	11	16.1	69,251	54	37
277	Connecticut	9	16.1	63,447	40	28
278	Minnesota	64A	16.1	44,205	59	18
279	Kentucky	4	16.1	29,294	13	31
280	Pennsylvania	144	16.1	50,172	31	21
281	Pennsylvania	18	16.1	43,058	28	20
282	Iowa	36	16.1	34,952	30	28
283	Maine	20	16.1	31,585	27	26
284	New Hampshire	Ro28	16.0	55,568	33	19
285	Pennsylvania	156	16.0	52,824	48	20
286	Delaware	21	16.0	49,509	44	18
287	Connecticut	138	16.0	62,687	40	20
288	New Hampshire	Hi33	16.0	52,222	48	16
289	Rhode Island	37	16.0	41,161	29	36
290	Tennessee	71	16.0	23,680	7	34
291	New York	121	16.0	47,232	40	26
292	Alabama	25	16.0	27,825	16	29
293	Alabama	9	16.0	32,726	18	25
294	Oklahoma	20	16.0	19,872	13	36
295	Mississippi	58	16.0	41,554	54	11
296	New Hampshire	St8	16.0	54,687	75	20
297	Pennsylvania	118	16.0	31,873	19	38
298	Connecticut	14	16.0	64,097	40	16
299	Delaware	6	16.0	50,753	40	29
300	Massachusetts	H4	15.9	39,062	27	29

IRISH—Top State House Districts

RANK	STATE	DISTRICT NUMBER	IRISH (%)	AVG. HH INCOME ($)	DISTRICT WIDE COLLEGE EDUCATION (%)	RECEIVES SOC. SEC. (%)
301	Maine	21	15.9	48,600	41	22
302	Rhode Island	49	15.9	47,078	48	20
303	New York	100	15.9	35,404	24	29
304	New Jersey	6	15.9	55,559	38	27
305	Arkansas	16	15.9	24,970	10	33
306	New York	3	15.8	49,126	24	22
307	Maine	25	15.8	77,680	57	27
308	Connecticut	68	15.8	51,273	29	28
309	Alabama	18	15.8	24,309	10	32
310	New Jersey	11	15.8	51,162	33	28
311	Ohio	17	15.8	30,826	26	25
312	Connecticut	35	15.8	52,647	34	27
313	New Hampshire	Hi35	15.8	49,993	42	18
314	New York	4	15.8	61,630	40	20
315	Pennsylvania	123	15.8	25,074	10	47
316	Mississippi	61	15.8	33,804	20	23
317	New Hampshire	St11	15.7	36,872	32	23
318	Arkansas	66	15.7	21,934	10	49
319	Tennessee	77	15.7	27,512	11	31
320	Delaware	10	15.7	67,413	49	25
321	Maine	115	15.7	33,446	29	30
322	New Hampshire	Ro1	15.7	34,489	29	22
323	Vermont	Ru 1	15.7	30,929	29	26
324	Massachusetts	M14	15.7	83,192	65	17
325	Alabama	12	15.7	27,247	13	31
326	New Hampshire	Me20	15.7	41,257	42	31
327	New Hampshire	Ro36	15.7	38,771	41	26
328	South Carolina	7	15.7	28,839	14	32
329	Rhode Island	70	15.7	39,289	29	35
330	Alabama	26	15.7	25,831	14	31
331	Arkansas	11	15.7	24,961	12	28
332	New Hampshire	Hi24	15.6	57,633	28	18
333	New York	19	15.6	66,943	35	27
334	Georgia	11	15.6	29,188	12	29
335	Pennsylvania	148	15.6	82,482	51	28
336	Tennessee	69	15.6	28,694	11	28
337	Massachusetts	M27	15.6	55,001	61	19
338	New York	102	15.6	39,926	30	30
339	New York	120	15.6	29,469	27	34
340	New Hampshire	Ca8	15.6	35,105	33	36
341	Arkansas	47	15.6	30,459	15	32
342	Georgia	99	15.6	43,706	18	15
343	New York	90	15.6	63,639	40	23
344	Texas	68	15.6	27,494	15	36
345	New Hampshire	Ch1	15.5	36,569	39	32
346	Rhode Island	84	15.5	38,021	23	34
347	New Jersey	8	15.5	55,783	36	22
348	Arkansas	78	15.5	21,030	8	38
349	Alabama	11	15.5	28,150	14	29
350	Missouri	66	15.5	29,884	20	36

IRISH—Top State House Districts

RANK	STATE	DISTRICT NUMBER	IRISH (%)	DISTRICT WIDE AVG. HH INCOME ($)	COLLEGE EDUCATION (%)	RECEIVES SOC. SEC. (%)
351	Delaware	26	15.5	41,861	27	7
352	Delaware	25	15.5	41,516	36	19
353	Pennsylvania	157	15.5	66,866	49	22
354	New Hampshire	Hi17	15.5	52,754	37	10
355	Missouri	39	15.5	57,430	61	23
356	Rhode Island	25	15.4	35,756	20	44
357	Pennsylvania	27	15.4	33,180	24	32
358	Pennsylvania	154	15.4	62,173	48	33
359	Connecticut	12	15.4	43,371	30	28
360	New York	9	15.4	73,690	45	23
361	New Hampshire	Ro26	15.4	50,127	28	21
362	Massachusetts	H6	15.4	34,440	23	28
363	Maine	2	15.4	48,055	39	27
364	Arkansas	41	15.4	25,873	16	40
365	Oklahoma	22	15.4	26,160	14	33
366	Connecticut	109	15.4	54,928	34	23
367	Maryland	9B	15.4	48,665	49	37
368	Connecticut	73	15.4	42,797	29	30
369	Massachusetts	E5	15.4	44,447	35	30
370	Connecticut	31	15.4	69,058	54	24
371	Tennessee	70	15.4	25,592	9	31
372	Tennessee	72	15.3	31,367	18	27
373	Massachusetts	Be4	15.3	41,297	32	31
374	Vermont	Ch 1-1	15.3	40,240	37	13
375	Rhode Island	69	15.3	54,247	37	28
376	Massachusetts	Br2	15.3	40,576	27	24
377	Rhode Island	68	15.3	41,261	25	32
378	New Hampshire	Hi27	15.3	47,788	48	10
379	South Carolina	2	15.3	32,040	21	29
380	New York	124	15.3	34,344	30	31
381	Connecticut	37	15.3	57,793	44	25
382	Mississippi	21	15.3	25,972	12	31
383	Pennsylvania	152	15.2	55,915	34	30
384	Mississippi	4	15.2	23,250	13	34
385	Connecticut	107	15.2	65,371	46	19
386	Connecticut	150	15.2	96,015	51	28
387	Pennsylvania	61	15.2	65,641	45	24
388	Arkansas	79	15.2	25,015	9	35
389	Delaware	22	15.2	65,546	60	15
390	New Hampshire	Ca1	15.2	38,897	34	30
391	New Hampshire	Ro3	15.2	38,583	24	20
392	Maine	43	15.2	41,101	28	21
393	Tennessee	66	15.2	33,732	13	25
394	Connecticut	27	15.2	49,395	31	33
395	New Jersey	24	15.1	58,788	35	18
396	Arkansas	9	15.1	27,197	12	31
397	Delaware	17	15.1	41,008	20	26
398	Vermont	Ru 6-4	15.1	30,127	26	35
399	New Hampshire	Hi38	15.1	41,188	38	23
400	New Hampshire	Ch15	15.1	36,065	32	28

IRISH—Top State House Districts

RANK	STATE	DISTRICT NUMBER	IRISH (%)	AVG. HH INCOME ($)	DISTRICT WIDE COLLEGE EDUCATION (%)	RECEIVES SOC. SEC. (%)
401	Missouri	163	15.1	22,259	9	37
402	Louisiana	14	15.1	25,980	13	30
403	Oklahoma	49	15.1	27,156	16	33
404	Massachusetts	Br3	15.1	35,653	18	28
405	Mississippi	14	15.1	25,548	13	32
406	Pennsylvania	184	15.1	27,373	10	39
407	Arkansas	46	15.1	33,298	17	22
408	New Hampshire	Ro33	15.1	41,375	33	23
409	New Hampshire	Hi14	15.0	77,753	57	11
410	New Hampshire	Hi46	15.0	34,571	18	30
411	Mississippi	20	15.0	25,983	11	32
412	Connecticut	90	15.0	59,410	37	25
413	Tennessee	40	15.0	25,692	8	32
414	Pennsylvania	150	15.0	50,623	33	22
415	Illinois	37	15.0	52,286	33	23
416	New Hampshire	Ro31	15.0	35,733	39	26
417	Illinois	48	15.0	50,840	25	24
418	Missouri	161	15.0	24,480	8	33
419	Maine	143	14.9	26,815	14	29
420	Tennessee	78	14.9	28,224	12	31
421	Tennessee	43	14.9	25,451	9	31
422	Rhode Island	31	14.9	57,559	36	22
423	Kentucky	6	14.9	27,498	14	35
424	Mississippi	109	14.9	29,813	10	25
425	Oklahoma	50	14.9	28,784	20	34
426	New Hampshire	Ro4	14.9	38,920	28	19
427	Georgia	18	14.9	28,798	9	26
428	Arkansas	84	14.9	21,709	7	39
429	Arkansas	67	14.9	22,123	11	41
430	New Jersey	39	14.9	82,285	45	26
431	Alabama	30	14.9	32,772	18	27
432	Arkansas	42	14.9	23,630	11	40
433	Tennessee	76	14.9	25,285	10	36
434	Delaware	15	14.9	38,439	19	18
435	Connecticut	67	14.9	56,514	37	20
436	New Hampshire	Hi7	14.9	44,711	29	24
437	Kentucky	99	14.8	25,890	10	30
438	Rhode Island	88	14.8	78,062	58	27
439	Connecticut	56	14.8	41,249	30	22
440	South Carolina	36	14.8	31,665	14	27
441	Oklahoma	51	14.8	22,231	10	39
442	New Hampshire	Ro9	14.8	48,081	28	15
443	Connecticut	28	14.8	56,535	36	39
444	Massachusetts	M12	14.8	83,498	64	24
445	New Hampshire	Ro18	14.8	51,358	27	20
446	Mississippi	18	14.8	29,607	19	30
447	New York	92	14.7	66,805	40	20
448	Oklahoma	21	14.7	23,049	20	33
449	Connecticut	143	14.7	126,333	67	20
450	Vermont	Be 1	14.7	33,913	30	32

IRISH—Top State House Districts

RANK	STATE	DISTRICT NUMBER	IRISH (%)	DISTRICT WIDE AVG. HH INCOME ($)	COLLEGE EDUCATION (%)	RECEIVES SOC. SEC. (%)
451	Missouri	159	14.7	24,024	10	37
452	Mississippi	22	14.7	24,214	11	30
453	Arkansas	15	14.7	31,032	18	27
454	Massachusetts	W1	14.7	45,499	34	25
455	New Hampshire	Hi36	14.7	42,676	32	22
456	New Hampshire	Hi39	14.7	24,750	25	32
457	New York	99	14.7	47,822	32	27
458	Arkansas	18	14.7	24,648	11	32
459	Texas	3	14.7	27,290	15	35
460	Alabama	13	14.7	28,593	14	33
461	Arkansas	17	14.7	22,078	12	41
462	Alabama	17	14.7	24,494	9	32
463	Georgia	10	14.7	31,531	12	24
464	Tennessee	30	14.7	36,233	27	27
465	Massachusetts	H10	14.6	31,520	28	27
466	Massachusetts	S13	14.6	39,479	24	21
467	West Virginia	42	14.6	24,433	12	35
468	New York	15	14.6	81,523	38	29
469	Mississippi	17	14.6	35,094	25	22
470	Maine	34	14.6	39,236	36	23
471	Arkansas	29	14.6	25,414	15	34
472	New Hampshire	Hi25	14.6	53,688	33	15
473	Kentucky	49	14.6	33,859	12	19
474	New York	5	14.6	52,446	23	23
475	Massachusetts	M15	14.6	87,748	64	25
476	Oklahoma	55	14.6	24,463	14	36
477	Kentucky	1	14.5	26,915	14	34
478	New Hampshire	St10	14.5	45,802	22	26
479	New York	23	14.5	41,975	20	33
480	Massachusetts	Hm1	14.5	38,740	40	27
481	Connecticut	60	14.5	47,663	27	25
482	Arkansas	30	14.5	29,213	24	26
483	South Carolina	11	14.5	27,122	14	33
484	Arkansas	31	14.5	23,932	11	36
485	Mississippi	78	14.5	24,336	14	35
486	Arkansas	77	14.5	21,302	9	37
487	Nebraska	20	14.5	43,619	37	30
488	Vermont	Ch 7-5	14.5	40,645	41	22
489	Connecticut	29	14.5	50,554	38	26
490	Pennsylvania	139	14.5	33,055	19	35
491	Alabama	27	14.5	27,167	11	29
492	New York	101	14.5	38,906	29	27
493	Maine	27	14.5	32,980	23	26
494	Pennsylvania	149	14.5	80,856	54	29
495	Oklahoma	47	14.5	29,794	19	27
496	Oklahoma	42	14.4	26,293	12	32
497	Ohio	16	14.4	54,064	40	28
498	Illinois	38	14.4	52,305	29	17
499	Delaware	9	14.4	41,879	17	24
500	Vermont	Ru-Wr 1	14.4	41,933	38	21

IRISH—Top State House Districts

RANK	STATE	DISTRICT NUMBER	IRISH (%)	DISTRICT WIDE AVG. HH INCOME ($)	COLLEGE EDUCATION (%)	RECEIVES SOC. SEC. (%)
501	Mississippi	43	14.4	23,843	14	35
502	Maine	117	14.4	36,474	35	29
503	Pennsylvania	155	14.4	54,411	39	20
504	Alabama	51	14.4	32,071	11	30
505	Connecticut	58	14.4	42,110	23	27
506	Arkansas	3	14.4	31,061	18	34
507	New Hampshire	Ro19	14.4	38,264	37	18
508	New York	61	14.4	56,396	24	24
509	Nebraska	9	14.4	23,941	34	23
510	South Carolina	8	14.4	32,287	17	29
511	New Jersey	40	14.4	75,992	43	24
512	Mississippi	53	14.4	22,693	13	35
513	Tennessee	75	14.4	25,177	10	37
514	Oklahoma	32	14.4	25,785	12	33
515	New York	118	14.3	41,127	31	22
516	Tennessee	35	14.3	39,120	19	18
517	Missouri	154	14.3	22,105	12	37
518	New Hampshire	Hi28	14.3	46,435	34	22
519	Tennessee	53	14.3	31,705	24	20
520	Pennsylvania	115	14.3	29,046	17	41
521	New Hampshire	Hi18	14.3	56,443	43	13
522	Mississippi	104	14.3	26,458	16	27
523	Vermont	Wr 3	14.3	46,563	33	22
524	Connecticut	89	14.3	64,048	43	24
525	South Carolina	10	14.3	33,974	20	24
526	New Hampshire	Hi41	14.3	29,009	14	30
527	Rhode Island	59	14.3	48,570	31	33
528	Georgia	1	14.3	27,818	13	30
529	Massachusetts	H9	14.3	25,555	14	34
530	Arkansas	86	14.3	31,664	24	25
531	Arkansas	25	14.2	24,460	14	33
532	Tennessee	60	14.2	37,399	26	16
533	Connecticut	43	14.2	49,949	34	27
534	Georgia	7	14.2	26,471	13	33
535	New York	117	14.2	33,439	19	27
536	New York	109	14.2	33,735	26	31
537	New Jersey	26	14.2	70,598	41	22
538	Alaska	32	14.2	53,094	24	9
539	Georgia	19	14.2	38,520	20	22
540	Kentucky	66	14.2	36,552	22	22
541	Kentucky	3	14.2	26,653	20	39
542	Nebraska	6	14.2	51,420	45	26
543	Tennessee	65	14.2	28,717	11	30
544	New Hampshire	Me18	14.2	63,969	47	23
545	Rhode Island	80	14.2	33,004	19	35
546	Massachusetts	Hm3	14.2	41,297	69	16
547	Mississippi	46	14.2	21,156	12	37
548	Missouri	80	14.2	34,175	17	28
549	Vermont	Ru-Be 1	14.2	31,599	26	30
550	Connecticut	91	14.2	43,084	31	37

IRISH—Top State House Districts

RANK	STATE	DISTRICT NUMBER	IRISH (%)	AVG. HH INCOME ($)	DISTRICT WIDE COLLEGE EDUCATION (%)	RECEIVES SOC. SEC. (%)
551	Delaware	7	14.2	46,228	38	26
552	Kentucky	50	14.2	28,742	13	27
553	Mississippi	100	14.2	22,927	15	33
554	New York	22	14.2	55,965	29	34
555	Connecticut	69	14.2	61,651	42	42
556	Kentucky	37	14.2	25,002	13	30
557	Mississippi	74	14.2	41,823	45	18
558	Tennessee	83	14.1	53,598	44	19
559	Alabama	2	14.1	30,285	15	28
560	West Virginia	35	14.1	23,803	10	32
561	New Hampshire	Hi32	14.1	38,530	28	24
562	Mississippi	101	14.1	32,044	33	20
563	Kentucky	34	14.1	40,385	50	28
564	New Hampshire	St3	14.1	34,682	14	26
565	Missouri	162	14.1	21,118	8	38
566	New Hampshire	Hi23	14.1	51,958	35	15
567	Kentucky	38	14.1	28,171	14	32
568	Vermont	Ch 3	14.1	52,234	53	12
569	Tennessee	24	14.1	30,889	20	26
570	Maine	123	14.1	35,761	61	22
571	Connecticut	57	14.1	47,844	29	20
572	Arkansas	82	14.1	25,550	14	30
573	Ohio	19	14.1	33,240	18	33
574	Arkansas	43	14.1	25,924	12	28
575	Louisiana	12	14.1	28,254	21	28
576	Tennessee	79	14.1	25,623	11	36
577	Kentucky	2	14.0	27,635	12	36
578	Mississippi	54	14.0	36,781	31	21
579	Tennessee	39	14.0	27,975	15	30
580	New Hampshire	Hi31	14.0	38,253	23	30
581	Georgia	26	14.0	35,874	12	18
582	South Carolina	5	14.0	32,697	19	27
583	Connecticut	18	14.0	70,209	57	35
584	Connecticut	20	14.0	59,392	39	38
585	Delaware	24	14.0	41,679	27	14
586	New Hampshire	Ca3	14.0	34,733	33	26
587	New Hampshire	Me19	14.0	29,717	27	20
588	Arkansas	68	13.9	29,649	21	31
589	Arkansas	69	13.9	27,941	15	26
590	Delaware	12	13.9	80,301	42	33
591	Kentucky	28	13.9	32,663	11	26
592	Oklahoma	46	13.9	32,313	27	21
593	Maine	7	13.9	38,083	26	28
594	Vermont	Ch 7-9	13.9	50,608	57	18
595	Minnesota	64B	13.9	46,668	50	31
596	Missouri	94	13.9	55,712	47	31
597	Arkansas	44	13.9	29,989	20	24
598	New Jersey	7	13.9	44,515	23	26
599	Ohio	37	13.9	47,305	39	25
600	Maryland	47B	13.9	45,846	35	27

IRISH—Top State House Districts

RANK	STATE	DISTRICT NUMBER	IRISH (%)	AVG. HH INCOME ($)	DISTRICT WIDE COLLEGE EDUCATION (%)	RECEIVES SOC. SEC. (%)
601	Missouri	123	13.9	39,133	21	19
602	Alabama	3	13.9	29,879	18	32
603	Arkansas	32	13.9	29,177	20	43
604	Tennessee	42	13.9	28,147	19	27
605	Illinois	117	13.9	25,264	16	37
606	Alabama	35	13.9	27,791	15	27
607	Kentucky	24	13.9	23,636	8	32
608	Missouri	65	13.9	31,595	24	35
609	New Hampshire	Hi20	13.9	48,558	31	19
610	Massachusetts	S16	13.9	36,478	43	18
611	South Carolina	26	13.8	28,301	13	28
612	Mississippi	79	13.8	24,013	12	32
613	Pennsylvania	158	13.8	64,589	44	20
614	Vermont	Ru 3	13.8	28,799	27	32
615	New Hampshire	Ro12	13.8	39,788	20	18
616	Connecticut	61	13.8	64,741	40	21
617	Illinois	78	13.8	49,254	31	27
618	Louisiana	16	13.8	38,473	38	24
619	North Carolina	53	13.8	25,028	17	38
620	Rhode Island	15	13.8	43,118	31	23
621	Vermont	Be-Ru 1	13.8	41,822	42	27
622	Pennsylvania	42	13.8	54,030	47	31
623	Arkansas	49	13.8	29,369	15	30
624	New Jersey	25	13.8	68,154	40	22
625	Missouri	68	13.8	34,515	24	43
626	Mississippi	16	13.8	28,319	18	23
627	Kentucky	32	13.8	53,320	49	31
628	Louisiana	19	13.8	23,442	12	31
629	Massachusetts	Hm2	13.8	41,524	33	32
630	Vermont	Ch 7-6	13.8	44,663	35	23
631	New Hampshire	Hi13	13.8	43,592	32	19
632	Connecticut	146	13.8	59,677	42	22
633	New Hampshire	Ro11	13.8	47,393	29	15
634	Arkansas	10	13.7	27,073	12	30
635	Mississippi	90	13.7	23,117	13	32
636	New York	10	13.7	68,074	34	25
637	Maine	118	13.7	33,880	34	27
638	Missouri	144	13.7	21,074	9	36
639	Tennessee	31	13.7	39,383	26	22
640	Kentucky	100	13.7	29,892	18	35
641	Missouri	131	13.7	23,510	11	34
642	Texas	61	13.7	34,272	17	26
643	New Hampshire	Ro25	13.7	61,956	45	19
644	Connecticut	147	13.7	135,325	60	24
645	Georgia	38	13.7	49,013	33	12
646	Pennsylvania	114	13.7	40,475	26	32
647	Tennessee	36	13.7	22,505	9	35
648	Kentucky	18	13.7	26,286	10	27
649	Louisiana	24	13.7	21,793	9	33
650	New Hampshire	St9	13.7	47,771	51	18

IRISH—Top State House Districts

RANK	STATE	DISTRICT NUMBER	IRISH (%)	DISTRICT WIDE AVG. HH INCOME ($)	COLLEGE EDUCATION (%)	RECEIVES SOC. SEC. (%)
651	Missouri	91	13.7	51,344	51	32
652	Vermont	Ch 7-2	13.7	22,326	29	24
653	Connecticut	98	13.7	68,571	50	21
654	New Hampshire	Me17	13.7	35,183	39	24
655	Arkansas	27	13.7	24,400	8	35
656	Oklahoma	17	13.7	22,795	16	35
657	New Jersey	12	13.7	65,251	40	22
658	Connecticut	70	13.7	44,502	24	24
659	Rhode Island	26	13.7	44,381	32	33
660	Connecticut	85	13.7	46,511	29	25
661	Connecticut	8	13.7	54,313	37	20
662	Connecticut	38	13.7	49,346	32	30
663	New Hampshire	Hi42	13.7	43,457	27	20
664	Massachusetts	M29	13.6	37,291	31	23
665	New Hampshire	Ro2	13.6	44,434	34	15
666	Connecticut	63	13.6	44,950	27	28
667	Iowa	35	13.6	30,032	19	34
668	Oklahoma	18	13.6	25,518	16	37
669	New York	126	13.6	32,405	22	30
670	Louisiana	22	13.6	24,110	11	30
671	Maryland	35B	13.6	41,263	17	21
672	Nebraska	12	13.6	44,417	38	12
673	Mississippi	6	13.6	33,925	14	27
674	New Hampshire	Ro30	13.6	34,746	28	23
675	Arkansas	6	13.6	29,216	16	28
676	Connecticut	112	13.6	67,463	44	17
677	Kentucky	29	13.6	33,745	15	20
678	Georgia	36	13.6	41,659	20	17
679	Rhode Island	16	13.6	38,528	24	24
680	Kentucky	14	13.6	27,889	15	28
681	Pennsylvania	70	13.6	40,624	24	29
682	Texas	4	13.6	32,228	18	29
683	Connecticut	55	13.6	59,557	45	16
684	Kentucky	5	13.6	26,439	20	36
685	Oklahoma	48	13.6	28,063	16	33
686	Maine	28	13.6	31,892	18	27
687	New Hampshire	Me21	13.6	30,955	27	35
688	West Virginia	6	13.6	24,150	13	35
689	Kentucky	61	13.6	26,961	10	29
690	Mississippi	60	13.5	33,547	18	26
691	Kentucky	35	13.5	30,976	17	33
692	Tennessee	37	13.5	24,384	9	30
693	Missouri	151	13.5	22,311	11	36
694	New Hampshire	Be1	13.5	35,095	35	27
695	Connecticut	86	13.5	55,455	32	20
696	Tennessee	64	13.5	31,619	17	28
697	Tennessee	94	13.5	61,425	43	12
698	Montana	52	13.5	36,841	43	27
699	Georgia	108	13.5	39,596	16	21
700	Georgia	14	13.5	33,530	12	24

IRISH—Top State House Districts

RANK	STATE	DISTRICT NUMBER	IRISH (%)	AVG. HH INCOME ($)	DISTRICT WIDE COLLEGE EDUCATION (%)	RECEIVES SOC. SEC. (%)
701	Kentucky	58	13.5	32,097	14	29
702	Alabama	8	13.5	32,490	21	26
703	Georgia	34	13.5	55,824	40	12
704	Louisiana	13	13.5	26,388	12	31
705	Pennsylvania	120	13.5	35,602	26	37
706	Georgia	130	13.5	35,157	21	28
707	Connecticut	62	13.5	61,351	45	19
708	Iowa	92	13.5	24,129	17	39
709	Maine	38	13.5	43,022	30	19
710	Maine	40	13.5	59,616	50	28
711	Arkansas	38	13.4	29,875	22	32
712	Oklahoma	27	13.4	29,070	14	26
713	Alabama	24	13.4	25,372	11	31
714	Vermont	Ch 7-1	13.4	35,175	46	21
715	Alabama	15	13.4	40,404	21	27
716	Alabama	22	13.4	30,258	13	23
717	Connecticut	53	13.4	53,098	39	14
718	Texas	1	13.4	29,074	18	30
719	Montana	55	13.4	33,220	31	22
720	Arkansas	48	13.4	26,758	12	29
721	Oklahoma	2	13.4	24,616	13	30
722	Iowa	83	13.4	27,457	14	30
723	Missouri	107	13.4	25,074	11	35
724	Alabama	50	13.4	35,661	16	24
725	Tennessee	16	13.4	33,292	22	28
726	Arkansas	83	13.4	26,717	11	30
727	Arkansas	26	13.4	21,960	10	38
728	Georgia	104	13.4	52,386	25	18
729	Vermont	Wa 1	13.4	33,263	29	26
730	Connecticut	139	13.4	45,461	24	21
731	Texas	60	13.4	28,715	16	35
732	Georgia	132	13.4	42,926	29	27
733	New York	111	13.4	34,829	29	28
734	Montana	65	13.4	29,905	59	21
735	Alabama	5	13.4	31,558	19	27
736	Georgia	2	13.4	27,778	11	30
737	Georgia	13	13.4	31,528	15	29
738	Maine	119	13.4	28,954	27	26
739	Maine	4	13.4	43,513	35	18
740	Montana	54	13.4	32,407	36	22
741	Delaware	4	13.4	56,657	43	29
742	Rhode Island	23	13.4	51,365	35	30
743	Georgia	17	13.4	44,204	27	11
744	New Hampshire	Ro7	13.4	48,727	38	14
745	New York	127	13.4	31,738	22	32
746	Pennsylvania	185	13.4	29,669	12	33
747	Delaware	30	13.3	30,847	12	25
748	Mississippi	77	13.3	23,421	13	31
749	New York	123	13.3	36,431	31	28
750	Delaware	38	13.3	31,312	18	43

IRISH—Top State House Districts

RANK	STATE	DISTRICT NUMBER	IRISH (%)	AVG. HH INCOME ($)	DISTRICT WIDE COLLEGE EDUCATION (%)	RECEIVES SOC. SEC. (%)
751	Vermont	Wm 2-1	13.3	32,693	29	32
752	New Hampshire	Hi8	13.3	48,023	48	29
753	Kentucky	12	13.3	26,603	10	31
754	New Jersey	22	13.3	73,631	45	26
755	New Jersey	1	13.3	37,713	19	34
756	Kentucky	64	13.3	35,246	13	25
757	New York	52	13.3	52,034	43	25
758	Missouri	77	13.3	42,096	24	20
759	Georgia	15	13.3	37,168	16	25
760	Maryland	27B	13.3	55,011	22	19
761	Alabama	45	13.3	36,093	23	29
762	Missouri	160	13.3	27,447	13	30
763	Louisiana	10	13.3	23,962	12	34
764	Tennessee	8	13.3	32,036	15	26
765	Iowa	13	13.3	26,884	24	33
766	Arkansas	71	13.3	32,619	18	25
767	Illinois	39	13.3	55,091	47	23
768	Mississippi	39	13.3	38,509	34	20
769	New Jersey	2	13.3	42,071	22	28
770	Massachusetts	M11	13.3	89,739	69	26
771	New Hampshire	Gr6	13.3	36,946	34	22
772	Illinois	81	13.3	61,195	47	18
773	Tennessee	59	13.3	32,427	26	12
774	Missouri	89	13.3	70,958	45	15
775	Connecticut	59	13.3	55,049	25	22
776	Georgia	16	13.3	40,625	24	19
777	Maine	135	13.3	29,171	14	33
778	Oklahoma	25	13.2	25,293	21	33
779	Tennessee	47	13.2	27,696	17	31
780	Georgia	101	13.2	31,538	15	23
781	Vermont	Ru 5	13.2	43,026	38	23
782	Vermont	Be 4	13.2	38,897	40	31
783	Alabama	80	13.2	31,983	16	26
784	Missouri	156	13.2	21,453	8	37
785	Texas	12	13.2	27,465	15	36
786	Connecticut	103	13.2	58,007	44	25
787	Pennsylvania	22	13.2	26,346	15	38
788	Tennessee	33	13.2	34,495	27	31
789	Pennsylvania	174	13.2	32,850	20	44
790	New Hampshire	Hi10	13.2	51,418	41	18
791	New York	129	13.2	37,115	27	29
792	Kentucky	76	13.2	36,241	29	20
793	Georgia	28	13.2	43,296	20	20
794	Georgia	80	13.2	49,545	41	9
795	Rhode Island	21	13.2	31,691	17	43
796	Connecticut	110	13.2	37,927	22	26
797	South Carolina	33	13.2	36,450	24	29
798	Connecticut	120	13.2	50,634	28	38
799	Missouri	133	13.2	23,549	11	40
800	Mississippi	25	13.2	30,938	14	24

IRISH—Top State House Districts

RANK	STATE	DISTRICT NUMBER	IRISH (%)	AVG. HH INCOME ($)	DISTRICT WIDE COLLEGE EDUCATION (%)	RECEIVES SOC. SEC. (%)
801	Pennsylvania	29	13.2	39,037	31	33
802	Tennessee	32	13.2	30,447	17	32
803	Tennessee	22	13.1	28,410	11	27
804	Pennsylvania	194	13.1	35,830	25	33
805	Massachusetts	H1	13.1	37,145	25	28
806	Oklahoma	56	13.1	24,299	13	32
807	Maryland	29A	13.1	44,394	17	21
808	Tennessee	12	13.1	27,595	14	28
809	New Hampshire	Ro21	13.1	37,603	18	29
810	South Carolina	17	13.1	31,364	15	29
811	Missouri	152	13.1	21,724	9	35
812	Kansas	21	13.1	50,634	48	26
813	Pennsylvania	41	13.1	38,808	29	33
814	Rhode Island	53	13.1	45,333	28	24
815	Connecticut	10	13.1	38,566	19	31
816	Oklahoma	66	13.1	27,107	21	29
817	Connecticut	66	13.1	59,970	43	27
818	Georgia	100	13.1	30,023	15	24
819	Tennessee	13	13.1	22,601	16	34
820	Georgia	9	13.1	29,651	15	30
821	Maine	22	13.1	40,859	33	21
822	Missouri	84	13.1	44,347	46	24
823	Connecticut	122	13.1	68,424	40	29
824	Connecticut	87	13.1	54,603	30	34
825	North Carolina	50	13.1	32,649	25	39
826	West Virginia	41	13.1	26,174	17	37
827	Vermont	Wa-Ad 1	13.1	41,083	44	17
828	New York	115	13.1	36,978	28	32
829	Illinois	54	13.1	57,702	42	18
830	Oklahoma	77	13.1	25,745	14	30
831	Kentucky	31	13.1	37,643	30	26
832	Missouri	142	13.1	30,069	16	25
833	New York	136	13.1	50,584	41	22
834	Connecticut	131	13.1	56,401	35	24
835	Arkansas	39	13.1	21,654	12	42
836	New Hampshire	Ca2	13.1	33,976	32	26
837	Oklahoma	60	13.1	25,191	16	38
838	Oklahoma	35	13.1	28,576	16	31
839	Connecticut	142	13.1	76,949	47	25
840	Kentucky	82	13.1	20,703	12	34
841	Vermont	Ru 4	13.1	32,360	26	27
842	Vermont	Ch 7-3	13.0	32,452	57	16
843	Maine	91	13.0	29,926	21	27
844	Arkansas	62	13.0	35,428	24	19
845	Alabama	23	13.0	27,513	13	30
846	Georgia	85	13.0	42,353	20	19
847	Kentucky	59	13.0	44,250	26	19
848	Delaware	23	13.0	46,983	56	21
849	Rhode Island	52	13.0	46,987	29	19
850	Georgia	98	13.0	38,676	15	20

IRISH—Top State House Districts

| RANK | STATE | DISTRICT NUMBER | IRISH (%) | DISTRICT WIDE |||
				AVG. HH INCOME ($)	COLLEGE EDUCATION (%)	RECEIVES SOC. SEC. (%)
851	Kentucky	55	13.0	29,693	12	29
852	Kentucky	13	13.0	30,138	22	31
853	Alabama	1	13.0	29,531	25	33
854	West Virginia	21	13.0	23,875	8	37
855	Kentucky	47	13.0	58,450	47	22
856	Oklahoma	30	13.0	32,379	18	28
857	New Hampshire	St16	13.0	36,324	28	21
858	Kentucky	81	13.0	27,907	24	24
859	Texas	63	12.9	43,458	27	20
860	Texas	58	12.9	33,579	16	26
861	Tennessee	41	12.9	21,072	7	33
862	Mississippi	59	12.9	47,817	45	15
863	Tennessee	44	12.9	31,378	12	24
864	Alabama	34	12.9	28,313	21	26
865	Maine	12	12.9	36,546	22	20
866	Maryland	12A	12.9	41,911	25	28
867	Connecticut	34	12.9	53,808	36	20
868	Illinois	47	12.9	46,391	26	30
869	Rhode Island	41	12.9	39,061	21	27
870	Maryland	31	12.9	46,673	20	23
871	Oklahoma	93	12.9	21,677	7	37
872	Iowa	93	12.9	25,897	17	38
873	Tennessee	19	12.9	31,437	14	30
874	Massachusetts	S8	12.9	58,703	72	9
875	Tennessee	23	12.9	26,072	12	29
876	Arkansas	4	12.9	31,763	20	44
877	Georgia	75	12.9	43,571	22	21
878	Louisiana	1	12.9	31,009	17	27
879	New York	98	12.9	35,319	21	30
880	Oklahoma	95	12.9	33,284	23	24
881	Georgia	84	12.9	46,467	28	16
882	Oklahoma	68	12.9	30,775	16	25
883	Tennessee	63	12.9	36,142	20	22
884	Kentucky	7	12.9	32,987	16	25
885	Pennsylvania	143	12.9	61,254	39	25
886	New Hampshire	Ro34	12.8	37,310	30	19
887	Oklahoma	12	12.8	31,652	15	27
888	Arkansas	23	12.8	23,252	10	34
889	Illinois	83	12.8	51,350	28	17
890	Missouri	78	12.8	41,327	25	21
891	New Hampshire	Hi40	12.8	31,861	22	25
892	New York	96	12.8	39,025	24	26
893	Arkansas	20	12.8	26,899	11	29
894	New Hampshire	St5	12.8	35,874	20	22
895	New York	89	12.8	102,907	53	22
896	New Mexico	62	12.8	36,248	25	22
897	Massachusetts	W8	12.8	41,669	25	29
898	Massachusetts	W5	12.8	38,724	24	28
899	Kentucky	65	12.8	24,868	13	32
900	Tennessee	45	12.8	43,560	25	19

IRISH—Top State House Districts

RANK	STATE	DISTRICT NUMBER	IRISH (%)	AVG. HH INCOME ($)	DISTRICT WIDE COLLEGE EDUCATION (%)	RECEIVES SOC. SEC. (%)
901	Missouri	143	12.8	24,439	14	37
902	West Virginia	28	12.8	25,238	15	37
903	Kansas	18	12.8	46,217	33	21
904	Oklahoma	3	12.8	24,205	17	32
905	Mississippi	2	12.8	23,117	14	35
906	New Hampshire	Hi43	12.8	34,366	22	26
907	Texas	9	12.8	25,670	16	32
908	Louisiana	5	12.7	39,977	28	19
909	Oklahoma	91	12.7	36,088	22	18
910	Missouri	146	12.7	23,974	9	33
911	Mississippi	8	12.7	27,666	16	31
912	Georgia	83	12.7	56,418	37	12
913	New Hampshire	Me14	12.7	38,576	31	23
914	Missouri	150	12.7	24,081	10	38
915	Georgia	105	12.7	57,080	36	17
916	North Carolina	49	12.7	26,247	14	33
917	Michigan	18	12.7	38,248	17	23
918	Vermont	Ch 7-7	12.7	61,269	60	28
919	West Virginia	16	12.7	32,510	25	34
920	Missouri	76	12.7	41,012	25	31
921	West Virginia	36	12.7	19,686	7	39
922	Georgia	23	12.7	27,760	13	33
923	New Hampshire	Me6	12.7	64,743	54	24
924	New York	114	12.7	30,863	21	27
925	Massachusetts	Br5	12.7	39,883	24	34
926	Maine	48	12.7	45,313	38	22
927	Tennessee	21	12.7	28,633	13	30
928	Kentucky	52	12.7	20,512	8	33
929	Oklahoma	87	12.7	29,009	26	31
930	Vermont	Wr 2-3	12.7	39,413	42	31
931	Illinois	14	12.7	44,682	23	36
932	North Carolina	68	12.7	35,908	30	33
933	New Hampshire	St15	12.7	39,117	21	22
934	Missouri	73	12.7	34,913	19	33
935	Georgia	82	12.7	47,949	32	11
936	Mississippi	44	12.7	22,925	16	32
937	Georgia	166	12.7	26,423	12	31
938	Tennessee	96	12.7	61,816	51	13
939	Mississippi	37	12.7	26,433	39	19
940	Tennessee	27	12.7	40,890	33	.27
941	Oklahoma	26	12.6	26,877	19	33
942	Kentucky	25	12.6	32,072	20	24
943	Iowa	84	12.6	29,535	16	29
944	New Hampshire	Ca9	12.6	33,742	34	28
945	Oklahoma	96	12.6	36,953	20	21
946	Kentucky	63	12.6	50,236	37	25
947	Massachusetts	H3	12.6	42,087	27	27
948	Arkansas	96	12.6	32,983	16	22
949	New York	59	12.6	43,333	25	26
950	Tennessee	48	12.6	30,236	23	22

IRISH—Top State House Districts

RANK	STATE	DISTRICT NUMBER	IRISH (%)	AVG. HH INCOME ($)	DISTRICT WIDE COLLEGE EDUCATION (%)	RECEIVES SOC. SEC. (%)
951	Rhode Island	92	12.6	38,287	22	34
952	Indiana	89	12.6	34,589	19	32
953	Kentucky	78	12.6	42,331	41	25
954	Mississippi	81	12.6	29,048	18	25
955	Connecticut	100	12.6	51,200	43	19
956	Arkansas	24	12.6	20,631	10	37
957	Vermont	Wm 2-3	12.6	31,411	37	26
958	Arkansas	5	12.6	31,391	19	26
959	Maine	41	12.6	40,828	32	20
960	Mississippi	89	12.6	31,107	23	35
961	New York	146	12.6	35,064	24	30
962	New York	103	12.6	40,637	35	30
963	New Hampshire	Gr8	12.6	30,927	26	31
964	South Carolina	19	12.6	29,704	18	27
965	New Hampshire	Ch14	12.6	34,507	36	25
966	Arkansas	53	12.6	43,359	38	20
967	Oklahoma	6	12.6	30,088	17	30
968	Arkansas	22	12.5	22,089	8	35
969	Alabama	95	12.5	29,194	16	34
970	Arkansas	60	12.5	33,403	25	23
971	Georgia	8	12.5	28,326	16	34
972	Tennessee	95	12.5	42,873	26	15
973	Connecticut	82	12.5	44,437	28	26
974	Texas	92	12.5	43,113	35	11
975	Vermont	Ch 2-1	12.5	51,405	48	14
976	Arkansas	63	12.5	39,107	27	14
977	Mississippi	24	12.5	25,458	14	32
978	Alabama	102	12.5	33,727	17	21
979	Texas	88	12.5	30,274	17	32
980	Georgia	76	12.5	57,156	41	13
981	Texas	16	12.5	35,757	17	23
982	Iowa	87	12.5	25,549	18	40
983	Mississippi	52	12.5	32,682	21	26
984	Oklahoma	69	12.5	51,458	41	17
985	Texas	2	12.5	27,142	13	37
986	New Hampshire	Hi11	12.5	46,628	37	29
987	Arkansas	8	12.5	36,331	32	23
988	Massachusetts	H11	12.5	33,339	19	32
989	New York	130	12.5	31,043	23	31
990	Missouri	148	12.5	25,528	16	24
991	Rhode Island	74	12.5	32,564	16	26
992	West Virginia	54	12.5	30,644	14	25
993	Mississippi	108	12.5	26,750	18	31
994	Kentucky	60	12.5	38,519	17	21
995	Missouri	14	12.5	47,511	28	10
996	Missouri	139	12.5	31,909	19	24
997	Mississippi	40	12.5	29,908	19	25
998	Massachusetts	W3	12.5	31,763	20	32
999	New York	113	12.5	28,244	21	35
1000	Vermont	Ru 7	12.5	32,664	23	29

IRISH
Top State Senate Districts

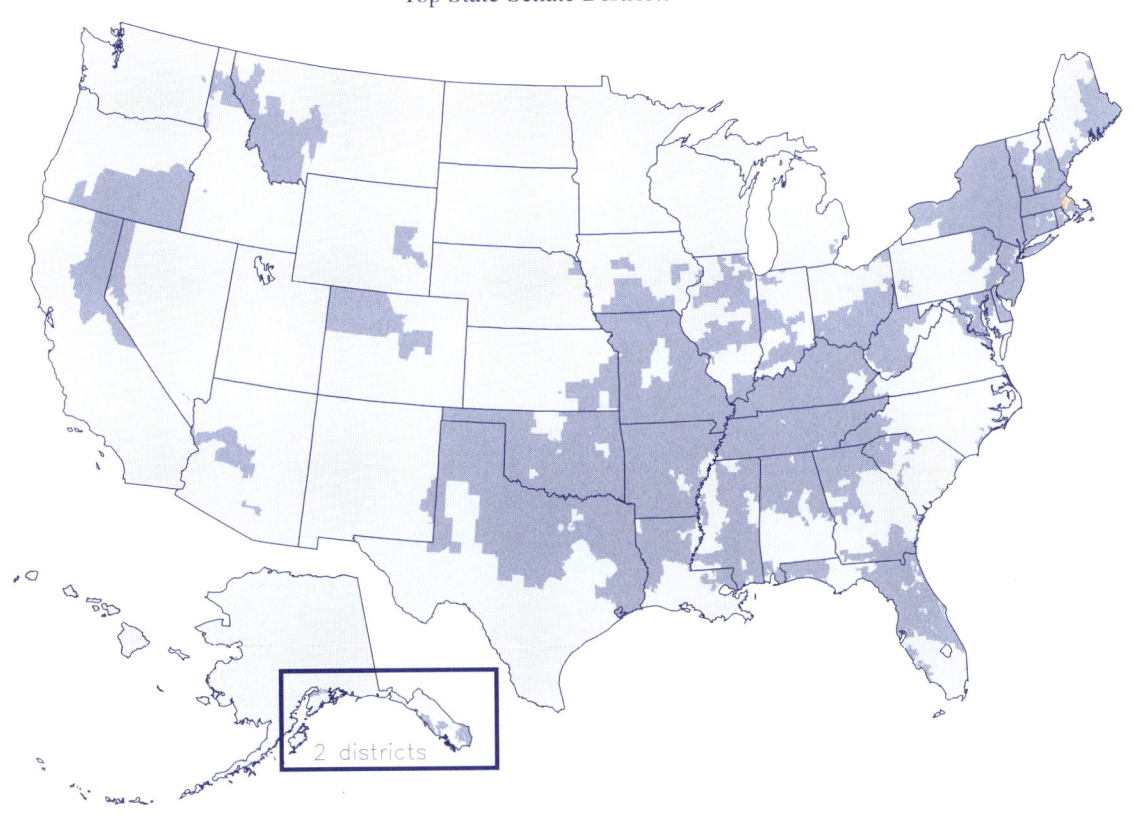

NEWPORT

Population Ranges

■ 50.0% to 99.9%   ■ 25.0% to 49.9%   ■ 10.0% to 24.9%   □ 0.0% to 9.9%

BOSTON

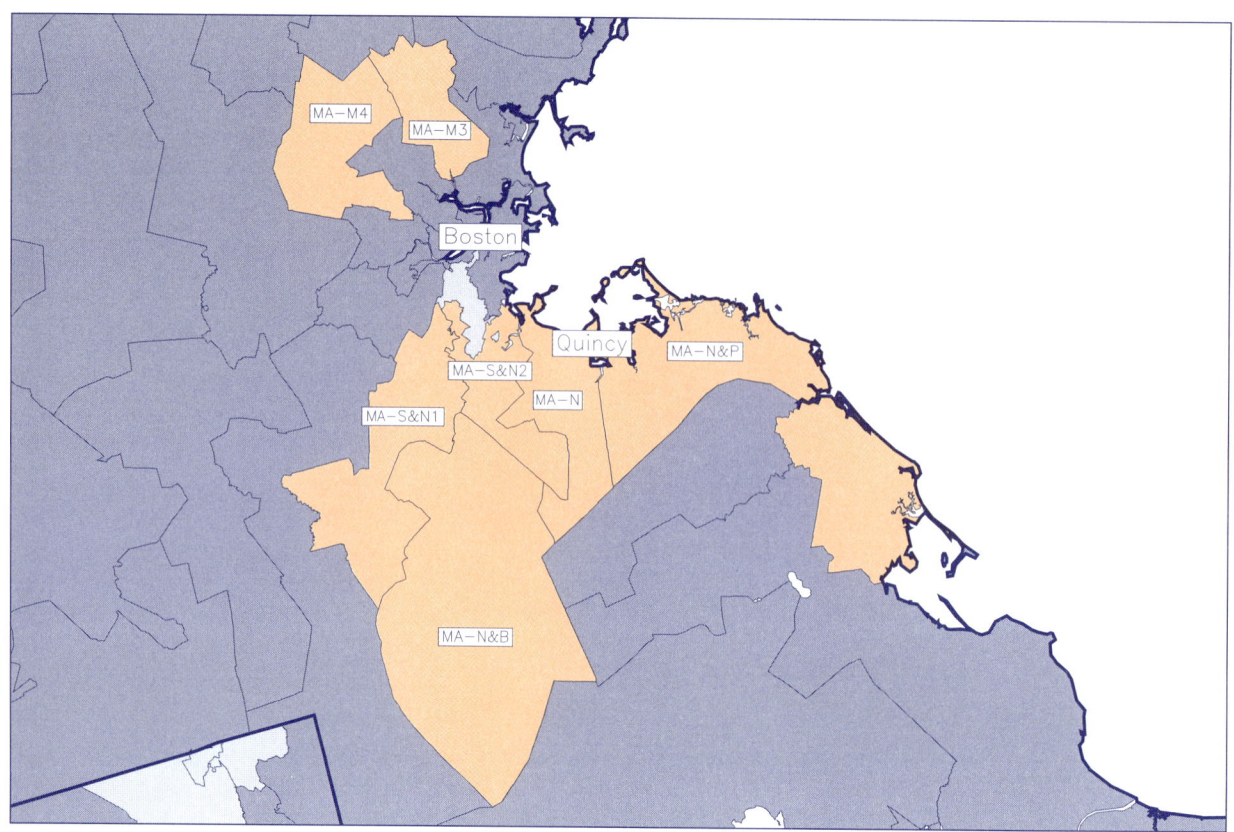

PHILADELPHIA

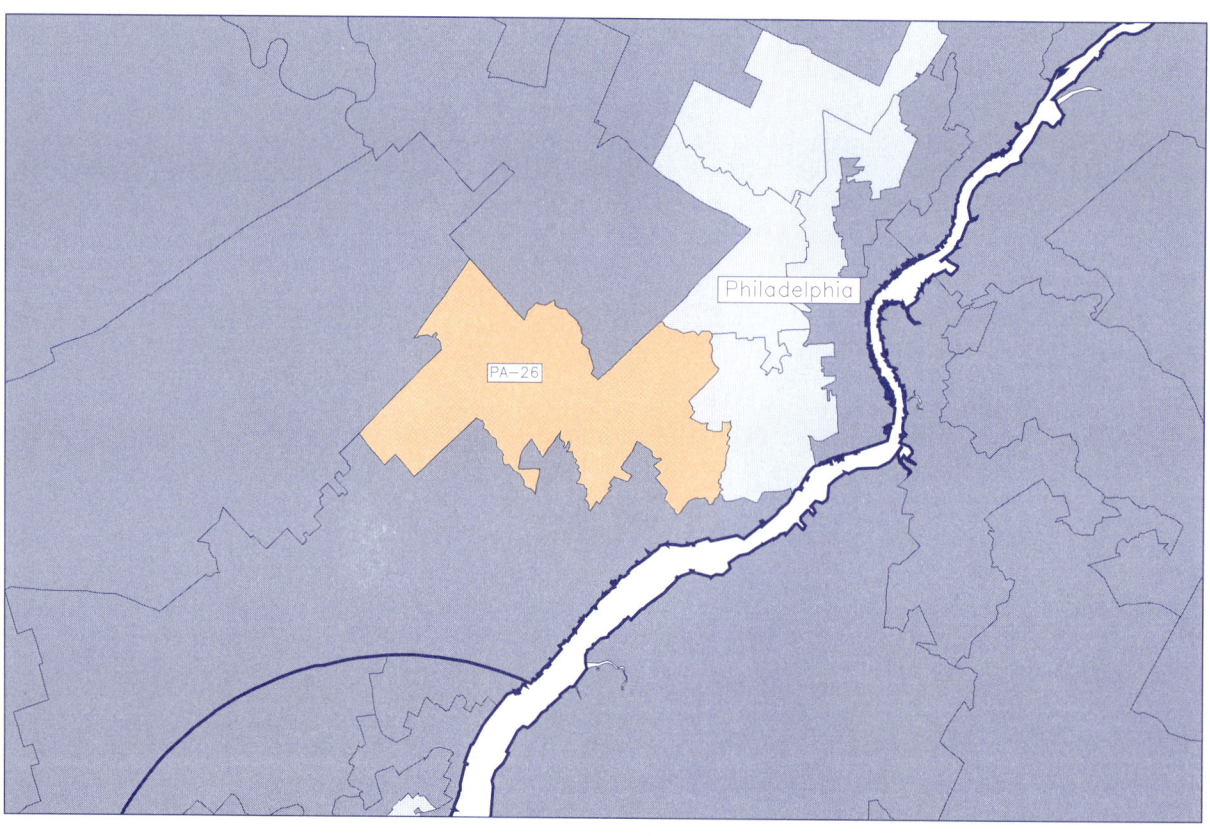

Population Ranges
■ 50.0% to 99.9%   ■ 25.0% to 49.9%   ■ 10.0% to 24.9%   □ 0.0% to 9.9%

IRISH—Top State Senate Districts

RANK	STATE	DISTRICT NUMBER	IRISH (%)	AVG. HH INCOME ($)	DISTRICT WIDE COLLEGE EDUCATION (%)	RECEIVES SOC. SEC. (%)
1	Massachusetts	N	34.9	44,085	30	30
2	Massachusetts	N&P	33.2	57,674	42	25
3	Massachusetts	S&N1	32.7	52,625	39	30
4	Rhode Island	50	28.0	41,544	42	27
5	Massachusetts	S&N2	27.5	45,210	33	26
6	Pennsylvania	26	27.0	44,688	29	32
7	Massachusetts	M4	25.9	56,871	45	26
8	Massachusetts	N&B	25.3	53,595	39	24
9	Massachusetts	M3	25.2	46,017	32	29
10	Massachusetts	P&B	24.7	44,263	29	26
11	Massachusetts	P	24.6	42,367	25	25
12	Rhode Island	15	23.9	38,870	25	35
13	Montana	19	22.6	23,817	19	34
14	Pennsylvania	5	22.2	38,690	18	33
15	Massachusetts	M2	22.1	45,863	36	27
16	Rhode Island	24	22.0	42,382	44	26
17	Rhode Island	17	21.5	43,091	25	28
18	Montana	18	21.3	31,380	23	37
19	Rhode Island	1	21.1	29,744	26	27
20	Illinois	18	21.1	45,536	23	30
21	Rhode Island	16	20.8	39,715	25	31
22	Rhode Island	18	20.6	44,124	36	33
23	New Jersey	10	20.4	47,009	26	34
24	Massachusetts	E2	20.4	44,703	33	27
25	Massachusetts	NB&M	20.4	63,824	47	24
26	Massachusetts	MN&W	20.1	55,514	45	21
27	New Jersey	13	20.0	54,834	29	24
28	Massachusetts	C&I	20.0	38,702	37	38
29	Rhode Island	48	19.9	45,814	39	22
30	Massachusetts	E&M1	19.8	54,950	40	25
31	Massachusetts	E1	19.7	47,072	33	29
32	Massachusetts	M&S	19.7	49,991	57	22
33	Massachusetts	SE&M	19.6	37,970	23	29
34	Mississippi	5	19.5	23,323	12	34
35	Rhode Island	22	19.5	62,998	47	23
36	Massachusetts	S1	19.5	39,617	33	20
37	Maine	28	19.4	30,268	35	26
38	Massachusetts	M5	19.1	69,733	49	22
39	Delaware	7	19.1	47,231	25	32
40	Rhode Island	23	19.0	48,037	37	23
41	New York	43	18.6	39,937	32	26
42	Massachusetts	M1	18.5	40,639	24	24
43	Massachusetts	W	18.5	40,165	33	30
44	Pennsylvania	22	18.3	31,620	20	39
45	Massachusetts	E3	18.1	44,844	32	27
46	Rhode Island	11	18.1	33,422	26	36
47	Pennsylvania	17	18.0	69,397	47	28
48	Massachusetts	W&M1	18.0	43,303	32	26
49	Rhode Island	49	17.9	39,815	35	20
50	Massachusetts	E&M2	17.7	45,871	29	23

IRISH—Top State Senate Districts

RANK	STATE	DISTRICT NUMBER	IRISH (%)	DISTRICT WIDE AVG. HH INCOME ($)	COLLEGE EDUCATION (%)	RECEIVES SOC. SEC. (%)
51	Delaware	8	17.7	52,069	45	19
52	New York	42	17.6	40,691	36	28
53	Connecticut	14	17.6	51,212	30	30
54	Massachusetts	M&W	17.5	59,822	46	18
55	Pennsylvania	9	17.4	45,356	27	29
56	Massachusetts	B&P	17.3	43,349	25	26
57	Pennsylvania	12	17.2	56,775	37	26
58	Pennsylvania	6	17.2	43,009	23	24
59	Rhode Island	39	16.9	36,822	24	36
60	Rhode Island	29	16.9	46,111	32	28
61	New York	37	16.9	70,643	41	22
62	New Hampshire	14	16.6	54,672	38	13
63	New York	1	16.5	49,547	29	29
64	New York	3	16.4	51,927	24	22
65	New Jersey	4	16.4	43,616	25	21
66	Rhode Island	33	16.4	47,359	31	29
67	Rhode Island	6	16.4	46,893	45	22
68	New Hampshire	19	16.4	48,326	33	15
69	Rhode Island	44	16.3	65,029	49	28
70	New Jersey	9	16.3	35,170	16	52
71	Mississippi	3	16.3	24,413	12	33
72	New Hampshire	22	16.2	56,615	33	19
73	Pennsylvania	2	16.2	27,586	11	34
74	Maine	30	16.1	47,380	38	28
75	Maine	27	16.1	43,095	41	28
76	New York	39	16.0	43,397	27	25
77	Connecticut	28	16.0	73,783	48	26
78	Rhode Island	12	16.0	38,925	25	34
79	Tennessee	25	15.9	26,345	10	31
80	Arkansas	30	15.9	23,336	9	36
81	New York	49	15.9	38,702	32	27
82	New Jersey	6	15.9	55,559	38	27
83	Delaware	5	15.9	54,272	42	27
84	Delaware	4	15.9	54,546	42	31
85	New Jersey	11	15.8	51,162	33	28
86	Rhode Island	43	15.7	35,536	22	34
87	Delaware	9	15.7	41,613	29	21
88	New York	4	15.7	54,014	23	26
89	Arkansas	29	15.7	29,663	20	27
90	New Hampshire	21	15.6	41,538	40	22
91	Connecticut	4	15.5	54,366	41	25
92	New Hampshire	23	15.5	45,635	34	25
93	Tennessee	24	15.5	26,594	11	33
94	Oklahoma	6	15.5	22,311	17	36
95	New Jersey	8	15.5	55,783	36	22
96	New York	2	15.5	67,004	39	21
97	Connecticut	24	15.5	54,881	35	22
98	Delaware	12	15.5	42,930	27	18
99	Mississippi	1	15.4	35,786	14	21
100	Alabama	9	15.4	26,938	14	30

IRISH—Top State Senate Districts

RANK	STATE	DISTRICT NUMBER	IRISH (%)	DISTRICT WIDE AVG. HH INCOME ($)	COLLEGE EDUCATION (%)	RECEIVES SOC. SEC. (%)
101	South Carolina	1	15.4	31,631	23	30
102	Massachusetts	BFH&H	15.3	37,696	28	32
103	Pennsylvania	19	15.3	58,099	42	21
104	Rhode Island	5	15.2	35,930	24	36
105	Mississippi	6	15.2	33,154	22	24
106	New Jersey	24	15.1	58,788	35	18
107	Montana	29	15.1	25,972	20	38
108	Arkansas	24	15.1	24,654	10	35
109	Mississippi	35	15.1	26,163	14	29
110	New York	41	15.1	46,509	33	26
111	Arkansas	31	15.1	20,448	10	43
112	New Hampshire	12	15.1	52,664	42	18
113	South Carolina	2	15.1	31,410	19	26
114	Minnesota	64	15.0	45,458	54	25
115	New Hampshire	9	15.0	66,366	48	14
116	Connecticut	12	15.0	58,819	40	25
117	Arkansas	27	15.0	25,768	11	30
118	Mississippi	8	14.9	24,375	12	30
119	New Jersey	39	14.9	82,285	45	26
120	New York	38	14.8	61,322	38	22
121	Iowa	18	14.8	32,501	25	31
122	Mississippi	15	14.8	24,908	24	28
123	Arkansas	14	14.8	31,672	16	26
124	Vermont	Rutland	14.8	32,848	27	28
125	Montana	27	14.7	28,005	37	25
126	New Hampshire	13	14.7	42,679	32	22
127	Illinois	19	14.7	52,296	31	20
128	Delaware	10	14.7	45,390	45	17
129	Massachusetts	H2	14.7	38,744	24	33
130	Pennsylvania	1	14.7	34,378	26	29
131	Arkansas	10	14.7	25,673	13	33
132	Kentucky	2	14.6	29,243	18	33
133	Missouri	25	14.6	22,638	10	37
134	Delaware	14	14.6	42,676	17	24
135	Maine	9	14.5	32,425	33	26
136	Oklahoma	24	14.5	29,538	17	28
137	South Carolina	4	14.5	31,356	17	29
138	Nebraska	20	14.5	43,619	37	30
139	Maine	3	14.5	29,258	15	31
140	Mississippi	4	14.5	23,214	13	34
141	Oklahoma	14	14.5	27,481	16	32
142	Delaware	13	14.4	38,114	17	21
143	Mississippi	25	14.4	45,882	54	18
144	Mississippi	44	14.4	28,114	21	25
145	Louisiana	35	14.4	33,573	25	26
146	Nebraska	9	14.4	23,941	34	23
147	New Jersey	40	14.4	75,992	43	24
148	Rhode Island	25	14.3	41,197	28	24
149	Alabama	4	14.3	34,035	26	24
150	Mississippi	30	14.3	36,014	23	23

IRISH—Top State Senate Districts

RANK	STATE	DISTRICT NUMBER	IRISH (%)	DISTRICT WIDE AVG. HH INCOME ($)	DISTRICT WIDE COLLEGE EDUCATION (%)	DISTRICT WIDE RECEIVES SOC. SEC. (%)
151	Oklahoma	15	14.3	32,550	25	26
152	Alabama	6	14.3	24,768	10	33
153	Connecticut	32	14.2	57,531	38	28
154	Kentucky	7	14.2	31,754	12	28
155	New Jersey	26	14.2	70,598	41	22
156	Nebraska	6	14.2	51,420	45	26
157	New York	9	14.2	65,377	37	32
158	Massachusetts	M&N	14.2	72,781	65	24
159	Delaware	6	14.1	82,056	57	24
160	Delaware	1	14.1	44,682	37	31
161	Massachusetts	W&N	14.1	41,443	25	27
162	Connecticut	7	14.0	52,353	29	24
163	Oklahoma	26	14.0	24,081	15	37
164	Delaware	11	14.0	41,607	27	15
165	Connecticut	26	14.0	115,851	65	20
166	Georgia	51	14.0	31,914	14	27
167	New Hampshire	24	14.0	44,464	38	22
168	Kentucky	1	14.0	26,046	15	37
169	New York	5	14.0	77,591	42	26
170	Arkansas	25	13.9	23,992	12	37
171	Illinois	24	13.9	48,570	26	27
172	Louisiana	32	13.9	24,563	11	28
173	New York	6	13.9	60,239	31	29
174	New Jersey	7	13.9	44,515	23	26
175	Connecticut	34	13.9	57,001	36	26
176	Tennessee	14	13.9	27,291	12	31
177	Connecticut	5	13.9	68,853	51	32
178	Georgia	53	13.8	28,835	12	28
179	Alabama	3	13.8	30,509	16	27
180	Kentucky	8	13.8	30,073	18	28
181	New Jersey	25	13.8	68,154	40	22
182	Georgia	30	13.8	34,365	16	22
183	New York	51	13.8	34,767	29	29
184	Rhode Island	46	13.8	41,788	26	29
185	Arkansas	12	13.8	25,256	15	33
186	New York	8	13.8	62,595	32	27
187	New York	40	13.8	35,757	24	30
188	Connecticut	3	13.8	47,145	26	24
189	Mississippi	18	13.7	22,609	14	33
190	Alabama	1	13.7	29,896	19	31
191	New Jersey	12	13.7	65,251	40	22
192	Oklahoma	7	13.7	23,787	15	37
193	Oklahoma	13	13.6	24,109	16	36
194	Pennsylvania	24	13.6	50,494	33	25
195	Kentucky	37	13.6	36,944	18	21
196	Nebraska	12	13.6	44,417	38	12
197	New Hampshire	20	13.6	33,602	23	27
198	Rhode Island	14	13.6	47,081	32	39
199	Tennessee	9	13.6	29,067	14	27
200	Massachusetts	F&H	13.6	38,876	41	27

IRISH—Top State Senate Districts

RANK	STATE	DISTRICT NUMBER	IRISH (%)	DISTRICT WIDE AVG. HH INCOME ($)	COLLEGE EDUCATION (%)	RECEIVES SOC. SEC. (%)
201	Connecticut	33	13.6	53,772	37	23
202	Connecticut	8	13.6	65,659	47	22
203	Massachusetts	S&M	13.5	37,168	42	19
204	Georgia	37	13.5	49,752	34	13
205	Arkansas	23	13.5	27,337	12	29
206	Alabama	5	13.5	32,375	16	31
207	Massachusetts	H&H	13.5	35,830	23	29
208	Kentucky	26	13.5	33,390	16	26
209	Alabama	17	13.4	33,006	13	27
210	Kentucky	25	13.4	26,645	13	32
211	Kentucky	14	13.4	27,178	11	27
212	Massachusetts	W&M2	13.4	41,985	30	27
213	Arkansas	26	13.4	24,153	12	36
214	Maryland	9	13.4	56,219	45	31
215	Rhode Island	38	13.4	29,227	16	28
216	Pennsylvania	10	13.4	60,159	39	23
217	Tennessee	18	13.3	36,419	17	23
218	Connecticut	9	13.3	51,527	36	28
219	New Jersey	22	13.3	73,631	45	26
220	New Jersey	1	13.3	37,713	19	34
221	Kentucky	34	13.3	29,091	20	24
222	Alabama	8	13.3	27,635	13	28
223	Tennessee	5	13.3	30,538	19	31
224	New Jersey	2	13.3	42,071	22	28
225	Arkansas	6	13.3	25,930	13	34
226	Connecticut	20	13.3	48,205	34	26
227	Arkansas	33	13.3	31,190	18	29
228	Ohio	23	13.3	29,931	18	30
229	Georgia	48	13.2	45,004	27	15
230	Kentucky	35	13.2	38,975	39	31
231	Rhode Island	34	13.2	47,598	31	32
232	Maine	31	13.2	37,558	30	25
233	Tennessee	17	13.2	37,086	23	18
234	Tennessee	15	13.2	27,070	14	30
235	Tennessee	23	13.2	43,135	27	23
236	Tennessee	8	13.2	30,689	17	28
237	Connecticut	35	13.2	48,190	33	21
238	New York	46	13.2	31,709	21	27
239	Tennessee	13	13.2	25,084	11	30
240	Georgia	50	13.2	28,939	15	32
241	Arkansas	20	13.2	28,159	20	25
242	Georgia	31	13.2	31,267	11	26
243	South Carolina	3	13.2	30,611	20	33
244	Mississippi	7	13.2	25,229	11	31
245	New Hampshire	16	13.2	48,687	39	21
246	Oklahoma	44	13.1	26,008	12	29
247	North Carolina	42	13.1	30,957	23	36
248	New York	34	13.1	41,741	22	32
249	Oklahoma	4	13.1	24,157	15	32
250	New York	24	13.1	53,263	26	24

IRISH—Top State Senate Districts

RANK	STATE	DISTRICT NUMBER	IRISH (%)	DISTRICT WIDE AVG. HH INCOME ($)	COLLEGE EDUCATION (%)	RECEIVES SOC. SEC. (%)
251	Oklahoma	37	13.1	31,359	19	23
252	New Hampshire	3	13.1	34,706	31	28
253	Georgia	52	13.1	31,421	15	29
254	Kentucky	20	13.1	33,897	19	25
255	Illinois	59	13.1	25,411	16	37
256	New Hampshire	17	13.0	41,621	25	19
257	Iowa	42	13.0	28,498	15	30
258	Connecticut	17	13.0	50,256	32	31
259	Arkansas	21	13.0	25,724	13	33
260	Missouri	20	13.0	25,067	11	35
261	Missouri	10	13.0	42,734	37	26
262	Georgia	34	13.0	46,864	23	16
263	Kentucky	23	13.0	29,764	17	30
264	Alabama	10	13.0	27,835	15	33
265	Tennessee	31	12.9	52,086	40	17
266	Oklahoma	42	12.9	35,051	24	20
267	Tennessee	11	12.9	40,924	29	24
268	Missouri	3	12.9	30,400	21	36
269	Vermont	Grand Is	12.9	41,384	35	16
270	Oklahoma	23	12.9	26,151	15	32
271	Maryland	31	12.9	46,673	20	23
272	South Carolina	5	12.9	30,324	16	29
273	Oklahoma	12	12.9	27,779	14	28
274	New York	52	12.8	32,499	24	31
275	Kentucky	4	12.8	29,128	13	30
276	Arkansas	35	12.8	29,767	30	22
277	Tennessee	20	12.8	34,076	22	23
278	Georgia	54	12.8	32,092	14	24
279	Tennessee	12	12.8	25,149	12	33
280	Missouri	29	12.8	25,393	13	35
281	New York	45	12.8	32,066	22	29
282	New York	7	12.8	77,569	40	31
283	Texas	3	12.8	28,745	16	32
284	Texas	1	12.8	29,959	20	31
285	Pennsylvania	37	12.8	48,040	39	30
286	Missouri	15	12.8	60,220	49	24
287	Connecticut	15	12.7	41,640	24	30
288	Rhode Island	41	12.7	47,349	31	23
289	Oklahoma	50	12.7	26,974	15	32
290	Georgia	17	12.7	41,267	17	21
291	Arkansas	9	12.6	32,341	17	26
292	Mississippi	31	12.6	24,587	14	32
293	West Virginia	11	12.6	22,967	11	38
294	Oklahoma	34	12.6	28,512	14	26
295	New Hampshire	18	12.6	38,385	23	24
296	Tennessee	22	12.6	29,884	18	22
297	Iowa	46	12.6	24,918	15	39
298	Connecticut	36	12.6	125,674	56	26
299	Kentucky	38	12.6	23,256	14	35
300	Illinois	20	12.6	58,716	49	19

IRISH—Top State Senate Districts

RANK	STATE	DISTRICT NUMBER	IRISH (%)	DISTRICT WIDE AVG. HH INCOME ($)	COLLEGE EDUCATION (%)	RECEIVES SOC. SEC. (%)
301	Maine	35	12.5	42,088	32	25
302	Mississippi	29	12.5	39,230	34	19
303	Louisiana	38	12.5	35,416	23	22
304	Arkansas	32	12.5	24,473	14	44
305	Vermont	Windham	12.5	33,054	31	26
306	Maryland	36	12.5	43,221	20	28
307	Louisiana	36	12.5	25,704	14	30
308	New Jersey	5	12.5	32,151	13	28
309	Georgia	9	12.5	52,144	38	11
310	Pennsylvania	20	12.4	33,297	20	33
311	Nebraska	8	12.4	29,889	25	27
312	North Carolina	29	12.4	28,255	22	36
313	Connecticut	21	12.4	50,967	28	32
314	Tennessee	27	12.4	28,027	16	33
315	Pennsylvania	14	12.4	28,871	17	40
316	Oklahoma	17	12.4	32,819	21	24
317	Connecticut	30	12.4	52,829	33	29
318	Maine	29	12.4	37,523	28	24
319	Texas	30	12.4	30,082	20	30
320	New Hampshire	15	12.4	42,103	37	25
321	Massachusetts	WFH&H	12.4	38,732	27	27
322	Arkansas	19	12.4	33,851	21	17
323	Tennessee	6	12.4	38,432	28	29
324	Montana	26	12.3	33,755	34	24
325	Connecticut	16	12.3	42,834	23	28
326	Maryland	35	12.3	49,686	25	22
327	Rhode Island	21	12.3	42,609	24	26
328	Kentucky	6	12.3	26,451	11	33
329	Arkansas	5	12.3	23,391	11	35
330	Rhode Island	36	12.3	41,314	27	31
331	Tennessee	26	12.3	24,683	9	33
332	New York	55	12.3	47,363	40	26
333	Maine	26	12.3	46,126	35	20
334	Louisiana	33	12.3	24,589	16	29
335	Ohio	7	12.3	47,859	33	25
336	Oklahoma	33	12.2	34,268	30	29
337	New Jersey	23	12.2	56,490	34	24
338	Vermont	Benningt	12.2	35,021	31	30
339	Pennsylvania	42	12.2	34,797	23	33
340	Oklahoma	10	12.2	29,253	18	31
341	Kentucky	5	12.2	24,003	10	30
342	Georgia	47	12.2	28,223	12	30
343	Kansas	7	12.2	61,610	53	29
344	Kentucky	11	12.2	40,917	27	26
345	West Virginia	12	12.2	24,644	15	37
346	Georgia	49	12.2	37,925	19	23
347	New York	47	12.2	31,724	24	32
348	Montana	28	12.2	29,993	24	29
349	Virginia	40	12.2	24,360	12	36
350	Mississippi	9	12.2	23,720	24	28

IRISH—Top State Senate Districts

RANK	STATE	DISTRICT NUMBER	IRISH (%)	DISTRICT WIDE AVG. HH INCOME ($)	COLLEGE EDUCATION (%)	RECEIVES SOC. SEC. (%)
351	Mississippi	40	12.1	22,826	14	33
352	Arkansas	13	12.1	26,214	18	43
353	New Jersey	3	12.1	39,163	19	29
354	New York	53	12.1	37,313	25	28
355	Maryland	12	12.1	49,240	37	22
356	Texas	22	12.1	29,279	18	30
357	Mississippi	33	12.1	32,596	24	27
358	Tennessee	16	12.1	33,524	20	21
359	South Carolina	13	12.1	33,817	20	27
360	Montana	33	12.1	22,166	41	23
361	Kentucky	24	12.1	37,787	16	23
362	Oklahoma	45	12.1	38,706	23	12
363	Illinois	39	12.1	46,825	28	30
364	Arkansas	4	12.1	24,914	12	31
365	Alabama	32	12.1	32,314	19	31
366	Vermont	Chittend	12.0	42,828	43	19
367	Tennessee	32	12.0	44,365	25	20
368	Kentucky	36	12.0	57,975	48	23
369	Maryland	28	12.0	50,308	22	16
370	Mississippi	47	12.0	26,157	18	29
371	Missouri	7	12.0	60,232	43	19
372	Iowa	34	12.0	27,389	15	26
373	Georgia	21	12.0	60,744	48	11
374	Mississippi	20	12.0	45,108	37	26
375	Massachusetts	H1	12.0	36,902	28	27
376	West Virginia	10	12.0	24,493	14	39
377	Alabama	15	12.0	43,037	30	26
378	Rhode Island	40	12.0	28,330	15	32
379	South Carolina	12	12.0	35,438	25	27
380	Connecticut	18	12.0	43,090	27	23
381	Maryland	8	12.0	44,193	29	24
382	Rhode Island	26	12.0	41,888	28	31
383	Iowa	26	12.0	43,837	39	25
384	Mississippi	41	12.0	22,752	14	33
385	Oklahoma	2	12.0	31,946	20	26
386	Missouri	14	12.0	41,125	25	27
387	Georgia	44	11.9	36,149	18	17
388	Missouri	22	11.9	35,931	15	19
389	Indiana	32	11.9	37,937	20	26
390	Georgia	45	11.9	35,952	14	24
391	New Hampshire	11	11.9	43,941	35	24
392	Maryland	6	11.9	37,655	13	25
393	Illinois	41	11.9	58,434	42	16
394	Indiana	45	11.9	31,302	14	27
395	New York	50	11.9	31,737	30	29
396	New York	44	11.9	35,149	26	33
397	Alabama	2	11.9	37,967	30	19
398	Kentucky	15	11.9	21,857	12	33
399	Tennessee	2	11.9	32,039	20	31
400	Tennessee	21	11.9	50,200	44	22

IRISH—Top State Senate Districts

RANK	STATE	DISTRICT NUMBER	IRISH (%)	AVG. HH INCOME ($)	DISTRICT WIDE COLLEGE EDUCATION (%)	RECEIVES SOC. SEC. (%)
401	Kentucky	12	11.9	42,035	44	14
402	Mississippi	43	11.8	22,629	12	29
403	Maryland	30	11.8	55,817	40	20
404	Delaware	15	11.8	34,080	12	23
405	South Carolina	14	11.8	31,306	16	27
406	Texas	10	11.8	44,634	34	12
407	Nebraska	7	11.8	22,783	13	32
408	Georgia	56	11.8	64,295	51	11
409	West Virginia	2	11.8	25,685	13	36
410	New York	59	11.8	38,403	27	28
411	Kentucky	22	11.8	30,705	17	27
412	Oklahoma	40	11.8	39,347	32	31
413	Arkansas	11	11.8	31,401	23	28
414	Connecticut	19	11.8	41,871	27	25
415	Florida	27	11.8	52,925	31	42
416	Oklahoma	29	11.8	35,267	27	32
417	Missouri	17	11.8	39,776	25	21
418	Georgia	28	11.8	40,977	21	23
419	New Jersey	16	11.8	69,137	46	19
420	Kentucky	19	11.7	35,109	21	21
421	Arkansas	7	11.7	24,634	12	34
422	Iowa	44	11.7	24,768	18	39
423	New Jersey	30	11.7	42,179	22	25
424	Kentucky	18	11.7	25,783	12	32
425	Rhode Island	13	11.7	44,488	27	30
426	Oklahoma	35	11.7	43,718	43	25
427	West Virginia	5	11.7	29,360	23	34
428	Tennessee	4	11.7	24,946	10	30
429	New York	35	11.7	58,614	37	29
430	Louisiana	13	11.7	32,969	14	21
431	New Mexico	42	11.7	31,037	21	26
432	Missouri	34	11.7	33,966	22	27
433	New Hampshire	4	11.7	37,455	26	26
434	Rhode Island	20	11.7	37,226	19	26
435	Florida	19	11.7	33,698	22	48
436	Nevada	Washoe-3	11.7	50,859	34	20
437	Montana	20	11.6	31,718	24	27
438	Arkansas	34	11.6	31,761	18	34
439	Virginia	32	11.6	89,813	64	16
440	Maryland	33	11.6	62,066	40	16
441	Maryland	29	11.6	43,856	21	19
442	Missouri	33	11.6	25,252	13	31
443	Oklahoma	43	11.6	27,054	15	23
444	Arkansas	2	11.6	27,059	15	33
445	Illinois	7	11.6	49,120	27	36
446	Maine	23	11.6	41,437	38	24
447	New Jersey	19	11.6	45,554	20	28
448	Arkansas	28	11.6	23,324	12	29
449	Ohio	14	11.6	31,968	15	26
450	Oklahoma	18	11.6	30,165	16	25

IRISH—Top State Senate Districts

RANK	STATE	DISTRICT NUMBER	IRISH (%)	DISTRICT WIDE		
				AVG. HH INCOME ($)	COLLEGE EDUCATION (%)	RECEIVES SOC. SEC. (%)
451	Iowa	27	11.6	30,037	21	28
452	Illinois	50	11.6	36,287	28	26
453	Alabama	14	11.6	34,392	20	25
454	Missouri	28	11.6	26,723	16	32
455	Oklahoma	51	11.6	58,569	48	11
456	Louisiana	31	11.6	22,618	12	31
457	Missouri	30	11.6	31,011	26	28
458	Florida	8	11.5	39,560	29	28
459	Maryland	7	11.5	36,853	12	30
460	New York	48	11.5	35,812	32	26
461	Delaware	20	11.5	31,725	18	40
462	Kansas	10	11.5	44,348	38	17
463	Illinois	27	11.5	52,456	39	16
464	Alabama	34	11.5	39,874	31	23
465	Oklahoma	16	11.5	28,094	33	18
466	Missouri	23	11.5	43,639	26	16
467	Oklahoma	54	11.5	34,381	27	13
468	Florida	31	11.5	49,286	31	37
469	Indiana	44	11.5	29,456	13	30
470	Rhode Island	19	11.5	36,444	22	28
471	Florida	25	11.5	46,635	27	42
472	South Carolina	9	11.5	30,675	17	28
473	Nebraska	14	11.5	40,488	29	13
474	Delaware	16	11.5	36,913	25	18
475	Arkansas	1	11.5	24,111	12	33
476	Louisiana	30	11.5	25,658	14	21
477	South Carolina	15	11.5	37,638	26	22
478	New Jersey	14	11.5	51,418	36	26
479	Florida	22	11.5	37,005	26	44
480	Florida	6	11.5	42,146	29	19
481	Georgia	33	11.4	34,967	23	19
482	Kansas	11	11.4	75,144	61	13
483	Maine	6	11.4	33,971	25	27
484	West Virginia	13	11.4	27,598	26	30
485	New York	58	11.4	30,358	20	35
486	Mississippi	10	11.4	24,430	14	32
487	Kentucky	10	11.4	29,709	17	21
488	New York	23	11.4	39,066	21	31
489	Mississippi	34	11.4	23,472	12	34
490	Maryland	23	11.4	57,769	43	12
491	Mississippi	14	11.4	25,986	15	33
492	Iowa	23	11.4	35,318	56	15
493	Virginia	37	11.4	71,958	56	7
494	Florida	18	11.4	37,962	27	29
495	Virginia	33	11.4	61,944	48	10
496	Indiana	11	11.4	44,910	30	22
497	New Hampshire	6	11.4	35,762	22	24
498	Oklahoma	39	11.4	39,896	40	22
499	Kentucky	30	11.4	32,507	17	27
500	Alabama	12	11.4	28,112	19	28

IRISH—Top State Senate Districts

RANK	STATE	DISTRICT NUMBER	IRISH (%)	DISTRICT WIDE AVG. HH INCOME ($)	COLLEGE EDUCATION (%)	RECEIVES SOC. SEC. (%)
501	Illinois	14	11.4	39,967	23	29
502	Oklahoma	8	11.3	23,176	14	35
503	Maryland	47	11.3	34,500	20	28
504	Connecticut	25	11.3	70,670	40	22
505	Mississippi	17	11.3	32,223	24	23
506	Alabama	27	11.3	29,002	24	23
507	Mississippi	39	11.3	24,490	16	33
508	Illinois	38	11.3	34,809	17	30
509	New Hampshire	2	11.3	33,949	27	26
510	Illinois	6	11.3	61,839	65	13
511	Delaware	18	11.3	32,996	19	36
512	Nebraska	4	11.3	61,998	52	15
513	New York	36	11.3	82,357	45	26
514	West Virginia	4	11.3	27,412	13	30
515	Florida	7	11.3	35,441	30	23
516	Iowa	37	11.2	54,568	48	22
517	Maine	34	11.2	36,398	21	23
518	New York	60	11.2	42,345	36	32
519	Rhode Island	47	11.2	46,025	29	32
520	New Jersey	21	11.2	77,765	42	32
521	Missouri	32	11.2	26,511	17	31
522	Nebraska	39	11.2	44,753	37	10
523	Oklahoma	41	11.2	47,123	45	15
524	Missouri	31	11.2	29,939	18	28
525	Nebraska	10	11.2	40,658	33	23
526	Iowa	47	11.2	26,593	21	35
527	Florida	16	11.2	30,633	21	41
528	North Carolina	28	11.2	29,697	22	32
529	Indiana	46	11.2	32,516	19	28
530	Kentucky	28	11.2	25,337	11	29
531	Montana	36	11.2	26,749	19	33
532	Kansas	9	11.1	47,599	42	12
533	Montana	34	11.1	23,112	26	21
534	Kentucky	16	11.1	20,233	8	33
535	Oklahoma	22	11.1	34,670	23	20
536	West Virginia	1	11.1	31,995	20	35
537	Michigan	8	11.1	40,106	18	20
538	Iowa	7	11.1	27,860	22	34
539	Maryland	34	11.1	42,486	28	17
540	Rhode Island	27	11.1	39,947	25	25
541	Michigan	9	11.1	51,908	32	25
542	Maryland	39	11.1	58,559	50	8
543	Missouri	24	11.1	52,458	39	27
544	Maryland	14	11.1	70,005	52	16
545	Georgia	32	11.1	53,954	48	11
546	South Carolina	6	11.1	41,749	38	22
547	Virginia	35	11.1	68,147	59	9
548	Oklahoma	5	11.1	20,609	11	33
549	Connecticut	22	11.1	53,238	30	32
550	Indiana	36	11.1	36,693	21	26

IRISH—Top State Senate Districts

RANK	STATE	DISTRICT NUMBER	IRISH (%)	DISTRICT WIDE AVG. HH INCOME ($)	COLLEGE EDUCATION (%)	RECEIVES SOC. SEC. (%)
551	Rhode Island	2	11.0	37,350	52	23
552	Oklahoma	52	11.0	40,478	36	23
553	Missouri	12	11.0	24,861	15	37
554	Washington	6	11.0	37,870	37	29
555	Illinois	22	11.0	46,842	28	33
556	Illinois	11	11.0	35,533	14	35
557	Kansas	6	11.0	26,867	12	26
558	Florida	20	11.0	34,048	27	36
559	Alabama	13	11.0	26,347	12	32
560	Mississippi	37	11.0	25,650	19	34
561	Texas	9	11.0	45,672	36	10
562	North Carolina	4	11.0	36,229	29	23
563	Georgia	16	11.0	36,648	25	28
564	South Carolina	23	11.0	42,798	37	15
565	Nebraska	31	11.0	48,410	37	13
566	Nevada	Washoe-4	11.0	33,982	26	21
567	Oklahoma	31	11.0	27,769	19	26
568	Rhode Island	4	11.0	29,231	20	37
569	Rhode Island	3	11.0	51,456	55	24
570	Georgia	7	11.0	28,142	15	25
571	Florida	10	11.0	28,352	14	45
572	West Virginia	8	11.0	31,318	21	33
573	Colorado	26	11.0	48,770	39	23
574	Florida	4	11.0	31,957	21	33
575	Arkansas	15	10.9	44,863	43	20
576	Alabama	16	10.9	56,914	52	21
577	Georgia	6	10.9	31,088	18	32
578	Arkansas	18	10.9	31,842	23	27
579	Oklahoma	1	10.9	23,613	16	38
580	Louisiana	12	10.9	25,046	13	30
581	Iowa	25	10.9	38,713	41	18
582	Oklahoma	47	10.9	44,303	42	15
583	West Virginia	7	10.9	23,231	8	35
584	Missouri	1	10.9	44,227	27	28
585	Georgia	41	10.9	53,210	45	10
586	Idaho	6	10.9	30,952	25	30
587	Delaware	21	10.9	31,771	17	29
588	Tennessee	7	10.9	31,041	30	25
589	Florida	24	10.9	36,764	24	53
590	West Virginia	3	10.8	28,896	17	32
591	Missouri	16	10.8	26,218	14	33
592	Nevada	Washoe-1	10.8	33,938	23	20
593	South Carolina	8	10.8	44,541	41	23
594	Mississippi	52	10.8	31,694	25	24
595	Iowa	36	10.8	32,930	38	24
596	Nevada	Capital	10.8	33,465	19	29
597	Florida	23	10.8	36,308	26	25
598	Ohio	30	10.8	27,801	13	33
599	Missouri	27	10.8	27,271	15	31
600	Pennsylvania	29	10.8	29,504	13	39

IRISH—Top State Senate Districts

RANK	STATE	DISTRICT NUMBER	IRISH (%)	DISTRICT WIDE		
				AVG. HH INCOME ($)	COLLEGE EDUCATION (%)	RECEIVES SOC. SEC. (%)
601	Kansas	25	10.8	28,340	20	31
602	Georgia	1	10.8	41,893	30	25
603	Kentucky	9	10.8	23,316	9	32
604	Indiana	31	10.8	38,018	27	23
605	New Jersey	34	10.8	54,610	31	33
606	Florida	11	10.8	30,458	18	45
607	Illinois	29	10.8	99,467	60	24
608	Pennsylvania	40	10.7	43,180	32	31
609	West Virginia	9	10.7	25,596	13	37
610	Illinois	56	10.7	35,206	22	30
611	Kansas	13	10.7	24,771	21	37
612	Ohio	16	10.7	42,831	40	20
613	New Jersey	18	10.7	59,877	39	22
614	Kentucky	27	10.7	19,317	9	29
615	Iowa	1	10.7	32,134	23	31
616	Connecticut	13	10.7	40,847	25	28
617	Tennessee	3	10.7	27,394	18	31
618	Virginia	29	10.7	55,164	32	9
619	South Carolina	33	10.7	33,131	27	25
620	Maine	7	10.7	31,599	27	26
621	Washington	3	10.7	23,189	25	30
622	Iowa	19	10.6	33,504	24	28
623	Maryland	32	10.6	44,654	22	18
624	Pennsylvania	43	10.6	36,090	30	35
625	Idaho	16	10.6	32,497	29	24
626	Mississippi	22	10.6	29,900	22	27
627	Missouri	26	10.6	40,587	23	24
628	Iowa	33	10.6	38,853	28	18
629	Iowa	21	10.6	39,551	39	23
630	Missouri	8	10.6	41,906	29	21
631	Vermont	Washingt	10.6	34,910	31	26
632	Florida	12	10.6	44,437	32	20
633	Florida	17	10.6	32,307	19	39
634	Maine	19	10.6	37,302	30	23
635	Tennessee	1	10.6	26,212	12	30
636	Mississippi	49	10.6	31,611	29	24
637	Illinois	47	10.6	35,430	25	31
638	Montana	14	10.6	38,454	47	17
639	Colorado	27	10.6	67,150	59	9
640	Indiana	30	10.6	52,227	54	21
641	Arizona	1	10.6	29,400	20	42
642	Illinois	53	10.6	29,463	18	32
643	Tennessee	28	10.6	29,457	17	23
644	New York	15	10.5	39,501	18	31
645	New York	11	10.5	50,427	31	31
646	Rhode Island	7	10.5	27,855	13	29
647	Texas	24	10.5	27,921	20	28
648	Florida	9	10.5	41,199	34	21
649	Montana	40	10.5	32,943	27	21
650	South Carolina	44	10.5	42,353	38	17

IRISH—Top State Senate Districts

RANK	STATE	DISTRICT NUMBER	IRISH (%)	DISTRICT WIDE		
				AVG. HH INCOME ($)	COLLEGE EDUCATION (%)	RECEIVES SOC. SEC. (%)
651	Maryland	5	10.5	47,357	26	23
652	Mississippi	51	10.5	32,175	19	24
653	Idaho	2	10.5	28,639	20	26
654	Oklahoma	38	10.5	26,743	22	28
655	Texas	16	10.5	44,948	36	15
656	Louisiana	37	10.5	33,673	28	27
657	Illinois	42	10.5	46,657	24	19
658	Ohio	17	10.5	26,323	13	32
659	Oklahoma	3	10.5	23,530	19	29
660	Montana	17	10.5	26,726	25	30
661	Ohio	24	10.5	46,224	30	31
662	Texas	31	10.5	34,071	22	23
663	Indiana	24	10.5	40,990	21	24
664	Indiana	4	10.5	41,632	19	27
665	South Carolina	10	10.5	29,208	20	31
666	Iowa	22	10.5	29,865	21	30
667	Nebraska	17	10.5	27,020	19	28
668	Idaho	19	10.5	38,506	41	22
669	New Hampshire	7	10.4	39,368	29	23
670	Ohio	18	10.4	37,225	20	28
671	Kansas	8	10.4	46,622	46	22
672	Kentucky	32	10.4	29,849	20	26
673	Florida	1	10.4	27,837	19	27
674	Montana	21	10.4	30,806	26	19
675	New Hampshire	10	10.4	35,873	29	27
676	Arkansas	3	10.4	25,022	18	34
677	West Virginia	14	10.4	25,918	13	33
678	Michigan	7	10.4	38,420	15	28
679	Nevada	Washoe-2	10.4	36,451	21	20
680	Missouri	18	10.4	25,009	15	35
681	Kansas	15	10.4	26,202	19	38
682	Alaska	E	10.4	62,116	34	8
683	Michigan	13	10.4	51,950	36	24
684	Maine	18	10.4	34,714	26	25
685	Montana	23	10.4	22,417	18	30
686	Maryland	13	10.4	54,994	50	9
687	Colorado	8	10.4	37,626	33	15
688	Missouri	2	10.4	36,308	20	23
689	Georgia	5	10.4	54,946	45	16
690	Mississippi	19	10.4	24,386	20	33
691	Iowa	35	10.3	27,780	13	32
692	Ohio	20	10.3	27,723	14	31
693	Illinois	44	10.3	36,011	26	26
694	Idaho	4	10.3	30,633	22	34
695	Maine	4	10.3	24,634	17	34
696	Missouri	11	10.3	25,952	18	27
697	Vermont	Addison	10.3	35,307	30	25
698	Indiana	28	10.3	39,048	19	26
699	Maine	10	10.3	32,002	19	26
700	Oklahoma	21	10.3	26,474	32	22

IRISH—Top State Senate Districts

RANK	STATE	DISTRICT NUMBER	IRISH (%)	AVG. HH INCOME ($)	DISTRICT WIDE COLLEGE EDUCATION (%)	RECEIVES SOC. SEC. (%)
701	Iowa	45	10.3	33,528	20	25
702	Iowa	38	10.3	48,206	44	17
703	Ohio	31	10.3	33,271	19	26
704	Ohio	3	10.3	43,212	35	16
705	Kentucky	31	10.3	23,850	10	31
706	Alabama	21	10.3	31,204	24	26
707	Indiana	48	10.3	29,888	14	30
708	Kentucky	21	10.3	22,124	10	30
709	Indiana	41	10.3	36,762	20	25
710	Maine	11	10.3	29,098	23	29
711	Illinois	35	10.2	37,717	24	24
712	Indiana	38	10.2	26,897	17	33
713	Illinois	26	10.2	65,858	41	14
714	Iowa	39	10.2	31,254	20	32
715	Florida	15	10.2	32,487	21	35
716	Florida	5	10.2	29,359	29	26
717	Georgia	27	10.2	39,531	24	26
718	Arizona	28	10.2	63,903	45	24
719	California	1	10.2	37,468	28	29
720	Washington	36	10.2	41,003	48	25
721	Georgia	18	10.2	33,598	19	20
722	Maine	2	10.2	27,163	23	27
723	Montana	31	10.2	30,868	24	23
724	Illinois	51	10.2	33,431	19	30
725	Connecticut	27	10.2	58,820	37	24
726	Oregon	30	10.2	28,196	19	30
727	Illinois	21	10.2	55,426	44	16
728	Nevada	CLARK-6	10.2	44,728	22	16
729	Louisiana	11	10.2	37,861	27	21
730	Maryland	46	10.2	29,712	13	33
731	New York	61	10.2	37,637	24	28
732	Wyoming	2	10.2	30,558	18	25
733	Louisiana	9	10.2	37,065	30	25
734	Colorado	30	10.2	56,414	44	10
735	Vermont	Windsor	10.2	35,406	31	28
736	Florida	13	10.2	38,120	29	27
737	Connecticut	31	10.2	44,240	23	26
738	Kansas	23	10.2	44,936	37	13
739	Montana	30	10.2	24,162	21	37
740	Alabama	25	10.1	41,584	36	24
741	Georgia	40	10.1	76,023	60	19
742	Kansas	16	10.1	33,295	21	31
743	Indiana	5	10.1	38,485	23	26
744	Delaware	19	10.1	32,846	18	31
745	Mississippi	42	10.1	26,815	18	34
746	Colorado	9	10.1	48,543	50	12
747	Connecticut	11	10.1	38,541	34	30
748	Oregon	26	10.1	32,339	27	31
749	Maryland	4	10.1	48,503	23	20
750	Maine	5	10.1	30,462	29	31

IRISH—Top State Senate Districts

RANK	STATE	DISTRICT NUMBER	IRISH (%)	DISTRICT WIDE AVG. HH INCOME ($)	DISTRICT WIDE COLLEGE EDUCATION (%)	RECEIVES SOC. SEC. (%)
751	Kansas	12	10.1	29,627	16	33
752	Pennsylvania	44	10.1	47,480	29	24
753	Ohio	4	10.1	37,645	22	24
754	Georgia	8	10.1	30,396	18	26
755	Wyoming	28	10.1	30,059	29	30
756	Ohio	6	10.1	42,535	31	25
757	Missouri	21	10.1	29,904	15	31
758	Arizona	12	10.1	39,732	35	27
759	Illinois	28	10.1	53,852	38	25
760	South Carolina	24	10.1	40,609	29	24
761	Oklahoma	49	10.1	27,939	18	31
762	Illinois	32	10.1	53,480	29	20
763	Nevada	CLARK-7	10.1	36,277	16	28
764	Iowa	28	10.1	37,724	28	23
765	Kentucky	3	10.1	25,192	13	27
766	Virginia	28	10.1	43,851	26	21
767	Virginia	8	10.1	41,884	31	14
768	Indiana	35	10.1	32,623	16	24
769	Vermont	Lamoille	10.1	33,392	31	24
770	Mississippi	46	10.1	27,388	20	32
771	Indiana	23	10.0	31,398	15	30
772	Montana	32	10.0	35,524	39	22
773	Texas	2	10.0	29,573	17	27
774	Montana	7	10.0	20,953	24	31
775	South Carolina	16	10.0	31,645	16	28
776	Pennsylvania	45	10.0	32,584	23	36
777	Ohio	10	10.0	36,055	23	24
778	Maryland	15	10.0	94,245	62	11
779	Maine	33	10.0	34,665	22	27
780	Illinois	49	10.0	30,593	15	35
781	Maryland	27	10.0	57,633	26	17
782	Alaska	A	10.0	50,501	27	16
783	Colorado	13	10.0	55,308	51	11
784	Colorado	12	10.0	36,883	37	24
785	Montana	15	10.0	23,818	46	19
786	Ohio	8	10.0	37,829	25	27
787	Texas	4	10.0	35,368	21	25
788	Kansas	27	10.0	40,812	32	20
789	Colorado	32	9.9	41,591	44	24
790	Wyoming	6	9.9	34,192	28	15
791	Illinois	54	9.9	27,973	17	35
792	Virginia	22	9.9	32,759	20	30
793	West Virginia	16	9.9	32,585	16	26
794	Arizona	26	9.9	48,119	39	25
795	Kentucky	13	9.9	30,939	31	24
796	Georgia	29	9.9	28,882	13	30
797	Alabama	31	9.9	28,379	20	29
798	Alaska	D	9.9	51,778	27	14
799	Maryland	18	9.9	62,432	51	22
800	Washington	43	9.9	37,509	59	17

ITALIAN
Top State House Districts

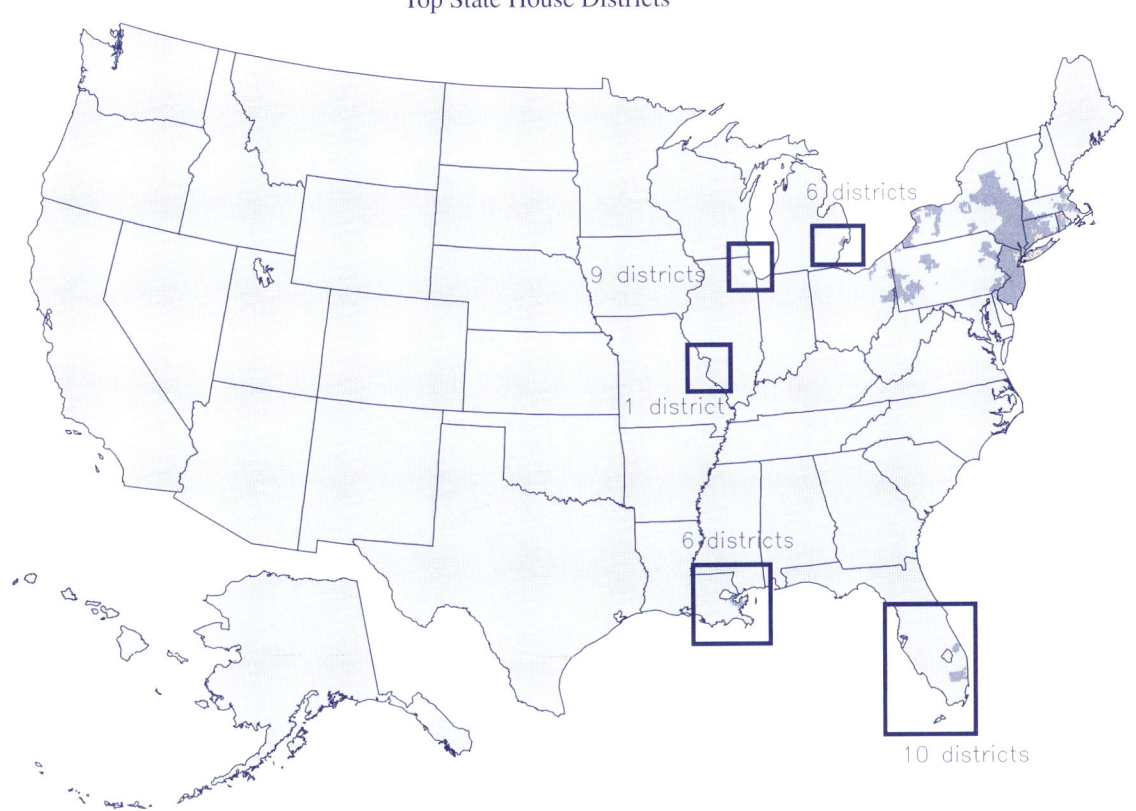

PROVIDENCE

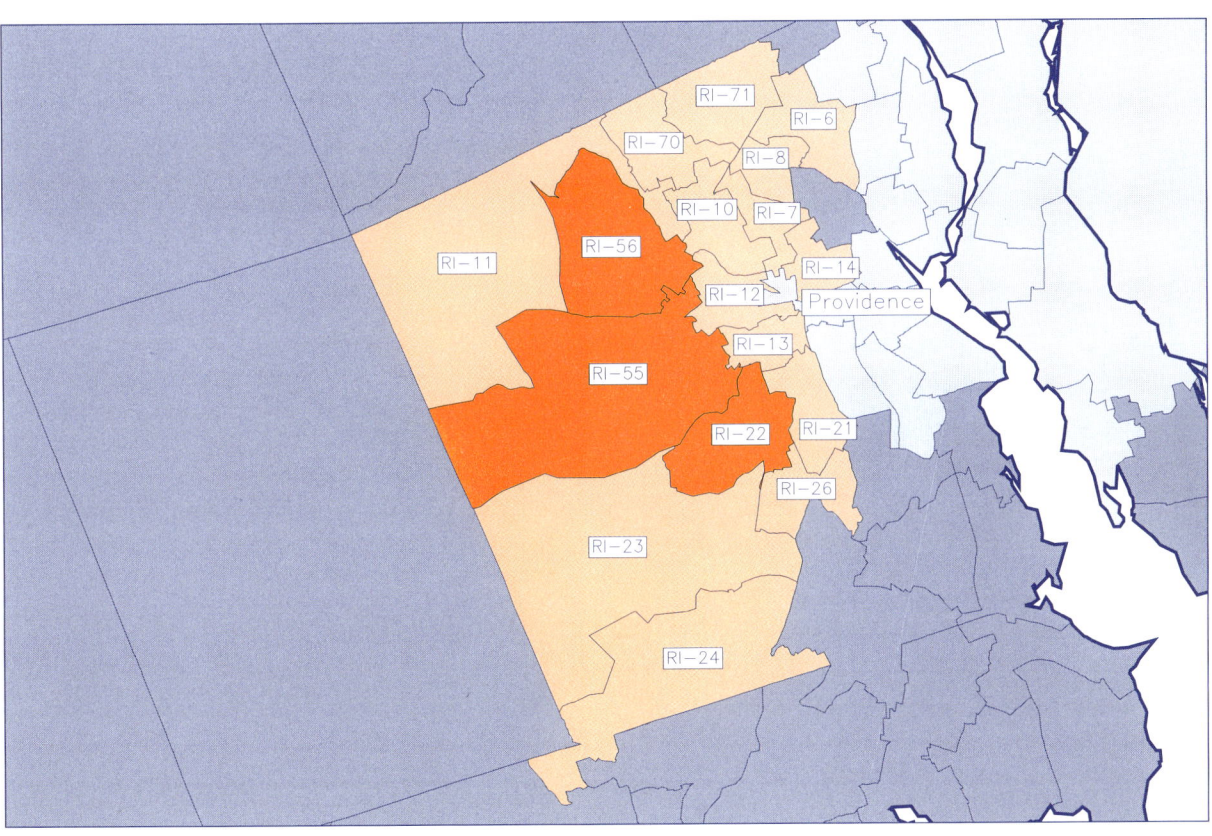

Population Ranges: 50.0% to 99.9% | 25.0% to 49.9% | 10.0% to 24.9% | 0.0% to 9.9%

NEW JERSEY - NEW YORK - NEW ENGLAND

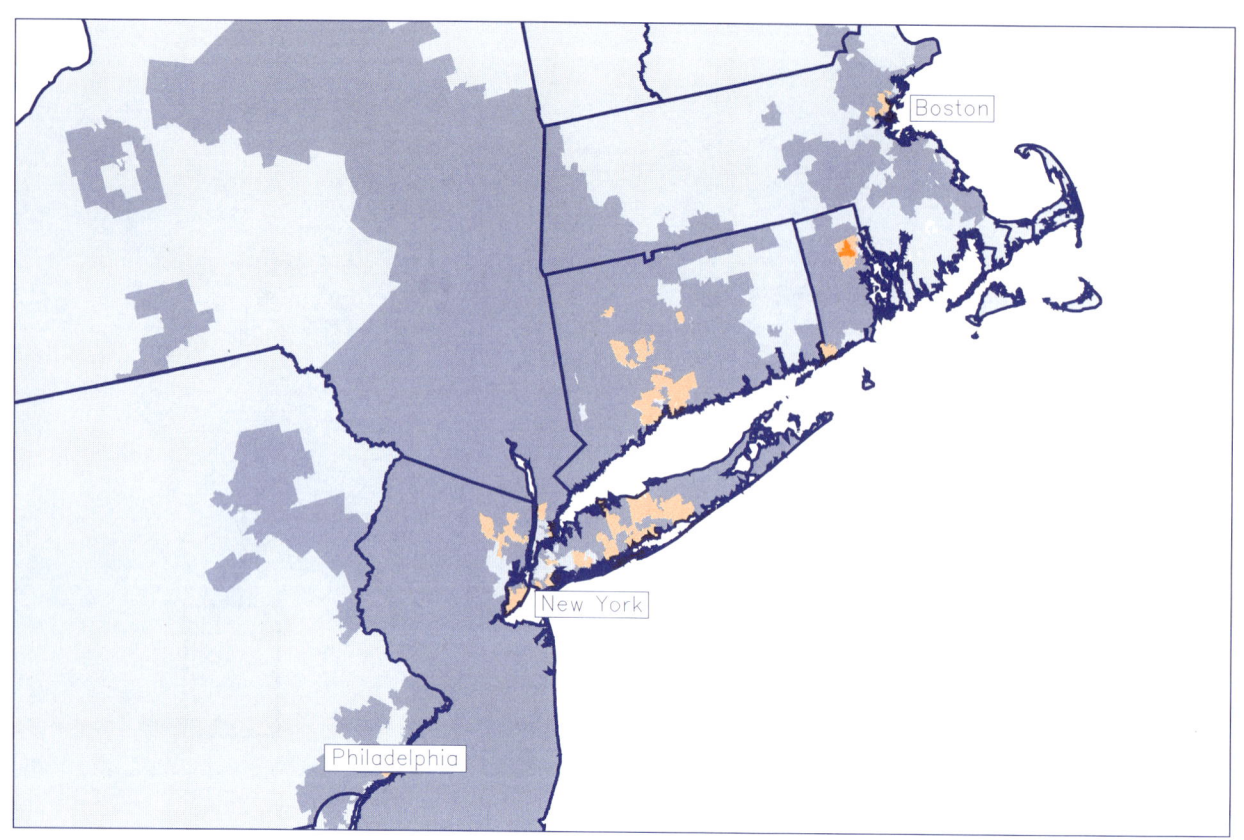

NEW YORK

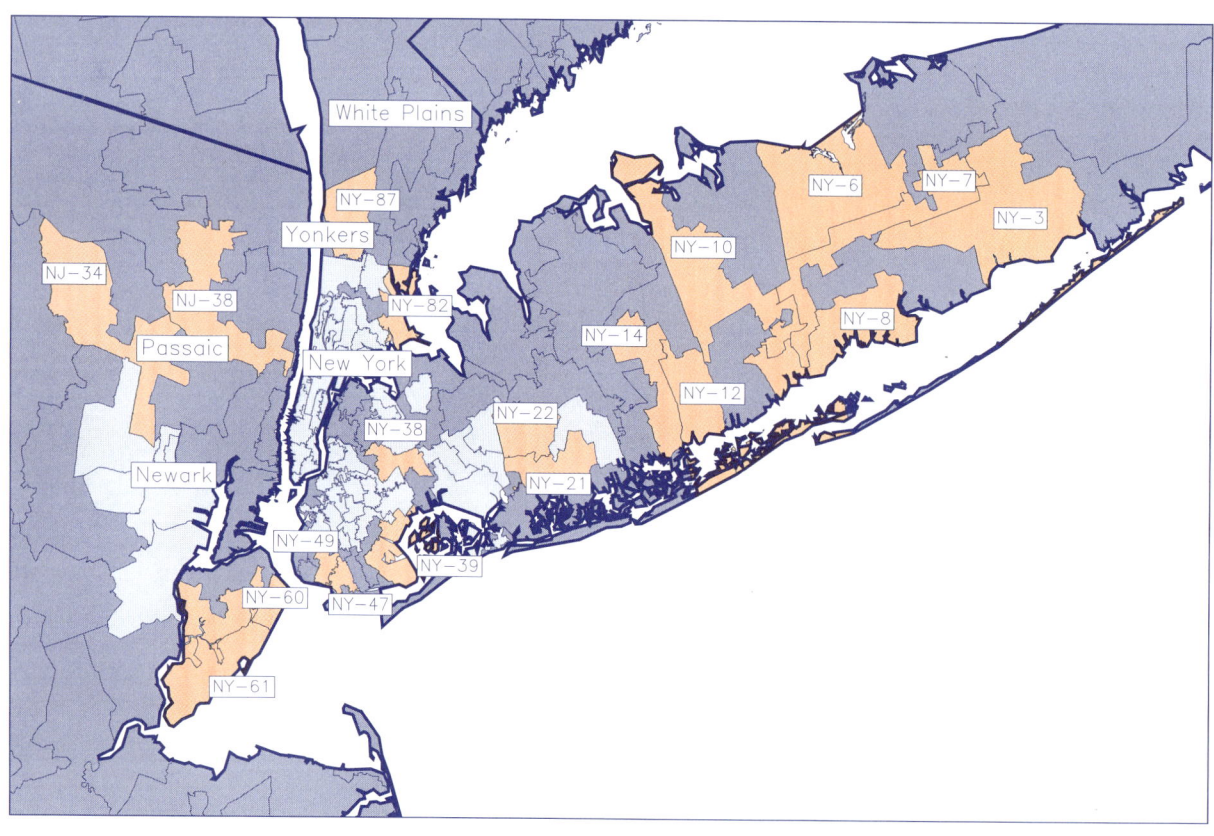

Population Ranges
- 50.0% to 99.9%
- 25.0% to 49.9%
- 10.0% to 24.9%
- 0.0% to 9.9%

ITALIAN Top State House Districts

NEW HAVEN

WESTERLY

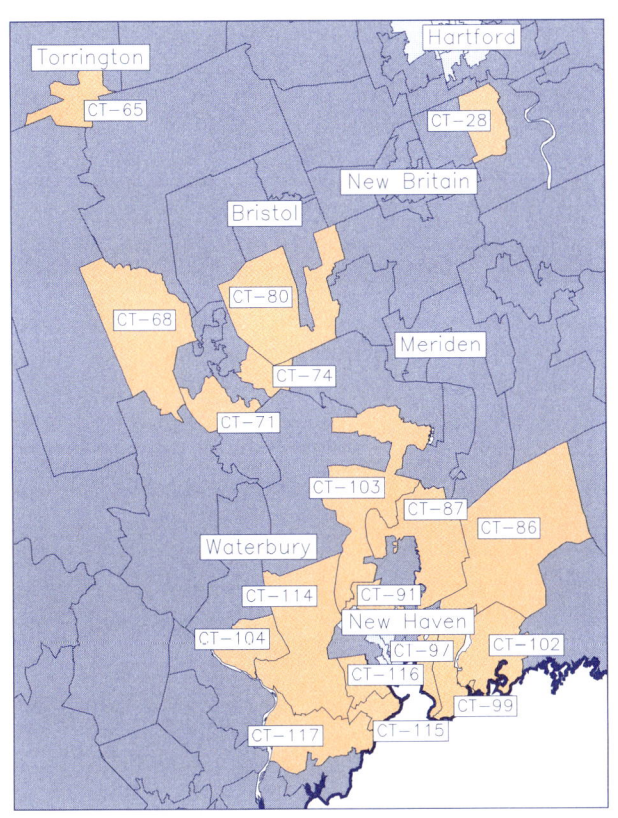
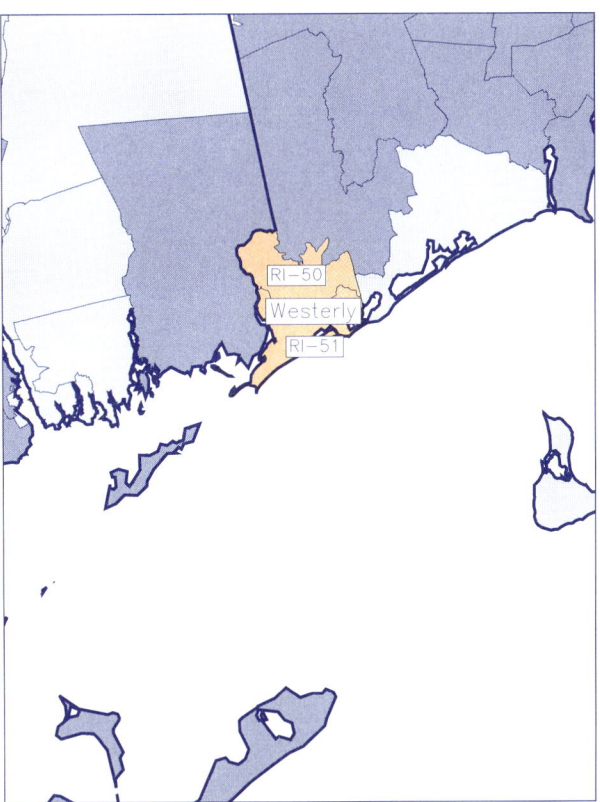

BOSTON

PHILADELPHIA

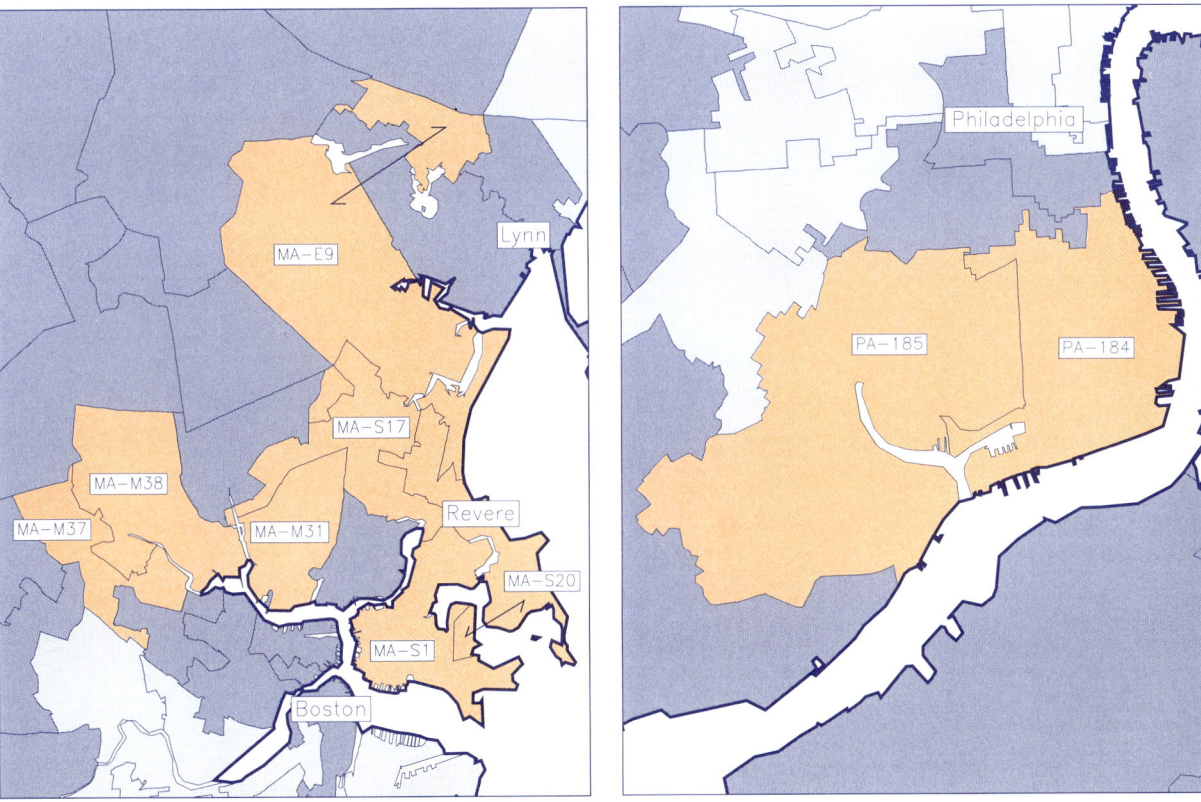

Population Ranges
- 50.0% to 99.9%
- 25.0% to 49.9%
- 10.0% to 24.9%
- 0.0% to 9.9%

ITALIAN—Top State House Districts

RANK	STATE	DISTRICT NUMBER	ITALIAN (%)	DISTRICT WIDE AVG. HH INCOME ($)	COLLEGE EDUCATION (%)	RECEIVES SOC. SEC. (%)
1	Rhode Island	22	57.4	34,723	19	34
2	Rhode Island	55	56.9	33,541	17	36
3	Rhode Island	56	51.8	38,001	17	31
4	New York	49	46.3	34,673	15	34
5	Rhode Island	71	46.1	46,964	28	26
6	Rhode Island	6	45.6	26,644	15	39
7	Connecticut	99	45.1	41,937	19	34
8	New York	61	45.1	56,396	24	24
9	Rhode Island	11	43.4	38,751	23	28
10	Rhode Island	70	43.0	39,289	29	35
11	Pennsylvania	184	41.6	27,373	10	39
12	Rhode Island	23	41.0	51,365	35	30
13	Massachusetts	S1	40.8	28,527	13	29
14	Rhode Island	13	40.8	28,710	14	30
15	Rhode Island	21	40.3	31,691	17	43
16	New York	47	39.3	34,550	17	35
17	Connecticut	97	38.4	33,806	23	42
18	Massachusetts	S17	37.6	37,735	20	30
19	New York	60	37.1	52,086	27	24
20	Massachusetts	M31	36.8	34,370	17	31
21	Rhode Island	50	36.7	36,927	24	28
22	Connecticut	87	36.0	54,603	30	34
23	Connecticut	71	35.6	40,423	22	33
24	Rhode Island	26	34.5	44,381	32	33
25	Rhode Island	10	34.3	34,175	24	36
26	Rhode Island	24	33.5	50,692	33	31
27	Pennsylvania	185	33.3	29,669	12	33
28	Rhode Island	14	33.1	21,390	16	34
29	Massachusetts	M38	33.0	43,155	27	33
30	Connecticut	86	32.9	55,455	32	20
31	Rhode Island	8	32.6	34,091	30	37
32	Connecticut	28	31.3	56,535	36	39
33	New York	87	31.1	51,570	30	34
34	New York	22	30.8	55,965	29	34
35	Connecticut	115	30.6	38,413	22	28
36	Rhode Island	7	30.2	33,067	28	33
37	Connecticut	91	29.7	43,084	31	37
38	New Jersey	38	29.2	50,231	26	31
39	Rhode Island	51	29.0	47,386	34	34
40	Massachusetts	S20	28.9	37,255	23	32
41	New York	12	28.7	62,326	30	30
42	New York	7	28.5	52,876	22	21
43	Connecticut	74	28.3	36,534	21	32
44	New York	6	27.6	66,955	38	23
45	Rhode Island	12	27.5	26,092	12	27
46	Connecticut	104	26.6	37,635	19	33
47	Connecticut	68	26.5	51,273	29	28
48	Connecticut	103	26.2	58,007	44	25
49	Connecticut	102	26.2	50,023	38	27
50	Connecticut	116	26.1	37,570	22	23

ITALIAN—Top State House Districts

RANK	STATE	DISTRICT NUMBER	ITALIAN (%)	DISTRICT WIDE AVG. HH INCOME ($)	COLLEGE EDUCATION (%)	RECEIVES SOC. SEC. (%)
51	New York	14	26.0	58,942	29	29
52	New York	10	25.9	68,074	34	25
53	New Jersey	34	25.8	54,610	31	33
54	New York	39	25.7	43,564	22	33
55	New York	82	25.6	37,813	17	36
56	New York	21	25.6	58,794	35	33
57	Massachusetts	M37	25.5	43,332	35	28
58	New York	8	25.4	58,098	28	25
59	Connecticut	80	25.4	53,858	25	27
60	Connecticut	117	25.4	56,448	32	33
61	New York	3	25.4	49,126	24	22
62	Connecticut	114	25.4	78,006	46	31
63	New York	38	25.3	38,225	17	32
64	Connecticut	65	25.3	35,302	18	35
65	Massachusetts	E9	25.1	47,097	26	33
66	New Jersey	36	24.8	42,623	23	30
67	Connecticut	81	24.7	51,652	30	29
68	Pennsylvania	9	24.6	28,453	16	39
69	Connecticut	123	24.6	76,952	43	30
70	Connecticut	73	24.6	42,797	29	30
71	Connecticut	29	24.3	50,554	38	26
72	Connecticut	144	24.1	65,497	43	29
73	New York	85	23.9	81,115	46	27
74	Connecticut	88	23.8	51,916	43	30
75	Rhode Island	37	23.5	41,161	29	36
76	New York	23	23.5	41,975	20	33
77	New York	11	23.4	50,643	20	26
78	New York	4	23.4	61,630	40	20
79	New York	59	23.1	43,333	25	26
80	New York	116	22.9	26,822	19	32
81	Massachusetts	W10	22.9	45,601	31	25
82	Massachusetts	M34	22.7	67,719	48	27
83	New York	91	22.7	57,104	32	22
84	Illinois	77	22.5	44,617	26	32
85	New York	15	22.3	81,523	38	29
86	New Jersey	26	22.2	70,598	41	22
87	Massachusetts	M22	22.2	57,487	38	29
88	New York	89	22.2	102,907	53	22
89	Connecticut	127	21.9	47,838	29	34
90	Connecticut	89	21.9	64,048	43	24
91	New York	19	21.9	66,943	35	27
92	New York	17	21.4	64,035	36	34
93	New York	90	21.4	63,639	40	23
94	Connecticut	33	21.4	38,776	26	25
95	Rhode Island	27	21.1	33,629	24	36
96	Rhode Island	39	21.1	35,476	19	32
97	Connecticut	142	21.0	76,949	47	25
98	Rhode Island	69	20.9	54,247	37	28
99	Connecticut	148	20.8	51,071	33	22
100	New York	9	20.8	73,690	45	23

ITALIAN—Top State House Districts

RANK	STATE	DISTRICT NUMBER	ITALIAN (%)	DISTRICT WIDE AVG. HH INCOME ($)	COLLEGE EDUCATION (%)	RECEIVES SOC. SEC. (%)
101	New York	88	20.8	77,761	46	28
102	Rhode Island	57	20.7	42,424	29	29
103	New Jersey	10	20.7	47,009	26	34
104	New York	134	20.6	41,291	28	27
105	Rhode Island	40	20.6	43,284	30	20
106	New Jersey	4	20.5	43,616	25	21
107	New York	1	20.5	45,865	28	32
108	New Jersey	21	20.5	77,765	42	32
109	New York	26	20.5	54,275	33	32
110	Massachusetts	M36	20.4	38,690	28	30
111	New York	80	20.2	32,431	20	32
112	Connecticut	113	20.2	50,424	28	26
113	Connecticut	98	20.1	68,571	50	21
114	Connecticut	32	20.0	50,726	35	28
115	Connecticut	30	19.9	58,530	31	29
116	Massachusetts	M32	19.9	47,320	46	27
117	Connecticut	85	19.8	46,511	29	25
118	Rhode Island	88	19.8	78,062	58	27
119	New York	86	19.7	77,585	49	24
120	New York	132	19.7	45,150	43	33
121	New York	2	19.5	48,709	27	30
122	Pennsylvania	118	19.5	31,873	19	38
123	Pennsylvania	115	19.5	29,046	17	41
124	Rhode Island	54	19.5	52,839	34	21
125	Pennsylvania	70	19.4	40,624	24	29
126	Ohio	65	19.4	35,701	24	33
127	Pennsylvania	163	19.3	39,414	24	32
128	Connecticut	122	19.2	68,424	40	29
129	Rhode Island	25	19.2	35,756	20	44
130	Connecticut	134	19.2	72,926	47	34
131	New Jersey	13	19.1	54,834	29	24
132	Massachusetts	M33	19.1	48,181	31	25
133	New York	105	19.1	32,749	22	35
134	Massachusetts	E15	19.0	41,983	26	32
135	Connecticut	100	19.0	51,200	43	19
136	Connecticut	112	18.9	67,463	44	17
137	Connecticut	120	18.9	50,634	28	38
138	New Jersey	39	18.8	82,285	45	26
139	Pennsylvania	112	18.8	29,207	21	41
140	New York	140	18.8	33,856	30	35
141	Pennsylvania	164	18.7	37,615	26	32
142	Connecticut	79	18.7	42,230	20	23
143	Massachusetts	M10	18.7	41,419	34	26
144	Connecticut	83	18.7	48,252	28	27
145	Massachusetts	M35	18.7	51,205	38	30
146	Connecticut	90	18.5	59,410	37	25
147	Pennsylvania	32	18.4	35,495	26	33
148	Connecticut	25	18.3	46,036	26	27
149	Pennsylvania	165	18.3	62,457	42	34
150	Pennsylvania	116	18.3	30,273	15	41

ITALIAN—Top State House Districts

RANK	STATE	DISTRICT NUMBER	ITALIAN (%)	DISTRICT WIDE AVG. HH INCOME ($)	COLLEGE EDUCATION (%)	RECEIVES SOC. SEC. (%)
151	Connecticut	27	18.3	49,395	31	33
152	Connecticut	72	18.2	28,555	13	32
153	New York	120	18.2	29,469	27	34
154	New York	36	18.1	34,413	24	26
155	Rhode Island	90	18.1	43,908	27	33
156	New Jersey	8	18.1	55,783	36	22
157	Massachusetts	M9	18.0	60,702	40	23
158	Massachusetts	Be3	17.9	40,488	29	33
159	Connecticut	137	17.8	49,155	32	21
160	Rhode Island	32	17.7	38,040	23	31
161	New Jersey	9	17.7	35,170	16	52
162	Pennsylvania	166	17.6	57,511	45	32
163	Massachusetts	M24	17.6	52,216	30	17
164	Connecticut	108	17.6	68,604	41	21
165	Illinois	14	17.5	44,682	23	36
166	New York	135	17.5	53,269	47	21
167	New York	5	17.5	52,446	23	23
168	New Jersey	40	17.4	75,992	43	24
169	New Jersey	12	17.4	65,251	40	22
170	Connecticut	131	17.3	56,401	35	24
171	Rhode Island	30	17.3	36,711	20	34
172	Massachusetts	M30	17.3	38,411	38	24
173	New Jersey	22	17.3	73,631	45	26
174	New York	118	17.3	41,127	31	22
175	New York	92	17.2	66,805	40	20
176	Massachusetts	M21	17.2	57,945	41	23
177	New York	138	17.2	31,311	20	34
178	Connecticut	105	17.1	46,556	26	25
179	Rhode Island	35	17.1	39,787	26	28
180	Pennsylvania	45	17.1	34,318	24	33
181	Connecticut	149	17.0	153,147	59	23
182	Connecticut	82	17.0	44,437	28	26
183	Massachusetts	M20	17.0	55,662	28	22
184	Massachusetts	H3	17.0	42,087	27	27
185	Connecticut	107	17.0	65,371	46	19
186	Connecticut	146	16.9	59,677	42	22
187	New Jersey	14	16.8	51,418	36	26
188	Rhode Island	46	16.8	54,037	42	16
189	Pennsylvania	113	16.7	28,374	18	40
190	Connecticut	70	16.6	44,502	24	24
191	New York	13	16.5	81,954	44	25
192	Connecticut	118	16.5	48,308	25	30
193	Pennsylvania	137	16.5	43,209	25	32
194	Ohio	67	16.5	34,111	17	32
195	Rhode Island	91	16.5	33,930	16	29
196	Louisiana	104	16.4	31,873	10	25
197	New York	144	16.4	29,779	30	28
198	Massachusetts	S15	16.4	38,504	26	30
199	New York	94	16.3	51,591	34	22
200	Rhode Island	36	16.3	51,189	45	33

ITALIAN—Top State House Districts

RANK	STATE	DISTRICT NUMBER	ITALIAN (%)	DISTRICT WIDE AVG. HH INCOME ($)	COLLEGE EDUCATION (%)	RECEIVES SOC. SEC. (%)
201	Connecticut	109	16.3	54,928	34	23
202	Massachusetts	N12	16.3	50,911	39	29
203	New York	96	16.3	39,025	24	26
204	New York	52	16.2	52,034	43	25
205	Pennsylvania	114	16.2	40,475	26	32
206	New York	97	16.2	47,914	35	26
207	Massachusetts	N10	16.2	50,067	34	20
208	Ohio	14	16.1	37,364	29	37
209	Massachusetts	S3	16.0	49,590	52	18
210	Rhode Island	28	16.0	42,497	38	29
211	Connecticut	58	15.9	42,110	23	27
212	Connecticut	20	15.9	59,392	39	38
213	New Jersey	25	15.9	68,154	40	22
214	Connecticut	136	15.9	95,248	52	24
215	Connecticut	76	15.9	58,840	33	22
216	Connecticut	121	15.8	38,985	21	37
217	Connecticut	138	15.8	62,687	40	20
218	Rhode Island	87	15.8	51,515	39	30
219	Connecticut	111	15.8	94,531	61	18
220	New Jersey	24	15.8	58,788	35	18
221	New Jersey	1	15.7	37,713	19	34
222	Massachusetts	N5	15.7	52,722	32	32
223	Pennsylvania	161	15.6	45,413	29	32
224	New Jersey	6	15.6	55,559	38	27
225	Connecticut	60	15.5	47,663	27	25
226	Pennsylvania	160	15.5	47,278	27	26
227	Massachusetts	E5	15.4	44,447	35	30
228	Rhode Island	31	15.4	57,559	36	22
229	Massachusetts	N3	15.4	40,285	29	31
230	New Jersey	16	15.3	69,137	46	19
231	Massachusetts	M23	15.2	62,215	45	21
232	New York	99	15.2	47,822	32	27
233	Pennsylvania	150	15.2	50,623	33	22
234	Rhode Island	41	15.2	39,061	21	27
235	Illinois	46	15.2	48,559	24	22
236	Connecticut	64	15.2	58,060	37	28
237	Connecticut	151	15.1	126,334	57	27
238	Rhode Island	34	15.1	39,768	21	30
239	New Jersey	32	15.1	40,627	24	26
240	Pennsylvania	57	15.1	29,855	22	33
241	Rhode Island	33	15.0	43,793	27	25
242	New Jersey	18	15.0	59,877	39	22
243	New York	24	15.0	52,210	37	34
244	Connecticut	101	15.0	74,601	51	23
245	Connecticut	119	14.9	51,813	32	26
246	Connecticut	147	14.9	135,325	60	24
247	Massachusetts	N2	14.9	39,818	29	31
248	Connecticut	38	14.9	49,346	32	30
249	Connecticut	75	14.8	28,331	12	27
250	Pennsylvania	120	14.8	35,602	26	37

ITALIAN—Top State House Districts

RANK	STATE	DISTRICT NUMBER	ITALIAN (%)	AVG. HH INCOME ($)	DISTRICT WIDE COLLEGE EDUCATION (%)	RECEIVES SOC. SEC. (%)
251	Massachusetts	N11	14.8	60,960	42	32
252	New York	95	14.8	46,624	25	24
253	Pennsylvania	54	14.7	31,513	21	39
254	Pennsylvania	169	14.7	40,285	16	28
255	Connecticut	35	14.7	52,647	34	27
256	New York	107	14.7	49,672	41	24
257	Connecticut	9	14.7	63,447	40	28
258	Rhode Island	29	14.6	42,424	33	36
259	New Jersey	11	14.6	51,162	33	28
260	Pennsylvania	186	14.6	22,555	10	35
261	Connecticut	14	14.6	64,097	40	16
262	Pennsylvania	49	14.6	26,370	16	42
263	New York	20	14.6	74,309	41	29
264	Connecticut	77	14.6	44,607	23	29
265	New York	142	14.5	51,265	48	29
266	Connecticut	6	14.5	31,578	18	23
267	Pennsylvania	15	14.5	35,459	24	36
268	Massachusetts	M26	14.5	60,280	56	29
269	Pennsylvania	16	14.4	36,339	23	39
270	Pennsylvania	25	14.4	43,626	38	26
271	Pennsylvania	2	14.4	29,385	23	32
272	Connecticut	34	14.4	53,808	36	20
273	Massachusetts	M4	14.3	48,068	34	21
274	Connecticut	125	14.3	38,396	19	30
275	Massachusetts	M7	14.3	45,108	36	22
276	New Jersey	37	14.3	58,527	38	28
277	New York	48	14.3	34,834	19	32
278	New Jersey	19	14.3	45,554	20	28
279	Illinois	44	14.3	55,035	31	33
280	Connecticut	22	14.2	42,499	22	26
281	Connecticut	126	14.2	40,809	17	25
282	Massachusetts	W4	14.2	40,455	26	27
283	Connecticut	63	14.1	44,950	27	28
284	Connecticut	129	14.1	37,378	24	31
285	Pennsylvania	56	14.1	33,151	23	33
286	Connecticut	145	14.0	40,237	17	24
287	Pennsylvania	61	14.0	65,641	45	24
288	Connecticut	31	14.0	69,058	54	24
289	Pennsylvania	140	14.0	39,290	18	27
290	Pennsylvania	55	14.0	29,955	16	35
291	Pennsylvania	21	14.0	30,562	29	32
292	Massachusetts	Br1	14.0	55,465	41	20
293	Massachusetts	M25	14.0	52,592	49	29
294	Connecticut	106	14.0	63,101	43	20
295	Pennsylvania	162	13.9	34,883	13	29
296	Connecticut	96	13.9	32,260	44	20
297	Pennsylvania	48	13.9	32,543	17	38
298	Massachusetts	P1	13.9	45,281	31	24
299	Rhode Island	59	13.9	48,570	31	33
300	Massachusetts	W15	13.8	26,899	20	31

ITALIAN—Top State House Districts

RANK	STATE	DISTRICT NUMBER	ITALIAN (%)	DISTRICT WIDE AVG. HH INCOME ($)	COLLEGE EDUCATION (%)	RECEIVES SOC. SEC. (%)
301	New York	104	13.7	40,572	43	26
302	New York	113	13.7	28,244	21	35
303	Michigan	29	13.7	47,174	22	32
304	New York	103	13.6	40,637	35	30
305	Missouri	65	13.6	31,595	24	35
306	Massachusetts	E14	13.6	52,602	37	25
307	Massachusetts	E3	13.6	40,570	29	24
308	Michigan	27	13.6	36,137	13	34
309	Delaware	13	13.6	37,187	16	36
310	Ohio	64	13.6	22,209	11	38
311	Pennsylvania	173	13.6	31,991	11	36
312	New Jersey	23	13.5	56,490	34	24
313	Connecticut	84	13.5	31,341	15	30
314	Massachusetts	E13	13.5	52,783	36	24
315	Illinois	19	13.4	36,684	16	37
316	Pennsylvania	172	13.4	33,311	14	40
317	Massachusetts	H10	13.4	31,520	28	27
318	New Jersey	35	13.4	38,024	15	26
319	Massachusetts	H2	13.4	62,538	46	30
320	Pennsylvania	10	13.4	29,790	17	33
321	Pennsylvania	44	13.4	37,126	25	29
322	New York	131	13.3	30,581	30	25
323	Connecticut	132	13.3	63,248	43	31
324	New Jersey	2	13.3	42,071	22	28
325	Massachusetts	W11	13.3	57,519	47	23
326	Connecticut	150	13.3	96,015	51	28
327	Connecticut	11	13.2	38,903	19	24
328	Massachusetts	N4	13.2	47,223	30	27
329	Illinois	45	13.2	52,672	35	15
330	New York	30	13.1	38,381	23	28
331	Massachusetts	M29	13.1	37,291	31	23
332	Pennsylvania	22	13.1	26,346	15	38
333	Rhode Island	16	13.0	38,528	24	24
334	Connecticut	23	13.0	41,599	22	32
335	Pennsylvania	58	13.0	28,492	17	37
336	Massachusetts	N9	13.0	59,486	41	21
337	Massachusetts	W16	13.0	32,940	22	28
338	Rhode Island	15	13.0	43,118	31	23
339	Pennsylvania	34	12.9	36,602	35	34
340	Connecticut	135	12.9	108,860	60	19
341	Rhode Island	47	12.9	41,094	40	27
342	New York	16	12.9	101,659	54	28
343	Connecticut	140	12.9	44,213	23	19
344	Pennsylvania	167	12.8	76,791	54	22
345	Rhode Island	38	12.8	29,506	15	29
346	Pennsylvania	182	12.8	40,839	50	22
347	Pennsylvania	151	12.8	61,342	43	22
348	Pennsylvania	148	12.8	82,482	51	28
349	Delaware	16	12.7	34,520	11	30
350	New York	115	12.7	36,978	28	32

ITALIAN—Top State House Districts

RANK	STATE	DISTRICT NUMBER	ITALIAN (%)	DISTRICT WIDE AVG. HH INCOME ($)	COLLEGE EDUCATION (%)	RECEIVES SOC. SEC. (%)
351	Massachusetts	E6	12.7	46,865	38	27
352	Massachusetts	E12	12.7	41,890	26	30
353	New York	137	12.6	38,914	26	25
354	Connecticut	21	12.6	70,420	51	27
355	Pennsylvania	192	12.5	30,056	19	36
356	Connecticut	143	12.5	126,333	67	20
357	Pennsylvania	41	12.4	38,808	29	33
358	New York	148	12.4	39,855	27	32
359	Rhode Island	89	12.4	36,793	21	32
360	Ohio	70	12.4	39,267	21	29
361	Michigan	26	12.4	42,763	20	31
362	Pennsylvania	7	12.4	28,562	17	39
363	Vermont	Ru 6-2	12.4	32,270	25	35
364	New Hampshire	Ro14	12.3	62,145	42	17
365	New York	101	12.3	38,906	29	27
366	Pennsylvania	30	12.3	61,796	38	28
367	Pennsylvania	33	12.3	34,840	24	36
368	New Hampshire	Ro26	12.3	50,127	28	21
369	Pennsylvania	27	12.2	33,180	24	32
370	Connecticut	26	12.2	36,368	23	29
371	Massachusetts	P5	12.1	54,438	34	24
372	Rhode Island	49	12.1	47,078	48	20
373	New York	45	12.1	38,295	28	37
374	Pennsylvania	46	12.0	32,664	16	31
375	Vermont	Ru 6-1	12.0	42,095	37	37
376	Rhode Island	43	12.0	64,285	51	27
377	Delaware	20	12.0	64,880	51	16
378	New Hampshire	Ro28	12.0	55,568	33	19
379	Connecticut	17	12.0	77,885	55	21
380	Massachusetts	N6	11.9	53,954	35	27
381	Michigan	30	11.9	49,279	27	19
382	Connecticut	24	11.9	29,161	18	33
383	New Jersey	7	11.9	44,515	23	26
384	Louisiana	80	11.9	36,549	32	18
385	Illinois	49	11.9	51,945	32	12
386	Rhode Island	48	11.8	43,549	48	24
387	Massachusetts	P8	11.8	49,081	32	22
388	Pennsylvania	170	11.8	40,085	21	28
389	Maine	34	11.8	39,236	36	23
390	Florida	46	11.8	25,120	12	61
391	Massachusetts	Be4	11.7	41,297	32	31
392	Pennsylvania	42	11.7	54,030	47	31
393	Louisiana	103	11.7	26,528	13	28
394	New York	150	11.7	28,922	22	32
395	Connecticut	92	11.7	40,948	39	23
396	Delaware	8	11.7	43,994	29	27
397	Pennsylvania	136	11.7	34,203	18	32
398	Connecticut	10	11.7	38,566	19	31
399	Connecticut	48	11.6	49,507	34	19
400	Florida	96	11.6	46,159	30	31

ITALIAN—Top State House Districts

RANK	STATE	DISTRICT NUMBER	ITALIAN (%)	DISTRICT WIDE AVG. HH INCOME ($)	COLLEGE EDUCATION (%)	RECEIVES SOC. SEC. (%)
401	Louisiana	88	11.6	42,540	32	23
402	Pennsylvania	39	11.6	32,573	22	39
403	Connecticut	62	11.5	61,351	45	19
404	Massachusetts	E17	11.5	61,950	48	23
405	Connecticut	52	11.5	46,884	28	27
406	Connecticut	55	11.4	59,557	45	16
407	New York	108	11.4	38,554	29	28
408	Pennsylvania	177	11.4	27,428	8	36
409	West Virginia	2	11.4	30,407	18	34
410	Connecticut	69	11.4	61,651	42	42
411	Florida	95	11.4	35,760	22	45
412	New Jersey	17	11.3	46,851	30	22
413	Connecticut	19	11.3	66,505	54	34
414	Massachusetts	M5	11.3	62,915	51	23
415	Pennsylvania	75	11.3	29,033	16	33
416	New York	146	11.3	35,064	24	30
417	New York	106	11.3	30,192	23	29
418	Connecticut	59	11.3	55,049	25	22
419	Rhode Island	1	11.3	26,147	20	23
420	New York	136	11.3	50,584	41	22
421	Massachusetts	Be2	11.2	38,738	31	32
422	Vermont	Ru 6-3	11.2	24,028	16	28
423	New York	37	11.2	30,654	18	25
424	Connecticut	54	11.2	50,134	57	24
425	New Hampshire	Ro27	11.2	73,221	47	14
426	Pennsylvania	149	11.1	80,856	54	29
427	Michigan	31	11.1	39,426	19	26
428	Massachusetts	M8	11.1	63,579	49	19
429	Pennsylvania	178	11.1	62,507	37	19
430	Connecticut	43	11.1	49,949	34	27
431	Rhode Island	44	11.1	46,461	34	23
432	Pennsylvania	31	11.1	76,090	56	17
433	New York	98	11.1	35,319	21	30
434	Connecticut	12	11.1	43,371	30	28
435	Connecticut	66	11.1	59,970	43	27
436	Ohio	20	11.1	40,117	22	35
437	Massachusetts	H6	11.0	34,440	23	28
438	New Jersey	3	11.0	39,163	19	29
439	New York	84	11.0	35,104	21	26
440	Pennsylvania	168	11.0	64,735	46	29
441	Illinois	78	11.0	49,254	31	27
442	Florida	91	11.0	60,758	38	42
443	Delaware	18	11.0	44,141	32	13
444	Massachusetts	P3	11.0	67,829	49	24
445	Massachusetts	P12	11.0	45,123	26	23
446	Pennsylvania	36	10.9	32,400	21	36
447	Pennsylvania	3	10.9	40,744	27	27
448	Massachusetts	P10	10.9	39,788	18	24
449	Massachusetts	S2	10.9	35,834	25	25
450	Massachusetts	P7	10.9	43,867	26	25

ITALIAN—Top State House Districts

RANK	STATE	DISTRICT NUMBER	ITALIAN (%)	DISTRICT WIDE AVG. HH INCOME ($)	COLLEGE EDUCATION (%)	RECEIVES SOC. SEC. (%)
451	Massachusetts	N13	10.9	81,684	60	25
452	Michigan	33	10.9	48,598	24	18
453	New York	102	10.9	39,926	30	30
454	Connecticut	133	10.8	121,515	65	23
455	Delaware	4	10.8	56,657	43	29
456	Florida	97	10.8	48,841	32	27
457	New Jersey	31	10.8	36,696	22	28
458	Massachusetts	E10	10.8	31,672	20	30
459	New York	133	10.8	28,674	18	24
460	Connecticut	61	10.8	64,741	40	21
461	Pennsylvania	142	10.8	50,467	32	23
462	Rhode Island	74	10.8	32,564	16	26
463	Pennsylvania	189	10.8	38,228	24	28
464	Connecticut	78	10.7	44,145	22	27
465	Delaware	10	10.7	67,413	49	25
466	New York	27	10.7	44,484	32	27
467	Rhode Island	45	10.7	49,390	41	26
468	New York	93	10.7	60,290	39	22
469	New Jersey	30	10.7	42,179	22	25
470	Pennsylvania	14	10.7	26,478	14	34
471	Pennsylvania	158	10.7	64,589	44	20
472	New York	46	10.7	29,122	20	34
473	Pennsylvania	141	10.7	38,762	14	26
474	Florida	98	10.6	46,210	32	36
475	Massachusetts	P9	10.6	41,767	25	25
476	Ohio	98	10.6	26,900	12	37
477	New Hampshire	Ro9	10.6	48,081	28	15
478	Connecticut	8	10.6	54,313	37	20
479	New Jersey	5	10.6	32,151	13	28
480	New Jersey	33	10.6	36,920	24	22
481	Connecticut	13	10.6	41,466	31	29
482	New Jersey	15	10.6	51,601	34	27
483	Delaware	12	10.6	80,301	42	33
484	Delaware	19	10.6	37,706	21	30
485	Connecticut	37	10.6	57,793	44	25
486	Connecticut	16	10.5	78,688	63	18
487	Florida	100	10.5	37,773	22	42
488	Massachusetts	H13	10.5	47,594	34	26
489	Pennsylvania	40	10.5	66,242	52	22
490	Pennsylvania	156	10.5	52,824	48	20
491	Massachusetts	P6	10.4	60,004	43	20
492	Florida	99	10.4	40,435	26	25
493	New Hampshire	Ro17	10.4	52,563	36	17
494	Massachusetts	M6	10.4	63,749	52	19
495	Rhode Island	53	10.4	45,333	28	24
496	Rhode Island	42	10.4	37,809	17	29
497	Delaware	21	10.4	49,509	44	18
498	Rhode Island	93	10.3	40,906	29	28
499	Connecticut	67	10.3	56,514	37	20
500	Delaware	27	10.3	49,293	29	14

ITALIAN—Top State House Districts

RANK	STATE	DISTRICT NUMBER	ITALIAN (%)	DISTRICT WIDE AVG. HH INCOME ($)	COLLEGE EDUCATION (%)	RECEIVES SOC. SEC. (%)
501	Pennsylvania	18	10.3	43,058	28	20
502	New York	143	10.3	30,051	18	37
503	Pennsylvania	174	10.3	32,850	20	44
504	Connecticut	39	10.3	28,586	17	27
505	New York	121	10.3	47,232	40	26
506	Florida	89	10.3	54,092	32	51
507	Delaware	11	10.2	69,251	54	37
508	Louisiana	81	10.2	38,144	31	33
509	New York	123	10.2	36,431	31	28
510	Massachusetts	E11	10.2	33,787	21	27
511	Pennsylvania	79	10.2	26,503	13	38
512	Connecticut	46	10.2	35,847	23	30
513	Rhode Island	61	10.2	45,149	26	25
514	Maine	36	10.2	37,294	31	34
515	Massachusetts	P11	10.2	33,932	19	27
516	New Hampshire	Ro13	10.1	46,801	34	14
517	Ohio	15	10.1	69,817	42	30
518	Connecticut	141	10.1	134,438	65	22
519	Rhode Island	52	10.1	46,987	29	19
520	Louisiana	79	10.1	44,941	35	11
521	Connecticut	36	10.1	56,639	39	32
522	Massachusetts	S10	10.1	46,286	41	32
523	New York	41	10.1	42,878	28	33
524	West Virginia	1	10.1	31,812	14	35
525	Wisconsin	64	10.1	31,164	20	29
526	Maine	35	10.0	41,482	42	25
527	Florida	81	10.0	41,369	23	41
528	Pennsylvania	60	10.0	27,856	12	36
529	Maine	30	9.9	28,340	33	23
530	Massachusetts	Br14	9.9	46,345	34	22
531	Delaware	6	9.9	50,753	40	29
532	Louisiana	78	9.9	37,455	22	29
533	New York	128	9.8	35,910	22	27
534	Missouri	40	9.8	21,837	10	33
535	New Hampshire	Ro16	9.8	46,793	27	18
536	New Hampshire	Hi17	9.8	52,754	37	10
537	Delaware	22	9.8	65,546	60	15
538	New York	66	9.8	63,453	66	14
539	Vermont	Ru 5	9.8	43,026	38	23
540	Pennsylvania	23	9.8	45,963	49	29
541	Connecticut	139	9.8	45,461	24	21
542	Massachusetts	M15	9.8	87,748	64	25
543	Pennsylvania	28	9.7	60,348	47	24
544	Pennsylvania	155	9.7	54,411	39	20
545	Connecticut	110	9.7	37,927	22	26
546	Illinois	13	9.6	53,942	31	36
547	Pennsylvania	157	9.6	66,866	49	22
548	New York	145	9.6	37,287	28	32
549	Massachusetts	Be1	9.6	30,110	18	35
550	Pennsylvania	194	9.6	35,830	25	33

ITALIAN
Top State Senate Districts

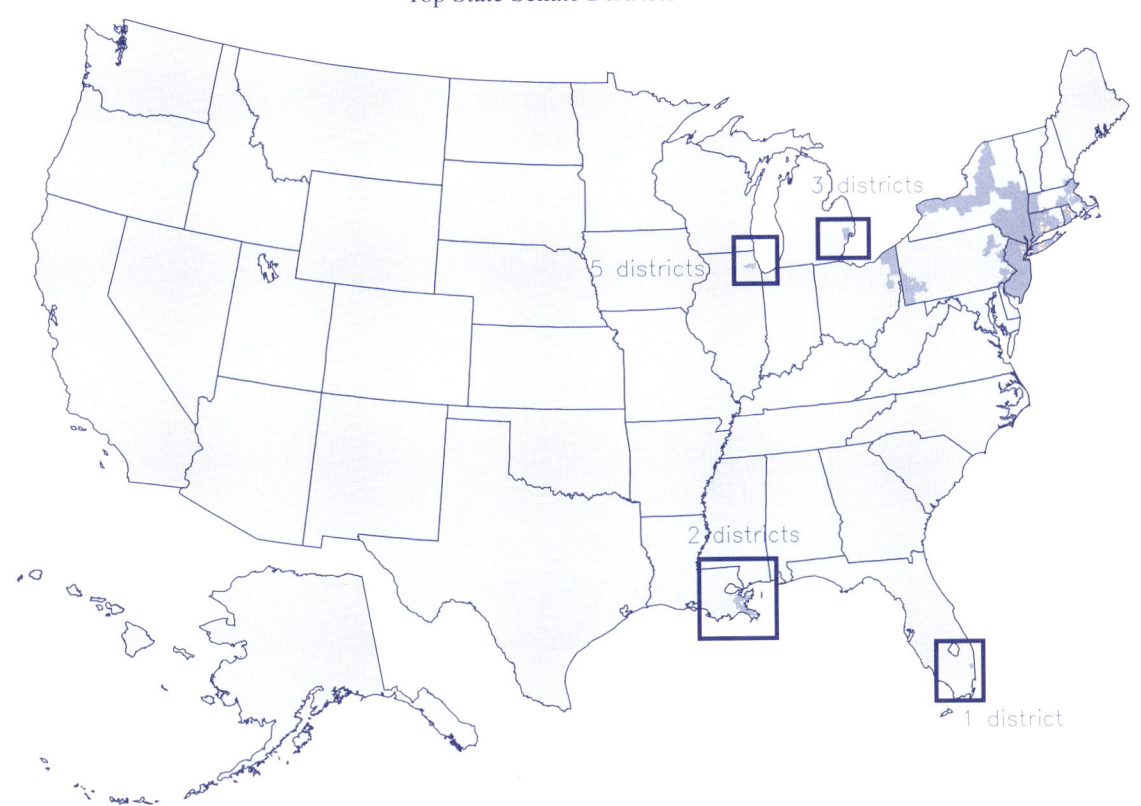

PROVIDENCE

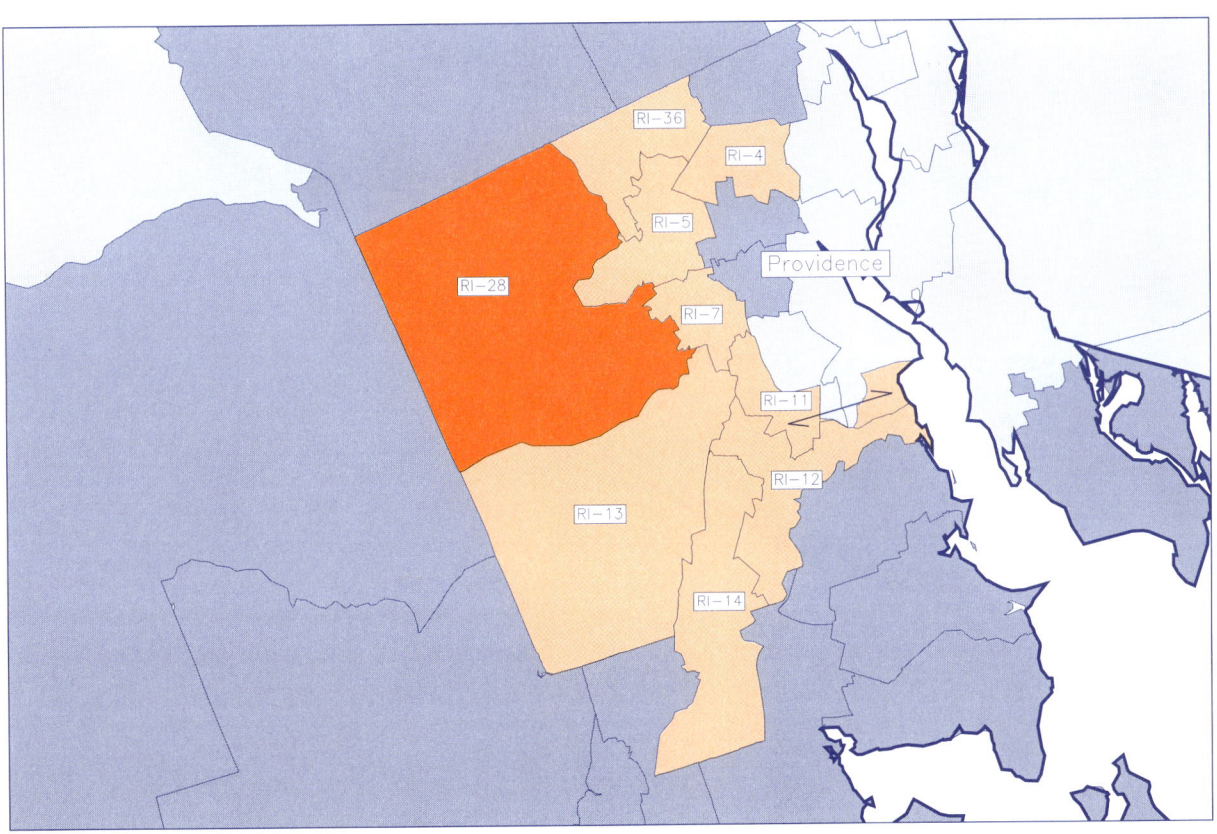

Population Ranges
- 50.0% to 99.9%
- 25.0% to 49.9%
- 10.0% to 24.9%
- 0.0% to 9.9%

NEW YORK - PROVIDENCE - BOSTON

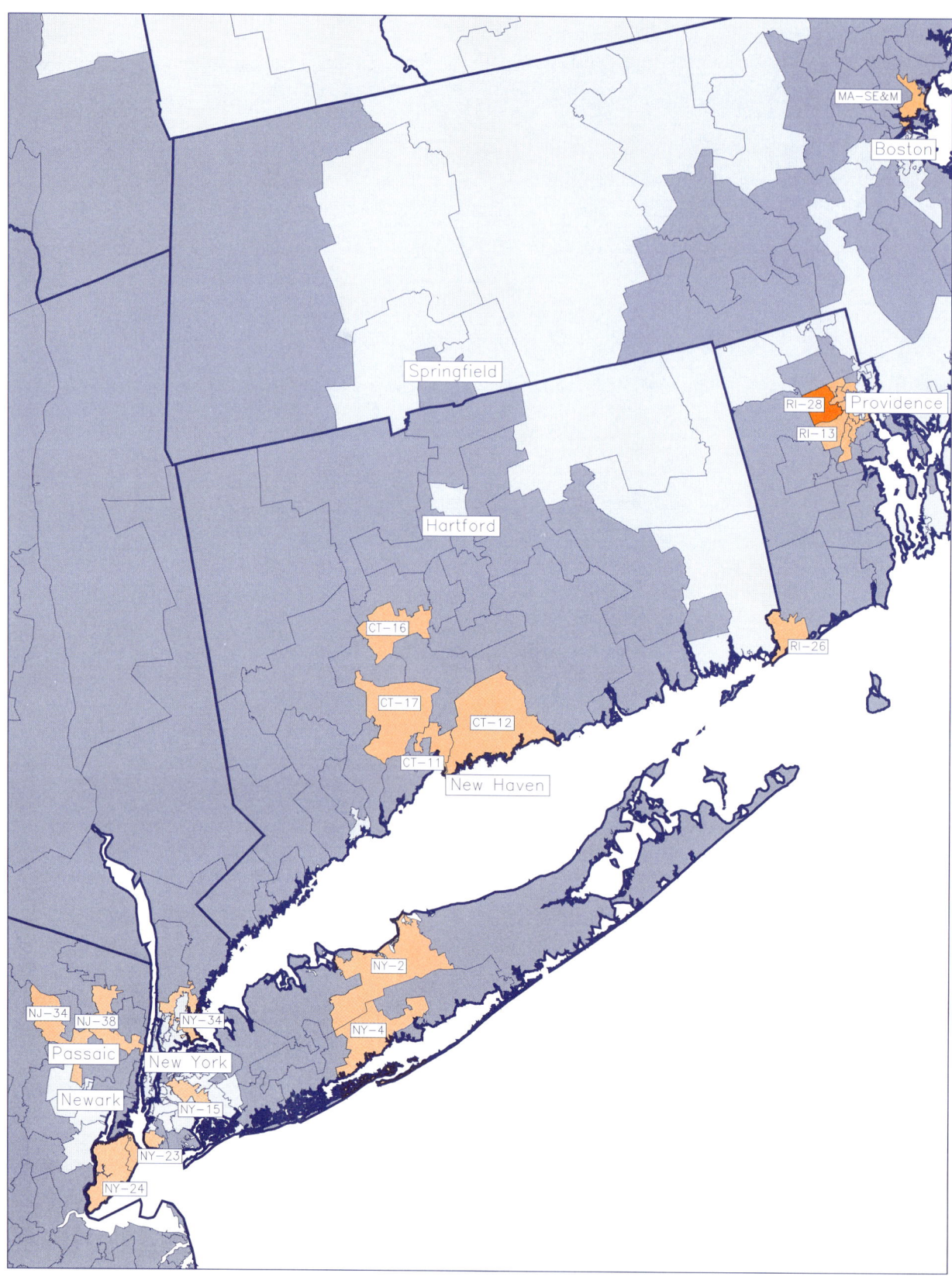

Population Ranges
- 50.0% to 99.9%
- 25.0% to 49.9%
- 10.0% to 24.9%
- 0.0% to 9.9%

ITALIAN—Top State Senate Districts

RANK	STATE	DISTRICT NUMBER	ITALIAN (%)	DISTRICT WIDE AVG. HH INCOME ($)	COLLEGE EDUCATION (%)	RECEIVES SOC. SEC. (%)
1	Rhode Island	28	52.6	37,908	20	32
2	Rhode Island	13	49.7	44,488	27	30
3	Rhode Island	36	44.1	41,314	27	31
4	Rhode Island	5	41.8	35,930	24	36
5	Rhode Island	4	38.0	29,231	20	37
6	New York	24	36.5	53,263	26	24
7	Rhode Island	7	35.4	27,855	13	29
8	New York	23	34.0	39,066	21	31
9	Rhode Island	26	33.2	41,888	28	31
10	Rhode Island	14	32.6	47,081	32	39
11	New Jersey	38	29.2	50,231	26	31
12	Massachusetts	SE&M	29.0	37,970	23	29
13	New York	34	27.9	41,741	22	32
14	Connecticut	12	26.9	58,819	40	25
15	New York	4	26.4	54,014	23	26
16	New York	15	26.2	39,501	18	31
17	Rhode Island	12	25.9	38,925	25	34
18	New Jersey	34	25.8	54,610	31	33
19	Connecticut	17	25.5	50,256	32	31
20	New York	2	25.2	67,004	39	21
21	Connecticut	11	25.2	38,541	34	30
22	Connecticut	16	25.0	42,834	23	28
23	Rhode Island	11	24.9	33,422	26	36
24	New Jersey	36	24.8	42,623	23	30
25	New York	3	24.3	51,927	24	22
26	Connecticut	34	24.0	57,001	36	26
27	Connecticut	9	23.3	51,527	36	28
28	Massachusetts	M2	22.6	45,863	36	27
29	Connecticut	14	22.5	51,212	30	30
30	Connecticut	22	22.4	53,238	30	32
31	Connecticut	15	22.4	41,640	24	30
32	New Jersey	26	22.2	70,598	41	22
33	New York	9	22.0	65,377	37	32
34	New York	36	21.8	82,357	45	26
35	New York	37	21.3	70,643	41	22
36	Massachusetts	M3	21.1	46,017	32	29
37	New York	5	20.9	77,591	42	26
38	New Jersey	10	20.7	47,009	26	34
39	New Jersey	4	20.5	43,616	25	21
40	New Jersey	21	20.5	77,765	42	32
41	New York	35	20.4	58,614	37	29
42	Rhode Island	29	20.4	46,111	32	28
43	New York	6	20.1	60,239	31	29
44	New York	1	19.9	49,547	29	29
45	New York	7	19.8	77,569	40	31
46	Pennsylvania	1	19.5	34,378	26	29
47	New York	8	19.5	62,595	32	27
48	New York	22	19.5	31,043	18	33
49	New Jersey	13	19.1	54,834	29	24
50	Rhode Island	37	19.0	31,797	16	27

ITALIAN—Top State Senate Districts

RANK	STATE	DISTRICT NUMBER	ITALIAN (%)	DISTRICT WIDE AVG. HH INCOME ($)	COLLEGE EDUCATION (%)	RECEIVES SOC. SEC. (%)
51	Rhode Island	19	18.9	36,444	22	28
52	New Jersey	39	18.8	82,285	45	26
53	Connecticut	21	18.6	50,967	28	32
54	Connecticut	27	18.1	58,820	37	24
55	Rhode Island	45	18.1	36,323	22	33
56	New Jersey	8	18.1	55,783	36	22
57	Rhode Island	8	17.8	20,134	12	28
58	Rhode Island	44	17.8	65,029	49	28
59	Rhode Island	1	17.8	29,744	26	27
60	Pennsylvania	22	17.8	31,620	20	39
61	New Jersey	9	17.7	35,170	16	52
62	New York	55	17.5	47,363	40	26
63	New Jersey	40	17.4	75,992	43	24
64	New Jersey	12	17.4	65,251	40	22
65	New York	11	17.3	50,427	31	31
66	Pennsylvania	26	17.3	44,688	29	32
67	New Jersey	22	17.3	73,631	45	26
68	New York	21	17.2	41,640	27	35
69	Massachusetts	S&M	17.1	37,168	42	19
70	Connecticut	13	17.0	40,847	25	28
71	Rhode Island	16	16.9	39,715	25	31
72	Illinois	39	16.8	46,825	28	30
73	Connecticut	32	16.8	57,531	38	28
74	New Jersey	14	16.8	51,418	36	26
75	Connecticut	25	16.8	70,670	40	22
76	Pennsylvania	47	16.6	28,493	17	37
77	New York	39	16.4	43,397	27	25
78	Rhode Island	18	16.4	44,124	36	33
79	Rhode Island	15	16.1	38,870	25	35
80	New Jersey	25	15.9	68,154	40	22
81	New York	49	15.8	38,702	32	27
82	Connecticut	30	15.8	52,829	33	29
83	New Jersey	24	15.8	58,788	35	18
84	New Jersey	1	15.7	37,713	19	34
85	New Jersey	6	15.6	55,559	38	27
86	Connecticut	36	15.6	125,674	56	26
87	New York	44	15.6	35,149	26	33
88	Connecticut	31	15.5	44,240	23	26
89	Rhode Island	17	15.5	43,091	25	28
90	Connecticut	24	15.5	54,881	35	22
91	New Jersey	16	15.3	69,137	46	19
92	Rhode Island	41	15.2	47,349	31	23
93	Pennsylvania	17	15.2	69,397	47	28
94	New Jersey	32	15.1	40,627	24	26
95	New York	41	15.0	46,509	33	26
96	New Jersey	18	15.0	59,877	39	22
97	Massachusetts	M4	14.7	56,871	45	26
98	New York	38	14.7	61,322	38	22
99	Rhode Island	21	14.7	42,609	24	26
100	New Jersey	11	14.6	51,162	33	28

ITALIAN—Top State Senate Districts

RANK	STATE	DISTRICT NUMBER	ITALIAN (%)	AVG. HH INCOME ($)	DISTRICT WIDE COLLEGE EDUCATION (%)	RECEIVES SOC. SEC. (%)
101	Connecticut	28	14.5	73,783	48	26
102	Pennsylvania	14	14.4	28,871	17	40
103	Connecticut	6	14.3	39,427	23	31
104	New Jersey	37	14.3	58,527	38	28
105	New Jersey	19	14.3	45,554	20	28
106	New York	60	14.2	42,345	36	32
107	Illinois	23	14.2	50,648	29	18
108	Massachusetts	N	13.8	44,085	30	30
109	Massachusetts	E3	13.7	44,844	32	27
110	New York	57	13.7	26,024	23	30
111	Massachusetts	S&N1	13.7	52,625	39	30
112	Illinois	7	13.6	49,120	27	36
113	New Jersey	23	13.5	56,490	34	24
114	New Jersey	35	13.4	38,024	15	26
115	Massachusetts	MN&W	13.3	55,514	45	21
116	New Jersey	2	13.3	42,071	22	28
117	Massachusetts	E&M1	13.3	54,950	40	25
118	Connecticut	7	13.2	52,353	29	24
119	Rhode Island	20	13.2	37,226	19	26
120	Connecticut	33	13.2	53,772	37	23
121	Pennsylvania	42	13.1	34,797	23	33
122	New York	42	13.0	40,691	36	28
123	New York	14	13.0	36,654	26	27
124	Ohio	33	13.0	29,923	17	34
125	Rhode Island	22	12.9	62,998	47	23
126	Massachusetts	E1	12.9	47,072	33	29
127	Pennsylvania	39	12.9	31,763	21	34
128	New York	61	12.8	37,637	24	28
129	New York	47	12.8	31,724	24	32
130	Connecticut	3	12.8	47,145	26	24
131	Rhode Island	6	12.8	46,893	45	22
132	Massachusetts	E&M2	12.6	45,871	29	23
133	Delaware	7	12.6	47,231	25	32
134	Massachusetts	N&B	12.6	53,595	39	24
135	New York	54	12.4	35,551	32	25
136	Pennsylvania	5	12.4	38,690	18	33
137	Connecticut	26	12.3	115,851	65	20
138	Pennsylvania	37	12.3	48,040	39	30
139	Rhode Island	24	12.2	42,382	44	26
140	Massachusetts	BFH&H	12.1	37,696	28	32
141	Connecticut	4	12.1	54,366	41	25
142	Massachusetts	M&S	12.0	49,991	57	22
143	New Jersey	7	11.9	44,515	23	26
144	Illinois	22	11.9	46,842	28	33
145	Pennsylvania	45	11.9	32,584	23	36
146	Pennsylvania	9	11.9	45,356	27	29
147	New York	43	11.8	39,937	32	26
148	Louisiana	1	11.8	30,671	12	25
149	Massachusetts	E2	11.8	44,703	33	27
150	New York	53	11.7	37,313	25	28

ITALIAN—Top State Senate Districts

RANK	STATE	DISTRICT NUMBER	ITALIAN (%)	DISTRICT WIDE AVG. HH INCOME ($)	DISTRICT WIDE COLLEGE EDUCATION (%)	RECEIVES SOC. SEC. (%)
151	Rhode Island	34	11.7	47,598	31	32
152	Connecticut	8	11.7	65,659	47	22
153	Pennsylvania	24	11.6	50,494	33	25
154	Pennsylvania	6	11.5	43,009	23	24
155	Pennsylvania	43	11.5	36,090	30	35
156	Pennsylvania	8	11.4	27,733	16	29
157	Connecticut	20	11.4	48,205	34	26
158	Massachusetts	M5	11.4	69,733	49	22
159	Delaware	4	11.4	54,546	42	31
160	Michigan	12	11.4	50,582	26	20
161	Pennsylvania	18	11.3	37,741	22	32
162	New Jersey	17	11.3	46,851	30	22
163	Rhode Island	23	11.3	48,037	37	23
164	Massachusetts	H1	11.3	36,902	28	27
165	Louisiana	9	11.2	37,065	30	25
166	Michigan	11	11.2	42,747	21	26
167	New York	58	11.2	30,358	20	35
168	Pennsylvania	46	11.2	29,874	16	36
169	New Hampshire	22	11.2	56,615	33	19
170	Pennsylvania	40	11.2	43,180	32	31
171	Massachusetts	W	11.2	40,165	33	30
172	Massachusetts	N&P	11.1	57,674	42	25
173	New York	48	11.1	35,812	32	26
174	Ohio	32	11.1	38,406	19	29
175	Massachusetts	P&B	11.0	44,263	29	26
176	New Jersey	3	11.0	39,163	19	29
177	Connecticut	10	11.0	32,111	25	22
178	Connecticut	1	10.9	31,860	21	25
179	Massachusetts	W&N	10.9	41,443	25	27
180	Florida	33	10.9	40,094	26	40
181	New Jersey	31	10.8	36,696	22	28
182	Michigan	10	10.8	38,218	15	33
183	Massachusetts	P	10.8	42,367	25	25
184	Rhode Island	25	10.8	41,197	28	24
185	New Jersey	30	10.7	42,179	22	25
186	Delaware	9	10.6	41,613	29	21
187	Rhode Island	46	10.6	41,788	26	29
188	New Jersey	5	10.6	32,151	13	28
189	New Jersey	33	10.6	36,920	24	22
190	New Jersey	15	10.6	51,601	34	27
191	New York	40	10.5	35,757	24	30
192	Connecticut	5	10.5	68,853	51	32
193	Pennsylvania	12	10.3	56,775	37	26
194	Delaware	6	10.2	82,056	57	24
195	Delaware	8	10.2	52,069	45	19
196	Connecticut	19	10.2	41,871	27	25
197	Delaware	12	10.2	42,930	27	18
198	Illinois	25	10.2	55,254	35	13
199	New Hampshire	19	10.2	48,326	33	15
200	Ohio	18	10.1	37,225	20	28

ITALIAN—Top State Senate Districts

RANK	STATE	DISTRICT NUMBER	ITALIAN (%)	AVG. HH INCOME ($)	DISTRICT WIDE COLLEGE EDUCATION (%)	RECEIVES SOC. SEC.
201	Massachusetts	W&M1	10.1	43,303	32	26
202	New York	59	9.9	38,403	27	28
203	Massachusetts	W&M2	9.9	41,985	30	27
204	West Virginia	1	9.7	31,995	20	35
205	Massachusetts	M&W	9.7	59,822	46	18
206	Pennsylvania	49	9.7	33,369	22	30
207	Pennsylvania	41	9.6	28,450	15	34
208	Pennsylvania	19	9.5	58,099	42	21
209	Delaware	3	9.5	29,163	15	30
210	Florida	28	9.4	46,653	28	45
211	New Jersey	20	9.4	37,840	17	28
212	Connecticut	35	9.3	48,190	33	21
213	New York	50	9.3	31,737	30	29
214	Pennsylvania	38	9.3	30,017	24	34
215	Rhode Island	27	9.2	39,947	25	25
216	New York	51	9.1	34,767	29	29
217	Louisiana	10	9.1	36,972	24	20
218	Illinois	10	9.1	35,147	18	32
219	Massachusetts	H2	9.1	38,744	24	33
220	Maine	27	9.0	43,095	41	28
221	Rhode Island	30	9.0	39,623	23	31
222	Delaware	5	9.0	54,272	42	27
223	Illinois	28	9.0	53,852	38	25
224	New Jersey	27	9.0	47,681	31	27
225	Delaware	1	8.9	44,682	37	31
226	Florida	32	8.9	43,439	27	25
227	Nevada	CLARK-5	8.9	53,175	29	18
228	Ohio	24	8.9	46,224	30	31
229	Florida	19	8.9	33,698	22	48
230	Massachusetts	NB&M	8.8	63,824	47	24
231	Florida	31	8.8	49,286	31	37
232	Connecticut	18	8.7	43,090	27	23
233	Rhode Island	43	8.7	35,536	22	34
234	Illinois	24	8.7	48,570	26	27
235	Ohio	25	8.7	38,117	26	32
236	Maryland	8	8.6	44,193	29	24
237	Massachusetts	M&N	8.5	72,781	65	24
238	Delaware	13	8.5	38,114	17	21
239	Florida	27	8.5	52,925	31	42
240	Florida	29	8.5	36,764	22	34
241	West Virginia	13	8.5	27,598	26	30
242	Delaware	10	8.4	45,390	45	17
243	Delaware	11	8.4	41,607	27	15
244	Illinois	40	8.3	44,075	24	27
245	Illinois	27	8.2	52,456	39	16
246	New York	56	8.2	29,235	21	32
247	Pennsylvania	10	8.1	60,159	39	23
248	Rhode Island	50	8.0	41,544	42	27
249	Illinois	19	7.9	52,296	31	20
250	Illinois	18	7.9	45,536	23	30

POLISH
Top State House Districts

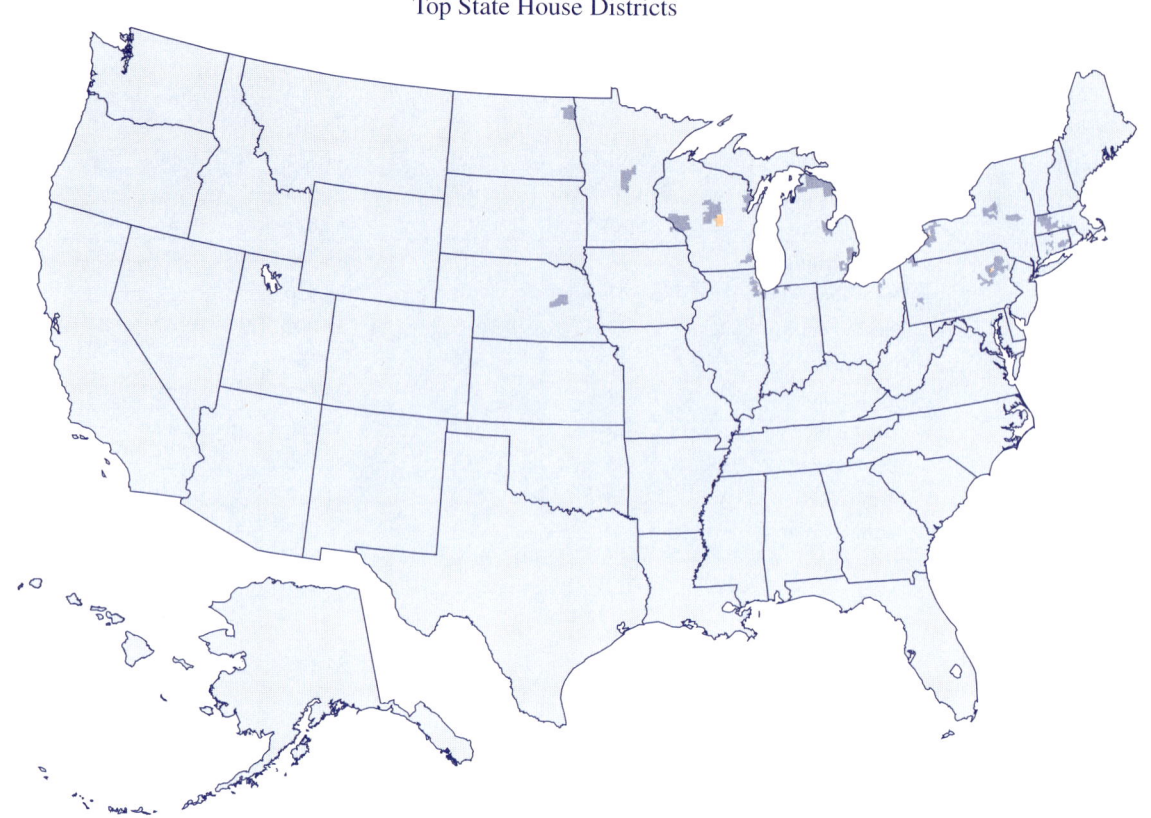

CHICAGO

MILWAUKEE

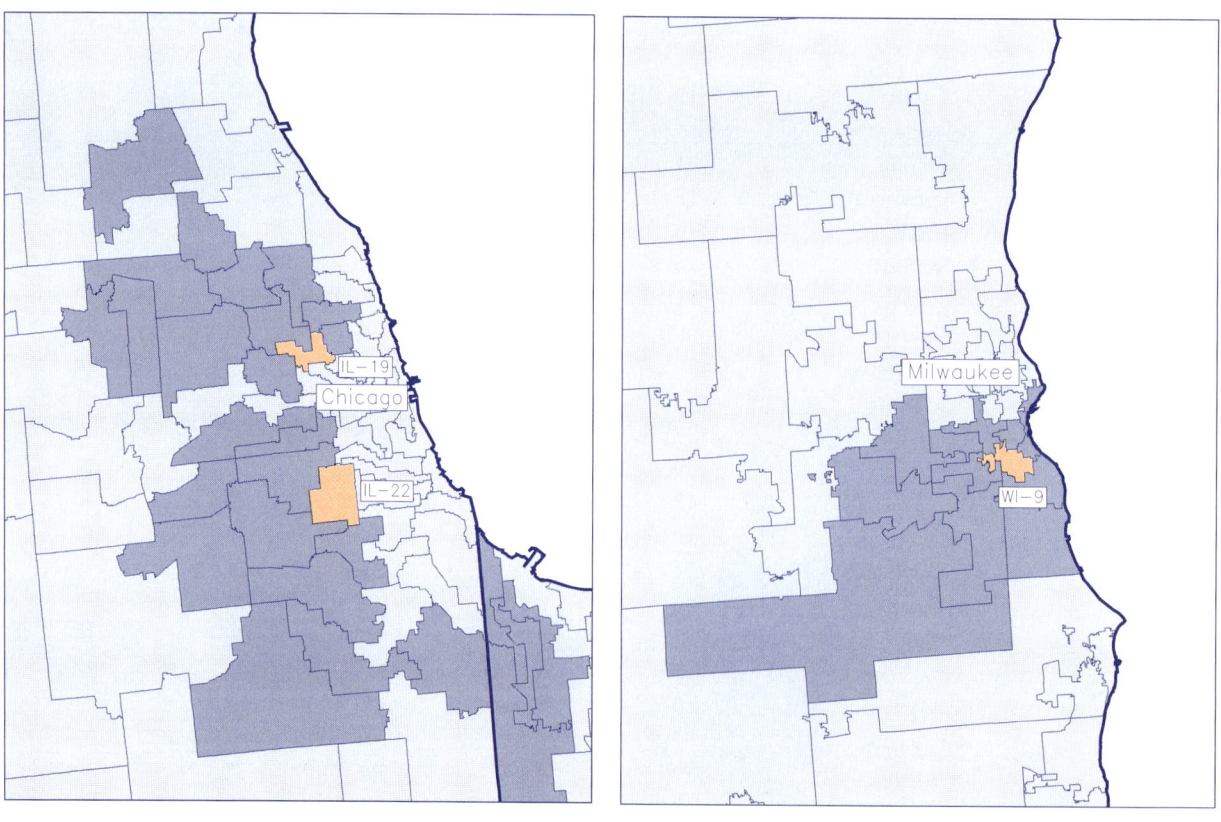

Population Ranges

- ■ 50.0% to 99.9%
- ■ 25.0% to 49.9%
- ■ 10.0% to 24.9%
- □ 0.0% to 9.9%

POLISH Top State House Districts

NEW BRITAIN

BUFFALO

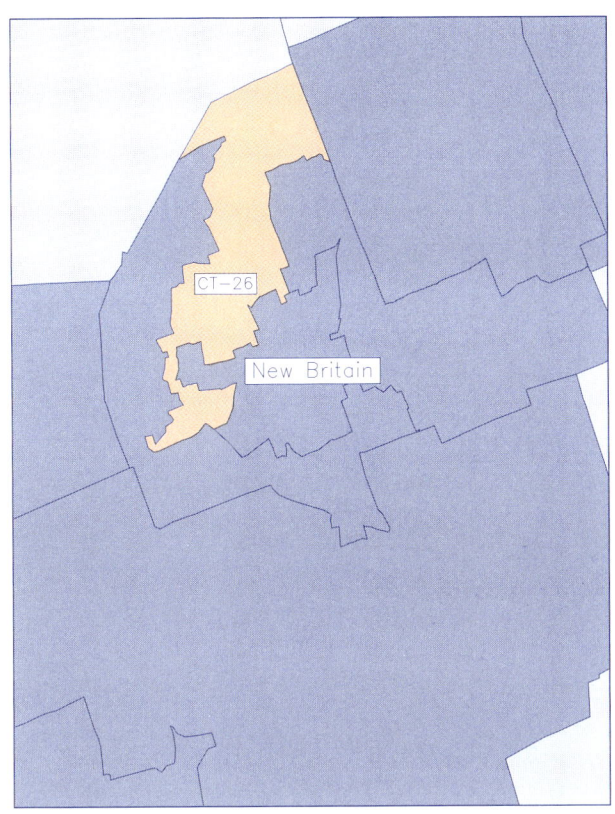
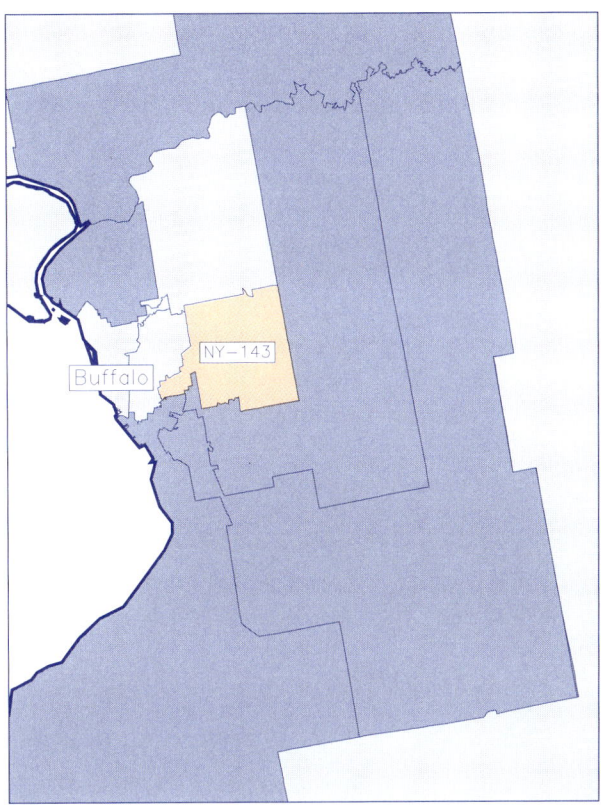

WAUSAU

WILKES-BARRE

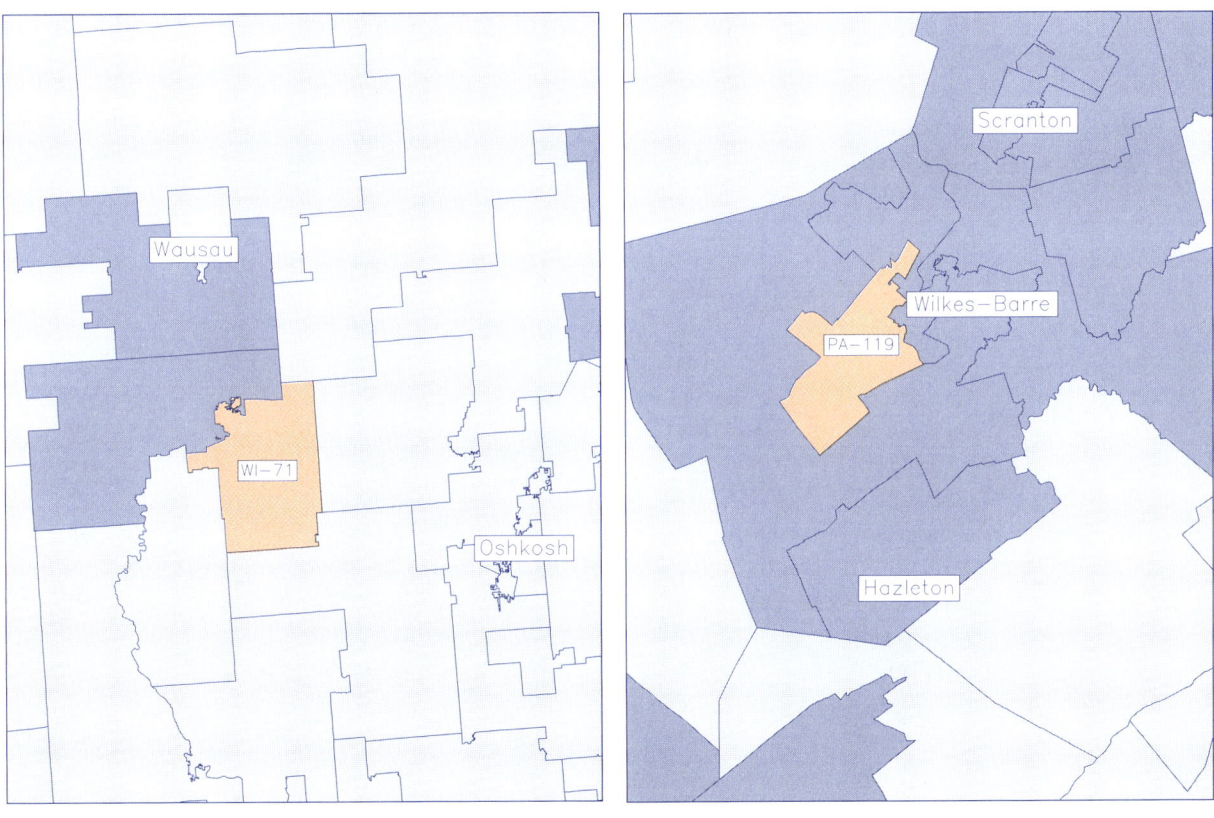

Population Ranges
- 50.0% to 99.9%
- 25.0% to 49.9%
- 10.0% to 24.9%
- 0.0% to 9.9%

POLISH—Top State House Districts

RANK	STATE	DISTRICT NUMBER	POLISH (%)	DISTRICT WIDE AVG. HH INCOME ($)	COLLEGE EDUCATION (%)	RECEIVES SOC. SEC. (%)
1	New York	143	39.2	30,051	18	37
2	Pennsylvania	119	33.6	25,249	14	43
3	Wisconsin	9	31.8	30,199	16	37
4	Connecticut	26	31.7	36,368	23	29
5	Illinois	19	30.2	36,684	16	37
6	Wisconsin	71	28.7	32,400	25	26
7	Illinois	22	26.5	38,442	12	38
8	New York	148	24.9	39,855	27	32
9	Wisconsin	20	24.4	33,477	18	30
10	Massachusetts	H8	23.3	33,608	17	35
11	Michigan	29	22.8	47,174	22	32
12	Illinois	20	22.8	33,594	20	26
13	Illinois	14	21.9	44,682	23	36
14	Wisconsin	21	21.4	38,413	20	25
15	Wisconsin	97	21.3	36,185	21	34
16	Connecticut	23	20.6	41,599	22	32
17	Pennsylvania	175	19.9	30,385	14	32
18	Michigan	28	19.6	34,433	12	31
19	Pennsylvania	121	19.5	25,307	17	40
20	Michigan	16	19.2	42,415	20	35
21	Illinois	13	19.2	53,942	31	36
22	Pennsylvania	118	18.9	31,873	19	38
23	Michigan	30	18.8	49,279	27	19
24	Massachusetts	Hm2	18.6	41,524	33	32
25	Wisconsin	82	18.3	44,861	31	27
26	Massachusetts	H7	18.1	37,509	18	31
27	Massachusetts	H1	17.8	37,145	25	28
28	Pennsylvania	115	17.7	29,046	17	41
29	Pennsylvania	1	17.6	25,399	13	34
30	Connecticut	30	17.6	58,530	31	29
31	New York	146	17.4	35,064	24	30
32	New York	145	17.0	37,287	28	32
33	Michigan	97	16.9	31,295	16	30
34	Illinois	47	16.6	46,391	26	30
35	Pennsylvania	107	16.4	26,243	13	40
36	Wisconsin	86	16.3	37,043	21	23
37	Illinois	48	16.2	50,840	25	24
38	Pennsylvania	117	16.0	35,189	19	32
39	Massachusetts	Hm1	15.9	38,740	40	27
40	Michigan	24	15.8	39,080	17	33
41	Connecticut	83	15.4	48,252	28	27
42	Indiana	7	15.2	28,805	18	35
43	Ohio	20	15.2	40,117	22	35
44	Michigan	33	15.2	48,598	24	18
45	Wisconsin	70	14.9	34,388	21	28
46	Illinois	15	14.9	39,754	28	33
47	Michigan	27	14.9	36,137	13	34
48	Connecticut	24	14.8	29,161	18	33
49	Pennsylvania	120	14.7	35,602	26	37
50	Massachusetts	H4	14.6	39,062	27	29

POLISH—Top State House Districts

| RANK | STATE | DISTRICT NUMBER | POLISH (%) | DISTRICT WIDE |||
				AVG. HH INCOME ($)	COLLEGE EDUCATION (%)	RECEIVES SOC. SEC. (%)
51	Pennsylvania	114	14.6	40,475	26	32
52	Pennsylvania	123	14.2	25,074	10	47
53	Illinois	43	14.0	38,108	24	34
54	Ohio	13	13.9	25,248	10	31
55	Michigan	15	13.9	42,317	28	35
56	Connecticut	78	13.9	44,145	22	27
57	Michigan	106	13.7	27,220	17	35
58	Indiana	15	13.7	51,549	28	25
59	Pennsylvania	113	13.6	28,374	18	40
60	Connecticut	105	13.6	46,556	26	25
61	Connecticut	25	13.6	46,036	26	27
62	Illinois	35	13.4	50,870	24	24
63	Indiana	1	13.4	31,318	15	33
64	Illinois	82	13.3	55,315	36	13
65	Indiana	8	13.3	45,501	35	22
66	Wisconsin	8	13.3	20,482	8	26
67	Illinois	36	13.2	40,848	22	36
68	Michigan	32	13.2	53,357	26	19
69	Massachusetts	Be1	13.1	30,110	18	35
70	Michigan	31	13.0	39,426	19	26
71	Wisconsin	15	13.0	31,554	18	31
72	Pennsylvania	116	13.0	30,273	15	41
73	Connecticut	27	12.6	49,395	31	33
74	Massachusetts	F1	12.6	37,971	35	26
75	Michigan	26	12.5	42,763	20	31
76	Connecticut	22	12.4	42,499	22	26
77	Illinois	79	12.4	42,430	22	30
78	Massachusetts	W8	12.4	41,669	25	29
79	Illinois	56	12.4	59,634	42	25
80	Connecticut	58	12.4	42,110	23	27
81	Connecticut	81	12.3	51,652	30	29
82	Minnesota	14A	12.3	35,579	24	23
83	Illinois	37	12.3	52,286	33	23
84	Michigan	76	12.3	28,200	21	26
85	Connecticut	104	12.3	37,635	19	33
86	Illinois	55	12.2	48,386	33	26
87	Connecticut	82	12.2	44,437	28	26
88	Indiana	11	12.2	36,895	19	29
89	Minnesota	59A	12.2	29,379	23	29
90	Pennsylvania	112	12.2	29,207	21	41
91	Wisconsin	83	12.0	44,841	24	21
92	Michigan	96	12.0	40,113	27	29
93	Nebraska	5	12.0	28,077	13	31
94	Wisconsin	89	12.0	30,797	17	30
95	Michigan	19	12.0	45,287	24	28
96	New Jersey	19	11.9	45,554	20	28
97	Illinois	45	11.9	52,672	35	15
98	Illinois	49	11.9	51,945	32	12
99	Pennsylvania	22	11.8	26,346	15	38
100	Michigan	18	11.8	38,248	17	23

POLISH—Top State House Districts

RANK	STATE	DISTRICT NUMBER	POLISH (%)	DISTRICT WIDE		
				AVG. HH INCOME ($)	COLLEGE EDUCATION (%)	RECEIVES SOC. SEC. (%)
101	Illinois	46	11.8	48,559	24	22
102	Maryland	46	11.8	29,712	13	33
103	Connecticut	61	11.8	64,741	40	21
104	Nebraska	22	11.8	29,537	20	31
105	Wisconsin	19	11.7	33,222	40	20
106	Delaware	16	11.7	34,520	11	30
107	New York	50	11.6	29,219	17	24
108	Minnesota	32A	11.5	28,081	27	31
109	Pennsylvania	33	11.5	34,840	24	36
110	Connecticut	45	11.4	40,516	18	25
111	Delaware	13	11.4	37,187	16	36
112	Michigan	6	11.3	20,613	11	34
113	Illinois	53	11.3	47,501	36	14
114	Illinois	77	11.3	44,617	26	32
115	New York	115	11.2	36,978	28	32
116	Connecticut	46	11.2	35,847	23	30
117	Connecticut	28	11.2	56,535	36	39
118	Michigan	20	11.2	61,440	41	23
119	Michigan	34	11.2	35,571	20	26
120	Ohio	50	11.2	28,102	13	28
121	Wisconsin	98	11.2	56,248	38	30
122	Michigan	23	11.1	47,894	23	21
123	Pennsylvania	177	11.1	27,428	8	36
124	Minnesota	12B	11.1	28,461	18	32
125	Connecticut	48	11.1	49,507	34	19
126	Wisconsin	7	11.0	29,537	23	27
127	Pennsylvania	20	11.0	26,284	15	41
128	Massachusetts	H5	10.9	31,796	23	32
129	Wisconsin	84	10.8	47,060	35	21
130	Illinois	38	10.8	52,305	29	17
131	Illinois	44	10.8	55,035	31	33
132	Pennsylvania	54	10.7	31,513	21	39
133	Wisconsin	91	10.7	28,311	17	35
134	Michigan	21	10.7	46,612	29	14
135	Illinois	81	10.7	61,195	47	18
136	New York	139	10.6	34,122	23	29
137	Indiana	12	10.6	34,951	14	25
138	Michigan	25	10.6	34,642	13	34
139	Indiana	9	10.5	33,842	17	30
140	New York	105	10.5	32,749	22	35
141	North Dakota	16	10.5	28,669	22	36
142	Connecticut	139	10.5	45,461	24	21
143	Connecticut	113	10.4	50,424	28	26
144	New York	140	10.4	33,856	30	35
145	Pennsylvania	4	10.4	32,365	16	29
146	Illinois	51	10.4	73,675	52	9
147	Massachusetts	W6	10.3	37,590	23	27
148	Ohio	15	10.3	69,817	42	30
149	Connecticut	77	10.2	44,607	23	29
150	Connecticut	47	10.2	38,858	21	28

POLISH—Top State House Districts

RANK	STATE	DISTRICT NUMBER	POLISH (%)	AVG. HH INCOME ($)	DISTRICT WIDE COLLEGE EDUCATION (%)	RECEIVES SOC. SEC. (%)
151	Illinois	83	9.9	51,350	28	17
152	Pennsylvania	172	9.9	33,311	14	40
153	Michigan	42	9.9	68,837	47	14
154	Connecticut	56	9.9	41,249	30	22
155	Connecticut	34	9.9	53,808	36	20
156	Vermont	Ru 7	9.9	32,664	23	29
157	Ohio	18	9.9	44,760	28	28
158	Pennsylvania	3	9.8	40,744	27	27
159	Connecticut	131	9.8	56,401	35	24
160	New Jersey	18	9.8	59,877	39	22
161	Michigan	39	9.8	78,872	46	18
162	Michigan	84	9.7	29,873	14	31
163	Wisconsin	36	9.6	24,411	12	39
164	Pennsylvania	73	9.5	25,729	12	37
165	Connecticut	32	9.5	50,726	35	28
166	Connecticut	60	9.5	47,663	27	25
167	New York	142	9.5	51,265	48	29
168	Connecticut	85	9.5	46,511	29	25
169	Nebraska	41	9.5	26,071	17	36
170	Connecticut	100	9.4	51,200	43	19
171	Illinois	24	9.4	22,644	9	27
172	Pennsylvania	30	9.4	61,796	38	28
173	Wisconsin	85	9.4	34,126	24	32
174	Michigan	37	9.3	62,485	47	24
175	New York	150	9.3	28,922	22	32
176	Pennsylvania	173	9.3	31,991	11	36
177	Michigan	41	9.3	47,206	38	26
178	Illinois	23	9.2	25,380	10	33
179	Michigan	1	9.2	67,320	45	34
180	New Jersey	34	9.2	54,610	31	33
181	New York	144	9.2	29,779	30	28
182	Pennsylvania	44	9.1	37,126	25	29
183	Connecticut	21	9.1	70,420	51	27
184	Massachusetts	W16	9.1	32,940	22	28
185	Illinois	54	9.1	57,702	42	18
186	Pennsylvania	2	9.1	29,385	23	32
187	Massachusetts	H3	9.0	42,087	27	27
188	Massachusetts	H11	9.0	33,339	19	32
189	Connecticut	79	9.0	42,230	20	23
190	Pennsylvania	169	9.0	40,285	16	28
191	Connecticut	80	9.0	53,858	25	27
192	Michigan	17	8.9	35,247	13	27
193	New York	138	8.9	31,311	20	34
194	Massachusetts	H13	8.9	47,594	34	26
195	Connecticut	84	8.9	31,341	15	30
196	New Jersey	36	8.9	42,623	23	30
197	Pennsylvania	48	8.9	32,543	17	38
198	New Jersey	16	8.9	69,137	46	19
199	Connecticut	33	8.8	38,776	26	25
200	Connecticut	9	8.8	63,447	40	28

POLISH
Top State Senate Districts

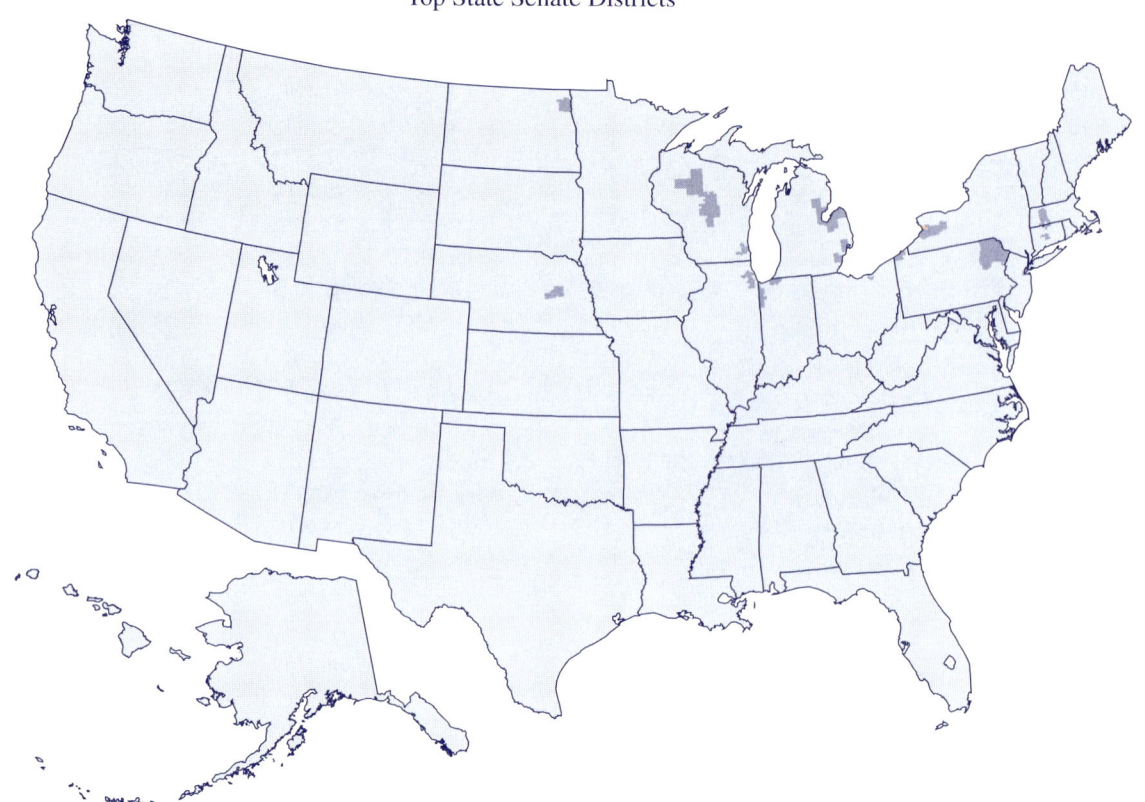

BUFFALO - ROCHESTER

CHICAGO

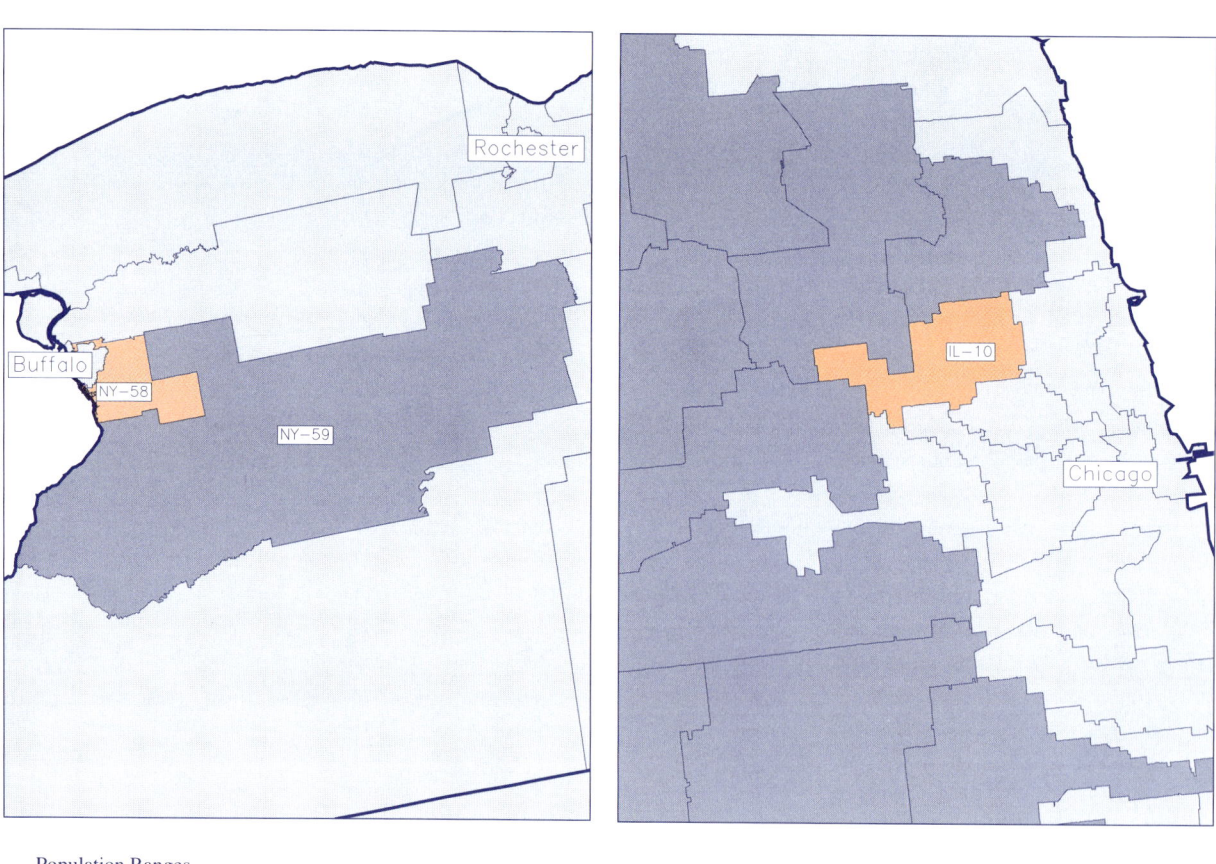

Population Ranges
- 50.0% to 99.9%
- 25.0% to 49.9%
- 10.0% to 24.9%
- 0.0% to 9.9%

POLISH—Top State Senate Districts

RANK	STATE	DISTRICT NUMBER	POLISH (%)	DISTRICT WIDE AVG. HH INCOME ($)	COLLEGE EDUCATION (%)	RECEIVES SOC. SEC. (%)
1	New York	58	29.2	30,358	20	35
2	Illinois	10	26.5	35,147	18	32
3	Connecticut	6	20.7	39,427	23	31
4	Illinois	7	20.6	49,120	27	36
5	Pennsylvania	14	20.1	28,871	17	40
6	Wisconsin	7	19.2	34,774	26	25
7	Michigan	10	18.9	38,218	15	33
8	Wisconsin	3	18.7	27,195	16	30
9	Wisconsin	24	17.1	33,392	21	29
10	Michigan	12	16.9	50,582	26	20
11	Illinois	11	16.6	35,533	14	35
12	Illinois	24	16.4	48,570	26	27
13	Pennsylvania	22	15.6	31,620	20	39
14	Massachusetts	H&H	14.7	35,830	23	29
15	Michigan	6	14.7	40,747	21	33
16	Indiana	1	13.8	38,500	20	33
17	Wisconsin	28	13.7	45,587	30	23
18	Illinois	18	13.3	45,536	23	30
19	New York	59	13.2	38,403	27	28
20	Michigan	11	13.0	42,747	21	26
21	Michigan	34	12.9	30,580	15	31
22	Wisconsin	33	12.8	50,080	32	29
23	Illinois	22	12.4	46,842	28	33
24	Illinois	28	12.3	53,852	38	25
25	Michigan	9	12.1	51,908	32	25
26	Illinois	41	12.0	58,434	42	16
27	Nebraska	5	12.0	28,077	13	31
28	New Jersey	19	11.9	45,554	20	28
29	Massachusetts	H2	11.9	38,744	24	33
30	Illinois	23	11.9	50,648	29	18
31	Maryland	46	11.8	29,712	13	33
32	Nebraska	22	11.8	29,537	20	31
33	Connecticut	13	11.7	40,847	25	28
34	Illinois	19	11.5	52,296	31	20
35	Massachusetts	F&H	11.5	38,876	41	27
36	Michigan	7	11.4	38,420	15	28
37	Pennsylvania	49	11.3	33,369	22	30
38	Wisconsin	29	11.3	32,571	20	30
39	Connecticut	31	11.2	44,240	23	26
40	Indiana	8	11.1	34,699	17	30
41	Illinois	8	10.7	41,141	33	32
42	Connecticut	7	10.6	52,353	29	24
43	Pennsylvania	20	10.5	33,297	20	33
44	North Dakota	16	10.5	28,669	22	36
45	Michigan	8	10.4	40,106	18	20
46	Connecticut	9	10.3	51,527	36	28
47	Illinois	25	10.2	55,254	35	13
48	Illinois	27	10.2	52,456	39	16
49	Indiana	6	10.2	43,686	22	23
50	Ohio	24	10.1	46,224	30	31

POLISH—Top State Senate Districts

RANK	STATE	DISTRICT NUMBER	POLISH (%)	DISTRICT WIDE AVG. HH INCOME ($)	COLLEGE EDUCATION (%)	RECEIVES SOC. SEC. (%)
51	Illinois	39	10.0	46,825	28	30
52	Pennsylvania	5	10.0	38,690	18	33
53	New Jersey	18	9.8	59,877	39	22
54	New York	60	9.7	42,345	36	32
55	Connecticut	19	9.7	41,871	27	25
56	Indiana	10	9.6	29,071	22	31
57	Michigan	13	9.6	51,950	36	24
58	Connecticut	21	9.5	50,967	28	32
59	Illinois	26	9.5	65,858	41	14
60	Delaware	7	9.5	47,231	25	32
61	Nebraska	41	9.5	26,071	17	36
62	Michigan	2	9.4	22,994	11	33
63	Illinois	12	9.3	24,035	10	30
64	Michigan	15	9.3	62,076	42	20
65	Illinois	40	9.3	44,075	24	27
66	Ohio	11	9.2	31,619	21	28
67	New Jersey	34	9.2	54,610	31	33
68	Wisconsin	30	9.1	31,160	21	27
69	Ohio	23	9.0	29,931	18	30
70	Wisconsin	5	9.0	37,163	29	34
71	Massachusetts	WFH&H	8.9	38,732	27	27
72	Pennsylvania	40	8.9	43,180	32	31
73	New Jersey	36	8.9	42,623	23	30
74	New Jersey	16	8.9	69,137	46	19
75	New Jersey	14	8.8	51,418	36	26
76	Delaware	3	8.8	29,163	15	30
77	Maryland	7	8.6	36,853	12	30
78	Connecticut	17	8.6	50,256	32	31
79	Michigan	37	8.3	26,442	17	35
80	Michigan	30	8.3	33,699	27	24
81	New York	47	8.3	31,724	24	32
82	Illinois	32	8.2	53,480	29	20
83	New Jersey	20	8.2	37,840	17	28
84	New York	44	8.1	35,149	26	33
85	Minnesota	59	8.0	28,499	35	23
86	Indiana	4	7.9	41,632	19	27
87	Pennsylvania	29	7.9	29,504	13	39
88	Massachusetts	W&N	7.8	41,443	25	27
89	Wisconsin	12	7.8	26,966	16	38
90	Massachusetts	BFH&H	7.7	37,696	28	32
91	New Jersey	38	7.6	50,231	26	31
92	New Jersey	31	7.6	36,696	22	28
93	Connecticut	33	7.6	53,772	37	23
94	Michigan	16	7.5	53,357	33	18
95	New York	61	7.5	37,637	24	28
96	Pennsylvania	37	7.5	48,040	39	30
97	New Jersey	22	7.4	73,631	45	26
98	Connecticut	34	7.4	57,001	36	26
99	Illinois	20	7.3	58,716	49	19
100	New York	57	7.3	26,024	23	30

ARAB
Top State House Districts

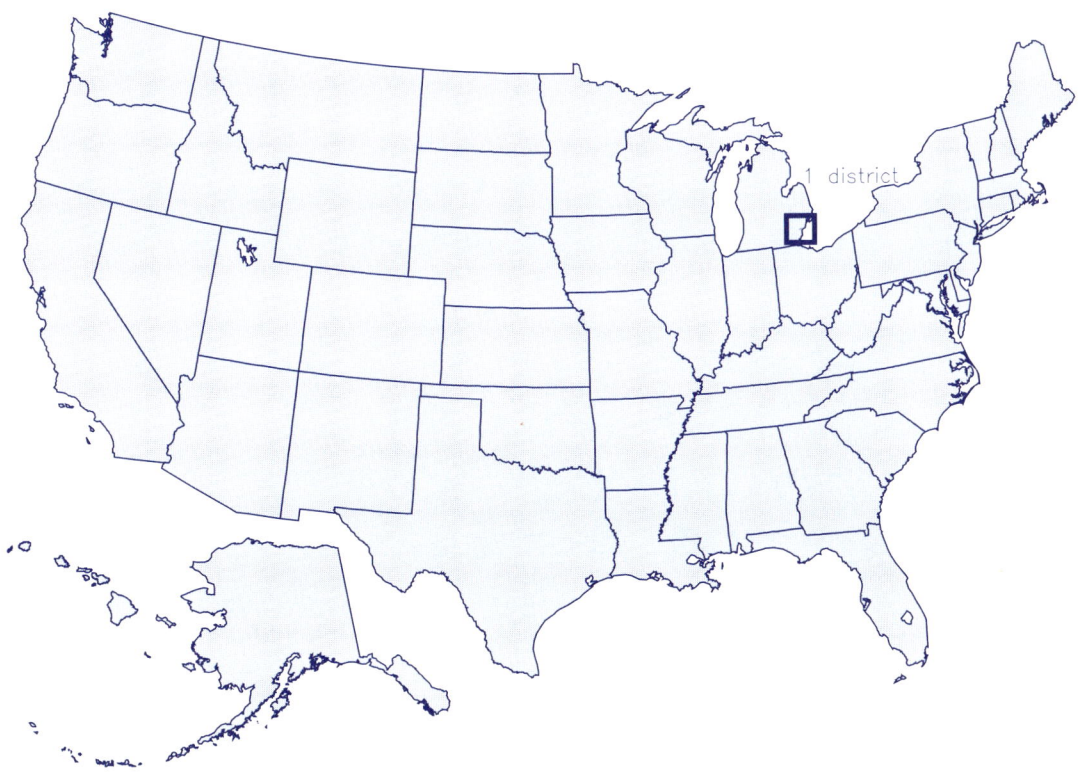

DEARBORN

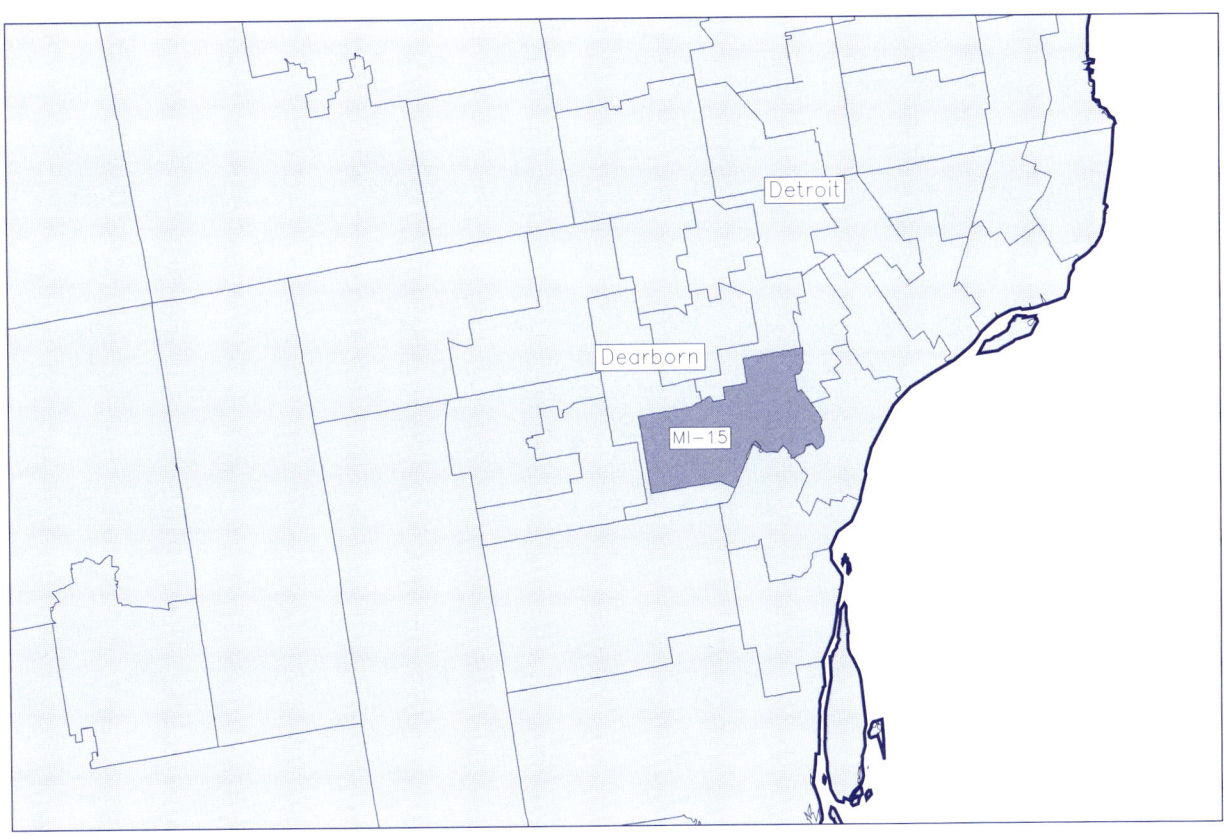

Population Ranges
■ 50.0% to 99.9%   ■ 25.0% to 49.9%   ■ 10.0% to 24.9%   □ 0.0% to 9.9%

ARAB—Top State House Districts

RANK	STATE	DISTRICT NUMBER	ARAB (%)	AVG. HH INCOME ($)	DISTRICT WIDE COLLEGE EDUCATION (%)	RECEIVES SOC. SEC. (%)
1	Michigan	15	15.4	42,317	28	35
2	New York	45	4.2	38,295	28	37
3	New York	52	3.6	52,034	43	25
4	New York	47	3.3	34,550	17	35
5	Michigan	36	3.2	50,183	42	29
6	Massachusetts	S10	3.1	46,286	41	32
7	Maine	99	3.1	31,804	33	36
8	Massachusetts	E15	2.9	41,983	26	32
9	New Hampshire	Ro26	2.9	50,127	28	21
10	Connecticut	138	2.9	62,687	40	20
11	Pennsylvania	131	2.6	30,429	16	30
12	Massachusetts	N12	2.3	50,911	39	29
13	New Hampshire	Ro28	2.3	55,568	33	19
14	Michigan	30	2.3	49,279	27	19
15	Massachusetts	W16	2.3	32,940	22	28
16	Illinois	26	2.3	25,600	12	30
17	Kansas	83	2.1	76,742	60	25
18	Michigan	1	2.0	67,320	45	34
19	Michigan	35	2.0	40,118	29	27
20	New York	48	2.0	34,834	19	32
21	Rhode Island	71	2.0	46,964	28	26
22	Massachusetts	E16	2.0	24,264	11	27
23	Massachusetts	N11	1.9	60,960	42	32
24	New Jersey	34	1.8	54,610	31	33
25	Virginia	38	1.8	58,209	48	19
26	Michigan	29	1.8	47,174	22	32
27	Massachusetts	S15	1.7	38,504	26	30
28	Pennsylvania	121	1.7	25,307	17	40
29	New Jersey	32	1.7	40,627	24	26
30	Michigan	26	1.7	42,763	20	31
31	Ohio	17	1.7	30,826	26	25
32	Michigan	37	1.7	62,485	47	24
33	Rhode Island	80	1.7	33,004	19	35
34	Rhode Island	78	1.7	25,777	16	31
35	Michigan	39	1.7	78,872	46	18
36	New Jersey	35	1.6	38,024	15	26
37	Ohio	16	1.6	54,064	40	28
38	Rhode Island	67	1.6	55,571	39	24
39	Connecticut	110	1.6	37,927	22	26
40	Michigan	6	1.6	20,613	11	34
41	Michigan	16	1.6	42,415	20	35
42	Pennsylvania	9	1.5	28,453	16	39
43	Virginia	48	1.5	65,608	63	16
44	Pennsylvania	54	1.5	31,513	21	39
45	Massachusetts	E14	1.5	52,602	37	25
46	Virginia	34	1.5	101,208	64	13
47	Virginia	35	1.5	79,224	60	13
48	Massachusetts	W15	1.5	26,899	20	31
49	Maine	100	1.5	27,816	25	32
50	Michigan	42	1.5	68,837	47	14

ARAB
Top State Senate Districts

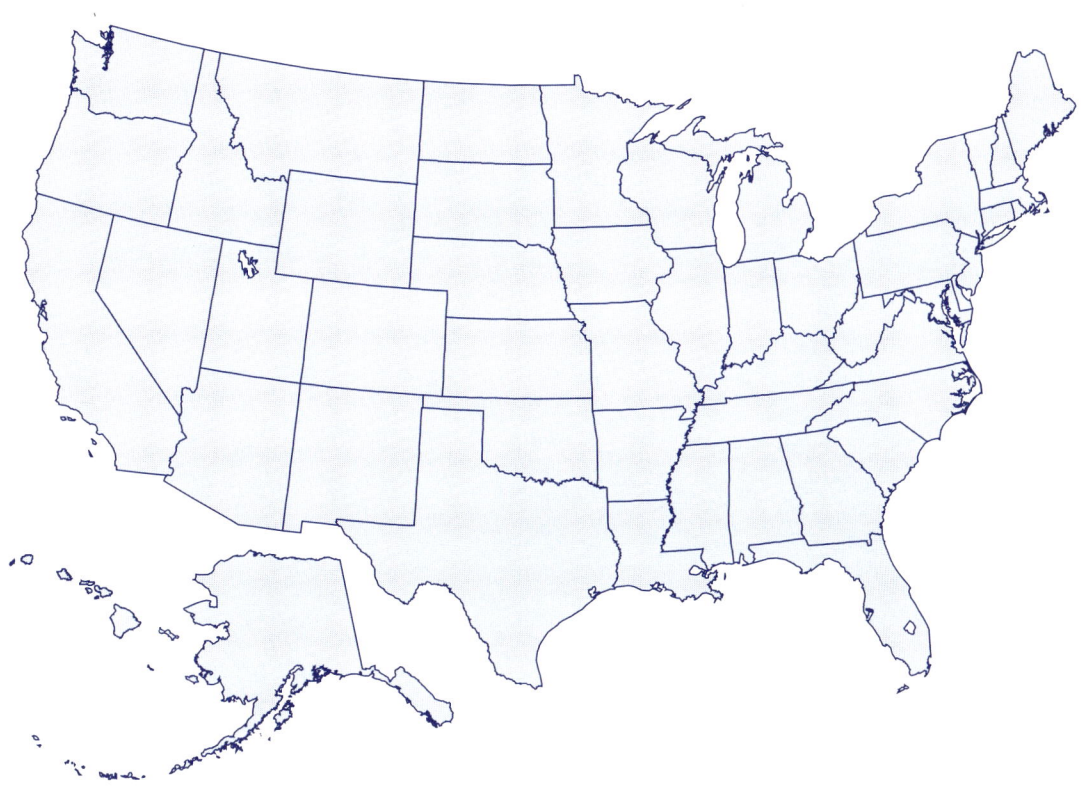

Population Ranges
■ 50.0% to 99.9% ■ 25.0% to 49.9% ■ 10.0% to 24.9% □ 0.0% to 9.9%

ARAB—Top State Senate Districts

RANK	STATE	DISTRICT NUMBER	ARAB (%)	AVG. HH INCOME ($)	DISTRICT WIDE COLLEGE EDUCATION (%)	RECEIVES SOC. SEC. (%)
1	Michigan	6	6.3	40,747	21	33
2	New York	21	3.2	41,640	27	35
3	New York	23	2.6	39,066	21	31
4	Massachusetts	S&N1	2.1	52,625	39	30
5	Michigan	14	1.9	56,309	37	26
6	New Hampshire	22	1.8	56,615	33	19
7	New Jersey	34	1.8	54,610	31	33
8	New Jersey	32	1.7	40,627	24	26
9	Virginia	34	1.7	58,587	51	14
10	New Jersey	35	1.6	38,024	15	26
11	Connecticut	24	1.6	54,881	35	22
12	Michigan	10	1.4	38,218	15	33
13	Maine	14	1.4	32,189	27	29
14	Rhode Island	40	1.4	28,330	15	32
15	Michigan	12	1.3	50,582	26	20
16	Virginia	32	1.3	89,813	64	16
17	Rhode Island	39	1.3	36,822	24	36
18	Maryland	16	1.3	95,202	73	22
19	Michigan	13	1.3	51,950	36	24
20	Ohio	24	1.2	46,224	30	31
21	Michigan	15	1.2	62,076	42	20
22	Virginia	31	1.2	54,092	56	15
23	Michigan	11	1.2	42,747	21	26
24	Illinois	13	1.2	29,097	26	23
25	Illinois	8	1.2	41,141	33	32
26	Virginia	35	1.2	68,147	59	9
27	Massachusetts	E&M2	1.1	45,871	29	23
28	Kansas	30	1.1	53,568	46	22
29	Pennsylvania	16	1.1	36,308	22	31
30	Massachusetts	E3	1.1	44,844	32	27
31	Ohio	23	1.1	29,931	18	30
32	Rhode Island	33	1.1	47,359	31	29
33	Rhode Island	35	1.1	24,014	10	32
34	New Jersey	11	1.1	51,162	33	28
35	Illinois	11	1.0	35,533	14	35
36	California	21	1.0	51,090	39	21
37	Rhode Island	36	1.0	41,314	27	31
38	New York	26	1.0	95,700	68	19
39	Massachusetts	M&S	1.0	49,991	57	22
40	Massachusetts	W	1.0	40,165	33	30
41	Michigan	9	1.0	51,908	32	25
42	New York	22	1.0	31,043	18	33
43	Rhode Island	14	1.0	47,081	32	39
44	New York	47	1.0	31,724	24	32
45	Ohio	11	1.0	31,619	21	28
46	Massachusetts	W&M1	0.9	43,303	32	26
47	Michigan	1	0.9	39,748	25	28
48	California	23	0.9	75,750	51	20
49	Rhode Island	34	0.9	47,598	31	32
50	New York	14	0.9	36,654	26	27

ELIHU BURRITT LIBRARY
REFERENCE

ELIHU BURRITT LIBRARY
CENTRAL CONNECTICUT STATE UNIVERSITY
NEW BRITAIN, CONNECTICUT 06050